教育部人文社科重点研究基地四川大学道教与宗教文化研究所道教研究学术前沿丛书

道教研究学术前沿丛书

四川大学"中国语言文学与中华文化全球传播学科群"项目

教育部人文社会科学重点研究基地四川大学道教与宗教文化研究所项目

四川省社会科学高水平研究团队"四川道教与中华文化传承传播研究团队"项目

"生命道教暨道教文化学术研究"项目

生命道教暨卿希泰先生道教学术思想研究国际论坛文集

主　编　盖建民
副主编　朱展炎　周冶

巴蜀书社

图书在版编目（CIP）数据

生命道教暨卿希泰先生道教学术思想研究国际论坛文集/盖建民主编，朱展炎、周冶副主编. —成都：巴蜀书社，2019.7
ISBN 978-7-5531-1174-2

Ⅰ.①生… Ⅱ.①盖…②朱…③周… Ⅲ.①道教－国际学术会议－文集 Ⅳ.①B958－53

中国版本图书馆 CIP 数据核字（2019）第 141525 号

SHENGMING DAOJIAO JI QINGXITAI XIANSHENG DAOJIAO XUESHU SIXIANG YANJIU GUOJI LUNTAN WENJI
生命道教暨卿希泰先生道教学术思想研究国际论坛文集
主编 盖建民　副主编 朱展炎　周 冶

责任编辑	王　雷
封面设计	张迪茗
版式设计	张迪茗
出　　版	巴蜀书社
	成都市槐树街2号　邮编610031
	总编室电话：(028) 86259397
网　　址	www.bsbook.com
发　　行	巴蜀书社
	发行科电话：(028) 86259422　86259423
经　　销	新华书店
照　　排	成都完美科技有限责任公司
印　　刷	成都蜀通印务有限责任公司
	电话：(028) 64715762
版　　次	2020年1月第1版
印　　次	2020年1月第1次印刷
成品尺寸	290mm×210mm
印　　张	35.75
字　　数	900千
书　　号	ISBN 978-7-5531-1174-2
定　　价	260.00元

本书如有印装质量问题，请与发行科调换

图1　年轻时的卿希泰先生

图2　工作中的卿希泰先生

图 3　卿希泰先生在书房

图 4　纪念卿希泰先生逝世一周年会议合影

卿希泰先生生平*

卿希泰先生像

卿希泰先生（1927—2017）是我国著名的哲学家、宗教学家，是中国道教学研究的重要开拓者与主要奠基人。

卿希泰先生1927年12月生于四川省三台县。1947年考入四川大学法律系。1952年保送进入中国人民大学哲学系就读研究生。1954年毕业后到四川大学工作，先后被聘为教授、博士生导师、国家"985工程"宗教·哲学与社会研究创新基地首席专家、四川大学文科杰出教授。曾任国家哲学社会科学"八五"、"九五"宗教学学科规划小组成员，国家教委首届全国高校哲学学科教学指导委员会委员，中国宗教学会副会长，全国老子道学文化研究会顾问等。

卿希泰先生的一生，体现了心系祖国、振兴民族的赤子情怀。在川大就读期间，他就树立起共产主义信仰，积极投身学生爱国运动，加入了中共地下党领导的革命青年组织"中国火星社"，担任四川大学分社社长，创办了学生进步社团"南北社"，为推动学生爱国运动做出了贡献。20世纪60年代，为了打破当时国际学术界流传的"道教发源在中国，研究中心在西方"的观点，卿希泰先生以强烈的爱国情怀，毅然选择潜心道教研究。欧洲著名汉学家施舟人曾说："如果没有卿希泰教授的贡献，中国的道教研究不会有今天这样的巨大成就。"卿先生正是用自己的实际行动践行着以学术报国、为民族争光的责任担当。

卿希泰先生的一生，体现了追求卓越、勇攀高峰的治学精神。20世纪80年代，他亲手创建了四川大学宗教学研究所，并带领宗教所开创了我国高校的多个"第一"：创办了第一份宗教学学术刊物《宗教学研究》；创建了第一个宗教学硕士和博士学位授权点；获准成立了第一批教育部人文社科重点研究基地；获得了第一个宗教学国家重点学科；获批了第一个宗教学专业独立的哲学博士后流动站；创建了第一个宗教学专业的"985工程"哲学社科创新基地。卿先生主持完成的《中国道教史》被评价为"填补了国内学术研究的空白"，他编撰的《中国道教思想史》入选"国家社科基金成果文库"，被誉为"我国道教学术研究的又一个重要里程碑"。卿先生为四川

---

* 本文为时任中共四川大学党委常务副书记罗中枢教授在卿希泰先生遗体告别仪式上的致辞。

大学乃至我国宗教学学科的建设与发展奉献了毕生精力,铸就了我国道教研究领域的一座不朽丰碑。

卿希泰先生的一生,体现了潜心育人、甘为人梯的崇高风范。他始终坚守在教育教学的第一线上,把自己的满腔热情都投入到教书育人工作中,书写了对高等教育事业的无限忠诚。他是四川省优秀教师、优秀研究生导师,先后为国家培养了数十名硕士、博士研究生,他们当中有的已成长为我国宗教学研究的领军人物、杰出学者。他还培养了一大批来自美、德等国的留学生和高级进修生。卿先生倡导设立了"卿希泰学术基金会",编辑出版"儒道释博士论文丛书",在社会各界的支持下,奖励资助品学兼优的学生,为培育我国宗教研究领域优秀人才、传承和弘扬中华优秀传统文化做出了卓越贡献。

卿希泰先生的一生,体现了无私奉献、淳朴厚道的高尚人格。他一生不求利益回报,不求惊天动地,面对社会的浮躁、功利,耐得住半个世纪的清贫寂寞,甘坐学术研究的冷板凳,把一辈子的心血都献给了道教研究这门"绝学"。他曾自豪地说:"待遇低,也没有什么奖金,大家都无所谓,因为我们当时都是把宗教研究当作一项事业。"他还主动把自己所得的稿费和奖金捐给宗教所,鼓励和支持研究人员潜心治学、甘于奉献。这种不计名利的精神、虚心从善的境界,给我们留下了宝贵的精神财富,为当代知识分子树立了人生榜样。

卿希泰先生的一生,是报效国家的一生,是献身学术的一生,是诲人不倦的一生,是无私奉献的一生。卿希泰先生的辞世,不仅是四川大学的重大损失,也是我国学术界、教育界的重大损失。卿先生爱党爱国的坚定信念、严谨求实的治学精神、无私奉献的高尚品格、实干厚道的价值追求,必将永远成为我们的宝贵财富,必将永远铭记在全体川大人的心中,永远铭刻在中国学术研究和教育事业的发展史上!

目 录

上 编

卿希泰先生逝世一周年纪念专栏

学者代表致辞

熊铁基先生致辞	（003）
施舟人先生致辞	（004）
陈耀庭先生致辞	（005）
马西沙先生致辞	（006）
胡孚琛先生致辞	（008）
陈兵先生致辞	（010）

纪念文章

大道至简，春风化雨——纪念卿希泰先生	卓新平	（012）
怀念卿希泰老师，坚持宗教学研究的正确方向	陈耀庭	（015）
先师卿希泰教授的学术贡献	詹石窗	（021）
扛鼎当代道教学术，拓荒道教史学深度，始终维护道教形象		
——深切缅怀卿希泰先生	袁志鸿	（033）
高山仰止，景行行止——怀念与卿希泰先生的两次会面	刘仲宇	（039）
业师卿希泰先生"道教文化与现代社会生活"学术思想再论	盖建民	（042）
典型在夙昔——缅怀卿希泰先生	林文钦	（046）

怀念道教文化一代宗师卿希泰大师	黄胜得	(052)
深切缅怀卿希泰先生	吕锡琛	(055)
我与卿希泰老师的交往	余孝恒	(057)
春风化雨，润物无声——追忆卿希泰先生	朱展炎	(060)
感念师恩——卿先生往事二三及学术思想	张 悦	(064)
深切怀念舅爷爷卿希泰先生	张丽霞	(067)
缅怀恩师卿希泰先生	由 申	(069)
卿希泰先生与新加坡道教学院二三事	褚国锋	(072)
卿希泰先生的《太平经》研究及其学术贡献	黄海德	(075)
继承卿先生未竟之业，推进道教史教材编写	樊光春	(083)
略谈卿希泰先生的学术贡献	郭 武	(088)
论卿希泰先生对道教研究的卓越贡献——兼论当代道教研究的方向和动力	孙亦平	(091)
简述卿希泰先生的学术之路和学术贡献	李海林	(097)
卿希泰的宋元新道派说	郑志明	(102)
卿希泰先生道教思想史研究的卓越贡献	刘固盛 田小玲	(114)
卿希泰对地方道教研究的历史贡献	赵 芃	(123)

卿希泰先生追思会专栏

"深切怀念道教学泰斗卿希泰先生"座谈会会议纪要	杨 雯	(135)
机构唁电（排名不分先后）		(143)
个人唁电（排名不分先后）		(156)

纪念文章

深情的缅怀，无限的思念	卿海若 卿格非	(166)
人生在世，常怀感恩——深切缅怀先师卿希泰先生	詹石窗	(169)
功德留人间 学统传后世——追念卿希泰先生	牟钟鉴	(171)
缅怀道教学泰斗卿希泰老先生	袁志鸿	(173)
高山仰止，景行行止——怀念我们的卿希泰老师	盖建民	(176)
泰山其颓，吾将安仰——怀念恩师卿希泰先生	张松辉	(178)
纪念吾师卿希泰先生——《中国道教思想史纲》述评	唐大潮	(184)
大家风范，永留人间	刘固盛	(192)
七律·怀念卿希泰先生	陈 霞	(194)

当代道教研究的大宗师——2016年洛阳老子学会访问卿希泰教授记 …………… 王宏涛（195）

中 编

生命道教专栏

《太平经》与"和生"思想 ………………………………………………… 钱耕森（199）
存在与意义：论道教生命哲学的理论与实践 ……………………… 李远国 李黎鹤（205）
生死问题与生命修养——从李道纯的生死观说开去 ……………………… 李大华（217）
一毛与天下——试论杨朱及道家的生命观 ………………………………… 陈 霞（226）
《三天内解经》道教自然生态观与审美思维模式的内在联系 ……………… 苏 宁（232）
生命符号与仪式象征：论道教传统中的"水"元素 ………………………… 李 裴（242）
"仆仆野人"：道教生态自我人格素描 ……………………………………… 蔡林波（250）
道教"洞天福地"的生态空间结构及其生命哲学意蕴 ……………………… 蒋朝君（258）
和气者寿——道家、道教论"和气与养生" …………………… 钱耕森 沈素珍（268）
推进"新时代道教养生文化创新发展研究"的几点思考 …………………… 张 钦（275）
道家文化：当代中国人幸福生活的文化指南 ………………………………… 杨玉辉（281）
仙道唯生，别开生面
　　——养生道教视阈下的陈撄宁仙学思想之文化意义 ………… 刘延刚 李 艳（289）
全真教史家姬志真及元仁宗延祐六年《云山集》的史料价值 ……………… 张广保（301）
《天师教》：天师道和早期道教文献中的七言诗 ……………… ［美］柏 夷 黎江南（321）
金元全真教人物画类型摭述 ………………………………………………… 申喜萍（331）
论"道教创立于东汉"说的合理性 …………………………………………… 尹志华（345）
南北朝至隋唐时期道教的道性与修道关系研究 ……………………………… 孙瑞雪（352）
清末民国道教善书与医方结合的几种形式 …………………………………… 李 冀（362）
对宗教学方法的思考：以道教内丹学为例 …………………………………… 戈国龙（369）
内丹就是要实现逍遥与自由 …………………………………………………… 曾传辉（380）
唐末宋初炼丹术的发展——《周易参同契》与外丹的理论化 ……… ［日］加藤千惠（385）
洗心子内丹生命哲学思想概论 ………………………………………………… 丁常春（390）
内丹史的建构——以《中国道教史》（修订本）为线索 …………………… 霍克功（398）
汉唐天师道二十四治圣地建构中的天文学传统及其影响 …………………… 吴 羽（416）
论《太平经》与传统天文学的关系 …………………………………………… 孙伟杰（432）

清代道教仪式音乐研究	蒲亨强（441）
云南民间道教传度奏职仪式研究	萧霁虹 吕 师（454）
神圣与世俗之间的纠结——当前全真道发展的困境与出路	赵卫东（466）
20世纪海外道教学术观的演变——以马伯乐道教学术遗稿的版本分析为中心	胡 锐（475）

| 下 编 |

卿希泰先生学术成就一览

获奖证书及颁奖词	（489）
学术著作简介	（494）
卿希泰主编《儒道释博士论文丛书》	（512）
卿希泰主编《宗教与社会研究丛书》	（521）
学术论文一览表	陈建明 余晓红（526）

社会各界缅怀卿希泰先生（团体机构及个人）

| 敬献花圈的机构（排名不分先后） | （535） |
| 敬献花圈的个人（排名不分先后） | （539） |

| 后记 | 盖建民（554） |

上编

卿希泰先生逝世一周年纪念专栏

| 学者代表致辞 |

熊铁基先生致辞*

各位朋友、同仁：

上午好！

卿希泰先生作为新中国道教研究的开拓者之一，已经离开我们一年了，现在回想起来，有许多问题是值得人们深思的。首先，他主持编著的《中国道教史》，是新中国也是整个中华民族历史上的第一部大型道教史著作，对道教的学术研究，对道教的兴盛发展都起了很大作用。记得有一年在茅山开葛洪学术研讨会，一些第一次见到卿先生的年轻道士说："我们是看卿先生的书长大的。"在大作问世的同时，卿先生还主持组织出版"儒道释博士论文丛书"，惠泽学林；更有一些普及性著作，服务社会。其次，他创办的四川大学宗教学研究所，是全国道教研究的重镇，成为全国培养道教学专门人才的最大基地，并且在较长时期内是唯一的专门培养道教学人才的基地。在宗教学研究所成立的二三十年时间内，她所培养的一批又一批学者走向全国各地，包括香港、台湾地区。

我们欣慰地看到，卿先生所创办的宗教学研究所，在他亲自指导的学生手中，正在稳步、有序、开拓性地继续发展。希望卿门弟子精诚团结，让我国的宗教学研究更上一层楼。

这里我还有一些具体建议，就是对卿先生的学术研究，应该纳入当代学术史的发展中来进行。因此，可以首先至少写一篇博士论文——《卿先生的道教学术研究》，这个是应该而且可行的。我的博士，以及我同事的博士，已经写了两三篇关于华中师范大学张舜徽先生的博士论文了，其中有一篇还被评为湖北省优秀博士学位论文。因此川大这个地方，当然也应该有一些研究生来写卿希泰先生的学术思想，而且还得要抓紧时间进行。为什么？因为，与卿先生合作过的几位老先生，如赵宗诚先生等，年事已高，我们应该早做调查，把资料积累起来。不仅是在这个会议上，在其他会议上的各种讲话，我们都需要去收集、采纳作为研究卿先生学术思想的材料。据川大宗教所的老师说，现在所里博士招生实行"申请考核制"，我看我们宗教所的研究生就可以来申请考核，申请研究卿希泰先生的学术思想，而且是必需的。

谢谢大家！

熊铁基
2018 年 5 月 20 日

---

* 本文据 2018 年 5 月 20 日熊铁基先生发言整理，2019 年 7 月 30 日经熊铁基先生审订。

施舟人先生致辞*

各位朋友、同道：

早上好！

很荣幸作为海外学者，现在在全世界的道教研究中心，在研究道教的四川，在道教的发源地，能够说几句话。

六十年前，我和我敬爱的老师康德谟先生在巴黎大学相识。每一个研究道教的学子都知道他的名字。在刚入门时，我感觉自己像一个小学生。如今，海外热爱中国文化和研究道教的年轻学者越来越多。感谢主办方给我们一个机会参加这样一个很难得的国际论坛，特别是对卿希泰先生的纪念，让我们今天能够聚到一起。

道教方面的国际学术会议不多，应该说很少。1968年，我们第一次在意大利的佩鲁贾举办了一个人很少的国际道教论坛。那个时候，很可惜，虽然我们写信给贵国的天津大学，请他们派代表到我们那边去开会，但由于历史原因，中国学者未能参会。卿希泰先生每次说起研究道教的经历，他就会说，那个时候没有中国人参会是很可惜的。后来，他通过自己的努力做了道教方面的研究与贡献，真是功德无量。他给了我们一个新的转机，让越来越多的研究道教的人来到道教自己的圣地，这个圣地就在这儿。非常感谢四川大学给我们这个机会，所以我们今天现场的人有这么多。

回想那个时候，在巴黎大学，我们只有八个人，真正研究道教的只有两三个。现在有那么多人，我们没有想到。这对中国固有的文化重新发展来说是一个好消息，对四川传统文化来说是一个好消息，同时也是世界人文文化一个非常好的消息。谢谢你们给的这个机会，和我们一起开展学术交流，让我能坐在这里，代表海外学者讲几句话。因为学术的交流跟文化的交流是学术的发展，也是文化的发展。

我就说到这里。请你们多多指教，谢谢！

施舟人

2018年5月20日

---

* 本文据2018年5月20日施舟人先生发言整理。

陈耀庭先生致辞*

尊敬的领导，各位学术界的同行，各位代表，各位老师，还有站在旁边的很辛苦的各位同学，还有各位卿老师的弟子和亲友：

请允许我代表来自各地的学术界的同事们，在这个庄严、隆重的"卿希泰先生道教学术思想研究国际论坛"上讲几句话。不是我一个人，我代表大家。

三十年前，卿先生扛起了中国道教研究的重担，他带领他的团队和我们在荒芜的道教研究的土地上开荒、播种、浇水、灌溉、除草、防灾，终于使中国道教研究获得丰收，取得了令海内外学术界刮目相看的成果。我们这些跟随卿希泰先生三十多年的人，没有一个没有读过他的著作，也没有一个没有听过他的教诲。卿希泰先生是我们道教研究界的楷模。

今天，我们从全国各地聚集到卿先生创建的川大宗教所来参加这次论坛，就是缅怀卿希泰先生，就是要继承卿希泰先生的遗志，继续把握正确的研究方向，加深研究道教思想文化。正如卓新平先生最近说过的："要深刻地挖掘道教的思想内涵"，在新时代的中国传统文化研究中贡献更大的力量，以此告慰九霄之上的卿希泰先生。

我们在此还要衷心感谢四川大学的领导、四川当地政府的有关领导长期以来对卿希泰先生所开创的事业一直给予的支持，以及今后继续给予的支持和关心。

我们祝愿四川大学宗教学研究所继续在中国道教研究中继承卿希泰先生创立的优良传统，取得更大的成绩。

我要说的就是这些。谢谢各位！

陈耀庭
2018 年 5 月 20 日

---

* 本文据 2018 年 5 月 20 日陈耀庭先生发言整理，2019 年 7 月 29 日经陈耀庭先生审订。

马西沙先生致辞*

各位尊敬的朋友、学者、道长：

今天，我们在这里纪念卿希泰先生的学术贡献，探讨他的学术价值，我感慨系之。前年，卿老请我在川大吃饭。我看他身体很好，川大给他以特殊的照顾。当时我对他说："你气色很好。"可是没想到，他去年就走了。

我和卿老渊源近四十年。记得第一次见到他是1983年在厦门开会，之后又有几次重要的会面。1994年，我们共同组团赴台湾参加海峡两岸第一次道教会议。1997年，我们组团赴德国参加老子研究会。1999年，在人民大会堂，当时的国家领导人胡锦涛出席共和国有史以来第一次对社会科学优秀作品的颁奖仪式，其中，卿希泰先生主编的《中国道教史》、我和韩秉芳先生合著的《中国民间宗教史》，都位列优秀作品之中。这是学界的荣耀，也是我和卿先生十数年来共同努力的结果。

今天我们在这里纪念卿希泰先生，最主要的是把他放在中华民族的学术、文化这个大背景中加以探讨。只有这样，我们才能知道，卿先生到底处在什么位置上。陈寅恪先生讲"道教之真精神，儒家之旧途径"，一个伟大的民族，支撑它的首先就是伟大的文化。我最近在思考一个问题，就是"文化决定论"，优秀的文化决定着一个民族的未来。殷周之际，道教的先驱巫文化创造了我们的文字。伟大的诗人屈原，他的学术背景也是巫文化。和《山海经》并列的巫文化，产生了最早的道教。在我看来，"道教之真精神"就是"自由"，精神之自由即崇尚自然。从老子、庄子到屈原、葛洪、王羲之、陶渊明、陆修静、李白、等等，无不是在道家精神的鼓舞下，发挥他们奇特的想象、伟大的思路。道家的精神气质极高，培育了我们的民族。至于"儒家之旧途径"，是从本质上讲的：你只要是个中国人，你就是儒家中人，你不能不孝顺你的父母、爱你的子女，不能不对你的家庭负责。总而言之，就是儒道结合。

明清至民国，道教和道家衰落，甚至被视为迷信。与道家相连的中医甚至被民国政府取缔，和道教沾边的中华医学、医术被禁止，以至于三千余名中医到南京举行大游行，道家的文脉几近断绝。这时出了一位伟大的学者——陈垣先生，他讲"用夏变夷，远而必复"，讲的是道教的政治学。人们总是把中国的历史和儒家过分地联系，但是在两汉初期，是黄老之学成就了其兴盛；

---

* 本文据2018年5月20日马西沙先生发言整理，2019年7月13日经马西沙先生审订。

在宋金交替之际，真正救世的并不是陈意甚高的儒学，而是全真道等一批由民间宗教上升到正统宗教的教派。他们从民间发起，由儒入道，摩顶放踵、刻苦自立，将儒释道合为一体，从基层走向上层，来保护中华民族的文化。陈垣先生说这番话是在1944年，他住在日寇统治下的北京。他认为抗日不但要用"武化"，还要用"文化"来救世。这之后，人们在文化上还是极为轻视道家与道教，数十年间，与道教相关的研究文章不过十数篇。"文革"之后，道家与道教这个文脉谁来继承？就是卿希泰先生、我们中国社会科学院道教研究室、上海的陈耀庭先生等人在继承。到了后来，各地的朋友都参与道教与道家文化的研究了。卿希泰先生的贡献之所以巨大，你们好好想想，什么时代有一个学者带领了一百多人用新的方法论让道教回归其应有的地位呢？

我们常说卿先生是一位泰斗、史学巨匠，我们把他放在这个位置上看一看，是不是过分了？当然不是。这么多年和卿先生接触，卿先生是个什么人呢？司马迁在写李广的时候，说了一句话："刚毅木讷则仁。"卿先生是一个寡言少语的人，一个行动派的人。他筚路蓝缕，开荒播种，主编了《中国道教史》，打出一番大天地。试想今天的中国，如果没有卿先生所创下的事业，培养出这么一大批学生、弟子，道教研究情何以堪？我们必须很好地向四川大学宗教所学习，这是纪念卿先生最好的方式。

最后，我愿意和你们共同努力，为中国的学术，为中国的文化，像卿先生那样，努力奋斗。

谢谢大家！

马西沙

2018年5月20日

胡孚琛先生致辞*

各位朋友、同道：

我今日很荣幸登上这个纪念会主席台作发言，缅怀卿希泰先生。

卿先生创立的宗教学研究所，已经成为全国道教研究的中心，也是宗教研究的中心，另外还有很高的国际声誉。我希望四川大学的领导和当地政府一定要保护四川作为道教圣地的学术传统。召开这个会议非常不容易，盖建民所长请了好多我所熟悉的老学长，这些人当中很多人的年龄比我大，我今年也75岁了，一般并不出来参加活动。但是这一次能见到这么多朋友，我非常高兴。

卿先生跟我第一次见面是1987年我来这里开会的时候。但据他说，在1982年的时候，他就知道我的名字，想把我调到这里来。为什么呢？因为1981年我见到了钱学森院士，同一年我跟陈国符学了《道藏》，就非常感兴趣，于是在中山大学的毕业分配登记表上，填了希望一辈子研究《道藏》，想找一个能够研究《道藏》的单位。没想到教育部有关人员见到这个登记表，就把我的情况介绍给了卿希泰先生。因为原来道教研究在我国还是禁区，到"文化大革命"结束时，之前一直研究道教的老学者只剩下两个人，一个是陈国符教授，一个是王明教授。但是改革开放以后，卿希泰先生首先带起了一大批研究道教的学者，使道教研究的学术声望终于从法国和日本又回到了中国。那时候研究道教的教授只有三个，一个是陈国符先生，一个是王明先生，再就是卿希泰先生。当然这几年不用说，有大批青年学者加入道教研究的行列。

我和卿先生的交往，有几个值得回忆的方面：第一，我主编《中华道教大辞典》，他应邀作为学术顾问，代表了四川大学宗教所的学术精神。第二，2007年，我创立全国老子道学文化研究会，正好卿希泰先生也作为顾问，我跟他的学生——詹石窗教授、盖建民教授都有参与。第三，我从李铁映那里要了一个指标，招博士后，这个博士后必须符合两个条件，一个是外语好，一个是必须专业素质高。结果最后选中了陈霞，卿希泰先生不愿意放。那时候陈霞在宗教所，到我们哲学所得重新按社科院的标准评定职称。但是，为了让四川大学放人，我给卿先生恳切地写了一封信，我说是要保护王明先生的一线学脉。卿先生跟陈霞说，胡老师把话说到这个份儿上，为了继承王明先生的学脉，你叫我还怎么说？王明先生是卿先生主编的《中国道教史》的顾问，并为

---

* 本文据2018年5月20日胡孚琛先生发言整理，2019年8月17日经胡孚琛先生审订。

该书写了序言，还是四川大学一批教授入门道教的导师，卿先生只能对陈霞忍痛割爱了。

陈国符先生去世以后，我经过十四年努力，由中华书局出版了《道藏源流考》（新增订版）。是书增加了六万六千字，原来的文字变动了大约三分之一到二分之一。现在要出《陈国符全集》，由盖建民教授、陈霞教授主持这个工程，经陈国符的儿子陈启新同意，据说筹备的材料、各种文献都已完成。希望《陈国符全集》能早一点出版。

谢谢大家！

胡孚琛

2018年5月20日

陈兵先生致辞*

各位朋友：

大家好！

今天的会议主题是"生命道教"。这个问题我在我的著作里已经谈过很多，我不愿意再讲这个问题。我在这里要讲的就是，作为一个领导，或者一个朋友，我借这个机会表达我对卿希泰先生的一份怀念之情。

可能在在场的人里面，我和卿希泰先生属于认识较早的。1979年，我还在中国社会科学院读研的时候，住在北京的一所学校里，那个时候因为编《宗教辞典》，卿希泰先生和曾召南先生被调去住了几个月。因为大家住在一起，经常交谈。关于我调到川大这个事情，刚才马西沙先生已经提到了，因为我当时在国内研究宋元明清道教，我在这方面的成果卿先生有看到，他正在做道教史研究，正好缺这方面的人才。卿先生很重视我，他为了把我从北京调来确实是花费了很多心血。他跟当时主管文科的校长多次建议，回来以后为了安排我的家属问题，他绞尽脑汁，结果一问，川大不接受。他找过好多关系，我亲眼看见他在这个事情上跑过三趟。所以作为一个朋友，我同他一直是感情非常深厚的。这是其一。

其二，我对卿先生最大的尊敬或者说赞同之处，就是他治学的严谨、用功。这个可能很多人不太了解。我吃完晚饭散步，要路过他家门口，每一次透过窗子看到卿先生，他都是坐在灯光下用功。他白天在用功，吃完晚饭还在用功。我在研究宗教的人里面没有见过他这样勤奋的人，起码我自己，吃了晚饭我是不看书的。在宗教的教育方面，他的治学非常严谨。我们汉学有一个研究传统，这个传统今天受到了冲击。但是在这里我还要讲一讲，卿先生曾经不止一次跟我讲，我们宗教所道教专业的博士论文没有一个合格的。因为我们宗教所的大部分博士生原来都不是宗教专业的，通过这三年时间，要写出一篇像样的、合格的、道教的博士论文，这在我们学术教育界很难。这不是笑话，佛教更是如此。我也讲过我也培养了佛教四五十个博士研究生，起码能让我感到满意的很少。我的导师任继愈先生，他是继承汤用彤先生的学术研究方法，强调读原典、打好基本功，要读原典读得很好。他当时不主张我们写文章，甚至毕业以后多少年他都不让我们写文章。这样一来，在我年轻的时候，别人都发表了很多文章的时候，我却没有文章。我旁边住的

---

* 本文据2018年5月20日陈兵先生发言整理。

同学跟我讲一个月拿了多少稿费，我却非常可怜，从来没有拿到过稿费。但是我是后劲型的。

虽然研究道教，但是我在研究道教之前，从1975年开始，我大部分的精力是用在研究佛教上。就这样，我大概在研究了十五年以后，才开始写佛教方面的文章，也还写得不成功。我自己讲过，我之前写过很多关于佛教的文章和书，大部分都是从别的书上抄的，因为以前没有自己拿得很准的看法，尤其是对于佛教史上经常讨论的一些重大问题，当时心里没有准备。我是一直到退休以后，大概研究四十年以后，才觉得我自己有资格、有把握可以评判人，可以有自己的鉴别，这样写的文章大概才是有价值的。所以我觉得做学问——当然，我们这个话不是公开在桌面上讲的，卿先生这个话也不是公开在桌面上讲的——尤其是做这种中国传统文化的学问，还是应该继承和发扬我们中国学者传统的做学问的精神。虽然在某些方面，比如说引证原典方面，我们确实远远没有国外学者引证得那样精确，都是只引证到第几卷就结束了，但是在对传统文化思想的整体把握、深刻体会方面，我觉得我们中国学者传统的做法还是应该继承发扬的。

我在此深深地怀念卿希泰先生，对他在学术方面的贡献深表赞同。尽管我与他在研究方法上并不互相赞同，但是我相信你们也明白，我们在可以合作的地方照样合作得很好，在不能合作的地方各搞各的，并不妨碍各自的科研成果。

谢谢大家！

陈　兵

2018年5月20日

| 纪念文章 |

大道至简，春风化雨
——纪念卿希泰先生

卓新平*

卿希泰先生离开我们已经一周年了，大家一直在缅怀卿先生的学术生涯、重要贡献，尤其是其研究成果对中国道教意义的揭示和对中国宗教学的推进。因此，我们今天举办"生命道教暨卿希泰先生道教学术思想研究国际论坛"非常及时，很有价值。卿先生与我们世界宗教研究所有着密切交往，和我们有过愉快的合作，并共同培养了道教研究领域的众多人才。卿先生以其独具慧眼和不凡睿智悟出了"大道至简"的真谛，从而带领其学术群体对道家、道教之奥秘展开了深入、细致的研究，达到了探赜索隐、洞幽悉微的奇效。而且，卿先生以其渊博的学识、极大的热情教书育人，带出了一支研究道教的劲旅，形成了中国学术界独树一帜的团队，给人一种非常温馨的春风化雨、大地碧绿之美感。对于一生勤耕耘、桃李满天下的卿希泰先生，我们充满了崇高的敬意，有着不尽的仰慕。

通过卿希泰先生对道家、道教的透彻探究，我们可以体察询问宇宙万物及人类社会的终极问题之缘由。其实人生之问，与其定位有关，"生命道教"可以将对无垠宇宙和微观世界的探索融贯一体，触类旁通，回到原点，回到人类关心的最基本问题，从而得以大彻大悟，达到洞观一切的澄明之境，并可简化任何深邃、深奥之问题。这里，一个"道"字可以"冠古今""通时空"，涵括一切，解释一切。悟透了这一道理，我们则可以如卿先生那样"为学日增，为道日减"，在融贯中西、博采众长而达到博大精深之境后对这些知识体系加以整合汇聚、去粗取精，并进而对之统摄大化、推陈出新，获得开拓、创新的升华。

宗教对于人生真谛，通常会以"真、善、美"来概括："真"乃求实，获得事物的"真实"，还原其"真相"，说出其"真理"，遂为科学的基本标准；"善"乃施仁，讲究行为中的仁慈博爱，这种慈善、仁义乃人际交往的准则，在社会实践中应该遵循，"止于至善"是公共伦理的理想表

---

* 作者简介：卓新平，中国社会科学院学部委员、中国宗教学会会长。

述;"美"乃向往完满,旨在尽善尽美,从而为艺术追求的最终目的。而能完全达到"真、善、美"之境,则可视为"神圣",由此而进入宗教之维,"圣"是人之完美境界,由此则可升华为"神"。这种"至简"思维既可推演,亦能还原,使人认识到"万物之始,大道至简,衍化至繁"的意蕴。中国道教的基本思维,就是追求和回归根本之"道",说明中国智慧以最简练的一个"道"字已经说明一切、涵括一切。其实,这个"道"本来就是中国哲学思想及宗教信仰对人类最根本、最原创的贡献。所以,中华民族理应悟透并说清代表我们本真的"道"文化,并将之弘扬,在共建人类命运共同体的进程中也能使"道行天下"。

就观察及解释世界而言,需要一个主体,主体不同,其定位也不同,而其观察、行动的定位也就大不一样。例如,生物世界不同生物的观察能力和生存状况是各不相同的,其对色、声、嗅、味、触的反应功能不同,那么所观察到、能适应的世界也会截然不同。人的存在与观察也有其定位,由此而决定"人究竟是什么"的问题。人立于天地之间,其观察及探究可以向宏观宇宙及微观宇宙无限扩张。从硕大无朋、渺无边际的宏观到无限内蕴、微乎其微的微观,世界都会还原为壮观的粒子运行图景。天体与粒子世界既然可以简化为类似形态即所谓归于物质之"一",那么溯其源则恰如《道德经》所言"天下万物生于有,有生于无"①,而这种"原始形态"之"无"正是物质世界起源和归宿之"道"。对此,《道德经》已经开宗明义地指出:"道可道,非常道。名可名,非常名。无名天地之始,有名万物之母。故常无,欲以观其妙;常有,欲以观其徼。此两者同出而异名,同谓之玄,玄之又玄,众妙之门。"②到了本原、终末之境,无、有则已相同、相通。无或一,都在描述着整体、一统之境。同理,生物的细胞、基因等,也是由多彩复杂的个体还原为类似、相同的图例。

至于至简大道如何衍化至繁的,《道德经》亦说得非常清楚:"道生一,一生二,二生三,三生万物。"③

"一"即整体、不分的形态,是物质世界的最基本元素。对此,中国文化体会最为深刻。一元整体乃中国人最为习惯的思维定式。古希腊文化也在"火""水""气"中找寻世界的本原和最基本的元素。"一"象征着一体、整合、完整,以固定、静止形态,没有变化为特点。"天得一以清,地得一以宁,神得一以灵。"④

"二"则一分为二,形成"二元分殊""二元对立"。而西方世界观则基本上是"神""人"区分,天堂、人间相隔开的审视。这种二元区分包括物质与能量、时间与空间、生命与精神、彼岸与此岸、绝对与相对、天堂与人间、天与地等对比。而犹太文化在受到西亚文化等影响时在《圣经》的卷首也留下了"起初,神创造天地。地是空虚混沌,渊面黑暗,神的灵运行在水面上"(《创世记,1章1—2节》)之记载。"二"的特点即出现变化、流动,形成对比、对抗。

"三"为世界万物的创造奠定了基础,由此形成"三生万物"的格局。例如,当基本粒子整

---

① 《道德经》第四十章。
② 《道德经》第一章。
③ 《道德经》第四十二章。
④ 《道德经》第三十九章。

合为世界的具象时，我们可以观察到物质的三种基本形态，即固体、液体和气体。显然，"地"即固体，是物质世界存在的最为典型也最为具象之态，其特点是稳定、静止。"水"即液体，其流动性、活力得以展现，老子亦有"上善若水"的赞叹。这种流动、多变的液态，使人们意识到勃勃生机或顽强的生命力，因此"水"之动感使人联想到"生命之泉""母亲之河"，成为思想、宗教等之发源。而"气"则是气体之存在方式，有"气"则有"场"，人仰望天空，其实感觉到的也主要是"气"或其流动，形成风、"气场"之感。"气"是对物质存在形式最为精微的表达，给人腾腾向上飞升之感，而"道"则可与这种"气场"相关联。记得有一次来川大访问，与卿先生一起吃饭前就曾听到一位来自海外的学者论及道教"场论"。这也是一些西方宗教术语在译成中文时往往以"道"来表达的缘由，如表达"神灵"降世用"道成肉身"等。宗教所描述的灵性精神世界，正是这种"场论"的表达，如"神圣风""精神场"等。实际上，对于精神世界的描述，最为恰当的就应该是对这种"场"的领悟及表达。

随着"三生万物"这种衍化至繁的发展，世界呈现一种多元之境。在中国文化中，"道"之"一"分化为伏羲八卦之"二"，有了阴阳对立和共存。"三"使平面世界上升为立体空间，有了多维的拓展。从无极之圆推导出天乃完满之"圆"和地乃有限之"方"的形象，有了"四极""四方""四维""四季""四时"等表达。随之，金木水火土之"五行"、仁义礼智信之"价值"均与"五"结缘了。而"六"在犹太文化中得以彰显，其"大卫之盾"的六角标志格外鲜明。"七"则被早期巴比伦观星定周所运用，"八"乃中华民俗文化所特别器重之数，"九"则为阿拉伯民族所情有独钟。而古印度数学对"零"的发明让十进制成为可能，更使人类数学得以突飞猛进，又为代数、微积分等发展奠定了基础。不过，这种无穷无尽之多最终却返璞归真，在电子网络时代又回到了中国远古就已运用的二进制计算方法，作为八卦基本要素的阴爻、阳爻二进制成为今天的数学语言，带来了世界发展的巨大突破。这样，我们对世界及人类的认识又回到了"术数"时代，今天所谓的"大数据"正是这种"术数"之"术以穷理""数以论象"的充分发挥。也正是基于这种对"术数"的重新认识，我们才意识到道教文化乃整个中华文化的根源。

道教追求悟透宇宙的奥秘，同时亦醒悟生命的奥妙，因此宇宙道教与生命道教并驾齐驱、共同前进，究天理、悟人生。"天行健，君子以自强不息"，宇宙的千变万化，人生的跌宕起伏，这一切在"道"中都微不足道，至简之道乃"道法自然"，故"大音希声，大象无形，道隐无名"①。在学问研讨的行程中，也是学海无涯、学无止境。因而，我们应该具有一种崇高而微妙的"道境"，体会"知人者智，自知者明"②的道理，意识到"善为道者，微妙玄通，深不可识"③。卿希泰先生就是一位"善为道者"，因而永远是我们的榜样。

---

① 《道德经》第四十一章。
② 《道德经》第三十三章。
③ 《道德经》第十五章。

怀念卿希泰老师，坚持宗教学研究的正确方向

陈耀庭*

卿希泰老师离开我们已经有一年了。一年来，每当我为道教研究的各种新课题冥思苦想的时候，常常会想到如果卿希泰老师还在我们身边，他会怎么说，他会怎么指导我们。

一、三十五年前，卿老师带我入道教研究之门

我认识卿希泰老师是在1983年，距今已经有35年了。我当时刚被调到上海社会科学院宗教研究所。到所不久，上海社会科学院名誉院长、宗教研究所名誉所长罗竹风同志就安排我参与《中国大百科全书·宗教卷》的"道教分支"编辑工作，把当时卿希泰老师主持编写的《宗教卷》的"道教分支"条目的初稿全部交给了我。

我虽然有家学的传统熏陶，但是，做道教研究，做"道教分支"的编辑，需要有宗教学研究的基础，需要有道教史的基础，需要有编辑工作的基础，可是，当时的我都不具备。因此，心中十分惶恐。接受罗竹风同志的安排，我也明白必须把代表中国学术水平的第一部大百科宗教卷编出水平，能与国外的大百科条目媲美。当时，我想，我能够做的就是利用上海收藏的海外著名百科全书，摸清英国、美国和日本的百科全书中有关道教条目的内容和水平；利用上海收藏的日文、英文的道教研究专著，了解国际道教研究的实际水平；利用我使用英语和日语的能力，用学术情报帮助川大宗教所的同仁们做好大百科条目的编写工作。不过，我也担心，川大宗教所和卿希泰老师赞不赞成我的做法，能不能接受我这个初出茅庐的人的一些肤浅的意见。

---

* 作者简介：陈耀庭，上海社会科学院宗教研究所研究员，先后任该所副所长、代所长、所长。现旅居澳洲。曾任中国宗教学会理事，上海宗教学会理事，上海市社会科学界联合会委员。现任四川大学讲座教授，香港道教学院客座教授，上海城隍庙、上海道教学院、新加坡道教学院顾问。

我记得，第一次和卿希泰老师见面就是在川大九眼桥东门门口附近的宗教所办公室。那次会见有些细节场景，至今印象深刻。一个印象是抽烟的人（卿希泰老师、古存云老师等）多，烟的质量也不高，包括我自己，半天讨论下来，整个会议室烟雾腾腾的。另一个印象是似乎大家对我的编辑意见很客气，可是有怀疑。因为，在我的发言中，卿老师、赵宗诚老师、石衍丰老师，都用过一个字"喔"，这个字有上扬的语气，表现的意思是"是吗"。

不过，我最关心的是卿希泰老师和其他川大老师对我意见的态度。我记得，卿希泰老师说，他们在事前已经阅读过我对他们原稿的意见。大家都猜测我这个提意见的人是一个60多岁的老人，想不到坐在他们面前的是40多岁的中年人。这个评价是对我意见的肯定，也是对素未谋面的我的道教学术研究能力的鼓励。我当时听了就非常感动。第二，卿老师得知我的很多意见来自国外的研究情报。他毫无偏见地大力鼓励我继续利用能够读懂外语著作的优势，将外国的研究成果介绍到国内来。这个要求给了我后来完成《道教在海外》的动力。

卿老师对于完成大百科宗教卷的"道教分支"条目，态度是非常认真的。根据大百科全书工具书的编写要求，他谦虚地将他编写的"道教"总条打印出来，广泛征求学术界、道教界和政府宗教工作部门人士的意见。可是，有一位前辈将打印的总条退回给宗教卷主编罗竹风同志，并且说，其中许多话都是抄袭他的著述。这个事情让卿希泰老师知道了，他觉得很委屈。因为工具书和一般学术著作不同。工具书要写的是为学术界所公认的、稳妥的结论。卿老师的总条写到的都是道教的基本常识，并无抄袭专门研究成果的嫌疑。罗竹风同志指示我处理这个问题。我请示罗老的意见。罗老只是说了一句话："道教是土生土长的中国宗教，这句话，总不能说，你说过了，就不让别人说吧。"根据我对罗老指示的理解，我首先将卿希泰老师的总条原文和提意见的前辈的著述，进行全面对比，找到了可能指称抄袭的各种所谓依据。然后将其区分为两类：一类是公认的共同认知不做改动，例如，"以'道'为最高信仰的中国传统宗教"；一类是可能会引起误解的表述，做技术性改动，例如，将"早期道教有太平道和五斗米道两大派"改为"太平道和五斗米道同为早期道教的两大派"。卿希泰老师非常尊重提意见的前辈，自始至终对我对总条的修改工作给予了周到的关怀。最终，这件事情处理得还是很圆满。

在《中国大百科全书·宗教卷》编辑出版的过程中，卿希泰老师一方面继续他的《中国道教思想史纲》的研究，一方面挑起了编写四卷本《中国道教史》的重担，在《中国道教史》的第四卷，还专门安排了道教在中国港澳台地区传播以及在海外传播的内容，增加了海外对道教的研究的附录。在组织编写人员的时候，又把我吸收为第四卷编写人员之一编写这些内容。后来，我又在卿希泰老师主编四卷本《中国道教》时出任了副主编。

我不是卿老师的弟子，但是，从我的学术经历来说，我的道教研究，是卿希泰老师带我进门的。虽然，我的道教研究的领域和方法同卿老师都不太一样，但卿老师对我并不另眼看待。另外，卿老师早期的道教研究工作告诉我们，中国的道教研究要虚心地学习国际学术界已经取得的学术研究成果，同时，寻找中国研究的突破口，用最短的时间尽快地赶上和超过国际学术界的研究水平。

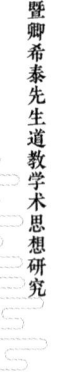

二、卿希泰先生要求道教研究坚持正确方向、治学原则

卿希泰老师常常说,他在"四清"和"文化大革命"中,吃尽了苦头。他研究道教是从"文化大革命"的后期开始的。当时,他在劳动之余,阅读了一些马列主义和中国哲学史方面的著作,对自己的研究方向和方法做了很多思考,认识到总结中国传统文化的发展规律,对于建设社会主义新文化是极其重要的工作,特别是对于中国固有的宗教——道教的研究,国内长期不够重视,与中国的国际学术地位极不相称。因此,他在"文化大革命"后期就开始了《中国道教思想史纲》的写作。

改革开放以后,卿老师在任继愈先生的支持下,参加了一系列宗教学科建设和发展工作。他的工作主要体现在两个方面。

一方面是宗教学特别是道教研究学科的建设和发展。卿希泰老师在《我的研究历程》中说,他在"文化大革命"结束之时,就收到"中国社会科学院世界宗教研究所的一位负责同志来信,建议我承担起道教研究的任务"。[①]

这里说到的负责同志就是已故的任继愈先生。任继愈起初准备调卿希泰老师和夫人一起到北京工作。后来,由于四川大学坚决拒绝调动卿老师的工作,经过多次反复商讨,最后确定四川大学成立宗教研究所,同时,中国社会科学院世界宗教研究所在成都成立工作站,同卿希泰老师领导的研究所共同开展道教研究工作。在20世纪80年代初,卿老师在川大校领导的特别批准下,参加了一系列中国宗教学建设筹备工作会议,参加了《宗教词典》的编撰工作,接受了编写四卷本《中国道教史》的学术建设任务。

另一方面是四川大学宗教学研究所的机构建设、人才培养和道教研究的发展壮大。四川大学宗教学研究所开始研究道教的时候,条件是极其艰苦的。从图书资料来说,在整个四川大学连一部完整的《道藏》都没有。为了读《道藏》,检索《道藏》,研究所的先生都要到四川省图书馆或者四川师范大学图书馆去借阅或者复制。一些重要的类书,例如《太平御览》和《古今图书集成》,也都需要借阅和复制。从人员配备来说,研究人员来自哲学、历史、文学、图书馆等各个专业,大家都没有经过宗教学专业的训练,但是,大家都怀着为中华文化建设贡献力量,在国际学术舞台上为国家争光、为民族争光的决心。

卿老师说到那个时候的自己时称,当时他就是"鼓足勇气,迎着困难,披荆斩棘,争分夺秒,夜以继日,默默无闻地在浩瀚的书海中耕耘着"。[②]

围绕着学科建设和机构建设这两方面的工作,卿老师始终坚持马克思主义的道教研究的正确方向。对于道教研究的正确方向,卿老师这样教诲我们,"最正确最根本的方法,就是马克思主义的唯物辩证的方法。这个方法的最本质、最核心的东西,就是从实际出发、实事求是,对于具

---

① 卿希泰:《我的研究历程》,《刍荛集》,成都:巴蜀书社,1997年,第644页。
② 同上,第645页。

体的情况作具体的分析"。① 在这个时期，中国学术界正在进行宗教的本质的争论，卿老师并未就争论表态，但是，从他对正确的研究方向的表述来看，卿老师在思想上已经清除了对于宗教认识的"左"倾流毒，将全所的道教研究引领上了正确的轨道。

随着中国学术界对于宗教的认识越来越科学和客观，卿老师先后组织全所研究人员从文化论的人类学角度和功能论的社会学角度对道教开展了持续而艰苦的研究工作。1989年出版了卿老师主编的《道教与中国传统文化》。在《前言》中，卿老师指出："为了批判地继承祖国文化遗产，发扬民族自尊、自信、自强的传统，驳斥民族虚无主义者的各种谬论，发展有中国特色的社会主义新文化，加强社会主义两个文明建设，有必要开展包括道教文化在内的中国传统文化的认真研究，吸取其精华，剔除其糟粕。"② 1996年，在卿老师指导下，《道教文化新典》出版。在由卿老师执笔的《导论》中，详细阐述了"道教文化释义""道教文化研究的学术原则与方法"。其中说到泰纳的文化的定义，并且将广义的道教文化的定义规定为"道教文化是指凝结了道教精神的一切存在"，而狭义的道教文化是"指道教的精神形态，诸如道教哲学、道教仙学、道教医学、道教科仪、道教音乐、道教美术、道教文学等"。③ 至于道教文化研究的原则，卿老师强调的是"尊重事实与大胆探索的原则"，包括以下四个方法：第一，坚持文献性与逻辑性的统一；第二，坚持历史性与时代性的一致；第三，坚持中国传统方法与外来方法并举；第四，坚持整体把握与局部具体分析的有机结合。④ 这样一种从文化学的角度对道教的研究，既是对中国历代学术界对道教文化研究成果的总结，也是从当代文化人类学的角度对于道教研究的新开拓。

20世纪末，中国道教研究的重点逐渐转向道教和社会关系的研究。此时正巧国家设立鼓励创新研究的"985工程"，并且将"宗教与社会研究创新基地"交给了四川大学，任命卿老师为该基地的首席科学家。卿老师指出，这个创新基地主要是"对中国各种宗教及其与中国社会的相互关系进行研究，其目的不仅在于通过深入研究中国历史上的各种宗教现象，来对有关宗教学的理论进行补充与发展，而且在于通过系统考察中国各种宗教与中国社会的相互关系，来为我们国家今天构建和谐社会服务"。⑤ 在21世纪的第一个十年里，卿老师发表了《道教文化与现代社会生活》《道教文化与世界和平》《道教生态伦理思想及其现实意义》《再谈道教伦理思想的现实意义》等一系列道教和现代社会生活关系密切的论著，对于道教同社会的关系研究，做出了明确指导。并且在这些具体指导的基础上，他主编了四卷本《中国道教思想史》，从"思想"的特定角度对道教发生与发展的过程进行历史的梳理与论述，揭示了道教以"道"的基本信仰为核心、以延年益寿和羽化登仙为目标而形成的关于自然、社会、人生的观念体系及其发展变迁、社会作用的历史。

这三十年卿老师的道教研究，从哲学史方法，转向文化人类学的方法，转向社会学的方法，

---

① 卿希泰：《第三讲·研究道教发展史的方法论问题以及我国道教研究的现状》，《刍荛集》，成都：巴蜀书社，1997年，第163页。
② 卿希泰：《道教与中国传统文化·前言》，福州：福建人民出版社，1990年，第1页。
③ 卿希泰、詹石窗主编：《道教文化新典》，上海：上海文艺出版社，1999年，第5页。
④ 同上，第32—35页。
⑤ 卿希泰：《道教文化与现代社会生活研究》，《宗教与社会研究丛书·总序》，成都：巴蜀书社，2007年，第4页。

带领四川大学宗教研究所的各位同仁大大拓宽了道教研究视野和研究方法，跟上了时代对于道教研究提出的要求，并且获得了丰硕的研究成果，一直是中国宗教学界和道教研究界的标尺和楷模，引领着中国道教研究的方向，走在国际道教研究界的前列。

三、卿希泰先生要求治学必须尊重对象，育人治人

卿希泰老师在早期的道教研究著作中，应该说，对他研究的对象——道教，还持有当时一般学者都有的偏见。但是，随着改革开放以后，对于宗教的"左"倾思想逐渐被批判，卿老师忠实地执行着《关于我国社会主义时期宗教问题的基本观点和基本政策》的文件精神，"在报刊上公开发表涉及宗教问题的文章，要采取慎重态度，不要违背现行宗教政策，伤害信教群众的宗教感情。学术界要尊重宗教界的思想信仰，宗教界也要尊重学术界对于马克思主义的宗教理论的研究和宣传活动"。① 他在工作中广交宗教界和道教界的朋友，了解他们的信仰感情，并且教育川大宗教所的研究人员和学生严格执行中央文件的规定，不做伤害道教界朋友信仰感情的事情。

有一件事情，卿老师曾经认真给我交代过。那就是他多次引用鲁迅先生给许寿裳的信中的一段话："前曾言中国根柢全在道教，此说近颇广行。以此读史，有许多问题可以迎刃而解"。② 对于卿老师这样做，学术界有些青年颇不以为然，在一次会议上还公开批评了卿老师。

卿老师听了这些意见，很难过。说句实在话，卿老师何尝没有读过鲁迅的著作，何尝不知鲁迅对于中国传统文化的态度。他在《重温鲁迅先生"中国根柢全在道教"的科学论断》一文中，从中国学术文化及其发展规律的历史视野着眼，指出长期以来国内外学术界流行以儒家文化代表整个中国传统文化的偏见，指出"鲁迅先生是'从旧垒中来，情形看得较为分明'，他对中国传统文化有极其透彻的了解，所以他能向这种传统的学术偏见挑战，提出'中国根柢全在道教'这样一个科学论断"。卿老师认为，"鲁迅先生这句至理名言，除了讲明一个客观的历史事实，科学地阐明了道教在中国传统文化中的地位和作用之外，它本身并不包含对道教的褒或贬"。卿老师还详细地分析了鲁迅的原著，认为鲁迅先生揭露的"主要应当是指儒家所宣扬的封建礼教的本质，而不是道教的本质"。③ 卿老师还以鲁迅先生的《小杂感》中的名言："人往往憎和尚，憎尼姑，憎回教徒，憎耶教徒，而不憎道士。懂得此理者，懂得中国大半"，指明鲁迅先生认为"道教在老百姓心目中的地位，是有深厚根柢的"。卿老师还引用鲁迅先生同日本著名学者橘朴的有关中国宗教的谈话，详细分析鲁迅先生的宗教观和道教观，指出"鲁迅先生之所以能够做出'中国根柢全在道教'这个英明论断，绝非偶然"。④

---

① 《中共中央印发〈关于我国社会主义时期宗教问题的基本观点和基本政策〉的通知》，《新时期统一战线文献汇编》，北京：中共中央党校出版社，1985年，第214页。
② 鲁迅：《鲁迅全集》第十一卷，北京：人民文学出版社，1981年，第353页。
③ 卿希泰：《重温鲁迅先生"中国根柢全在道教"的科学论断》，《道教文化与现代社会生活研究》，成都：巴蜀书社，2007年，第123—124页。
④ 同上，第128—133页。

卿老师为正确理解鲁迅先生的论断，做出如此详尽的分析，也表明了他对于研究对象的尊重和感情。

卿希泰老师三十年来，同道教界建立了深厚的感情。他在中国道教协会副会长、上海市道教协会会长、上海城隍庙住持寿诞时，发表了讲话，还作诗庆贺；在香港道教联合会会长、圆玄学院主席汤国华羽化，香港青松观主席侯宝垣羽化，台湾《道教文化》杂志龚群先生羽化，他的博士研究生、台湾中华道统出版社负责人赖宗贤先生羽化的时候，卿老师都满含深情地撰写了纪念文章。

正是由于卿老师对研究对象——道教怀有深厚的感情，也对研究对象的实践人群怀有深厚的感情，因此，他的许多研究成果在中国道教的恢复、振兴过程中，发挥着积极的作用，有着巨大的影响力。我所在的上海道教学院，在本科班就曾经使用卿老师和唐大潮合著的《中国道教简史》做教材，中国道教学院上海进修班使用四卷本《中国道教史》做教材，培养了一批批道教事业的接班人。

最后，要说到我同川大宗教所几十年的学术友谊，我先后从宗教所的三代领导人身上学习到很多东西。第一代是卿希泰老师，还有许多德高望重的老师，像石衍丰老师、曾召南老师、陈麟书老师、赵宗诚老师等等。第二代是李刚教授。第三代是盖建民教授。另外还有詹石窗教授、陈兵教授。川大宗教所，从它创立起，在各种条件都极端困难的条件下，就坚持一年一年地培养硕士生、博士生，吸收本国学生，还吸收外国留学生。一代又一代，英才辈出。在川大最困难的时期，卿老师和石衍丰老师曾经对我说，不管有多少困难，培养人才的工作，一年也不能中断。卿老师还曾经对当前培养人才工作有过鲜明的态度和立场，要求培养必须严格，不能马虎和放任自流。现在川大宗教所培养的学生，分配在全国各个著名院校和研究单位，成为中国学术界研究道教的骨干力量，为中国学术界的道教研究争得了不可替代的话语权。

我相信，四川大学宗教学研究所的各位贤达，将会继承卿希泰老师的遗愿，在新时期的征程中，紧跟党和政府的步伐，推进中国化的学术研究工作，夺取更大的成绩，告慰九天之上的卿希泰老师，将卿老师创立的事业发扬光大。

先师卿希泰教授的学术贡献

詹石窗*

摘 要：先师卿希泰教授，系当代道教学泰斗。他一生发奋努力，著书立说，"笔成道德文章，乃成巨著皇皇"。其最大贡献是开创了"中国道教思想史"与"中国道教史"的学科体系。他继承传统，厚积薄发，深入探索，勇于创新，引领道教研究的学术前沿；立足当代，高屋建瓴，推动我国道教研究不断向前发展。他的学术成就，成为我国当代道教研究的丰碑。在纪念卿先生仙逝一周年之际，重温他老人家的遗著，肃然起敬。先师的学术之路，是一代知识分子艰辛历程的缩影；先师孜孜不倦的探索精神，将鼓舞我们开创道教文化研究的新局面。

关键词：卿希泰教授 中国道教思想史 中国道教史

2017年2月17日是一个令人深切怀念的日子。因为这一天，业师卿希泰教授离开了我们。转眼之间，一年过去了，翻开往日照片，阅读先师遗著，其音容笑貌又浮现于眼前。

先师九秩，笔耕不辍。其编著出版的主要著作有《中国道教思想史纲》《中国道教史》《道教与中国传统文化》《道教文化新探》《刍荛集》《道教文化与现代社会生活研究》《中国道教思想史》等二十余种。此外，他还在报纸杂志上发表了百余篇学术论文。查"中国知网"可以看到，先师关于道教文化研究的学术论文最早见于20世纪70年代末。自1979年以来至临终，他几乎每年都有该研究领域的文章发表。其中发表最多的年份是1983年，共有15篇；其次是1998年，共有7篇。先师兢兢业业，发奋努力，直到2016年病重之际，依然为博士研究生授课。其坚忍不拔的精神实在令我等后辈敬佩不已。

2018年元月，被誉为国学研究最高奖的"汤用彤学术奖"颁给了我国两位老前辈，其中一位就是先师卿希泰教授。颁奖词是这样写的："近代以还，西学东渐，异风魁横，泱泱中华，气委体败。举国皆欲革二千年祖宗之道统，求西学而斥国学。故四维不张，文卑质衣。自古贤者少，

---

* 作者简介：詹石窗，卿希泰教授的开门弟子，现为四川大学文科杰出教授，四川大学道教与宗教文化研究所教授，老子研究院院长。

不肖者多。天下争稗草于熙攘，弃兰芝于道旁。道家之学，虽发轫于吾国，却成风于西方。及公为之，肆力学问，思动鬼神，拨去其华，得其本根，吾国之学，绝而复新，是以君子有所恃而无恐。圣人云：太上立德，其次立言。立德者稀，立言者贵。故圣人被褐怀玉，著书立说。公胸怀良知璞玉，心忧根柢国脉，笔成道德文章，乃成巨著皇皇。是使树德不孤，斯文犹在。先生之风，等高山斯仰，共江海无逝。"这篇颁奖词从时代大背景入手，评述先师卿希泰教授道德文章之可贵，读之不禁令人心潮澎湃。值此先师周年之祭，重温遗著，感慨万千，乃作此文，以表纪念。

一、继承传统，厚积薄发

先师能够在道教文化研究领域取得巨大成就，绝非偶然。记得1983年，我考入四川大学师从卿先生攻读硕士研究生时，他老人家曾经谈起自己早年之学习经历。从其谈话中，我了解到先师出生于四川省三台县与射洪县交界的一个偏僻乡村。在20世纪二三十年代，斯地方圆一二十里没有一所小学。此等环境，致使先师无法像城里人的孩子那样接受现代教育。然而庆幸的是，先师家里有一位懂得旧学的父亲。自四岁起，先师开始上私塾，启蒙老师就是他的父亲。在其父引导下，先师从《三字经》读起。读完《三字经》，接着就读《史鉴节要》《文昌孝经》，这样的识字课本四字一句，朗朗上口，容易诵读，故而在先师脑海里留下了深刻记忆。再后来，先师读《声律启蒙》《孝经》和"四书""五经"等。先师说，每天清早、上午和晚上读的是"生书"（新的文章），下午先要"温书"（复习），然后是听讲、习字、联句、作对联等等。每年农历正月十六日开学，读到农忙时便停学放假，和大人们一起参加一些田间劳动。到1939年冬天，"五经"快读完的时候，他的父亲因病去世了，于是中断了旧学教育。这段时间共有7年，从现代教育眼光看似乎太刻板，但从传统文化学习角度看却是非常难得的。正因为先师自小接受了传统的经典教育，练就了"童子功"，所以在后来开展研究时对于经典的引述能够信手拈来，毫不费力。

1940年春天，先师在其兄护送下，到射洪县太乙乡上小学。由于原先已经有了一定基础，先师接受的新式教育是跳跃式的，他直接从五年级读起，读了一年就考上了射洪县太和镇初级中学。对于中学阶段的学习体验，先师在《社会科学战线》2010年第10期发表的《我为何走上道教文化研究之路》一文中有比较具体的陈述。在这篇文章中，先师回忆了著名学者庞石帚先生开讲"国文"以及"中国文学史"等课程的情形。当时用的国文课本是《经史百家杂钞》，庞石帚先生指导学生写作文时偏爱文言文，这给了先师很深的影响。在那个时期，先师写作都用文言文，其习作《儒以诗礼发冢论》等，受到庞先生好评，足见先师那时对文言文的范式、技巧已经有了扎实的训练和掌握。除此之外，先师对中国史也非常感兴趣。先师说到，当时讲授中国史课程的罗孟祯先生不仅学识渊博，而且具有雄辩口才，讲起课来有声有色，引人入胜。由此可以看出，在中学阶段，先师在史学方面也得到了很好的熏陶。

或许是从小养成的习惯，先师一直很重视文化传承。1983年秋天，我刚考入四川大学攻读硕士学位时，先师即递给我一份亲笔手抄的读书目录。其中，除了道家的基本典籍《道德经》《南华真经》《冲虚真经》《黄帝阴符经》等之外，还包括"二十四史"中的《经籍志》《五行志》《释老志》等以及《四库全书总目提要》、余嘉锡的《四库提要辨证》等，厚厚的有三十多页。在近现代道教研究的学者论著方面，先师特别言及要读王明先生的《太平经合校》《抱朴子内篇校释》《周易参同契考证》、陈国符的《道藏源流考》、许地山的《道教史》、傅勤家的《中国道教史》以及汤用彤关于《太平经》出世年代考证的文章。这些论著都是先师早已读过且颇为熟悉的，他要我读这些书，正是学问入门的经验之谈。

先师特别重视本校的学脉延续。他说，四川大学老一代学者中，刘鉴泉、蒙文通都对道家与道教文化颇有研究。刘鉴泉的《推十书》中有不少文章论及道家与道教，而其《道教征略》更是20世纪我国道教研究的代表作之一。至于蒙文通先生的论著，诸如《晚周仙道分三派考》《略论黄老学》《杨朱学派考》《道教史琐谈》《〈老子〉征文》《严君平〈道德指归论〉佚文》《晋唐〈老子〉古注四十家辑存》《辑校成玄英〈道德经义疏〉》《校理陈景元〈老子注〉》等有关道家与道教的文献校正或考据性专论，先师更是多次介绍。在整理《蒙文通文集》时，先师还把其中的《辑校成玄英〈道德经义疏〉》让我负责点校。很显然，先师正是沿着老一代学者的研究路向而加以拓展，所以能够学有本源，发前人之所未发。

二、筚路蓝缕，开创学科

在学术研究领域，先师有很多贡献。其中，最受学界肯定的乃是中国道教思想史研究。1980年，先师所著《中国道教思想史纲》第一卷由四川人民出版社出版。那时候，我就读于厦门大学哲学系，是本科二年级学生。系里中国哲学教研室的何乃川先生开了"道教概说"课程。何先生一开始就罗列了一堆书目。在言及新出论著时他首先介绍了卿先生的《中国道教思想史纲》第一卷。他说新华书店正在出售，有兴趣可以读读。一下课，我就到书店去。一看，果然此书摆在架上，大32开本，黄色书皮闪闪发亮。由于此前对道教文化已经有了一些了解，看到这本书当然很喜爱，所以就买了。看了这本书，不仅心里清爽，一扫此前的急躁情绪，而且增进了阅读道教书籍的兴趣。1983年，我准备考研究生，最初只是从生计考虑，选择了"政治经济学"作为主攻科目，把马克思的《资本论》以及陈征教授的《资本论解说》五卷本啃了三遍。可是在报名的时候翻阅各地招生简章，发现四川大学的招生目录里有"宗教学专业·道教思想史"方向，我当即眼前一亮，感受到一种别样的曙光照进了窗户。因此，我最终填报志愿时选择的就是"道教思想史"。由此可以想见，卿先生及其《中国道教思想史纲》第一卷在我心目中所具有的特别感召力。

我考进川大以后，先师正聚精会神地写作《中国道教思想史纲》第二卷。到了1984年下半年，书稿终于杀青付排。1985年上半年，记得当时已经穿了短袖衣服，大概是五月份，先师把出版社排了版的《中国道教思想史纲》第二卷清样本交给我，同时布置了任务：一是通读书稿，看看哪里有措辞不当之处，标识出来；二是校对引文。接到这个任务，我怀着崇敬的心情将清样稿读了一遍，发现其分章比第一卷少，而篇幅却比第一卷多。第一卷第一章是引论，接着分三章，分别论述道教的起源和民间道教的兴起、封建统治阶级的两面政策以及民间道教如何演变、汉魏两晋的道派以及道教与儒、释之关系。第二卷只有三章，从第五章到第七章，与第一卷相贯通，分别论述隋唐五代北宋时期道教的兴盛和发展及其与封建政治的关系、道教学者在唐宋时期的相继出现和道教理论的发展、隋唐五代北宋时期道教与儒释的关系。第一卷为346页，17.7万字，而第二卷则有517页，26.2万字。由于是两卷贯通的，第二卷的编码从347页开始至863页。拉通起来看之后，感觉先师非常注重梳理道教思想发展脉络。其历史分期与中国通史或中国思想通史的大多论著有明显差别，这就是以道教派别兴衰和思想发展变迁为内在依据来划分，将南北宋分开，紧紧抓住了道教自身思想发展的本质特征。这一点给了我很大的启发，由此也领悟了先师做学问是善于抓住大方向的。

了解了整体脉络之后，我开始核对引文。按照卿先生的要求，必须将每一条引文都找到原书出处，仔细核查，发现有排版错误，清晰地予以标识。在查找原书时，我遇到一个问题，就是引文出处的版本判断。按照当时学术界的习惯，凡是当代论著的引文，需要注明作者、书名、出版社、页码、出版年份，这是比较好办的；但如果是未点校出版的古籍，只需注明书名、卷数、篇名即可。先师的《中国道教思想史纲》第一、二卷的引文，除了遵循学术界共同的规范之外，还有自己的体例，这就是通行古籍的引文一般都省略了作者名，只注明书名、卷数与篇名，例如《旧唐书》卷六《则天皇后纪》，再如《黄帝内经·素问》卷一《上古天真论篇第一》，未详其具体版本，这就有一些麻烦。比如《黄帝内经·素问》，既有《四库全书》本，也有《摛藻堂四库全书荟要》本、《正统道藏》本、《道藏举要》本、《医统正脉全书》本等十余种版本。如何选择？这是丝毫不能马虎的。为此，我在核对了一部分引文之后，即到卿先生家中请教。卿先生说：凡《二十四史》，皆以中华书局新点校本为准；凡未点校出版的古籍之核对，考虑两个因素，一是刊刻年代较早，二是校勘品质优良之善本，这可以通过《中国图书综录》进行查找，少走弯路。卿先生之言令我茅塞顿开，深感引文校对大有学问，掌握文献学、版本学不仅是基本功，而且也是开辟新领域、建立新学科的基本要求。

1994年9月，我在硕士毕业八年之后再度入蜀，继续跟随卿先生攻读博士学位。入学之后，我感觉卿先生特别忙，手头有许多课题要做。其中之一，就是续写《中国道教思想史纲》。按照原先的计划，卿先生的《中国道教思想史纲》是要从东汉一直写到民国时期。根据写作进度，先将已经完成的第一、二卷出版；后来因为承担了"六五"至"八五"规划国家哲学社会科学重点研究项目《中国道教史》的主编工作，加上有繁重的行政与教学事务，《中国道教思想史纲》南宋之后的部分好长时间未能提上工作日程。我读博士时，卿先生已经写出南宋之后的初稿。在

"导师召见"① 这门特殊课程中，卿先生侃侃而谈，其中让我印象最深的是书名问题。他指出：南宋后这个部分不标明为"第三卷"，而是叫作《续·中国道教思想史纲》。之所以用一个"续"字，是因为这样既体现了本书与此前的第一、二卷的关联，是整个道教思想发展不可缺少的组成部分，也表明这个部分具有相对独立性。卿先生解释说：南宋到明代中叶，中国社会与思想的发展具有三大特点：一是中华各民族相互交融的趋势更加明显，封建官僚制度既走向完善但也出现衰败迹象；二是在思想上儒释道三教关系由早期以斗争、对抗为主而转向以融合为主；三是新道派的兴起，造成了道教思想内容也相应地出现重大变革。特定的思想内容总是在特定的时空中各种历史现象彼此关联的综合反映，必须围绕这样的总趋势来谋篇布局。从这种论述中，我深深体会到卿先生是善于用变化的观点看问题的。

卿先生的《中国道教思想史纲》第一卷（1980）、第二卷（1985）以及《续·中国道教思想史纲》（1999）构成了中国道教思想史较为完整的体系。其史料虽然也借鉴了前人的一些研究成果，但其整体架构却具有开拓性，可谓"前无古人，后启来者"。因为这是一项拓荒工作，其艰辛历程不言而喻。正因为有开创之功，《中国道教思想史纲》第一卷获四川省首届哲学社会科学研究成果二等奖（1984），第二卷获四川省第二次哲学社会科学研究成果一等奖（1986），全书获国家教委首届全国高校人文社会科学优秀科研成果一等奖（1995），而《续·中国道教思想史纲》也获得海内外学术界的赞赏与好评。后来由卿先生担任主编、由我担任副主编、由人民出版社出版的《中国道教思想史》四卷本正是在"史纲"基础上的扩展和体系之完善，四卷本虽然篇幅大为增加，其年代更是延续到了民国，但如果没有"史纲"奠定的基础，后来的深入与拓展就相当艰难。故而《中国道教思想史纲》的"筚路蓝缕"之功是应该牢牢记住的。

三、文力工程，体大思精

卿先生在道教文化研究领域的另一项重大贡献是将"中国道教史"的研究推向一个新阶段，使之具有完整体系和丰富内容。

"中国道教史"与"中国道教思想史"，既有联系又有区别。一方面，二者都是中国道教文化史的主要专题，是研究道教文化形成、发展不可或缺的两大脉络，彼此是相互交错的；另一方面，二者又是各自独立的。中国道教思想史的探索研究侧重于道教经典的思想内涵以及历代道教学者对生命、社会、自然和精神的认知，而中国道教史则侧重于论述道教形成、发展的整体面貌，揭示其内在规律以及复杂的各种关系。两者是不可以相互替代的。正因为如此，国家把撰写《中国道教史》列为重点项目，由全国人民代表大会讨论通过，予以立项。与近年来的国家社会科学基金申报程序不同，《中国道教史》是先列入"六五规划"，再找承担人。鉴于卿先生的名

---

① 按："导师召见"，即指导教师不定期召见学生了解学习情况。通过对话，指导教师为学生释疑解惑。这是师生商量的特殊课程，而未进入学校培养处的选课系统。

望,这项工作历史地落在他的肩上,可谓任重而道远。该项目计划撰写四卷,自1984年立项之后,陆续完成出版,到1996年出版了四卷本的修订本,前后历时12年。

记得1984年,卿先生从北京回到成都后,很高兴地在课堂上讲述了立项的情况。他转述当时宗教学学科召集人、中国社会科学院世界宗教研究所所长任继愈先生的话说:道教是中华民族土生土长的宗教,作为中华传统文化的重要组成部分,在历史上产生过深远影响,其文化价值是多方面的。在海外汉学界中,道教研究已经是热门学问。但由于历史原因,国内的道教研究长期以来成为禁区,现在这种情况再也不能继续下去了。国家把《中国道教史》列入"六五规划"的重点课题,就是要保证这项工作的顺利开展。卿先生深感责任重大和工作的艰巨,于是发动了全所骨干教师,一起努力拼搏。尤其感到荣幸的是,卿先生还让我与同学李刚都进入写作组,参与查找资料,撰写部分初稿。卿先生有一个想法:研究生培养应该与科学研究工作紧密配合起来,让学生参与课题研究。课题研究完成了,学生也成才了。正因为老先生这样考虑,我们这些学生才有机会得到锻炼和提高。

"道教史"这个名称,傅勤家先生在1933年即已提出,当年商务印书馆出版了傅勤家先生的《道教史概论》;1934年,商务印书馆又出版了许地山先生的《道教史》。这两部书,算是我国道教史研究的开山之作。傅勤家的《道教史概论》收入"万有文库",全书分为十七章:第一章陈述"道"之名称及含义,从第二章到第五章分别考察古代之巫祝史、老庄列之学说、秦汉之方士、汉书艺文志;从第六章开始才论述道教之形成;第七章至第十五章分别考察天师道之盛行及其变动、道佛二教之相排、道教之隆盛、道教之修养、唐宋之崇奉、道藏之出现、南北之分宗、元代之焚经、明清之道教、现行之道藏;最后一章为结论。1937年,傅勤家又有《中国道教史》一书出版,但翻书对照可知,此书的篇章结构及内容,实际上与《道教史概论》完全相同,只是换了个书名而已。至于许地山的《道教史》,于绪说之后分为七章,其内容包括道的意义、道家思想的建立者老子、老子以后的道家、道家最初的派别、秦汉的道家、神仙的信仰与追求。末有附录:道家思想与道教。从这个篇章结构安排看,许地山的《道教史》仅写到汉代的道家与神仙方士的情况,并未正式接触东汉以来的制度道教。严格说来,许地山这部《道教史》只能算是道教前史,相当于道教思想渊源与社会文化背景的考察。就总体而论,傅勤家的《中国道教史》与许地山的《道教史》,虽然已经搭建起了道教史的粗线条框架,展示了一些走向,但相当简略,资料也不丰富,需要探讨的问题还很多。

面对已有的学术研究成果,卿先生在接受国家"六五"规划重点项目《中国道教史》的写作任务之后,首先是确定历史分期,草拟了一个比较详细的写作大纲,按照时代先后顺序,分为十四章。第一卷由导言与四章构成。导言首先阐述道教发展史的分期,说明研究道教史的意义以及研究方法,强调马克思主义唯物辩证法的理论指导和实事求是的态度。接下来四章,考察道教产生的历史条件和思想渊源,早期道教经书的出现和民间道教的兴起,道教在魏晋时期的分化和发展,道教在南北朝的改造和充实。第二卷包括第五、六、七章,论述道教在隋至盛唐时候的兴盛与教理大发展,道教在安史之乱以后至五代十国时期的曲折前进,道教在北宋的复兴和发展。第三卷包括第八、九、十章，论述道教在金与南宋的发展、改革及道派分化，道教在元代的兴盛与道派的合流，道教在明中叶以前的发展和鼎盛。第四卷包括第十一、十二、十三、十四章，论述道教在明后期至清嘉道间的衰微，道教在鸦片战争以后至民国时期的进一步衰落及其在民间的日趋活跃，道教在新中国建立后的新生及其在港、澳、台地区的传播和发展，道教在世界各地的传播和影响。卷末有《大事记》《神仙人名索引》《名词术语索引》《引书索引》。如此之架构，无疑是相当恢宏的，展示了开阔的视野与丰富的内涵。

卿先生主编的《中国道教史》，先是分卷出版。各卷出版时间的顺序是：1988年4月、1992年7月、1993年10月、1995年12月。分卷出版之后，经过一年时间的修订，于1996年12月由四川人民出版社出版了四卷联通本，四卷本统一分章而各自独立编码。该书出版之后得到了学术界的广泛好评。著名学者萧萐父和唐明邦合撰了题为"中国道教研究的最新成果"的书评，指出该书是以马克思主义为指导而撰写的第一部中国道教史，填补了道教学术研究的一大空白。该书揭示了道教发生、发展的历史规律，全面总结和分析了道教的基本特点，创造性地建立了中国道教史的学科体系。这个评价是很中肯的，因此得到了海内外学术界的高度认同。《中国道教史》先后获得全国光明杯优秀学术著作二等奖（1989，第一卷）、中共四川省委和省政府优秀图书一等奖（1989，第一卷）、四川省第七次哲学社会科学优秀科研成果一等奖（1996）、第三届国家图书奖（1997）、教育部第二届全国高校人文社会科学优秀科研成果一等奖（1998）、国家社科基金项目优秀科研成果二等奖（1999），可谓实至名归。

四、深入探索，引领前沿

除了开创中国道教思想史、中国道教史的学科体系之外，卿先生在数十年学术生涯中还对道教文化研究中的一些疑难问题、有争议问题进行了深入探索，提出了自己的精辟见解。最主要的有如下几个方面：

其一，关于道教发源地问题。

制度化的道教发源地在哪里？这首先牵涉到道教起源于何时的问题。对于这个问题历来有不同的看法。有一种观点认为：道教肇始于黄老，其源头应该追溯到黄帝、老子时期；另一种观点是：道教形成于东汉末，当时兴起了两个道派，太平道与五斗米道。卿先生同意道教形成于东汉末的说法。但是，太平道与五斗米道的形成时间是不同的。太平道由张角于汉灵帝熹平（172—178）年间创立，五斗米道由张道陵于汉顺帝（126—144年间在位）时创立。由于五斗米道创立的时间比太平道创立的时间早几十年，五斗米道的创立便成为整个道教形成的首要标志，这一点中国道教协会所编纂的《道教大辞典》是认同的，而学界一般也采用这样的说法。然而，张道陵到底于何处创教，这也是有争议的。一种观点认为，张道陵创教的地点是在江西省的龙虎山，另一种观点认为是在四川省的鹤鸣山。为此，卿先生专门写了《有关道教发源于四川的几个问题》，该文发表于《世界宗教研究》2001年第4期。在这篇文章里，卿先生首先将问题摆出来，接着从道派名称的含义解读入手，继而阐述张道陵其人的生平事迹，重点稽考创教地点，分析五斗米道为何发生于四川的原因。关于"五斗米道"的名称，卿先生征引了《三国志》《后汉书》《华阳国志》《水经注》等五种史料，发现其措辞或用"世谓""世谓之"，或用"世号"等，皆是转述语气。根据这种情况，卿先生认为"五斗米道"是教外的"俗称"，并非是张道陵所创教派自己的称呼。教派内一般称作"正一道""天师道""正一盟威之道"。由其名称的确定，再到创教地点的考察，这就顺理成章了。在解决了教派名称问题之后，卿先生花了相当多的笔力，重点考据史书上记载的"鹤鸣山"，先后征引了《华阳国志》《神仙传》《上元宝经》《犹龙传》等十余种史料，确认鹤鸣山在四川省大邑县境内，而不在剑阁县。其分析思路先是抓住大区域，再从大区域到小区域，最终得以落实，其资料翔实、逻辑严密、无懈可击，解决了学术界长期争论的一大难题。后来，卿先生又在《社会科学研究》2004年第5期与第6期连续发表了《道教在巴蜀初探》上、下篇，从文化背景、风土习俗、思想渊源的深度与广度上阐发五斗米道发源于四川的深刻原因。在文章里，卿先生从四川大学前辈学者、著名历史学家蒙文通先生关于《山海经》是在"巴蜀地域流传代表巴蜀文化的典籍"的论说入手，分析《山海经》中的神仙思想与五斗米道的关系，阐述了"巴蜀地区是早期道教两次政治实践的根据地"的情况，将"道教发源于四川"的看法进一步深化，这让我们看到了卿先生治学的渊深文化传统，也显示了考察历史、回归本原的路径。

其二，关于道教经典的思想内涵理解问题。

在长期的历史发展过程中，道教积累了大量的经典文献。葛洪《抱朴子内篇·遐览》、陆修静《三洞经书目录》都著录了早期流行的大量道经。唐宋以来汇聚经书，逐渐形成了《道藏》编纂系统。从《道藏》的目录看，道教经书可谓浩如烟海，内容涉及天文、地理、农事、兵法、医药、养生、政治、民俗、历史、文学、艺术等诸多领域。解读和诠释道教经典文献，这是道教思想史、道教发展史、道教文化史研究的重要课题。由于种种原因，道教经典文献存在时代不明、作者真假难辨等问题。对于其思想内涵，从不同角度、不同立场予以审视，将会得出不同的理解与判断。

在编纂《中国道教史》过程中，卿先生及时了解学术界对道教经典研究的动态和疑问，有针对性地撰写论文，回答一些学者的疑惑或误解。例如关于汉代道书《太平经》的政治立场等问题，在20世纪80年代就有许多不同的认识。

1980年，卿先生曾在《社会科学研究》第2期上发表了《试论〈太平经〉的乌托邦思想》一文，认为该书的思想内涵相当复杂，有些地方甚至自相矛盾，但无论如何，该书作为早期道书，却也在一些方面反映了劳动群众的利益和愿望。这些利益和愿望通过虚幻的形式表现出来，在那个时代是实现不了的，因此卿先生借用列宁的话，称之为"乌托邦思想"。具体而言，那时的"乌托邦"思想主要包括：天地间的一切财物，都是"天地和气"所产生，是属于公共的东西，应该属于社会公有，大家共同享受，不应该为少数人所独占、为少数人据为私有；主张人人都要劳动，要"各自衣食其力"，反对不劳而获、"强成人物"；主张"劳动致富"，认为各人只要努力辛勤劳动，根据自己的劳动所得，能够聚积财富，这样既可以"家遂富而无不有"，使自己"举家共利"，又能"周穷救急"，作为天地公共仓库的补充；主张人与人之间要实行互助互爱，这种助人的范围，除了有财物的人应当"周穷救急"以外，还认为有道德者应当以道德教人，否则也是犯了"不可除"的弥天大罪，也要受到天地的惩罚；强调实行人人平等而又公平的平均主义原则，甚至幻想有一个神仙世界，以为在这个神仙世界里，"诸神相爱，有知相教，有奇文异策相与见，空缺相荐相保，小有异言相谏正，有珍奇相遗"。卿先生这些描述都是从《太平经》中揭示出来的。

卿先生的文章发表后引起了争议。四川大学古籍整理研究所的刘琳先生于《社会科学研究》1981年第4期发表了《论〈太平经〉的政治倾向》一文，提出商榷意见。双方争议的焦点在于《太平经》是否存在反映农民利益的"乌托邦"思想。对此，刘琳先生是持否定意见的。在刘琳文章发表之后，卿先生于1981年在该刊第5期上发表了《〈太平经〉中反映农民愿望的思想不能抹杀——答刘琳同志》，做出回答。在这篇文章里，卿先生不是简单地说"有"或者"没有"，而是从立论前提出发，进行诠释。立论前提是什么？卿先生提出：《太平经》作为一个整体，它的思想究竟是庞杂的，还是单纯的？或者说，是单纯只有代表地主阶级、维护封建剥削制度的思想呢，还是既有代表地主阶级、维护封建剥削制度的思想，也有反映劳动群众的利益和愿望的思想？"从刘文来看，似乎是赞同前者，而我是主张后者的，这就是根本分歧所在，其他的不同看法，便是由此而产生的。"① 卿先生基于《太平经》思想的复杂性前提，一步步进行分析。首先从《太平经》产生的时代与作者入手，指出该书各篇非出于一时一人之手笔，而是在不同时间由不同作者撰写的。既然作者不同，《太平经》各篇是后来汇合在一起的，这就很难保证其思想内容的统一性，更无法维持其纯一性。在说清楚了这样的基本情况之后，卿先生接着用《后汉书》言"以阴阳五行为家，而多巫觋杂语"来概括《太平经》的思想状态。《后汉书》这一句话特别重要，一方面指出了《太平经》的理论核心是"阴阳五行"，另一方面又表明其"多"与"杂"的特点。既然庞杂，就应该进行具体分析，而不能全盘肯定或者全盘否定。如何具体分析呢？卿先生就刘琳提出的"全书中最具有进步意义"的一些话为例进行解读。其中包括刘琳列举的"此财物乃天地中和所有，以共养人也"，也包括"夫人各自衣食其力"以及"与天为怨，与地为咎，与人为大仇，百神憎之"等诸多言辞。卿先生从文言文句法规律、词语的时代特征入手，揭示其意义和内涵，最终概括指出："如果忽视《太平经》乃是一部宗教经典，把它看成是一部政治教科书，甚至把它说成是一部'农民革命的理论著作'，是不恰当的。但是，在《太平经》中，确有一部分言论反映了当时农民群众的愿望和要求，这是《太平经》中比较有价值的合理的思想，尽管它在整个《太平经》中所占的分量不是很大，但如果对它视而不见，或者有意无意地抹杀它，都是不符合历史事实的。"② 这个论断是在对《太平经》整体把握的前提下对具体言辞进行解

---

① 卿希泰：《〈太平经〉中反映农民愿望的思想不能抹杀——答刘琳同志》，《社会科学研究》1981年第5期，第101页。
② 同上，第110页。

读之后形成的。由此，我们可以发现卿先生论说的基本方法：辩证地、全面地、历史地、具体地分析问题。由于卿先生掌握了这种方法论，解读古代道教经典时实事求是，而不是先入为主，这是很值得我们后辈深思和学习的。

其三，关于不同历史时期的道教派别与道教人物的评估问题。

一部道教史既是先民们关注生命问题、体验生命旅程的历史，也是探索修身养性法门，领悟个人与社会、个人与天地的对应关系之历史，而这一切的活动主体是道教派别与道教人物。因此，研究道教派别与道教人物，就成为整个道教文化史、道教思想史不可或缺的工作。在这方面，卿先生倾注了大量心血。早在20世纪80年代初期，由于担任《中国大百科全书》宗教卷道教分科主编的机缘，卿先生就撰写了楼观派的概要介绍文章以及王远知、吴筠、吕洞宾、杜光庭、张紫阳、陈景元、张留孙的人物述评简介文章。此后，随着道教史研究的深入，卿先生陆续发表了《天心正法派初探》《道教神霄派初探》《全真道是道教发展史上的一个革新派》《武当清微派与武当全真道的问题》《司马承祯的生平及其修道思想》《宋高宗与道教》《宋孝宗与道教》《李道纯老学浅析》《杜道坚的生平及其思想》《关于杜道坚以皇道帝德论为中心的政治思想初探》《明太祖朱元璋与道教》《张宇初的"天人一致"的宇宙观和修道论》等系列文章。这些论文大部分是卿先生独立署名的，也有少部分是与学生合写的。

正如分析道教经典一样，卿先生主张道教派别与道教人物也应该回归到具体的社会历史环境中进行考察与分析。他认为，由于地缘和社会需求的推动，一开始就存在着不同道派。在东汉后期，有正一盟威之道、太平清领道、金丹道；在魏晋南北朝时期，又出现了灵宝派、上清派、楼观派。宋元以来，则有清微派、神霄派、混元派、净明忠孝道、金丹派南宗、全真道、太一道、真大道等。不同时期的道派之所以都在道教旗号下组织或连通起来，是因为它们有一致的信仰；但是，由于地缘文化背景的差异等原因，不同道派往往又有自己的修道理念与方法。因此，应该看到这种具体的关联性。例如他在《社会科学战线》2010年第10期发表的《全真道是道教发展史上的一个革新派》一文，从南宋与金朝南北对峙的局面、民族矛盾与阶级矛盾互相交织的情况入手，进而纵向追溯儒释道三教关系的历史，而后阐述其"三教合一"倡导以及对长生成仙根本观念的重大革新，这就使得全真道立教主旨呈现出内在的思想逻辑，而其革新的原因与特质也在思想进路中昭示出来，从而让我们看到了一个道派诞生、发展的社会驱动力与思想大趋势。

再者，道派组织是靠人来建立和开展活动的。故而，研究道派组织，最终必须落实到具体人的思想与行动上来。道派组织中的人有各种不同的特点，无论从出身、文化素养来看，还是从职位、才能方面看，道派组织中的人都可以划分出不同的层次；不过，他们既然因为信仰而汇聚在一起，彼此就有共同需要。这种需要促使他们因应各种实际的社会问题，从而形成观念，并且采取行动。尽管每一个信仰者的行为都体现了某种观念，或者说受到某种观念的推动，但作为集体意识的那些观念又是通过一定的代表人物提出或者总结的。因此，应该抓住那些在道派创建与发展过程中提出具有建设性思想的代表人物来探讨分析。卿先生先后发表的《司马承祯的生平及其修道思想》《张宇初的"天人一致"的宇宙观和修道论》等文章都体现了这种思路，为道教人物分析提供了很好的范例。

五、立足当代，展望未来

卿先生的道教研究不仅具有历史眼光、辩证思想立场，而且能够立足当代，注重发掘道教文化的当代价值。他先后发表了《道教文化在中华传统文化中的地位及其现代价值》《重温鲁迅先生"中国根柢全在道教"的科学论断》《道教文化与现代社会生活》《弘扬具有时代精神的道教文化》《道教文化与世界和平》《道教与我国当前伦理道德的建设问题——论道教研究的现实意义》《试论道教文化在二十一世纪的发展》《在世纪之交展望道教文化的未来》《道教文化未来发展的思考》《在庆祝四川大学老子研究院成立大会上的讲话》等文章，从不同侧面梳理道教的思想主张与修道法门的现代意义。而《道教文化与现代社会生活研究》这部论文集更是集中体现了卿先生对道教文化的历史影响与其在现代生活中的作用之关切。

卿先生在《湖南大学学报》2006年第4期发表的《道教文化在中华传统文化中的地位及其现代价值》一文中指出：在21世纪，"世界经济将向全球化的方向发展，各国人民之间相互往来必将日益频繁。在文化发展方面，也将走向东西方文化的相互沟通、相互对话和相互交流的局面，虽然彼此之间的相互矛盾和斗争仍然是不可避免的，但同时也会存在彼此之间的相互吸取和相互补充。随着我国经济的蓬勃发展、国际地位的日益提高，具有五千年文明史的中华传统文化，以及这一传统文化的主流之一的道教文化，也必然会受到愈来愈多的人们的关注，产生强大的吸引力，其中的许多合理思想，可以作为西方文化的借鉴，并为全人类带来真正的幸福，因而具有极其重要的现代价值"。卿先生从经济全球化、国际交流角度看道教文化价值，体现了高屋建瓴的开阔视野。

根据长年的研究和整体把握，卿先生对道教文化在当代社会中的作用进行了概括。他认为：在人生价值观方面，道教主张尊道贵德，唯道是求。为了求道，必须保持恬淡无欲、归真返璞的思想，不为个人名利等外物所累，不为自己的私欲而心神不安，始终保持一种"知足常乐"的高尚情操。如果人人都信守道教文化所倡导的人生准则，整个社会风气就将大大好转，人们的思想素质也会大大提高，并从金钱的奴役下解放出来，更好地发挥个人的聪明才智，体现人的真实价值，促进社会的和谐发展。在人际关系方面，道教文化主张济世度人，强调在人与人之间要实行互助互爱，主张人人平等。如果人人都按照道教文化这些思想办事，就可以处理好人与人之间的各种社会关系，使整个社会和谐有序；也可以处理好国与国之间的相互关系，使大国和小国、强国和弱国、富国和穷国和平共处，整个世界自然也会得到安宁。在人与自然的关系方面，道教从"天人合一"思想出发，认为人是自然的一部分，主张人应当爱护自然，与大自然和谐相处，顺应大自然本身的客观规律办事，才能使人类社会得以持续发展。这对于当今社会的生存环境保护无疑也是颇有益处的。卿先生以人生作为思考的出发点，再延伸到人际关系、人与自然的关系，层层递进，体现了多角度、多层面认知道教文化价值的探索精神。

卿先生特别重视道教生态伦理在当代社会的借鉴价值。2002年，卿先生在《四川大学学报》第1期发表了《道教生态伦理思想及其现实意义》一文。他指出："天人合一"是道教生态伦理思想的出发点，"道法自然""自然之道不可违"是道教生态伦理思想的核心，"相生相养"和"济世度人"是道教生态伦理思想的社会生活准则，"返璞归真""知足常乐"是道教生态伦理思想的人生宗旨。这些提法体现了卿先生对道教生态伦理思想的深入思考与精准总结，对于当代世界的人类整体生存而言无疑是很有启示意义的。

对于未来的道教研究，卿先生也做了前瞻性思考。1988年，他在《宗教学研究》第4期发表了《十年来道教研究的回顾与展望——纪念党的十一届三中全会胜利召开十周年》；1998年，他又在《高校社会科学研究和理论教学》第2期发表了《20年来道教文化研究的回顾与展望——兼论多卷本〈中国道教史〉的学术价值和社会影响》。这两篇文章的特点都是先回顾以往的学术研究成果，继而提出新的研究路向与值得开拓的领域。前一篇文章，从八个方面对道教研究的学术成果予以总结，于最后侧重说明：今天研究道家和道教思想同传统文化的关系，一方面要进行历史主义分析，认清道家思想对古代科学文化发展所做的历史贡献，防止民族文化研究中的历史虚无主义倾向；另一方面更要站在当代科学文化高度，促使我国科学文化跟上时代步伐不断前进。后一篇文章则通过对比，结合《中国道教史》撰写过程的情况，以有力的事实说明改革开放以来道教学术研究获得了大好时机，逐步迈上新的台阶。接着指出我国的道教文化研究工作，现在仍处在起步阶段，开展道教文化研究是一项极为复杂而艰巨的系统工程，它所涉及的范围非常广泛，需要探讨的方面很多，今后要走的路还很长，任务还很重，还需要全国更多的学者来共同耕耘，特别要寄希望于年轻一代学者的勤勉不息，方能取得更大的成就。今后的努力方向，主要是在现有的研究基础之上，继续向纵深发展。卿先生着重谈了交叉学科研究问题，指出已经起步的道教哲学、道教文学、道教伦理、道教养生、道教音乐、道教艺术、道教美学、道教语言、道教考古、道教与少数民族关系等方面的研究，还需要继续深入下去，争取能有一些更系统更高水平的成果出来。与此同时，道教与政治、道教与儒释、道教与中国古代科技等方面的研究也亟待开展，并争取创造出高水平的成果。此外，他还说到地方道教史研究、道派史研究、道教典籍研究、有计划有系统地翻译出版国外有关道教研究的优秀成果等。20年前，老先生提出的这些研究领域和研究方向成为学术界关注的重心。从1998年到2017年，国家哲学社会科学基金项目的立项与卿先生的展望非常吻合，更加证明了卿先生具有敏锐的学术目光和前瞻意识。

当今，国家把传承与弘扬中华优秀传统文化作为实现中华民族伟大复兴的战略之一，道教文化研究迎来了新的机遇。在纪念卿先生仙逝一周年之际，重温他老人家的遗著，肃然起敬。先师的学术之路，是一代知识分子艰辛历程的缩影。先师孜孜不倦的精神将鼓舞我们再接再厉，开创道教文化研究的新局面！

扛鼎当代道教学术，拓荒道教史学深度，始终维护道教形象
——深切缅怀卿希泰先生

袁志鸿*

卿希泰先生是我们道教界尊敬的始终客观看待和研究道教，并且始终维护道教的海内外皆知的大学者。他的学术成就及其对道教的重大贡献，令学界、教界瞩目和赞颂。曾任四川大学校长的谢和平院士为卿希泰先生作"道教学泰斗，学术界楷模"的考评语。笔者认为这不仅是学界，也是教界同样赞同的评语。卿先生是不畏艰辛、刻苦钻研的中国道教学研究的拓荒者，他的学术成就卓著，是"我国著名的宗教学专家，道教学泰斗，在国内外宗教学研究及宗教学的人才培养方面，做出了卓越的贡献"。尤其难能可贵之处在于他不仅深入研究道教学术，还积极发挥自己的社会影响，宣扬道教的文化精神、文化价值和固有地位。据谢和平校长介绍，卿先生当年"为全校开设文化素质课——'道教与中国传统文化'，已使几千名学生从中受益"，他作为海内外闻名的道教学者，以道教有益于社会的文化精神，"尤其致力于培养学生的人格、人品和文化理念，将知识、能力、人格结合于一体来传授学生、教育学生"。[①]笔者认为，这就是我们当今社会所提倡的高尚的师德精神。卿先生当年就是希望在自己的位置上，使自己能够接触到的华夏儿女、炎黄子孙真正地明白道教在中国传统文化中根和血脉的意义，道教真正的文化价值以及在中国文化中的位置。卿先生的拳拳之心、良苦用心以及孜孜不倦的精神，令我们这些后学深深感动！

卿希泰先生说："道教是中华民族固有的宗教。"[②] 卿先生是学术上严谨而又认真的学者，在涉及学术（这其中当然包括道教）研究的问题上，他所讲的话以及诉之于笔端的文字，都是以他自己深入的学术研究为依托，而决不发空泛或武断式的言论。关于道教产生的年代，卿先生这样

---

* 作者简介：袁志鸿，中国道教协会副会长，北京东岳庙住持。
① 谢和平：《在庆祝四川大学文科杰出教授卿希泰先生八十华诞暨从教五十七周年大会上的讲话》，收入盖建民编：《开拓者的足迹：卿希泰先生八十寿辰纪念文集》，成都：巴蜀书社，2010年，第2页。
② 卿希泰主编：《中国道教史》（修订版）第一卷前言，成都：四川人民出版社，1996年。

说:"从它(指道教)产生以来,已有1800多年的历史。若从它的前身方仙道、黄老道算起,时间就更长了。"① 在这里卿先生讲道教产生的年代是"已有1800多年的历史",这个"多"字用得非常好!这为后来的研究者留下了填充和深入解读的广阔空间和回旋余地。中共十一届三中全会之后,在卿先生开拓道教研究的年代,许多学者基本还是众口一词地说道教是"1800年的历史"。卿先生说道教"已有1800多年的历史",不仅艺术地回避了当时学术上需要厘清而一时又难以厘清的许多纠缠的矛盾和问题,而且为自己和团队的学术研究、道教著作的撰作拓展出了畅达的学术氛围和空间。并且,卿老毫不含糊地说:"若从它(指"道教")的前身方仙道、黄老道算起,时间就更长了。"② 我们今天研究道教史能不计方仙道、黄老道产生的时代吗?这就好比家族史,说父亲、祖父、曾祖、高祖,当然要一直向上延伸去寻求远祖的踪迹了。

经过严格的学术考证,能够求证落实、有史实依据的学术成果,均应最终诉之以文而载之以史籍,所以卿老当年的话,无疑是对今天道教史研究学者最好的提示。关于以上主题,笔者发现卿先生在之后的学术论著中也有更为精要的表述。卿先生后来说:"道教是中华民族固有的宗教,源远流长,它是在1800多年以前的中国神州大地诞生,并由中华传统文化的乳汁养育而成,和中华传统文化的许多领域都有血肉相连的密切关系,是中华民族传统文化的主要支柱之一。"③ 这不仅是对道教价值和地位的更高的评价,而且其中关于道教"已有1800多年的历史"与道教"是在1800多年以前的中国神州大地诞生"的表述,在这里语意内涵已经有了重大的突破,这是大家一看就懂的意思。过去那样讲是因为时代和学术氛围的原因,现在这么说既表现了卿先生过去语言表达意境的艺术,也说明了现在学术研究展开的维度和挖掘的深度,说明良好的学术氛围使学术研究的成果获得了真实的表达,显示了卿老在学术研究中坚持实事求是的精神。在卿先生组建团队撰写《中国道教史》(第一卷)之前,我国作为道教的"本土"之地,对道教史的研究,正如王明先生所说:"我国道教史研究,解放前,基础比较薄弱。解放后,起步较晚。"④ 卿先生虽然不是第一位撰写道教史的人,但是他领衔主编的《中国道教史》200万字四卷本的巨著,在道教的学术研究领域是系统的大部头著作,有着重要的前无古人的地位和意义。

早在1996年卿先生就说,道教"在长期的发展过程中,对我国社会的政治、经济、哲学、文学、艺术、音乐、化学、医学、药物学、养生学、气功学、天文学以及社会习俗、民族心理、民族性格、民族关系和民族凝聚力等多个方面都产生过深刻的影响。它所积存下来的大量经籍文献以及宫观建筑、雕塑、石刻等,是我国文化遗产的重要组成部分。它和儒、释一起构成了我国传统文化的三大支柱"。卿先生认为:"不对中国道教进行研究,便不可能全面地了解我国历史,更不可能全面地了解我国的哲学思想和科学、文化的发展、演变规律。"早在20世纪八九十年代,卿先生就站在学术的国际高度谈道教的世界研究趋势。他说:"道教亦曾流传海外,在国外也产生过一定的影响。最近若干年来,国外对道教的研究甚为重视,从事这项研究的专家学者较多,

---

① 卿希泰主编:《中国道教史》(修订版)第一卷前言,成都:四川人民出版社,1996年。
② 同上。
③ 卿希泰主编:《中国道教思想史》第四卷附录,北京:人民出版社,2009年,第501页。
④ 卿希泰主编:《中国道教史》第一卷王明先生序,成都:四川人民出版社,1996年。

成果也不少。"卿先生认为，就是"为了开展国际学术文化交流，也有必要加强道教的研究"。①为了强调道教研究的迫切和重要，卿先生还引用任继愈先生的讲话内容来表达自己的观点。任继愈先生说："道教本来是我国土生土长的传统宗教，可是，长期以来，是由我们国家提供资料，让外国人去出成果，这是国家的耻辱、民族的耻辱，这种状况再也不能继续下去了。我们一定要痛下决心，编写出自己的道教史来，为国家争光，为民族争光。"②编写《中国道教史》并不是简单的事，在学术研究领域"为国家争光，为民族争光"需要专业的学养为支撑，而不是简单轻松的几句话。正如王明先生所说："写一部《中国道教史》，涉及的文化知识面很广，头绪也颇纷繁，在多种专题研究的基础上，有重点地系统地来一个大综合，既要就近看清一棵棵的树木，又要站在高处总览大片茂密的森林。饾饤之学不足以语通史，空言无物亦无补于通史。欲矫二弊，端赖宏观与微观相结合，坚持实事求是的学风。"③

我们中国的传统文化形式多样、内涵丰富，本土固有的文化形式是儒学和道教，在东汉时又有佛学传入，后来形成中国传统文化"儒、释、道"三大支柱的形态。"儒、释、道"这三种文化形式在我浅显的认识里，是越往近现代发展就越是你中有我、我中有你的情况，不过学界在过去的研究中，重儒轻道是真实的情况，但卿先生的研究却秉持着公允的心态。他对道教的研究方法是以辩证唯物主义与历史唯物主义的原则为指导，从实际出发，实事求是，具体问题具体分析。他认为《中国道教史》的编写，"从内容到结构均须正确反映道教本身发生、发展和演变的客观规律以及道教发展史的科学分期"。他主持编写的《中国道教史》，"坚持史论结合，以史事为根据，尽量采用第一手的原始材料，避免空泛的议论；对涉及道教史上的一些道派、人物和经典以及道教与儒释的关系等"，他认为"要切实按照他们的本来面目去认识和叙述，尽量做到客观全面地辩证分析和正确评价，防止偏颇"。④卿先生领衔主编的《中国道教史》面世之后甚获好评，影响很大，当第一卷出版时，王明先生就给予了高度评价，他称赞卿先生主编的《中国道教史》"是开拓性的科研新成果，史料翔实，观点鲜明，文笔晓畅，有自己的特色"，是"在双百方针指引下繁荣学术"的成果。他认为这部《中国道教史》"读后可得丰硕的专业知识和历史线索的深刻印象"。⑤

笔者作为道教界人士，最要称颂的是卿先生作为当代道学研究领域的大学者，他的身心展现出的公平、公正、仗义执言的侠义精神。讲到底卿先生也是当代的一位硕儒，但他不一味地去做儒家的"卫道者"，而是站在公正、公平的立场上，用睿智的目光去审视和评价儒、道各自应有的价值和客观地位。卿先生说："长期以来，在学术界却流行着一种模糊的观念，似乎儒家文化就可以代表整个中国传统文化，一说到中国传统文化，大家都把注意力集中在儒家文化的身上。""这是一种对传统文化的学术偏见。这种学术偏见虽然由来已久，但却并不符合中国的历史实际，

---

① 卿希泰主编：《中国道教史》（修订版）第一卷前言，成都：四川人民出版社，1996年。
② 卿希泰先生引自1983年4月任继愈先生在福州全国哲学社会科学"六五"规划项目会议上的讲话内容。
③ 卿希泰主编：《中国道教史》第一卷王明先生序，成都：四川人民出版社，1996年。
④ 卿希泰主编：《中国道教史》（修订版）第一卷前言，成都：四川人民出版社，1996年。
⑤ 卿希泰主编：《中国道教史》第一卷王明先生序，成都：四川人民出版社，1996年。

而且在学术上往往带来一些非常片面的看法，阻碍了我们全面地了解中国学术文化的历史及其发展规律，因而是非常有害的。"卿先生指出："在这种学术偏见的影响下，长期以来，我们在传统文化的研究工作方面，都把重点仅仅放在儒家经典的研究上，无论是研究机构的设置、人员的配备、资金的投入、研究课题的分配等等，都很不平衡，只侧重儒家，而对道、佛二教的研究则很不重视，特别是道教的研究，更是相形见绌，根本没有把它提到议事日程上来。以致过去有些名为'中国哲学史'的著作，实际上并未全面探讨整个中国哲学思想发展的历史，其中除儒家的哲学思想之外，既看不到道、佛二教哲学思想的发生和发展，也看不到各少数民族哲学思想的发生和发展，与我们这个多民族和多宗教国家哲学发展的实际状况不太相符。"卿先生说："由此造成了我国的道教研究和国外的某些情况相比，差距甚大，显得非常落后。其结果竟使第一、第二两次道教研究的国际会议，都没有中国代表参加，甚至还流行着'道教发源在中国，研究中心在西方'的言论，这显然是不正常的。这和我们作为道教文化的故乡来说，是极不相称的。"①

　　卿先生对道教学术的研究和贡献，还突出表现在他不仅自己在做学问，而且还凝聚人才、培养人才与自己共同做学问，他将道教的学术研究做成了大的事业。以他为主创立的四川大学宗教学研究所，不仅是全国研究道教的重镇，而且已成为全国培养道教研究专门人才最大的基地，多年来从那里走出一批又一批青年才俊，走向全国各地，发挥着道教研究学术骨干的作用。他的弟子遍布天下，包括我国的香港和台湾。牟钟鉴先生认为："这是卿先生最大的贡献，有了好的专业人才队伍，就有了道教学的长远发展。"② 胡孚琛先生说："卿希泰教授教泽广布，桃李满园，名山事业，开创有功。"③ 卿先生的同事陈麟书教授说："卿希泰教授是我国系统研究中国道教的开创者。20世纪70年代出版的《中国道教思想史纲要》就是他的开创之作，并在我国高等学校中首先创立了道教研究为主的四川大学宗教学研究所，并立即着手主编和出版了四卷本《中国道教史》，这就完全改变了长期以来由日本和法国学者在道教研究方面主导地位的这种情况，以我国为中心的道教研究地位就由此而确立起来了。"但是卿先生并不止步于这些成就，他"又接受了国家的委托，建立了道教和宗教文化研究基地，主编了巨著《中国道教思想史》"。陈麟书教授说："卿希泰教授为中国道教的研究付出了毕生的精力，并做出了巨大贡献，这同他能真诚地广收人才组成精干的团队是密切相关的。"④ 这些话，都是学界有影响的专家学者所说，是他们的肺腑之言，是符合事实、真诚的评语。

　　以笔者的认识和浅显的前瞻，四川大学宗教所卿先生所领衔撰著的《中国道教史》和《中国道教思想史》这两部巨著，在本领域中，恐怕一时是难以有超越的学术成就了。在道教研究领域，四川大学宗教所是全国道教研究的重镇。现在四川大学宗教所之所以有这样的实力，笔者认为这是卿先生在带队伍研究道教学术伊始就有为之筑基的远虑之功劳，这是不言自喻的事实。正

---

① 卿希泰主编：《中国道教史》（修订版）第一卷前言，成都：四川人民出版社，1996年。
② 牟钟鉴：《卿先生对中国道教学的贡献》，收入盖建民编：《开拓者的足迹：卿希泰先生八十寿辰纪念文集》，成都：巴蜀书社，2010年，第12页。
③ 胡孚琛：《卿希泰先生八十寿辰贺信》，收入盖建民编：《开拓者的足迹：卿希泰先生八十寿辰纪念文集》，成都：巴蜀书社，2010年，第14页。
④ 陈麟书：《卿希泰先生八十寿辰贺信》，收入盖建民编：《开拓者的足迹：卿希泰先生八十寿辰纪念文集》，成都：巴蜀书社，2010年，第14页。

如卿先生自己所说，在编著《中国道教史》的过程中，和他一起的老学者们"就注意到了把道教史的编写和人才培养紧密结合起来，采取了以老带青的办法，吸收中青年一道进行工作，组成了一支老中青相结合的编写队伍。这支队伍自始至终是一个团结战斗的集体，大家都以严肃认真的态度对待自己所承担的编写任务，在写作过程中，彼此学习、相互切磋，互相取长补短，共同提高"。正是因为有这样"严肃认真的态度"来对待研究和写作，所以在《中国道教史》这个课题完成的过程中，四川大学宗教所"一支老中青相结合的研究队伍逐步成长起来"，从而"建立了全国高校中第一个宗教学学科的博士学位授权点"，① 这为后来四川大学宗教学学科的进一步发展以及高层次人才的系统培养，奠定了坚实的基础。这都是卿先生深谋远虑，在带领团队做学术研究的过程中凝聚人才、培养人才所取得的成就。

在笔者的印象中，卿老是学者中非常客观认识和维护道教的人。记得当年在一次学术研讨会的场合，人们为鲁迅先生1918年8月20日致许寿裳的信中所说的"前曾言中国根柢全在道教，此说近颇广行。以此读史，有多种问题可以迎刃而解"② 这句话争论不休。大家争论的主要问题是：有人认为鲁迅先生这句话从当时的语境和前后内容的连贯上考虑，应该是对道教颇含贬义的意思；有人则认为这句话是鲁迅在强调道教在中国社会历史过程中的地位。卿老的学生们也加入到了辩论之中，辩论的气氛十分热烈。在充分讨论之下，面对双方引经据典互不妥协的辩论场面，卿老站起来说话了。他说，前后联系认识"中国根柢全在道教"这句话，从根本上理解，正是鲁迅先生肯定了道教在中国社会思想文化中的地位和价值。这句话中鲁迅先生并未贬低和否定道教的社会地位和价值。在中国社会的传统文化和发展进步中，道教有着不可替代的积极意义和价值。由于卿先生的学术地位和影响，他的话一言定鼎而正本清源。卿先生那种在大的学术环境下阐述学理、以理服人的大家学者风范，至今令我记忆犹新。笔者过去还没有调动到北京之前，也经常参加中国道协举办的活动，卿先生、王家祐先生、胡海牙先生那时候就经常参加中国道协的活动，尤其是学术活动。我那时还是青年，所以爱开玩笑，王家祐先生戏称忠厚的我为"小郭靖"，卿先生在旁听着也报以学者特有的宽厚笑容。后来王家祐先生先走了，胡海牙老先生数年后也走了，但卿先生却继续保持着与道教界的联系，他与中国道协的前辈们诸如王伟业、黎遇航、闵智亭、李养正、任法融一直都是好朋友。

笔者因1982年至1983年在中国道教协会"道教知识专修班（首期）"学习，虽然后来回到了茅山，但第三届、第四届会长黎遇航老前辈是茅山道士，我因当年是茅山道院的主要负责人之一，到1986年就已经被选为中国道教协会第四届理事会的常务理事了，所以隔三岔五就到北京中国道教协会，所以许多场合我都有与卿老还有四川的道教学者王家祐先生见面和请益的机缘。遇到道教文化的问题向卿老请教，老先生真的如大海、如阳光，他释疑解惑，有教无类，使我这个当年的道教稚子，身被温暖，获益良多。我还有与卿老一起参加香港活动的机缘和经历，每每随缘请益，卿老总是温文儒雅、诲人不倦。笔者至今感恩并难以忘怀的事还有：2015年前后曾因事

---

① 卿希泰主编：《中国道教史》（修订版）第一卷前言，成都：四川人民出版社，1996年。
② 鲁迅：《鲁迅全集》第十一卷，北京：人民文学出版社，1981年，第353页。

到川大来，笔者带着张阳博士，在川大宗教所盖建民所长陪同下，专门去卿先生的家中拜望。卿先生宽厚地与我们说话聊天并赠书题字，又与我们合影留念。卿先生非常关心北京东岳庙道教的情况，他曾对我说：在20世纪90年代，他就曾专门到北京东岳庙实地做过考察。我向他报告：现在北京东岳庙成立有道教的"庙管会"，并将庙务工作的中心和方向放在道教文化的挖掘和弘扬方面；北京东岳庙"庙管会"从2014年起，已经启动编纂《北京东岳庙志》的工作，这是学术性很强的专业书，所以敬请卿先生多给予关心和支持。2014年北京东岳庙"庙管会"还办起了《凝眸云水》杂志季刊，请卿先生给予支持并赐稿。卿先生听我的汇报很高兴，指示我要沉下心来将这些事情做好。当我请卿先生为《凝眸云水》季刊赐稿时，卿老欣然应允。2015年《凝眸云水》季刊《名家论道》栏目四期连载了卿先生《中国道教史研究的学术价值和现实意义》的大作。当时《北京东岳庙志》正在编纂过程中，亦请卿先生为"名誉顾问"之首席，获得卿先生的允准。现在《北京东岳庙志》已经正式出版发行，回想卿先生当年襄助支持的功德，笔者和北京东岳庙"庙管会"同修感同昨日，永志铭怀！

卿先生著作等身，学术成就丰硕，一生服务于党和国家的教育文化事业，教书育人、有教无类、桃李满天下，为国家培养了许多道教学人才，学界教界有目共睹。我们这些后辈，应该"见贤思齐"，向道教学泰斗卿希泰先生学习。作为中国道协在职的副会长，笔者一直认为道教界要一如既往地尊重学界，铭记学界卿先生这样的人物对道教界的关心、爱护、帮助和提携的恩德，放下身段当好学生，提起精神真心修炼，读经释义，刻苦修心，需要的是立志和辛勤；也希望专家学者一如既往地关心、爱护、指点和帮助道教界人士，帮助我们提高文化境界、培养学术精神，为道教界人士提供更多学习和进步的机会，创造发展提升的机缘，使道教在新时代与社会主义社会相适应，进一步提升当代道教中国化的境界。在此过程中，使道教为当代社会提供正能量，发挥大作用，展示出道教在中国特色社会主义新时代有担当、有创新、有活力、有建树，健康、积极、济世利人的好形象。

笔者认为：深入研究卿先生的学术思想意义很大，但并不是简单的事。笔者今天交稿的文字还是在纪念的层面，要深入研究还是要像盖建民所长那样下苦功夫。盖建民所长在研究卿先生学术思想的文章中说：道教的文化观"是有别于儒家'祖述尧舜'的文化历史观，道教以黄帝为始祖，以老子为道祖，其影响可谓深远而广大。诚如卿先生所言，道教的这一文化历史观，对于中华文脉的延续，凝聚海内外中华子孙的向心力，形成中华民族不屈不挠、战胜一切艰难险阻的民族精神，功莫大焉"。① 盖所长关于卿先生的"学术思想"研究，说的这句话，笔者深以为然。

谨于是，谢谢大家！

---

① 盖建民：《道教文化探索的新视域——卿希泰先生〈道教文化与现代社会生活研究〉读后》，《哲学研究》2008年第1期。

高山仰止，景行行止
——怀念与卿希泰先生的两次会面

刘仲宇[*]

卿希泰先生是中国道教研究的开拓者之一，他主持的学术项目和成果，代表了一个时代的高度，所培养的人才散布在全国各高校，有的还在国外学术机构供职。谈到卿先生，学界同仁都有巍巍高山之感。去年卿先生魂归道山，我因为身体原因，未能亲临吊唁，深以为憾。但我与卿先生相识的点点往事，却在眼前浮动，时光越流逝，场景越清晰。今值卿先生离开我们一周年，我把第一次和最后一次见先生的回忆写出来，聊作纪念。

第一次知道卿先生，是在1979年。之所以记得那么清楚，是手头有一本书，叫作《中国道教思想史纲》（第一卷），卿希泰著，扉页上有我自己的签字，写的是1979年。其实那也是该书出版的年份，我购得的是第一版，新鲜出炉的。

我是在中学时代对中国哲学感兴趣的。当时一知半解地读过一些老子、庄子、孙子的书。等到"文化大革命"的铁扫帚一扫，所有这些书都烧的烧，抄的抄，原来从图书馆借阅的渠道也被堵死了。但是，林彪倒台后不久，又来了个"批林批孔"，再接着是"评法批儒"。接连的运动，自己并不很理解，但是，倒是给了我一个机会，可以"合法地"看一些古籍。我便托人到旧书店，以"大批判需要"的名义买来几本诸子的书，其中就有《庄子》，又手抄了《老子》。这样，久违了的道家典籍又回到了手中。1978年开始，我到上海教育学院政教系任教，除了主课"哲学原理"之外，还任"中国哲学史"的教学，而我自己的研究重点则放在后者。开始主要是研究《周易》和宋代理学，由此而涉及陈抟、《太极图》、《周易参同契》等等。但是，当时还没有系统的道教历史和基本面貌的介绍。看到卿先生这本书，真是十分欣喜，因为这是我第一次看到系统地、条理清晰地讲述道教思想脉络的书，尽管还只是其中的一部分，对我来说，已经有极大的帮助。也由此，在书本上认识了卿老师。"卿"姓的人不多，所以，他的名字我记得特别深刻。我

---

[*] 作者简介：刘仲宇，华东师范大学哲学系教授、明道道教文化研究所所长。

没有读过大学，最高学历便是高中。我搞学术全靠自己摸索，用上海话说，就是"野路子"，所以一切都要靠自己找资料，野鸟自觅食。在卿老师的书上，我看到的不仅是许多没有看过的资料，更重要的是领悟到了驾驭这些资料的方法。

当时我读过卿先生的书，却没有见过他的面。因为书只出了一本，所以等着看第二本、第三本。可惜在80年代，却没有等到，心里有点失望。但在等待中，却有了和卿先生见面的机会。1987年，川大宗教所联合《哲学研究》编辑部召开了一次道教学术研讨会。这是我第一次参加道教研究的专门会议，后来也了解到，这实际上是国内第一次这样的专门会议。就在这次会上，我第一次见到了卿老师。他给我的印象是：他人不高，清瘦，说话稍慢，也不多，但都切中肯綮。这是一个老的学人形象。他说话带着很浓的四川口音，这一点给我留下了很深的印象。自己所处的上海，是个五方杂处的地方，但对于推广普通话特别强调，教育学院又算是培训中学教师的地方，对此更加规定严格，我的普通话说得不算标准，但上课时都得把上海话暂时收起。听到卿老师说话时带的四川口音，在当时却觉得好像别有韵味。

我从1982年开始，正式进入道教研究的圈子，比起卿老师等前辈，当然算是后学，但在当时的青年或中年人中，还算是改革开放之后第一批进入道教研究的人。讨论会的会场不大，报到的第二天刚进入会场，看到比我年长些的先生，我当然得打个招呼，自报家门。记得一位戴着深度近视眼镜的先生，好好打量了我一阵，说：你就是刘仲宇呀，没看到你本人以前，还以为你是个老先生。在哄笑中我才知道，他是钟肇鹏先生，一位我心仪已久的德高望重的学者。他之所以那么说，是我发过几篇文章，多引用的是第一手资料。经过"文化大革命"的破坏，年轻人中能读古书、稍做点考证的人还真是不多。而且，多年以阶级斗争为纲，写文章带着大批判的风气也未全部褪尽，老老实实从原始资料出发的写作，许多年轻人还没学会。所以钟先生会把我想象成"老先生"，这正说明道教研究缺乏人才到了多么严重的地步。卿老师在会上发言并不多，但是我知道他那儿有个硕士点，有一批研究生正在攻读，心中非常欣喜。看来，卿老师不仅写出了书，还在培养着一批研究人才。在当时，成批地招收研究道教的学生，我所知道的，好像只有北京任继愈先生和卿先生这里，其余也有些在培养个别的学生。现在，卿老师和他的基地，培养出一拨又一拨的硕士、博士，为中国道教的研究输送了大量的人才，回想起来，十分不易，其意义比起写几本书要大得多。

从1982年起，因为研究重点转向道教，我看的道教史的著作稍多了些，也读了《道藏》中的一部分原典，有了些自己的研究计划。所以在会上主要是听各位先生的发言，也有一些自己的思考，稍谈过一些自己的打算。和卿老师单独交流的机会不多，因为他很忙，只问过一些关于道教哲学研究的问题，他回答我，还是要从历史发展说起。这对我是一个启发。当时我想做道教哲学的课题，和自己从事的中国哲学史的教学、研究结合起来。我带到会上的论文《道教思维方式探微》被《哲学研究》的编辑看中，和陈兵先生的《道教之道》一起选用，对我是一个很大的鼓励。但是此后，自己却没有沿这一方向做下去，而是转向了道教的法术、科仪这些操作性较强的方面。我向卿老师请教的道教哲学问题，没有真正提上自己的研究日程，颇为可惜。尽管如此，参加这次学术研讨会，见到了卿老师，对我还是一次重要的机遇，而第一次见面，对他的印象也分外深刻。

这是我和卿老师的第一次见面。而和卿老师最后一次见面，好像是在2010年。那次卿老师生病住院，动了手术，我在上海时就听说了，心中十分牵挂。正好我要到成都参加川大宗教所的博士论文答辩，就请当时的副所长张钦安排，和朱越利兄一起，去华西医院探望。那天晴，在成都算是难得的好天。大家相见，都很高兴。卿老师气色还不错，比我原先设想的要好。他很详细地说起自己的病是怎么被发现的，怎么治疗。他特别告诫我们，要注意身体，有病及时看，不要耽搁了。又特别问我血糖控制得怎么样。他原来有糖尿病，我也有，曾经相互交流过病情和用药。他自己在手术之后，还记得我的身体情况，他这一问，关爱之情令人感动。

怕他太累，那次见面，我只道了问候，没有谈及其他，学术上的事当然也没有提起，尽管心中有太多的问题要向他请教。告别出来后，大家都说卿老师气色不错，应当很快会康复。确实，过后几年，他仍然做了许多事，包括四大卷的《中国道教思想史》出版。只是，对我来说，那就是最后一次见他了。

大师走了，作为几十年来耸立在我们面前的高山从眼前消失了。但是他的学术成就，他的治学方法和探索精神，永远鼓舞着我们，也鞭策着我们前进。

记得1987年那次我从成都回来，遇上大雾，滞留在双流机场，和华东师范大学的潘雨廷教授坐着聊天。他是著名的《易》学专家，是由《易》学而入于道教研究的。当时我发现，他的研究在很多方面，与我所理解的道教研究，有相当的差距。回想起卿老师本是研究哲学的，后来主持了《中国道教史》、《道教思想史》的大项目，其眼光还是从哲学、思想史角度关注为多。我也曾读过王家祐、张勋燎等先生的书，发现因为学科背景不同，大家关注的重点不同，对一些具体问题也会有不同的理解。近些年，再读一些年轻人的论著，他们用的学术语汇乃至于部分学术范式，都异于他们的前辈。这些情况让我看到，当前是个学术嬗变的时代。要想将学术向前推进，必须对此有所关照。客观地说，学者有不同的学术观点，也有不同的治学方法，学界与道教界对诸多问题的看法也有差异，这种差异自古及今都存在着。在纪念卿老师仙逝一周年的时候，他的学风、方法，特别是他对年轻人的关心，都值得我们牢记和回味，并在以后的研究实践中参酌之。我想这也是对他最好的纪念。同时，我也在想，如果我们自己的论文、著作，能够提供一些卿先生以前没有说过或没有关注到的东西，那么在学术上应当算是有所贡献、有所前进了，那样才真的对得起卿先生。假如我们只是重复卿老师已经讲过的一些话，或者只走他已经走过的路子，那可就有点没出息，也对不起他们那一辈人开创的道教研究事业了。后继者，努力啊。

业师卿希泰先生"道教文化与现代社会生活"学术思想再论

盖建民[*]

摘　要：卿希泰先生晚年十分重视道教文化的现代性问题，力主从现代社会生活这一新视角来研究道教文化的现代价值。先生生前编辑出版的最后一部文集《道教文化与现代社会生活研究》，内容宏富，提出了许多前瞻性的道教研究理路，启迪后学，是我们研究先生晚年道教学术思想的一部重要文献。

关键词：卿希泰学术思想　道教文化　现代社会生活

业师卿希泰先生，名德至，1928年1月16日（农历一九二七年十二月二十四）出生于四川省三台县一个书香门第之家，家中兄弟姐妹十人，兄弟中先生排行第三。卿先生家学渊源深厚，他的父亲是一位私塾先生，他幼年时就跟随父亲习读了《三字经》《史鉴辑要》《文昌孝经》《声律启蒙》《孝经》和"四书""五经"等。[①] 卿先生是我国当代著名哲学家、宗教学家和教育家，中国道教学研究的重要奠基者，国际著名的道教研究权威学者。他编著出版了《中国道教思想史纲》《中国道教史》《中国道教思想史》《道教文化与社会生活》等学术著作二十余种；由他创刊并担任主编的《宗教学研究》杂志获得国家社科基金资助，成为本学科的名刊和重要学术阵地；此外，他主编的《儒道释博士论文丛书》已经连续出版近二十年，每年出版十部优秀的博士论文，嘉惠后学；他先后为国家培养了道教研究的学术骨干和后备人才超过百名；其研究成果在国际道教学界产生了广泛而深远的影响，铸就了我国道教研究领域的不朽丰碑。

卿先生学术报国的情怀、诲人不倦的高尚品格、笃学尚行的价值追求，为当代人文学者留下了弥足珍贵的精神财富。

---

[*] 作者简介：盖建民，教育部长江学者特聘教授，四川大学道教与宗教文化研究所所长。
[①] 参见盖建民编：《开拓者的足迹：卿希泰先生八十寿辰纪念文集》，成都：巴蜀书社，2010年，第1047页。

先生在道教史、道教思想史和道教文化史研究方面素有自己的风格和研究范式，这已为国内外学术界许多同行所公认，有许多这方面的评述文章，此不复赘。

先生晚年十分重视道教文化的现代性问题，以现代社会生活这一新视角来研究道教文化。卿师生前编辑出版的最后一部文集《道教文化与现代社会生活研究》，内容十分宏富，有许多值得我们深思的地方，是我们研究先生晚年道教学术思想的一部重要文献。

《道教文化与现代社会生活研究》全书四十余万言，2007年9月由巴蜀书社隆重推出。是书分为上下两编，上编部分是"立足当前"，包括"探索道教文化在当代社会的意义""对道教文化未来发展的思考""道教文化传播方式探索"等五个栏目，反映了先生近年来对道教文化的研究，首先是从当前的社会现实出发，从理论上探讨道教文化在当代社会生活中的意义，并对道教文化的未来发展和传播方式以及如何承前启后、继往开来等问题进行思考和理论建构。下编部分是"历史回眸"，包括"地方道教史研究""道教人物及其思想研究""道派研究""道教与封建统治者的关系研究"等六个栏目，反映出先生在主持完成国家社科基金重点项目《中国道教史》之后，为了使道教文化研究的工作进一步向纵深发展所做的可贵探索。字里行间，我们可以品味到老一辈学者孜孜不倦、学贵创新的风骨。其中最后一组文章是对整个道教研究的历史性回顾和展望，先生老骥伏枥、志在千里的豪情跃然纸上。

大约在十年前，先生的这部文集刚刚面世时，笔者曾经在《哲学研究》2008年第1期上发表过一篇读后感，初步谈了自己阅读先生这部文集的一些心得体会。在卿公魂归道山一周年之际，重读卿师生前编订的这部文集，笔者感触尤深。人们常说，理论是灰色的，而生命之树常青。生命之树之常青常新，得益于鲜活的生活之水浇灌。孟子有云："民非水火不生活。"中文"生活"一词的本义原指"生存"和"活计"，而在英文中，生命与生活本是同一个词 life。可见生命与生活密不可分。承载着数千年历史积淀的古老的道教文化，扎根于中华沃土之中，不仅与中国社会的精英文化生活耦联，而且渗入到普通民众的日常生活习俗当中。离开了时代社会火热的生活，道教文化的生命力和现实意义就无从谈起。因此，社会生活始终是古老的道教文化赖以生存和发展的"道机"与"道理"。

第一，从现代社会生活的视角来研究道教文化，是文化自信的体现。道教文化并不仅仅是博物馆里供人们观赏和把玩的"古化石"，而是具有现代价值的"活生态"。研究道教文化的现代性意义，有助于提高中华民族的文化自信力。道教对古代中国社会产生过深刻影响，同时道教作为中华传统文化的载体，具有与时偕行的特征，其蕴含的思想具有现代性意义。道教与现代社会生活有着非常密切的关系，从现代社会生活这一视角来审视和挖掘道教文化的现代意义，这一视阈是目前国内外道教学术研究高度关注的前沿课题。21世纪以来，学术界对道教的研究已逐渐从历史文献、哲学思想、道派源流、文学艺术、伦理道德、医药方技等领域转向探讨道教与现代社会文明的关系，挖掘古老道教文化的现代意义。这种视阈转向的明显特征突出表现在新世纪以来国内外频频举行的相关学术研讨会上。国内2000年和2001年召开的两次庐山中国道教文化研讨会，其主题就是"道教文化与现代社会生活""道教文化与现代文明"。2002年的茅山中国道教文化学术会议也围绕"道教与二十一世纪"为主题，2002 年 1 月香港道教文化国际学术研讨会主题是"道教教义与现代社会"，2002 年 11 月上海中国道教学术研讨会主题是"道教思想与中国社会发展进步"。其后在 2004 年 11 月湖南南岳召开的"道教思想与中国社会发展进步"学术研讨会三次会议，2006 年 5 月在德国慕尼黑召开的"第三届国际道教与现代大会"，以上会议先生均出席并应邀作大会报告。本书所开列的先生多篇论文即是出席上述会议的成果。系统研究和挖掘道教文化中有现代价值的生活智慧，有强烈的现实意义。它有利于用古老道教的"真精神"服务于现代社会，一方面给人们提供一种生存和生活智慧，引导、启迪人们处理好当前所面临的各种问题；另一方面也有助于道教立足于现实社会，与现代社会发展相适应，与时偕行。因此从现代社会生活的视阈来透视古老的道教文化，对于弘扬道教教义教理中的积极因素，进一步促进道教与社会主义社会相适应，发挥优秀传统文化在社会主义物质文明、政治文明、精神文明和生态文明建设中的作用，为国家全面建设小康社会，完成中央十九大报告所提出的文化大发展任务，具有重要的现实意义和学术价值。为此，先生在书中开篇即呼吁"特别要寄希望于年轻一代学者的努力"。愿更多的学人能够投身到这一新领域的研究之中。

岁月匆匆，十多年过去了，国内外学术界陆续出版了一些研究道教文化与现代社会生活的新著，许多后辈学者正是在先生的极力倡导下投身到这一道教研究的新领域中来。我们不能不钦佩卿先生对道教文化精髓的睿智解读。

第二，文化自信源于学术自信，必须以史为鉴，在学理和学术史层面上分析刻画道教与社会生活的历史交融画面，并进而剖析道教与社会生活交融的内在原因。要细致分析和梳理道教产生发展过程中与社会交融的关系，着重就道教出世而不离世，救世、医世和济世传统的形成及其演变进行研究；挖掘历代高道顺应时代，不断进行教义教理建构、重新诠释的成功范例；总结道教在社会变革中与时俱进的经验和规律，分析道教关注社会与人生这一优良传统形成的社会历史背景，并从宗教教义教理的思想特色方面入手，剖析道教济世度人这一固有传统形成的内在逻辑原因。关注现实社会生活与人生是道教区别于其他宗教的一大特色，这一优良传统的形成既有社会背景和历史积淀原因，又有道教教义教理自身内在的逻辑因子。在这方面，先生率先垂范，书中所收《道教生态伦理思想及其现代意义》《再论道教伦理思想的现实意义》《道教文化与世界和平》《道教生育观考论》等论文，就是先生在这方面多年思考的结晶。根植于中华大地的道教，是一种以现实人生为出发点的宗教，济世利人贯穿于整个道教教义中。道门中人在追求得道成仙的宗教信仰目标过程中，致力于把现实社会建设成美好的人间仙境。道教历来强调"欲修仙道，先修人道；人道不修，仙道远矣"，也就是说修人道是致仙道的前提和基础。道教文化中蕴含着十分丰富的生活理念和生活智慧，如"道法自然""顺应自然"的生态主张，"求道不已""清静恬淡"的精神境界，崇俭抑奢的生活信条，"我命在我"的自主思想，"慈爱和同"的处世方式、"济世利物"的行为准则，"性命双修"的养生思想，"抱朴守真"的价值取向，等等。这些生活智慧有其重要的现代价值，正如先生所指出的那样："道教文化并不是一种远离尘世、与世隔绝、和现代生活没有关系的文化，恰恰相反，它的许多思想对当前的现实生活都有十分重要的意义，有的甚至还可以说是一种匡救时弊的救世良方。"

第三，坐而论道不如起而行之，要探索道教文化与现代社会生活接轨的具体途径，对道教的基本教义和教理思想的"立足当代"进行现代诠释，才能准确钩沉出道教文化中博大的生活智慧，从而服务于现代社会的民众生活。要站在现代社会发展立场上，以现代科学文化的眼光和视野来重新审视古老的道教文化的深刻内涵，阐明道教文化与现代社会生活交融的主要途径，着重挖掘道教庞大的教义教理体系中具有现代价值的思想，特别是有现代意义的生活智慧。发挥宗教教义教理体系中的某些积极因素，为社会主义物质文明、政治文明、精神文明、生态文明建设服务，这既是马克思主义宗教学关于宗教与社会主义社会相适应这一重大基本原则所必须研究的重要理论课题，也是我们在新世纪继承和发扬中国优秀传统文化所必须深入研究解决的理论问题。除此之外，先生还特别强调，要从社会经济生活、地方民风习俗、文化遗产继承与传播、休闲旅游等诸多方面入手，以道派、人物、思想和地域为考察个案，细致而深入地探究道教文化与社会政治文明、精神文明、生态文明的关系问题；围绕道教文化与社会经济、民族性格、社会习俗、伦理、思维方式、科技文化交流等主题，从人与自然、人与人、人之身心内外关系等几个角度，系统论述道教文化与现代社会生活的密切关系；结合现代社会发展的实际需要进行新的诠释和建构，阐述道教文化中所蕴含的丰富生活智慧及其在现代社会生活中的启迪意义和借鉴作用。

记得以前在研究生阶段读《爱因斯坦文集》时，有一句话给我留下了深刻印象：第一流人物对于时代和历史进程的意义，在道德品质方面也许比单纯的才智成就方面的意义还要大。云山苍苍，江水泱泱，先生之风，山高水长。卿先生治学谨严，学术如山，山高千丈；卿先生为人师表，爱生如子，春风化雨。

卿先生立德、立言、立功，是改革开放以来道教研究的一代宗师，奠定了四川大学宗教所在中国道教研究中的学术重镇地位；更为令人铭感至深的是，卿先生为人、为事、为学，为人师表，行不言之教。恩师对弟子呵护备至，不但关心每一位学生的学业进展，也时时刻刻关心我们的思想品德和生活起居。学生在学习、生活中每每遇到困难，卿老师总是第一时间伸出援手，想尽各种办法帮助学生渡过难关。

古训云：滴水之恩，当涌泉相报。作为卿门弟子，我们一定会铭记恩师的谆谆教诲，恪尽职守，团结拼搏，传承恩师开创和奠定的道教史学、道教经学、道教文化学研究的基本范式，百尺竿头，更进一步，发扬光大宗教所的优良学术传统，为打造和构建道教研究的中国学派，为弘扬传承中华优秀传统文化尽自己的绵薄之力。

典型在夙昔
——缅怀卿希泰先生

林文钦*

一、哲人未远

2017年2月17日,中国道教研究领域的泰斗级人物——卿希泰先生以九秩高龄于成都辞世,消息传来,令人错愕与不舍。蒙四川大学道教与宗教文化研究所盖建民所长邀请,借卿先生逝世周年纪念学术发表会,表达缅怀之意。

卿先生是中国道教研究领域的开路先锋,在这片蔓芜交错、纠葛难行的领域中,多年来披荆斩棘,夜以继日、艰苦地耕耘着,他的研究与贡献正引领着中国及全世界的道教学术研究向更深更广的视野迈进。三十余年来,国际上举凡研究中国道教的历史、文化或思想的学者,无不以卿先生的思想为基础,欧洲著名汉学家施舟人曾说:"如果没有卿希泰教授的贡献,中国的道教研究不会有今天这样的巨大成就。"

自1980年成立以来,川大宗教学研究所已出版学术著作一百余部、发表学术论文一千余篇,并已招收宗教学专业硕士、博士生两三百人,来自日、韩、欧美各国的留学生、研究员和访问学者不可胜数。来访川大,乍看之下,教授无不推尊卿老,研究生无不冀望能进入卿老之门,在卿老指导下孜孜矻矻埋首书林学海,期待日后昂然长啸,凤鸣九皋。在宗教研究所参访,所见就是一种卿老精神的映照,川大宗教所早已成了世界道教之顶、学术之峰,正引领后生走向更高更远、更宽更深的境界。

卿老未远,典型在夙昔,卿老有着巨人的视野、农夫的谦恭、渔樵的淡泊。卿老弟子盖建民教授说:

---

* 作者简介:林文钦,台湾高雄师范大学国文研究所教授、博士生导师。

卿希泰教授治学严谨，秉承了川大注重经典和史学研究的学术传统。先生的著作《中国道教思想史》《中国道教史》是道教学术界的开拓性著作，在国际道教学界产生了重要影响。[①]

1980年卿老筚路蓝缕，以启研究。当草创之初，百废待举之际，他勇于承担《中国大百科全书·宗教卷》道教分支和《宗教学辞典》道教部分的编写任务。承接最艰巨的工作，无疑是一个巨大的挑战。他巨人的视野乃在于高瞻远瞩，也是其开创性的眼界造就了现今集天下英才于一校的川大。

卿老的另一种魅力，散发着谦虚、慈悲与坚毅的精神，如农夫的弯腰耕耘。学生张松辉回忆他当年的照顾之情时说："在日常生活中，恩师对弟子的关怀也是无微不至。在过去十多年中，恩师担心我受冻，给我送过衣服；担心我受蚊虫叮咬，给我送过蚊帐；为了增强我的体质，给我送过计步器。"卿老对学生生活的照顾就像溺爱孩子的父母一般慈悲温暖。

卿老治学、教学的态度，却又是无怨无悔的坚持。学生武清旸回忆说，老师八十多岁时仍然坚持每两周为他上一次课，即使病倒前仍不忘帮他改报告，甚至说自己身体不好，没有尽到导师的责任，非常对不起学生。这样关心学生的生活与学业，这样的谦虚与执着，不正如农夫弯身除草、插秧般辛勤而努力吗？

渔樵的淡泊，即道家的淡泊。身为道家道教研究者，不能融入道家精神，可乎？卿老一生的建树全在于哲学、宗教，虽名满天下，却不改初衷，这渔樵的淡泊，便是道家精神。举世纷纷纭纭，似乎正欣欣然忘我投入于金钱名利的游戏之中，却有一群人在卿老带领下渔樵般开垦被逐渐遗忘的道教学术园地。

几十年前，宗教所的广大成员在卿老的带领下埋头钻研，不被金钱名利诱惑，据说很多成员还主动把自己所得的稿费和奖金都捐出来给所里用，以稍稍缓解系所经费拮据的窘境，并尽快购得急需的图书资料。匆匆二三十年过去，正是当年的坚持，换得今日枝繁叶茂的成果。

二、道教文化研究领域的拓荒者

卿老4岁便由其父启蒙，熟读经史，高中时期又受教于著名学者庞石帚教授及罗孟祯教授，对文化传承建立了使命感，潜心于道教的研究。他曾自述：在科学研究的道路上，是经历了反复波折之后，才转入道教文化研究的轨道而迈步前进的。……中国传统文化中，儒、释、道本来是三大支柱，但我们过去对中国哲学史的研究，基本上多局限于儒家，对释、道两家，特别是对道教往往持有偏见，对其思想的研究非常薄弱，以至于对中国传统哲学的认识往往带有片面性，不

[①] 盖建民：《"深切怀念道教学泰斗卿希泰先生"座谈会纪要》，《宗教学研究》2017年第1期，第7页。

能全面地了解中国的传统哲学及其发展规律。①

这番话正确地总结了历史经验并看出文化未来发展的不利性。在学术偏见的影响下，许多人抱着鄙视、不屑一顾的态度看待道教文化。反观当时在海外对道家文化的研究却相当"热门"，如1968年9月在意大利召开的第一次国际道教学术研讨会议和1972年9月在日本长野县召开的第二次国际道教学术研讨会议，在出席的各国代表中，却没有中国学者，卿先生为此深感痛心与遗憾。道教文化长期被漠视，这是学术界的损失，也是世界的损失，因此决心走上道教研究之路，以学术报国，还中国文化思想一个真面貌。

三、对道教学术研究的贡献

先生一生致力于道教文化研究与推广，其编著出版的主要著作有《中国道教思想史纲》《中国道教史》《中国道教思想史》《道教与中国传统文化》《道教文化新探》《刍荛集》《道教文化与现代社会生活研究》等二十余种。此外，先生还在报纸杂志发表百余篇学术论文，自1979年以来，几乎每年都有道教研究领域的文章发表，其对文化的热情与坚忍卓绝的研究精神，着实令人肃然起敬。2018年元月，卿先生获颁"汤用彤学术奖"，此奖堪称中国国学研究最高奖，可谓实至名归。

尹邦志归纳卿希泰先生的学术成就，大体可以概括为四个方面：确立了道教在中国传统文化中应有的地位；开辟了道教研究的新空间；为中国的道教研究正名，改变了"道教研究在国外"的历史；培养了大批高层次的宗教学研究和教学人才。②

人才是一切发展的基础。卿先生曾于1959年创办了四川大学哲学系，转入道教文化研究之后，经历初期的摸索与孤军奋战，于1980年创办了第一个以研究道教为主的宗教学专业研究机构——四川大学宗教学研究所，并担任该所第一任所长和终身名誉所长、教授、博士研究生导师，带领该所开创了国内高等教育的数项第一：成为第一个宗教学硕士和博士学位授权点，更是宗教学专业独立的哲学博士后流动站；创办了第一份宗教学学术刊物，等等。这种种，使四川大学宗教学研究所名列全国各高校"宗教学"学科排名的第一位，成为全世界道教研究的基地和发射塔，不断输出杰出的专业人才与研究成果，更吸引全世界的研究学者前往交流取经。

卿先生认为："不研究中国的道教思想史，便不可能全面地了解我国的历史，更不可能全面地了解我国的哲学思想和科学、文化思想的演变。"③ 所以，当道教研究的课题正式列为国家哲学社会科学的重要科研项目，卿先生又承担了撰写《中国道教史》的任务。此后他带领着研究团

---

① 卿希泰：《我为何走上道教文化研究之路》，《社会科学战线》2010年第10期，第204页。
② 尹邦志：《实事求是 开物成务——访宗教学泰斗卿希泰教授》，《西南民族大学学报（人文社科版）》2006年第9期。
③ 卿希泰：《中国道教思想史纲》第一卷，成都：四川人民出版社，1980年，第29页。

队，接连完成了《中国道教》《中国道教思想史》等等，为道教研究创建了重要的基础工程。日本著名学者中村璋八教授曾赞誉说：四川大学宗教学研究所，不仅是中国而且也是世界最高水平的道教研究机构，其所长卿希泰教授的《中国道教思想史纲》等众多著作，也一样是中国道教研究的最高权威，就是在日本也享有崇高的威望。

卿先生主编的《中国道教史》，陆续完成，得到了学术界的广泛好评，认为此书创立了道教史研究的框架体系，并给道教史的研究奠定了科学的基础。以任继愈先生为首的同行知名学者在评审意见中，一致肯定了本书"对具有一千八百多年历史的中国道教的产生、发展和演变做了全面勾勒，对道教发展史做了科学分期"，并认为本书"不仅填补了国内学术研究的空白，且在国际道教学术研究界亦产生了重大影响"。①

四、立足现在，展望未来

经过数十年的奋起直追，目前中国在道教学术研究方面虽然已经有了丰硕的成绩，但是也存在不足。如在长期的历史发展过程中，道教积累了大量的经典文献。从《道藏》的目录来看，道教经书浩瀚如海，涉及的领域涵盖天文、地理、农事、兵法、医药、养生、政治、民俗、历史、文学、艺术等等，可谓包罗万象。如何解读和诠释道教经典文献，这是道教研究与发展的重要课题。并且，由于种种原因，道教经典文献存在时代不明、作者真假难辨等问题；对于其思想内涵，如果从不同角度、不同立场加以诠释，也会得出不同的理解与判断。以上问题的研究更需依靠道教界有实际修行的高道与学术界互相交流合作与努力，这也是本人数十年来不敢懈怠的方向。

除此之外，卿先生也提出了道教研究今后可以开展的大致方向，如：交叉学科的研究、地方道教史的研究、各道派史的研究、道教典籍的研究和整理、道教教理教义的研究等，更要有计划、有系统地翻译出版国外有关道教研究的优秀成果，并将国内有关道教研究的一些重要著作翻译成外文介绍出去。这实在是具有开阔视野及前瞻性的宏伟蓝图，必须群策群力，集合大量不同领域的人才来完成。希望未来有更多的人来从事这些研究工作，让中外学者互相交流、互相学习，一起为弘扬道教文化而努力。

---

① 《国家社会科学"六五"至"八五"规划重点项目结题鉴定组专家评审意见》，《宗教学研究》1996年第2期，第97—98页。

五、以道教文化会通古今，融入现代生活

道教文化的真精神是出世而不离世，清静恬淡，尊道贵德，讲求我命在我，主张性命双修，达到天人合一、道法自然。道教思想文化中的这些内涵与精神，是具有极高的生活智慧和现代意义的，不仅对于现代人正确认识自我，把握人生的价值，确立正确的人生目标，正确处理人与自然、人与社会、人与人、人之身心的内外关系，都有重要的借鉴价值和启发性；对当今因道德沦丧、人心躁动、物欲横流而产生的许多身心疾病和扭曲的社会现象而言，甚至还是一剂匡救的良方。

思想文化的研究绝不能是架空的楼阁，最终必然是要服务于社会的。既然道教与现代社会生活有着如此密切的关系，那么，探索、挖掘道教文化中具有的时代意义，将会是国内外道教学术研究高度关注的课题。盖建民教授在其《道教文化探索的新视阈——卿希泰先生〈道教文化与现代社会生活研究〉读后》一文中说：

> 当前学术界对道教的研究已逐渐从历史文献、哲学思想、道派源流、文学艺术、伦理道德、医药方技等领域，转向探讨道教与现代社会文明的关系，挖掘古老道教文化的现代意义。①

毕生致力于道教文化研究的卿先生，更是早在 2006 年发表的《道教文化在中华传统文化中的地位及其现代价值》一文中就提到："随着我国经济的蓬勃发展、国际地位的日益提高，具有五千年文明史的中华传统文化，以及这一传统文化的主流之一的道教文化，也必然会受到愈来愈多的人们的关注，产生强大的吸引力，其中的许多合理思想，可以作为西方文化的借鉴，并为全人类带来真正的幸福，因而具有极其重要的现代价值。"② 他在 2007 年 9 月出版的《道教文化与现代社会生活研究》一书中的四十余万言，便是以"现代性问题考察中国道教思想在中国现代生活中怎样发挥有益作用"的研究成果。其书从当前的社会现实出发，从理论上探讨道教文化在当代社会生活中的意义，并对道教文化的未来发展和传播方式，以及如何承前启后、继往开来、弘扬道教中的优秀文化等问题，进行了思考和理论建构。

盖建民教授阅此书后，感性地说："字里行间，我们可以品味出老一辈学者孜孜不倦、学贵创新的风骨。"

---

① 盖建民编：《开拓者的足迹：卿希泰先生八十寿辰纪念文集》，成都：巴蜀书社，2010 年，第 989 页。
② 卿希泰：《道教文化在中华传统文化中的地位及其现代价值》，《湖南大学学报（社会科学版）》2006 年第 4 期。

六、结语

道教文化研究，如王明先生在《中国道教史》的序言中所说："解放前，基础比较薄弱。解放后，起步较晚。"[①] 但自从1984年，国家把撰写《中国道教史》列为重点项目，在举国之力推动下，不论是建立专门的道教研究机构，还是将道教研究的课题正式列入国家的发展规划当中，每年增列预算，保证其研究顺利进行，这都大大促进了道教文化研究的长足发展，并已显现了丰硕的成果。

面对台湾地区多年来道教研究发展的贫弱现象，本人感到忧心忡忡。本人身为中国道教学术研究领域之台湾学者，对于卿老筚路蓝缕开拓新学术领域的意志与艰辛深有触动，并钦佩先生培育后辈的无私胸怀与展望未来的卓越眼光，这也正是本人多年来兢兢业业、不敢懈怠的标杆。近年来台湾周易养生协会在经费困窘之下，仍坚持举办了一届"《周易》与养生学术研讨会"、两届"海峡两岸道家、道教与养生学术研讨会"，感谢各界精英学者给出的高质量论文以及无数支持道教文化研究人士的热心捐款。面对庞大的道教研究工程，虽然只能尽杯水车薪之力，但我们仍会以卿先生追求卓越、勇攀高峰的治学精神为榜样，再接再厉，开创道教文化研究的新局面。

---

① 卿希泰主编：《中国道教史·王明先生序》，成都：四川人民出版社，1996年，第1页。

怀念道教文化一代宗师卿希泰大师

黄胜得[*]

一

诗曰：

> 风静云开日，柳烟初上时；
> 柳城空一片，独自坐题诗。
> 一画开天地，阴阳二气行；
> 其中生杀义，动静自分明。
>
> 三清宏开日，慈航普度时；
> 迷津终有岸，宜觉不宜迟。
> 雾散云开候，天青本自然；
> 撇除烦恼去，何地不安闲。
>
> 岁转时应转，沧桑亦变更；
> 灵山长不老，羡煞白头人。
> 自笑如闲鹤，遨游遍大千；
> 苍松为故友，倦依石头眠。

辉辉煌煌、炫炫潾潾，普照乎宇宙的，日月之光彩。青青寂寂、悠悠渺渺，萃聚乎大千的，山川之灵秀。熙熙皞皞、凄凄淋淋，培植万象的，雨露之浸润。空空洞洞、虚虚无无，恻隐乎赤

---

[*] 作者简介：黄胜得，台湾太一道院院长、三清道家道教文化基金会董事长、四川大学道教与宗教文化研究所客座教授、国际易学联合会常务理事。

寸的，人性之本善。勃勃郁郁、清清洁洁，不为外污所染的，大道之真谛。

道之体质，在天为日月，在地为山川，在万物为雨露，在人性为恻隐，如初生能守先天所授之灵光而不失，则可与日月并明，山川同秀，雨露同泽。孔孟能守赤性而不失，则后世尊为王者师，血食千秋，馨香百代，永垂而不朽。

人性与天道，可谓之几希。延及今日，人心险诈，道德沦丧，智能机巧，变诈百出，如泛滥之水，决堤而奔，不知守本性为宗旨。故国家也而有阋墙之祸，骨肉也而有残杀之凶，财产也视为生命之重，礼义也视如鸿毛之轻。斯为心之不正、身之不修、志之不坚也，也是世之传道立教之故。然其各分畛域，各立门户，各竖旗帜之心理，相争执之不休，其不知五教之源，皆从道之一系而来。

今天之世，谈道者纷纷，向上不究其源，向下不竟其委，多向好奇而失之于偏，拘守者又邻于隘。其实谓道，道其所道，非吾所谓之道。盖吾所谓之道，乃正道，亦大道，固有体有用之道。其体何在？即人心之生理，即天地之生气，即儒书所谓太极生于无极，正是其道。

我非常佩服卿老师对道教文化思想及价值观之执着，以一生奉献给道教，编辑、著作《中国道教思想史》《中国道教史》《宗教学研究》期刊，培养道教人才，为中国道教研究奠定基础，其仁德者之风范，为我们后学的榜样。另摘录其学生的心理报道，我也深感其亲。综合武清旸、李果的心声如下：1980年，卿希泰受命创建四川大学宗教学研究所，研究所承担了《中国大百科全书·宗教卷》道教分支和《宗教学辞典》道教部分的编写任务。这对于刚成立的宗教所来说无疑是一个巨大的挑战。在改革开放的背景下，商品经济的思潮开始涌动，不可避免地波及了科研领域。有的学院、研究所试图将研究和经济收益挂钩，以收益多少为标准衡量研究。但宗教所的广大成员在卿希泰的带领下埋头钻研，不为所动，很多成员还主动把自己所得的稿费和奖金都捐给所里用以购买大家急需的图书资料等。

"这些都是国家任务。不论怎样，我们都要把它们完成好。"卿先生当年告诉记者："当时引进的这一批人同心同德，自觉自愿地聚在一起，最终克服了当初的一切困难。"

在卿希泰先生的带领下，这个团队的成果是丰硕的：在国内高校中率先招收宗教学硕士生，率先成为宗教学博士学位授权点；成为全国高校第一个宗教学重点学科，在全国宗教学学科排序中名列第一……现在，四川大学道教与宗教文化研究所已成为国家"985工程"宗教与社会研究创新基地，将宗教研究推向了更高层次。

他的学生，四川大学道教与宗教文化研究所所长、教育部长江学者特聘教授盖建民评价道："卿希泰教授治学严谨，秉承了川大注重经典和史学研究的学术传统。先生的著作《中国道教思想史》《中国道教史》是道教学术界的开拓性著作，在国际道教学界产生了重要影响。作为先生的弟子，我们深切缅怀业师卿公，将继承先生严谨治学的学风，沿着先生开创的中国道教研究道路，将中国道教研究发扬光大。"

二

作为宗教所的创始人与前行路上的领路人，卿希泰先生还特别关心广大成员的切身利益。在宗教所时，为解决落实一些引进人才的住房问题，他亲自出马四处奔波，也曾为所内希望进一步深造的教职工提供资金支持。卿先生的学生张松辉曾谈道："在日常生活中，恩师对弟子的关怀也是无微不至。在过去的十多年中，恩师担心我受冻，给我送过衣服；担心我被蚊虫叮咬，给我送过蚊帐；为了增强我的体质，给我送过计步器。"

回顾1990—2000年间川大道教与宗教文化研究所在卿老师的主导下，在李刚原所长的执行下，我配合支持出版《宗教学研究》期刊，提供助学金解决硕士、博士生的生活问题，使硕士、博士毕业生呈倍数增长，在建所30年间已培养出500多人，今日中国的道教学者很多毕业于川大道教与宗教文化研究所。中国古代的神仙多来自巴蜀，期待川大宗教所毕业生亦能效法巴蜀古神仙，修成正道果而列入"仙班"，不辜负卿希泰老师的厚爱。

深切缅怀卿希泰先生

吕锡琛*

尊敬的卿希泰先生驾鹤西去已是一年有余，可是，他的音容笑貌却依然历历在目，在我书房的案头上、书柜里，他的大作以及由他牵头或在他指导下完成的著述已是琳琅满目，是我常常翻检的作品。睹物思人，勾起我深深的怀念。

我虽然不是卿老师门下的正式弟子，但在我的学术研究道路上却始终得到他的关怀、启示和支持。

我进入道学研究领域其实有很大的偶然性。1987年，改革开放后的首届全国老子学术研讨会在湘潭召开。我很荣幸地被邀请参加本次会议。说实话，刚出校门不久的我还只是一位老子思想的学习者。当时，我正在阅读唐代史学家吴兢的《贞观政要》一书，贞观君臣治国理政思想主张中与老子相关的内容引起了我的兴趣和思考。长期以来，无论是在大学课堂上还是在教科书或专著论文中，关于老子思想的论述和评价多为负面的。如，认为老子主张消极无为、愚民反智、开历史倒车，他的哲学思想是唯心主义的，等等。但是，在阅读《贞观政要》的过程中，我却发现了与自己所见所闻很不一样的老子思想，如俭啬寡欲、以静抚民、谦下纳谏、慎动兵革等，这些思想从积极的方面影响了李世民、魏征等贞观君臣的治国理政。于是，我决定对此做一番认真探讨，撰写了《老子思想与贞观之治》一文提交会议。这篇小文在会上得到方克立、唐明邦、王兴国、黄钊等前辈学者以及时任四川省委书记处书记杨超先生的肯定。学术探新的尝试以及前辈学者的鼓励，激起我继续学习和研究道家以及与之密切相连的道教的兴趣。我非道家道教专业的科班出身，当时在全国的学术界，道家道教研究方面的著作可谓寥若晨星。卿老师的道教史就成了我当时的必读书籍。在卿老师的论著中，我得知了鲁迅先生"中国根柢全在道教"的名言以及道家道教影响中国古代社会的诸多史实。在这些著述的启发下，我系统地收集史料，将研究的视角由贞观时期拓展到道家道教对中国古代政治特别是对一些开国皇帝的影响，以此为专题进行探讨，于1991年出版了该项研究成果——《道家方士与王朝政治》。作为一名刚入道学研究之门的

---

* 作者简介：吕锡琛，中南大学哲学系教授，博士生导师，中南大学道学国际传播研究院执行院长，主要研究方向为道家道教思想、中国传统伦理思想。

青年学子，我渴望得到老师的批评与指教。怀着忐忑不安的心情，我将拙作寄给了卿老师这位全国著名的道学权威以求教。没想到，居然很快就收到了他的亲笔回信。在信中，卿老师给予我热情的鼓励，并对拙作予以充分肯定，认为书中系统地探讨了道家道教思想及其对历代君主的影响，阐发其产生的社会效应，史料充分，分析中肯，很有价值。这些话语当然多有过奖之处，但对于我这个初出茅庐而又孤军奋战的人来说，真是莫大的支持和鼓励！

卿老师对于道教在中国社会的重要影响有深刻的认识，在这方面有诸多论述，让我受益匪浅。在儒家研究处于学术主流的形势中，我看到了道家研究所具有的不可或缺的意义。在卿老师的启示下，在方克立、萧萐父、唐明邦等先生的支持和鼓励下，我又将研究视角投向道家思想与中华民族的性格这一课题，并得到了国家社科青年基金资助。在《道家与民族性格》一书出版后，同样得到了卿老师及时的鼓励和支持。让我没想到的是，几年以后，国家社科基金办的领导来中南大学指导工作并讲学，我与这位领导交谈，他得知我的姓名和研究方向后，居然说对我的名字有印象。其中的缘由是，卿老师曾向他们推介过《道家与民族性格》及其作者。我由衷地佩服这位领导如此强记，对卿老师提携后学的善意更是感动不已。完全没有想到，老先生对我这个素昧平生而又从未谋面的无名小卒如此厚爱和支持。

1998年的冬季，在罗浮山举行的道教国际学术会议上，我终于见到了感怀、敬慕已久的卿老师。他的和蔼可亲、平易近人、朴实真诚给我留下了很深的印象。随着我在道家道教领域研究的深入，我与卿老师的交往也日渐增多，向他学习和请教的机会也越来越多。每次见面，他总是满面笑容，朴实无华，完全没有想象中名教授的架子。记得有一次在武夷山开会时，早晨我在户外打太极拳，被卿老师隔窗见到，在餐厅吃饭见面时，居然还得到他的表扬，让我这个太极拳根底浅薄的人受宠若惊。这些小事，都让人深深地感受到卿老师与人为善、关爱后进的大仁大爱之心。

后来，他身患肺癌，在这种人生的巨大考验面前，卿老师那种淡然豁达的心态，他对工作、对学生高度负责的精神更是让我深深地敬佩。患病数年，他依然坚持指导博士论文。记得有一次，我正在给研究生上课，课间突然接到晓红打来电话，说卿老师要跟我说话。当时我甚感突然，亦有些紧张，不知道重病中的卿老师有何事要吩咐。意外的是，在电话那头，卿老师说的居然是学生论文评审之事，问我近期是否在家，是否有时间评审。作为道教研究领域的翘楚，重病之中的卿老师专门为此事亲自从遥远的成都打电话过来，这种教书育人的责任心可见一斑。而我的学生得知此事，更是惊讶不已。大家都知道，在学生答辩之前，学校研究生院一般会请导师推荐一批相关领域的专家名单，从中随机抽选论文评审者。但如果评审专家外出或无暇评审，往往会耽误评审甚至影响学生如期毕业。卿老师不顾自己重病在身，亲自打电话了解情况，正是为了防止此类情况发生。这种对学生的关爱和认真负责的态度多么难能可贵！我想，论文撰写者如果得知卿老师为他做的这些细节，应当更是为之动容吧！

在纪念卿老师仙逝一周年之际，我的感怀、感激之情充盈于胸间，他的高风亮节、治学精神和学问文章，将永远激励着我们深入发掘中华道学文化中的思想精华，为推动优秀传统文化的复兴与传播不断努力！

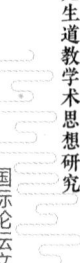

我与卿希泰老师的交往

余孝恒*

2017年2月17日，尊敬的卿希泰老师驾鹤仙逝，永远地离开了我们。我因当时不在成都而未能与先生告别，深感遗憾。然而卿老师那儒雅学者的风范身影，平易近人、诲人不倦的音容笑貌，一年多来总是浮现在眼前，令我难忘。

我与卿老师相识，是在三十多年前的1986年。当时，我1982年从中山大学毕业后到四川省政府宗教事务局工作，接到通知去北京参加中国宗教学会第二次代表会议，到中联部招待所报到时，才知道整个西南地区只有两名代表，除我外，另一位便是四川大学宗教学研究所的所长卿希泰教授。会议期间，我与他同住一室，从此与他有了三十多年的交往，使我受益匪浅，难以忘怀。

当时，中国宗教学术研究的重镇，一是以中国社科院世界宗教研究所为中心的北京，二是以上海社科院宗教研究所为主的上海，而地处西南一隅的四川大学宗教学研究所尚未引起学术界的注意和重视。记得在会上，卿老师较为详细地介绍了川大宗教所当时取得的丰硕学术研究成果，所完成的《中国道教思想史纲》《宗教学原理》等专著和100多篇有分量的论文，以及只有十来个人的宗教所，在简陋条件下齐心协力、艰苦创业，潜心治学、培养人才，努力拼搏、为国争光的感人事迹。学界同仁们听了后大为震撼，与会的任继愈、罗竹风等著名学者都当场表示钦佩，向卿老师表示祝贺。在这次会上，卿老师当选为新一届的中国宗教学会副理事长（即副会长）。

回成都后，我开始常去川大宗教所向卿老师请教，与他的交往和友谊逐渐增多和加深，对他在学术研究上的成就，治学上的严谨，培养人才的苦心与严格，开创正确的宗教学术研究道路和方法，有了更多的了解，对他的人格魅力愈加尊重和景仰。

卿老师幼习国学，又是50年代毕业于中国人民大学哲学系的研究生，有深厚的马克思主义理论功底和传统文化的学养。虽然当时他承担着极为繁重的科研和教学任务，时间紧张，但每次我

---

* 作者简介：余孝恒，原四川省人民政府宗教局正厅级巡视员。中国宗教学会理事，西南民族大学客座教授，民族研究院研究生论文答辩委员会主席，四川大学宗教学研究所特聘教授，基督教研究中心特约研究员。

就学习和工作中遇到的宗教问题、宗教学理论向他请教时，他总是耐心细致地给我讲解，还经常介绍一些书籍让我学习，从而为我做好宗教工作、研究比较宗教学打下了扎实的基础和扩大了知识面，开阔了视野，尤其是学到了研究宗教问题的正确方向和方法，坚定了从事宗教理论研究和宗教事务管理工作的信心。

20世纪末，为培养宗教学术研究人才，鼓励后学，他筹集资金，经有关部门批准，设立了"卿氏学术研究基金"，以奖励优秀博士和硕士生，资助有关学术著作的出版。针对博士生论文出版难的情况，他又多方筹集资金，协调各种关系，创新组织编辑出版了"儒道释博士论文丛书"，每年资助全国各高校毕业生出版5本博士论文，后逐渐增至每年10本，一直坚持到现在，已近20年了，成为宗教所的一大品牌。他热情地邀请我参加丛书编委会，从而使我有机会更多地了解宗教学术研究的现状和祖国传统文化的博大精深。在每年都召开的编委会上，他总是虚心听取编委们（大多是他的学生）的意见，包括我这个不在学术界圈子的政府宗教事务管理部门工作人员的意见，他非常谦虚，从不一个人说了算。每次参加编委会议时，他都称我"局长"，使我深感不安，我为此多次对他说，您是学术大家，我的老师，又是长辈，千万不要这样叫我。他总是谦虚地说：你虽然比我小20多岁，但在政府宗教管理部门工作，了解政策多，接触面广，代表着政府的意见，应该得到尊重，也会使你感到责任重大。他是这样说的，更是这样做的，对一些敏感的博士论文选题，总是征求我的意见，使我深受感动，也更加用心地为博士论文选题和论文出版出主意，进行审读和把关。

卿老师曾希望我能读他的研究生，但由于种种原因而一直未能如愿。1999年，我自费考上了北京大学宗教学系的在职研究生班学习三年，对此他十分高兴，多次鼓励我说：虽然你快50岁了，当领导也多年了，但仍能坚持读书学习，这种好学精神很好，人都应该树立终生学习的观念，我为你高兴，虽然每年最冷最热的寒暑假时要去北大每天上十来个小时的课，很辛苦，但可以学到更多的知识，开阔视野，对做好工作和提高个人学养都很有帮助。希望你珍惜机会，珍惜人生，克服困难，努力学习。

2000年，卿老师又与宗教所领导商量，聘请我为川大宗教所的特聘教授，让我为宗教所的研究生们讲授《中国的宗教问题与党的宗教政策》等课程，让博士生们不光进行学术研究，也了解中国宗教的现状和党的宗教政策，使学生们的知识结构更全面广泛，更能在毕业后适应各种工作环境和要求，对改革开放有更深刻的了解。

2003年，川大宗教所与香港中文大学崇基学院等，在香港联合举办国际学术研讨会，他又邀请我同去，并安排我就《长江上游地区的宗教现状与社会稳定》作大会交流发言，让国际同行们了解中国的宗教状况和中国共产党的宗教信仰自由政策。我随他带领的由宗教所的教授们组成的代表团，在香港中文大学、浸会大学进行学术研讨交流和参观，了解了许多新情况、新知识。他对所里同行人员的言行举止要求严格，对其间个别人的不妥言行和学术水平不高的情况进行了严肃的批评，使我深切感受到他治学育人、带领团队的严谨，对坚持马克思主义研究方法的坚定立场和高超艺术，对维护国家和中国学者形象的高度重视，令我至今仍记忆犹新。

我最难忘的是 2005 年，国家宗教局所办的《中国宗教》杂志编发介绍宗教研究学术大师的"人物"系列稿件，向我约稿写卿老师，我为此又到卿老师家中进行采访。卿老师十分热情地接待了我，认真详细地对我的提问作答，谈他教书治学的体会，尤其指出学术研究要坚持正确的方向和方法，要有民族自豪感，为国争光；研究工作要科学严谨，实事求是，注重方法，开拓创新；要高度重视学术接班人的培养，重视调动和发挥年轻人的积极性创新性，共创辉煌。他当时虽已 80 多岁了，仍雄心未已，规划着川大宗教所和中国道教学术研究未来的宏伟目标。这次采访，使我进一步加深了对卿老师博大的胸怀、治学的艰辛拼搏和爱国之心的认识。后来，我以他的诗作《蜜蜂吟》中的两句"采得百花成蜜后，既忘辛苦也忘甜"为标题，写成文章在《中国宗教》杂志 2005 年第 8 期上发表，使更多的读者了解了卿老师，为他的精神和成就所感动。

卿老师的虚怀若谷和谦逊，还表现为他对宗教界尤其是道教界人士的充分尊重和爱护。他经常在研究和教学之余与道教界人士交往，调查了解他们的所思所想和生活状况，向他们请教。他提倡、支持和指导宗教所的老师们到成都市的青城山、青羊宫等道观中为道众们办培训班、讲课，提高道众们的文化知识、道学知识、法律意识，指导道众们学习唱念，作法事，提高历史文化水平，学习党的宗教信仰自由政策，继承道家的优良文化传统，为发扬光大中国道教而努力。我省道教界的道长们对此至今念念不忘，十分怀念卿老师对他们的真挚帮助和支持。

2011 年我年满 60 岁退休后，卿老师仍聘请我为"儒道释博士论文丛书"的编委会成员，请我继续为博士生们授课，并常打电话关心我的退休生活，使我深为感动，我也常向他请教问安，友谊依然深厚。

卿老师成为川大的资深教授至年高后，虽然身体不好，仍然坚持学术研究，以身作则认真著述。记得他在年近九秩又患病后，仍然坚持每年亲自主持召开"儒道释博士论文丛书"的编委会会议。尤其是 2005 年后，他又不顾高龄，作为首席科学家担纲和组织国家"985 工程"二期的"四川大学宗教与社会研究创新基地"的工作，亲自撰写专著和推动出版了一批高质量的著作，体现出他的高风亮节，令人感动和钦佩。

现在卿老师虽然仙逝，永远离开了他热爱的教育和学术研究事业，离我们而去了，但每当我手抚他亲自赠送给我的《刍荛集》并阅读时，看着他用毕生心血书写的真知灼见的文字时，总是感慨万千！

缅怀大师，高山仰止，哲人仙逝，心中百感交集。

敬爱的卿老师，一路走好。

2018 年 12 月 25 日

春风化雨，润物无声
——追忆卿希泰先生

朱展炎[*]

先生魂归道山，已然一年。后学不才，有幸忝列卿门近十载，诸多往事，历历在目，不能忘却。草成短文，遥寄哀思，以谢师恩。

一、初识卿老，润物无声

第一次听闻卿先生大名是读博士之后。2005年9月我考入厦门大学人文学院哲学系读博士，当时报的是中国哲学专业，进校后受教于盖建民先生门下，才知道要从事道教方向的研究。因为我大学学的是新闻传播专业，硕士跟随罗炽先生学习中国哲学，根本不知道教为何物，更不知从何入手阅读道教文献和开展研究工作，因此极度茫然，经常焦虑失眠。

盖老师了解了我的情况后，让我先去买卿先生主编的四卷本《中国道教史》精读一遍，再考虑选题的事情。我跑到厦大外面的晓风书屋买了《中国道教史》，每卷都认真做了笔记，发现自己感兴趣的问题就用纸条贴在书页上方，标记出关键词，以备后用。经过一年多的学习，才慢慢对道教的历史、思想、人物、经典有了一个大致了解。也是从这时起，才对卿先生有了初步的认识，才知道道教原来是中国本土的宗教，才知道道教也可以作为一门学问进行研究。可以说，正是读了卿先生主编的《中国道教史》，我才开始对道教有了一个大致了解，找到了进入道教研究的门径。

2008年4月，我开始准备博士毕业的相关工作，盖老师让我把博士论文送给四川大学道教与

---

[*] 作者简介：朱展炎，哲学博士，四川大学道教与宗教文化研究所副研究员。

宗教文化研究所的卿希泰先生和唐大潮先生评审。刚好当时第一届全真道与老庄学国际学术研讨会在华中师范大学召开，卿老师、唐老师都要参会，盖老师就让我把博士毕业论文和评阅意见书一起带上请两位老师审阅。

研讨会后，学者们到武当山参观、考察，经盖老师引荐，我第一次见到了卿老师。当时卿老师已是八十多岁的老人，但给我的第一感觉是精神矍铄，两眼有神，说话中气十足。在陪卿老师聊天散步的过程中，能感受到他的幽默、慈祥和爽朗。晚上把博士论文和评阅意见书交给卿老师时，由于疏忽，评阅意见书忘记盖上培养单位的印章，给卿老师一看，他用带有浓郁四川口音的普通话说道："这个不得行，得盖章才能评阅，回去找你们科研秘书弄好再寄回来给我。"

评阅意见返回之后，我认真阅读，发现卿老师密密麻麻地写下了许多意见，小到标点符号，大到整个论文的框架、观点、文献及方法等等都有涉及，同时也提出诸多鼓励意见，让我这个刚入门道教研究的后学备受鼓舞，从这些事情上也看到了卿老师认真负责、严谨求实的治学精神。

二、忝列门下，受教无穷

2008年6月博士毕业后，导师盖建民教授建议我继续深造，到四川大学道教与宗教文化研究所卿老师门下做博士后研究，进一步夯实道教研究的基本功。在征求爱人的意见后，我决定入蜀求学。同年10月，我进入四川大学哲学博士后流动站开展博士后研究工作，正式受教于卿老师。记得忝列师门的第一次见面，是在四川大学望江校区东门的专家楼，俗称"熊猫楼"（里面住的都是四川大学各个领域的知名专家，所以坊间戏称之）。卿老师住的是一楼，里面光线暗淡，陈设简陋，满屋子都是书，白天都要开灯，尤其是秋冬季节，都必须开着取暖器。我当时的第一感觉是这么有名的老专家住在这么朴素的房子里，真是不容易啊！后来跟卿老师相处久了，才知道他其实有很多次机会参与学校的分房，但卿老都把机会让给了其他人，自己情愿蜗居在斗室之中，自得其乐，真是处处践行着道家道教"慈、俭、让"的人生信念和甘为人后的长者之风。

2009年初，卿老师受邀参加9月份在韩国高丽大学召开的"第一届仙与道国际学术讨论会"。他把我叫到家里，把邀请函拿给我，让我围绕会议主题先写一篇初稿出来，字数在9000字左右，写完后由他修改、润色。我接到任务后不敢懈怠，认真查阅资料，构思论文框架，花了近三个月时间终于把初稿写好。交差的时候内心忐忑不安，生怕挨骂。卿老师认真审阅、修改后把我叫过去，笑着说：你文字基本功还可以，文章整体结构、观点和资料都还整得不错。我听了以后一颗悬着的心才放下。9月份会议开完，过了段时间，卿老师又把我叫到他家里，拿着一个信封对我说：韩国会议的文章出版了，对方给了稿费，主要工作是你完成的，稿费归你。我当时真是感动，接连推辞说不用。卿老师就说：你现在还在读书，爱人还没找到工作，正缺钱。这钱虽不多，多少也用得着，我了解你们年轻学者此时的困难，你拿去用吧。

记得刚开始博士后研究工作时，卿老师经常过问我做博士后的待遇如何、房子解决了没、生活上有没有困难需要帮助等等问题。卿老师无时不在惦念学生、牵挂学生，这种仁者之风、长者之慈并不是停留在文章、著述等说教里面，而是真实地践行在日常生活中，践行在他的为人、为学上。2011 年 3 月，我的女儿子悦出生了，卿老师还专门托晓红姐送来红包，恭喜我喜得千金。当时我跟爱人感叹说："老先生真是细致入微啊，这些小事都考虑得那么周到，那么牵挂，对学生的关怀真是如对子女！"逢年过节，我们去看望卿老师时，他都会逗逗子悦，给她糖和饼吃。每次我跟悦儿谈起卿老师，她都会说："我好想卿爷爷，爸爸我们什么时候再去卿爷爷家吧，我好想他。"

在流动站工作的三年里，卿老师不断督促我要多读文献，少空谈，脚踏实地地做学问，认认真真、清清白白地做人、做事、做学问，专注于学业，多出成果。2010 年下半年，我的出站报告已基本做好，交给卿老师审阅，当时他拖着病躯给我逐字逐句修改。看着论文上卿老师遒劲有力的手迹，我内心感动的同时也觉得羞愧无比。

2011 年初，我面临要出站找工作的事情，卿老师这时由于身体原因在华西住院，我也不好去麻烦他。在我去探望他的时候，他就问了我留所工作的事情办得如何了，我说遇到了点困难，卿老师马上就说这么大的事情为何没早点告诉他。我当时几近落泪，心想卿老师重病在身还不忘关心我这个后辈工作的事情，真是让老人家操心了，也为自己的不争气而感到羞愧和不安。

在卿老师的关怀下，我得以顺利留在所里从事自己喜欢的科研工作，也得以在卿老师身边受教近十年，耳濡目染，受益良多。我爱人经常开玩笑说我真是命好，不知道是哪辈子修来的福，能遇到那么好的老师！

三、老骥伏枥，志存千里

在我印象里，卿老师一直都保持着对道教研究的高度热情、敏锐视角和与时俱进的勇气。在陈耀庭老师的建议下，卿老师在耄耋之年决定重新修订四卷本《中国道教史》为五卷本的《中国道教通史》，把学术界的最新成果吸收进来，对旧版存在的引文规范、观点表达、文字校对、材料运用等等问题进行修订，以期更好地完善和改进。2013 年卿老师通过盖建民所长，安排周冶、于国庆、何江涛和我四位年轻同事先把《中国道教史》的电子文档整理出来。由于年代久远，当时《中国道教史》的电子文档没有保存下来，我们只能通过下载 PDF 版再转换成 WORD 版，最后终于把电子版完整地转录出来并重新进行校对编排，交给卿老师时，卿老师非常满意我们的初期工作。

2012 年，"《中国道教史》修订工程"被列为教育部人文社科重点研究基地重大项目，卿老师开始着手修订的各项准备工作。他亲自安排好各卷负责人和各章节修订的具体人员，还多次参加修订工程的工作会议，对修订过程中要注意的问题进行指导，对工作中遇到的困难随时和各卷负责人保持沟通。修订稿基本完成后，卿老师交代发给各位学者，要求大家就修订后的初稿多提意见。卿老师虚怀若谷、海纳百川、壮心不已的精神让我们这些后辈肃然起敬、敬佩不已！

在先生仙逝一周年的特殊日子里，拉杂回忆与先生相处的点滴小事和种种恩惠于我的大事，倍感心痛、思念和感恩。每当看到书柜上卿先生所著所编的各类著作，发表于期刊的各类论文，都会想起卿先生的音容笑貌，这无形中都会给我一种压力和动力，督促我更加努力。唯有如此，才不会辜负先生的厚爱和提携。

感念师恩
——卿先生往事二三及学术思想

张 悦[*]

2010年7月至2015年6月之间，我在卿老师门下学习道教。能够成为卿老师的学生，实在是一种幸运。跟随卿老师学习的那五年，我从卿老师身上学到了许多治学的态度和方法，这对我今后的生活、工作影响深远。

一

第一次拜访卿老师，是因为我被历史文化学院推荐到卿老师处读研究生，要经过卿老师的面试。当时唐大潮老师和卿老师一起来面试我和考古系的一名男生。当时卿老师只问了我一个问题："关于马克思主义唯物史观你怎么看？"由于我本科就读于川大历史系，了解历史学经历了新中国成立后"五朵金花"的激烈讨论之后，改革开放以来，随着新史学、后现代史学等新的史学理论的传入，关于唯物史观、辩证法的讨论热度和使用程度已经有所降低，大家都流行使用新的理论和方法对历史问题进行研究。所以对于这个问题，我采取了一种较为冷漠的态度。卿老师当时并没有说话，唐老师只淡淡地说了一句："你好好看一下卿老师主编的《中国道教史》序言里是怎么写的。"我顿时觉得糟了，自己的回答并不被卿老师认同，也意识到自己可能不会被卿老师录取了。于是我就抱着这样一种心态等待毕业。令我感到意外的是，没过几天就接到周冶老师的电话，说卿老师录取我了。虽然已经被告知录取，但我内心仍然异常忐忑，不知道我的学术兴趣和方法能否适应卿老师的教导。

---

[*] 作者简介：张悦，宗教学博士，2010—2015年在四川大学道教与宗教文化研究所跟随卿希泰教授学习道教，现为郑州大学历史学院讲师。

真正跟从卿老师学习道教，是在"中国道教史"的课上。开始上课之前，卿老师发给我们一份教学计划，里面详细安排了每次上课需要看的原始资料、研究著作以及思考的问题。当时卿老师已经80岁了，对于我们这种初学者，还能如此认真备课，这让我深切感受到卿老师对青年学者的关爱。这门课程，两到三周上一次，学时为一年，每次要提交一篇研究论文或读书报告，课上要有发言。对于卿老师这种看似宽松实则严格的培养方式，刚开始我感到非常不适应。虽然两到三周才上一次课，平时自由时间比较多，但是两周一篇论文，让我压力非常大。这意味着，虽然上课时间少，但课下要拼命看书、思考。文科讲究厚积薄发，这种短时间内拼凑起来的文章到底有多大意义？我非常困惑，觉得难以理解。可是硬着头皮经过一年的训练下来，发现了这种教学方式的好处：首先是要求我们必须多读书、积累，其次是锻炼了我们的写作水平，最后因为要不断思考写文章，加深了我们对道教史的认识。所以，对于卿老师这种严格的学术训练方式，我从开始的不理解，到后来的受益良多，深刻感受到卿老师的教学智慧。

在硕、博士学习阶段，卿老师给了我极大的宽容和支持。宽松的学术氛围让我有更多自主选择的权力，也激发了我们的学术创造力和创新力。一些练笔的文章经过卿老师的修改和推荐，发表在学术刊物上。卿老师还推荐我参与《中国道教史》的修订工作，撰写了其中的两小节内容。博士论文的选题，虽然卿老师不是特别认同，但还是给予了我许多帮助。在学术起步阶段，卿老师的宽容和鼓励，帮助我开拓了学术视野，提高了学术信心。

卿老师在学业上是严格且宽容的，在生活上对我们的关心更是无微不至。他担心学校食堂的饭菜不营养，经常邀请我们去他家里吃饭；担心我们经常坐着不锻炼，每天下午打电话督促我们去操场散步。卿老师像爷爷一样爱护着我们这些年轻的学者，平时细微的关照，让身处异乡的我们倍感身心的温暖。这个时候，卿老师是严师，更是一位慈祥的长者。

二

卿老师研究道教史的学术思想及方法，对我影响最为深远的，主要有两个方面。

（一）以马克思主义唯物史观为指导，用历史辩证法来看待道教的产生与发展。关于这样的一种研究观点与方法，起初我的看法是认为它非常陈旧与传统，不适宜当今的宗教学研究。因为宗教学应当是一门非常特殊的学科，它具有一定的科学性与客观性，但同时又有一定的主观性与个体性。历史文献是否能真正反映宗教在古代社会中的发展状况？道教的具体样貌和形态是否真如文献所展示的那样？这里面有许多可以讨论的地方。深入学习之后，我才发现卿老师在道教史研究当中运用这一理论方法的重要性。

首先，是现实的需要。在当下的学术环境下，宗教与迷信之间的关系，对于大多数非专业人士来说仍然是非常困惑的。如果不使用马克思主义唯物史观对宗教现象进行描述，仍然会陷入神秘主义的泥淖。政治导向不正确一定程度上会影响个人的学术生涯。其次是马克思主义唯物史观在解释宗教现象的过程中具有一定的合理性，但是在具体操作过程中应该去丰富、完善其论证与表述的方式与角度。以往的研究倾向于通过对大的社会环境的描述，论证社会存在决定社会意识。而现在倾向于我们能否借鉴历史学的相关理论，细化以往的研究，从历史中人的角度，发现宗教之于人的重要作用和积极影响，从个人需要的角度探讨存在决定意识。另外，区域史的研究，也让我们看到不同地域，因地理、人文环境的不同，影响到宗教发展形态的不同。所以更为细致的区域宗教史研究可以完善之前对宗教史整体的、粗线条的描述。

（二）在研究过程中注意教内、教外两种不同的群体及研究路径。这点启发源于卿老师和我的一次谈话。在学习过程中，我看了较多葛兆光先生的著述，在写文章过程中也较多引用葛先生的观点。有一次卿老师就提醒我，葛兆光的一些观点引起了许多教内人士的不满。这时我才注意到，道教史的研究有许多地方是不同于其他历史学研究的。因为作为教外人士，其实并不能完全理解道教，也不能仅仅根据文献对道教史做独立、客观的评价。宗教本来就是一种特殊的历史现象，并且道教是一直延续至今的"活"的宗教。一方面它有非常隐秘不能向外人道的地方，另一方面现在仍然有人信奉、修行它。我们不能忽视它隐秘的方面，也不能忽略那些熟悉这些隐秘的信仰者的存在。所以，遵循两条道路的研究法，可以帮助我们放下自身的偏见和自大，用一种理解、宽容的态度看待道教史。同时这也是辩证法的一种具体实践，因为不同的信仰对象对道教的看法是不一样的，我们要认识到不同人群对道教的想象和态度是不同的，从不同的角度共同切入才能更好地理解道教在历史中的地位与作用。

三

通过回忆与卿老师的交往以及思考卿老师的学术思想，反思现在，我发现卿老师对我的影响是深远与广泛的。首先，卿老师是我进入道教研究领域的引路人，这样的进入最终成为我生活和事业的基本内容。其次，在向卿老师学习的过程中，卿老师给我提供了一个非常好的学术平台，帮助我结识了许多优秀的师长，这对我来说是一笔丰厚的馈赠。最后，卿老师在学术上的引领及生活态度上的影响，一定程度上改变了我的人生道路。所以，感谢卿老师的恩遇。

深切怀念舅爷爷卿希泰先生

张丽霞*

卿希泰先生既是我的博士导师，又是我的舅爷爷。自2013年在四川大学宗教所读硕士和博士期间起，我就一直跟随着舅爷爷。因此，在学术研究上，始终得到了他的指导、教诲和支持，让我一步步成长。可以说，是舅爷爷把我引进了道教研究的大门。而在日常生活中，舅爷爷也给予了我无微不至的关心和照顾。至今，舅爷爷离开我们一年有余，但他的音容笑貌、昔日的谆谆教诲，经常涌现在我的脑海中，让人怀念。现写此回忆小文，以缅怀我尊敬的老师，亲爱的舅爷爷。

在我学术研究的道路上，舅爷爷像是一盏指路明灯，为我照亮前进的方向。我是2013年考入川大宗教所道教美学专业的，导师是李裴老师。道教美学是一门交叉学科，需要具备一定的美学基础和道教史基础，而我大学本科主修日语专业，美学知识和道教知识都比较薄弱，所以我十分担心开学后的课程会跟不上，当时的内心是十分忐忑和惶恐的。舅爷爷似乎也知道我的这个弱项，在我硕士入学前的那个假期，他将书架上收藏的萧萐父先生的《中国哲学史》拿给我，让我通读，想让我先补一补中国哲学的底子，以便开学学习道教美学的专业课程时不那么吃力。他还会经常检查我的笔记，了解我学习的情况，若是有理解偏差的地方，他会马上提出来，让我及时纠正。因为底子薄的原因，在看书过程中我经常会有不能理解的地方，我也会向舅爷爷请教，舅爷爷每次都会耐心讲解，直到我真正理解为止。

开学后，舅爷爷又建议我选修一门他的"中国道教史"。他对我说，道教美学是道教史和美学的交叉学科，要想对道教美学这门专业课有全面、深入地掌握，还需要学好道教史这门课程。当时我的硕士导师李裴老师也大力支持，于是我听从了舅爷爷的话，选修了他的"中国道教史"这门课程。上了这门课才知道，舅爷爷对学生的要求是十分严格的。舅爷爷的"中国道教史"每两周上一次，上课时会列出阅读书目，课后要阅读这些书，并且还要将自己读书的一些体会、感

---

* 作者简介：张丽霞，哲学博士，四川大学道教与宗教文化研究所专职博士后、助理研究员。

悟、想法写成一篇学术性质的小论文，在下次上课前交。这对一名才刚进校，没有经过学术训练的硕士生来说是很困难的。我向舅爷爷诉说了我的苦恼，舅爷爷语重心长地对我说了一句话："没有人天生就会写学术论文，好的学术论文都是练出来的，学写论文就像学游泳，不下水怎么学得会呢？"此外，还对我说了很多鼓励的话，增强我的信心。于是我硬着头皮，准备逼自己一把。第一次我上交的是一篇读书笔记，也就是将书里的话用自己的语言再复述一遍，根本算不上是一篇论文；第二次交的作业是一篇约 1000 字的小文章；第三次的作业虽然质量一般，但大致可以称得上是一篇论文了。与我一同上课的还有一位与我同届的学生武清旸，他是舅爷爷招收的硕博连读生。我们俩每次上课交的作业，不管质量好坏，舅爷爷都会逐字逐句地批改，小到错别字、标点符号，大到学术规范、学术观点等，只要有出错的地方，舅爷爷都会一一指出。因为舅爷爷治学严谨、认真负责的态度，所以我对每次上交的作业都不敢懈怠。在舅爷爷的指导下，我每次上课交的作业都比前一次的质量好，舅爷爷的脸上也逐渐有了笑容，说我进步很大。一年的课程下来，我在学术上确实成长进步了很多，也为以后的学术研究打下了基础。

2015 年在我硕士二年级下学期时，我通过川大组织的提前攻博的考试，正式成为卿门弟子，受教于舅爷爷。在跟随舅爷爷读博士期间，他时常提醒我要充分利用时间，多看书，多积累。他常对我说的一句话是："板凳要坐十年冷。"这是教导我做学问要花时间，要有耐心，要耐得住寂寞，同时也在告诫我做学问要戒骄戒躁。

生活中的舅爷爷是一位和蔼可亲、风趣幽默的长者。在我跟随舅爷爷身边的这几年，最大的感触就是他面对生活始终保持着积极乐观的心态。生活中，舅爷爷时不时地会哼几句他那个年代的革命歌曲、流行歌曲，还会给我们说起他年轻时发生的趣事，所以，在他身边总是充满着欢声笑语。每逢端午节、中秋节、国庆节等节假日，舅爷爷还会让没有回家、留校的师兄、师姐们聚到家中，改善伙食，对师兄、师姐们嘘寒问暖，关怀备至。

可能正是因为舅爷爷积极乐观的心态，在他身患肺癌的数年里，始终以淡然豁达的心态对抗病魔，不向病魔屈服。更令人敬佩的是，在他患病期间，仍然坚持为学生上课，批改学生作业。记得有好几次，舅爷爷上午刚在校医院输完液，下午就要给我们连续上两个多小时的课。常常是输完液一到家，就马上拿出课件，坐在书桌前认真准备下午上课的内容。下午上课时，却能精神百倍，口若悬河，常常忘记下课的时间。要不是他手上还有上午输液没有取下的针头，完全看不出舅爷爷是在抱病坚持上课。甚至在舅爷爷生命的最后时间里，他仍然挂念着我们几个还未毕业的学生，担心我们的学业是否能够顺利完成。

行文至此，舅爷爷与我相处的点点滴滴早已涌于心间，千言万语都不能表达我无尽的思念与感伤。虽然舅爷爷逝世已一年有余，但他的音容笑貌，留下的宝贵的精神道德财富永远铭记在我们心中。而我，唯有更加勤奋努力，以舅爷爷为榜样，好好做人，认真做学问，才能不辜负舅爷爷的期望。

缅怀恩师卿希泰先生

由 申*

2010年秋季，我在四川大学公共管理学院组织的保研工作会议上，了解到哲学系有八个推荐免试研究生的名额，除一个校外名额、六个系内名额以外，还有一个是宗教所卿希泰老师的名额。在本科学习阶段，本人对中国哲学的兴趣就非常浓厚，对卿希泰先生的学识也是久仰盛名。所以，我毫不犹豫地向学院提交了申请书。不过，竞争者还有一位同班的男生。在我进入师门之前，还有两位比我高一级的在读师姐。据说学院领导对卿老师说，这次要给你送来一位男生了。不过，经过系内的两轮笔试加面试的考核，最终还是我幸运地拿到了这个珍贵的保送名额。后来，卿老师还打趣说："公管学院当初和我说，要送来一个男同学的。"我回答说："可能是我和老师更有缘分。"

我与卿老师的初次相见是在2011年4月，我性格比较内向，一直羞于与老师会面。当时卿老师大病初愈，刚刚从医院回到农林村的家中，在孙瑞雪师姐的引见下，我第一次登门拜访见到了卿老师。事实上，卿老师健康状况一直欠佳，家里很少接见外人来访，但是卿老师说，我们是他的学生，只要有事情就可以随时来找他。关于第一次会面的记忆，印象最深刻的就是卿老师问我："你古文功底怎么样？"在本科阶段，我看了一些儒家的经典，就回答说："还可以。"然后，卿老师又让我把本科毕业论文拿来给他看，我的本科毕业论文题目是《论乡愿》，为与儒家相关的题材与内容。卿老师看过之后，对我说："整体写得还可以，要是再加上一些现代启示性的内容就更好了。"

2011年的秋天，我正式成为卿希泰老师的学生，并跟随他学习了五年有余。如今回想起这五年多的宝贵的学习经历，自己的遗憾真的太多，非常后悔没有更加努力地向老师学习。虽然卿老师的身体状况时好时差，但是他一直坚持亲自给学生上课。上课的时间是每隔两周的周三下午三点，地点在农林村的家里，和卿老师一同授课的还有唐大潮老师和周冶老师，课程的内容是"中

---

* 作者简介：由申，哲学博士，大理大学民族文化研究院助理研究员。

国道教史"。因为没有同级的同学，所以上课的场景就是我一个学生面对三个老师。说实话，我之前从没有遇到过这样大的阵势，因而，课程一开始，我就出现了一些不适应的情况。面对三位老师，我每次上课都带着巨大的心理压力，战战兢兢地读自己写的读书报告。卿老师发现后，对我说："你以后也是要做老师的，一直对着学生念稿子可不成啊！"从那以后，我开始努力克服自己的缺点，提前背好稿子，然后争取上课时能够做到脱稿复述。

从入门开始，卿老师就积极培养我的写作能力，他让我每次上课前，根据下一次上课的内容写一篇读书报告，实际就是一篇小文章。久而久之，细心的卿老师发现了我的研究偏好，就是比较喜欢论述道教相关人物的生平事迹与思想。2012 年，卿老师主持申报的"教育部人文社会科学重点研究基地重大项目《〈中国道教史〉增订工程（五卷本）》"获得立项。有一天，卿老师打电话把我叫到家里，说："你不是喜欢写'人头'嘛，现在有项任务交给你，教育部这个项目第五卷中民国时期研究道教的学者部分，只列出了人名，没有具体内容，你回去把这个部分重新填补一下。"我从来没有接手过如此具有挑战性的工作，怕做不好。看到没自信的我，卿老师说："你要自己去做了，才知道能不能行嘛。"我回去之后，努力地收集各种相关资料，并着手进行学术研究，利用半年时间，最终顺利地完成了这项工作。在此过程中，我本人的写作能力以及科研能力都得到了极大的提升。在看到完稿后，卿老师毫不吝啬地对我进行夸奖，说我对待工作认真，进步非常明显。后来，我听余晓红老师说，卿老师实际上是很少夸人的，所以我对于这件事一直感到十分自豪。

除了在学业方面给予指导外，卿老师还教会了我许多做人的道理。每次上课，卿老师都让我提前到家里，做好上课前的准备，为其他两位老师备好茶水。每次课程结束，再把东西收拾干净，手把手教会我"尊师重道"。有一次，我去他家里略早了些，余晓红老师说，卿老师在书房正忙着。我走过去和卿老师打招呼，意外地发现他正在备课本上奋笔疾书。这件事给了我非常大的震撼，那种受冲击的感觉至今记忆犹新。当时，卿老师已经 85 岁有余，他在身体状况欠佳的情况下手写教案，让我这个不成器的学生感到十分羞愧。同时，我真心佩服卿老师对待学生以及工作认真负责的态度。

此外，卿老师对我的生活也是无微不至地照顾。他和余晓红老师经常对我说："你家在东北，离成都远，就把老师家当作自己家一样，不要拘束，有什么事情就来找我们。"闲暇的时候，卿老师会经常把我们几个学生叫到家里，让煮饭的阿姨准备一桌子的好饭好菜来招待我们。他说："你们在食堂吃不到什么好东西，就来家里改善改善生活。"

作为一个有原则的老师，卿老师对自己学生的要求是十分严格的。读博期间，因为学习压力大，我患上了偏头痛，整夜睡不着觉，想要回家休养一段时间，当时怕卿老师不同意，就事先把机票买好，再去和他说这件事情。没想到卿老师听完后，变得特别生气，他说："现在是学期中，你想擅自离校是违反学校规定的，我是你的老师，我要对你负责，你的请求我不能允许！"后来，卿老师特意介绍我去他的主治医师那里看病，还让我在家里熬药。

我博士学业快结束的时候，卿老师的健康每况愈下，但仍然对我的后续发展十分关心。有一天，余晓红老师和我说，卿老师昨天一整夜没有睡好，一直在担心我们的工作问题。2017年1月上旬，我刚拿到毕业证，在回家之前，去看望了卿老师。当时，卿老师插着氧气管，细心地询问我的学业和工作情况。我说因为还没有拿到学位证，所以暂时还没找到工作，等我工作找好了，就来成都看望他。临走之前，卿老师主动握住我的手，说："祝你一切顺利！"我们两人的手握了很久，久到现在我还记得当时老师手心里的温度。只是没想到那一次的相见，最后成了永别。说来惭愧，听闻老师临终前，口中一直念叨着学生找工作的事情，想来应当是记挂着我的事情。像我这般不成器的弟子，能得老师挂念，真是感到无地自容。如今，我已经拿到学位证，顺利找到了心仪的工作，想来卿老师知道了，也会觉得欣慰吧。

跟随卿老师一起学习的六年，是我人生中最宝贵的时间。卿老师的学识、德行都让我敬仰无比，可以说，让我如沐春风般度过了读博生涯。卿老师的谆谆教诲，我一直深深地牢记在心里，以后也将继续指导我前行。如果有人问我：现在最大的遗憾是什么？我只想说，我和卿希泰老师相遇太晚，还没做够他的学生。

卿希泰先生与新加坡道教学院二三事

褚国锋*

卿希泰先生（1927－2017）既是享誉国际的道教学研究大家，也是桃李满天下的杰出教育家。他的教育成就不仅包括宗教学学科建设与研究人才培养，也包括对当代道教教育的思考与探索。道教教育是道教文化与现代社会生活的核心课题之一，卿老对此课题向来关注有加。本文拟回顾卿老与新加坡道教学院的若干交往，并以此为例来分析卿老对道教教育所做的贡献。

自20世纪80年代起，卿老曾先后与陈莲笙道长、傅圆天道长、黄胜得先生、赖宗贤先生等高道大德就道教教育事业、道教人才培养等议题进行过充分交流。[①] 期间，卿老与道教界人士就道教学院的构思与规划问题有过多次深入探讨，[②] 并指导学生就东汉至明清的道教师道思想[③]撰写了博士论文。与此同时，卿老也曾应道教界的邀请，莅临道教教育实践的第一线。据卿老在2010年的回忆，他自1996年起，每年都要到香港道教学院授课六个星期。[④] 长期的观察、思考与实践让卿老对道教教育有着独到而成熟的认识。

作为海外首间道教学院，新加坡道教学院于2008年12月21日正式成立。[⑤] 这是一所非常年轻而富有活力的道教教育机构，如今在整个东南亚地区都有着一定影响力。该学院成立之时，卿老已年逾八旬。尽管年事已高，但卿老不忘弘扬中华传统文化、构建人类和谐社会的初心，于杖朝之年应邀担任新加坡道教学院学术顾问，对其发展予以支持。回顾卿老与新加坡道教学院的交往，他的贡献与影响突出体现在以下几个方面。

---

* 作者简介：褚国锋，四川大学道教与宗教文化研究所2017级博士研究生。
① 卿希泰：《道教文化与现代社会生活研究》，成都：巴蜀书社，2007年，第166页。
② 例如，卿老与赖宗贤先生就在成都附近创建道教学院及在台湾创建道教学院等事宜有过诸多构想及行动。详见卿希泰：《精神永在，道业长存——沉痛悼念赖宗贤先生》，《宗教学研究》2006年第2期，第1—2页。
③ 孙瑞雪：《道教师道思想研究》，指导教师卿希泰教授，四川大学2015年博士论文。
④ 卿希泰：《在香港青松观创建六十周年国际学术研讨会上的发言——对青松观"全真道研究中心"的两点希望》，《弘道》第42期，第2页。
⑤ 关于新加坡道教学院正式成立的概况，可见《中国道教》2009年第1期，第63页。

一、亲赴星洲，论道讲学

2010年，时年83岁高龄的卿老不辞辛劳，应邀赴狮城出席新加坡道教学院首届一年制道教文化课程开学典礼暨道教论坛。① 2010年2月27日，时任新加坡外交部部长杨荣文先生和新加坡道教学院院长陈添来BBM共同为卿老颁发了学术顾问聘书。

当天，卿老在致辞中从多个方面对新加坡道教学院予以充分肯定。在他看来，新加坡道教学院是中国之外的全球首家道教学院，具有开拓性意义。道教学院的成立意味着新加坡道教界的人才培养方式由传统师徒传承模式转型为现代学院制模式，其开放式办学方针完全适应了道教文化事业在当代社会蓬勃发展的需要。卿老对新加坡道教学院的前景满怀信心，认为在各界的持续努力下，该学院将会"办成一所人才辈出的世界华族的共同的精神家园，为中华传统文化在世界的繁荣和发展做出杰出的贡献"。②

卿老还就"道教在中国传统文化中的地位"进行主题发言，深刻阐释了中华传统文化之根柢全在道教的论断。嗣后，除收录卿老演讲稿全文外，《狮城道教》还分三期连载了卿老所撰《百年来道教研究的回顾与展望》一文。③《狮城道教》系新加坡道教总会的会刊，其受众主要包括新加坡道教总会旗下数百座宫庙及个人会员，以及马来西亚、印度尼西亚、泰国和中国等多地的道教协会及宫观。卿老的上述观点伴随《狮城道教》的寄送而在更大范围内得到了传播。

二、培养人才，指引方向

卿老非常支持新加坡道教学院的诸项建设，曾就学院的发展规划和课程建设等提供了宝贵建议。④ 虽未在新加坡道教学院开设专题课程，但卿老曾欣然接受新加坡道教学院首任学术主任（2008—2013）徐李颖博士的博士后进站申请，担任她的博士后导师，对其学术研究予以悉心指点。徐李颖之前于厦门大学取得历史学博士学位，主要从事新加坡华人宗教与民俗研究。经过此段宝贵的学习经历，⑤ 徐博士获得了充分的宗教学训练，进一步开拓了学术视野。作为任期内学院教育与学术工作的管理者与执行者，徐博士自身学养的提升无疑会对各项工作产生不同程度的积极影响。

---

① 《狮城道教》第21期，第14页。
② 卿老的发言内容详见《狮城道教》第21期，第4页。
③ 该文被分为上、中、下三篇，连载于《狮城道教》第22、23、24期。
④ 参见新加坡道教学院致四川大学道教与宗教文化研究所的唁电。
⑤ 根据《四川大学哲学博士后流动站科研人员名单（二）》的记录，徐李颖的博士后在站时间为2009—2013年。

三、合作精神，薪火相续

卿老矢志于弘扬中华优秀传统文化，秉持"开门办所"①的原则，立足本土，着眼全球，与海内外学术界及全球道教界有着密切交流，在与宗教界的合作中取得双赢，既推动了宗教界的教育事业、人才培养及文化传播，也促进了宗教学学科的成长与学术研究的深入。作为四川大学道教与宗教文化研究所的创办人、学术核心与旗帜，②卿老的这一优良作风成为该所的宝贵传统，深刻影响了众多门生弟子。就同新加坡道教学院的合作而言，四川大学道教与宗教文化研究所曾在课程设置方面对新加坡道教学院予以协助，帮助其拟订了包括基础课程、专业课程和道教专题课程等在内的教学计划。③包括卿老开门弟子詹石窗教授，以及盖建民教授、张钦教授，再传弟子黄永锋教授、周冶副教授等多位学者或应邀赴新加坡道教学院讲授专题文化课程，或应邀出席由新加坡道教学院召开的国际学术研讨会。上述活动均相当成功，取得了良好的综合效应，对道教文化的国际弘传起到了推动作用。

四、著书立说，惠泽各方

卿老对新加坡道教的关注由来已久，曾应邀出席由新加坡道教总会召开的国际道教学术会议，④并在20世纪90年代将新加坡道教纳入了道教史团队的研究任务。相关成果集中体现在1996年出版的《中国道教史》第四卷中，⑤系对新加坡道教历史与现状的介绍。伴随《中国道教史》修订工作的进行，新加坡道教被纳入第五卷，即《中国道教通史》第五卷。届时，新加坡道教的详尽历史、最新现状及相关学术研究将得到全面系统的展示与客观中立的评析，新加坡道教与民间信仰、华族教育、公益慈善、多元种族宗教对话、和谐社会建设等议题之间的关系也将被充分讨论，新加坡道教发展及文化传播的历史经验亦将得到总结。该卷的研究成果当可为道教国际化传播乃至中华传统文化在海上丝绸之路的传播提供借鉴。

以上是对卿老与新加坡道教学院之间若干往事的回顾与介绍。卿老虽然辞世，但他在道教教育、道教学院建设、新加坡道教史等领域留下的宝贵研究经验将永存，他的开拓意识与探索精神将不断引领与激励后来者前行。

---

① 卿希泰先生对于开门办所原则及国际学术交流有着详细回顾，见卿希泰：《四川大学宗教学研究所创建的前前后后——为建所二十年而作》，《宗教学研究》2000年第3期，第5—6页。
② 参见陈耀庭：《维系学统，不断创新——祝贺四川大学宗教学研究所成立三十周年》，《宗教学研究》2010年S1期，第37—38页。
③ 《狮城道教》第16期，第14页。
④ 卿希泰于1994年应邀赴新加坡参加会议，与会者还有施舟人教授、柳存仁教授及李丰楙教授等。详见盖建民主编：《开拓者的足迹：卿希泰先生八十寿辰纪念文集》，成都：巴蜀书社，2010年，第14页。对会议情况及主要观点的介绍可见新加坡《新明日报》1994年6月27日，星期一。
⑤ "新加坡的道教"，见卿希泰主编：《中国道教史（修订本）》第四卷，成都：四川人民出版社，1996年，第598—608页。

卿希泰先生的《太平经》研究及其学术贡献

黄海德*

摘　要： 卿希泰先生在道教学术研究方面做出的重大贡献，向为学人所知，并享誉海内外。自20世纪80年代起，卿希泰先生对早期道教的重要经典《太平经》做出的系列研究，包括《中国道教思想史纲》第一卷之"《太平清领书》的出现及其意义"（1980）、《〈太平经〉的哲学思想》（1980）、《试论〈太平经〉的乌托邦思想》（1980）、《〈太平经〉的知人善任思想浅析》（1979）、《〈太平经〉中反映农民愿望的思想不能抹杀——答刘琳同志》（1981）、《试论〈太平经〉关于天地人"三合相通"与"中和"的思想及其现实意义》（2009）等论著，对《太平经》的成书年代、思想内容、阶级性质、宗教特征等方面的内容进行了客观深入的辨析与研究，考镜源流，探赜索隐，论证精微，见解独到，不仅提出和解决了诸多值得学术界重视的有关道教经典研究的重要学术问题，而且为我国学术界的道教哲学思想研究开辟和构建了一个具有中国特色的研究范式，成为道教哲学研究的一座学术里程碑。

关键词： 卿希泰　《太平经》　道教哲学　研究范式

《太平经》是早期道教的大型经籍文书，无论是从道教史演变的维度以观，还是从道教教义思想发展的角度来看，《太平经》都是应予重视的重要道教经典。但由于该书卷帙浩繁，流传稀少，章节错乱，缺佚严重，以致自东汉至明清的两千多年时间以来，不仅历代文士对其甚少关注，就是道门之内也鲜见诠注。直到20世纪初涵芬楼影印明《道藏》以后，这种状况才得以改变。日本学者小柳司气太最先从《后汉书·襄楷传》入手，对《太平清领书》与《太平经》的关系进行了初步考察。[①] 其后汤用彤先生、陈国符先生、王明先生、傅勤家先生、陈撄宁道长先后对道教经典《太平经》进行研讨，发表了多篇关于该书的作者年代、版本流传以及道教特征的学

---

* 作者简介：黄海德，华侨大学宗教文化研究所所长，教授，博士生导师，中国宗教学会理事。
① ［日］小柳司气太：《〈后汉书·襄楷传〉之〈太平清领书〉与〈太平经〉之关系》，载桑原博士还历纪念论文集刊行会：《桑原博士还历纪念支那学论丛》，京都：弘文堂书局，1930年。

术文章，对《太平经》展开了具有现代学术意义的考察和研究。① 尤其是汤用彤先生在西南联大期间指导王明先生编纂完成了《太平经合校》一书，由此奠定了中国学术界研究《太平经》的学术基础。

自 20 世纪 80 年代起，卿希泰先生对早期道教的重要经典《太平经》做出了一系列研究，包括《中国道教思想史纲》第一卷之"《太平清领书》的出现及其意义"（1980）、《〈太平经〉的哲学思想》（1980）、《试论〈太平经〉的乌托邦思想》（1980）、《〈太平经〉的知人善任思想浅析》（1979）、《〈太平经〉中反映农民愿望的思想不能抹杀——答刘琳同志》（1981）、《试论〈太平经〉关于天地人"三合相通"与"中和"的思想及其现实意义》（2009）等论著，对《太平经》的成书年代、思想内容、阶级性质、宗教特征等方面的内容进行了客观深入的辨析与研究，考镜源流，探赜索隐，论证精微，见解独到，不仅提出和解决了诸多值得学术界重视的有关道教经典研究的重要学术问题，而且为我国学术界的道教哲学思想研究开辟和构建了一个具有中国特色的研究范式，成为道教哲学研究的一座学术里程碑。在纪念卿希泰先生逝世一周年之际，本文拟对卿先生在《太平经》研究方面所取得的学术成就做一学习和瞻仰，以表示对卿希泰先生的敬意和纪念。倘有错讹之处，恳祈方家教正。

一、卿希泰先生关于《太平经》成书年代的考察和研究

关于《太平经》的成书年代问题，20 世纪汤用彤先生与王明先生已有专门的考证和论述。1935 年汤用彤先生在《国学季刊》上发表了《读〈太平经〉书所见》一文，认为"《太平经》者，上接黄老图谶之道术，下启张角、张陵之鬼教，其所记与汉末之黄巾、六朝之道士，均有差异，则谓其为最早之道教典籍，而非后人所伪造，固有相当理由也"。② 汤先生此说所采用的论据，后据王明先生加以归纳为三点：其一，依范晔《后汉书》唐章怀太子李贤注及王悬河《三洞珠囊》所引，证明《正统道藏》中的《太平经》，唐代已有其书；其二，详考现存《太平经》之性质与襄楷、葛洪《抱朴子》及范晔《后汉书》所记完全符合；其三，证实《太平经》所载之事实与理论，皆汉代所已有，且关于"五兵""刑德"之说，若非汉人，则不能陈述若是之委悉。③ 汤先生依据以上三类论据，分别从卷帙、版本、语言、历史、宗教等方面翔实考辨并确定《太平经》为汉代旧书，由此开辟了近现代意义上的道教经典研究的学术途径。其后陈国符先生于 40 年代任教

---

① 参见汤用彤：《读〈太平经〉书所见》，《国学季刊》1935 年第五卷第 1 号；傅勤家：《〈太平清领书〉与〈太平经〉之关系》，载傅勤家：《中国道教史》，上海：商务印书馆，1937 年；王明：《〈太平经〉校后记》(1)(2)，《大公报·读书副刊》1947 年 4 月 11 日、18 日；王明：《论〈太平经钞〉甲部之伪》，"国立中央"研究院历史语言研究所集刊》（第 18 本），1947 年；陈撄宁：《〈太平经〉的前因与后果》，《道协会刊》1962 年第 1 期（创刊号）；陈国符：《〈太平经〉考证》，载陈国符：《道藏源流考》上册，北京：中华书局，1963 年；王明：《〈太平经〉目录考》，《文史》第 4 辑，北京：中华书局，1965 年。
② 汤用彤：《汤用彤全集》第五卷，石家庄：河北人民出版社，2000 年，第 264 页。
③ 王明：《论〈太平经〉的成书时代和作者》，《世界宗教研究》1982 年第 1 期。

西南联大，课余在北京大学文科研究所研读《道藏》，撰成《道藏源流考》，书中对《太平经》的作者"干君"其人考证甚详。

大概在陈国符先生于西南联大研读《道藏》的同时，王明先生在汤用彤先生的指导下，根据《太平经钞》及其他二十七种引书加以"校""补""附""存"，编纂成《太平经合校》，从而基本上恢复了《太平经》一百七十卷的原貌，该书于1960年由中华书局出版，为学术界的专业研究提供了一个"翔实可靠的底本"。在《太平经》的成书时代方面，王明先生最大的成就即是解决了《太平经钞》甲部之伪的问题。王先生认为，考察《太平经》的成书时代"不能把《钞》甲部和《太平经》成书的时代相提并论，混为一谈"，即"不能把《太平经钞·甲部》的时代不予考查不加甄审地推断为《太平经》成书的时代"，① 也就是不能以《太平经钞·甲部》的内容和术语来断定《太平经》的成书时代。因此，王明先生的结论是："《太平经》的成书时代，只能根据《经》的残卷和除'甲部'以外的《太平经钞》的内容来研究和考证。"②

卿希泰先生的《太平经》研究开始于20世纪70年代，从时间和内容上来看，是接着汤用彤先生和王明先生的学术成果来讲的，然而在研究的观点和方法上却有着自己的学术创新。首先，卿先生根据《汉书》《后汉书》《神仙传》《水经注》与《道藏》中有关道经的记述，断定《太平经》属于"道教早期的经典"，而同时又是"研究中国哲学史和道教思想史的重要资料"，③ 表明卿先生的《太平经》研究不是单纯的道教经典研究，而是着眼于道教思想史和中国哲学史的学术大视野来开展和从事的道教经典研究。其次，卿先生详细考察了《汉书·李寻传》所记的《天官历包元太平经》十二卷、《后汉书·襄楷传》所记的《太平清领书》一百七十卷与明《道藏》所收的《太平经》残存五十七卷以及《太平经钞》之间的关系，提出了关于《太平经》成书时代的独到见解："《太平经》一百七十卷，绝不是一时、一地、一人所作，就其内容的庞杂，卷帙的浩繁来看，也不像是某一个人的著作，可能是当时秘密流传的原始道教中很多人的著作，经过逐步积累，最后汇集而成的。"④ 按照卿先生的看法，《太平经》卷帙浩繁，内容庞杂，不可能仅由少数甚或一位作者编撰而成，从该经的内容和形式来看，极有可能是早期道教的众多道门人士本着共同的宗教信仰，在不同时期和不同地点编撰道书，最终在某个特定的历史时段因缘聚合"汇集而成"，才有一百七十卷这样的大型道教经书问世。也就是说，《太平经》的编撰实际上是一个历时长久的历史过程。那么，这个历史过程的起始点和终结点的具体时段是什么时候呢？卿先生认为，原有"《太平经》始于周朝的看法，系与老子化胡说有关，这完全是后来的道教徒为了与佛教抗衡而凭空臆造出来的，毫无事实根据"。⑤ 至于《太平经》起源于西汉末年的说法，虽然"亦不可信"，但《包元太平经》与《太平清领书》在"受命""广嗣"等思想内容方面，"说法颇相类似"，表明"《太平经》或许与汉成帝时甘忠可的《包元太平经》有一定的关系"。⑥ 因此，卿先

---

① 王明：《论〈太平经〉的成书时代和作者》，《世界宗教研究》1982年第1期。
② 同上。
③ 卿希泰：《中国道教思想史纲》第 卷，成都：四川人民出版社，1080年，第71页。
④ 同上，第69页。
⑤ 同上，第69页。
⑥ 同上，第69、70页。

生将《太平经》的编撰问世视为历史过程的历史起点或许即与西汉末年的《天官历包元太平经》有关。再者，卿希泰先生对有关《太平经》作者的多种传说和记述进行了详细的比对考察，最后发现涉及的地域竟然包括"齐鲁和吴越"，甚至"涉及巴蜀地区"，如此广大的地域已从中国的东部和西部扩及东南地区，这样就从道经与地域关系的另一角度，考察印证了卿先生关于《太平经》"绝不是一时、一地、一人所作"的独到学术见解。

二、卿希泰先生关于《太平经》哲学思想的分析和论证

《太平经》是早期道教的大型经典，据《后汉书·襄楷传》记载，琅琊人宫崇于东汉顺帝时诣阙上书，将其师干吉（或作于吉）所得"神书"献于朝廷，共有"百七十卷"之多，是即《太平清领书》。这部大部头的道教经书，其基本内容为"以阴阳五行为家，而多巫觋杂语"，"亦有兴国广嗣之术"。① 但这部"以阴阳五行为家"的大型道教经书，却在后来的流传过程中颇多佚失，以致在明代《道藏》之中仅存残卷，而仅有残卷的《道藏》也很少在社会上流传，致使两千多年以来很少有学人对《太平经》有所熟读深研，更遑论诠解注疏。20世纪上半叶，汤用彤先生曾对《太平经》的卷帙版本、经钞真伪以及该书所涉及的佛、道教关系予以详明考辨，基本确定了《太平经》成书问世的时代问题，并对其中关涉"阴阳五行"与"巫觋杂语"的经文内容多所阐发，汤先生对《太平经》的研究有着学术上的开拓意义。② 其后王明先生在1960年出版的《太平经合校》的《前言》中对这部经书的来历及其重要思想进行了概要阐述，王先生的主要看法是：《太平经》的基本内容为远承老子的遗教，近受当代图谶与神仙方术的影响，"大部分篇幅是宣传有神论与宗教唯心论，但其中的一些篇章里也反映了当时的进步思想和正确的观点"，并对其中的朴素唯物论与自发的辩证法思想进行了分析和论述。③ 王明先生对于《太平经》思想内容的理解和论述有着前期撰写《合校》所奠定的深厚学术基础，但也有着60年代的客观时代烙印。

卿希泰先生对道教经典《太平经》开展学术研究的时候已是改革开放初期，当时的学术研究环境和条件与前此相比已大有改变，并且当时卿先生的道教研究已获得任继愈先生的鼎力支持，而在四川大学校方的支持下已建立了一支由卿先生领导的实力强大的道教研究学术团队。在这样天时、地利与人和的因缘具足条件下，卿先生首次从道教思想史与中国哲学史的双向维度对《太平经》的哲学思想展开了系统全面的学术研究。卿希泰先生对《太平经》哲学思想的研究成果，主要有《中国道教思想史纲》第一卷有关《太平清领书》（即《太平经》）的论述部分，1980年发表的《〈太平经〉的哲学思想》与《试论〈太平经〉的乌托邦思想》等学术论文。在上述论著之中，既有关于《太平经》中有关哲学基本问题（即精神与物质的关系问题）的"形神"关系的

 （南朝宋）范晔：《后汉书》卷三十《襄楷传》，北京：中华书局，1973年，第4册，第1084页。
 见汤用彤：《读〈太平经〉书所见》，《国学季刊》1935年第五卷第1号。
③ 王明编：《太平经合校》，北京：中华书局，1960年，第3页。

论述，也有属于形而上学的宇宙生成论的"道"与"元气"问题的阐发，并且对属于认识论范畴的"学""行"关系，有关辩证法范畴的"阴阳"对立转化的思想，以及事涉社会政治的"民本"思想与"乌托邦"理想，均展开了史料详明、学理深邃的论证和阐释。

卿先生所撰写的《中国道教思想史纲》第一卷，是一部具有开拓意义的道教思想史的学术专著，于1980年由四川人民出版社出版。该书的第二章为"道教的起源和民间道教的兴起"，其中第三节即是论述"《太平清领书》的出现及其意义"，可见卿先生是将《太平经》的学术考察置于"道教起源"论域之中加以研究的。道教是中国本土文化所孕育产生的宗教，之所以名为"道教"，即是以"道"为"教"（教化之教）。而在东汉以前，儒家和佛教均有以"道"为"教"的说法，不过儒家之道的思想主旨是"纲常名教"，而佛教之"道"的教义宗旨是"因缘圣谛"，只有道教是将"道"奉为最高信仰，无论是早期具有"起源"意义的道教，还是汉代以后分化或涌现出的众多道教教派皆是如此。因此，作为早期道教重要经典的《太平经》也必然将"道"作为其最高的宗教信仰。卿先生对《太平经》哲学思想的研究，首先即是在"宇宙生成论"的哲学视野中将该书的"道"论与万物本原意义的"元气""一"加以整合而予以论述。卿先生认为，《太平经》关于"夫道，乃大化之根""夫物，始于元气"，以及"夫一者，乃道之根也，气之始也"的说法，均是从万物生成的根本意义上进行阐述的，均属于道教哲学思想的宇宙论范畴。书中依据《太平经》的经文资料，逐层分析，深入阐释，认为经书中的"道"具有"万物本原""事物规律"与"神秘人格"的三重含义，而"元气是产生一切事物的根源"，至于"一"，则是"包括了从物质到精神，包罗万象的一切的根本"，[①]"道""元气""一"三者"三位一体"地构建出《太平经》宇宙生成论的有机整体。卿希泰先生的上述论析，不仅揭示了《太平经》关于"道"范畴的宗教内涵，而且还对"道"与老子的思想关联，"元气"与汉代思想的渊源，宇宙生成论意义上的"一"与道教"守一"方术的内在关系进行了深刻论述，从而呈现出著者的深厚哲学素养和学术功力，为中国当代学术界的道教哲学思想研究提供了一种新的研究方法，开辟了一条具有现代学术意义的新的研究途径。

三、卿希泰先生关于《太平经》阶级属性的剖析和论断

《太平经》的学术研究在20世纪前半期经汤用彤先生、王明先生等人的考辨、校正和论述，在该书的版本真伪、经文辑校、成书年代以及道教与佛教之关系方面，已经取得了卓越的成就。50年代以后，由于当时的理论导向与现实需要，关于《太平经》的阶级属性问题成为国内学术界探讨的热点问题。1959年，杨宽先生在《学术研究》刊发长文《论〈太平经〉——我国第一部农民革命的理论著作》，认为东汉末年黄巾"太平道"的起义，是我国历史上第一次有组织、有计

[①] 卿希泰：《中国道教思想史纲》第一卷，成都：四川人民出版社，1980年，第71—78页。

划、有目的的大规模农民起义，属于农民反对封建王朝的革命斗争性质，而"《道藏》中的《太平经》，就是'太平道'的经典《太平清领书》。张角所领导的黄巾起义，在理论上就是依据《太平经》的"，因此《太平经》的思想宗旨及阶级性质应是属于农民革命的理论著作。[1] 当时同杨宽先生的学术观点基本相同的人，主要有喻松青、吕振羽等学者。[2] 而另一种观点则认为，《太平经》的思想宗旨是为了维护封建等级秩序，究其实质是为统治阶级的政治利益服务的。署名为戎笙的《试论〈太平经〉》指出，该书大部分内容使用的是宗教语言，宣扬"君权神授"思想，认同尊卑贵贱的封建等级制度，而所谓"兴国广嗣"之术，也只是封建政权的统治术，因此不能说《太平经》代表的是农民阶级的革命思想，而只能是为封建统治阶级服务的宗教经典。[3] 两种观点截然对立，争论不决。虽然这种争论的背景带有当时强烈的意识形态色彩，但是这类学术交锋的政治论题也是研究《太平经》不可回避的重要问题。

大约时隔二十年，在中国社会拨乱反正之后，卿希泰先生于1980年发表了《论〈太平经〉的乌托邦思想》一文，认为《太平经》的思想之中提出了一个没有剥削和压迫，实行财产公有和权利均等的乌托邦，"代表了广大农民群众的理想，是鼓舞着农民大起义的经济的和政治的纲领"，是"当时农民起义的思想武器"，并对之进行了详细的论证和阐述。[4] 该文发表以后，四川大学的刘琳教授撰写了《论〈太平经〉的政治倾向》一文，与卿先生的观点进行商榷，认为《太平经》的思想实质是维护封建等级制度和封建君权，宣扬封建伦理道德，反对农民起义，企图巩固日益衰朽的东汉王朝和日益不稳的封建统治秩序，这就是《太平经》的根本立场，这就是《太平经》的政治思想的核心，这也就是《太平经》宣扬的"太平"的实质。[5] 针对刘琳教授所撰商榷文章的主要观点，卿希泰先生又专门撰写了《〈太平经〉中反映农民愿望的思想不能抹杀——答刘琳同志》一文予以回应。卿先生的回应首先以《太平经》的成书时代和过程的考定为基点，即"这部书不是一时、一地、一人的作品，可能是汉代流行的民间早期道教的很多人的著作，经过逐步积累，最后汇集而成的一部经典"，由此导致《太平经》的整个内容十分庞杂，观点不统一，甚至出现许多自相矛盾、前后不一的言论；因此在书中既有代表地主阶级、维护封建剥削制度的思想，也有一些反映劳动群众的利益和愿望的思想。卿先生的结论是："《太平经》主要是宣扬宗教唯心主义和阶级调和的理论，这些都是代表封建统治阶级的利益的，但其中也有一些观点，在当时的历史条件下，还是进步的和合理的，在一定程度上反映了农民的要求和愿望。所以，我们对这样一部内容庞杂的书，应当进行具体的历史的科学分析，全盘肯定和全盘否定，都是错误的。这是我对这部书的一个基本的看法。今天看了刘文以后，还是坚持这个看法。"[6]

卿先生的这种观点，显然是建立在对于《太平经》的深入研究和有关该书阶级属性的深层思

---

[1] 杨宽：《论〈太平经〉——我国第一部农民革命的理论著作》，《学术研究》1959年第9期。
[2] 参见吕振羽：《在〈太平清领书〉中所表现的农民的政治教条》，载吕振羽：《中国政治思想史》（下册），北京：三联书店，1955年；喻松青：《道教的起源和形成》，《历史研究》1963年第5期。
[3] 戎笙：《试论〈太平经〉》，《历史研究》1959年第11期。
[4] 卿希泰：《试论〈太平经〉的乌托邦思想》，《社会科学研究》1980年第2期。
[5] 刘琳：《论〈太平经〉的政治倾向——兼与卿希泰同志商榷》，《社会科学研究》1981年第4期。
[6] 卿希泰：《〈太平经〉中反映农民愿望的思想不能抹杀——答刘琳同志》，《社会科学研究》1981年第5期。

考之上的，在今天看来，仍然有着相当的客观性和合理性。其一，《太平经》是汉代成书的道教经典，这是自20世纪以来众多学者都认同之事。而汉代的道教教团组织，无论是东部的太平道还是西部的五斗米道，都兴起于民间社会，而太平道的"黄巾"三十六方与五斗米道汉中政权的大量"鬼卒"，参加者大多为社会下层的普通民众，因此汉代道教教团组织的性质毫无疑义属于民间宗教。那么，作为东汉朝廷政治对立面的民间宗教的道教经典，不可能站在维护汉代封建统治的立场并反对自身教团组织的政治行动，而只能立足于早期道教的宗教立场，反映道教信众的利益和愿望，实际上，《太平经》中"天师"与"真人"问答的大部分内容，都是早期道教信众的利益和愿望的反映。其二，据《后汉书》等史书记载，《太平经》的内容既有"阴阳五行"之说，又有"兴国广嗣"之术，从思想史的角度来看，这两方面的内容都同秦汉以来的政治理论密切相关。司马谈《论六家要旨》即有"阴阳家"一说，而阴阳家的代表者邹衍即以论"五德终始"闻名于世。《文选·魏都赋》李善注引《七略》说："邹子有终始五德，从所不胜，木德继之，金德次之，火德次之，水德次之。"因此"黄帝以土气胜，夏禹以木气胜，商汤以金气胜，文王以火气胜"。① 由此可见，邹衍"五德终始"论的思想宗旨不是维护和巩固既有王朝的政治统治，而是着眼于新旧王朝的历史轮替，而这种注重王朝轮替的古代政治理论的哲学基础就是"阴阳五行"学说。由此可见，卿希泰先生对于《太平经》阶级属性的剖析和论断，既有卿先生本着深厚的历史唯物论的理论素养对《太平经》整体内涵做出的本质揭橥，又有着客观实证的历史事实与传承相贯的古代思想所奠定的坚实基础，可谓言之有据，颇中肯綮。

四、结语

《太平经》是早期道教的一部大型经书，其内容涉及中国古代社会的宗教、哲学、政治、伦理、经济、民俗等多个方面，要对这样一部在长期历史过程之中形成的内容如此丰富的宗教经典展开客观全面的学术研究，其难度无疑是相当大的。从20世纪开始，国内学术界分别从历史学、文献学、语言学、宗教学的不同维度对《太平经》开展了程度不等的考察和研究，取得了众多颇有影响的研究成果。然而，卿希泰先生在20世纪70至80年代所开展的《太平经》系列研究，不仅对这部重要道教经典的成书年代和作者做出了合乎客观实际的学术论断，而且还在当时的学术背景下对《太平经》的阶级属性进行了科学合理的深度剖析，更为重要的是卿先生首次从哲学的辩证思维视角对《太平经》的宗教思想展开了系统深入的研究，从而成为道教经典哲学思想研究领域的学术开创者。卿先生首次运用"辨名析理"的哲学分析方法，对《太平经》的重要概念如"道""元气""一"等予以分析诠释，并从形而上学的哲学视角进行了饶有新意的解读阐论，从而开创了在道教经典学术领域中以道教思想史与中国哲学史相结合的双向研究新途径，为我国学

---

① （梁）萧统编，（唐）李善等注：《六臣注文选》上册，北京：中华书局，1987年，第133页。

术界的道教哲学思想研究开辟和构建了一个具有中国特色的研究范式，成为道教学术研究的一座重要里程碑。

　　道教文化博大宏深，学术研究永无止境。今后，学术界关于《太平经》的研究仍会继续下去，然而我们只能在前人研究的丰硕成果之上加以拓展和深化，才能有所收获，有所成就。高山仰止，景行行止。谨以此文，深切悼念学界先哲卿希泰先生。

继承卿先生未竟之业，推进道教史教材编写

樊光春[*]

卿希泰先生离开我们一年多了，我一直在思考，先生开创的中国道教学术研究之路怎样朝前走？先生留给我们的学术遗产和精神财富如何继承和发展？因为在我的道教学术生涯中，屡屡获得先生的教诲、指点，还有鼓励。他老人家不仅对我的地方道教史研究开山之作给予精神上和物质上的奖励，还多次在不同场合对我所做的田野工作给予鼓励和点拨，这些都成为我坚持在道教学术园地前行的动力。也是在一年多以前，中国道教协会决定由我担任《道教史》教材的主编，诚惶诚恐之际，我首先想到的是要向卿老禀报。当时他正在病中，未敢造次惊扰，谁知竟成永别。既然担子压下来了，遮风挡雨的大树找不到了，活儿总得干，而且要争取干好，不辜负先生的栽培提携之恩。或许这就是造化，是我的学术命运。

卿先生对中国道教的贡献，可谓誉满丰碑。我特别崇拜的有四点：其一，在视道教为封建迷信的意识形态环境中，先生大力宣传道教是中国文化的根这样的观点，将道教作为传统文化的重要组成部分介绍给大众，并进而推动民间和官方重新认识道教。正如他在《试论道家文化在中国传统文化中的地位》一文中所说："道家文化在中国传统文化当中占有重要地位，在中国学术思想史上曾经发挥过重要作用，它和儒、释两家一起构成了中国传统文化的三大支柱，是中国传统文化的三大主流之一，对于今天我国的精神文明建设和现代科学技术的发展，也有着不容忽视的作用。"[①] 其二，针对国际上流传的"道教发源在中国，研究中心在西方"的极不正常的现象，先生痛心疾首，认为"不深入研究道教，就不能全面地了解中国的社会历史和中国的传统文化"，[②] 率先在四川大学开展道教研究的学科建设，并身体力行，积数十年学术资材，建立起中国道教历史的叙述体系，成为后学者的坚实基础。没有这样的基础，要想另起炉灶，何其难也。其三，先生坚持"与时迁移"的道家精神，密切注意学界动向，随时刷新既有的学术页面，始终引领学术

---

[*] 作者简介：樊光春，陕西省社会科学院宗教研究所研究员、原所长。
[①] 陈鼓应主编：《道家文化研究》第 4 辑，上海：上海古籍出版社，1994 年，第 9 页。
[②] 卿希泰：《道教研究百年的回顾与展望》，《四川大学学报（哲学社会科学版）》2006 年第 4 期。

前行，并告诫我辈："我国的道教研究今后所应努力的目标，主要是在现有的基础之上，继续向纵深的方向发展。"① 其四，密切关注鲜活的道教生态，带领学界支持道教界依法开展学术研究，促进道教的健康发展。

说来也巧，按时下流行的话语，有一种特别的缘分，把我同先生联系起来。在认识先生之前，我是做地方志研究的，因工作机会认识了中国地方志指导小组秘书长郦家驹先生。他听说我准备转道教研究，十分鼓励，并推荐我读蒙文通先生的《古学甄微》。我读过之后果然茅塞顿开，后来才知道，郦先生与卿先生同蒙先生有学术渊源。更巧的是，陕西社科院历史研究所所长李登弟，竟然是卿先生的同学，在他的建议下，我正式转入道教研究，后来得以受到卿先生还有王家祐先生等长辈的提携。

继承卿先生的学术精神，最重要的莫过于对既往文明成果的继承，这也是卿先生所身体力行的。

2017 年 4 月，中国道协召开了道教史教材编写研讨会，近二十位教内外学者发表了见解，最后达成了三点共识：一是用道教自己的话语来叙述道教史，不必按照西方宗教学的定义来界定中国的道教；二是道教史的编写应以老子为肇始，可以推衍到 2500 年前，道家与道教不可割裂对待，应作为一个共通的文化系统予以梳理阐释；三是教材的篇章顺序，应以中国历史朝代发展为主线来展开。这三点共识可以说表明了对以卿先生为首的老一代道教学者的继承与创新的基本态度，是"接着说"，而不是"对着干"。经过近一年的研究，我发现可以"接着说"的话题有很多，其中有三个问题非常重要，也是卿先生生前一直在思考和研究的。

第一个是涉及历史文献中关于"道教"的表述。

对应现代道教这样一种从古代走来一以贯之的社会文化实体，古代文献多称其为道家或者黄老之教、玄元之教、玄教、老教、老庄之教。这种现象有点像"中国"一词，虽然西周就出现了，但古代极少使用，多数用大秦、大汉、大唐等朝代名来指称。目前检索到"道教"一词出现的最早记录是《老子想尔注》。在"智慧出，有大伪"条注中说："真道藏，耶［邪］文出，世间常伪伎称道教，皆为大伪不可用。"这个"道教"显然不是我们现在需要界定的"道教"范畴，似乎指的是儒教。在同书中，含有"道教"定义的则是"布道诫教人"（"营魄抱一"条）和"助道宣教"（"太上下知有之"条）等。

至于与今人所称"道教"相近的概念，目前检索到的最早记录是唐代僧人玄嶷在《甄正论》中所述：

> 汉明帝时，佛法被于中夏。至吴赤乌年，术人葛玄上书吴主孙权云佛法是西域之典，中国先有道教，请弘其法。②

由此亦可看出，"道教"一词与佛教传入密切相关，是在儒、道、释三教关系的语境下出现的。正如宋代道士常崇道所说：

---

① 卿希泰：《道教研究百年的回顾与展望》，《四川大学学报（哲学社会科学版）》2006 年第 4 期。
② （唐）僧玄嶷撰：《甄正论》卷下，《大正藏》第 52 册，第 568 页下。

故大圣愍之，则应时而设教也。有道教焉，有释教焉，有儒教焉。非道教无以升君子，非释教无以化下愚，非儒教无以理国家。①

继葛玄之后，顾欢在《夷夏论》中，也使用了"道教"一词："欢虽同二法，而意党道教"，"道教执本以领末，佛教救末以存本"。这里的语境，仍然是佛道二教。而同期或稍早的寇谦之在《老子音诵诫经》中也三次提到"道教"：损辱道教、使道教不显、浊欲道教，从上下文来看，这个"道教"显然不是名词，而是指"道之教化"或"学道之戒条"。《魏书·释老志》中记述寇谦之"清整道教"的重点，显然还是整顿"道戒"，强调"以礼度为首，加以服食闭炼"的正宗道教修炼模式。

宋代以后"道教"一词出现频繁，大致都与三教关系的语境相关，此语境外，还是以"道家"为主指称道教。

第二个是关于道教功能的界定，这个问题关涉道教教义的着重点。

无论我们采用什么方式去界定道教，总是离不开信仰、仪式、场所、组织和社会功能等基本元素。马端临说道教"杂而多端"，是说它的内容十分庞杂。故而陈耀庭先生说："日本学者称道教研究可以分为十五个以上的门类，我一直称道教研究有十八个门类。"② 这些说法都指出了道教的多元性。今人的大量学术著作通常把信仰和仪式作为重点进行研究和表述。而在古人看来，道教的教化功能，应当是第一位的。早在东汉时期，学者边韶就在《老子铭》中明确指出桓帝延熹八年两次遣使祭祀老子的初衷，就是"尚德弘道"、"存神养性"。③

这一基本认识为后世所延续。如《唐大诏令集》载：道教之设，风俗之源，必在弘阐，以敦风俗。④《唐六典》也说，天师张道陵阐扬老子之法，"周于四海者，以显其德"。⑤ 宋章公权在《天庆观记》中叙述，自汉文帝崇尚道家之学后千年间，这个传统延续至当世，故而宋真宗乃"大兴道教，诏诸路军、州各建天庆观"。⑥ 由此说明，道教宫观所设、观内法事之行，其宗旨都是为老子思想的弘扬而服务的。因此，徐铉更加详细地说明了道教教化功能的起因，并强调指出道教宫观之类的场所连带其宗教仪式，不过是施行教化的辅助工具而已。陆游则把道教系列基本经典与儒家典籍相提并论，进一步阐明道教教化功能有其自身的传承路径，伏羲—黄帝—老子—列子—庄子—尹喜，一脉相承，《易经》《道德经》《阴符经》《西升经》等道教经典内容，或与佛典近似，或与儒典相同。⑦

从教化功能出发，以老子为教祖，以《道德经》为"圣经"来叙述道教发展史，就显得顺理成章了。我们可以从正史和古代学者的论述中发现大量相似的文字，如"故称列仙，自黄帝尚

---

① 《天庆观石幢题记》，陈垣编，陈智超校补：《道家金石略》，北京：文物出版社，1988年，第255页。
② 盖建民主编：《回顾与展望：青城山道教学术研究前沿问题国际论坛文集》，成都：巴蜀书社，2016年，第854页。
③ 《老子铭》，陈垣编，陈智超校补：《道家金石略》，北京：文物出版社，1988年，第4页。
④ 《大宝七载册尊号敕》，(宋)宋敏求编：《唐大诏令集》卷九，北京：中华书局，2008年，第52—53页。
⑤ (唐)李林甫等撰：《大唐六典》卷四，北京：中华书局，1992年，第125页。
⑥ (宋)章公权撰：《天庆观记》，陈垣编，陈智超校补：《道家金石略》，北京：文物出版社，1988年，第249页。
⑦ (宋)陆游撰：《洞霄宫碑》，陈垣编，陈智超校补：《道家金石略》，北京：文物出版社，1988年，第373页。

矣。……黄帝得道，白日登天，赤松度世，紫岳乘烟"。①"伯阳立教，清静无为。"②

道教文献同样把经典传承当作教派诞生及传承的首要依据，而各教派传授的经典，无不出于老子《道德经》，或托名黄帝、老子的各种经文。如《老君说一百八十戒并序》开篇叙述"太平之道、太清之教"的诞生，先是"老君授道与干吉"，干吉传《太平经》与帛君（帛和）。③疑似寇谦之所作的《大道家令戒》，追述了战国中期至北魏期间道教传播的历史过程，将北魏以前的道教划分为6个阶段：干吉太平道、尹喜受《道德经》及"道"化胡、黄石公授书张良、"道"授张道陵创正一道、张角黄巾、汉中鬼道。这几个阶段都强调"授道""授书"，同样是为了说明道教的基本功能是传"道"以教化世人。

唐代道经《道门经法相承次序》认为：

> 今人学多肤浅，唯诵道德，不识真经，谓道教起自庄周，殊不知始乎柱下也。……老君生于殷末，长自周初……平王三十三年十二月二十五日，去周而度青牛薄辇，紫气浮关，遂付《道德真经》于关令尹喜。④

这篇道经还认为，"道家经诰，非惟五千"，因为另有《灵宝经》，是轩辕黄帝于峨眉山传授给天真皇人的，后来依次传授给帝喾、夏禹、阖闾、葛玄、郑思远，"师资相承，缠联不绝"。这是从经典传授的角度论述道教起源的过程。

不少古代学者也承认道经的传授体系，如唐人欧阳询说："圣圣袭明，道德授受，于是玄元之教，风动天下，水行地中矣。"⑤卢照邻在《益州至真观主黎君碑》⑥中，以道教尊崇的三清和元始天尊为教化之始，依次叙述了老子—徐甲—秦皇—汉武—青牛道士（封君达）—唐代楼观宗圣宫"大弟子并仙庭十哲""敷扬道教"、复兴"黄老之学"的历史脉络。

第三是有关道教的形成模式。

目前我们看到的学术著作，对道教形成模式的主流叙述是多源头的，即百川归流。但是从大量古代文献的描述来看，似乎用"枝干扶疏"来描述更为贴切。也就是说，道教主体只有一个源头，那就是黄老。

《魏书·释老志》认为"道家之原，出于老子"。后来引申出白日升天、长生不死之说，为秦皇、汉武所提倡；再后来又有张陵的斋祠跪拜、行符敕水等神仙方技。唐代著名道教学者施肩吾引葛仙翁语：

> 天下无二道，殊途而同归；圣人无两心，百虑而一致。古今一道，圣贤同心。逮夫道原既判，心识自分，谈道者强自分别。同流异派，摘叶寻枝，自为见解，以独立教门。⑦

元人宋子贞详细叙述了道教的演变过程：

---

① （唐）王适撰：《潘尊师碣》，陈垣编、陈智超校补：《道家金石略》，北京：文物出版社，1988年，第85页。
② （唐）司马贞撰：《史记索隐》卷六十三《老子韩非列传·述赞》，北京：中华书局，1991年。
③ （宋）张君房撰：《云笈七籤》卷三十九，《道藏》第22册，第270页。
④ 《道门经法相承次序》卷上，《道藏》第24册，第783—784页。
⑤ （唐）欧阳询撰：《宗圣观记》，陈垣编、陈智超校补：《道家金石略》，北京：文物出版社，1988年，第46页。
⑥ （唐）卢照邻撰：《益州至真观主黎君碑》，陈垣编、陈智超校补：《道家金石略》，北京：文物出版社，1988年，第62—64页。
⑦ （唐）施肩吾撰：《西山群仙会真记》卷之一"识道"，《道藏》第4册，第422页。

> 夫道家者流，推老氏为始祖。老氏之教，主之以太一，建之以常无。有以冲虚恬淡养其内，以柔弱谦下济其外，盖将使人穷天地之始，会万物之终，刳心去智，动合于自然。以之修身则寿而康，以之齐家则吉而昌，以之治国平天下则民安而祚长久，非有甚高难行之论，幻怪诡异之观也。世既下降，传之者咸异，一变而为秦汉之方药，再变而为魏晋之虚玄，三变而为隋唐之禳祓，使五千言之玄训，束之高阁，以为无用之具矣。金正隆间，重阳祖师王公，以师心自得之学，阐化于关右，制以强名，谓之全真，当时未甚知贵。国朝启运之初，其门人丘长春首被征聘，仍付之道教，天下翕然宗之。①

在他看来，道教由崇尚清静无为演变为方药、玄虚、斋醮符箓是一种异化，而全真道之兴起，正是为了纠偏。

直到明代，张宇初的《道门十规》做出了总结性的论述：

> 道教源派，始自太上三代之前，则黄帝问道广成子，即太上也，及曰生于殷末，仕于周初，在文王时为柱下史，迨武王时迁藏室史，其所著则《道德》上下经，其徒则有关、文、庄、列、亢仓、柏矩之流，其言则修齐治平、富国强兵、经世出世之术，互有之矣……后之阐化，则有祖天师、许真君、葛仙翁、茅真君诸仙之振，世降之久，不究其源。各尊派系，若祖师之曰正一，许君之曰净明，仙公之曰灵宝，茅君之曰上清，此皆设教之异名，其本皆从太上而授。②

这个结论提供给我们的信息是：道教只有一个源头，就是黄老。汉以后出现的正一、净明、灵宝、上清诸派都是一个祖师——太上，换言之，就是老子，各个教派自然也是同根所生，枝干相连的。

---

① （元）宋子贞撰：《顺德府通真观碑》，陈垣编、陈智超校补：《道家金石略》，北京：文物出版社，1988年，第504页。
② （明）张宇初撰：《道门十规》，《道藏》第32册，第147页。

略谈卿希泰先生的学术贡献

郭 武*

卿希泰先生是我的硕士研究生（1988—1991）导师。在四川大学读书期间，我曾上过卿先生开设的"道教思想史"课程，并在先生的亲自指导下撰写了硕士学位论文。在这三年的学习过程中以及此后的研究历程中，我曾拜读了卿先生的所有作品，对先生的学术贡献及研究方法等有所了解。适值学界为纪念卿希泰先生而举办国际学术研讨会，我愿将自己的认识写出来与各位分享，以此缅怀我敬爱的老师。

有关卿希泰先生的学术贡献，詹石窗教授曾经在不久前撰写了《先师卿希泰教授的学术贡献》一文，从"继承传统，厚积薄发""筚路蓝缕，开创学科""文力工程，体大思精""深入探索，引领前沿""立足当代，展望未来"五个方面予以了详细阐发。① 我同意詹石窗教授的看法并感谢他的全面总结。以下，拟从我个人的角度，谈谈自己对于卿希泰先生学术贡献的认识。

卿希泰先生的学术贡献，主要集中在道教研究领域。窃以为卿先生对于道教研究的巨大贡献，首先表现为他为学界培养了大批的优秀人才，为相关研究奠定了坚实基础。1980 年 9 月，卿希泰先生在四川大学创立了中国高校系统第一个专门从事宗教研究的学术机构——宗教学研究所，并于 1983 年开始招收硕士研究生、1991 年开始招收博士研究生，这个研究机构先后培养出了数百名硕士和博士，而这些硕士和博士后来分布各地，又培养出了无数学生，形成了薪火相传之势。这些经过专门训练的学术人才，发表了大量的研究成果，极大地推动了道教研究的发展。因此可以说，道教研究之所以能有今天的蓬勃发展之势，在很大程度上与卿希泰先生当年创立机构、培养学生有关系。

卿希泰先生在道教研究领域的学术贡献，大致可以分为"宏观构建"与"微观探讨"两个方面。所谓"宏观构建"，是指他在宏观上为学界搭建起了认识中国道教及其发展历史的总体框架，不仅使人们对于道教及其历史开始有了系统而深入的认识，而且使我们在讨论具体问题时拥有一

---

* 作者简介：郭武，云南大学历史与档案学院特聘教授、博士生导师。
① 详请参阅詹石窗：《先师卿希泰教授的学术贡献》，《宗教学研究》2018 年第 2 期，第 35—42 页。

个宏观的背景。民国时期,虽有一些学者开始从学术的角度来讨论道教,[1] 并有傅勤家《道教史概论》《中国道教史》及许地山《道教史》等综合性论著出版,[2] 但人们对于道教学说及其发展历史的认识尚显零碎。众所周知,许地山先生出版的《道教史》实际上并未完成,只是一本写到汉代道家和方士的"道教前史"(上编),傅勤家先生的《中国道教史》则与其《道教史概论》基本相同,属于一个纲要性质的"概论",篇幅也较为单薄。20 世纪八九十年代,卿希泰先生主编出版的《中国道教思想史纲》《中国道教史》和《中国道教》三个系列的著作,则在宏观上为学界搭建起了认识中国道教之总体框架,并勾勒出了其发展演变的基本线索。卿先生在宏观上为学界搭建有关认识框架的努力,始于《中国道教思想史纲》一书的写作。该书试图从"思想史"的角度来阐述道教思想的发展。第一卷于 1980 年出版,之后的第二卷及《续·中国道教思想史纲》则分别于 1985 年、1999 年出版。或许是由于"思想史"角度难以全面覆盖道教的发展状况,卿希泰先生又组织人力开始编写《中国道教史》,试图从更多的方面来阐述道教的发展演变,并于 1988 年、1992 年、1993 年、1995 年先后出版了《中国道教史》的 1—4 卷。较少有人注意到的是,卿希泰先生还曾于 1994 年主编了四卷本《中国道教》并由知识出版社出版,该书分"历史概要""宗派源流""人物传略""经籍书文""教义规戒""神仙谱系""科仪方术""文化艺术""仙境宫观""附录"(含"中国道教大事年表"与"国际道教研究概况"等)十编,颇为系统地对"道教"的各个方面进行了剖析。窃以为四卷本《中国道教》能够跳出"史"的窠臼而对"道教"进行全方位审视,其"十编"的标题已基本涵盖了道教的各个方面,这对于构建有关中国道教之整体认识的框架更有价值和意义,难怪胡道静先生在为该书作序时说:"由卿希泰和陈耀庭、曾召南等同志主持编写的四卷本《中国道教》,既是十年来道教研究的总结,又为今后的道教研究张目。"[3] 所谓"为今后的道教研究张目",亦可理解为"构建了今后道教研究的纲目"或"奠定了今后道教研究的基础"。此外,卿希泰先生在 21 世纪以后还主编出版过不少著作,如四卷本《中国道教思想史》等,但其对于学界有关中国道教总体认识的"奠基"之功,却是在编著上述三部作品过程中完成的。当然,构建中国道教及其发展历史的总体框架之工作,并非由卿希泰先生一人完成,与上述三部作品在同一时期出版的几部著作,如法国学者施舟人(Kristofer Schipper)撰写的《道教总体》(Le Corps Taoiste)[4]、日本学者福井康顺监修的三卷本《道教》[5]、中国社会科学院任继愈主编的《中国道教史》[6] 等著作,也同样在这方面做出了很大的贡献。

所谓"微观探讨",则是指卿希泰先生在有关道教的很多具体问题上有着其独到的研究和看法。这些具体的研究和看法,主要表现在他发表于各种刊物上的百余篇文章中。后来,这些文章的精华又曾集结成《道教文化新探》《刍荛集》等论文集出版。关于卿希泰先生在"微观探讨"方面的贡献,詹石窗教授的《先师卿希泰教授的学术贡献》一文曾做过很好的梳理,并将其归纳

---

[1] 详请参阅詹石窗总主编、郭武分辑主编:《百年道学研究精华·历史脉络卷》,成都:巴蜀书社,2018 年。
[2] 详请参阅傅勤家:《道教史概论》,上海:商务印书馆,1933 年;傅勤家:《中国道教史》,上海:商务印书馆,1937 年;许地山:《道教史》,上海:商务印书馆,1934 年。
[3] 胡道静:《中国道教·序》,上海:知识出版社,1994 年。
[4] Kristofer Schipper, Le Corps Taoiste: Corps Physique Corps Social, Paris: Fayard, 1982。该书后由美国学者 Karen C. Duval 翻译成 The Taoist Body, 于 1993 年由加州大学伯克利分校出版社出版(Bekerley, Calif.: University of California Press, 1993.)。
[5] [日]福井康顺等监修:《道教》,东京:平河出版社,1983 年。
[6] 任继愈主编:《中国道教史》,上海:上海人民出版社,1989 年。

为"关于道教发源地问题""关于道教经典的思想内涵理解问题""关于不同历史时期的道教派别与道教人物的评估问题"等几个方面,详细情况不在此赘述。我想补充说明的是,卿希泰先生关于中国道教及其发展历史总体框架的构建,是建立在他深入细致的"微观探讨"基础之上的,正是因为不懈地进行了各种具体研究,他才能够最终得出有关中国道教及其发展历史的总体认识。当然,卿希泰先生对于一些具体问题的看法和结论,如道教于东汉末年发源于四川省大邑县境内的鹤鸣山,近期曾引起过学界的激烈争论,但人们对于学术问题有不同看法在所难免,这是很正常的现象。我们应该本着百家争鸣、实事求是的态度,学习卿先生不懈地进行具体研究、深入开展"微观探讨"的精神,努力深化有关道教的认识,不断推动相关研究的发展。

除了"宏观构建"与"微观探讨"两个方面的贡献,卿希泰先生在道教研究领域的贡献,还表现在他为学界提供了一些研究范式方面。具体而言,卿希泰先生的研究范式,首先就在于他运用的研究方法是马克思主义的辩证唯物主义与历史唯物主义方法,如他曾把马克思主义比作学术研究的"望远镜"和"显微镜"。[①] 虽然近年来有很多新的方法传入中国,但马克思主义的方法确实有助于我们在进行"宗教学"的研究时不滑向"宗教"本身的立场,仍然值得我们加以重视。其次,卿希泰先生在描绘道教的发展历史时,非常重视结合客观性居多的"正史"与主观性较多的"道经"两类材料。综观整部《中国道教史》,使用得最多的就是所谓"二十五史"及《道藏》中的材料,这种"取材"的方式虽然有其时代局限,但却能在很大程度上既照顾了研究对象(道教)之"本身",又能参考当时"教外"人士的各种看法,对于人们客观、真切地认识道教历史颇有益处。此外,卿希泰先生对于道教发展历史的讨论,还非常重视以人物(道士)、教派、经典为研究对象,并注重对历史发展线索、相关转折点的考察和分析。众所周知,人物(道士)、教派和经典乃是组成"道教"的基本要素,不对其加以研究就很难说清楚道教的发展历史。卿希泰先生正是抓住了这些要素,才使得他主编的《中国道教史》显得内容丰满、栩栩如生。在具体描述道教历史事件的同时,卿希泰先生还非常重视对其发展线索、相关转折点的考察和分析,最典型的例子,就是四卷本《中国道教史》将道教的发展分为"先秦两汉魏晋南北朝时期""隋唐北宋时期""南宋金元与明代初中期""明代中后期与清代民国"四个阶段,并认为每个阶段皆有其不同的特点。这种写作方式,既有微观上的深入细致,又有宏观上的整体把握,非常值得大家学习借鉴。

当然,由于基础薄弱与时代局限,卿希泰先生主编的《中国道教史》等成果不可能一蹴而就,直接达到完美的境界,而是也存在着一些不足和有待完善之处。另外,他有关中国道教及其发展历史的研究,尚存在着较多关注"上层"而比较忽视"下层"的现象,亦存在着对于不同"区域"中的道教研究不足之遗憾,还存在着重视"思想义理"而轻视"科仪法术"等情况。但是,无论怎样,我们都不能否认卿希泰先生在上述几个方面为中国学界做出的贡献,不能否认他为道教研究奠定了坚实的基础,不能否认他在中国学术史上的崇高地位。希望大家继承卿希泰先生的遗志,发扬卿希泰先生的精神,不断提高自己的学术水平,努力推动道教研究走向深入。

---

① 卿希泰:《我是怎样从研究马克思主义哲学走上道教文化研究之路的——为纪念四川大学宗教学研究所建所三十周年而作》,《宗教学研究》2010年S1期。

论卿希泰先生对道教研究的卓越贡献
——兼论当代道教研究的方向和动力

孙亦平*

摘　要：本文展示了卿希泰先生作为中国道教研究的先行者和建设者，通过呕心沥血、努力创业，为中国本土宗教学的理论探索和经验积累奠定了坚实的基础，在推动中国道教学术研究从星星之火到呈燎原之势的全面发展过程中所做出的卓越贡献。

关键词：卿希泰先生　道教研究　中国本土宗教学　卓越贡献

20世纪80年代之后，在改革开放之思想解放的文化氛围中，借助于宗教学研究和中国哲学与文化研究之东风，一批学者从编写中国道教史，到研究重要的道教人物、经典与道派，带动了中国道教学术研究的展开，其中的代表人物之一就是著名学者——四川大学卿希泰教授。

我长期在南京大学从事有关宗教学尤其是中国道教的教学与研究，参与了改革开放后中国宗教尤其是道教研究的兴起与发展的大致过程，亲身感受到卿希泰先生作为中国道教研究的先行者和建设者，通过呕心沥血、努力创业，在推动中国道教学术研究从星星之火到呈燎原之势的全面发展过程中所做出的杰出贡献。2017年11月，我和先生洪修平教授一起去四川大学参加"第二届中国宗教学高峰论坛"，卿希泰教授的学生、四川大学道教与宗教文化研究所所长盖建民教授对我们说，明年准备在四川大学召开卿希泰先生的纪念会，希望我能写篇纪念文章。今天收到盖教授寄来的会议邀请，我与卿先生交往的点点滴滴又涌上心头。

第一次近距离见到卿先生是20世纪80年代我在南京大学读研究生时，距今已是三十多年前的一个秋天了。当时卿希泰先生大概是前来参加我导师南京大学王友三教授召开的一个学术著作

---

* 作者简介：孙亦平，历史学博士，南京大学哲学系、宗教学系教授，博士生导师。

审稿会，①王老师就特别邀请卿先生给我们中国哲学专业的研究生作了一次学术报告。南京大学的学术氛围浓厚，来来往往的学者很多，我们读研究生时经常会听各种讲座，但卿先生的这次学术报告却为我们打开了一扇了解中国道教的窗口。不过当时的我还真没有想到自己后来也会走上道教研究的道路。

在那次报告会上，卿先生用四川普通话给我们娓娓讲述了他早先在中国人民大学学习马克思主义哲学，毕业后到四川大学从事马克思主义哲学的教学和研究工作，然后转入思想方法论和明清之际启蒙思想的探讨。在改革开放伊始，他已敏锐地认识到不研究道教，就不能很好地了解与把握中国哲学与中国文化的特质与规律，而四川正是当年张道陵创教的地方，还保留着非常丰富的道教文化遗迹，于是他转而进入中国道教研究领域，并在艰难中创建了四川大学宗教学研究所。卿先生当时正在主编多卷本《中国道教史》，他一方面讲述了他在道教研究中碰到了哪些困难，又是如何克服的；另一方面，他又特别强调，我们应当抱着"为国家争光，为民族争光"的态度来进行中国道教研究。我从小跟随父亲孙叔平②学习中国哲学，那时正怀着为中华崛起而读书的信念，更感兴趣的是近代维新变法时代的思想家，尤其是康有为、梁启超等人如何在会通中西文化的过程中推进中国古代哲学向现代哲学的转变问题，对道教不太了解，但听了卿先生的报告后，觉得卿先生说不了解道教就不能全面了解中国哲学还是挺有道理的。

记得当时卿先生还说，我们研究中国哲学，对道教思想的研究非常不够，这样，不仅对于正确地总结历史经验和建设社会主义新文化不利，而且对于培养我们的辩证思维方法、全面看待人和事也是非常不利的，因为哲学史是训练人的思维方式的重要学科。同时他还谈道，道教本是中华民族的传统宗教，可是长期以来，人们却把它视为研究的"禁区"，敢于研究的人不多，成果也很少。1972年9月在日本长野县召开的第二次国际道教学术会议的众多代表中，竟没有一个来自道教故乡的中国学者，甚至在国际上还流传着一种"道教发源在中国，研究中心在西方"的言论，这与我国的国际学术地位很不相称。当时道教研究在中国还处于刚刚开展时期，卿先生对道教研究的热情以及前瞻性思维激发了我的好奇心。讲座结束后，我就围绕着道教向卿先生请教，从此与卿先生结下了一种特别的师生缘。

我研究生毕业时，恰好南京大学哲学系新成立了宗教学教研室，我就留在系里开始为宗教学专业本科生讲授宗教学专业课程。当时道教课程还没有人上，我因听了卿先生的报告，对道教也产生了一些兴趣，觉得自己可以试一试，于是就到处寻找参考书。记得只找到卿先生的《中国道教思想史纲》第一、第二卷以及《中国道教史》第一卷，李养正先生的《道教概说》，还找到老版本的傅勤家先生所著《中国道教史》，这仅有的几本书在当时就成为我进行教学和科研的重要

---

① 卿希泰先生与王友三先生有着长期友好的学术交往。1978年中国无神论学会在南京大学成立，理事长是任继愈先生，我父亲孙叔平先生任副理事长，另一位副理事长是牙含章先生，王友三教授任秘书长，具体组织联系全国学者开展各种学术活动。从1980年开始，中国无神论学会每两年开一次全国性的年会，举办地从南京大学（1978）、武汉大学（1980）、厦门大学（1983）到四川大学（1985）。这两天，我从当年的会议照片中看到卿先生的身影以及卿先生为了在四川大学召开会议而给王友三教授的信件。参见王友三：《我的平淡人生》，南京：江苏人民出版社，2017年。

② 孙叔平，哲学家、中国哲学史家、教育家，曾任南京大学党委书记、副校长，哲学系教授，博士生导师，著有《历史唯物主义纲要》（上海人民出版社1958年）、《辩证唯物主义与历史唯物主义》（上海人民出版社1961年）、《中国哲学史稿》上下册（上海人民出版社1980—1981年）、《中国哲学家论点汇编》（上海人民出版社1986年）等。

参考书。1990年，任继愈先生主编的《中国道教史》出版后，中国社会科学院世界宗教研究所吕大吉教授和责编倪为国先生来南京大学时送了我一本，又帮助我更多地了解了宋代之后的道教，但卿先生的早期道教研究著作在当时为我打开了道教研究的大门。

1992年秋天，我去峨眉山参加学术会议，在山上碰到卿先生。卿先生告诉我，四川大学宗教学研究所正在团结拼搏，克服困难，争取尽早完成四卷本的《中国道教史》编写工作。同时，宗教所还紧抓科研任务和人才培养，注重图书资料建设和学术期刊《宗教学研究》的编辑。现在看来，这也是卿先生秉承四川大学注重经典和史学研究的学术传统，走出了探索道教研究的新路子，为宗教所的长远发展所奠定的坚实基础。当时，我的导师王友三教授主编的《中国宗教史》（齐鲁书社1991年）出版后，又拿到了国家社科基金项目"吴文化研究"（研究成果后以《吴文化史丛》为名分上下册于1993年在江苏人民出版社出版）。王老师让我承担其中的吴地道教部分的研究和写作，我一时不知如何下手。从峨眉山回来后，我一方面阅读南京大学图书馆所藏的《道藏》，另一方面参阅卿先生的有关著作，围绕着揭示吴地道教的基本特点的命题，对吴地道教兴衰的历史、众多的神灵、精致的教理和丰富的道术等方面进行考察，通过阐明道教发展与地域文化的密切关系，来说明吴地道教对吴地社会及中国道教的发展所产生的影响。后来我将这部分内容概括为《吴地道教概述》一文在《世界宗教研究》1994年第3期上发表。正是在进入道教研究领域的过程中，我才逐渐体会到卿先生所说的以"道"为本研究中国哲学与宗教可有另一种收获的深刻含义。

卿先生在道教研究中一直表现出积极引领的学术热情和认真严谨的学者风范。20世纪90年代以后，随着道教研究逐渐为学术界所认同，特别是1996年夏天在北京五洲大酒店，由北京大学哲学系、香港道教学院主办的"道家文化国际学术研讨会"召开，使来自世界各地的200多位道教研究学者会聚一堂，[①] 掀起了世界性的道教研究热潮之后，在每年都会举办的各种形式的道教研究学术研讨会上，都可以看到卿先生活跃的身影。在北京、上海、香港、台湾、杭州、天台山、厦门、茅山、武当山、青岛等地，我通过参加会议经常见到卿先生并得以向他请教。德高望重的卿先生每次参会态度都十分认真，不仅是坐在主席台上作大会发言时，即使在小组研讨会上，他也会以一种谦虚态度聆听每一位青年学者的报告，有时还会参与讨论，积极提问及回应问题，展现出一个优秀学者所具有的温和谦逊的品格和孜孜不倦的学术精神。

2000年5月，南京大学成立宗教学系，我们邀请任继愈先生、卿希泰先生、牟钟鉴先生等名家学者专程前来南京大学参加成立大会。在会议期间，我还陪同卿先生去看望了王友三老师，并参观了南京附近的道教活动场所。当时正值21世纪之初，洪修平教授在《南京大学学报》主持了一个展望新世纪学术研究发展新思考的专栏，特别邀请卿先生赐稿。卿先生撰写了《在世纪之交展望道教文化的未来》一文，强调"在21世纪，道教文化将和整个中华传统文化一起产生强大的吸引力，其许多合理思想，值得西方文化借鉴和吸取。道教文化将为世界文化的发展做出新的贡

---

① 白奚：《"道家文化国际学术研讨会"综述》，《哲学研究》1996年第10期。

献"，① 展现了他对道教在21世纪发展的前瞻性的新思考。现在回过头来看，正如卿先生所预言的那样，21世纪以来中国的道教研究将以开展道派史、地方史、道教教义研究、道教典籍整理与研究、道教与其他学科的交叉研究等方面作为主要方向。正是沿着这些方向，新世纪的中国道教研究吸引了越来越多年轻学者的加入，才得以从小到大、从弱变强，全面深入地展开，并不断取得可喜的新成果。

改革开放以来，道教学术研究才真正在中国内地学术界起步，经过四十多年的薪火相传，取得了众多研究成果，不仅深化了我们对中华民族的传统宗教——道教的认识，而且也从一个特殊的角度推进了对中国哲学与中国传统文化的理解。时至今日，儒释道三教作为中国文化的三大支柱的观点②已获得广泛认同。今天，我们在展示卿希泰先生对道教研究引领性的贡献时，更重要的是要思考如何在前辈学者所取得的学术成果的基础上继续寻找前行的方向和动力。

第一，从研究方法上看，卿先生在《中国道教史》第一卷中写道："以史实为根据，做到史论结合，采用第一手原始材料，避免空泛的议论。作者对道教史上的一些史实、道派、人物与经典的分析与评价，以及道教与儒、释之间的关系，力求贯彻从实际出发、实事求是的原则，切实按照它们的本来面目去认识和叙述，尽可能做到客观全面的辩证分析，防止偏颇。"③ 这后来也成为中国道教研究学者普遍认可的研究方法。四卷本《中国道教史》正是靠收集资料、考察历史、排列时序、还原语境的这种历史学和文献学相结合的研究方法，才能够对道教史上一些长期争论的问题做出概括性的论断，在梳理道教发展史过程中厘清道教研究中的一些争论不休的疑点问题，成为道教学术研究中具有系统性和全面性的著作，长期以来成为学习与研究中国道教的重要参考书。今天，面对互联网时代提供的海量资料，道教研究的领域也越来越宽泛，跨学科的合作也越来越常见，道教研究几乎延伸到中国传统文化研究的方方面面，这也提示我们在坚持以史实为根据、史论结合的研究方法的基础上，如何进一步通过文献梳理、理论辨析、田野考察、考古成果、比较研究和多学科融合等研究方法做到不断地开拓创新。

第二，从研究资料上看，在卿先生刚开始研究道教时，《道藏》还深藏于少数大型图书馆中，既没有索引，也没有句读，阅读《道藏》是一件十分艰苦的工作。正是在如此艰苦的条件下，卿先生带领四川大学道教研究学术团队所做的开拓性工作和取得的一系列开创性成果，从四卷本《中国道教史》，到四卷本《中国道教》《道教与中国传统文化》，再到四卷本《中国道教思想史》等一系列著作就显得尤为难能可贵。在学者们的持续努力下，四十年后的今天，从三家本《道藏》，到《藏外道书》《中华道藏》《道藏辑要》等大型道书相继出版，再到敦煌道书文献的搜集整理、近代以来道学研究成果《百年道学精华集成》的出版、海外道教学研究成果的翻译，等等，中国学者获取海内外道教学术资源和资讯的途径越来越多，特别是这些道书经过数字化，以电子文本的方式，使道教文献资料得以全面升级换代。在获取研究资料更加方便快捷的今天，如

---

① 卿希泰：《在世纪之交展望道教文化的未来》，《南京大学学报》2000年第2期。
② 洪修平：《中国儒佛道三教关系研究》，北京：中国社会科学出版社，2011年。
③ 卿希泰：《中国道教史·后记》，成都：四川人民出版社，1988年，第626页。

何将历史上留下的道书及史籍文献、地方志、考古发现中所呈现的"道教"还原到当时特定的语境中,以问题意识为中心进行新解读,使我们的研究更加贴近道教存在之真相,推进道教学术研究向纵深展开,更重要的是应当展现出有着漫长历史的道教所独具的思想智慧和文化价值,这里仍然有许多工作在等待着我们。

第三,从研究领域上看,以往道教研究比较侧重于在中国文化语境中思考道教的历史与思想。卿先生曾说:"道教亦曾流传海外,在国外也产生过一定的影响。"他主编的《中国道教史》第四卷中列有一章专门讨论"道教在世界各地的传播和影响",最后还附录了"海外对道教的研究",简要介绍海外道教学研究的情况。2006年,我申报的国家社科项目"东亚道教研究"立项后,卿先生一直关心我的研究进展。我在完成《东亚道教研究》(列入国家社科基金文库,人民出版社2014年出版)后,又开始撰写《道教在日本》《道教在韩国》。两书的初稿完成后,我都寄给卿先生,请他审阅。卿希泰先生在审阅时十分认真,有时还专门写电子邮件或打电话来表达他的想法和建议。记得2014年11月28日早上,我和洪修平教授一起去云南参加首届鸡足山迦叶宗风与山林佛教学术研讨会,刚刚到达南京禄口机场,就接到卿先生的电话,在电话中他详细谈到了他对道教在日本的一些看法,给了我很多启发,而他当时却因身体欠佳正在住院治疗。卿先生在学术研究上的认真态度和对后辈学者的关心提携令我十分感动,感恩在心。在《道教在日本》《道教在韩国》即将出版之时,卿希泰教授还专门为两书写了《序》以示推荐:

> 近年来,孙亦平教授在中国道教研究的基础上,将研究视野扩大到东亚地区,在丰富扎实的文献资料基础之上,系统梳理了道教在日本和韩国(朝鲜)的传播历史,撰写的《日本道教史》和《韩国道教史》即将出版,我非常高兴地为之作序。……在东亚文化圈中,韩日两国都是我们的近邻,把我国土生土长的道教在韩国和日本传播、发展的历史写出来,让更多的人了解与中国唇齿相依的这两个国家与我国文化的紧密联系,很有必要,也是一件很有意义的工作。孙亦平教授所撰《韩国道教史》和《日本道教史》以图文并茂的形式,去激活并展现道教在今天的日本、韩国文化中留下的那些值得回味的历史影像,由此将思想性、知识性与趣味性有机结合起来,从而为当代东亚文化建设提供一种可具参考的思想资源的作用。①

卿先生提示我们,在扩大道教研究领域的同时,既应抱着"海纳百川,兼容并包"的态度虚心地学习来自不同文化传统的海外学者有关道教研究的新成果,认真地研究中国道教在跨文化传播中所出现的新情况、新样态,又必须懂得"和实生物,同则不继"的道理,在比较不同地区道教文化的异同之时,也要珍惜并弘扬中国道教文化中所固有的深邃智慧和独特气质。

第四,从培养青年人才上看,卿先生对青年学者一直抱有爱护和提携之心,也十分关心我和洪修平的学术成长,至今我们还保留着卿先生写的来信和贺年卡,从中可以领略卿先生多年来对我们的关怀与帮助。记得一个阳光灿烂的春天早上,我接到卿先生的电话。当时我正在职跟随南

---

① 孙亦平:《道教在日本》,南京:南京大学出版社,2016年,第1—3页。

京大学历史系魏良弢教授读"中国中古史"方向的博士学位，结合博士论文写作了《杜光庭思想与唐宋道教的转型》，[①] 完成后寄给卿先生审阅，受到了卿先生的好评与鼓励。后来，我在南京大学招收的道教研究方向的博士生们因参加学术活动也时常受到卿先生的关心。卿先生联合道教界相关机构创设的《儒道释博士论文丛书》为一批青年学者提供了崭露头角的学术平台，其中也收录了我们南京大学一些优秀的博士论文。卿先生努力培养青年学者，以使中国道教学术研究能够薪火相传，以更轻盈、更具有活力的姿态继续前行。

卿希泰先生虽然驾鹤仙去，但他所开创的道教研究事业依然在蓬勃发展。老一辈学者所建立的南京大学与四川大学在学术上的友谊历经着岁月的洗礼也一直在持续和发展。习近平总书记在党的十九大报告中指出："文化是一个国家、一个民族的灵魂。文化兴国运兴，文化强民族强。没有高度的文化自信，没有文化的繁荣兴盛，就没有中华民族伟大复兴。"在今天，互联网技术和新媒体快速发展，各种思想文化交流、交融、交锋更加频繁，如何以一种文化自觉的态度，继承卿先生所开创的道教研究传统，进一步认真挖掘整理道教文化这样一笔宝贵的财富，使之推陈出新？又如何从古老的道教文化中汲取有益于人类文明与和平事业发展的优秀因素，来为建设适应新时代发展的新文化服务？如何坚持创造性转化、创新性发展，继承与发展道教中所蕴含的思想智慧，以增强中华优秀传统文化的生命力和在世界文化中的影响力？笔者认为，对待道教思想文化这样源远流长的传统，既不能简单地否定，也不能抽象地肯定，只有经过价值重估和理论重构，才能使其在现代社会生活中保持活力。这种价值重估和理论重构，可以帮助我们更好地在新视野、新方法和新资料的带动下，积极地发掘和利用道教文化精神中的合理成分，使之作为建构适应新时代发展需要的新思想与新文化的理论与实践资源。由此可见，如何努力将卿先生所开创的道教学术研究的传统发扬光大，我们依然任重而道远。

---

① 孙亦平：《杜光庭思想与唐宋道教的转型》，南京：南京大学出版社，2004年。

简述卿希泰先生的学术之路和学术贡献

李海林*

道教学泰斗、四川大学文科杰出教授卿希泰先生的学术之路，筚路蓝缕、披荆斩棘。先生在道教学乃至宗教学、哲学方面贡献卓著，是强烈爱国主义情怀和坚定马克思主义信仰使然，也是他努力拼搏的性格、严谨治学的精神和高瞻远瞩的学术眼界的必然结果。

一、信仰坚定，开疆拓土

（一）强烈爱国主义者

先生自幼聪慧，饱读诗书。四岁开始上私塾，熟读《三字经》《史鉴辑要》《文昌孝经》《声律启蒙》《孝经》"四书""五经"等经典，打下了扎实的国学基础。初中阶段，对新旧文学产生了浓厚兴趣，并用白话文和文言文写过一些诗歌、小说以及其他各类作品，培养了勤于著述的好习惯。1944年秋，先生考入当时非常有名的成都树德中学高中部。在这三年里，著名学者庞石帚教授讲授了"国文""中国文学史"等课程，先生的《儒以诗礼发冢论》深受庞教授好评，这算是先生的第一篇学术成果。与此同时，著名学者罗孟祯教授为其讲授中国古史方面的课程，庞教授和罗教授的渊博知识和人格魅力对先生产生了深刻的影响，先生的兴趣也逐渐集中在文史特别是中国哲学方面，这也为其后来从事哲学研究埋下了伏笔。

先生目睹祖国炮火连天、民不聊生，而且其老师不乏流亡入川的知识分子，他们的国破家亡情怀对先生影响甚大，造就了强烈的爱国情操，并伴随一生，在其诗文中多有体现，如《喜读日寇投降号外》《庆祝国庆》（1963）《红太阳颂》《庆祝国庆二十周年组诗》《欢庆"97.7.1"》等。更重要的是，先生开拓道教研究领域跟其爱国情操直接相关。

---

* 作者简介：李海林，哲学博士，西南民族大学马克思主义学院副教授。

（二）马克思主义的坚定信仰者和忠实传播者

1947年先生考入四川大学法律系，本科期间参加中共地下党领导的革命青年组织"中国火星社"，并任四川大学分社社长。先生生前曾多次提及参加"中国火星社"之事。有一次，先生说："我参加革命，那是'提着脑壳在耍'（笔者注：四川方言，随时可能被杀头意思）。"可见其马克思主义信仰之坚定。1951年先生毕业留校任教，正式走上学术研究之路，也从此走上了用马克思主义观点来研究问题之路。"只有依靠正确的方法作指导，才能帮助我们走上正确的道路。在这里，最正确最根本的方法，就是马克思主义的唯物辩证的方法。这个方法的最本质、最核心的东西，就是从实际出发、实事求是，对于具体的情况做具体的分析。这些原则，乃是普遍适用的，'放之四海而皆准'的，对于道教史的研究，当然也是完全适用的。"①

1952年，先生被保送到中国人民大学哲学系研究生班学习，1954年毕业回四川大学任教。1957年，先生担任全校哲学公共课授课老师，同时担任生物系总支书记。在讲授《辩证唯物主义与历史唯物主义》过程中，鉴于当时使用的教材都是从苏联翻译过来的，在体系上也是将唯物主义、辩证法和历史唯物主义机械地分为三块，为了把它们有机地统一起来，先生撰写了约二十万字的《物质与意识》一书并交予四川省的一个出版社。遗憾的是，在出版过程中，由于该社开展政治运动而中途停止。

（三）道教学拓荒者

1959年先生负责创办四川大学哲学系，任系党总支书记、副系主任，由此填补了当时我国西部地区哲学专业高等教育的空白，对发展西部地区哲学社会科学具有重要意义。在哲学系工作期间，先生主要从事马克思主义哲学和中国哲学方面的研究，有《毛泽东思想的光辉——学习〈实践论〉〈矛盾论〉〈关于正确处理人民内部矛盾的问题〉》《谈谈两点论——〈矛盾论〉》《唐甄论学——读〈潜书〉笔记之一》《范缜〈神灭论〉注》等成果。②

"文革"中后期，先生开始对当时学界的情况进行深入思考，"我感到，就中国传统文化来说，儒、释、道本来就是三大支柱，但我们过去对中国哲学史的研究，基本上仅局限于儒家，对释道两家，特别是对道教思想的研究非常薄弱，以至于对中国传统哲学的认识往往带有片面性，不能全面地了解中国的传统哲学及其发展规律，这对于我们正确地总结历史经验和建设有中国特色的社会主义新文化，都是不利的"。③ 此外，道教本来是中国固有的传统宗教，可是长期以来，国内的研究人员不多，成果很少，而在国外则是一大"热门"。正是由于有了前面的思想认识，在北京一些同志的关心和帮助下，强烈的爱国之心促使先生实现了重大的学术转变——开拓道教研究领域。

开辟一个新的学术领域，其困难程度可想而知。先生曾回忆道：当时四川大学图书馆没有一部完整的《道藏》，有时为了查阅资料，常常需要跑去四川省图书馆和四川师范大学图书馆，而

---

① 卿希泰：《刍荛集》，成都：巴蜀书社，1997年，第163页。
② 先生此时期大多数成果都在"文革"中丢失，参见卿希泰：《刍荛集·前言》，成都：巴蜀书社，1997年，第2页。
③ 卿希泰：《简明中国道教史》，北京：中华书局，2013年，第250页。

且还常常受到别人对研究工作的误解和白眼。现在可能很难想象在那个年代一般人对宗教研究者的不解，尤其是道教，直接等同于封建迷信。面对诸多困难，先生的思想从不动摇，"当时我就是这样地鼓足勇气，迎着困难，披荆斩棘，争分夺秒，夜以继日，默默无闻地在浩瀚的书海中耕耘着"。① 就这样，在一个动荡的时代，在别人的误解下，在最为艰苦的牛棚岁月里，先生"偷偷摸摸"地进行着道教研究并完成了《中国道教思想史纲》第一卷的写作，先生曾在回忆其夫人萧乾著同志的诗文中写道："助我'牛棚'修道史，挑灯夜战何时眠。"②

拨乱反正，先生的付出终于得到回报，1980年《中国道教思想史纲》第一卷出版，在国内外学术界引起了巨大的反响。其学术成果不仅得到同行学者的高度认可，也得到国家有关部门的肯定和支持。同年9月，经教育部批准，先生创办了全国高校第一个宗教学研究所，任第一任所长。紧接着，先生带领的学术团队承担了宗教学国家重点社科项目，着手编写《中国道教史》。经过十多年的努力，四卷本的《中国道教史》成为全国第一部最为全面翔实的中国道教通史。在先生的带领下，四川大学宗教学研究所创造了我国高校宗教学领域"八个第一"的学术成绩。

二、贡献卓著，享誉各界

（一）国家和民族声誉捍卫者

道教是中国土生土长的宗教，国际上曾流传着"道教发源在中国，研究中心在西方"的言论。1968年9月在意大利佩鲁贾召开的第一次国际道教学术会议和1972年9月在日本长野县蓼科召开的第二次国际道教学术会议，都没有一个中国学者参加。面对此种窘况，强烈的爱国之心驱使先生研究道教领域，"作为一名中国学者，对此情况，不能不痛下决心，拿出自己高质量的研究成果来，为国家争光，为民族争光"。③

正是由于先生的努力，四川大学宗教学研究所的道教研究逐渐被国内外学术界认可，日本、美国、德国、加拿大、意大利、瑞典等国家不断派遣学者前来学习和进修，四川大学宗教所还与许多国家的研究机构和学者都有学术交流关系，在国内外享有很高的声誉。中央民族大学牟钟鉴教授评价说："道教在中国，道教研究在国外。这是中国人的一种悲哀。……国外道教研究权威施博尔教授在北大坦诚地说：如今中国大陆已成为世界道教研究的中心了。……而四川大学宗教所在卿先生带领下成为中国道教学的重镇。"④ 日本著名学者中村璋八教授则直接评价四川大学宗教学研究所为世界最高水准的道教研究机构："四川大学宗教研究所，其不仅是中国而且也是世界最高水准的道教研究机构。"⑤ 萧萐父先生和唐明邦先生在评审《中国道教史》时曾预言："可

---
① 卿希泰：《简明中国道教史》，北京：中华书局，2013年，第251页。
② 卿希泰：《简明中国道教史·后记》，北京：中华书局，2013年。
③ 卿希泰：《简明中国道教史》，北京：中华书局，2013年，第251页。
④ 牟钟鉴：《功德留人间 学统传后世》，《宗教学研究》2017年第1期。
⑤ 卿希泰：《刍荛集》，成都：巴蜀书社，1997年，第645页。

以预期，多卷本《中国道教史》完成出版之日，在国际上喧嚣一时的所谓'道教研究不在中国'的论调将不攻自破。"

（二）研究人才的培养者

先生教导学生，提携后进，不遗余力，先后培养了几十名硕士生和博士生，其中不乏国家宗教学研究的领军人物、长江学者等。先生生前十分关心学生，为培养学生呕心沥血。在最近这几年，即使住院期间，他也时刻不忘指导学生。每次我到医院看望先生，他总会聊及学生论文之事，特别是在弥留之际，还念念不忘学生学业问题。先生不但关心、帮助和指导自己的学生，对同道和后辈的关心也无微不至。为了给青年学者和贫困学生创造专心治学的条件，他联合创办《儒道释博士论文丛书》、"985"丛书、"卿希泰学术基金会"等，先后帮助了一批批专业人才。

截至2015年，四川大学宗教学研究所共培养硕士生280多名，博士生300多名，他们当中绝大多数已成为各高校和科研机构的研究骨干，即使先生的"再传弟子"也不乏学术领军人物、学术带头人、教授、博士生导师等，这些都离不开先生的开创之功和带领之力。

（三）道教研究、中华优秀传统文化的卓越贡献者

先生一生秉持"有志穷真理，无心远咎尤"的态度，治学严谨、笔耕不辍，著作等身，为道教学、宗教学、哲学和中华优秀传统文化做出了巨大贡献。虽然其前期绝大多数成果在"文革"中丧失，但后期编著出版道教文化研究学术著作二十余部，发表学术论文百余篇，可见先生著述之丰赡。

《中国道教思想史纲》是先生研治道教文化的成名作，被公认为"中国第一部全面、科学地揭示中国道教思想发展规律的拓荒性专著"。任继愈先生在审查意见书中写道："它填补了我国道教研究领域的空白。"国内顶级刊物也高度评价先生成果，如《中国社会科学》认为："卿希泰先生的《中国道教思想史纲》的可贵之处在于它开创了新的研究领域。"① 此外还有《哲学研究》《光明日报》等报刊也有文章予以高度评价。《史纲》也同样获得国外同行学者的高度评价，日本东京大学蜂屋邦夫教授认为："道教史著作在国外已经有之，但是关于道教思想史的系统研究著作，这还是第一部。"② 日本著名学者中村璋八教授发文称："卿希泰教授的《中国道教思想史纲》等众多著作，也一样是中国道教研究的最高权威，就是在日本也享有崇高的威望。"③《中国道教史》被以任继愈先生为组长的结题鉴定小组认为"是一部划时代的传世之作"，"代表了改革开放时期中国道教学术研究的辉煌成果和最高学术水平"。萧萐父先生和唐明邦先生评价道："本书所建立的中国道教史体系，是一个创造。"《中国道教思想史》经专家鉴定认为"填补了道教思想通史研究的学术空白，是我国道教学术研究的又一个重要里程碑"。

日本中村璋八教授1997年在日本举行的"中国人与道教"的国际学术会议开幕式报告中也称："卿希泰教授是道教研究的世界权威学者。"法国著名学者施舟人教授也同时在会上指出：

---

① 史冲：《拓荒者的脚印》，《中国社会科学》1986年第5期。
② 牟钟鉴：《功德留人间　学统传后世》，《宗教学研究》2017年第1期。
③ 卿希泰：《刍荛集》，成都：巴蜀书社，1997年，第645页。

"如果没有卿希泰教授的贡献,中国的道教研究不会有今天这样的巨大成就。"先生德高望重,受聘四川大学文科杰出教授,1991年起享受国务院特殊津贴,担任国家哲学社会科学"六五"至"九五"宗教学学科规划小组副组长、国家教委首届全国高校哲学学科教学指导委员会委员、中国宗教学会副会长等职,被海内外学界尊为"道教学泰斗",享誉各界。

先生率先在我国高校创立宗教学研究所,建设学科与学位授权点,创办宗教学研究专门刊物《宗教学研究》,勇创"八个第一",为我国培养了大批道教学、宗教学、哲学专业人才;"创造性地建立了中国道教史的学科体系"(萧萐父和唐明邦语),是国际道教研究的权威学者,是中国当代杰出的教育家,是文章道德楷模,为道教学、宗教学、哲学和中华优秀传统文化做出了巨大贡献。如今先生虽已仙逝,但他的精神与事业是不朽的,"不仅立言有巨著传世,而且立功有团队继业,还立德有学统开来,古人云'三不朽',卿先生可以当之无愧"。①

---

① 牟钟鉴:《功德留人间 学统传后世》,《宗教学研究》2017年第1期。

卿希泰的宋元新道派说

郑志明*

摘　要：卿希泰在道教领域上的研究可以说是全面展开的，尤其对道教史有不少卓越的看法与论点，比如在道教史的分期上对日本学者常盘大定的五期说有所批判，另提出四期说。此分期说最大的创意，在于第三期的说法，标举各种符箓道派的分化以及金丹道派的崛起，还有符箓与丹道结合的新道派，在教义教制上都表现出崭新的面目，在一定意义上，可以称为道教的又一革新运动。卿先生对宋元新道派非常重视，主张学界应该积极展开道派史的研究。直到目前除了全真道外，学界对于新道派的关注仍相当有限，还处在草创阶段，更待有计划的系统性的研究。卿先生在新道派的研究上有不少观点与论题值得关注，有助于未来新道派研究的开展。

关键词：卿希泰　宋元道教　新道派　符箓　内丹　三教归一

一、前言

卿希泰教授是当代道教研究的先驱，在研究与教学上贡献良多，门生遍布各地，大多已成为当代著名的道教学者。卿先生在道教领域的研究可以说是全面展开的，尤其在道教史方面有不少卓越的看法与论点，比如在道教史的分期上对日本学者常盘大定的五期说有所批判，另提出四期说：第一期汉魏两晋南北朝为道教的创建和改造时期，第二期隋唐五代北宋为道教的兴盛与发展时期，第三期南宋金元至明代中叶为道教内部的宗派纷起和继续发展时期，第四期明代中叶至民国为道教的逐步衰落时期。[①] 其撰写的《中国道教思想史纲》第一卷为汉魏两晋南北朝时期，[②] 第

---

* 作者简介：郑志明，台湾辅仁大学宗教学系教授。
① 卿希泰：《卿希泰论道教》，上海：上海科学技术文献出版社，2008年，第218页。
② 卿希泰：《中国道教思想史纲》第一卷，成都：四川人民出版社，1980年。

二卷为隋唐五代北宋时期，[①]《续·中国道教思想史纲》即南宋金元至明代中叶时期。[②] 卿先生主编的《中国道教史》四卷本也依此种分期来撰写，[③] 后来撰写的《简明中国道教通史》即完全根据此种分期说。[④]

此分期说最大的创意，在于第三期的说法，标举各种符箓道派的分化以及金丹道派的崛起，还有符箓与丹道结合的新道派，在教义教制上都表现出崭新的面目，在一定意义上，可以称为道教的又一革新运动。[⑤] 陈垣认为南宋初在河北地区创立的全真教、大道教、太一教等，因不属于以前的道教，故名之为"新道教"。[⑥] 卿希泰不赞同此一说法，称这些团体为"新道教派别"，简称"新道派"。[⑦] 此新道派的崛起是全面的，包含了南宋各种新起或另立的宗派，如紫阳派、神霄派、天心正法派、清微派、东华派、净明道等，各新道派在民间的快速发展，在教义与教法上都表现出某种程度的革新色彩，尤其是内丹与符箓的结合，孕育出更多样的符箓新道派，不仅更新了道教原有的符箓道法理论，也促进道教有了更为蓬勃的发展趋势。

在卿先生的专著中收录了不少有关新道派的研究论文，如《道教文化新探》中有《关于净明道形成问题刍议》《关于紫阳道形成问题刍议》等；[⑧]《刍荛集》中有《太一道在金代的兴起及其特点》《太一道在元代的发展及其消失》《真大道在金代的兴起及其特点》《真大道在元代的发展及其消失》《全真道的产生及其特点》《全真道在金代的传播与发展》《全真道在元代的发展及其贵盛》《武当清微派与武当全真派的关系》《关于净明道形成问题刍议》《净明道在元代的传承与更新》等；[⑨]《道教文化与现代社会生活研究》中收录有《神霄派初探》《天心正法派初探》《全真道在金代的产生及其思想特点》《南宋时在南方兴起的一个金丹道派——紫阳派的形成及其传系和特点》等；[⑩] 在《卿希泰论道教》一书中也收录了全真道与紫阳派等论文，[⑪] 显示出卿先生对宋元新道派的重视，主张学界应该积极展开道派史的研究[⑫]。但是直到目前除了全真道外，学界对于新道派的关注仍相当有限，还处在草创阶段，更待有计划的系统性的研究。卿先生在新道派的研究上有不少观点与论题值得关注，有助于未来新道派研究的开展。

---

① 卿希泰：《中国道教思想史纲》第二卷，成都：四川人民出版社，1985年。
② 卿希泰：《续·中国道教思想史纲》，成都：四川人民出版社，1999年。
③ 卿希泰主编：《中国道教史》，成都：四川人民出版社，1996年。
④ 卿希泰：《简明中国道教通史》，成都：四川人民出版社，2001年。
⑤ 卿希泰主编：《中国道教史》第一卷，成都：四川人民出版社，1996年，第1页。
⑥ 陈垣：《南宋初河北新道教考》，北京：中华书局，1962年，第1页。
⑦ 卿希泰、唐大潮：《道教史》，北京：中国社会科学出版社，1994年，第199页。
⑧ 卿希泰：《道教文化新探》，成都：四川人民出版社，1988年，第184—211页。
⑨ 卿希泰：《刍荛集》，成都：巴蜀书社，1997年，第177—331页。
⑩ 卿希泰：《道教文化与现代社会生活》，成都：巴蜀书社，2007年，第377—442页。
⑪ 卿希泰：《卿希泰论道教》，上海：上海科学技术文献出版社，2008年，第107—150页。
⑫ 卿希泰：《道教文化与现代社会生活》，成都：巴蜀书社，2007年，第506页。

二、金丹南宗与北宗的商榷

将王重阳的全真道称为北宗、南宋的内丹道派称为南宗，这种南北宗之分，大约在元末明初之际，由宋濂、王袆等人发起。盖建民在《道教金丹派南宗考论》一书中详细地对南宗与北宗进行了考辨，发现明代以来对南宗与北宗的理解极为分歧，直到明代万历年间才有了较为明确的传承区分。[①] 这些都已加入后人增补内容的神话，可靠性很低。但是盖建民还是采用"金丹派南宗"之名，或者直接定名为"金丹派"，而非卿先生所定名的"紫阳派"。卿先生虽然也从俗使用"南宗"一词，但是在为盖建民的书作序时，即一再强调南宗虽然与全真道同主内丹，但是二者也有不少差异，比如南宗着重于修行，全真道着重于教理。南宗有自己独特的风格，成为道教发展史上的一个独立的宗派，较能呼应其本质的是"紫阳派"。[②] 卿先生在其所著《续·中国道教思想史纲》的第一章第四节与第五节即直接以"紫阳派"为名，分别为"紫阳派的形成及其传系和特点"与"紫阳派之分脉及其修行理论的丰富"。

所谓道派实际上是指较为松散的宗派概念，卿先生有时采用"宗派分衍"一词来形容各种自称独得异传而另立的道派。这一类宗派在组织与传承上极为松散，与北方全真道的教团形态差异甚大。之所以定名为"紫阳派"，是因为此派中人大多以北宋张伯端为祖师，大约到了白玉蟾才有类似教团的组织。不过白玉蟾似乎没有开宗立派的企图，未尝立名标宗，真正有道派主张已在白玉蟾之后。从张伯端到白玉蟾都特别推崇金丹，尤其此派中人有不少以"金丹"为名的著作，[③]可见其是以内丹修炼为核心的道派，或可直接称为"金丹派"或"金丹道"。全真道不自称金丹道，原本就无北宗之说，那么为何此道派就必须加上南宗之名呢？此南宗之名是后世形成的，学界为了区分内丹道派而沿用之，但是对当时的道派来说是不公允的。为了避免纠纷，卿先生的"紫阳派"，是较为中性的用法，也合乎当时道派的情境。

此道派的传承，从张伯端到白玉蟾之间的师承关系也是松散的，派中的传授系统为张伯端—石泰—薛式—陈楠—白玉蟾等，后代门人称他们为五祖。卿先生对此谱系有所质疑：第一，张伯端本人并未创立道派，其所直接传授的门徒无明确的记载，仅以其书授予马默，望其流布。第二，石泰和张伯端之间是否直接传授，不仅张伯端本人没有提及，在陆彦孚等人的有关记载中亦未述及。第三，在陈楠之前很难证明已形成一个独立的教派，一个教派的形成，要有自己的教主、教义与传承关系，以及由一定数量的教徒所组成的团体，有自己固定的活动场所与相应的教规与仪式等，这些条件在陈楠以前显然没有具备。第四，直到白玉蟾，门徒才逐渐增多，开始建立教区组织，有了固定的宗教活动场所，虽然已初具规模，但分布地区不广，仅限于福州一带，说明开始时力量并不大。卿先生根据以上四点，认为紫阳派的形成与发展，是始于白玉蟾，他是实际的创立者。由于白玉蟾留下的著作甚多，有助于该道派教理与教义的完善，加上其后弟子们

---

① 盖建民：《道教金丹派南宗考论——道派、历史、文献与思想综合研究》，北京：社会科学文献出版社，2013年，第13页。
② 盖建民：《道教金丹派南宗考论——道派、历史、文献与思想综合研究》，北京：社会科学文献出版社，2013年，卿希泰序，第4页。
③ 盖建民：《道教金丹派南宗考论——道派、历史、文献与思想综合研究》，北京：社会科学文献出版社，2013年，第6页。

的传承与发扬，使其道派更具规模。①

南宋的紫阳派与北方的全真道，在道派形式上差异甚大，陈兵曾比较此道派与全真道所不同的四个特色：第一，从张伯端到陈楠，还保持着隋唐以来内丹诀秘传的性质，创教范围很窄，徒众无几，未形成群众性的教团，无本派的本山、宫观、仪式、戒律、清规等，直到白玉蟾游方东南，兼传雷法，才有了教团与观庵。第二，虽然以追求成仙为宗旨，但不如全真道力倡出世、出家、苦行，此道派主张大隐世尘，和光混俗。第三，此道派祖师多居社会中下层，政治活动能力较差，未能引起统治者的重视，远不如全真道之势倾朝野，屡得皇帝征召赐封。第四，此道派虽然徒众不广，但留下的丹诀、诗词不少，其质量也较高，这与两宋社会经济文化发达有关。② 陈兵的论点与卿先生相当接近，紫阳派内丹的修炼理论自成系统，在教义与教理的发展上也与全真道差异甚大。

紫阳派与全真道各有其传承，彼此间并无直接关系，后人企图以钟吕丹法将二者关联在一起，实际上二者与钟吕丹法的传承也是后人增补的。卿先生认为王重阳与钟离权、吕洞宾、刘海蟾等并无传承的关系，将王玄甫、钟离权、吕洞宾、刘海蟾、王重阳等视为全真五祖，是较为晚出的神话，附会的色彩较浓。③ 白玉蟾的弟子陈守默、詹继瑞在《海琼传道集》序中根据一些传说提出一个传承系统，在张伯端之前，再加上刘海蟾、吕洞宾、钟离权。卿先生对此说法存疑，指出张伯端本人无明文记载，从石泰到陈楠也无这种说法，至白玉蟾及其门人始倡言之。宋元间有关钟、吕、刘的这类神话传说甚多，内丹道派多尊他们为祖师。这类神话传说，大多出于后人的附会，缺乏充分的史事根据，其可靠性如何，尚有待考证。④

卿先生认为全真道是在南宋与金朝南北对峙的形态下，民族矛盾与阶级矛盾互相交织下的产物，是将北宋以前丹鼎派道教改造而成，没有改变北宋以前道教的根本性质，但是在立教宗旨、修持目标和修持方法等方面都有其特色。根据《重阳立教十五论》，该道派的鲜明特色有五：第一，发展了关于精、气、神的修炼理论。第二，发展了关于长生成仙的思想。第三，突出了"三教归一"的思想。第四，在修炼方术上专主内丹，不尚符箓，也反对黄白之术。第五，强调道士必须出家住庵，不准有妻室。这些特色与过去主张符箓、烧炼、章醮等的旧道派有明显的不同，在当时确实吸引了不少道众，一定程度上反映了在政治上不得志的知识分子和苦难民众寻求精神解脱的社会心理，也同时获得了统治者的支持而快速地发展。⑤ 从王重阳起全真道就有了掌教的传承制度，此后王重阳的七大弟子各自开派，到了丘处机掌教时，其弟子大建宫庙，广收门徒，发展出前所未有的规模。丘处机逝世后，在其继任者尹志平、李志常等掌教的大力推动下，其教势依旧鼎盛。

紫阳派主要是以张伯端的《悟真篇》为核心开衍出丹法修炼的道派，大致上还是采用师徒相

---

① 卿希泰：《续·中国道教思想史纲》，成都：四川人民出版社，1999年，第91页。
② 陈兵：《金丹派南宗浅探》，《道教之道》，北京：今日中国出版社，1995年，第48—50页。
③ 卿希泰：《刍荛集》，成都：巴蜀书社，1997年，第260页。
④ 卿希泰：《道教文化与现代社会生活》，成都：巴蜀书社，2007年，第418页。
⑤ 卿希泰：《卿希泰论道教》，上海：上海科学技术文献出版社，2008年，第124页。

传的宗派方式，并无自立道派的企图。从陈楠到白玉蟾师徒二人才逐渐有道派的规模，问题是二人所传授的道法，并没有完全局限于内丹修炼，而是同时也发扬符箓道派的雷法。所谓雷法，是指修炼者自称出自天庭雷府的一种符箓禁咒，运用于为人驱邪治病、禳灾度厄、超度亡魂、祈晴祷雨等法术中。卿先生认为紫阳派处于符箓派占统治地位的南方，一个道派若没有符箓咒术就难以立足。从陈楠起即行雷法，白玉蟾则更重视丹道与法术的结合，进一步将内丹功夫运用于雷法之中，使内丹与雷法相融合。这种雷法，乃是行法者运用自身意念发放外气而作用于外部世界的一种现象，显示出紫阳派受到当时符箓新道派如神霄派、清微派等影响甚深。①

有关陈楠的记载不多，且大多与雷法有关，《历世真仙体道通鉴》卷四十九《陈楠传》谓陈楠得太乙刀圭金丹法诀于毗陵禅师，又得《景霄大雷琅书》于黎姥山神人，根据此传说，显示陈楠是丹诀与雷法并传。《景霄大雷琅书》可能是《道法会元》卷一○四至一○八所收的《高上景霄三五混合都天大雷琅书》五卷，是神霄派所传的雷书。此经卷首列有陈楠、白玉蟾等真人之名，卷尾载有白玉蟾的《翠虚真人得法记》，取的雷书，称"都天大雷法"。神霄派亦奉陈楠为本宗祖师。②

白玉蟾与雷法的关系更为密切，不仅继承了陈楠在丹诀上的特殊体验，对张伯端一系的内丹学做了进一步的发展，形成了其独特的内丹理论与方法，同时也对陈楠的雷法加以发扬，下传彭耜一系，形成有自己的组织与宫庙的教团，可以视为传行神霄系雷法的符箓道派。白玉蟾常自称是雷部神人谪降，如自号"神霄散吏"，与其传承雷法的弟子，皆有神霄府官吏的头衔。根据《海琼白真人语录》卷一《传度表文》，白玉蟾自称"高上神霄玉清府雷霆令统五雷将兵提领雷霆都司鬼神公事"，彭耜的头衔是"风雷判官"，留元长、林伯谦、潘常吉为"右侍经"，这说明他们有宗教的神职制度。白玉蟾也有不少符箓道法方面的著述，最重要的是《九天应元雷声普化天尊玉枢宝经注》二卷。根据《先天雷晶隐书》的记载，明确指出白玉蟾出于王文卿一系。③

由前面的论述，可知"金丹派南宗"一词相当不准确，以白玉蟾为此道派的开创者，更有问题，不如称为"紫阳派"，回归张伯端的《悟真篇》。后世传扬《悟真篇》的内丹道派，不仅白玉蟾一系，还有其他的分支。如刘永年、翁葆光一系，在《悟真篇》的弘扬上也颇为重视。因修行上须取法于彼体，要有修丹的助伴，故而他们主张双修丹法。龙眉子是翁葆光的再传弟子，著有《金液还丹印证图》一卷，根据《周易》的卦序来安排修行的层次，发挥刚柔相摩与八卦相荡的思想，但是反对采阴补阳的房中术，提倡的仍是内丹大法。另有张天罡—彭梦遽—萧应叟—许明道—林元鼎一系，此道派的丹法强调从修命入手。宋元之间自称祖述《悟真篇》者大有人在，只是传承不是很明确，如南宋末年的李简易，著有《玉溪子丹经指要》，学术渊源较为驳杂，但其主要思想立场仍是紫阳派。④

宋金时期南北新道派的性质差异甚大，北方的道派在形成时就具备着宗教团体的组织形态，

---

① 卿希泰：《续·中国道教思想史纲》，成都：四川人民出版社，1999年，第107页。
② 李远国：《神霄雷法——道教神霄派沿革与思想》，成都：四川人民出版社，2003年，第74页。
③ 卿希泰主编：《中国道教史》第三卷，成都：四川人民出版社，1996年，第123页。
④ 卿希泰：《续·中国道教思想史纲》，成都：四川人民出版社，1999年，第134页。

又是一种在野的汉族士人互相联络的组织，曲折地反映了知识分子以及被压迫民众的变态心理。①太一道由萧抱珍所创，传授太一三元法箓之术，教团势力快速发展，在各地广设规模宏大的宫观。萧抱珍模仿天师道的秘传之法，规定凡法嗣均须从萧氏，嗣其教者二祖韩道熙、三祖王志冲，均改姓为萧。真大道初名大道，创教人刘德仁，以《道德经》的清静无为思想为中心，能默祷于虚空，为民众驱邪治病，因能满足民众的需求而快速发展。真大道的宫观数目虽比全真道少些，但比太一道多。二祖陈师正、三祖张信真、四祖毛希琮，其教分为燕京天宝宫与玉虚观两派，分别以郦希诚、李希安为五祖。太一道、真大道与全真道等，有完整的祖师或掌教的传承系统。南宋的新道派大多从传统宗派衍化而出，重道法的传承，教团的组织较为松散。

以神霄派为例，此派以传神霄雷法而得名，是从天师道演化而成的，与上清派的关系也很深。②兴起于北宋末年的林灵素与王文卿，林灵素运用官方的势力，在全国广设宫观，广召弟子，推广其编著的神霄道经。其传承大致如下：林灵素—张如晦—陈道—薛洞真、卢埜、徐必大—徐洪季—刘玉。刘玉以后传授不明。王文卿是神霄派的核心人物，其弟子广布于大江南北，从宋元到明清，道脉犹存。南宋神霄派的重要人物首推萨守坚，他得王文卿一系所传雷法，有收服王灵官的神话，道法大显。他主张诚心正意，以神合神，后来有些道法奉萨守坚为主法祖师，以王灵官为护法神镇守宫观，此神霄派又称萨祖派，尊萨守坚为祖师。神霄派的分支不少，如以李清叔为祖师的神霄派忠孝门，以邹铁壁为祖师的分支，主传《先天雷晶隐书》，道脉延续到元代。以张元真为宗师的一系，主传《混元一炁八卦洞神天医五雷大法》。以刘浩然、许志高等为宗师的一系，主传《太乙火府五雷大法》。以万鼎新为祖师的一系，主传《九州岛社令蛮雷大法》《九州岛社令阳雷大法》。南宋时神霄支派众多，除了各个大师竭力弘道外，加上当时国势不振、战争不断，各种天灾人祸随之而来，人们寄望于雷法通神，显灵济世，因而各种雷法应运而生。③

三、符箓新道派与内丹

到了南宋，除了原有龙虎天师、茅山上清、阁皂灵宝等三山符箓派外，各种符箓新道派的崛起，实际上都与内丹修炼有着密切的关系。不是只有紫阳派重视内丹的传承，其他新道派也力主内丹与雷法的结合，强调精气神的修炼。以南宗来专称紫阳派是不恰当的，卿先生早就意识到这一问题，指出南宋时期内丹修炼普遍盛行于道教界，不仅新道派有修行的各种丹法，正一、上清、灵宝等传统符箓道派亦皆吸收内丹修炼，这些道派的道士颇有习炼内丹者，且多以张伯端一系为主流。内丹学发展到一个新的阶段，理论与方法趋于成熟，普遍强调性命双修，诸家丹法，

---

① 卿希泰：《刍荛集》，成都：巴蜀书社，1997年，第177页。
② 卿希泰、唐大潮：《道教史》，北京：中国社会科学出版社，1994年，第186页。
③ 李远国：《神霄雷法——道教神霄派沿革与思想》，成都：四川人民出版社，2003年，第105页。

各具特色。内丹虽为一种宗教性的修炼方式，但其学说中的理论也与当时的社会文化思潮相一致，以性命、心性为中心理论课题，以人人可成仙为基本立场，并且打破了宗教圈子，作为一种气功养生术而影响世俗社会，不少名人文士颇有喜好内丹者。①

神霄派最大的特色，就是以内丹来丰富雷法的修炼内容，主张以内丹修炼为体，以符箓道法为用，是一种融合传统符箓的咒术、指诀、禹步、存思等法，加入内丹的修持之理形成的一种新型道法。王文卿勤于著述，所撰雷书多达数十种，大多仍流传于世，有系统地论述雷法的各种修行理论，在天人一体学说的基础上，强调人身内炼的重要性，主张以自己的内炼工夫为本，使精气神返归先天，惟元神为用，始可通神，实现人力所不能达到的目标。他的理论肯定雷法与丹道本为一源，于己内养则成金丹，于物外用则为雷霆，两者互为体用，融洽无间。白玉蟾进一步将丹道精气神的内炼方法普遍地运用在雷法上，认为雷法与符咒的灵验与否，主要在于行法者的内炼功夫，此内炼功夫则全赖一心而起作用。白玉蟾以丹道的理论体系重新阐释古老的符咒之术，引入各种形而上学理论来扩大雷法的文化内涵，导致雷法修持也必须性命双修。可见，雷法在形成的过程中，大量地吸收了内丹学的精粹，内丹的理论及功诀早已融入雷法之中，成为雷法的有机组成部分。②

南宋另一个主张内炼为本、雷法为用的新道派是清微派，或称清微雷法，主要由上清派衍化而来，谓其符箓道法出自清微天元始天尊，故以清微为名。传说该派创始于唐末广西人祖舒，十传至南宋的黄舜申，始将清微法编辑成书，传之于世。黄舜申后，清微派分南北二支，南支的传法为熊道辉—彭汝励—曾尘外—赵元阳，如上授受者，皆为一代宗匠，为清微嫡派。北支以湖北武当山为中心，以张道贵为首，张道贵原为全真道士，又得清微道法之传。张道贵传于张守清，张守清亦为全真道士，张守清门下有黄明佑、彭通辉、单道安、唐中一、刘中和、高中常等，皆嗣清微法。张道贵、张守清一系，将清微与全真融合，创立了武当清微派，将全真的修炼方法注入清微道法之中。③清微派与神霄派相类似，重视内丹的修炼，强调保养身心，不怠不劳，无思无虑，不为喜怒哀乐所动，心与道合是作法的根本。其理论、宗旨、符箓、仪轨等，都与神霄雷法十分相近，甚至有些法本指出清微法是神霄之异名。④《清微丹法》一书即清微派修炼的内丹法门。

净明道脱胎于灵宝派，又吸收了上清、正一之学加以改造，成为新符箓道派，奉西晋许逊为祖师，以江西南昌西山为活动中心，南宋何真人等在南昌玉隆万寿宫祈祷许逊降神，建立"翼真坛"，造作经典，传度弟子五百余人。何真人的净明道与其他符箓道派相比有显著的特点，主要表现在以封建伦理孝悌之实践与内丹修炼为施行道法的基础，以心性即所谓净明为全部教义的枢要，有着儒道合流的趋势，强调忠孝等伦理的实践，以积极进行伦理教化为明显特征。在道法的

---

① 卿希泰主编：《中国道教史》第三卷，成都：四川人民出版社，1996年，第174页。
② 李远国：《神霄雷法——道教神霄派沿革与思想》，成都：四川人民出版社，2003年，第263页。
③ 卿希泰：《乌蒙集》，成都：巴蜀书社，1997年，第288页。
④ 卿希泰、唐大潮：《道教史》，北京：中国社会科学出版社，1994年，第189页。

实践上，该派则强调以内丹修炼为行法之本，其内丹说首重"调心性"，类似全真道先性后命的路数。① 此一道派主要在民间流传，著名的道士少，其传承的关系因缺乏文献的记载而无从考查。元初刘玉大兴净明之教，对何真人的教法做了许多改革，运用儒家的实理正学来更新净明教法，强调净明之道就是正心修身之道，在于复其本净元明之性。此时期也造了一些经书，大多以"太上灵宝净明"冠首，讲述净明道的方术，主要有存神、符咒、步罡与内丹等。南宋净明道，将黄素法与内丹法结合，重视吐纳食气法，类似陈楠、白玉蟾总结的中品丹法，即水仙之道。②

天心正法派由天师道衍化而出，以传天心正法而得名。北宋饶洞天号称掘地得《天心秘式》，为天心初祖。南宋行此法者众，以路时中为著，以符箓治鬼有名，士大夫称其为"路真官"。南宋时天心正法传播已广，在官僚士庶中均已盛行，但这些人的师承关系与传授系统，均缺乏明确的记载，众说纷纭难以考查。南宋末蜀人廖守真亦传天心正法，此系传承较为明确，即廖守真—萧安国—彭元泰—史白云、张湖山—费文亨、竹窗—陈一中、曾思江，传到了元代。③ 此派的法术以三光即日月星为根本，认为三光之妙，天得之而长久，人得之而登仙，号称内修三光以成道，外运三光以成符。其修炼的方法，以修自身三光为基础，以己身三光来合天之三光，达到天人合一的境界。此种内外相合的修炼，仰赖内丹的修为，使内气以合外气，外神以符内神，即能一瞬间报应灵验。宋元间雷时中也以行天心正法著名，于武昌金牛镇设坛，广收徒众，要求弟子平日修炼自己，以究返还之妙。其弟子数千人，分成东南与西蜀两系传承，④ 使天心正法大行于世。

东华派从灵宝派衍化而出，两宋之间宁全真盛传于东南，以元始天尊、灵宝天尊为最高神，以《度人经》为主要经典。宁真人弟子众多，但多为在家之人。后经王娭—赵德真—宋存真—张洞真—孔敬真—卢谌真—薛颐真等传承，传于宋元间的林灵真大弘其教。林灵真任温州路玄学讲师，继任本路道录，后又任灵宝通玄弘教法师、教门高士，住持温州路天清观事。林灵真将宁全真一系所传科仪编辑为《灵宝领教济度金书》，后人增补为321卷，为《道藏》中卷帙最大的一部书，从学者百余人，为一时授受之盛。⑤ 宁全真一系的东华斋法，受当时内丹说的影响，重行法者个人的内炼功夫，规定行持斋法者须于每日清晨静坐寂定，称为"大定之法"，以端静澄心，达到无内外想的境界；然后行周天搬运，守而行之，得大定神光之道，为斋醮炼度之本。此种内炼入定之法，是在上清、灵宝派传统的存思神真法的基础上，吸收融会了内丹丹法。⑥

不仅新道派普遍重视内丹修炼，以内丹修炼作为修持的主要功法，传统的龙虎天师、茅山上清、阁皂灵宝等三山符箓派，也顺应时代的潮流，吸收内丹学理论进行自我的教义革新。如龙虎山正一派自北宋末第三十代天师张继先，吸收内丹术，改进传统符箓道法，发展出"正一法雷"，展现出新的活力，到了南宋依旧鼎盛，成为官方指定的道教诸派统领。历代天师都得到统治者的

---

① 卿希泰主编：《中国道教史》第三卷，成都：四川人民出版社，1996年，第131页。
② 黄小石：《净明道研究》，成都：巴蜀书社，1999年，第131页。
③ 卿希泰：《道教文化与现代社会生活》，成都：巴蜀书社，2007年，第396页。
④ 卿希泰、唐大潮：《道教史》，北京：中国社会科学出版社，1994年，第190页。
⑤ 卿希泰：《续·中国道教思想史纲》，成都：四川人民出版社，1999年，第65页。
⑥ 卿希泰主编：《中国道教史》第三卷，成都：四川人民出版社，1996年，第114页。

重视，如元初第三十六代天师张宗演以道术名世，得到元代朝廷的支持，继续鼎盛发展。除了天师外，还有一些以道术名世的道士，南宋时以留用光为著，元代则为张留孙与吴全节师徒二人，发展出龙虎宗的支派玄教。玄教产生的过程，不同于新道派产生的特点，不是先在群众中宣扬教义，吸收教徒，建立组织，再争取求得王朝的承认；相反地，是在先取得王朝信任后，再往下派骨干发展徒众，建立组织。另外，玄教也不像新道派，从无到有吸收道徒，重新建立组织；而是以龙虎宗为基地，从中选择骨干派往各地去发展组织。① 自张继先后，正一道士也有传行雷法者，如南宋以留用光为著，留用光以行五雷法出名。这些以道法名世的道士，大多没有留下阐发本派教义的著述，仅留用光弟子蒋叔舆编订的《无上黄箓大斋立成仪》五十七卷，是一部重要的斋醮仪范。

为何宋元时期道教的宗派与道派纷起呢？卿先生认为这种状况，从内容到结构都体现了道教本身发生、发展与演变的客观规律性。② 一般学者大多从政治、社会、经济等外在的变动状况来讨论此一现象，但是卿先生更关注的是道教内部教义与教理发展的必然性。从唐末到北宋内丹术逐渐地开展起来，到了张伯端在理论与丹法上逐渐成熟与完备。此时期新道派的纷起，表面上看似乎是道教的分裂，实际上是道教教义与教理另一次的大统合，将原本各自发展的符箓与丹道进行有机的整合。初期兴起的全真道派，有意与符箓道派做明显的区隔，专主内丹，不重符箓，但是在马钰之后也逐渐有了斋醮的风气。南宋更无纯粹修炼内丹的道派，各道派多将内丹修炼融入符箓道法之中，扩大了旧有符箓道派的宗教内涵。新起的内丹学与丹法，丰富了道教原有的义理系统与操作系统，促进了各种道法的相互渗透与沟通，使道教的内容更加具有严密的系统性，不仅总结了前一个道教高峰时期的成果，又开启了下一个道教高峰时期的来临。③

四、新道派的分化与融合

宋金时期因南北对峙与分治的局面，道教各自发展，新道派纷立，蔚成多元并举的盛况。到了元代结束了分裂的政局，再度恢复了统一，天师道在北方得到了迅速的传播，全真道则在江南有较大的发展。其他力量较为薄弱的道派则逐渐分别与天师道和全真教相融合（其中符箓各派融入天师道成为正一派），从而形成两大派别，在明代以后继续流传。④ 道派从分化到融合，有着各种主客观条件的促成，当然道教内部教义与教法的发展是主要因素。由思想的交融走向组织的回归，各道派间互相参学，逐渐将小宗派融入大宗之中，卿先生非常重视此一回归合流的现象。

北方太一道掌教第四祖萧辅道，受到元世祖忽必烈的器重，在两京建立了太一万寿宫，使教

---

① 卿希泰主编：《中国道教史》第三卷，成都：四川人民出版社，1996年，第289页。
② 卿希泰：《卿希泰论道教》，上海：上海科学技术文献出版社，2008年，第219页。
③ 孔令宏：《宋明道教思想研究》，北京：宗教文化出版社，2002年，第146页。
④ 卿希泰：《简明中国道教通史》，成都：四川人民出版社，2001年，第129页。

派获得了比金代更大的发展，其宫观与教徒分布在河南、河北与山东等地。到了第七祖萧天佑，其与玄教大宗师吴全节过从甚深，因太一教主修符箓斋醮，传"太一三元法箓之术"，与天师道颇为接近，太一教可能于此时逐渐融入正一派，第七祖以后就不见再有嗣教者，也不见有活动的记载。① 真大道的情况与之相类似。金元之交，真大道分成天宝宫与玉虚宫两派，都得到元朝的支持，取得了较大的发展。玉虚宫一派始于五祖李希安，到了第七祖逐渐衰败，并入天宝宫。天宝宫始于五祖郦希诚，从六祖孙德福、七祖李德和到八祖岳德文教势逐渐兴盛，甚至从北方传到南方。九祖张清志两度出任掌教，教势仍盛，但张清志逝世后，其教寂然无闻，可能逐渐与全真道合流，被归入全真派。②

全真道在元世教势鼎盛，积极地向南传播，吸收了不少以内丹修炼的道士，引进了紫阳派的丹法，扩大了全真丹诀的内容。一般学者大多采南宗并入北宗的说法，但是卿先生另提"全真道南宗"之说，③ 即不是南宗并入北宗，而是全真道发展出自己的南宗丹法体系。此一论点的提出很重要，全真道与紫阳派原本是各自发展的，彼此并无直接的关系，但是全真道南进后，双方的接触、交通与合流是必然的趋势。南宋在丹道的弘扬上本来就较为丰富与多元，对南进的全真道有着相当大的吸引力，有助于全真道在丹法上的成熟化与系统化。促使全真道南进之后，在丹道理论上更加圆融的有两个代表性的人物，即李道纯与陈致虚。李道纯是元代著名的道教理论家，师事全真道士李志常，对紫阳丹道有相当程度的理解与继承，在内丹理论的建构与发扬上，对全真道来说贡献良多。陈致虚是元代后期有名的内丹家，师事全真道士赵友钦，号称该派源自于丘处机的弟子宋德方，为全真道的嫡传。他将张伯端的内丹学运用在全真的丹法上，促使全真丹法更加程序化与精致化。④

元代中后期，在全真道在南方发展的同时，南方的天师道也往北方发展，新旧符箓道派几乎汇归于正一道。其最主要的原因在于新旧符箓道派之间的界限不严格，法术大同小异，教义与方术都很接近，各派之间的交融是早已有之的现象，为各派融合归一奠定了思想上的基础。元室统治者命天师掌管江南道教，促使各道派间有了更广泛的接触，天师一系成为最具凝聚力的道派。元成宗大德八年（1304）封三十八代天师张与材为正一教主，主领三山符箓。在正一教主的管理下，有些道派因无人继承而彻底融入大宗，有的则以天师道为大宗主，继续其原有的宗派传承。可见，正一道的组织结构是比较松散的，具有联盟性质。⑤ 此时道教正式形成全真与正一两大宗派，入明之后继续流传与发展。卿先生注意到这两大宗派也有相互融合的趋势，比如元代武当山清微派与全真派的融合，元末明初的赵宜真同时传承全真、净明与清微三派，从他身上体现了道教各派走向合流的大趋势。⑥

卿先生不只关注宋元新道派间的相互融合，也强调这些新道派都有浓厚的三教归一的思想与

---

① 卿希泰、唐大潮：《道教史》，北京：中国社会科学出版社，1994年，第242页。
② 卿希泰：《刍荛集》，成都：巴蜀书社，1997年，第224页。
③ 卿希泰：《简明中国道教通史》，成都：四川人民出版社，2001年，第130页。
④ 卿希泰：《续·中国道教思想史纲》，成都：四川人民出版社，1999年，第292页。
⑤ 卿希泰、唐大潮：《道教史》，北京：中国社会科学出版社，1994年，第272页。
⑥ 卿希泰：《简明中国道教通史》，成都：四川人民出版社，2001年，第146页。

主张，最具代表性的是紫阳派与全真道。张伯端的《悟真篇》宣扬三教归一的理论，力图以道教修炼性命之说来撮合三教。[1] 白玉蟾的内丹理论受到佛学与理学的影响甚深，以内丹为中心，倡导三教合一，既融儒释而又贬斥儒释的某些说法，标举内丹性命双修的独特性，是白玉蟾的一贯思想。[2] 全真教王重阳与其弟子也多主张三教归一，强调三教平等与三教和同，在教义上全真道主要受佛教禅宗的影响，道禅交融的成分较大，道儒融合的成分较小。[3] 太一道、真大道与净明道等也都有融合三教的主张，特别重视儒家伦理，儒道融合的成分较大，但是不可避免地会受到佛教的影响，在其思想中流露出禅宗影响的痕迹。[4] 卿先生认为宋元新道派强调三教归一，是将大量的儒释思想融入道教之中，不仅充实了道教的内丹理论，更能强化道教与儒释之间的竞争态势。[5]

卿先生意识到不仅道教内部各宗派要积极地整合与扩充，也要吸收儒释来扩大自身的理论与操作体系，方能创造出更有利的发展环境。从元代到明代，道教阐发三教同源一致的思想从未间断，全真道与正一派间的交流与融合更为频繁，提升了道教本身的文化素质，更能与儒释三足鼎立。正一派有四十三代天师张宇初承续了宋元道教传统，将内丹与符箓统一，深化符箓道术，主张内丹外法同出一源，维护符箓道法乃至整个道教学说的地位，同时将道教之学外参儒释之说，将三教之学融通一贯。全真道有张三丰扩大丹诀丹论的内涵，主张三教同源一道，抬高道教仙学的领导地位。由于内丹学的流行提升了道士的知识水平，连符箓道士都能借用儒家的性命之学以讲性命双修，采用禅宗参究法门以讲道法内炼功夫，大量的儒释思想融入道教的著作之中，儒释二家也吸收了更多道教思想。卿先生以明代三一教为例，说明儒家出身的林兆恩，如何吸收道教内丹学，发展出九序的修行功法。[6] 三教融合更有助于道教世俗化的发展，如清初黄德辉的先天道，以白玉蟾为八代祖，自命为九代祖，以丹法及出家修行的方式，在民间更为广泛地流传与开展起来。

五、结论

卿先生对宋元新道派的重视，在于肯定内丹修炼与符箓道法整合为一的必然性。新道派的崛起，不仅未造成道教的分裂与衰弱，反而有助于道教内部的整合与更新。此股创新力量源自于内丹修炼理论与技法的逐渐完备，广泛地被各个道派吸收，改造了原有的符箓道法，形成了新的道法与道派。但是新旧道派不是对立的关系，它们都重视以内炼的功法来强化符箓的外用。丹道对

---

[1] 卿希泰：《中国道教思想史纲》第二卷，成都：四川人民出版社，1985年，第722页。
[2] 卿希泰：《卿希泰论道教》，上海：上海科学技术文献出版社，2008年，第140页。
[3] 卿希泰主编：《中国道教史》第三卷，成都：四川人民出版社，1996年，第57页。
[4] 杨军：《宋元三教融合与道教发展研究》，成都：巴蜀书社，2009年，第229页。
[5] 卿希泰：《续·中国道教思想史纲》，成都：四川人民出版社，1999年，第538页。
[6] 同上，第555页。

道教的影响是全面的，将金丹派分成北宗与南宗并不恰当，白玉蟾是紫阳派同时也是神霄派，当时南方的内丹修炼早已与符箓紧密结合，哪来纯粹的内丹道派？紫阳派仅是一种方便的称呼，实际上内丹修炼已逐渐普及于各道派之中。

"南宗"一词大约起于元末明初，此时"全真道南宗"已经成型，北方的全真教已融合了南宋的内丹之学。南宗指的是全真道南宗，非指金丹道南宗，虽然有不少紫阳派道士改宗全真道，但是并不意味着紫阳派等于金丹道南宗。卿先生虽然从俗采用"南宗"一词，但在语意之中，又用南宗泛指南宋时期的道教，意指南方的道教。南方内丹学的发展原本就盛于北方，使得全真道南进之后，必然大量引进南方的紫阳学，从而扩大了内丹修炼的文化内涵。无所谓南宗并入北宗，而是全真道在南方内丹学的滋润下更加壮大与成熟，在内部有着不同于北宗的南方丹道系统，因而称为"全真道南宗"，也许是符合史实的。

北宋内丹学的建构与发展，与儒家理学的兴起有着密切的关系，扩大了心神性命形气等理论与实践的范畴，三教之间的互动关系更为密切。卿先生认为张伯端的三教归一说是个重要指针，显示道教在理论上已能与儒释并立，南宋符箓道派的内丹修炼更加强化了其宗教的竞争力。尤其是到了元代，各个符箓道派的统合，将内丹与符箓更紧密地结合，缩小了与全真派之间的差异性，两大道派之间也有着各种融合的趋势。宋元道教经由内丹修炼的理论化与系统化，提升了道教的文化素质，深化了道教的义理与实践系统。借助三教合一的风潮，不仅有助于道教内部道派的统合，更能促进道教在社会上的普传与流行。

卿希泰先生道教思想史研究的卓越贡献

刘固盛　田小玲[*]

摘　要：作为道教思想史领域的奠基之作，卿希泰先生的《中国道教思想史纲》及《续·中国道教思想史纲》确定了道教思想史的研究对象，构建了基本框架，对推动该领域研究的发展做出了卓越的贡献。卿先生的道教思想史研究在内容与方法上也都极具特色，对于道教史与中国思想史研究领域的扩展与深入都有着重要意义。

关键词：卿希泰　道教　思想史

道教思想自古以来就被学者所忽视，儒家认为道教以求仙为目的，重炼养、服食之术，又有符箓、斋醮等掺杂其间，与老、庄清静无为之旨相悖，故对道教颇多诟病，不愿深谈，清代王夫之在《读通鉴论》中甚至直接斥责其为"巫"。加之道门中人对于道派传承的叙述多托神仙以自贵，道书又按照三洞四辅十二类这一道教自身叙事话语体系来分类，于是出现了道书虽多，可信程度却不够的现象。晚清以降，道教思想才逐渐进入国内学者的研究视野。许地山、姚从吾、闻一多等学者开始了对此领域的研究，但诸家著作多注重于对道家思想或某一教派教义及思想的考察，关于道教思想史的通史类著作几乎没有，对于此领域研究的对象及方法，也多语焉不详。卿希泰先生的道教思想史研究不仅解决了这类基本问题，而且第一次以通史的形式对道教思想的发展进行了全面研究，既深化了学术界对道教本身的认识，又丰富了宗教思想史以及中国思想史的研究内容。卿先生的道教思想史研究，充分显示出他作为道学一代宗师前瞻的学术视野和宏大的学术境界。

---

[*] 作者简介：刘固盛，华中师范大学道家道教研究中心教授；田小玲，华中师范大学道家道教研究中心2016级博士研究生。

一、研究缘起及路径

道教作为我国的本土宗教，与中国传统社会的政治、科技、经济、文化等有着千丝万缕的联系。从黄巾起义搅乱汉家天下，到唐高祖李渊先道而后儒、佛的诏书颁定，道士盛享恩宠，风光无二，这些无不说明道教在我国古代社会曾有的重要地位。但是，历代学者对于道教的评价大都不高，且多将道家与道教分开，认为道家为本，道教为末。如梁朝刘勰曾有"三品道"的提法，所谓"上标老子，次述神仙，下袭张陵"，这种观点影响深远，造成了历代奢谈老庄，注老庄者不计其数，却罕言道教的局面出现。我国本土学者对于道教研究热情不够，道教却成为国外汉学研究的重点。国外学者早已认识到道教的重要性，正如日本学者酒井忠夫所说的："道教内容随着时代的发展而变化，作为中国人或中国民众的一般文化，道教却比儒家更具有代表性。因此，道教是理解中国人以及中国文化，特别是中国民众文化的关键。"① 有了这样的认识，道教研究得到了海外学者的重视，在 20 世纪 80 年代以前，海外出现了丰硕的研究成果，而作为道教产生的本土中国，其相关研究则显得逊色许多。

面对这种情况，卿希泰先生直言："最近若干年来，关于道教思想的研究，在国外甚为重视，成果累累，在国内则反而很少有人问津，这不能不说是一种不正常的现象。对于我国固有的宗教思想的研究，应当是我们责无旁贷的义务。"② 带着这种使命感，卿先生开始了道教思想史的研究工作，并于1980、1985、1999 年先后出版了《中国道教思想史纲》（第一卷、第二卷）和《续·中国道教思想史纲》。作为道教思想史的奠基之作，两书结合道派自身发展特征，以朝代为断限，从道教产生的源流，论及汉至明各朝代道派思想的流衍与融合情况，将道教思想置于各朝统治者的崇道活动、政治斗争、民族矛盾以及三教关系演变等多方位背景下进行考察，总结了葛洪、寇谦之、陆修静、陶弘景、顾欢、孙思邈、成玄英、王玄览、司马承祯、吴筠、杜光庭、陈抟、陈景元、张伯端、李道纯、张三丰、张宇初等道门代表人物的思想成就，构建了道教思想史研究的整体框架，提出了此研究领域的基本问题。随后，卿先生主编的四卷本《中国道教思想史》于2009 年出版，此书在继承前书基本框架的基础上，扩展了研究领域，规模宏大，是道教思想史的集大成之作。卿先生以及他指导的研究团队经过 30 年的努力，推动道教思想史的研究不断走向深入，以下两点尤其值得注意。

首先，道教思想史研究的问题不断明晰化。

道教思想史应该研究哪些方面的问题？卿希泰先生在 1980 年出版的《中国道教思想史纲》一书中并没有直接回答，而是在引论一章列举了大致选项。他认为道教思想与农民战争问题，儒、释、道三教关系问题，以及道教对于我国古代化学、医学、药物学等自然科学的发展的影响问题都是道教思想研究中应注意的问题。除此之外，通过对此书的考察，我们大概可以对卿先生关注

---

① ［日］福井康顺、山崎宏、木村英一、酒井忠夫监修，朱越利译：《道教》，上海：上海古籍出版社，1990 年，第 1 页。
② 卿希泰：《中国道教思想史纲》第一卷，成都：四川人民出版社，1980 年，第 30 页。

的重点了解一二。如强调以马克思主义唯物史观为指导,卿先生认为宗教作为一种社会意识,是社会存在的反映,宗教不是凭空出现的,而是基于一定的历史条件出现,是一种历史的范畴。受此影响,他在著《中国道教思想史纲》时,特别注重对道教思想产生的历史背景的叙述。这种侧重背景分析的方式在《续·中国道教思想史纲》中也得到延续与进一步补充,对于道教思想与政治环境的诸多关联分析得更为细致。如果说上述两书对于道教思想史的研究问题还处于探索阶段的话,2009年由人民出版社出版的《中国道教思想史》一书对于道教思想史研究的问题的论述就逐渐明晰化了。书中提到道教思想的核心在于"以'道'作为最高信仰,以长生成仙作为它追求的最终目标",在此核心基础上建立起来的修道思想体系涵盖的内容广泛,包括了"哲学思想、政治思想、社会伦理思想、养生思想、文学艺术思想、生态环境思想、科学技术思想,以及各种方术思想、斋醮科仪思想等",① 除此之外还有三教思想关系问题,这些都是道教思想研究的重点。从以上的梳理中,可以看到道教思想研究的问题不断变得清晰和具体。

其次,研究领域的不断拓展。

对比卿先生在不同时期的著作,可以发现他的研究领域时段不断延长,视角也有所转换。卿先生在20世纪80年代出版的《中国道教思想史纲》分为两卷,将汉到北宋的道教发展分为两个阶段,在他看来,汉魏晋南北朝时期为道教的开创时期,隋唐五代北宋时期为道教的发展时期。书中引论部分叙述了他从事道教思想研究的缘起,正文部分侧重对道教在不同时期的传播,以及其与封建政治的关系的考察,并且以道派代表的思想作为研究重点,分阶段叙述了不同时期三教关系的发展情况。在《续·中国道教思想史纲》中,卿先生虽然以续为名,论述了前书所未及的南宋、金、元、明时期的道教思想发展情况,但通过此书可以看出其研究视角的转化,书中注意到了民族矛盾、南北地域差异背景之下不同道派的融合情况,以及道教思想自身发展的特殊性,该书对于此一时期道教思想发展的论述显得更加全面而细致。2009年版的《中国道教思想史》(四卷本),其研究领域不断扩展,不仅补充了明以后道教思想发展的丰富内容,而且研究重点不再仅仅局限于精英阶层的道教思想,还将目光投放到了地方道教研究、民间道教信仰等方面,同时也增补了关于历代斋醮科仪的思想。在研究材料的使用上,除了用正史中的《传》《记》等资料外,还加大了如地方志、劝善书、碑刻等材料的运用。

二、研究内容与方法特色

通过以上介绍,我们可以看出卿希泰先生对道教思想史的研究是由提纲挈领的宏观把握入手,到不断全面深化、细化,既体现了宏大的历史视野,又具有细致入微的深刻观察。具体而言,卿先生的道教思想史研究在内容上有如下特征:

---

① 卿希泰主编:《中国道教思想史》第一卷,北京:人民出版社,2009年,第8页。

其一，对于道教思想史的研究，不是停留在简单地叙述人物生平，大纲式地罗列教门中人的思想方面，而是"究其更始，叙其流变"，做到对各时期各道派思想的发展情况，分门别类，论诸派之特色而条贯之。卿先生在他的著作中叙述了道教的由来，符箓派、丹鼎派的衍变，两汉、魏晋南北朝、隋、唐、宋、元、明的道派的传播与发展情况，不仅观其变而且能知其通。既有同一时代背景下不同地域的道派的对比，如在南宋和金元南北对峙的背景下，分述了南方神霄派、天心正法派、清微派、东华派等教派的传播情况，北方地区太一、全真、大道等教派的传承及修持情况；又从教门立教主旨、修持方法以及修持目标上分析了各朝教派之间的继承与发展，如神霄派、天心派重符箓，是前代符箓派道教的衍生，如全真派重"精、气、神"的特质与唐宋以来道教内丹理论一脉相承，等等。

卿先生认为任何时代的道教思想并非凭空产生的，都是在有所因袭的基础上加以创造形成的，这种强调思想贯通性的主张，在诸多论述中都得以体现。如他在分析道教思想的源流时，认为道教在汉代的出现，既与黄老学派与神仙方士合流这一重要因素有关，同时还注意到其与谶纬之学、墨子思想的联系："事实上纬书中与道教直接相关者甚多，如《易纬乾坤凿度》有老子之希夷；《春秋纬元命苞》有长生久视；《诗纬含神雾》及《孝经纬援神契》谓太华山上有仙室，少室山上有灵药；《河图记命符》述说有能加减人寿的鬼神；《河图括地象》载有三神山、昆仑山等灵境。这些都为道教所吸取。而魏伯阳的《参同契》，则从形式到内容都吸取了谶纬之学的影响。……而谶纬之学便成为形成道教思想的渊源之一。神仙方士用以装饰其术的理论，除了利用五行阴阳学说和谶纬之学以外，还利用了主张尊天明鬼的墨子。最早的道教经典《太平经》一书，其中就继承有墨家的思想因素。"① 又如在谈到《太平经》与葛洪《抱朴子》一书的关系时，卿先生提及葛洪的玄、道、一与《太平经》渊源颇深，但两者的不同之处在于《抱朴子》将"'一'和'守一'的思想更往神秘主义的方向发展了"。② 这种贯通性也体现在对于道派之间流衍情况的分析上，如谈到神霄派的源流时，卿先生就认为"实际可能是在两宋之际由天师道衍化而来，其中有的分支与上清派的关系亦甚密切，并吸收了东南沿海地区的雷神信仰及其相关的法术再加以系统化、理论化而形成的"。③

其二，对于道教思想史的研究不仅仅局限于思想一隅，而是基于统治者的自身信仰、统治者内部之间的政治斗争、道流与统治者的互动、南北地域交流以及民族矛盾等多元背景下的考察，从而做到尽可能真实地还原历史场景，描绘道教思想演变发展的历史轨迹，从中可以窥见卿先生的道教思想研究不是局限于思想史，而应被视为将思想史与政治史、社会史相结合的一种尝试。如在论述《太平经》重视知人善任、官吏奖惩的原因时，他指出东汉时期豪强丛生，垄断仕途，阻碍了普通人晋阶朝堂的机会；豪族掌权之后，又横征暴敛，这是《太平经》知人善任思想诞生的历史条件。在分析三教关系时，他注意到隋、唐两代统治者对三教政策的影响，也留意到沙门

---

① 卿希泰：《中国道教思想史纲》第一卷，成都：四川人民出版社，1980年，第47页。
② 同上，第184页。
③ 卿希泰：《续·中国道教思想史纲》，成都：四川人民出版社，1999年，第39页。

与道士参与政治斗争等诸多因素。又如分析全真道为何在元朝待遇优渥，卿先生从南宋、金、元三方对峙的背景出发，阐述此时山东地理位置的重要性，其处为三家必争之地，故而在山东一地有广泛信徒的丘处机就极受重视。类似例子，不胜枚举。

其三，非常重视三教关系的研究。儒、释、道三教关系一直是思想史研究的重点，陈寅恪先生认为"自晋及今天，言中国之思想，可以儒、释、道三教代表之。此虽通俗之谈，然稽之旧史事实，验以今世之人情，则三教之说，要为不易之论"。① 余英时先生也认为就中国思想史而论，儒教的"特色"也是在释、道两家（尤其是释氏）的强烈对照之下才充分地显露出来的。② 在《中国道教思想史纲》中，卿先生就直接指出："从思想发展史的方面来看，儒、释、道之间的相互关系，也是一个很需要研究的重要课题。过去对于道教吸收儒、释的地方，尚有不少人指出，而对儒、释吸收道教的，特别是儒学吸收道教的思想，则揭示得很少，一些儒学家对此往往是讳莫如深，宋代的一些理学家们在这个问题上表现得特别突出，这就掩盖了学术思想的真实历史。我们要弄清楚中国学术思想的演变，必须首先还其本来面目。"③ 针对这个课题的研究，卿先生并未按照朝代断限笼统地论述三教关系的发展情况，而是结合当时统治者的三教政策、三教互相诘难及应对、三教互相之间的联合与对抗等方面的内容，清晰地勾勒出三教关系发展的历史脉络。除了对三教关系发展的宏观把握外，卿先生以儒、释、道合流情况为视角，注意对不同时期道门人物思想的考察，点面结合，将三教关系发展情况全面而生动地呈现出来。与此同时，在三教关系的考察中，他还特别重视道教在三教关系发展史中的重要作用，由此为分析三教关系提供了一个新的角度。

许地山在《道教史》一书中论及佛、道关系时曾说："道家思想可以看为中国民族伟大的产物，这思想自与佛教思想打交涉以后，结果做成方术及宗教方面底道教。"④ 许地山论及道教的形成时，认为道教是道家思想结合佛教思想的产物。卿希泰先生则提出了不一样的看法。他认为，《后汉书·襄楷传》中将黄老与浮屠并称，牟融《理惑论》中蹈死不伤的佛与道教中无所不能的神仙并无二致，汉代的《四十二章经》多以黄老方术解佛，这些均表明，佛教在传入中国时必先完成转化，转化的过程中不得不与道教相结合。卿先生明确指出："外来的佛教要在中国生根，它就必须中国化，吸收儒、道的思想；而当时的中国化，其主要表现便是道教化。"⑤ 除了对佛、道关系做出细致的考证之外，卿先生还对三教关系的历史脉络进行了梳理。他指出，随着佛教势力影响日深，三教斗争已现机芽。南朝宋齐之际，道、佛两教就正统地位、夷夏之防等诸多问题开始了争论。从东晋开始，三教之间的争论已不局限于道、佛两教，还加入了儒家。南北朝时期，北朝三教的斗争远甚过南朝。入唐以后，三教关系的发展分为两个阶段，初唐至于天宝时期为第一阶段，天宝之后为第二阶段。初唐由傅奕肇始的儒、道两家联合的反佛运动，影响很大。

---

① 陈寅恪：《金明馆丛稿二编》，上海：上海古籍出版社，1980年，第252页。
② 余英时：《中国思想传统的现代诠释》，台北：台北联经出版事业公司，1987年，第44页。
③ 卿希泰：《中国道教思想史纲》第一卷，成都：四川人民出版社，1980年，第28—29页。
④ 许地山：《道教史》，北京：北京大学出版社，2009年，第1页。
⑤ 卿希泰：《中国道教思想史纲》第一卷，成都：四川人民出版社，1980年，第309页。

而在整个第一阶段中，儒、释、道三者之间由于唐代皇帝的数度更迭，不同的统治者对于三教的政策不一，造成三者之间频繁地斗争，而且此种争斗多涉于政治层面，互相之间的诘难仅停留在如伦常、夷夏、长生等浅层的问题上，缺乏对彼此教义层面的深度批判。在第二阶段中，唐王朝历经大乱，此时，三教之间的融合趋势加强，三教关系已不似初唐时期沙门、道士、儒生那样呈水火不容之势。北宋之后，三教融合渐成主流。除了对于三教关系发展的宏观脉络的梳理之外，卿先生还分析了诸如葛洪、杜道坚等人关于援儒入道的思想。另外，卿先生对于理学受到道教影响这类过去讳莫如深的问题，也通过层层考证，提出"周敦颐的《太极图》，不仅以道教《太极先天之图》和《水火匡廓图》为蓝本和基本材料，而且还与道士有一定的师承关系"。① 此堪为卓见，也证明了道教在三教关系发展中所起到的重要作用。

综上所述，卿希泰先生道教思想史研究的内容涉及学术思想史、政治史、社会史等诸多方面的问题，研究内容的广泛性必然要求对于研究方法有所选择，概而论之，卿先生的道教思想史在研究方法上有如下特色：

首先，以马克思主义唯物史观为指导。

卿先生在20世纪80年代初致力于中国道教思想史的研究时，就曾说到"只有马克思主义的宗教学才在历史唯物主义思想的指导之下阐明了关于宗教的实质和根源"，② 因此，以马克思主义唯物史观作为指导，一切从实际出发、实事求是的原则在卿先生的著作中有着充分的体现。卿先生的道教思想研究，对于道教徒语涉玄虚一类的事迹，如林灵素伪托以为天师之传，王文卿"遇一异人授以飞章谒帝之法及啸命风雷之书"等均被看作"不实之词"，卿先生对于这类记载，都细细加以考证，做到于不实之处寻其实，从道门依托之辞看道派之间的关系。如在谈到南宋神霄派可能由天师道衍化而来时，卿先生以林灵素与三十代天师虚靖先生张继先交好为例，作为两派关系颇为紧密的证明。另外在谈到全真"五祖""七真"的源流问题时，卿先生并不相信全真道自称由太上老君一派传承而来的说法，而是对其流传始末做了一番细致的考证。通过考证，他指出这种依托之辞出自于全真第八祖张志敬，此时，佛、道斗争不断尖锐，经历1258年的焚藏事件之后，道教需要重塑自己在信徒中的权威地位，故依托老君、吕祖，这种做法实为振兴全真道教的需要，有其良苦用心。卿先生一直将马克思主义唯物史观作为自己治史的指导原则，并在具体的研究中予以落实。

其次，特别重视文献学方法的应用。

从卿先生的道教思想史研究中，可以看出其深厚的文献功底。卿先生运用的材料有《史记》《后汉书》《三国志》《晋书》《旧唐书》《资治通鉴》《金史》《元史》《明史》等大量史书中的记、传、志，还有《正统道藏》《云笈七籤》《藏外道书》《大正藏》等佛、道教经典文献，《四库全书》《昭代丛书》等大型丛书资料也被搜罗其中。除此之外，他还重视碑刻、文集材料的运用，如陈垣的《道家金石略》、柳宗元的《柳宗元集》、欧阳玄的《圭斋文集》《宋文鉴》等等也是他

---

① 卿希泰：《中国道教思想史纲》第二卷，成都：四川人民出版社，1985年，第834页。
② 卿希泰：《中国道教思想史纲》第一卷，成都：四川人民出版社，1980年，第2页。

写作时征引的文献材料。

丰富翔实的史料保证了所得研究结论的科学性。如卿先生用确凿的文献材料补充了陈垣《南宋初河北新道教考》中关于太一道、正一道流变的内容。陈垣提到"太一教始金天眷中道士萧抱珍，传太一三元法箓之术，因名其教曰太一。太一之词，自古有之，然以太一名教，则自萧抱珍起"，①对于太一教的传授由来并没有述及。卿先生则根据顺治《卫辉府志》卷十五《仙释类·萧抱珍传》的记载，论述了太一教与天师道的渊源关系。又如对许旌阳的考证，卿先生否定了《魏书》《北史》中记载的许彦五世孙许逊为净明道祖师许旌阳的说法。他认为两书中所记载的许逊曾为太守一职，为北齐、东魏时人。道书中的许旌阳却为生于东晋孝武帝时人。此外，史书中所言许逊地望与道书中的记载也有出入，一者高阳，一者许昌，且前者并未有随父南迁的记载。因此，道书中记载的许逊与《魏书》《北史》中记载的许逊并非一人。②再如关于杜道坚的研究。四库馆臣在《四库全书总目》卷一四六《文子缵义》提要中称杜道坚的生平事迹"始末无考"，卿先生则指出，赵孟頫《松雪斋集》卷九《隆道冲真崇正真人杜公碑》、任士林《松乡集》都有杜道坚生平事迹的记载，明代朱石《白云稿》卷三尚有《杜南谷真人传》。并且，卿先生对于四库馆臣所提《文子缵义》一书存在缺漏的说法不甚赞同，提出《道藏》中存留有《文子缵义》的全书。③通过上面所述例子，可以看出卿先生对研究资料收集之广，对文献材料考辨之深，由此可见其朴实严谨的治学态度。

三、卓越的学术贡献

自古以来，道教派别"千蹊万径，源析支分"，教门典籍卷帙浩繁，但是关于道门的传授、道书的来源等情况多为后世道流所追述，托于神仙，多不可信，因其不可信，故而道教思想史也罕有人问津。让道教思想有史可考，有证可查，这是道教研究学者努力的方向，卿先生的著述正是这种努力之后极具价值的成果，也是该领域研究者绕不开的必读之书。无论是从道教史的角度还是从中国思想史的角度而言，卿先生道教思想史研究的学术贡献都是非常卓越的，下面略谈两点。

首先，对道教研究的扩展与深入具有引领与推动的作用。

正如刘咸炘《道教征略》中所提到的："道教无史。传记虽多，而侈于灵异，略于派别。"④面对此种情况，写出一部道教信史显得尤为重要。有清一代，考证之风盛行，有学者就试图用此种方法来重建道教史。陈教友就"因考史册，并取《道藏》诸书核之"，⑤考证王重阳、丘处机等

---

① 陈垣：《南宋初河北新道教考》，北京：中华书局，1989年，第84页。
② 参见卿希泰：《续·中国道教思想史纲》，成都：四川人民出版社，1999年，第66页。
③ 同上，第395页。
④ 刘咸炘：《道教征略》，杭州：浙江古籍出版社，2012年，第1页。
⑤ 陈教友：《长春道教源流·自序》，《藏外道书》第31册，成都：巴蜀书社，1994年。

人的生平经历及全真教派的师承传授情况，撰成《长春道教源流》。虽然此书仍有"诸师灵异之迹"，但可视为用考证方法来研究道教传承的一种尝试。随后，陈垣的《南宋初河北新道教考》出版，该书以太一、真大道、全真三教为研究重点，详细叙及三教产生之时代背景，三教修持之教义及传承情况，是用考证学方法研究道教的力作。与此同时，陈寅恪的《天师道与滨海地域之关系》① 一文也是在娴熟运用史料的基础上，曲径通幽，将天师道与政治社会诸多联系细致描绘出来。除了上述以不同道派、时间、地域为视角的论著外，关于道教通论性的著作也有出现，如许地山的《道教史》一书。该书率先提出道教史这一学科范畴，花了不少篇幅论述"道"的概念，并且摈弃了神话传说的叙述方式，试图建构科学话语下的道教体系。随后，傅勤家的《中国道教史》出版。许地山、傅勤家的《道教史》非常简略，所以20世纪八九十年代，任继愈先生包括卿先生自己也先后出版了通论性的《中国道教史》。在这些道教史的著作当中，有对于道教经典文本的解读、道派传承情况的叙述，有对于道教符箓、科仪的介绍，但是对道教思想史缺乏专门深入的研究。

对于道教思想史这一前人鲜有涉猎的领域，其研究对象、研究方法甚至都没有确立。卿希泰先生以深厚的文献功底、敏锐的学术眼光、宏大的历史视野写就的《中国道教思想史纲》及《续·中国道教思想史纲》弥补了这方面的不足，对道教思想史的研究具有开拓之功。其后卿先生主编的《中国道教思想史》则与他的另一标志性成果《中国道教史》（四卷本）成为中国道教研究的"双璧"，交相辉映。卿先生对于不同地域、不同时代道派之间思想的传承情况，详其源流，明其嬗变，让道教思想史的发展轨迹得以全面呈现。卿先生的研究没有流于抽象概念的阐述，而是将道教思想与时代结合、与社会结合，这是对道教史研究的拓展与深化。

其次，丰富了中国思想史的研究。

我国的思想史研究，汉代以后渐渐出现了以儒家为研究重点的趋势，道家思想退居其次，道教思想则难以谈及了。张岂之先生指出："在我国，思想史的研究已经有2000多年的历史，出现了《庄子·天下》《荀子·非十二子》《韩非子·显学》《史记·论六家之要旨》《伊洛渊源录》《宋元学案》《明儒学案》《理学宗传》《近思录》《性理大全》等思想史论著和资料汇编。"② 《庄子·天下》中治方术者有墨子、禽滑厘，有彭蒙、田骈、慎到，更有关尹、老聃；《荀子·非十二子》中列举它嚣、魏牟、陈仲、史鰌、墨翟、宋钘诸家。由此观之，先秦诸子思想呈争鸣之势，各方分庭抗礼，并无一家独大。汉武帝推行"罢黜百家，独尊儒术"的政策后，诸子之学已然不复先秦时的盛况，时至明代，科举试题无出"四书"之右者，诸子之说渐消，而儒学一家独大。加之《伊洛渊源录》《宋元学案》《明儒学案》等学案体著作的出现，更强化了儒家的正统地位，儒家思想自然成为思想史领域关注的重点，对于道家的关注已显逊色，道教思想则仅仅是道门中人的兴趣所在，学者研究的成果甚少。近代以来，西学东渐，中国学术受到西方学说的影响，出现了一批按照西方哲学史的范式书写的中国哲学史著作，如谢无量的《中国哲学史》、胡

---

① 陈寅恪：《金明馆丛稿初编》，北京：三联书店，2001年。
② 张岂之主编：《中国思想史》，西安：西北大学出版社，1993年，第3页。

适的《中国哲学史大纲》、冯友兰的《中国哲学史》等，这些著作侧重于对中国思想中抽象概念的辨名析理，试图构建富有逻辑性的中国思想史、哲学史的发展体系，而对于道教思想则罕有关注。

作为中国思想史不可或缺的组成部分，道教思想本身就具有极其重要的价值，其对于三教关系、民间信仰等诸多思想史中的重要问题亦具关键意义。卿希泰先生的道教思想史研究丰富了中国思想史研究的内容，特别是论及道教在三教关系中的作用，过去鲜被提及的道教思想被赋予了应有的历史地位，更是补充了中国思想史研究的薄弱环节，学术意义重大。

卿希泰对地方道教研究的历史贡献

赵 芃*

摘 要：卿希泰先生是我国著名的道教研究学者、道教史及地方道教研究的开拓者和引路人，不但重视中国道教的研究和发展，而且还更为关注地方道教及地方道教史的研究，对中国道教和地方道教的研究都做出了重要贡献。卿希泰主编的《中国道教思想史纲》《中国道教史》《中国道教思想史》《道教文化与现代社会生活》等著作，不但促进了中国道教的研究和道教文化的发展，而且对于地方道教的研究和地方道教文化的挖掘、开发、应用及其经济文化建设等都具有一定的借鉴意义。探求卿先生中国道教史的研究方法、体系构建和践行指导，对于引领地方道教文化及地方道教史研究，践行科学有效的研究方法、实事求是的学术品格、史论结合的文风文采，弘扬传统文化的思想精粹，促进道教与社会主义相适应、与经济社会的和谐发展，不断丰富人民群众的精神文化生活等都具有积极意义。

关键词：卿希泰 地方道教 引领指导

卿希泰先生作为我国道教研究的先驱和开拓者，不仅对于中国道教的研究和发展做出了贡献，而且对于地方道教与地方道教史的研究也做了许多开创性的工作，付出了聪明智慧和辛勤努力。他不但是中国道教及中国道教史研究的领袖、泰斗，而且成为我国当代地方道教和地方道教史研究的奠基者和引路人。其对于地方道教史的研究和发展在方法引领、体系构建、践行指导等方面做出了重要贡献。

---

* 作者简介：赵芃，齐鲁工业大学（山东省科学院）道学与传统文化研究中心主任、教授。基金项目：本文系国家社科基金项目"道教文化传播与'一带一路'战略研究"（16BZJ037）阶段性成果。

一、方法引领

如何开展中国道教研究是卿先生最为关心的问题，其中涉及历史线索、时代划分，文献资料的检索收集、整理选用，田野调查、考古发现，不同学术观点的甄别、确立，科学方法的运用、理论体系的构建等方面。在《中国道教思想史纲》《中国道教史》《中国道教思想史》《道教文化与现代社会生活》等著作中，系统展示了卿先生科学研究中国道教及地方道教的基本思想和方法，不但引领了中国道教的研究方向，而且对于地方道教研究也具有重要的借鉴意义。

唐大潮教授的《卿希泰先生与道教思想史研究》一文对卿先生编写的《中国道教思想史纲》一书的基本思路和方法做了系统阐释。1. 多学科交叉、相互融合。卿先生所著《中国道教思想史纲》较为系统地揭示了中国道教思想发展的脉络及规律，不仅是人们研究道教，而且是研究中国哲学、历史、中医药学、气功学、养生学的重要参考资料。2. 运用马克思主义的科学方法论与尊重道教发展规律相结合。纵观《中国道教思想史纲》第一、二卷，的确是拓荒性的著作，其见解新颖，颇多启迪，不但为道教研究提供了丰富的史料和可资借鉴的观点，更重要的还在于给我们以道教研究方法的启示，即用马克思主义的科学方法论做指导，分析道教思想的发生、发展、演变和道教著名人物的思想及经典等，这也是本书的最大特色。3. 宏观综览，进行历史的综合分析与微观考察，探究道教思想及对社会影响的方方面面。在宏观上，卿先生依据历史与逻辑的统一性原则，以道教的起源和民间道教的兴起为契机，探索民间道教如何演变为官方道教的工具，道教的兴盛、发展与封建政治的关系，各个时代道教与儒、释的关系等，从而勾画出道教思想进程的一个整体轮廓。在微观上，卿先生又对各个时代道教思想发展的特点做了分析，剖析了道教著名的经典和人物，使读者对各个时期道教思想发展的历程、特点，以及主要经典、道教人物的思想和观点有了进一步的了解。4. 朴实可信，尊重第一手原始资料，史论结合，避免空泛议论。道教的材料杂而多端，辨别史料真伪，采用可信的第一手原始材料，就成为道教思想研究的重要前提。他提出所谓史论结合就是要带着问题去看待原始材料，在原始材料的基础上形成自己的观点，而不是抱着某一观点去找材料，否则就会断章取义。5. 纵横结合，对于重要的道教教理、教派、人物的承启关系，不仅仅上溯其来源，下观其演变流向，而且需要横向参照比较，前后呼应而自成体系。6. 一论再论、层层递进、逐步深化。① 唐大潮教授的《卿希泰与道教文化研究》一文对卿先生的道教研究方法做了概述："卿希泰教授认为，要在道教文化这样一种极其复杂的学术领域进行科学研究，方法尤为重要。没有一个正确的方法指导，就有可能沉没于浩瀚的文献故纸的海洋里面，迷失方向。这个最正确最根本的方法，就是马克思主义的唯物辩证法。他本人在进行道教文化研究时，始终坚持以马克思主义的立场、观点、方法作为指导，力求贯彻从实际出发、实事求是的原则，对各个道派、人物和经典等均采取具体问题具体分析的态度。强调运用两

---

① 此处采用唐大潮《卿希泰先生与道教思想史研究》一文的观点，参见盖建民编：《开拓者的足迹：卿希泰先生八十寿辰纪念文集》，成都：巴蜀书社，2010年，第35—41页。

点论思想，尽可能地根据第一手原始材料做辩证的、全面的分析，按其本来面貌去认识研究对象，仔细辨别其精华和糟粕，历史地评价其作用，力求避免空泛的议论和主观片面性。"①

史冲《拓荒者的脚印——〈中国道教思想史纲〉第二卷》一文认为，《中国道教思想史纲》在研究方法上具有"史料翔实、方法科学、分析深入"②之特点，也反映了卿先生在道教研究上的正确的方法论、科学的治学品格。萧萐父、唐明邦《中国道教研究的最新成果——评卿希泰教授主编〈中国道教史〉第一卷》一文认为，《中国道教史》"以马克思主义为指导，总结了道教发生、发展的历史规律，全面地总结、分析了道教的基本特点，创造性地建立了中国道教史的学科体系"③。该书体现了卿先生在研究道教方面的基本思路和治学方法，即"以马克思主义基本原理为指导，而力避搬教条、贴标签，坚持史论结合、实事求是的原则，对道教发展史上的具体历史事件、历史人物做具体分析。对待当代学术研究成果，既善于吞吐百家，择善而从；又贯彻'百花'方针，敢于独抒己见，标立新说"④。张文《评〈中国道教史〉》一文认为"作者的治史态度严谨，史料翔实、观点鲜明、文笔晓畅"⑤，既是对《中国道教史》的评价，又是对卿先生道教研究基本方法的肯定。

任继愈先生作为国家社会科学"六五"至"八五"规划重点项目结题鉴定专家组长，对卿先生撰写的《中国道教史》提出评审意见，充分肯定和高度评价卿先生在《中国道教史》研究中的基本方法，认为卿先生"坚持以马克思主义的辩证唯物主义和历史唯物主义为指导原则，贯彻实事求是的精神，对具有一千八百多年的历史的中国道教的产生、发展和演变做了全面勾勒，对道教发展史做了科学分期，提出了研究道教史的方法论，建构了道教史研究的基本框架，并从理论上阐述了研究道教的意义。作者既注意从宏观上来把握规律，又注意微观研究。通史与专史结合，从而揭示了道教历史发展的规律。资料翔实、取材精审、博而不滥，条理清晰、系统完整、首尾一贯。在占有大量第一手原始资料的基础上，对大量资料进行甄别鉴定，去伪存真，注意史料与观点、史与论的结合"⑥。任继愈等的《认真研究中国道教文化——〈中国道教史〉笔谈》认为：卿先生道教研究的基本方法，应包括"以马克思主义为指导，对中国道教文化做实事求是的研究，'历时性'与'共时性'相结合，从思想史角度阐述道教在传统文化中的地位；剔除糟粕，汲取精华，批判地继承中国道教文化的优秀遗产"⑦等方面。见道子《大方无隅　大成若缺——评四卷本〈中国道教史〉》一文认为卿先生的道教研究方法具有"探源溯流，纵横结合，考引精当"⑧之特征。

盖建民教授的《道教文化探索的新视域——卿希泰先生〈道教文化与现代社会生活〉读后》

---

① 唐大潮：《卿希泰与道教文化研究》，《教育评论》1998年第5期《学人与中国文化》专栏。
② 史冲：《拓荒者的脚印——〈中国道教思想史纲〉第二卷》，《中国社会科学》1986年第5期。
③ 萧萐父、唐明邦：《中国道教研究的最新成果——评卿希泰教授主编〈中国道教史〉第一卷》，《宗教学研究》1989年第1期。
④ 同上。
⑤ 张文：《评〈中国道教史〉》，《光明日报》1990年2月16日第3版。
⑥ 《国家社会科学"六五"至"八五"规划重点项目结题鉴定专家评审意见》，参见盖建民编：《开拓者的足迹：卿希泰先生八十寿辰纪念文集》，成都：巴蜀书社，2010年，第973页。
⑦ 任继愈等：《认真研究中国道教文化——〈中国道教史〉笔谈》，《光明日报》1997年8月9日第8版。
⑧ 见道子：《大方无隅　大成若缺——评四卷本〈中国道教史〉》，《关系我》第63期。

一文，通过分析卿先生在道教史和道教文化方面的研究风格和研究范式，归纳总结了卿先生在道教研究方面的基本思路，认为"从现代生活来关照道教文化研究，必须透彻领悟道教的'真精神'，这是了解道教文化的'精''气''神'诸元素的关键；必须以史为鉴，在学理和学术史层面上分析刻画道教与社会生活的历史交融画面，并进而剖析道教与社会生活交融的内在原因；要探索道教文化与现代社会生活交融的途径，对道教的基本教义和教理思想的'立足当代'进行现代诠释，从而才能准确钩沉出道教文化中博大的生活智慧。此外，还应注重个案研究，以道派、人物、思想和地域为考察对象，从社会经济生活、地方民风习俗、文化遗产继承与传播、休闲旅游等诸多方面入手，细致而深入地探究道教文化与社会政治文明、精神文明、生态文明的关系"。①陈庆优《卿希泰先生新著〈道教文化与现代社会生活研究〉读后》一文认为，卿先生的道教研究方法除了具有"史实论证""事实证明"以外，还具有"辩证的方法，实事求是地分析、研究问题，在工作中保持谦虚、严谨的态度，在理解儒、释、道三教关系时，既相互对立、相互斗争，又相互吸收、相互渗透"。②逄礼文《探索道教文化研究之真境界——卿希泰先生〈道教文化与现代社会生活研究〉读后》认为，卿先生的道教研究具有四个方面的"真境界"，即"确立道教在中国传统文化中的应有地位，阐释中华民族凝聚之真境界；以研究中国传统文化为基点，面向全球，钩沉道教和谐整体之真境界；总结道教的教理教义，吸收道教文化精华，诠释道教生活智慧之真境界；回眸历史，立足当前，规划未来，培养人才，展示道教学术研究之真境界"。③卿先生有关道教研究的基本思想、基本方法，不但对于中国道教史研究具有引领作用，而且对于地方道教和地方道教史研究也具有积极的促进作用。

二、体系构建

卿希泰先生作为我国道教研究的开拓者，开创性地建构了中国道教史、中国道教思想史的理论体系和研究内容，对于地方道教包括港澳台地区道教，及世界各国道教史的研究也提供了参考和借鉴。卿先生主编的《中国道教史》《中国道教思想史》从宏观和微观两个方面，为地方道教史的理论构建及其研究指明了方向，奠定了坚实基础。

在宏观方面，《中国道教史》将道教的发展演变分为以下内容进行论述：历史条件和思想渊源；早期道教经书的出现和民间道教的兴起；道教在魏晋南北朝时期的分化与发展；道教在南北朝的改造和充实；道教在隋至盛唐时候的兴盛与教理大发展；道教在安史之乱至五代十国时期的曲折前进；道教在北宋的复兴和发展；道教在金与南宋的发展、改革及道派分化；道教在元代的兴盛与道派的合流；道教在明中叶以前的发展和贵盛；道教在明后期至清嘉道间的衰微；道教在

---

① 盖建民：《道教文化探索的新视域——卿希泰先生〈道教文化与现代社会生活〉读后》，《哲学研究》2008年第1期。
② 陈庆优：《卿希泰先生新著〈道教文化与现代社会生活研究〉读后》，《宗教学研究》2008年第2期。
③ 逄礼文：《探索道教文化研究之真境界——卿希泰先生〈道教文化与现代社会生活研究〉读后》，《道学研究》2008年第1期。

鸦片战争以后至民国时期的进一步衰落及其在民间的日趋活跃；道教在新中国建立后的新生及其在港澳台地区的传播与发展；道教在世界各地的传播和影响。①将中国道教历史发展划分为不同时期，并根据各个时期道教的发展界定为某种样态，从而形成了一种动态发展模式：渊源—兴起—分化与发展—改造和充实—兴盛与大发展—曲折前进—复兴和发展—发展、改革及分化—兴盛与合流—发展和贵盛—衰微、衰落及活跃—传播与发展、影响。这为地方道教史的分期及其特点界定提供了借鉴和参考，并为进一步深入研究地方道教在各地的兴起与发展、复兴与改革、分化与融合、式微与活跃、传播与影响等提供了帮助。

《中国道教思想史》系统阐释了道教思想渊源、汉魏两晋南北朝的道教思想、隋唐至北宋的道教思想、南宋金元至明中叶的道教思想、明代末叶以来的道教思想等，不但较为清晰地勾勒出中国道教思想历史的源流与发展轨迹，对中国传统文化的贡献、影响等，还系统展示了不同时期、不同道教人物的道教思想及其发展脉络。如第一编"道教思想渊源"为我们展示了早期道教的起源与思想文化渊源，包括"上古宗教观念与易学、阴阳家思想""道家与神仙家思想""儒、墨思想与谶纬神学""医学养生理论与术数思想"。第二编"汉魏两晋南北朝的道教思想"以"汉代道教思想体系的初步构建""魏晋神仙道教思想的逐步体系化""东晋南北朝道教的经典传承与思想开新""汉魏两晋南北朝道教的科技思想""汉魏至南北朝道教与儒、释的思想关系""汉魏至南北朝道教关爱生命的劝善思想与文学"等为题展现了汉魏时期道教思想的发展脉络。第三编"隋唐至北宋的道教思想"系统论述了"隋至初唐道教重玄学的崛起""初唐道教重玄学论域的拓展考察""盛唐道教的服气说与心性形神修炼理论""中晚唐至北宋道教三玄学的思想主流""中晚唐至北宋道教的阴符学与政治思想""隋唐至北宋道教的科技思想""隋唐至北宋道教的斋醮科仪思想""隋唐至北宋道教与儒、释的思想关系""隋唐至北宋道教的劝善导向的加强与道教思想对文学的影响"等，从宏观上勾画了唐宋时期道教思想文化的辉煌与鼎盛。第四编"南宋金元至明中叶的道教思想"系统论述了道教发展的兴盛、革新、融合，道派思想的交错，理论的整合变通等，如"南宋元代神霄、太一等道派的思想""南宋元代金丹派南宗的思想""南宋元代净明道的思想""金元太一道与真大道教的思想""金元时代全真道的产生及其思想""南北宗合流下的'参同学'与修道理论""南宋至明中叶的道教科技思想""南宋至明代中叶的斋醮科仪及其济度思想""元末至明中叶道派的思想交错""元末至明中叶内丹心性理论的整合变通""南宋至明中叶道教与儒、释的思想关系""南宋至明中叶的劝善书与文学中的道教思想"等。第五编"明代末叶以来的道教思想"展示了道教在这个时期的式微与局部活跃，包括"全真龙门派的内丹性命学和三教合一思想""东西中派的丹功理论及其特色""明代末叶至民国道教劝善书的思想变迁""民国以来的道教思想及其研究成果"②等。这种对道教人物思想发展演变的宏观驾驭和阐释，为地方道教发展史、地方道教人物思想史研究提供了借鉴。

在微观方面，《中国道教史》系统阐释了中国道教发展的历史演变，并在各个分期中对道教

---

① 参见卿希泰主编：《中国道教史》（第一至四卷），成都：四川人民出版社，1996年。
② 参见卿希泰主编、詹石窗副主编：《中国道教思想史》（第一至四卷），北京：人民出版社，2009年。

人物、道派、经典著作、宫观建设、道教名山的发展演变等进行系统梳理、考察。如五斗米道在西蜀的创立和传播;天师道在巴蜀地区的继续传播,李家道在江南的流行、杜子恭一派天师道在江南的传播和发展;寇谦之改造天师道;道教在北齐、北周的发展,楼观道的兴起;上清派发展成为茅山宗;唐代道教主流茅山宗、道教学者涌现和道教理论的发展;南岳天台派的传系及其他道派;陈抟及其《易龙图》等著述的象数体系;萧抱珍与太一道的创立、刘德仁与大道教的创立、王重阳与全真道的创立;茅山、阁皂二宗的传衍,刘玉对净明道的重建与革新;全真道的南传与南北二宗合并;全真龙门派盛传于江浙,全真龙门派在东北、西北的传播;道教在香港澳门地区的传播与发展、道教在台湾地区的传播与发展;道教在朝鲜、日本、东南亚、欧美等国家和地区的传播与影响等。①

《中国道教思想史》通过各个时期的道教著作、人物思想,系统梳理了易学、阴阳学、神仙家、儒墨、谶纬神学、医学养生、术数、内丹、斋法、仙道、科技、文学、玄学、斋醮科仪、三教合一、丹功、道派②等思想内容。包括:早期道教思想,如"上古宗教观念与易学、阴阳家思想""道家与神仙家思想""儒墨思想与谶纬神学""医学养生与术数""道佛思想与三教合一";道教经典的挖掘,如《太平经》《周易参同契》《老子想尔注》《西升经》《神仙传》《抱朴子》《阴符经》《玄珠录》《道教义疏》《护命论》《无能子》《化书》《悟真篇》《太上黄箓斋仪》《龙门心法》《阴符发秘》《道书十二种》《古书隐楼藏书》等经典;人物思想,如寇谦之、葛洪、陶弘景、成玄英、李筌、王玄览、孟安排、司马承祯、吴筠、杜光庭、谭峭、蹇昌辰、张万福、石泰、薛道光、陈楠、白玉蟾、翁葆光、龙眉子、王重阳、丘处机、尹志平、陈显微、李道纯、陈致虚、曾慥、李鹏飞、赵友钦、周思得、赵宜真、张宇初、王道渊、张三丰、何道全、阳道生、王常月、张清夜、刘一明、闵一得、陆西星、李西月、陈撄宁、易心莹的道教思想等;道派人物思想,如神仙家、儒墨思想、上清派、灵宝派思想、神霄派、清微派、东华派、天心派道教思想,净明道、太一道、大道教、全真教的道教思想等。③ 其系统展示了不同时期、不同地区、不同道派、不同人物、不同道法的思想和内容,向人们展示了地方道教与中国道教所蕴含的个别与一般、殊相与共相、部分与整体之间的关系,展示了两者之间既有区别又有联系。从两者的区别来说,地域道教作为中国道教的横断面,它有其殊相特征,受地域传统文化、发展历史、风俗习惯、气象环境等影响,其道教人物思想、著作、经典,以及道教派别、科仪、斋醮、法事、戒律、规则等表现不同。从两者的联系来说,地域道教的这个横断面又展现了中国道教的历时性演化。也就是说,地域道教这种部分、殊相、个别是同一时期的中国道教演化的缩影,而同一时期的中国道教则表明历史发展到哪里,地方道教也就发展到哪里;它们两者二而为一,共同体现着中国道教发展的共性、规律。

因此,卿希泰先生主编的《中国道教史》《中国道教思想史》对于地方道教人物思想、著作、

---

① 参见卿希泰主编:《中国道教史》(第一至四卷),成都:四川人民出版社,1996年。
② 参见卿希泰主编、詹石窗副主编:《中国道教思想史》(第一至四卷),北京:人民出版社,2009年。
③ 同上。

科仪等方面的研究并非去孤立地研究地方道教自身的内容，也不是去孤立地叠加地方道教的各种元素，而是要始终把各个地方道教的研究投置在中国道教史这个大背景的观照下加以把握，去较好地运用个别与一般、殊相与共相、部分与整体相比较的研究方法，深入研究中国道教史的发展演变、道教人物思想。这种科学而缜密的逻辑设计为地方道教及地方道教史的研究提供了典型示范和历史参照，并在中国道教史、中国道教思想史研究中提纲挈领地展示了地方道教研究的亮点和重点路线，为深入研究地方道教及地方道教史奠定了扎实的史料和文献基础。

三、践行指导

卿希泰先生对于地方道教及地方道教史研究的贡献不仅在思想引领和理论构建等方面，还包括对地方道教及道教史的研究予以践行指导，在《中国道教史》等著作中撰写地方道教史的大量内容，为地方道教研究指明了方向、奠定了基础。比如在撰写太一道、大道教、全真道相关内容时，对创立教团的时间地点、代表人物、历史背景、教理教义、社会影响、教团发展、传承谱系，以及需要进一步研究的问题都做了系统论述，对于进一步深入研究河南、河北、山东道教的发展演变提供了重要线索。《中国道教史》还系统梳理了上清派、灵宝派、神霄派、清微派、东华派、天心派等历史上具有代表性的道教派别，以道派形成的时间地域为基点，深入考察派别形成的地域因素、发展方向、覆盖区域、影响程度等，对于其在中国道教史上的地位和作用给予了科学评价。《中国道教史》还以不同籍贯的道教人物为内容，考察其对于道教经典著作、思想观念、符箓科仪、文化建设、教团发展等方面的贡献。卿先生还撰写了有关地方道教研究的论文，如《道教在巴蜀初探》（上、下）《瓦屋山道教文化考察刍议》《有关道教发源于四川的几个问题》《武当清微派与武当全真道的问题》《论道教对台湾民间信仰的影响》，并研究具有不同籍贯的道教人物，撰写如王远知、张紫阳、张清夜、张留孙、陈景元、吕洞宾、吴筠、杜光庭等人物，以及《杜道坚的生平及其思想》《李道纯"老学"浅析》《司马承祯的生平及其修道思想》《王玄览道体论和修道思想的浅析》《张宇初的"天人一致"的宇宙观和修道论》等论文。卿先生在研究不同籍贯的道教人物时，按照兼顾一般与个别的原则，既考论他们对中国道教发展的贡献，又论证他们对地方道教发展的贡献；指出他们或作为全国道教的"一般"而影响了地域性道教之"个别"的发展，或作为地域性道教的"个别"而支撑、补充了全国性道教之"一般"的发展，显示了卿先生在开展道教研究时，能较好地处理地方与全国、个别与一般之间的关系，注重发挥中国道教和地方道教之间包容性、协同性发展的优势和特点。

卿先生十分关心我国地方道教研究及地方道教史研究的未来，并以战略家的眼光对于地方道教研究立足现代展望未来。卿先生认为，"今后若干年内不必再写中国道教史了，大家努力把地区史、派别史、人物史写好，然后才有可能重写一部超出以往的道教通史"。① 卿先生认为，开展地方道教史的研究，四川是道教发源地，至今还保留有许多道教的遗迹，现在也是道教最具有代表性的地区，我们将对巴蜀道教开展深入的研究。全国其他地方，如陕西、湖北、江西、江苏、台湾、香港也正在开展当地道教史的研究，这些研究将为我们更加全面、更深入的道教文化研究提供资料。② 卿先生提出应在七个方面继续努力，其中地方道教是其重点关注的研究内容之一。卿先生认为，对地方道教应系统研究。我国目前已有《武当道教史略》《长安·终南山道教史略》《香港与澳门之道教》《台湾道教源流》等著作问世，可以有计划地、系统地开展各地道教史的研究，以推动道教史研究向纵深发展。③ 卿先生还在不同的论文当中为我们展示了道教文化在现代语境中探索的不同理路，比如在"道教地方史"的研究上，其《道教在巴蜀初探》《瓦屋山道教文化考察刍议》《关于峨眉山佛道兴衰的历史演变刍议》等文就对道教在一些地域中的发展做出了详细的考论。④ 卿先生对于地方道教研究状况的看法和评价，对于当时的地方道教研究具有重要的指导作用。在这一思想指导下，地方道教及地方道教史研究成果如雨后春笋般涌现出来，不但有大量地方道教研究论文、考察报告问世，而且还有《宁夏道教史》《云南道教史》《江西道教史》《四川道教史话》《西北道教史》《东北全真道研究》《山东道教史》《杭州道教史》《浙江道教史》《河北道教史》《湖北道教史》等专著先后出版发行。《河南道教史》《山西道教史》《江苏道教文化史》《甘肃道教史》，以及贵州、青海等地方道教及其地方道教史研究成果也即将问世。这些成果不但填补了地方道教及地方道教史研究的空白，而且为中国道教史的深入研究提供了丰富的史料，奠定了基础，开创了中国道教研究的新局面。

卿先生还致力于道教文化的海内外交流，用心推动海峡两岸四地道教界、学术界之间的文化对话与合作，为此做了大量的工作，取得了很好的社会效果。卿先生先后多次应邀去我国港澳台地区，以及日本、新加坡、韩国、德国、加拿大讲学，参加学术会议和调研，为地方道教研究培养了大批高层次研究人才。他多次参加两岸道教文化的研讨与交流活动，在香港青松观道教学院、蓬瀛仙馆经常有卿先生的身影。他带领弟子奔波于内地和港台之间，增强中华民族的文化认同和一体感。⑤ 卿先生还亲自深入不同地方开展田野调研，不但为中国道教史研究提供了资料，也为地方道教史的研究提供了支持。比如1995年3月卿先生与日本的中村璋八教授、中国道教协会会长傅圆天一起去大邑鹤鸣山调研；1996年8月去北京白云观与罗智光、柳存仁、邝国强一起开展调研；1996年参加云南省楚雄学术会议并与赖宗贤、杨光文、郭武开展调研；1997年10月赴日本冈山参加学术研讨会并做报告后与法国道教学者施舟人、日本的加藤千惠开展调研；1999

---

① 牟钟鉴：《卿先生对中国道教学的贡献》，参见盖建民编：《开拓者的足迹：卿希泰先生八十寿辰纪念文集》，成都：巴蜀书社，2010年，第12页。
② 余孝恒、万红：《采得百花成蜜后 既忘辛苦也忘甜——访四川大学著名教授卿希泰》，参见盖建民编：《开拓者的足迹：卿希泰先生八十寿辰纪念文集》，成都：巴蜀书社，2010年，第1029页。
③ 霍克功：《道教学研究的丰碑——记卿希泰教授》，参见盖建民编：《开拓者的足迹：卿希泰先生八十寿辰纪念文集》，成都：巴蜀书社，2010年，第1033页；李永明：《艰苦创业 铸就辉煌——专访道教泰斗卿希泰教授》载：卿先生谈对今后道教研究的展望，认为"展开地方道教史的研究，目前仅有《武当道教史略》《长安·终南山道教史略》《香港与澳门之道教》《台湾道教源流》等个别著作问世，尚待有计划地系统地开展这方面的研究工作，才能推动道教史的研究上新台阶"。参见盖建民编：《开拓者的足迹：卿希泰先生八十寿辰纪念文集》，成都：巴蜀书社，2010年，第1023页。
④ 朱展炎：《生道合参与世化 老骥伏枥犹壮年——卿希泰先生〈道教文化与现代社会生活研究〉读后》，《世界宗教研究》2008年第3期。
⑤ 牟钟鉴：《卿先生对中国道教学的贡献》，参见盖建民编：《开拓者的足迹：卿希泰先生八十寿辰纪念文集》，成都：巴蜀书社，2010年，第13页。

年在武夷山参加道文化学术研讨会并与詹石窗、盖建民教授、日本的加藤千惠开展调研；2002年5月参加第三届天台山文化学术研讨会并与黄心川、盖建民教授开展调研；2002年10月赴我国台湾开展调研；2006年5月赴德国参加学术研讨会并与李刚、潘显一、刘迅等教授开展调研；2006年5月赴江苏句容参加葛洪与中国道教文化研讨会并开展调研；2008年赴江西参加道教与环境保护学术研讨会并开展调研；2009年3月赴海南出席四川大学老子研究院成立大会并与詹石窗等一起开展调研；2009年7月在河南调研等。这些学术和调研活动，为中国道教史及地方道教史的研究提供了更多的一手资料，为人们开展道教田野调查起到了积极的示范带头作用。

以卿希泰先生命名的"卿氏学术基金会"全称"卿希泰学术基金会"，是1997年由台湾中华道统出版社社长赖宗贤先生发起，由台湾企业界人士无条件赞助，由有关部门批准正式成立的"以卿希泰为终身董事长""以弘扬中华优秀传统文化、促进海峡两岸学术交流和发展"为宗旨，"以基金会变息奖励川大宗教学研究所的优秀博士、硕士研究生，并资助有关学术著作之出版"，对于发展和繁荣四川大学乃至我国的哲学、宗教学和人才培养起到了积极作用，对于地方道教人才培养和地方道教研究也给予了很大帮助的基金组织。卿先生作为国家"985工程"四川大学宗教、哲学与社会研究创新基地首席专家，在道教研究方面设定了七个研究方向，分别是：宗教学理论与当代宗教问题、道教学与道教史、中国宗教与中国哲学、世界宗教与外国哲学、宗教与美学、道教与古代科学技术、西南少数民族宗教与社会等，并在地方道教及道派研究的立项、选题、编写、出版等方面给予经费支持，先后支持多种地方道教及道派研究成果出版，如《净明道研究》《上清派修道思想研究》《山东道教史》等。

总之，卿先生高瞻远瞩，在道教研究方法引领、体系构建和践行指导等方面所具有的智慧，为我们深入研究中国道教和地方道教奠定了基础、指明了方向，对于深入挖掘中国道教及地方道教形成的历史文化渊源、理论体系、经典著作、人物思想等，对于坚定文化自信，提高中国道教及地方地域道教文化软实力，弘扬道教文化精粹，古为今用，传承创新，不断丰富道教文化的内涵，培养人们良好的道德修养和文化素质，发挥道教在社会主义经济文化建设中的积极作用等都具有现实意义。

卿希泰先生追思会专栏

"深切怀念道教学泰斗卿希泰先生"座谈会会议纪要

2017年2月22日下午,四川大学道教与宗教文化研究所在四川大学文科楼举行了"深切怀念道教学泰斗卿希泰先生"座谈会,深切缅怀四川大学宗教学研究所创所所长,国家"985工程"宗教、哲学与社会研究创新基地首席专家,四川大学文科杰出教授卿希泰先生。会议由四川大学道教与宗教文化研究所所长、教育部长江学者特聘教授盖建民主持。

卿希泰先生的长子卿海若先生、次子卿格非先生、外甥女余晓红女士等亲属,全国老子道学文化研究会创会会长、中国社会科学院胡孚琛研究员,四川大学道教与宗教文化研究所兼职教授朱越利先生,成都市道教协会副会长、四川省社会科学院李远国研究员,中国道教协会副会长袁志鸿道长,台湾太一道院院长黄胜得先生,中国宗教学会副会长、大理大学校长张桥贵教授,湖南大学岳麓书院张松辉教授,华侨大学宗教文化研究所所长黄海德教授,深圳大学李大华教授,云南大学郭武教授,华中师范大学道家与道教研究中心主任刘固盛教授,中国社会科学院陈霞研究员,西南大学宗教研究所所长杨玉辉教授,全国老子道学文化研究会秘书长、南京大学沈文华教授,齐鲁工业大学道学与传统文化研究中心主任赵芃教授,四川大学社科处常务副处长高伟,西南民族大学周作明教授,四川省社科院丁常春研究员,四川省社科院陈云副研究员,西南民族大学李海林博士,四川大学道教与宗教文化研究所唐大潮教授、丁培仁教授、张泽洪教授、段玉明教授、张钦教授、陈建明教授、苟波教授、李裴教授、周冶副所长、胡锐副教授、欧福克副教授(德国)、朱展炎副教授、孙瑞雪博士、孙伟杰博士、杨雯老师,以及宗教所部分硕、博士生出席了座谈会。大家深情发言,追忆了卿希泰先生的生前往事,深切缅怀了卿希泰先生献身学术、报效祖国、诲人不倦的一生。

会议开始前,所有与会者肃立,向卿希泰先生遗像三鞠躬,表达对卿希泰先生深深的缅怀之情。

一、筚路蓝缕奠基业

朱越利、李远国等多位学者首先回忆道，卿先生早年研究的是马克思主义哲学和中国哲学，曾在四川大学组建哲学系，任系主任。在学术研究过程中，卿先生发现过去对中国哲学史的研究，基本上仅局限于儒家，对释、道两家，特别是对道教思想的研究非常薄弱，不能完整地反映中国传统哲学的真实面貌。受到鲁迅先生"中国根柢全在道教"的启发，卿先生开始了道教思想的研究。在最为艰难的牛棚岁月里，卿先生也没有放弃，完成了《中国道教思想史纲》第一卷的写作。80年代初，此书甫一出版，就在国内学术界引起巨大反响。而此时，国内宗教学领域刚刚起步，仅有很少的学者关注这个领域，落后国际研究水平很多。特别是道教研究领域，国际上长期流传着"道教发源在中国，研究中心在西方"的说法。20世纪60年代到70年代召开的国际道教学术会议竟无一位中国学者参加。这让卿老痛下决心一定要振兴国内的道教研究和宗教学研究。

1980年9月，卿先生在四川大学建立宗教学研究所，这是我国高校第一个宗教学专门研究机构。紧接着，卿先生带领的学术团队承担了宗教学国家重点社科项目，着手编写《中国道教史》。经过十多年的努力，四卷本《中国道教史》陆续完成出版，成为国内第一部最为全面翔实的中国道教通史。在卿先生带领下，四川大学宗教所在宗教学领域创造了我国高校的多个"第一"：第一份宗教学学术刊物《宗教学研究》（1982）；第一个宗教学硕士学位授权点（1982）；第一个宗教学博士学位授权点（1990）；第一个宗教学省级重点学科（1992）；第一批教育部人文社科重点研究基地（1999）；第一个宗教学国家重点学科点（2002）；第一个宗教学专业独立的哲学博士后流动站（2003）；第一个宗教学专业的国家"985工程"哲学社科创新基地（2005）。这一切都离不开卿老的开创之功和引领之力。

郭武教授说，早先的川大宗教所可不是现在这样有良好的办公条件、充足的科研经费，以及很高的学术地位。1988年郭武教授初到川大时，宗教所还在现在网球场边的基建处那座楼里，办公条件很简陋，资料室里也没有多少图书。听卿先生说，之前的宗教所更加简陋，资料室里几乎没有什么图书。他和当时所里的其他一些老师，如石衍丰、赵宗诚、曾召南、钱安靖、丁贻庄老师等，看书、查资料需要跑到四川省图书馆去。因为当时交通不方便，也为了节省时间，他们去看书查资料时需要带上干粮，也就是几个馒头和一点咸菜，加上一杯水。最初的科研工作就是这样进行的。

郭武教授还说，2004年他在川大宗教所工作，那时川大搞文科的"985工程"建设，宗教所、俗文化研究所、南亚所和藏学所都申报了"985基地"。郭武教授感慨地说："当时卿先生愿意以七八十岁的高龄担任'985基地'的首席专家，也是令人钦佩的！"川大宗教所能够有今天这样的辉煌，与当年拿下"985基地"有很大关系，也与卿先生的老当益壮、再次出山紧密相关。

朱越利教授说，卿先生在川大宗教所引进人才上非常重视。当时为了把任继愈先生的学生陈兵教授引进川大，卿先生做了很多工作。陈兵教授后来成为佛教研究的著名学者，在宋元道教研究领域也造诣精深。其他比如引进日本东京大学著名道教学者蜂屋邦夫教授的高足钦伟刚教授，从云南大学引进郭武教授，从厦门大学引进詹石窗教授、盖建民教授等，卿先生都亲自出马，四处奔走，把他们的职称、住房、待遇等问题一一落实方才安心。

台湾太一道院的黄胜得先生90年代来到内地，希望能够推动两岸的文化交流和道教研究，通过黄海德教授认识了川大宗教所的李刚教授，最终结识了卿希泰先生。二十多年来太一道院与宗教所多次合作，向宗教所提供资金，设立奖学金，鼓励青年人才。此次参加会议的多位教授都曾得到过卿氏奖学金的资助。黄先生说，他二十多年来走遍内地，唯有卿先生培养了如此多的道教研究人才。

郭武、李大华、杨玉辉、张泽洪等教授都提到，卿先生曾将自己的奖金和个人经费用来办刊、发稿费的事。当时的《宗教学研究》还不像现在这样有影响力，宗教所也没有多少经费，所以那个时候办刊很困难，那些年的《宗教学研究》经常有两三期合在一起出版的现象。为了维持这个刊物，当时卿老师确曾用自己的钱来补贴过。张泽洪教授说，《宗教学研究》最初几年只是内刊，非常艰难，但卿先生预见到这个刊物的重要价值，始终不放弃。到90年代初《宗教学研究》成为公开刊物，而现在的《宗教学研究》作为全国高校中公开出版发行的唯一的宗教学专业学术期刊，迄今已发行100多期，并入选《中文社会科学引文索引（2012－2013年）来源期刊目录》（南京大学）、《中文核心期刊要目总览（2012年版）》（北京大学）和《中国人文社会科学核心期刊要览（2008年版）》（中国社科院），2013年还获得国家社科基金资助。由于有这个刊物，宗教学的研究者有了发表自己学术成果的平台。

陈霞、李大华等多位教授都说，当年卿先生初创川大宗教所，目光高远，格局宏大，颇具战略眼光。卿先生在条件极艰难的情况下，主编《中国道教史》《中国道教思想史》，排除万难办刊物。当时或许看不出眉目，但是现在回头来看，若没有卿先生的高瞻远瞩，川大宗教所在学术界不可能有今天的地位。正如陈霞教授所说，卿先生可谓是战略家。

二、传道授业育贤才

刘固盛教授说，卿先生一生桃李满天下，对学术后辈充满关爱。他弥留之际仍在关心学生的毕业和工作问题，令人肃然动容。在他眼中，卿先生不仅是一代宗师，也是一位仁慈的长者。刘固盛教授认识卿先生近二十年。他的博士论文《宋元老学研究》入选卿先生主编的"儒道释博士论文丛书"（第三批），得到了卿先生的肯定，那也是他出版的第一部著作。后来他经常借学术会议之机向卿先生请教，常得到卿先生赠予并题签的新作。每次手捧卿先生的新作，他总是十分激动。刘固盛教授感慨地说："先生之话语，让我如坐春风不曾忘记；先生之惠赠，更是对我学术研究的莫大鼓励。"

郭武教授回忆说，他1988年到川大学习，当时宗教所的条件很艰苦，经费十分短缺，但是卿老师对于培养学生却很舍得花钱。当时卿老师为了让郭武教授更多地了解和认识道教，曾经让他去四川青城山和陕西终南山调查和生活过，并且愿意报销他所有的路费、住宿费和生活费。这点钱在现在看来也许不算多，但在当时却是非常不容易拿出来的。硕士毕业后，郭武教授去了云南大学工作。卿先生有一次到昆明开会，建议郭武教授去香港中文大学跟随黎志添教授读博。当时郭武教授已经在云南大学被破格晋升为教授，他自己去读博士学位的动力不是很强。卿先生知道后，鼓励和督促他应该去香港学习更多的东西。郭武教授到了香港以后，不但接受了新的学术训练，而且接触了大批国外的著名学者，阅读了大量国外的研究成果，这为他打开了新的学术视野。

杨玉辉教授回忆说，1998年他考入了四川大学宗教学研究所攻读宗教学博士。当时的四川大学宗教学博士点是全国高校唯一的宗教学博士点，也是最有实力的宗教学术研究单位，汇集了多位宗教学研究领域的知名学者。正是在川大宗教所的学习和研究经历，奠定了他此后宗教学术研究的基础。由于大学本科学的是中医学，第一次接触宗教学领域，杨玉辉教授内心有许多迷茫和困惑，而作为四十余岁的"大"学生，也面临很大的困难和压力。但不管是在宗教学基本知识和能力的学习和训练中，还是在研究领域的选择和毕业论文的选题中，卿先生都给了杨玉辉教授许多有益的指导。由于道教与传统医学的密切关系，卿先生特别建议他充分利用这个特殊条件选择研究课题，这也促使他下定决心将研究领域放在道教人学和道教养生方面。尤其是对于杨玉辉教授的毕业论文《道教人学研究》，从选题到具体的内容，卿先生都给予了许多指导和帮助，使他能将其顺利完成，并得到卿先生的较高评价。博士毕业后，杨玉辉教授回到西南师范大学，继续从事道教研究工作。2004年他将精心修订准备付梓的《道教人学研究》书稿送给卿先生，并请求赐序。卿先生对书稿给予了很高的评价，并欣然作序，让他深受感动。

张松辉教授说，尽管卿先生是学术界公认的道教研究领域的泰山北斗，但卿先生从不以权威和真理自居。卿先生强调学术批评自由，哪怕批评来自初出茅庐的学生，鼓励学生将不同的意见写成文章发表。除了学术上的指导之外，卿先生对学生的生活也十分关心。据张松辉教授回忆，有一年他从广州来成都开会，卿老师担心他着凉，赶快给他送来衣物。卿先生后来还送给张松辉教授一个计步器，让他坚持锻炼身体。

黄海德教授谈道，他30年前师从王家祐教授时，曾得到卿先生的指导帮助。那时川大宗教所初创，卿先生身体不是很好，经常住院治疗，每次黄海德教授去看望，都能得到卿先生的指导。卿先生对学术研究的献身精神令人敬佩，病重时仍然坚持工作，数十年不懈。后来黄海德教授在四川省社科院工作，卿先生对他们的工作十分支持，甚至黄海德教授到华侨大学工作后，卿先生依旧关心支持他。

赵芃教授回忆说，2003年到川大读书，路上遇到卿先生，当时不敢和卿先生打招呼，想躲着走，结果卿先生非常和蔼隔着老远就叫他。赵芃教授毕业后回到济南，他的博士论文入选了"儒道释博士论文丛书",当时卿先生第一个打电话给他,告诉他这个好消息,并且非常详细地指导他修改论文。赵芃教授到山东工作之后,申请国家课题遇到困难,找不到合适的选题。卿先生知道后建议他结合自身优势,以"山东道教史"为题申报,让他茅塞顿开。后来赵芃教授的《山东道教史》出版遇到困难,申请"985"经费资助,卿先生给予了很大支持。

卿先生培养的不仅有道教研究的人才,还有宗教学其他领域的人才。比如现任大理大学校长张桥贵教授,他的研究方向主要是西南少数民族宗教。张桥贵教授说道,卿先生学术功底十分深厚,当年他在川大宗教所读书时,论文交给卿先生审阅,卿先生当场修改,在不翻阅参考书的情况下连引文的错误都能改得一字不差。

三、重情重义助同道

朱越利教授回忆,1980年,他那时在中国社科院读研,跟随任继愈先生编写《宗教辞典》,道教方向的内容若没有卿先生的大力支持是写不出来的。在那期间,朱越利教授常向卿先生、王家祐先生请教,受益良多。1981年,朱越利教授到成都学习,又见到卿先生,得到卿先生所赠的《中国道教思想史纲》。卿先生专门用毛笔题字,并不因为对方是晚辈后学而轻慢。

胡孚琛教授说,卿先生特别重情重义。王明先生曾为卿先生的著作《中国道教史》作序,王明先生去世后,卿先生特地在四卷本《中国道教史》的后记中悼念王明先生。

中国道教协会副会长、北京东岳庙住持袁志鸿道长说,卿老是道教学研究的泰山北斗,他的学生桃李满天下。受到卿老道学文化熏陶培养的人很多,不仅在学术界,在道教界获其益的也大有人在。早年,卿老、王家祐、胡海牙等老先生经常参加中国道协的活动尤其是学术活动,所以在许多场合袁志鸿道长都有与卿老还有四川的道教学者王家祐先生见面和请益的机缘。遇到道教文化的问题向卿老请教,老先生释疑解惑,有教无类。卿希泰老先生的温文儒雅、诲人不倦的风范,袁志鸿道长至今记忆犹新。2014年北京东岳庙办起了《凝眸云水》季刊,向卿老师约稿,卿老欣然应允,2015年《凝眸云水》连续四期连载了卿老先生的大作:《中国道教史研究的学术价值和现实意义》。并且,卿先生还是《北京东岳庙志》四位"名誉顾问"的首座。

袁志鸿道长还说道,卿老是学者中非常关心维护道教的人。记得在一次学术研讨会的场合,人们为鲁迅先生关于"中国根柢全在道教"这句话争论不休,有学者认为鲁迅先生这句话在当时的语境,应该是对道教颇含贬义的意思。最后卿希泰先生站起来正本清源,论证了"中国根柢全在道教"是鲁迅先生肯定道教在中国社会的思想文化地位和价值。在中国社会和传统文化的发展中,道教有着不可替代的积极意义和价值。由于卿老的学术地位和影响,他的话一言定鼎,他那种在大的学术场景下阐述学理、以理服人的大家学者气概,至今使人记忆犹新。

杨玉辉教授回忆,2008年底,受北川县政府委托,李刚教授和杨玉辉教授一起参与制定"北川羌族自治县宗教文化灾后重建总体规划"的工作。灾后重建所涉及的宗教问题，是一个非常敏感的话题，如何能够既符合当前的宗教政策，又能够发挥宗教在灾后重建中的积极作用，是一个需要深入探讨的学术课题，而由政府部门参与的宗教文化重建，在国内还属首创。当初接受这项艰巨的任务，他们还是有些信心不足，便去川大当面请教卿先生。卿老十分热心这件事情，高度评价了宗教参与灾后重建的重要意义，并给他们提出了许多具有指导性的具体建议和意见。在规划文稿基本完成后，卿老不顾八十多岁的高龄，仔细阅读了全部文稿，不放过每一个细节，甚至文字表述都仔细斟酌，充分肯定了他们的工作，并提出进一步修改的建议。正是在卿老的鼓励和支持下，这一规划制定工作得以顺利地高质量完成。

四、薪尽火传范后学

1999 年，四川大学宗教学研究所更名为四川大学道教与宗教文化研究所，开展以道教研究为主，兼有佛教、基督教、少数民族宗教、宗教学理论等全方位宗教学术研究的学科布局，并取得了丰硕的成绩。近二十年来，在卿先生的领导下完成了一个又一个的国家级和省部级重点科研项目，研究成果层出不穷，多次获得国家级、省部级的优秀科研成果奖。同时，川大宗教所培养的人才已有数百名，卿先生亲自培养的亦有数十位，遍布全国各高校和研究机构，其中不少已成为宗教学研究领域的学术骨干和领导。此外，不少国外学者也慕名前来学习和进修，接受卿老指导。与会德国学者欧福克副教授回忆说，自己从 1992 年开始多次到四川大学宗教所学习、考察，受益匪浅。卿先生多次应邀去日本、德国、新加坡、韩国、加拿大等国家和我国港台地区访问讲学或参加道教国际学术会议，在卿先生的带领下，川大宗教所与许多国家和地区的研究机构和学者建立了良好的合作交流关系，使川大的道教和宗教研究产生了巨大的国际影响。

通过追忆卿希泰先生的一生，在座的李远国等学者总结了卿先生的学术成就，主要包括四个方面：确立了道教在中国传统文化中应有的地位；开辟了现代道教研究的新领域，为中国道教研究奠定了坚实的基础；为中国的道教研究正名，确立了中国道教研究的国际地位；培养了大批高层次的宗教学人才。

座谈会上，很多学者谈到卿先生是中国道教研究的"开拓者"。郭武教授认为，"开拓者"这一评价并不够精确和崇高，更加精确和崇高的评价应该是"奠基者"。因为别人可以说，事实上在卿先生之前也有人搞过道教研究；或者也可以说，学术研究是不断进步的，"开拓者"是需要被超越的。而卿先生对道教研究人才的培养却是别人无法替代的，他培养的道教研究人才遍布国内很多单位，甚至遍布世界很多地方，他的"再传弟子"们更是如此。这些弟子和"再传弟子"不但构成了当今道教研究的主力，而且还将代代繁衍、薪火相传，所以无论以后道教研究发展到何种程度，都离不开卿先生当日的培养之劳和"奠基"之功。

刘固盛教授总结卿希泰先生的学术成就有以下三个特点：其一是卿先生的道教学术研究具有开拓性和整体性。从20世纪80年代的《中国道教思想史纲》到90年代的《中国道教史》，再到新世纪的《中国道教思想史》，卿先生的道教研究具有宏大的规模和前瞻的规划，注重贯通研究和思想提炼，硕果累累，令人敬佩。其二，卿先生的学术见解具有敏锐性和引领性。仅2006年他发表的《百年来道教研究的回顾与展望》一文，提出要加强地方道教史和道派史的研究，加强道教教义教理的研究，开展道教典籍的整理，开展学科交叉研究，加强西方道教研究成果的译介等等，正在引领并将继续引领今后道教学术的发展。其三，卿先生的学术研究和人才培养以及相关学术领导工作不仅提升了道教学术在我国人文社会科学中的地位，也极大地提升了我国道教研究的国际地位。

李远国研究员还指出，卿先生所倡导的研究传统和研究方法对国内宗教学研究产生了深远的影响。卿先生作为国内宗教学的开创者和领路者，我们不能忽视他在宗教学研究方法上的贡献。

首先，卿先生突破时代局限，坚持客观理性的科学方法。从新中国成立到改革开放时期，国内宗教研究都是围绕党和政府的宗教政策进行的，宗教学研究仅限于解释宗教政策。卿先生在其宗教学研究中，始终坚持了客观理性的科学方法，不局限于阐述政策，也不"媚教"。他以马克思主义的立场、观点、方法做指导，力求贯彻从实际出发、实事求是的原则，尽可能地根据第一手原始材料做辩证的、全面的分析，按其本来面貌去认识它们，仔细辨别其精华和糟粕，历史地评价其作用，力求避免空泛的议论和主观片面地下结论。他不仅自己坚持这样的研究方法，也培养学生坚持正确的研究方法。

其次，卿先生注重与宗教界的交流和合作。卿先生认为宗教学研究不能局限于考据文献材料的死胡同，不能做成远离现实的书斋里的学问。卿先生历来关注道教在当代所面临的问题。本着弘扬中华优秀传统文化的人文情怀，卿先生希望宗教学研究能够有助于现实宗教问题的解决，推动宗教界为当今社会发展做出积极贡献。多年来，卿先生及川大宗教所同宗教界进行了良好的合作交流，充分发挥学界和宗教界的优势互补作用，不仅为宗教界培养了大量人才，为宗教界的学术发展和文化教育做出了巨大贡献，同时也在与宗教界的紧密合作交流中，不断推动宗教学研究的深入开展。

李远国研究员认为，卿先生开创的道教研究方法，不同于西方宗教学的方法，可谓是"道教研究的卿氏学派"。李远国教授还建议川大宗教所写一本《道教学术史》，追溯卿希泰先生及其他道教研究先贤的事迹，梳理道教学术的血脉，继承卿先生的学风和研究方法。

与会嘉宾除了追忆、总结卿先生的光辉成就之外，还分享了卿先生的很多生活往事，十分感人。苟波教授提到卿先生十分疼爱小孙女，不管他在忙多重要的事，只要小孙女来敲门，卿先生马上亲自开门。卿先生对学生也十分关心，随时挂念着学生的学业、生活，甚至时常让师母到宿舍去看望他们。

陈霞教授还提到，卿先生是个非常宽厚且达观的人。这么多年来卿先生的身体一直不好，多种疾病缠身，但是卿先生从未被病痛拖累过，始终乐观幽默。

盖建民所长提到，川大李旭峰副校长曾对他说，卿老师人非常好，特别善良，川大生物系老一辈的老师都很怀念卿先生（卿先生曾经担任过四川大学生物系的书记，对生物系的学科建设也有贡献）。"文革"时生物系的老教授被批斗，被打得浑身是血，没有人敢过问，当时卿先生自己也是被批斗关牛棚的，在那种情况下卿先生还把受伤的生物系教授背回家。

追思会最后，卿海若先生回忆了很多自己小时候卿先生教导他们兄弟的点滴。他还说到"文革"期间，卿先生时常被批斗，但卿先生回到家和家人说的永远不是谁打了他、斗了他，而是谁帮助了他、对他笑了。卿先生记住的都是别人对他的好。

最后，盖建民所长总结道："卿希泰先生是四川大学宗教学研究所创所所长，是国际道教研究的权威学者，是中国当代杰出的教育家，是中国道教研究的一代宗师，道德文章堪称楷模，为中国道教研究培养了大批专业人才，形成了自己独特的道教研究方法和理论，即李远国研究员所说的'卿氏学派'，为我国道教研究学科建设做出了奠基性贡献。业师治学严谨，秉承了川大注重经典、以史学见长的学术传统。卿先生主编的《中国道教史》《中国道教思想史》是道教研究者的必读文献，在国际道教学界产生了重要影响。此外，卿先生在培养道教研究人才方面有自己的独到之处和开阔的视野，他培养的很多博士，注重从学科交叉与文化学角度挖掘道教思想内蕴，出版了一系列高质量的道教研究论著。卿先生主编的《儒道释博士论文丛书》自1998年开始已经出版了180部，提携后辈，嘉惠学林，在道教后备研究人才培养方面，发挥了极其重要的作用。作为先生的受业弟子，我们深切缅怀业师。我们将继承先生'板凳甘坐十年冷'的治学态度，沿着先生奠基的中国道教研究理路，为建立道教研究的中国学派贡献自己的绵薄之力。"

（杨雯记录整理）

机构唁电（排名不分先后）

一、2017年2月18日

1. 中国社会科学院世界宗教研究所

四川大学道教与宗教文化研究所：

惊悉卿希泰先生不幸逝世，世界宗教研究所全体研究人员深感悲痛！

卿希泰先生是我国著名哲学家、宗教学家，中国道教学研究的重要开拓者与建设者，国际知名的道教研究权威学者。

由卿先生开创的四川大学宗教学研究所，是我国高校第一个宗教学的专门研究机构，至今宗教学研究所仍然是我国宗教学研究的重镇。

卿希泰先生的逝世是我国哲学界、宗教学界、道教学术界和教育界的巨大损失！

我们对卿希泰先生的逝世表示深切哀悼，并恳请家属节哀、保重！

中国社会科学院世界宗教研究所

2. 北京大学哲学系、宗教学系

四川大学哲学系、四川大学宗教学研究所：

惊悉著名哲学家、宗教学家卿希泰先生于2017年2月17日因病辞世，深感痛悼！

卿希泰先生是四川大学哲学系的创建人之一、四川大学宗教学研究所创所所长，也是当代中国道教学研究的开创者和奠基人之一，为中国当代宗教学科的发展做出了重要贡献。卿希泰先生在中国哲学史、道教历史、道教思想等领域的杰出成就得到了国内外学术界的高度赞誉和一致认可。卿先生在严谨治学的同时，也为中国当代道教学和宗教学研究培养了大批人才，极大地提高了道教学术研究的整体水平。

卿先生的辞世，不仅是道教学界的重大损失，更是宗教学和哲学界的重大损失！北京大学哲学系、宗教学系全体同仁深感痛惜，特致电以表崇敬追思之情，并向卿希泰先生家人致以诚挚的慰问！

卿希泰先生千古！

北京大学哲学系、宗教学系

3. 中国人民大学佛教与宗教理论研究所、中国人民大学宗教高等研究院、中国人民大学宗教学系

卿希泰先生治丧委员会：

惊悉四川大学道教与宗教文化研究所创始人，四川大学文科杰出（资深）教授，享誉海内外的著名哲学家、宗教学家、道教研究泰斗卿希泰先生与世长辞，中国人民大学佛教与宗教理论研究所、宗教高等研究院、宗教学系全体同仁深感悲痛，谨致以深切哀思和悼念，并向先生的家人致以诚挚慰问。

卿希泰先生毕生从事中国道教史和道教思想史研究，治学严谨，著作等身，影响深远，享誉士林。先生亲手创建了四川大学哲学系、四川大学宗教学研究所和教育部人文社会科学重点研究基地四川大学道教与宗教文化研究所，培养了一代又一代海内外道教研究人才，为中国道教学术研究的兴起和繁荣做出了不可磨灭的贡献。

先生生前十分关心我所的各项工作，并给予重要的学术指导。先生的逝世，不仅是我国道教与宗教文化学术界的重大损失，也使我所失去了一位可爱可敬的前辈明导。先生的德行文章，堪称后人楷模，值得永远铭记。

哲人其萎，风范长存！卿希泰先生千古！

中国人民大学佛教与宗教理论研究所
中国人民大学宗教高等研究院
中国人民大学宗教学系
全体同仁　敬挽

4. 中国社会科学院世界宗教研究所道教与民间宗教研究室

四川大学道教与宗教文化研究所：

惊悉卿希泰先生不幸逝世，万分悲痛，道教与民间宗教研究室全体研究人员无不深感惋惜。谨以此向卿希泰先生表示沉痛哀悼，并向其亲属表示亲切慰问！

卿希泰先生是中国道教学研究的重要开拓者与建设者、国际知名的道教研究权威学者。卿希泰先生一生献身于学术研究及教育事业，勤苦耕耘、著述宏富且育人无数，诚为我辈永远之

楷模！

卿希泰先生的逝世是我国道教学术界的巨大损失！

卿希泰先生千古！

中国社会科学院世界宗教研究所道教与民间宗教研究室

马西沙　韩秉方　吴受琚　王卡　汪桂平

谭德贵　戈国龙　李志鸿　刘志　林巧薇

5. 中国政法大学人文学院哲学系

尊敬的卿希泰教授治丧委员会：

惊悉卿希泰教授驾鹤仙逝，此诚中国文化之殇也，不胜哀痛之至。

卿希泰先生执教六十余年，为教育事业奉献了毕生的心血，足为后学楷模。卿希泰先生治学严谨，德教双馨，不仅推出了诸多具有里程碑意义的学术著作，还培养了大批卓有建树的研究人才，赢得了国内外学者的广泛赞誉，改变了宗教学和道教学术在中国发展的薄弱状态。

哲人已逝，泰山其颓；名山永在，师德长存！

中国政法大学人文学院哲学系

全体同仁　敬挽

6. 华中师范大学道家道教研究中心

四川大学道教与宗教文化研究所卿希泰教授治丧小组：

惊悉卿希泰教授逝世，不胜哀痛。卿希泰先生是我国道教研究的开拓者和权威专家，在道教研究领域取得了卓著的成就，令人敬佩；为道教研究的学科发展和人才培养做出了巨大贡献，为学界共仰。他的逝世是我国道教学术界的重大损失，我们深感惋惜和悲痛！谨对卿希泰先生的辞世，表达我们深切的悼念，并向卿希泰先生的家属致以诚挚慰问。

华中师范大学道家道教研究中心

熊铁基、刘固盛及全体同仁　敬悼

7. 云南大学历史与档案学院

四川大学道教与宗教文化研究所：

惊悉卿希泰先生不幸辞世，道教史研究界痛失大师！谨此表达我们的惋惜和哀悼！卿希泰先生是中国道教史研究的奠基者，著作等身高，桃李遍天下，享誉海内外。他的不幸离世，是中国学术界的巨大损失！

卿希泰先生千古!

云南大学历史与档案学院

8. 华侨大学海外宗教与闽台宗教研究基地、华侨大学宗教文化研究所

四川大学道教与宗教文化研究所：

惊悉学界泰斗卿希泰先生不幸逝世，我单位全体同仁至为悲痛，谨此表示沉痛哀悼，并向卿先生的亲属表示亲切慰问。

卿希泰先生为中国道教学研究的重要开拓者、国际知名的道教研究权威学者，平生教书育人传道授业桃李满天下，道德文章著作等身成就传神州，为中国宗教学术界做出了重要的杰出贡献，堪为学界楷模，高山仰止。卿希泰先生的逝世是中国学术界的重大损失！

卿希泰先生永垂不朽！

华侨大学海外宗教与闽台宗教研究基地
华侨大学宗教文化研究所

9. 德国道教协会

We are deeply sorry to hear that the Professor Qing Xi Tai（卿希泰教授）passed away this morning.

Life is the greatest gift that Dao has given us. Death is only a bridge towards the eternal life with Dao. Our sincere condolences for the loss of our professor Qing Xi Tai.

Dezhong Liu（刘德忠）
Xinmi Li（李信宓）
Chairman & Vice chairman of
German Daoist Association

10. 丹道与养生文化研究会

四川大学卿希泰先生治丧委员会：

惊闻著名哲学家、宗教学家、中国道教学研究的重要开拓者与建设者、四川大学宗教学研究所创所所长、中国老子道学文化研究会顾问、四川大学文科杰出（资深）教授卿希泰先生因病辞世，丹道与养生文化研究会全体同仁万分悲痛，深感惋惜！谨此向卿希泰先生表示沉痛哀悼，并向其亲属表示亲切慰问。

卿希泰教授在哲学研究、宗教学研究，特别是道教学研究方面有开风气、领方向之风范。先生为人高风亮节，睿智豁达，无私奉献；为学锲而不舍，严谨治学，著作等身；为师教书育人、

提携后辈、桃李满天下：堪称为人、为学、为师之楷模。

卿希泰先生风范永存，我们为失去这样一位在中国哲学、中国宗教学研究领域有着崇高声誉和深远影响的国际权威深感痛惜，为丹道与养生研究会失去这样一位前辈师长而深感痛惜！

卿希泰先生千古！

丹道与养生文化研究会

11. 四川大学法学院

四川大学道教与宗教文化研究所：

惊悉学界泰斗卿希泰先生仙逝，我院全体师生深表哀悼。卿希泰先生早年曾在四川大学法律系就读，毕业留校在法律系任教，是四川大学法学院的杰出校友和老前辈。卿希泰先生著作等身，德教双馨，桃李满天下，为我校人文社会科学的发展做出了卓越贡献。卿希泰先生遽归道山，我院失去了一位杰出校友，特致电表示深切悼念，并请向卿希泰先生的家属转达我们的慰问。

四川大学法学院

二、2017年2月19日

1. 中国道教协会

四川大学道教与宗教文化研究所：

惊悉著名学者卿希泰先生与世长辞，我们深感悲痛，特致电表示深切悼念！

卿先生是我国道教学研究的重要开拓者。他创建了我国高校第一个宗教学专门研究机构，培养了一大批道教研究人才。他撰写和主编的《中国道教思想史纲》《中国道教史》《中国道教思想史》等著作代表了我国道教研究的水平，在国际道教学术界产生了重要的影响。

卿先生十分关心道教文化在当代的继承和弘扬，不仅著有《道教文化与现代社会生活研究》等书，而且大力支持道教界的文化建设和人才培养。他与许多道长建立了深厚友谊，他的学养深受道教界敬重。

哲人虽逝，风范长存；高山仰止，遗泽永在。卿先生千古！

谨向卿先生家属表示诚挚的慰问。

中国道教协会

2. 老子道学文化研究会

四川大学道教与宗教文化研究所：

惊悉本会德高望重的顾问卿希泰先生驾鹤仙逝，老子道学文化研究会全体同仁深感万分悲痛！

卿希泰先生是当代道学、宗教学与中国哲学领域的开拓者和领航人之一，为发展道学研究和弘扬优秀传统文化做出了巨大贡献。先生长期致力于道学与中国哲学的研究与教学，深学独造，蜚声国际，嘉惠后学。卿先生所编著的《中国道教史》和《中国道教思想史纲》为当代道学研究树立了重要的里程碑；其组建了中国高校第一个宗教学研究机构四川大学道教与宗教文化研究所，创办了第一份宗教学学术刊物《宗教学研究》，为道学与宗教学研究筑就了巍巍重镇。

振木铎于学衰兮，立道统于西南。先生返归道山，实为中国学术界、思想界和文化界的重大损失。谨此向卿希泰先生的逝世表示沉痛哀悼，并向其家属表示亲切慰问。

卿希泰先生永垂千古！

老子道学文化研究会

3. 北京师范大学哲学学院、中国哲学与文化研究所

四川大学道教与宗教文化研究所：

惊悉我国著名哲学家、宗教学家、中国道教学研究的重要开拓者、国际知名的道教研究权威、四川大学宗教学研究所原所长、国家"985工程"宗教、哲学与社会研究创新基地首席专家、四川大学文科杰出教授卿希泰先生不幸逝世，我们深表哀悼！

卿先生一生覃思精研，学术造诣精深、学术视野开阔、学术成果丰硕、学术影响巨大。先生所著《中国道教思想史纲》，对中国道教思想之发展、道教哲学之内涵做了准确、精要之研究与概括；而先生主编的《中国道教史》，不仅填补了国内研究的空白，对于丰富中国哲学与思想史的内涵也产生了极其深远的影响，是公认的世界范围内道教研究具有里程碑意义的鸿篇巨制。

先生在致力于道教学研究的同时，还为社会培养了大量优秀的道教学研究和教学人才。他的弟子中，有国家宗教学研究的领军人物、教育部"长江学者"特聘教授、新世纪优秀人才等，为我国宗教学研究的人才梯队建设、发展做出了巨大贡献。

先生一生虽历种种艰难，但事不避难、义不逃责，始终致力于推动中国道教文化的研究，促进中华优秀传统文化的现代转型与创新。先生的逝世，是中国学术界的重大损失。

北京师范大学哲学学院中国哲学与文化研究所全体同仁：周桂钿、郑万耕、李景林、张奇伟、强昱、徐文明、李祥俊、章伟文、田智忠、蒋丽梅谨对卿先生的逝世致以深切悼念，并委托四川大学道教与宗教文化研究所同仁代为在卿先生灵前敬献花圈。希望卿先生家人节哀顺变。

卿希泰先生千古！

北京师范大学哲学学院
中国哲学与文化研究所
全体同仁

4. 华东师范大学明道道教文化研究所

惊悉卿希泰先生因病逝世，不胜震惊！先生是一位资深的学者，是我国道教学研究的开创者之一，其道德文章深为学者钦佩，学术成就不仅极为丰硕，更重要的是造惠不止一代学人，引领学术前沿数十年。他创建了我国高等教育界第一所宗教研究所，培养的硕士、博士队伍庞大，分布于全国各地乃至境外多个国家。他和他率领的团队，已经成为我国道教学术队伍的中坚力量。

卿先生是道教学术研究名副其实的一代宗师。他的学术思想和学术成就，树起了改革开放以来道教学术事业的一座巨大丰碑。后继者们可以在先生的成就上进一步开拓，但无论如何都绕不开这座丰碑，而且随着学术研究的进一步发展，后来者都会一直怀着景仰之心瞻望这座丰碑。卿先生的逝世，是四川大学的一大损失，也是我们整个学术界的一大损失，更是我们这个时代的一大损失。在此，我们怀着悲痛与崇敬的心情悼念他，缅怀他。

谨向四川大学道教与宗教文化研究所的全体学人们致哀，也请向卿先生的家属转达哀切之情。敬请大家节哀止痛，将卿老开创的事业，推向前进！

华东师范大学明道道教文化研究所

5. 南京大学道学与东方文化研究中心

四川大学卿希泰先生治丧委员会：

惊闻卿希泰先生邈归道山，南京大学道学与东方文化研究中心全体同仁不胜哀恸！

卿希泰先生为道学与宗教学的开拓与发展倾注了毕生心血，其研究覃思，成就卓著，享誉国内外学术界，为当代道学、宗教学研究的泰山北斗。先生德高望重，风范垂世，为道学、宗教学与中国哲学研究培养了大批英才，桃李满门，为中华文化之传播弘扬做出了巨大贡献。卿希泰先生的逝世是我国与世界宗教学界的重大损失！

谨向四川大学道教与宗教文化研究所及卿希泰先生的家属表示诚挚的慰问。

卿希泰先生千古！

南京大学道学与东方文化研究中心

6. 南京大学中华文化研究院

惊悉著名宗教学家、道教研究泰斗卿希泰先生逝世，深感悲痛，谨致沉痛哀悼，并向卿希泰先生的家属表示深切的慰问。

南京大学中华文化研究院

7. 厦门大学哲学系

卿希泰先生治丧委员会：

惊悉卿希泰先生仙毫，深感悲痛。

卿希泰先生是中国道教学研究的重要开拓者，为发展我国宗教学研究和弘扬优秀传统文化做出了巨大贡献，对厦门大学哲学系学科建设提供了很大的帮助。

厦门大学哲学系全体师生深切缅怀卿希泰先生，并向其家属致以诚挚的慰问。

卿希泰先生千古！

厦门大学哲学系

8. 陕西省社会科学院宗教研究所

四川大学卿希泰先生治丧委员会：

惊闻希泰先生仙逝，不胜悲戚。陕西省社会科学院宗教研究所并道学中心全体同仁深表哀悼！

希泰先生一生致力于中国哲学、宗教学研究，鼎力开创中国道教学术研究，彪炳世界道教学术史册。先生创建的四川大学宗教学研究所，为中国道教研究培养了一批栋梁之材，已成为中国道教学术领域的一支重要力量，我省道教研究中坚亦有多人出其门中。先生还率先组织川大宗教所开展对陕西道教历史文献的研究，并以八十高龄赴陕参加学术论坛，现场考察陕西道教现状，对我所道教研究给予鼓励和教导。吾辈受惠良多，同仁无不感奋。

一代宗师，举国共仰，哲人虽逝，风范长存。我所及中心同仁谨向先生致以沉痛的哀悼，并对其家属致以诚挚的慰问。我所将继承先生遗志，传承先生的学术精神，为中国传统文化的保存和广大尽心尽力，薪火相传，矢志不渝。

陕西省社会科学院宗教研究所原所长、陕西省
社会科学院道学研究中心名誉主任　樊光春
陕西省社会科学院宗教研究所所长　李继武
及全体同仁　泣拜

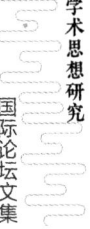

9. 湖南大学岳麓书院

四川大学道教与宗教文化研究所并盖建民所长：

惊闻希泰先生遽归道山，不胜哀痛之至！希泰先生躬耕道教文化研究领域数十年，著述宏富，泽被士林，海内仰以为山斗重镇。不意忽舍尘扰，往登仙遐，追思何及！惟祈家属勉戢哀思，高弟私淑及并世有志之士恭承遗志，以襄未竟之洪业。

湖南大学岳麓书院

10. 上海师范大学哲学与法政学院敦煌学研究所

四川大学卿希泰教授治丧委员会：

惊闻卿希泰教授逝世噩耗，不胜哀悼！卿希泰教授长期致力于中国道教、中国哲学的教学和研究，为中国道教学、中国哲学和中国宗教学的建设与发展做出了重大贡献。他学养深厚，德风远播，诲人不倦，奖掖后学，为国家培养了一大批优秀人才，深得大家的敬重和爱戴，堪称中国道教研究的泰斗。卿希泰教授勇于拓展、严谨求实、成果丰硕的治学生涯，为我们树立了榜样。他的逝世，是中国宗教研究界的巨大损失。

请转达我们对卿希泰教授家属的诚挚慰问。

卿希泰先生千古！

上海师范大学哲学与法政学院敦煌学研究所

11. 杭州师范大学国学院

四川大学道教与宗教文化研究所并卿希泰先生家属：

顷接讣讯，知卿希泰先生道山遽返，山颓木坏，惊悼莫名。先生英才卓荦，升堂睹奥，专精哲学，尤精于中国道教文化研究，著书数尺，泽惠士林。师范同钦，徽音永著。虽归真于天上，无留憾于人间。谨呈唁敬一函，聊表哀忱。

专此

祗候素祺

杭州师范大学国学院副校长兼院长　何俊
副院长　范立舟

三、2017年2月20日

1. 国家宗教事务局

四川大学：

　　惊悉卿希泰先生不幸逝世，万分悲痛，谨致以深切哀思与悼念！向卿先生的家属致以诚挚的慰问！

　　卿先生是我国著名的道教研究学者、宗教学家，曾负责创建我国高校第一个宗教学专门研究机构——四川大学宗教学研究所，历任四川大学宗教学研究所所长、四川大学宗教与社会研究创新基地首席科学家、中国宗教学会副会长等职。卿先生编著的《中国道教史》《中国道教思想史纲》等，在道教研究领域有着举足轻重的影响，并被译成其他文字在海外出版，得到海内外专家学者的高度赞誉。卿先生一生抱持强烈的爱国心和责任感，严谨求实，无私奉献，为我国道教研究事业做出了重要贡献。

　　卿先生的逝世，是我国宗教学术界的重大损失，但他的道德文章永存于世。卿先生苦心孤诣、勇于开拓的治学精神，胸怀广阔、无私奉献的为人品格，堪称后人楷模，我们将永远铭记！

　　卿希泰先生千古！

国家宗教事务局

2. 中国国学研究与交流中心

卿希泰先生治丧委员会：

　　惊悉我国著名哲学家、宗教学家卿希泰先生不幸逝世，深感悲痛。

　　卿希泰先生是中国道教学研究的重要开拓者，为发展我国宗教学研究和弘扬优秀传统文化做出了突出贡献。卿希泰先生热爱祖国，献身教育，毕生致力于高等教育事业，为国家培养了一批宗教学研究的骨干人才。

　　卿希泰先生的辞世，是我国学术界、教育界的重大损失。谨此，我们表示深切哀悼，并向家属致以诚挚慰问。

　　卿希泰先生千古！

中国国学研究与交流中心

3. 中国社会科学院哲学研究所

卿希泰同志治丧委员会：

　　惊悉卿希泰先生逝世，为失去这样一位在学界享有崇高威望的优秀学者而深感痛惜。谨以此向卿希泰同志表示沉痛哀悼，并向其亲属表示亲切慰问。

　　卿希泰先生千古！

中国社会科学院哲学研究所
《哲学研究》杂志社　谢地坤所长

4. 山东大学犹太教与跨宗教研究中心

四川大学道教与宗教文化研究所盖建民所长：

　　惊悉贵所创始人卿希泰先生仙逝，悲痛之至。卿先生是中国当代道教研究的先行者和一代宗师。先生著作等身，学识渊博，学高示范，万众景仰。先生从教六十余年，为国家广育贤才，桃李芬芳，名满天下。先生奖掖后学，扶植新人，本人和山东大学的诸多同仁亦受益良多。先生的逝世是中国宗教学与哲学事业、教育界和知识界的重大损失。谨代表山东大学宗教学专业师生向卿先生致以深切哀悼和崇高敬意，并请阁下代为转达对其亲属的慰问。

　　卿希泰先生永远活在我们心中。

教育部人文社会科学重点研究基地
山东大学犹太教与跨宗教研究中心主任
傅有德　敬挽

5. 加拿大里贾纳大学宗教学系

尊敬的盖所长及各位：

　　惊悉卿希泰先生不幸过世，我们都很难过。他以前来过我们学校，我们也曾邀请他给我们做了一个非常精彩的讲座。他的为人和学术，都给我们留下了深刻的印象。在这个时候，我们宗教学系托我转上给川大宗教所的唁函，表示深刻的悼念和怀念。请见下文。

任远　上

Dear Colleagues in the Institute for the Study of Religions at Sichuan University:

We were very saddened to hear of the death of Professor Qing, a member of your Institute and an esteemed colleague of yours and ours in the discipline of Religious Studies.

We still remember with delight the honour of Professor Qing's visit to the University of Regina in 2005. His scholarship and erudition were impeccable. He will be missed, but his contributions will continue to be treasured.

Sincerely, Franz Volker Greifenhagen, on behalf of the Religious Studies Department, University of Regina.

F. Volker Greifenhagen

Academic Dean

and Professor of Religious Studies Luther College

University of Regina

Regina, Saskatchewan

Treaty Four Territory

CANADA S4S 0A2

(306) 585－4859 fax 585－526

6. 上海城隍庙

卿希泰先生治丧委员会：

卿希泰先生羽化升仙的消息传来，上海城隍庙全体道众十分悲恸，认为这是中国学术界和道教界不可弥补的重大损失。

卿希泰先生自八十年代初，就与上海城隍庙原住持陈莲笙道长建立了深厚的友谊，振兴中华传统文化的共同理想将他们联系在一起。

卿希泰先生一直关心上海城隍庙的恢复、修建、开放和发展工作，热切关心和指导青年道长的健康成长。

卿希泰先生自始至终敞开他所创立的川大宗教所的大门，提倡学术界和道教界相互合作，为振兴中华传统文化共同努力。

我们相信，川大宗教所和上海城隍庙将继承前辈的遗志，继续合作，共同努力，秉承川大实事求是的学风和道教济世度人的理念，为实现中华民族伟大复兴的中国梦做出更大的贡献，以告慰卿希泰先生和陈莲笙道长的在天之灵。

上海城隍庙管理委员会　谨挽

7. 上海市道教协会

卿希泰先生治丧委员会：

惊悉卿希泰教授安详升仙，上海市道教协会全体同道非常悲痛，因为我们失去了一位名师，一个朋友，一名长者。

我们尊敬卿希泰教授，因为他第一个在中国高等学府中开设了道教研究课程，系统研究道教，普及了人们对道教文化的认识，提升了道教徒的自豪感。

我们怀念卿希泰教授，因为他把道门中人看作朋友，他和上海市道教协会已故老会长陈莲笙道长建立了持久的友谊，他的道教研究成果提升了我们对于道教文化的热爱程度，树立了道教徒的文化自信。

我们热爱卿希泰教授，因为他对待新一代道教徒和道门领袖，如同对待青年学者一样，他是一名诲人不倦的热心前辈。他用自己的研究成果拨开了重重迷雾，指导着当代道教前进的方向。

卿希泰教授虽然离开了我们，但是，他指明了道教文化自觉的道路，他给予了道教界热情的关心，他为培养新一代道教学者和道教知识分子付出了毕生心血。这些是我们永远不会忘记的。

上海市道教协会

8. 新加坡道教协会

我会客座学术顾问卿希泰教授仙逝

慈尊接引　超升仙界

新加坡道教协会全体道友　同敬挽

个人唁电(排名不分先后)

一、2017年2月17日

1. 任远教授等

四川大学宗教学研究所：

　　得知卿先生不幸去世，心中的悲伤难以言表。我远在加拿大，不能亲自前来看先生最后一眼，更是觉得遗憾。我的学生很多都知道先生，对先生的学识和人品都很崇敬，卿先生是我们的好老师，更是我们各方面的榜样。见过的和没有机会见到他的，在这里都和我一样，怀着沉痛的心情，向卿先生鞠躬，致敬！我们会带着先生的期望，继承先生的精神财富，认真学习，好好工作。请您放心！

　　尊敬的卿先生千古！

学生：任远，王圣英，曹子童，陈钊
敬拜于加拿大里贾纳大学，中国厦门，中国长沙

二、2017年2月18日

1. 黄心川教授

四川大学宗教学研究所、卿希泰先生治丧委员会：

　　惊悉贵校著名学者卿希泰教授鹤驾飞仙，不胜沉痛悲哀，谨向研究所同仁与卿希泰教授家人

表示深切哀悼，并请家人节哀顺变！

卿希泰教授是世界著名学者，也是新中国建立后宗教学界的先驱与道教研究界的元老。他一生都在为我国的宗教研究付出巨大努力，开创了道教研究新学科，桃李满天下，著述等身。他在道教研究方面成果累累，填补了海内外的研究空白，为中国学人树立了榜样，也在世界道学研究界赢得了一席之地。

我与卿希泰教授已有60余年交往，在我的心里他是大好人，从来不为自己着想，经常想到的都是别人。我们曾经在一起讨论切磋世间诸事，交流如何推动宗教学科的研究。近些年各住一方，交往不再频繁，却亦在相互问候，希望彼此颐养天年。未想到卿希泰教授先我而去，"生为泣下，留之不可，两相唏嘘"！

哲人其萎，学说源长浸万世；

智者不还，著述绵传照灯人。

黄心川

2. 陈耀庭教授

惊悉尊敬的卿希泰老师鹤驾西归，不胜哀痛。务请川大宗教所各位同仁节哀，继承老师遗志，继续学术奋进。务请老师家属节哀，让老师在天之灵放心。

陈耀庭　泣呈

3. 牟钟鉴教授

惊悉道教学泰斗卿希泰先生病逝，不胜悲痛。他是我国当代道教学兴起最有贡献的先行者，也是海峡两岸四地与中外道教文化交流有力的推动者。他培养的大批青年学者成为道教研究学术群体的骨干力量，他撰著和主编的《中国道教史》系列专著至今仍在熠熠生辉，为人们进一步研究道教及其文化发挥基础性的作用。他是不朽的。20世纪90年代，我与卿先生常有学术往来，一起两赴台湾访问，结成深厚友谊。我视他在师友之间，颇多受其教益。他的去世，是我国道教学界的重大损失。我们要继承他的遗志，使中国当代迅速崛起的道教学进一步丰富发展，提升到新的高度，继续壮大研究队伍，为传承发展中华优秀传统文化做出更多的贡献。

中央民族大学　牟钟鉴

4. 马西沙教授

盖建民所长：

你好！得知卿希泰先生仙逝的消息非常震惊。2015年与卿先生会晤时，先生体态康健，思维清晰，今不意骤然离世，作为个人我失去了真诚的朋友，而学术界失去了一代巨匠，四川大学宗教所失去了引路人。请盖所长向卿先生的家属转达我深切的哀悼,向四川大学的同行转达我诚挚的慰问。

马西沙

5. 胡孚琛教授

惊悉卿希泰老先生仙逝,万分悲痛。卿先生是道学界的元老,新时期道教研究的开拓者,四川大学宗教学研究所的创立者,桃李满天下,在学界享有崇高威望。先生在日,和先师王明研究员和陈国符教授多有交往,对我亦多有教益,支持了《中华道教大辞典》的编撰,使我感激莫名。如今卿先生的名声如日中天,培养的弟子亦成为学界栋梁,名扬海外,不愧为明师、名家和一代学人!我已委托陈霞到四川大学送先生一程,并代我致以哀悼。请以全国老子道学文化研究会的名义送一花圈,其他需要我做的尽管吩咐。

胡孚琛

6. 朱越利教授

盖所长:

惊悉卿先生昨晚西去,无比悲痛,忍不住泪流满面。请你们节哀保重,代我向卿先生的子女和晓红致哀,也请他们节哀保重。

忆王孙·悼卿希泰先生

文革暗地诵云笈,道教学研建大旗,桃李芬芳天下熙。可安息,笑貌音容人未离。

朱越利

7. 钱耕森教授

卿老治丧委员会:

惊闻噩耗传来,卿老驾鹤西去,仙逝升天,不胜沉痛哀悼!卿老毕其一生献身于弘扬道学,复兴道教,创建研究所,著作等身,桃李满园,享誉海内外,可钦可佩!传承其未竟事业,发扬光大于后世,是最好的纪念与继承!卿老定会含笑于九天之上!

老友钱耕森

8. 张岂之教授

卿希泰教授治丧委员会、四川大学宗教学研究所：

惊悉当代宗教学研究的奠基人，中国道教学研究的开拓者，著名宗教学家、哲学家、教育家卿希泰同志不幸辞世，噩耗传来，令人万分悲痛。请转告卿先生家属亲友，节哀顺变，保重身体，妥善处理卿先生身后事宜。

卿希泰同志率先在我国高校成立宗教学研究机构，建设学科与学位授权点，创办宗教学研究专门期刊，为我国宗教学研究的发展与宗教学专门人才的培养，为继承和弘扬中华优秀传统文化做出了重要贡献。他在道教思想史与哲学研究方面，取得了丰硕的成绩，受到学术界的赞誉。

卿希泰同志的宝贵学术财富与治学精神，将继续沾溉学林，造福后人。

卿希泰同志千古！

西北大学中国思想文化研究所　张岂之

9. 施舟人教授及夫人

胡锐：

已转告施先生你转来的消息。请向卿希泰先生的亲人和盖教授转达我们深切的哀悼。卿先生毕生弘扬道教文化，厥功至伟。今驭鹤仙归，必名书上清。请代我们敬献花圈。

施舟人　袁冰凌

10. 柏夷（Stephen R. Bokenkamp）教授

惊悉卿先生离世的消息，深感悲痛。卿先生是一位伟大的学者，在中国具有重要而深远的影响，我将永远怀念他。

美国亚利桑那州立大学文理学院　柏夷

11. 郭齐勇教授

四川大学卿希泰先生治丧委员会：

惊悉著名的哲学家、宗教学家、道教文化研究的开拓者卿希泰先生遽归道山，心情十分悲痛！谨代表敝院师生，代表唐明邦老师与敝校同行，并以我个人的名义，沉痛悼念卿先生，向卿先生的家属与学生表示亲切的慰问。

卿希泰先生是贵校哲学系与宗教学研究所的创办者，是我国宗教学研究特别是道教研究的开拓者，筚路蓝缕，居功甚伟。卿先生潜心学问，学殖深厚，他的道教史研究，在全世界有很大影响。卿先生是人师，道德文章，行为世范，数十年如一日教书育人，教泽广远，培养了大批中国哲学与道家道教研究的优秀人才。卿先生的逝世，是我国中国哲学史、宗教学学界的重大损失。

卿希泰先生是敝校前辈萧萐父先生和唐明邦先生的朋友，对敝校中国哲学史教学与研究工作十分关心,对吾辈十分关爱、提携。他是我们敬重的前辈师长!

泰山其颓乎,梁木其坏乎,哲人其萎乎!沉痛哀悼我们敬爱的卿先生!

卿先生千古!

中国哲学史学会副会长、武汉大学国学院院长
郭齐勇　敬上

12. 张风雷教授

四川大学道教与宗教文化研究所盖建民所长及各位同仁:

今天上午接到我在北大的老同学郭武教授短信,惊悉著名哲学家、宗教学家、道教研究泰斗、贵所创始人卿希泰先生逝世,至为哀恸,谨代表中国人民大学佛教与宗教学理论研究所、中国人民大学宗教高等研究院、中国人民大学宗教学系特电致唁,并祈

卿老身后诸事顺遂圆满!

中国人民大学佛教与宗教学理论研究所
张风雷　敬上

13. 黎志添教授

盖建民所长、川大宗教学研究所:

惊闻卿希泰先生仙逝的消息,我十分悲痛。先生的人格及学问都堪为学界的师范。我在此向我素所敬仰的卿老师鞠躬默哀。让我们继承先生的遗志,共同努力,把道教研究提升到一个更高的学术地位,以告慰先生的在天之灵!

节哀

敬肃

后学黎志添于
香港中文大学

14. 池国祥教授

海若:

惊闻卿老先生仙逝,望节哀保重。我有幸认识他并聆听他的讲课,深感他学识渊博而又平易近人的风范。

加拿大里贾纳大学　池国祥

15. 林文钦教授

惊闻卿老师噩耗，敬表哀悼卿老师。

台湾高雄师范大学　林文钦

16. 方国根编审

詹教授：

您好！刚惊悉卿老仙逝，不胜哀痛。卿老在哲学、宗教学与道教研究上都有极深的造诣，是我国著名的哲学家、宗教学家、道教研究家和教育家，更是我国道教研究领域的奠基者、开创者和一代学术宗师，为我国哲学、宗教学、道教研究和教育事业做出了卓越的贡献。卿老为人谦和，博学儒雅，德高望重，是我们人民出版社最重要的专家和作者，更是我们出版界敬重的长辈和先生，特别是近十多年来我与卿老的交往接触，我们结下了深厚的友谊，卿老深受我们的爱戴和敬仰！谨以我个人并代表人民出版社致以沉痛哀悼，并向卿老家人表示诚挚慰问，望他家人节哀顺变，保重身体！卿老高寿，为人为学为师皆为世人楷模，我们沉痛悼念和缅怀卿老，敬祝卿老一路走好，千古不朽！也请以人民出版社的名义并代我个人，分别特向卿老敬献花圈，以示祭奠！我因手头有任务，不能亲临奔丧，特拜托，谢谢。

方国根　敬上

17. 何建明教授

沉痛悼念一代宗师远去。

何建明

18. 欧阳祯人教授

沉痛哀悼学界泰斗卿希泰先生：

蓬瀛仙馆飘风振海哭泰斗；

老庄玄脉尊道贵德悼文宗。

武汉大学国学院教授
欧阳祯人　泣挽

19. 陈霞研究员

恩师卿希泰先生仙逝，消息突如其来，如晴天霹雳，似万箭穿心，泣不可仰，肝肠寸裂。卿先生筚路蓝缕开拓道教事业，披荆斩棘创立川大宗教研究所；先生不弃让我门下受业，循循善诱引我进入研究殿堂，谆谆嘱我于此安身立命，弘扬道教文化。再造之恩，没齿难忘；沐浴膏泽，刻骨铭心。如今先生撒手人寰，学生倍感凄凉。教诲之语犹在耳，慈祥之容宛在目。"泰山其颓，则吾将安仰？梁木其坏，哲人其萎，则吾将安放？"沉痛哀悼我的恩师。

中国社科院哲学所　陈霞

20. 吕锡琛教授

卿老先生千古：

学培华柢；

学馨仕林。

中南大学道学国际传播研究院
吕锡琛　敬挽

21. 樊光春研究员

惊悉卿先生仙逝，不胜哀戚。晚生当继其遗志，为道教学术繁荣尽心尽力。祝先生仙界康宁。

陕西社科院宗教研究所　樊光春

22. 徐小跃教授

盖建民所长并四川大学宗教学研究所：

哀闻卿希泰先生仙逝，无比悲痛，殊胜哀悼。我谨代表全国老子道学文化研究会，并以我个人的名义，向卿先生的家属以及同事表示深切的慰问，并望节哀顺变。

卿先生是我国宗教学研究的泰山北斗，是我国道教、道家研究的翘楚梁木，是我国中国哲学史研究的大家圣哲。他老人家的逝世是我国学界的巨大损失，这也是学界所有人士倍感哀痛的原因所在。泰山之重，梁木之坚，哲人之慧，对于我们民族是如此弥足珍贵，如今斯人已逝，怎不让人痛彻心扉！先生之德与天地相合，先生之风山高水长，先生之道历久弥新。先生不会朽，先生当永恒。全因他老人家既已挺立的德，创立的功，确立的言。

弘扬先生之德行是后辈的愿行，继承先生的遗志是后辈的责任，绍续先生的伟业是后辈的使命。这是对先生的最好怀念，我们将永远力行之。

敬爱的卿先生，请您老相信，我们在思您，您就会在。先生，"思您故您在"，这是我献给您的话。

卿先生永垂不朽！

全国老子道学文化研究会会长

南京图书馆馆长、南京大学哲学系

徐小跃　长跪泣拜于南京

23. 孙向晨教授

惊悉我国著名宗教学家、中国宗教研究的重要开拓者之一、道教史专家卿希泰先生不幸逝世，复旦大学哲学学院师生深感痛心。卿先生曾多次莅临本院，发表演讲、指导论文和交谈学术，他的著作也深为本院哲学、国学和宗教学专业的学生所喜爱。本院宗教系的建设尤其得到卿先生的关心和垂注。卿先生的离世，使我们失去了一位好师长、好朋友，是中国学术界的一大损失。在此谨代表复旦大学哲学学院全体师生向四川大学道教与宗教文化研究所，并通过你们向其家属表示深切的慰问。

复旦大学哲学学院院长　孙向晨

24. 洪修平教授

四川大学宗教学研究所：

惊悉享誉海内外的著名道教研究权威学者、哲学家和宗教学家卿希泰先生于昨晚仙逝，感到十分震惊，无比悲痛！我谨代表南京大学东方哲学与宗教文化研究中心，并以我个人的名义，对卿先生的逝世表示最深切的哀悼！

卿希泰先生是我们尊敬的前辈学者，他为我国新时期的中国哲学、宗教学特别是道教研究，做出了卓越的贡献。从20世纪80年代开始，卿先生就对南京大学的中国哲学和宗教学研究给予了极大的关心和支持，对我本人以及我爱人孙亦平的佛教、道教研究，更是给予了令人难以忘怀的热情指导和帮助。

卿先生的逝世，是我国道教研究界的重大损失。卿先生的道德文章，永远值得我们学习和缅怀。

南京大学东方哲学与宗教文化研究中心主任

南京大学哲学系、宗教学系　洪修平

25. 黄胜得先生

感恩盖老师的通知。卿先生的逝世，使中国损失了一位道教文化的大导师、良师。一代卿宗师，桃李满天下，对中国道教人才的培育之功有目共睹。

祝卿老师到位仙班。

太一道院黄胜得　敬祝

26. 叶长青先生

盖教授：

您好！

惊悉道学泰斗、本院顾问卿老鹤驾玉京，不胜哀悼！已将您的通知转告青松观执行董事局及道教学院院董会各同寅，稍后有何安排定当奉告。尚希贵所同寅节哀，多加保重！

叶长青　谨上

27. 王荣国教授

建民兄：

惊闻尊师、中国道教研究泰斗卿希泰教授仙逝，我初次亲近先生于浙江天台，再次亲近先生道范于鹭岛五老峰下校园，感佩至深。谨此向您并通过您向其家人表达诚挚的慰问。

厦门大学　王荣国

28. 李志鸿副研究员

盖老师：

您好，敬请节哀！已经以中国社科院宗教所以及宗教所道教室全体成员名义，发出两份唁电到贵单位邮箱，敬请查收！同时，我也麻烦贵单位联络相关老师于22日追思会上替我们单位送两个花圈，请书"卿先生千古　中国社科院世界宗教研究所"，"卿先生千古　中国社科院世界宗教研究所道教与民间宗教研究室"。再次致以诚挚问候！

志鸿　拜上

三、2017年2月19日

1. 文史和学习委员会副主任、前国家宗教局局长叶小文

惊悉卿希泰教授仙逝，不胜唏嘘。卿教授是我国当代著名宗教研究学者，是道教文化研究领

域的前驱、泰斗和领军人物。卿老一生畅游学海，上穷天人，下究物理，孜孜于著述，汲汲于讲学，对中华传统文化的研究挖掘整理做出了重要贡献，成果卓著，桃李成厚。卿老今已驾鹤西游，绝尘而去，留给我们的是哲学思想和对中华文化的无尽思考。斯人已逝，哲人其萎！世间又少了一盏明灯，谨致哀思！

叶小文

2. 吴根友教授

盖建民主任：

惊悉卿希泰先生仙逝的消息，非常震惊。卿先生是当代中国宗教学，特别是道教研究方面的泰斗级人物。他的逝世不仅是四川大学的重大损失，也是当代中国哲学界的一个重大损失。

卿先生生前与先师萧萐父先生是好友。在此，我代表武汉大学哲学学院，也代表武大中国哲学同仁，对卿先生的家人暨亲属，致以真切的慰问，希望他们节哀顺变。

谨致

安吉

吴根友

3. 吴锐研究员

尊敬的四川大学宗教学研究所：

惊悉卿希泰先生仙逝，非常震惊。1992年我报考卿先生的博士生，四川大学通知我去成都面试，不料阳平关铁路塌方，没有去成，从此失去向卿先生学习的机会。后来我虽然也出版过一本小册子《神守传统与道教起源》，但主要精力已转向上古史研究。今先生往矣，更无缘聆听教诲。祈愿贵所光大先生创立的事业，以慰先生之灵。

中国社会科学院历史研究所中国思想史研究室
吴锐　敬拜

| 纪念文章 |

深情的缅怀，无限的思念

卿海若　卿格非[*]

尊敬的各位来宾、各位前辈、各位亲朋好友：

2017年2月17日，我们敬爱的父亲安详离世，走完了他平凡而传奇的一生。今天，我们怀着万分悲痛与感激的心情，在这山清水秀的长松寺，举行父亲的安葬告别仪式。请允许我们代表家人，向莅临今天安葬仪式的各位前辈、各位亲朋好友、川大宗教所的老师同学表达最衷心的感谢。

父亲1947年考入四川大学法律系，时年刚刚20岁，开始了他与川大的结缘。70年的相依相伴，父亲把他的一生奉献给了川大。1959年，父亲负责创办川大哲学系，填补了西南地区没有哲学专业的空白。1980年父亲在川大创办了全国高校的第一个宗教学研究所。慈父数十年来吞吐百家，择善而从，严谨治学；编著出版学术著作二十余部，发表学术论文百余篇。慈父在非常艰苦简陋的条件下创建了宗教学研究所，建立了中国道教史的学科体系，其研究成果填补了我国道教研究领域的空白，使"道教研究中心不在中国"的论调不攻自破。慈父的一生乃是"海纳百川，有容乃大""厚德博学，虚心从善"的川大精神最好的展现。借此机会，我们要感谢川大各级领导与宗教所全体老师同学对父亲工作的大力支持，让他能够为宗教学术研究和弘扬中华优秀传统文化做出卓越贡献，留下丰硕成果；让他教书育人，桃李遍天下。

慈父一生忠党爱国、胸怀广阔、崇尚真理、学殖深厚、勇于开拓、道德高尚。即使在"文化大革命"期间，父亲在川大首当其冲，受到了强烈的冲击，但我们也从来没有听到他任何一点抱怨。他对党始终保持坚定的信念，他对国家的前途始终充满信心。

慈父深爱祖国，心系民族；胸怀感恩，厚德待人；淡泊名利，恭俭超然；安贫乐教，甘为人梯；一生奉献，鞠躬尽瘁。

慈父善教子女，旁及侄孙，言传诗文典故，身教处世为人，如春风化雨，润物无声。昔日教

---

[*] 作者简介：卿海若，卿希泰先生长子，加拿大里贾纳大学地质系教授，《加拿大石油地质学杂志》主编；卿格非，卿希泰先生次子，加拿大皇家医学会、加拿大曼尼托巴大学病理系会员、专家。

海，历历在目，感怀至深。借此机会与大家分享一下我们从儿子的角度看到的、感受到的慈父鲜为人知的一面。

在我们心目当中，父亲是多才多艺的。父亲年轻的时候曾经是川大合唱团的歌手，是我们家的歌唱家。小时候，家里常常是歌声悠扬，我们经常听到他和妈妈一块儿唱过很多30年代、40年代的进步歌曲。今天我们在葬礼仪式上播放的歌曲，就是儿时曾听到爸爸和妈妈唱起的《渔光曲》。几十年来，即使我们走到天涯海角，这首歌的旋律，一直萦绕在我们的脑海里，总会把我们带回到慈父温暖的怀抱。

父亲小时候是卿家湾池塘里的游泳高手。父亲是我和弟弟游泳的启蒙教练。我们很小的时候，每到夏天父亲就会把我们兄弟俩带到川大游泳池，手把手地教我们游泳。父亲抱着我们，让我们练习游泳打腿，就好像是昨天的事。1995年，年近七十高龄的父亲在加拿大探亲时，还在游泳池里给他的孙儿展示了爷爷游泳的英姿。

父亲是一个慈祥的老师。记得我们兄弟俩小时候，父亲还经常手把手地教我们写毛笔字，临摹得好的字，父亲会给我们画上一个红圈儿，以示肯定和鼓励。我们写的作文，父亲也是耐心地一遍一遍地帮我们修改、提高、完善。父亲还常给我们讲有趣的历史典故，"孔融让梨"教导我们在利益、荣誉面前要学会谦让，不争夺名利；"七步诗"教导我们兄弟之间要相亲相爱。在我们两兄弟高考读书、出国留学、国外求职等人生节点的关键时期，父亲都给我们提供了宝贵的参考意见，让我们在人生的航程当中，不迷失方向。

慈父对孙辈疼爱有加，时常放下手中的繁忙工作，与孙儿、孙女们一起玩耍，享受人生乐趣。慈父对孙辈取得的点滴成绩，总是十分高兴，给予鼓励。慈父的言传身教为孙辈们树立了人生道路上的榜样。父亲曾经精心照看寄宿在川大的孙女卿绿漪。宝贝孙女成了爷爷的掌上明珠。父亲还为孙女写下了一首诗："扎根沃土书香家，两代人中一朵花。如此好风凭借力，来年夺冠展才华。"孙女没有辜负爷爷的期望，学习事业都有所成。2007年和2010年，父亲分别专程前往上海与台北，亲临现场为参加游泳比赛的小孙儿卿洋鼓劲加油。孙儿卿洋总是把他比赛获得的鲜花与奖牌与爷爷分享。大孙儿卿云小时候在成都居住时，经常去川大绿杨村探望爷爷奶奶，给老人家带去很多快乐。记得有一天年仅三岁的卿云单独跟爷爷在书房中玩耍，卿云指着满书架的书说："我长大了要把这些书都读完。"爷爷听后哈哈大笑。后来爷爷奶奶去加拿大哈利法克斯探亲时，还专门给卿云赠送了全套中文版的少儿百科全书，希望卿云好好学习中文。2017年春节，听说爷爷病重，卿云专门从加拿大赶回成都，探望重病中的爷爷。爷爷见到卿云非常激动和高兴，暂时忘记了病痛。卿云详细地询问了爷爷的病情，爷爷也给卿云的学习和工作提了不少好的建议。爷孙俩相谈甚欢，忘记了时间，家中充满了欢声笑语。

慈父对工作兢兢业业，全心投入，精益求精。我小时候就看到父亲天天爬格子，笔耕写作到半夜。父亲在加拿大探亲期间，也是成天忙于写作，很少休息。孙儿卿洋看见了着急，为爷爷制定了作息时间表，让爷爷注意劳逸结合。2010年父亲癌症手术之后，虽然身体十分虚弱，但是住院期间仍多次指导学生写文章，探讨学位论文的研究方向，甚至出院第二天就把学生组织到家里来上课，与学生们探讨道教的历史。一直到他生命的最后一刻，父亲还念念不忘《中国道教史》的修订与再版工作的进度，牵挂着宗教学研究所的未来与发展，等等。

慈父的一生，是报效国家的一生，是开拓进取的一生，是献身学术研究的一生，是诲人不倦的一生。敬爱的父亲，您没有离开我们，您的音容、您的品格、您的教诲，永远铭记在我们心中！

敬爱的父亲，今天我们在这里与您告别。请您放心，您留下的宝贵精神财富会一代代传承下去。我们以后会经常回到长松寺来看您，为您献上一篮花，烧上一炷香，与您分享我们的故事。相信父亲的在天之灵，会保佑家人健康幸福，保佑您呕心沥血创建的宗教所会越办越好！

亲爱的爸爸，您安息吧！

孩儿卿海若、卿格非沥血叩诉

2017 年 12 月 5 日

人生在世，常怀感恩
——深切缅怀先师卿希泰先生

詹石窗[*]

我追随先师卿（讳希泰）大先生35年。正是先师的栽培、教诲和提携，使我一步步成长。35年前，我报考先师的硕士研究生。那时候，我刚刚参加工作不久，家里比较穷，没有路费前来复试。先师知道这个情况，就在电话里说："不用发愁，我刚好要到福州参加学术会议，可以在福州面试。"几天之后，先师就带着陈麟书先生与赵宗诚先生一起到了福州，选择在福州军区招待所面试。见面的时候，我发现先师的头发掉了大半，感到惊讶。后来才知道，先师那一段时间正在撰写《中国道教思想史纲》第二卷，经常熬夜，体力透支，身体欠佳。在这种情况下，先师却没有考虑自己，而是考虑如何为学生减轻负担，这件事让我非常感动，更加渴望成为先师的弟子。

入学的时候，先师亲自到学校门口迎接我。第二天，当我办理好注册手续后，先师又到宿舍问寒问暖。那时候，我住老五舍，房间配置的是木架结构的双层床，有点晃动。先师双手扶住床头摇了摇，知道可以安全使用，才放心。

先师既是一位和蔼可亲的长者，也是严师。他非常严格地按照学术规范对学生进行训练。学生有缺点，他一定会以合适的方式给予指出。看到学生没有很快纠正缺点，他也会发脾气，所谓"恨铁不成钢"，这在我跟随先师治道教史的过程中真真切切地感受到了。

先师告诉我：学术事业，代代相传。他在讲课时回顾了我校前辈学者在道家文化研究领域的开拓之功，从刘鉴泉先生的《推十书》到蒙文通先生对《道藏》诸家《老子》注本的整理研究，从徐中舒教授的古文字学到先师自己辨认《太平经》古老云书的一些细节，娓娓道来，引人入胜。先师希望道家绝学能够代代传承，也给了我学习的机会。2000年，先师让我接手《中国道教思想史》的编纂统稿工作，我按照先师的思路和安排，整合人马干了8年，形成了四卷本的初稿。

---

[*] 作者简介：詹石窗，卿希泰先生首届硕士，现为四川大学老子研究院院长，四川大学道教与宗教文化研究所教授、博士生导师。此文为詹石窗教授在卿希泰先生追悼会上代表卿门弟子进行的发言。

先生看到稿子，满意地笑了。

2012年开始，先师提出了增订《中国道教史》的计划，拟将原来的四卷本修订扩充为五卷本。先师嘱托我为五卷本书稿做最后的统稿把关。起初，我有畏难情绪。先师安慰我、鼓励我。我说：老师信任，我一定完成任务。后来，人民出版社把选题上报国家出版总署，《中国道教通史》就列入了国家的重大出版计划。先师渴望早日看到此书。然而，遗憾的是，这部新著尚未面世，先师却离我们而去，想起来特别心酸。

先师说过：人生在世，心怀感恩。先师以感恩的态度和精神辛勤工作。他感谢国家的栽培，也感谢所有帮助过他的人，为我们众弟子树立了典范。俗话说：知遇之恩，当涌泉相报。先师对我们众弟子有恩，我想：我们众弟子报答先师的栽培，最重要的一点就是实现先师的未了心愿，努力做好《中国道教通史》五卷本的编纂统稿工作。

功德留人间　学统传后世
——追念卿希泰先生

牟钟鉴*

卿希泰先生于我在师友之间，年高德劭，是我的榜样。我们都长期从事道教学研究，曾一起参加多次学术交流，结成深厚友谊，我又不断研读他的论著，从中受益匪浅。他去世后，许多往事在心头浮现，不表达不能安心，所以要写篇回忆小文，纪念他的功绩，以便更好地向他学习和致敬。

从 20 世纪 80 年代起，道教研究与学术交流逐渐加强，在成都、北京、西安、上海、泉州、天台、南岳等地频繁举行道教文化研讨会，我参加过多次，由此结识卿希泰先生。1994 年和 1999 年大陆组团两度赴台进行道教文化交流，我与他一起作为成员前往，多日同住同行，加深了友情。卿先生是其中最年长并有威望的学者，但他为人质朴平和，从不显扬自诩，与年轻学者友爱融洽，真正有道家返璞归真的风度。在卿先生带领下，大陆道教学者与台湾道教界、学者建立了亲密无间的友谊，加固了中华民族的文化纽带，其中龚群长老成为大陆学者不能忘怀的忠厚长者，大家都得到了龚老细心周到的关照。香港青松观、蓬瀛仙馆也是卿先生与我经常一起访问的地方，我感受到卿先生总是不断地把大陆学界的温暖和智见传递给那里的同行，得到了香港朋友的尊敬与友情。后来由于我的学术重心有所转移，加之在中央民族大学承担了新的任务，与卿先生的来往逐渐减少了，但思想上一直保持着会通。2006 年至 2007 年，我接受了一项由民族出版社牵头的《当代中国宗教研究精选丛书·道教卷》主编的任务，要求把大陆有代表性的道教学论文精选汇集成书，以便英译到西方。我在书中收入了卿先生《百年来道教研究的回顾与展望》一文作为综述第一篇，又收入他的《道教文化与现代社会生活》一文。我在该书《序》中回顾了现代道教研究初期比之儒学、佛教研究明显落后，改革开放以后才迅速崛起而且后来居上的发展历程。我提到几位老学者的特殊贡献，有王明先生、李养正先生、任继愈先生、卿希泰先生、汤

---

* 作者简介：牟钟鉴，中央民族大学哲学与宗教学系教授、博士生导师。

介先生。我在《序》中指出：卿先生"是四川大学宗教学研究所的创始人和中国当代道教研究的重要代表人物，主编了《中国道教史》这部四卷本皇皇巨著，自撰论著颇丰，而且倾注心血于教育，使四川大学成为中国最大的道教学人才培养中心。从那里走出来的一批又一批青年学者，已遍布中华各地，发挥着学术骨干的作用"。在列举新时期道教研究成果时，除了《中国道教史》四卷本，还有卿先生的《中国道教思想史纲》、他与詹石窗主编的《道教文化新典》都在成果展示之列。这部《道教卷》还收录了卿先生的学生詹石窗、尹志华、李刚、盖建民、陈霞等学者的论文。该书中文版由民族出版社于2008年1月出版，随后译成英文在西方出版。不久，卿先生主编、詹石窗副主编、先后由二十余位撰稿人写成并被列入"国家社科基金文库"的《中国道教思想史》四卷本由人民出版社于2009年12月出版，共五百多万字。当我翻阅这部多卷本大书时，被卿先生老当益壮的精神所打动，也为这团结合作的学术团队叫好。正如卿、詹二位在"后记"中所表述的那样：他们曾经用12年完成了《中国道教史》四卷本的写作，如今又用了12年完成了《中国道教思想史》四卷本与之配套。我感佩不已，这需要多么大的魄力、实力和毅力啊！《中国道教史》四卷本是我当初写《中国宗教通史》道教史部分的重要参考书，而后来的《中国道教思想史》四卷本又是我近年研究儒、道、佛三教关系史的常阅参考书，我要感谢卿先生和他的团队以长年辛勤的劳作给学者提供了那么丰富的精神文化食粮。此前很长时期内，儒、道、佛三家发展史的研究是儒、佛强而道弱，很不平衡，如今上述两部大书先后问世，三教通史可以并驾齐驱了。

在中国道教研究还很冷清的时候，国内外都有人说：道教在中国，道教研究在外国。这是中国人的一种悲哀。但是改革开放几十年来，道教学异军突起，很快就成为宗教学中的显学，其特点一是道教学各分支学科研究全面展开，经典、教义、教派、人物、历史、文化等各领域均有优秀成果问世；二是道教学已形成全国规模、老中青结合的研究队伍；三是教内外、国内外学术交流日趋活跃，给予整个人文学科发展以极大的推动，也为中国道教走出低谷、健康发展提供了有力的学术支撑。于是国外道教研究权威施博尔教授在北大坦诚地说：如今中国大陆已成为世界道教研究的中心了。在这期间，道教学形成了北京、四川、上海、福建、西安、山东几个研究中心，而四川大学宗教学研究所在卿先生带领下成为中国道教学的重镇，不仅培养人才众多，而且先后承担了一系列国家级重大项目，对于推动当代道教学走向繁荣起了重大的作用。卿先生作为国家"985工程"四川大学宗教与社会研究创新基地首席专家，无疑是基地的灵魂和旗帜，这是学界公认的。

老子说："死而不亡者寿。"卿先生的身体离开了我们，但他的精神与事业是不朽的，不仅立言有巨著传世，而且立功有团队继业，还立德有学统开来，古人云"三不朽"，卿先生可以当之而无愧。我所知毕竟是有限的，卿先生众多弟子与友人会有全面追忆，无须我喋喋赘言，写此小文只是为了表达自己对卿先生的无限追念。

缅怀道教学泰斗卿希泰老先生

袁志鸿[*]

尊敬的各位领导、各位专家学者、各位道友：

我本来18号去了云南大理，到那里看一座据说是南诏王朝与唐王朝盟约时期的道教建筑，也有人说是大理王朝灭亡后明朝洪武年间建筑的七开间城隍大殿。据说南诏王朝的文化与道教天师道的信仰有关，唐开元年间南诏王朝归附唐王朝时也是以"三官手书"的方式与唐王朝订立盟约的。第一天到大理的晚上，我见到了张阳博士发的信息，他告诉我卿老远行的讯息，这让我甚感突然，立即让我们北京东岳庙"庙管会"的办公室，与川大宗教所核实，核准这是属实的情况。我首先请川大宗教所代办献上了花圈，又得川大宗教所盖建民所长之邀，即于20日深夜从云南回到北京，安排好北京东岳庙的事情后，就准备前来成都。作为人事关系在中国道教协会的副会长，我按规定向中国道教协会组织报备时，协会负责人要我代表中国道协来出席此次活动。昨晚八时北京机场的雪越下越大，其后这次班机的乘客在机舱耐心地等待了三个多小时，其间我在暗暗祈祷："老天护佑此趟班机成行，我应该有为卿老送别的缘分吧？"最后飞机在北京机场的雪地上起飞了，我在凌晨两点多钟顺利抵达成都、抵达川大。在此我首先谨以"中国道教协会"的名义，向我们尊敬的道教学研究的泰斗卿希泰老先生的远行仙逝，表示深切的悼念！向卿老的家人表示真诚的慰问！今天卿老的长子、次子、亲属在这里，希望节哀顺变。

卿老是道教学研究的泰山北斗，他的学生桃李满天下，有的早已经是学界知名的学科带头人。实际上受到过卿老道学文化熏陶培养的人很多、很多，不仅是在他门下正式受业的学生，我们道教界获其益的就大有人在，我袁志鸿就是其中之一。我入道之初在江苏的茅山，在那里我写的第一篇文章就是关于茅山道教的内容。那时候道教界因为一些人的原因，还有门派的观念，认为道教界人士写的文章，要在道教的刊物上发表。实际上当年中国道教协会只有《道协会刊》，当时还是一种不定期的刊物。我当年的文章寄到了川大初建的宗教所，虽然并未得以在川大宗教

---

[*] 作者简介：袁志鸿，中国道教协会副会长、北京东岳庙住持。

所的刊物上发表,但卿老曾因之专门寄一本川大宗教所的杂志并写了一封信给我,要我将该稿投给当年中国道协的《道协会刊》,所以这篇文章后来得以在《道协会刊》第 20 期上发表。早年,卿老、王家祐、胡海牙等老先生经常参加中国道协的活动尤其是学术活动,我 1982 年至 1983 年在中国道教协会"道教知识(首期)专修班"学习,虽然后来回到了茅山,但第三届、第四届会长黎遇航老前辈是茅山道士,我因当年是茅山道院的主要负责人之一,到 1986 年就已经被选为中国道教协会第四届理事会的常务理事了,所以隔三岔五就到北京"中国道教协会"的所在地,许多场合我都有与卿老还有四川的道教学者王家祐先生见面和请益的机缘。遇到道教文化的问题向卿老请教,老先生真的如大海、如阳光,他释疑解惑,有教无类,使我这个当年的道教稚子,身被温暖,获益良多。我还有与卿老一起参加香港道教活动的机缘和经历,随缘请益,卿希泰老先生的温文儒雅、诲人不倦的风范,我至今记忆犹新!

　　卿老是学者中非常维护道教的人。记得当年在一次学术研讨会的场合,人们为鲁迅先生关于"中国根柢全在道教"这句话争论不休,辩论的主要原因是:有人认为鲁迅先生这句话据当时的语境和前后内容的连贯,应该是对道教颇含贬义的意思。卿老的学生们也加入到辩论之中。面对引经据典互不相让的辩论场面,最后卿希泰老先生站起来正本清源说:"中国根柢全在道教"这句话从根本上理解和认识,正是鲁迅先生肯定了道教在中国社会思想文化上的地位和价值。在中国社会的传统文化和发展进步中,道教有着不可替代的积极意义和价值。我说的虽然不是卿老的原话,但大概是这个意思。由于卿老的学术地位和影响,他的话一言定鼎,他那种在大的学术场景下阐述学理、以理服人的文豪学者气概,使我至今难以忘怀。

　　令我感恩并念念不忘的事还有:前年到川大来,我去卿老的家中拜望他,他的陪护晓红老师热情地给我们端茶让座,老先生则宽厚地与我们说话聊天,他取来自己的著作给我们赠书题字,并且与我们合影留念。卿希泰老先生非常关心北京东岳庙道教的情况,他告诉我说:在 20 世纪 90 年代,他就曾专门到北京东岳庙实地做过考察。在与我交谈之下,卿老问起北京东岳庙道教入驻后的情况。我向他报告说:北京市党和政府一直都很关心北京东岳庙的道教事业,2008 年北京东岳庙之所以能恢复为道教活动场所,就是因为北京市党和政府的决策、推动和支持的结果。我们道教界感激和拥护北京市委、市政府关于"北京东岳庙恢复为道教活动场所"的英明决策。我们北京东岳庙的道教徒,要坚定地听党和政府的话,坚决服从北京市委和市政府对北京东岳庙长远的思路、定位和安排。现在我们北京东岳庙"庙管会"将庙务工作的中心放在道教文化的开掘和阐发上,2014 年北京东岳庙"庙管会"不仅办起了《凝眸云水》季刊,而且开始了编纂《北京东岳庙志》的工作,这方面学术性强,还要敬请卿老多给予关心和支持。卿希泰老先生听了我的汇报很高兴,指示我们沉下心来将这些事情做好。我还就《凝眸云水》季刊请他赐稿,卿老欣然应允。所以我们 2015 年的《凝眸云水》季刊《名家论道》栏目四期连载了卿老先生的大作《中国道教史研究的学术价值和现实意义》。去年底《北京东岳庙志》的编纂也已经完成,现在正送出版社出版过程中,卿希泰老先生是《北京东岳庙志》四位"名誉顾问"的首席。那次盖建民所长还安排我与卿老在一起就餐,当时安排我住在川大所谓的"小红楼",餐厅就在卿老住处附近,没有想到卿老竟然从他的住处到"小红楼"来接我，这其中的距离是要在川大的校园里做一次对角线的穿越，要知道那是卿老手术后不久的事情。我们一边在校园里慢慢地走，一边听卿老先生给我们讲川大和川大宗教所的历史，讲川大宗教所那代人的奋斗。虽然他讲的都是过去很久的事情，但在我听来那些事情既是他们那代人不屈不挠、勇往直前精神的展现，更是我们后辈学人要对前辈风范应有的传承。作为一个道教界人士，我还觉得这是学界领袖对道教界人士的提携、关爱和勉励。

卿老远行了。上午在告别厅，学校的领导给我们介绍了卿希泰老先生许多的高风亮节，许多的闪光精神，我们真诚地向老先生献上了表示崇敬的鲜花。卿老的长子卿海若代表亲属、卿老门下弟子詹石窗代表全体同门发言慰灵。我觉得无论学界教界，凡是后辈均应该见贤思齐，我们应该向道教学泰斗卿希泰老先生学习。作为中国道协负责人之一，我认为道教界要一如既往地尊重学界，铭记学界像卿老这样的人物对道教界的关心、爱护、帮助和提携的恩德，也希望专家学者们能一如既往地关心、爱护、提携我们道教界，不仅要帮助我们道教界人士提高文化境界、培养学术精神，也要为我们道教界人士提供更多学习进步的机会，使道教在新的时代、新的形势下有发展提升的机缘，从而使道教更好地为今天的社会主义社会提供正能量、发挥大作用，展示出道教在社会主义社会健康、积极、济世利人的好形象。卿老仙逝了，但是人生自古谁无死？卿希泰老先生驻世九十年，不仅为国家教书育人，他自己更是著作等身，有丰硕的学术成就。卿老一生服务于党和国家的教育文化事业，为国家培养了许多的学术人才，今天他微笑远行，正所谓"死而不亡"，精神长存！

愿卿老在远行路上：鹿兄驾辕，仙鹤拨云；金童引路，天女散花；朱雀玄武护左右，青龙白虎卫当前；乐起阵阵东行处，正赴三月王母宴！

高山仰止,景行行止
——怀念我们的卿希泰老师

盖建民*

尊敬的卿海若教授、卿格非医师、余晓红老师,卿老的各位亲属和来宾,川大宗教所的各位老师、卿门众弟子:

今天我们以无比崇敬的心情,来到龙泉驿长松艺术园,缅怀我们最敬爱的卿老师,送老师最后一程。

师恩如山!首先,请允许我以一个弟子的身份,代表海内外所有的卿门五代弟子,对恩师卿公的仙逝再次表示深切悼念;代表宗教所全体师生员工对卿老的哲嗣海若先生、格非先生和亲属们再次表示最诚挚的慰问;代表宗教所对今天远道而来的各位来宾表示由衷的感谢!

先师卿希泰先生(1927—2017),四川三台人,著名哲学家、宗教学家和教育家,中国道教学研究的重要奠基者,国际著名的道教研究权威学者,四川大学文科杰出教授。1951年四川大学法律系本科毕业,1954年中国人民大学哲学系研究生毕业。1959年负责创建四川大学哲学系,1980年负责创建四川大学宗教学研究所。卿先生编著出版《中国道教思想史纲》《中国道教史》《中国道教思想史》等学术著作二十余种,卿老创刊并担任主编的《宗教学研究》杂志获得国家社科基金资助,成为本学科的名刊和重要学术阵地;此外,卿公主编的《儒道释博士论文丛书》,已经连续出版近二十年,每年出版十部优秀博士论文,嘉惠后学;卿公先后为国家培养了道教研究的学术骨干和后备人才百余名。其研究成果在国际道教学界产生了广泛而深远的影响,铸就了我国道教研究领域的不朽丰碑。

卿先生学术报国的情怀、诲人不倦的高尚品格、笃学尚行的价值追求,为当代人文学者留下了弥足珍贵的精神财富。

云山苍苍,江水泱泱,先生之风,山高水长。卿公治学谨严,学术如山,山高千丈;卿公为

---
* 作者简介:盖建民,四川大学道教与宗教文化研究所所长、教育部长江学者特聘教授。

人师表，爱生如子，春风化雨。师恩如海，永志难忘！

记得以前在研究生阶段读《爱因斯坦文集》时，有一句话给我留下了深刻印象："第一流人物对于时代和历史进程的意义，在道德品质方面也许比单纯的才智成就方面的意义还要大。"

卿公立德立言立功，是改革开放以来道教研究的一代宗师，奠定了四川大学宗教所在中国道教研究中的崇高学术地位；更为令人铭感至深的是，卿公为人为事为学，为人师表，行不言之教。恩师对弟子呵护备至，不但关心每一位学生的学业进展，也时时刻刻关心我们的思想品德和生活起居。学生在学习生活中每每遇到困难，卿老师总是第一时间伸出援手，想尽各种办法帮助学生渡过难关。

古训云：滴水之恩，当涌泉相报。作为卿门弟子，我们一定会铭记恩师的谆谆教诲，恪尽职守，团结拼搏，传承恩师开创和奠定的中国道教领域的道教史学、道教经学、道教文化学研究的基本范式，百尺竿头，更上一层楼，进一步发扬光大宗教所优良的学术传统，为构建本土特色道教研究的话语体系，打造道教研究的卿门学派，为弘扬传承中华优秀传统文化尽自己的绵薄之力。

记得以前卿老健在时，清明时节，我和其他卿门弟子、余晓红老师陪卿老来到这里为萧乾著师母扫墓，卿老会写一首诗词来悼念萧师母。我才学疏浅，不会写诗。因此最后，我想化用道教南宗学者白玉蟾纪念一代大儒朱熹的一首诗词，来表达我个人对恩师的深切缅怀之情：

> 天地棺，日月葬，夫子何之？
> 梁木坏，泰山颓，哲人萎矣！
> 两楹之梦既往，一唯之妙不传。
> 竹简生尘，杏坛已草。
> 嗟卿公九十一祀，玉洁冰清。
> 空青城三十六峰，猿啼鹤唳。
> 管弦之声犹在耳，藻火之像赖何人？
> 仰之弥高，赞之弥坚。听之不闻，视之不见。
> 恍兮有像，未丧斯文。惟正心诚意者知，欲存神索至者说。

老子《道德经》有云："死而不亡者寿。"

卿公虽然离开了我们，但是恩师的精神长存，与日月同辉，永远活在我们每一个人的心中。

谢谢大家！

门生建民叩拜
丁酉十月十八日巳时于成都龙泉驿长松艺术园

泰山其颓，吾将安仰
——怀念恩师卿希泰先生

张松辉*

2017年2月18日凌晨，我突然得到恩师卿希泰先生去世的消息，真如晴天霹雳，意外、震惊而又不敢相信！因为就在春节前，我与卿老师约好，春节过后，待学生流、民工流稍减，我即去成都看望他，卿师也欣然应允。师生很快就要见面了，而卿师却先一步走了，卿师是从不爽约的啊！然而我又清醒地意识到，这消息不会是假的，因为信息、电话都是这样讲的。

一想到卿师离我而去，心就好像一下子被掏空了一般，空荡荡的。我泪流满面呆呆地坐在那里，妻子也在旁边助我之哀："你的爸妈没有了，现在你的老师也没有了，你成了孤儿！"是啊，我成了孤儿！我的年龄虽然不小了，但有父母、老师在，总觉得头上还有一片天、一把伞，现在，这片天没有了，这把伞没有了，我失去了精神依托。

一、谁言寸草心，报得三春晖：难忘的师恩

二十多年前的1992年6月23日，我到川大参加博士生入学面试，而那一天，卿师在市内开了整整一天的会，但当他听说我还要赶回去上课后（当时正值期末），就不顾疲劳，当即通知有关老师晚上举行面试。

面试的地点在四川大学文科楼宗教学研究所，主持面试的有卿师、赵宗诚老师和陈麟书老师。那晚面试的只有我一人，面试从晚上七点多开始，一直进行到十点多钟。当我们走出文科大楼时，已是夜晚十点多钟了。在楼前的大树下，卿师又站在那里给我介绍道教的研究情况，并为

---

* 作者简介：张松辉，1992年至1995年师从卿先生学习中国道教。现为湖南大学岳麓书院教授、博士生导师。

我选定"道教与文学"这一研究课题，卿师对弟子的殷殷之情溢于言表。就在此时，我看到恩师的身体摇晃了几下，当我抢前扶持时，恩师已经站稳脚跟。这再次提醒我：恩师已经是六十多岁的人了，而且忙碌了整整一天。

九月初到川大报到时，我坐的是川大最后一班接新生的车，办完手续，已是深夜，只能暂时安排到临时宿舍里过夜。因为毫无准备，被蚊子折腾了一夜。第二天见到卿师，谈到这一情况，卿师和师母当即把自己的蚊帐拿了出来。最初的两次见面，我都感受到了卿师的关爱。

大约是1998年秋天，我从长沙去广州开会，因为广州天暖，带的衣服不多。开会期间，临时决定去成都参加另一个会议。成都的气温低于广州，又值阴天，所以一到成都，卿师就把家里的衣服拿出来，他担心我受凉。

2006年，我作为"四川大学'985工程'宗教与社会研究创新基地"访问客座教授，到川大暂住。因为刚到成都，原来的手机卡不能使用，而新的手机卡还没有办理，连续两天没有同恩师联系，恩师竟然先后给我打了十多个电话，并亲自上门查访，还让其他人寻找我的踪迹：恩师是在为我的安全担心啊！这使我想起我们家乡的两句形容父母与子女关系的民谚："世上只有藤恋瓜，几人见过瓜恋藤。"父母爱子女之心，总是超过子女爱父母之心。我身为子女，身为弟子，每每为此惭愧！

2007年暑假期间的一天晚上，我与恩师等人一起从成都春熙路步行回川大，当进入校门、即将分手时，恩师突然转过身来，关心地问我："步行这么远，身体还受得了吗？"这句关怀的话既让我无限温暖，又使我羞愧不已：当时恩师已是八十岁的人了，而我比恩师年轻二十多岁；恩师是老师，而我是弟子；本来应该由我去关心恩师的身体，没有想到竟然颠倒了过来。

那时，卿师每天晚饭后都要散步，我也就陪着老师，一边散步，一边谈天说地，评古论今，其乐融融。有一次，卿师谈起他的锻炼心得，并向我展示他腰间挂的计步器，说是散步时走了多少步，计步器都会清清楚楚地记录下来。这是我第一次听说计步器，便无意地赞叹发明者想得真是周到。没想到的是，就在第二天，卿师就送给我一个新买的计步器，并告诉我如何使用，如何坚持锻炼，如何注意饮食。

我作为弟子，也有不听师训的时候。1995年毕业时，为了解决妻子的城市户口和工作问题，竟然执意婉拒了恩师和母校川大有关部门的挽留，赴湖南工作。因为我当时一心希望在自己无法照顾妻子时，她能够自食其力。毕业前夕，在文科楼至卿师家的小路上，恩师为了此事，第一次朝我发了火："你真是越读书越蠢！"这也是我所看到的恩师最为生气的一次。恩师的心思我十分清楚，他希望我留在他身边，以便能够在学业上给予我更多的指导和帮助。后来妻子多次为此事责备我，认为我不该为了她的事而背拗师训，我也为此事很是懊悔。

那次受了训斥的我战战兢兢，十分惶恐，心想：惹恩师如此生气，恩师以后肯定不再理我了。可我刚到湖南没有多久，就接到恩师的信件，对我的生活和学习给予了更多的关怀。后来就是在恩师的帮助和指导下，我很快被破格评为教授，并主持了一项国家科研课题，还与学兄石窗一起获得了第一届卿氏学术奖。这时我才明白，虽然我悖逆了师训，但卿师并没有因为我是"朽木不可雕也"而放弃我。

我从年轻时就被周围的人视为书呆子，大到各种节日，小到自己的生日，我总也记不住，或者说根本就没有去记。大约是在2000年的中秋节晚上，我突然接到恩师的电话，恩师在电话中问我："今天是什么日子？"我一下子愣住了，因为我不知道是什么日子啊。恩师接着说："今天是中秋佳节，祝你们全家节日快乐！"我听后，简直无地自容，有一种深深的负罪感：我在象征亲人团圆的美好节日里忘记了恩师，而恩师却还在惦记着我这个千里之外的弟子！

回想起与恩师相处的日子，使我深深感到，虽然中国社会已发生了巨大变化，虽然当今世间处处都弥漫着浓重的商业交易气息，但恩师的爱生之情却依然是那样的纯净无瑕，他只管付出，不求回报，中华民族数千年的优秀文化传统得以薪传，全赖像恩师一样忘我之人的无私奉献。

如此点点滴滴，汇成了"涌泉之恩"，而我这个当弟子的却"滴水未报"。在得知卿师身体欠佳、准备前去探望时，却又偏偏晚了一步，此恨何时能已！

二、高山仰止，景行行止：人生的楷模

在与恩师相处的日子里，我不仅在生活上得到了恩师无微不至的关怀，而且从恩师的身上，我也学到了许多做人、做学问的道理。

给我留下最深印象的是恩师那大海般的博大胸怀。古人早就感慨道："世俗之人，皆喜人之同乎己，而恶人之异于己也。同于己而欲之，异于己而不欲者。"包括我自己在内的许多读书人，由于数十年的阅读和思考，往往会形成不少的个人"学术成见"，更为可怜的是，我们这些读书人往往"皆以其有为不可加矣"，就像那位欣然自喜的河伯一样，"以天下之美为尽在己"，自家的敝帚也视如至宝。如果遇到一位"同乎己者"，不免喜形于色，似遇"千古一知音"；如果遇到一位"异乎己者"，不觉就在心里兴师问罪，必置对手于"降地"而后快。我背负这一毛病已经许多年了，至今仍未完全改正，每每想到恩师在学术上的宽容，我就惭愧万分。

读博期间的1993年，我在读《正一法文天师教戒科经》时，认为本书应是成书于曹魏正元年间，而不是如学界普遍认为的成书于前秦至北魏初。而当时恩师主编的《中国道教史》则采用了学界的一般看法。我怀着忐忑不安的心情把自己的一点心得告诉恩师后，没有想到恩师不仅没有责怪，反而热情鼓励我把自己的想法形成文字。后来，又是在恩师的竭力推荐下，这篇习作被发表在《世界宗教研究》1994年第1期上。以弟子的身份提出与老师不同的观点，并且能得到老师的首肯，这在常人看来，我的行为可能有离经叛道之嫌，而在恩师看来，可能就是一件值得鼓励的事情。

毕业以后，我自己也开始指导研究生了，就着意效仿恩师的这一做法，鼓励我自己的学生也勇于提出与我不同的学术见解。当我的一位学生写文章不指名批评我的学术观点时，我一再要求

她一定在文章中指名道姓，这样才能避免"凿空"，显得有的放矢，不必有所顾忌。恩师使我懂得，在学术问题上，应该实事求是，博采众长，虚心地听取别人的意见，不可深沟壁垒，固守门户。

"夫子步亦步，夫子趋亦趋，夫子驰亦驰"，在一些具体的事情上，我可以效仿卿师；然而"夫子奔逸绝尘，而回瞠若乎后矣"，卿师有一些属于更高境界的言行，我就难以企及，只能瞠目其后了。

比如在学术方面，恩师对学科高屋建瓴式的把握使我望尘莫及。在这一点上，给我留下深刻印象的有两件事情。

在我参加博士生入学面试时，老师们曾经问我，如果能够被录取，我的博士论文计划写哪一方面的内容。我当时回答说："愿意做道教养生方面的论文。"因为我当时对道教的了解极为有限，只知道道教在养生方面的一些皮毛。恩师对此表示异议。他向我介绍了当时道教的研究状况，认为道教文学这一研究领域还亟待开拓，而且很有发展前途。我过去一直从事中国古代文学教学工作，现在又从事道教学习，而道教有关文学方面的资料也很多，因此应该发挥自己的专长，把二者联系起来做点事情。听卿师这么一说，自己就觉得眼前一亮：我为什么就没有想到这一点呢？于是就在恩师的指导下，我选择"汉魏六朝道教与文学"作为自己的博士毕业论文。后来，又是在恩师的指导下，先后出版了《先秦两汉道家与文学》《唐宋道家道教与文学》《元明清道教与文学》，使"道家道教与文学"的研究形成了一个系列，自己在学习和写作的过程中，也的确受益匪浅。

第二件给我留下深刻印象的事情是在1998年。那时，湖南师范大学要求我出任中文系主任一职，我考虑到自己能力和精力都很有限，还是专心从事学术研究比较适合自己。恩师知道这件事情之后，就要求我接受这一职务，他告诉我说：从事一些行政事务，不仅是自己的责任，可以锻炼自己的管理能力，更重要的是可以开阔一个人的眼界和心胸，提高一个人整体把握全局的能力，这对于做学问只有好处，没有坏处。我当时听到这些话以后，就在心里反问自己：为什么自己看问题总是低了一个层次呢？为什么我就看不出人世间的许多看似无关的事情，其实都存在着一种彼此联系、相辅相成的关系呢？

除了学术和工作，卿师在人生观方面所达到的境界，更是让我有一种望洋兴叹之感。

2008年5月12日，四川发生了震惊中外的大地震。地震时，我正坐在长沙家中的床上读书，只感到自己好像踏空了似的，心里突然下坠了一下，并没有意识到是千里之外的成都发生了地震。当一位学生告诉我地震的消息后，我马上就同恩师联系，然而那时的通讯已经中断了。一直到第二天上午，电话才打通。接电话的是恩师的外甥女晓红，她听到我的声音，开口给我讲的第一句话就是："你的老师怎么这么不怕死呢？"我很诧异，便询问详情，晓红说："昨天大地震时，他与大家一起跑出来了，可一到天黑，他就回到室内，无论房屋如何摇动，他也不出去，竟然在不断震动的房子里安安稳稳地睡了一夜。……"

也就是在地震当天，著名的澳大利亚学者陈耀庭先生来到成都，就在这地动山摇、人心惶惶的情况下，已是八十多岁的恩师亲自出面，妥善地安排了陈先生的衣食住行。我听后无限感慨，恩师已经超越了我们这些世俗人所最为看重的生生死死。一个把生死都能置之度外的人，还有什么放不下的呢？生死都不放在心上，什么名啊利啊，对恩师来说，更不过如过眼浮云而已。

这种面对死亡威胁时的坦然，我们如何做得到！

"'高山仰止，景行行止。'虽不能至，然心向往之。"二十多年以来，无论方方面面，我都一直把恩师当作自己学习的榜样。我向恩师学习，虽然还不至于像邯郸学步的寿陵余子那样"未得国能，又失其故行矣，直匍匐而归耳"，但总觉得自己的刻意模仿，远远没有恩师来得自然。现在恩师虽然走了，但他的精神长存，榜样永在，希望自己将来能够仿佛恩师之一二。

古人曾经评论说，孔子弟子"虽笃学，附骥尾而行益显"。我们虽然不敢望圣人及圣人弟子的项背，但这一比喻用来说明我与恩师的关系，却也十分恰当。我万分感谢恩师给了我此生"附骥尾"的机会，虽然我不敢奢望"行益显"，但我在"附骥尾"期间，在恩师的指点下，已经阅历了不少人间难得的美好风光。我感谢恩师！

三、立德、立功、立言：永远的丰碑

古人言："太上有立德，其次有立功，其次有立言。虽久不废，此之谓不朽。"此三者有其一，就足以不朽，而恩师全矣。

人们常说，天无私覆，地无私载。恩师如同天地一般，他的恩泽绝不止于我一人。卿师一生指导的研究生有数十位，直到卿师弥留之际，惦记的还是他弟子的学业和工作，这恩德，如雨露，如阳光，陪伴着弟子们的成长。直到今天，我们每一个弟子，依旧在享受着卿师的恩德。可以说，没有卿师，就没有我们的今天！其实，卿师的恩德又何止于我们这些弟子呢！卿师的恩德将被我们永远铭记在心。

在立功方面，卿师新中国成立前就参加了进步组织"中国火星社"，为新中国的建立，献出了自己的力量。1959年，卿师创建了川大哲学系，为国家培养了许多急需的哲学人才；1980年，卿师又创建了四川大学宗教学研究所，从而改变了道教研究的国际格局。

对于川大宗教学研究所的道教研究成就，日本著名学者中村璋八曾经评价说："四川大学宗教研究所，不仅是中国，而且也是世界最高水准的道教研究机构，其所长卿希泰教授的《中国道教思想史纲》等众多著作，也一样是中国道教研究的最高权威，就是在日本也享有崇高的威望。"就是在卿师的带领下，四川大学宗教学研究所改变了"道教在中国，而道教研究却在国外"的令人尴尬的格局，这无论是对于道教本身的学术研究和发展，还是对于整个中国学术形象的改善，无疑都起到了巨大的作用。卿师在这方面的成就，可以说是功在当代，利施千秋！

在立言方面，卿师严谨治学，锲而不舍，编著出版的著作就有二十多部，论文有一百余篇，先后荣获国家级和省部级的优秀成果奖十五次，其中一等奖即有七次。卿师主编的《中国道教史》（四卷本）、《中国道教思想史》（四卷本）等学术著作是中国道教研究方面的最权威著作。

当然，立德、立功、立言这三者可以说是彼此重叠，相互交融，卿师在这三个方面都堪为人间楷模，我为有这样的老师而感到自豪。

恩师本质上是一位读书人，一生又基本上是生活在和平年月里，不可能做出世人所认为的那些军政方面的惊天动地的大事情。然而就是在这些看似微不足道的小事情上，却彰显出恩师人性的光辉。古人说："天下大事，必作于细。是以圣人终不为大，故能成其大。"就是这一件件的小事，犹如一块块砖石，最终筑成一座道德、学术的丰碑，永远矗立在中国的学术史上！

四、乘理虽死而非亡：无尽的怀念

每当我看到自己的亲人转身离去时，总不免生出许多莫名的怨天之情：既然上天生出人来，又为何要让他们离去？无端地为人间留下几多哀伤！然而"天意从来高难问"，天道如此，人何能为！

古人早就明白天下无有不死之理："盖天下万物之萌生，靡不有死。死者天地之理，物之自然者，奚可甚哀。"圣如孔丘、孟轲，权如秦皇、汉武，无不往矣。孔子终年七十三岁，孟子终年八十四岁，秦皇终年五十岁，汉武终年七十岁。吾师虽名声稍逊于孔丘、孟轲，权势更不若秦皇、汉武，然寿超焉（卿师终年九十岁），此盖亦天之报德矣！

"泰山其颓，则吾将安仰？梁木其坏，吾将安仗？哲人其萎，吾将安放？"如今恩师亦往矣，再陪伴恩师散步，聆听恩师教诲，已成不可实现的奢望。我不知道今后遇到问题时，再向谁倾诉，再向谁请教！

翘首西望，恩师何在？然"乘理虽死而非亡，违义虽生而匪存"，恩师虽然离去了，但恩师的音容笑貌、精神道德永远活在我们心中。做弟子的只能依照恩师的榜样，努力地继续修炼自我，认真做人，认真做学问，以无愧于卿先生弟子之身份。古人多言人死后有知，果如此，愿恩师能够面带微笑，在天上继续关照您的弟子！

恩师卿先生千古！弟子永远怀念您！

纪念吾师卿希泰先生

——《中国道教思想史纲》述评

唐大潮*

题　记：我于80年代初，经四川大学哲学系张先生引荐，得以向卿希泰先生请教。1985年，我考入宗教学研究所攻读硕士学位，蒙卿先生不弃，忝列门墙。1991年，又考取卿先生的博士研究生。毕业后留所任教，得先生提点、教益良多。先生著述丰赡，而《中国道教思想史纲》乃其研治道教文化的成名作。在我本科、硕士阶段，此书几乎是我系统学习道教思想的唯一经典著作。今先生仙逝，三十余年的点滴往事尚历然在目；翻检旧文，当时的心得体会又重上心头。观先生一生，于国则有立言育才之真行，于己早持死生一如之达观。先生逝矣，德泽永存，唯以心香一瓣，恳祷先生吉祥。先生之风，山高水长！

卿先生所著《中国道教思想史纲》，1980年由四川人民出版社出版第一卷，1985年出版第二卷。这部开拓性的学术著作，较为系统地揭示了中国道教思想发展的脉络及规律，不仅是研究道教，而且是研究中国哲学、历史、中医药学、气功学、养生学的重要参考读物。

《中国道教思想史纲》第一卷共四章，从道教的兴起谈到汉魏两晋时期的道教；第二卷共三章，研究了隋唐至北宋道教思想的发展。在第一章《引论》中，作者阐述了为什么要研究马克思主义宗教学及为什么要研究中国道教思想史，认为在我国产生宗教的社会根源虽然在消失过程当中，但宗教的影响依然存在，信仰宗教的群众也还有。因此，为了解和掌握宗教产生、发展和消亡的客观规律，正确理解和执行党的宗教政策，加强我国和各国人民包括各种宗教信仰者的友好往来，就有必要开展马克思主义宗教学的学习和研究。而道教是我国的传统宗教，在几千年的封建社会中曾产生过巨大影响，其与农民运动，与儒学、佛教的相互关系等，都是很值得研究的。为了全面了解我国历史，了解我国哲学、科学、文化思想的演变，研究道教思想是很有必要的。

---

*　作者简介：唐大潮，现为四川大学道教与宗教文化研究所教授。本文原载方克立、王其水主编：《二十世纪中国哲学》第三卷，北京：华夏出版社，1997年，第556—567页，略有修订。

况且，道教曾流传到海外，如传播到朝鲜、日本、南洋一带，甚至远播欧美，对世界文化亦有一定影响。国外对道教思想的研究甚为重视，成果累累，而在国内反而少人问津，所以，对于我国固有的思想进行研究，应当是我们责无旁贷的义务。

该书第二章具体讨论道教的起源和民间道教的兴起。作者认为道教的思想渊源可以追溯到古代奴隶社会的一种原始宗教——巫术，道教的所谓"道"是从古代神道设教的神道而来。在道教的产生过程中，战国时齐国邹衍的五行阴阳学说、墨子的尊天明鬼，以及谶纬之学都成了神仙方士用以装饰其术的理论。而传说的道教起源于老子却是不可信的。但道教依托老子、以老子为教主，却又有深刻的原因。

该章还论及后汉时的魏伯阳及其《参同契》一书，认为《参同契》主述炼丹秘法，是丹鼎派道教的重要著作，对后世道教影响甚大。

《太平经》是道教符箓派的主要著作，作者探索了《太平经》的来历、哲学思想，挖掘出《太平经》的知人善任、"民本"思想、乌托邦思想等，认为《太平经》一书杂而不纯，不能全面肯定或否定，而应该具体分析，弄清楚它为何成为汉末农民起义的思想武器。

五斗米道是东汉时期早期民间道教的一个派别，由张陵创始，后又由张衡、张鲁广为传布。作者讨论了三张与五斗米道的关系及为何四川会成为该派发源地。与黄巾起义直接相关的太平道，以及东汉末年南方的道教活动，作者也有专节加以研究。

第三章论述封建统治阶级的两面政策，民间道教逐步演变成官方的政治工具。其中，论及曹魏政权对道教的镇压和笼络，促进了道教内部进一步分化；介绍了葛洪及其《抱朴子》一书将道教的神仙信仰系统化、理论化，并和儒家的纲常名教结合起来，宣扬道教徒要以儒家的忠孝仁义为本，使道教完全变成统治阶级的御用工具；研究了寇谦之对天师道的改造；并联系南朝的陆修静和陶弘景对道教斋戒仪范所做诸多规定，考证了官方道教从形式到内容得到充实和健全，而变成纯粹是为门阀地主阶级服务的道教。

在第四章中，作者着重探讨汉魏两晋南北朝的道派和道教与儒释的关系。指出：儒、道、佛三家经过这段时期的互相斗争和互相汲取，促使彼此充实了自己的内容，为隋唐以后各自在理论方面的发展奠定了基础。至于这个时期的道派，作者主要介绍了太平道、正一道、灵宝派、上清派等。

第五章叙述隋唐五代北宋时期道教的兴盛、发展及其与封建政治的关系。作者认为，唐以后道教兴盛和发展的原因不应当只从道教本身去寻找，而应当从当时现实的阶级斗争的客观形势当中去寻找。隋唐时代，许多道士用炼制长生丹药、为封建统治者举行斋醮祈禳等方式以邀宠，换取统治者对道教的支持和扶植，促进了道教的发展。同时，李唐王朝统治者为神化其统治，假借神权以巩固王权，与老子"攀亲"，也是促进道教兴盛的原因之一。五代十国及北宋时道教的情形与隋唐类似，道教与封建政治的关系十分密切，其发展变化都受当时政治形势的直接影响和支配，道教成为统治者手中的工具。

第六章评述唐宋时代著名的道教学者及道教理论的发展，指出道教内部南北不同的学术流派互相交流，使其教理一方面向纵深和细密的方向进展，另一方面也对社会产生了日益显著的影响。具体介绍了孙思邈及其医学养生思想、成玄英"重玄之道"的唯心主义哲学、王玄览的道体论和修道思想、司马承祯主静去欲的道教理论、吴筠的万物生成理论和长生成仙思想、李筌的哲学及军事辩证法、杜光庭对道教理论的总结及发展、陈抟的政治学术思想、张伯端和《悟真篇》、陈景元的宇宙观及治身治国的理论等。

第七章专门研讨隋唐五代北宋时期道教与儒释的关系。作者认为，隋代统治者对儒、佛、道基本采取调和的态度，但对佛教是大力帮助恢复和发展，对道教是重视和爱护的。相比之下，儒学在隋代受到轻视。由于这种原因，"三教"在社会上所处的实际地位是不相同的。在这期间，"三教"都有一定发展，并有一定的斗争和融合，但并没有展开，只为之后唐宋时期的相互斗争与融合揭开了序幕。唐初统治者以扶持道教为重点，同时尊崇儒学，对佛教则既有扶持又有抑制，这和隋代相比是一重大变化。因此促使了"三教"的相互融合与相互争雄，而斗争中又往往形成儒、道联合共同反佛的形势，这是唐初至天宝年间儒、释、道三家关系的基本面貌。晚唐统治者由崇道抑佛改为佛、道并重，缓和了三家的矛盾，促进了融合的趋势，如儒者的援佛入儒，佛者的援儒入佛，佛、道之间的"同归于善"等，为宋代三教融合的进一步发展开辟了道路。北宋道教的特点是教义理论更为丰富，并由重视外丹转向侧重内丹的研究，"三教"依然呈融合趋势。如理学创始人周敦颐的《太极图》直接师承于陈抟、道教把禅宗理论引入内丹修炼等便是显例。这些都为北宋以后以三教融合为特点的新道派的产生奠定了基础。

综观《中国道教思想史纲》第一、二卷，的确是拓荒性的著作，其见解新颖，颇多启迪，不但为道教研究提供了丰富的史料和可资借鉴的观点，更重要的还在于给我们以道教研究方法的启示。具体说来，该著作的特点表现在以下几个方面。

首先，用马克思主义做指导，分析道教思想的发生、发展、演变和道教著名人物的思想及经典等，是本书的最大特色。

如关于道教的起源问题。作者不同意历来众说纷纭的道教起源于老子或道教起源于元始天王等说法，而是依据马克思主义宗教学的基本理论，从人类历史和社会发展的角度去寻找道教产生的原因。"要了解道教的起源，就必须分析它之所以产生的社会历史条件和思想渊源。"[①] 该书认为，道教的思想渊源相当复杂，包括了先秦道家和黄老之学，儒家伦理思想和谶纬神学，墨家和古代的宗教思想及鬼神观念，以及神仙思想、神仙方术与巫术等等。在道教的兴起过程中，统治者的倡导是重要因素。作者还分析了道教之依托老子、以老子作为教主的原因。认为这是由于汉代统治者对黄老学派的尊重，而黄老学派的有些人同时也是神仙方士，以及老子学说中本来就有不少可供道教利用的思想。所以，"神仙方士在创立道教时，除了利用老子书中的一些神秘思想，把神术、仙术与五行阴阳和谶纬之学结合起来外，在它的发展过程中，还模仿佛教，采佛教神话来装饰老子，采用某些佛教教义来编造道教教义。于是，神仙方术改称道教，方士改称道士，哲

---

① 卿希泰：《中国道教思想史纲》，成都：四川人民出版社，1980年，第32页。

学家老子也被改装成为道教的教主"。① 这样，作者就从历史和社会里找到了道教产生的真正根源，廓清了关于道教产生的种种神话与不实的传说。

又如关于隋唐五代北宋时期道教兴盛和发展的原因问题，作者一针见血地指出："寻求隋唐以后道教之所以兴盛和发展的原因，便不应当只是从道教里去寻找，而应从当时现实的阶级斗争的客观形势当中去寻找。"② 的确，隋唐五代北宋时期道教的兴盛正是当时的封建统治者需要利用道教麻痹人民，为建立和巩固其统治服务；而道士也正是迎合了统治者的这些要求，往往向新的统治者密告符命，制造篡夺王权的舆论，或者为统治者炼制所谓长生不老之药，来换取统治者对他们的宠信。但道士也并非与封建统治者亲密无间。作者认为："一旦某种宗教的发展对他们的统治不利时，便会对它采取限制甚至禁止的措施。"③ 作者列举了唐武德九年（626）五月，李渊下诏淘汰僧尼与道士作为例证来证明这一点。

封建统治者对道教的崇奉并非一致，不同王朝常常具有不同的特点。作者认为，北宋和唐代的崇道就明显不同："唐代奉老子为圣祖，宋代则根据自己的需要制定出自己的圣祖。"④ 这就告诉我们："唐宋两代圣祖的变化，说明了道教与封建政权互相利用的密切关系。随着政治形势的变化，道教也随之会有某些形式上的改变。"⑤ 作者的这些分析，不但十分中肯，而且也符合道教发展的实际情况。

对于著名道教人物，作者也不是简单地加以肯定或否定，而是根据马克思主义对历史人物评价的标准，具体问题具体分析，对他们的思想和在道教史上的地位做出实事求是的断定。例如在分析鼓吹代表上层社会官方意识的神仙道教、反对民间道教的晋朝葛洪这一道教史上的关键人物时，作者认为，葛洪既是站在封建统治立场上的虔诚的宗教家，为道教建立了一套长生成仙的理论体系，同时又是一个科学实验家，在化学、药物学、医学等自然科学方面做出了重要贡献。就前一方面说，他是一个信仰神仙的唯心主义者，就后一方面说，他又尊重客观事实，倾向于唯物主义。作者批判了葛洪长生不死理论的荒谬，但又对其社会进化论、知人善任思想给予恰如其分的肯定，如认为葛洪的"今胜昔"观点"是从历史发展的观点出发的，也是符合社会发展的客观规律的"。⑥

道教经典著作是道教思想的重要记录，研究道教思想史不能不对它们做深入的探察。而卷帙浩繁、内容庞杂、观点相互矛盾是道教典籍的一大特点，为研究者进行深入探讨造成不少困难。然而，《中国道教思想史纲》并没有因此而回避它们，而是用马克思主义两分法对它们进行精细的剖析。如对《太平经》这一道教早期经典就是这样。作者首先考察了《太平经》的来历，认为其不是一时、一地、一人的作品，而是原始道教中很多人的著作，经逐步积累，汇集而成，所以其中才有不少相互矛盾的观点。作者又研究了《太平经》的宇宙观、形神观、辩证法、知人善任

---

① 卿希泰：《中国道教思想史纲》，成都：四川人民出版社，1980年，第53页。
② 同上，第348页。
③ 同上，第395页。
④ 同上，第509页。
⑤ 同上，第509页。
⑥ 同上，第227页。

和"民本"思想等,从而认为《太平经》"主要是宣扬宗教唯心主义思想和阶级调和的理论,这些都是对封建统治阶级有利的。但其中也有一些观点,在当时的历史条件下,还是进步的和合理的,在一定程度上反映了农民的利益","应当对它进行具体的历史的分析,全盘否定或全盘肯定,都是错误的"。[①]"应当采取分析批判的态度,吸取其精华,剔除其糟粕。"[②]例如作者认为《太平经》主张以试验的效果和人的行为作为辨别是非的标准,"孕育着以实践作为检验是非这一思想的萌芽","这在当时的历史条件下,是有其一定的进步意义的"。[③]

总之,用历史唯物主义和辩证唯物主义作为武器,用阶级分析、历史分析及两点论等方法来考察道教思想的产生、流变及人物,该书不仅是我国第一部关于道教思想史的专著,也是第一部用马克思主义探讨道教思想的专著。

宏观综览,进行历史的综合分析,微观考索,探究道教思想及其对社会影响的方方面面,是本书的第二大特色。

宏观上,作者依据历史与逻辑的统一原则,以道教的起源和民间道教的兴起为契机,探索在社会阶级斗争的推动下,民间道教如何演变为官方的政治工具,隋唐五代北宋时期道教的兴盛、发展及其与封建政治的关系,以及各个时代道教与儒、释的关系等等,从而勾画出道教思想进程的一个整体轮廓,使读者对道教思想的渊源流变和道教思想的发展脉络有了总体的把握。

微观上,作者又对各个时代道教思想发展的特点做了分析。如从隋唐到北宋,作者认为这是道教教理不断深化和向前发展的重要阶段。其原因是这时整个国家基本上是统一的,虽然有过五代十国的分裂,但为时不久。中国封建时代的经济,在唐宋时也较为繁荣,生产和经济的发展,为思想文化的发展提供了有利条件。从道教本身说,由于它经过魏晋南北朝与儒、释的大辩论,道教内部南北不同的学术流派互相交融,以及封建统治者奉行崇道政策、提倡对道书的研究等,促进了道书造作日益增多、道教理论的大发展。唐代的孙思邈、成玄英、王玄览、司马承祯、吴筠,五代十国的杜光庭,北宋的陈抟、张伯端、陈景元等,都是这一时期道教史、学术史上有较大影响的人物。他们在道教的教理、历史、修持方法和医学、药物学、养生学以及哲学思想、政治思想、军事思想等诸多方面,都做出了贡献。其中许多著作不仅对当时道教思想的发展有重要意义,且对中国古代学术文化也有影响,对宋代理学的形成起了更为直接的作用。这样一来,使读者对各个时期道教思想发展的历程、特点有了进一步的了解。

作者还剖析了道教著名的经典和人物。作者对唐宋时代十多名在道教思想史上有影响人物的专节介绍,就显示出作者在微观解析上的功力与匠心。

道教经典中关于药物学、化学的知识是很丰富的。唐代道士、道教学者、以"药王"著称于世的孙思邈的《千金要方》即是这方面的代表之一。作者评述了这本著作,对孙氏"人命至重"的医德思想、"志存救济"的医学思想、"抑情养性"的养生思想等都分别做了总结,拨开了其道

[①] 卿希泰:《中国道教思想史纲》,成都:四川人民出版社,1980年,第71页。
[②] 同上,第134页。
[③] 同上,第85页。

教唯心主义的迷雾，使其中蕴藏的科学精华显露于世。如《千金要方》所主张的治病处方应当因人、因地、因时制宜，不可一概而论的观点，作者就认为："孙思邈反复强调治病处方，均须根据具体情况做具体分析，不可一概与之，这种实事求是的思想，是符合辩证法精神的，也是十分可贵的。"①

成玄英亦是唐初著名道士，他注疏老庄，着重发挥了"重玄之道"的思想，深化了道教哲理。作者在分析成玄英对"道"的认识时，抓住了成玄英用"双遣"方法认识"道"的特征。他说："在成玄英看来，对'道'的认识，说它是'有'是不对的，不能固执于'有'，说它是'无'也是不对的，又不能固执于'无'。那就应当是非有非无吧，但也不能固执于非有非无。……也就是说，既要遣去是有、是无的偏见，又要遣去非有非无的看法。"②成玄英的这种观点既不同于老子的"有生于无"，也不同于葛洪把"有""无"统一起来的主张，成玄英的"双遣"很可能是在佛教大乘空宗龙树一系中道思想的影响下提出的。作者十分注意老子学说对道教思想的渗透及发展变化。他说："成玄英的'重玄之道'及其修道成仙的思想，在理论上是背离实际的，在实践上更是不可能的，不过，如果抛开其不死成仙的目标，单就他那虚静恬淡的思想而论，仍不失为可以批判吸取的一种延年益寿的养生方法。"③这样，成玄英哲学中的精华与糟粕就清清楚楚地跃然纸上了。

其他如对于人们长期以来所忽略的道教学者李筌、陈景元等，作者也专门做了论述。如探讨李筌的哲学思想和军事辩证法，探讨陈景元的宇宙观和治身治国的理论等。

《中国道教思想史纲》的第三个特点，表现在研究方法上。

首先是朴实有信，尊重第一手原始材料，史论结合，避免空泛的议论。众所周知，关于道教的材料杂而多端，从道教的形成到发展成熟，不仅各种道派挚乳多多，教义教理、科仪斋醮、方技方术等名目亦是十分繁复。教义教理，包含哲学、社会政治、伦理道德诸多思想；科仪斋醮，与道教自身活动的规模和方式密切相关；方技方术，也是道教开展活动的重要手段。研究道教思想，对这些不能不涉及。在繁多的材料中，还有一个真伪问题。因此，辨别史料的真伪，采用可信的第一手原始材料，就成为道教思想研究的重要前提。《中国道教思想史纲》对这一问题的解决方法是"大量采用原始材料，第二手材料只做线索而不做依据"。④如《太平经》的作者以及出现的时代和地域，历来众说纷纭，本书通过对众多原始材料的考证，得出了两点结论，即：《太平经》本不是一时一地一人所作，而可能是原始道教中很多人的著作经汇聚而成；因《太平经》来源较广，或因地区和时代的不同才传闻各异。所谓《太平经》始于周朝的说法，完全是道教徒为与佛教抗衡而臆造出来的，不可信，倒是《太平经》与汉成帝时甘忠可的《包元太平经》可能有一定关系。这样，就对《太平经》之所以出现观点相互矛盾的情形给予了合理的解释。

又如在讨论曹魏政权对道教的镇压和笼络的问题时，作者引用了曹植的《辩道论》、《三国

---
① 卿希泰，《中国道教思想史纲》，成都，四川人民出版社，1985年，第520页。
② 同上，第546页。
③ 同上，第546页。
④ 《四川大学报》第214期。

志·魏书·武帝纪》注引张华《博物志》、《后汉书》、《神仙传》以及曹丕《典论》等原始材料，令人信服地说明了原始道教如何逐渐演变为官方的御用政治工具。本书通过对大量的史实、经典、道派与人物的分析与评价，以及切实按照本来面目去认识道教与儒、释之间的关系，揭示了道教思想发展的历程。如作者对《阴符经》的考证。宋代有些学者认为《阴符经》为李筌所作，而本书则认为这种说法漏洞百出，指出《阴符经》在李筌之前早已有之，并引用了大量的材料来说明，令人信服。史和论如何有机结合，作者提出了自己的看法：应带着问题去看待原始材料，从原始材料基础上形成自己的观点，而不是抱着某一观点去找材料，否则就要断章取义。

其次，是对重要的道教教理、教派、人物的承启关系，不仅仅上溯其来源，下观其演变流向，而且横向参照比较，前后呼应而自成体系。如关于唐宋时期著名道教人物的修道方法，作者就比较了成玄英的"静心守一"、王玄览的"修变求不变"、司马承祯的"安心坐忘"、吴筠的"守静去躁"、陈景元的"虚静寂寞"，从而不但说明了他们在修道方法上的差异和共同点，且通过他们的修道方法反映出其道教思想的特殊性。

再如在讨论道教与儒、释的关系时，作者不但从道教角度探讨了道与儒、释，同时从儒的角度探索了儒与道、释，从释的角度探讨了释与道、儒；不仅从史料出发去分析儒、释、道的融合与斗争，而且从"三教"的发展关系中去考察新的社会思想产生的历史必然性。这种全方位的比较方法，使读者对三教关系获得了总体把握。正如作者在分析理学的开拓者韩愈、李翱的思想后明确指出的那样："单靠儒家原有的那套旧武器，早已显得软弱无力，而一旦突破旧儒学的框子，吸收佛、道思想来充实自己，赋予儒学以新内容，就使得儒学比过去有生气多了。"① 这样就科学地说明了儒、释、道的融合必然产生新的思想，北宋理学的形成不是偶然的，恰好是历史与逻辑发展的必然结果。

再次，《中国道教思想史纲》为了深究道教演变的历史过程，采用了一论再论、逐步深化而不重复的研究和写作方法。如第三章论述民间道教向官方的政治工具转化，第六章评述唐宋时代道教理论发展时，与前几章相互呼应，介绍了道教内部南北不同派别互相交流，使其教理一方面向纵深和细密的方向发展，另一方面又对社会产生了日益显著的影响。

又如对三教关系，作者从东汉末年道教产生之时起就以老庄思想为主，又杂糅了儒家思想，东晋的葛洪主张儒、道双修以及南朝时陶弘景主张三教合流谈起，专列章节讨论汉魏两晋南北朝及隋唐五代北宋时期道教与儒、释的关系。如此沿波讨源、上下钩连、纵横比较，系统地揭示了道教思想发展的历史概貌。

本书在研究方法上还有不少创新，如在讨论道教与理学的关系时，作者不是漫无边际，用拉大网的方法去论述，而是采取解剖麻雀的办法，画龙点睛地在论述陈抟、周敦颐思想之时概述了理学与道教的关系。

本书也存在一些不足之处。比如，作者在论述某些道教学者的思想渊源及对后世的影响上，

---

① 卿希泰：《中国道教思想史纲》，成都：四川人民出版社，1985年，第798页。

还不够充分。另外，对汉魏两晋南北朝时期与隋唐五代道教思想发展各自不同的特点，论述似显薄弱。然而，瑕终不掩瑜，从整体上看，《中国道教思想史纲》是一部难得的好书，尤其是对道教思想史的探索方面，其首开之功是巨大的。

　　《中国道教思想史纲》第一、二卷出版后，受到学术界的瞩目，引起极大反响，国内外同行专家学者给予了高度评价，公认其为"中国第一部全面、科学地揭示中国道教思想发展规律的拓荒性专著"。《中国社会科学》1986年第5期《拓荒者的脚印》一文说："卿希泰先生的《中国道教思想史纲》的可贵之处在于它开创了新的研究领域。"《哲学研究》1986年第12期《道教研究的可喜收获》一文则认为："从道教思想发展的角度来撰写的中国道教思想通史，作者卿希泰的《中国道教思想史纲》还是第一部。这部著作资料丰富，观点明确，探前人所未究，发别人所未发，科学地揭示了中国道教思想史的发展规律，是启迪人们研究道教的好书，也是初学道教者的必读书籍。"《光明日报》1989年12月15日《评〈中国道教思想史纲〉》亦指出，在道教思想的研究于我国一直未充分展开的情况下，"由卿希泰撰著的《中国道教思想史纲》见解新颖，颇多启迪，为道教研究提供了丰富的史料和可资借鉴的观点。……本书作为对道教思想渊源的历史考察，不仅具有启发性的学术观点，而且对我们了解宗教的实质和根源，以及它自身发生、发展和消亡的客观规律，正确解释和贯彻党的宗教政策将有较大的帮助"。四川省人民政府在评定《史纲》为四川省哲学社会科学优秀成果二等奖（第一卷）、一等奖（第二卷）所写的鉴定书中，认为此书是一部"开拓性的著作"，"科学地揭示了中国道教思想发展的规律"。其"突出特点，是在详细占有史料的基础上，把马克思主义的理论分析贯穿于历史过程的阐述之中，具有史料翔实、观点鲜明、文风朴实、说理透辟的优点"，"对于批判地继承祖国的文化遗产，对于社会主义精神文明建设，都是有积极的作用的"。《史纲》同样也获得了国外同行学者的高度评价，日本东京大学研究道教的著名学者蜂屋邦夫教授就认为："道教史著作在国外已经有之，但是关于道教思想史的系统研究著作，这还是第一部。"日本另一著名学者中村璋八教授亦发表文章称："卿希泰教授的《中国道教思想史纲》等众多著述，也一样是中国道教研究的最高权威，就是在日本也享有崇高的威望。"

大家风范，永留人间

刘固盛[*]

道教研究学术泰斗、一代宗师卿希泰先生逝世，学林同悲。我作为一个学术上的晚辈，也深感哀痛。卿先生卓越的学术成就以及对道教研究的学科建设、人才培养、社会服务所做出的巨大贡献，为学界所共同景仰。对卿先生的学术成就，我体会较深的有以下几点：其一是卿先生的道教学术研究具有开拓性和整体性。从 20 世纪 80 年代的《中国道教思想史纲》到 90 年代的《中国道教史》，再到新世纪的《中国道教思想史》，卿先生的道教研究具有宏大的规模和前瞻的规划，注重贯通研究和思想提炼，硕果累累，令人敬佩。其二，卿先生的学术见解具有敏锐性和引领性。这里暂不提他学术著作的大量重要见解，仅就 2006 年他发表的《百年来道教研究的回顾与展望》一文，提出要加强地方道教史和道派史的研究，加强道教教义教理的研究，开展道教典籍的整理，开展学科交叉研究，加强西方道教研究成果的译介等等，正在引领并将继续引领今后道教学术的发展。其三，卿先生的学术研究和人才培养以及相关学术领导工作不仅提升了道教学术在我国人文社会科学中的地位，也极大地提升了我国道教研究的国际地位。20 世纪 80 年代以前，相对于西方汉学界对中国道教的热衷，道教研究在我国学术界并不受重视。80 年代初卿先生即创建了我国高校的第一个宗教学研究机构——四川大学宗教学研究所，后来成为教育部人文社科重点研究基地，学科点也成为我国第一个宗教学国家重点学科，这些成就不仅使四川大学道教与宗教文化研究所成为国内外道教研究的重镇，而且使道教研究成为人文社会科学的重要领域，从而推动了我国道教学术事业的整体提升。

卿先生一生桃李满天下，对学术后辈充满关爱。他弥留之际仍在关心学生的毕业和工作，怎不令人肃然动容！在我眼中，卿先生不仅是一代宗师，也是一位仁慈的长者。作为晚辈，我认识卿先生已近二十年。我的博士论文《宋元老学研究》有幸入选卿先生主编的《儒道释博士论文丛书》（第三批），得到了先生的肯定，那也是我出版的第一部著作。后来我经常借学术会议之机向

---

[*] 作者简介：刘固盛，华中师范大学道家道教研究中心主任，教授、博士生导师。

卿先生请教，他多次将新出版的著作送给我，并在扉页上题签，我每次手捧先生的新作，总是十分激动。先生之话语，让我如坐春风不曾忘记；先生之惠赠，更是对我学术研究的莫大鼓励。我们华中师范大学道家道教研究中心和香港青松观联合举办的首届和第二届全真道与老庄学国际学术研讨会，卿先生不顾八十余岁的高龄，亲临武汉参加会议，同时对我们研究中心的工作提出宝贵建议，让我们受益匪浅。熊铁基先生听到卿先生逝世的消息后，也非常难过，反复嘱托我代表他表达对卿先生的深切悼念。

卿希泰先生虽然离开了我们，但他的学术成就和大家风范将永留人间，并激励我们在学术研究的道路上不断前行。

七律·怀念卿希泰先生

陈 霞[*]

长忆师尊念不休，
杏坛风雨度春秋。
文章锦绣光千里，
桃李芬芳惠九州。
治史孜孜求至道，
传学耿耿向潮流。
巴山幸自升明月，
照彻川江楼上楼。

---

[*] 作者简介：陈霞，中国社会科学院哲学研究所研究员、博士生导师。

当代道教研究的大宗师
——2016年洛阳老子学会访问卿希泰教授记

王宏涛*

2016年8月14日，在洛阳老子学会会长杨懿楠先生的带领下，王宏涛、谌娟、毛艳彬一行四人从洛阳出发，到四川大学去拜访慕名已久的卿希泰教授。

杨懿楠先生热爱道教文化，创业成功后，他先后斥资一百多万举办了四次大型的道学国际学术研讨会，此番为了筹建洛阳老子书院和发展洛阳养生产业事宜，专程前去成都拜访卿老，希望得到卿老的指导和支持。

然而到了成都才得知，卿老正在生病，当天发着高烧。我们一时不知如何是好，但卿老听说我们远道而来，表示隔天烧退了可以见我们，让我们先到宗教所参观参观。

第三天上午，卿老的烧果然退了，我们如约前去拜访卿老。门一开我们就很吃惊，只见卿老鼻子中插着管子，隔几分钟就咳嗽一下。我注意到，他的痰中带着血丝。他病成这样还愿意见我们，让我们非常感动。看到我们吃惊的样子，卿老主动给我们介绍了他的病情，说是肺癌，动了两次手术，还在恢复之中，并表示到了他这把年纪，对生死已不看重，他与病魔作斗争，是希望能为道教研究多做些事情，今天可以和我们谈二十分钟。

时间紧迫，杨懿楠会长赶紧向卿老汇报了筹办洛阳老子书院以及开发养生产业的想法，并请卿老给予指导。卿老听后说，你这个想法很好，国家要复兴，道教就得兴，道教要兴，就得靠养生。只有养生产业起来了，老百姓才会关注道教，道教才会有大的发展。道教在养生方面资源很多，他勉励我们把洛阳的养生产业做好，为洛阳的道教研究提供支持。卿老把道教养生与国家的复兴联系了起来，使我们一下子有如醍醐灌顶，感到责任重大。

接着，杨懿楠会长向卿老汇报了洛阳老子书院的筹建问题，并告诉卿老，将来老子书院的人才库里，有川大道教与宗教文化研究所毕业的三名博士。卿老听了很高兴，他表示可以多谈一会

---

* 作者简介：王宏涛，博士，河南科技大学教授。

儿，然而不久就出现了气喘的情况，需要及时吸氧。我们见状起身想告辞，他却示意我们不要走，一会儿就好了。果然，大概过了五分钟，卿老的气色好了些。他说河南道教研究的底子薄，人员少，《洛阳道教史》一直没有写出来，希望洛阳老子书院建成后，能肩负起这个重任。他还建议，你们的研究人员年轻，可以先从较为简单的宫观志、人物志入手。卿老的教导使我们倍感振奋。我一时激动，就很冒昧地问卿老，能否为我们的"洛阳老子书院"和《道化当代》杂志题字，没想到卿老当即就同意了，而我们连纸和笔都没有带。于是卿老带我们进了书房，用自己的笔和纸书写。结果写了两张他都不满意，他略带歉意地说，今天坐久了，手老是颤抖，你们可以留下联系方式，改天我写好后给你们寄去。原定二十分钟的会谈不知不觉中已经一个小时了，由于担心影响卿老的休息，会长就带领我们向卿老告辞。

回洛阳后不久，就收到了卿老寄来的墨宝，我们非常欣喜，原打算等洛阳老子书院建成后，再去拜访他的，没想到2月18日却传来了老先生羽化的消息。听到消息，杨懿楠会长以及洛阳老子学会同仁悲痛不已，决定与川大同时在洛阳为卿老举行追思会，以表达学会对卿老的怀念与感激之情。

昔日孔子入周问礼，回来后对弟子讲，老子"犹龙"也，赞其学识德行深不可测。我们这次去成都拜访卿老，回洛阳后，很多人问我对卿老的印象，我说自从我从卿老家出来，脑海中一直就萦绕着一个词："大宗师"。庄子讲：古时候的"真人"，不因为生存喜悦，也不厌恶死亡；出生不欣喜，入死不畏惧；自由自在地来，无拘无束地走。不关心自己从何而来，也不关心自己将归于何处。不管承受什么际遇都欢欢喜喜，忘掉死生像是回到了自己的本然，这就是与道合一，自然而然。这样的人就叫"大宗师"。庄子说像这样的人，他的容颜淡然安闲，他的容貌质朴端严。卿老师面对绝症的豁达态度，让所见的人都感到深深震撼。多年的哲学修养，使得卿老面对生死，毫不畏惧，在与癌症的斗争中，还在关心着道教文化的研究。他早已了却生死，他以丰厚的道德文章，以及面对生死的积极态度，向我们诠释着当代道教"大宗师"的境界与涵养。他等身的辉煌著作，将传承他的思想，永远给人们以精神食粮；他持之以恒的道家人生，将会成为喜爱道家道教文化人士的实践榜样。

谨以此文怀念卿希泰教授。

2017年2月18日

中 编

生命道教专栏

《太平经》与"和生"思想

钱耕森[*]

摘　要：《太平经》有关宇宙本原和万物生成的论述，认为"元气""阴阳二气"与"中和"之气都能生万物。卿希泰等先生着重阐述了《太平经》的哲理与汉代哲学有关联及其直接影响。我则较多地说明了《太平经》的哲理与老子《道德经》和庄子《南华经》的渊源及其影响，以相互发明与补充。我更乐意将《太平经》中所言说的"道""元气""阴阳二气"与"中和"生万物，通过对老子《道德经》和庄子《南华经》的溯源，揭示出其实质归根结底还是传承和发展了史伯的"和生"说。

关键词：《太平经》　《道德经》　史伯"和生"说

　　道教产生于东汉中叶。道教是以"道"为最高信仰的中国所固有的传统宗教。道教将老子（生卒年不详，稍长于孔子）及其《道德经》加以宗教化，奉老子为教主，将老子神化；奉《道德经》为主要经典，并对《道德经》做了宗教性的解读。这始于东汉顺帝（126—144）时的张陵（34—156）。他在四川鹤鸣山，奉老子为教主，尊称为太上老君，以《道德经》为主要经典。

　　老子先于道教。老子与孔子（前551—前479）为春秋末期同时代人。老子与孔子同为古代大思想家和大哲学家，又同为先秦已形成的道家和儒家的创始人，他们的思想影响深远，使道家和儒家成为中华传统文化的两大主干。老子与孔子同时成为中国与东方文化的主要代表，成为世界历史文化名人，对全人类的文明做出了伟大贡献。

　　《太平经》是道教的重要经典，虽然在《太平经》中有"天师道""天道教"和"太平道"之名，但尚无"道教"之称。东汉灵帝（168—188）时，黄老道的张角（？—184）于熹平年间，创立太平道，开始以《太平清领书》（即《太平经》）为主要经典。《太平经》内容丰富，主要是宗教神学，但还有其他内容，也谈到哲理，对于万物起源这个形而上学的根本问题，就有所论

---

[*] 作者简介：钱耕森，安徽大学资深教授，"大道和生学"的探索和构建者。

述。当然，其道教哲理以老子的《道德经》为指导和基础，但也兼收并蓄了其他思想，尤其是汉代当时的哲学的新思想，而最终都加以宗教化和神学化。

一、"道""元气""和生"万物

《太平经》对于宇宙本原及万物产生的哲理上的根本问题回答说："六极之中，无道不能变化。"① "道无所不能化。"② "道者，天也，阳也，主生。"③ "道者，乃天地所常行，万物所受命而生。"④ "道无不导，道无不生。"⑤ 等等。"六极"，指上下四方。"六合"，指天地四方。二者含义相同。这表明《太平经》认为，在上下四方之中的万事万物都充满着变化，并且万事万物之所以能变化的原因，就是"道"。"道"何以能如此呢？"夫道何等也？万物之元首，不可得名者。"⑥ 由于"道"是"万物之元首"，也就是说"道"是万事万物生生不息和不断变化的动力和根源。

《太平经》的这个主张，显然渊源于《道德经》。老子说："有物混成，先天地生。寂兮寥兮，独立不改，周行而不殆，可以为天下母。吾不知其名，字之曰道，强为之名曰大。"⑦ 这表明老子认为，所谓"道"生于天地之先，独立存在，不停地运行着，可以是天下万物的根本，好比是全天下的母亲。所以，他能产生出万物。"道生一，一生二，二生三，三生万物。"⑧ 可见，老子的"道"，不仅其自身存在具有"独立不改"的本色，而且其生万物之时也保持了"独立不改"的本色。

但是，《太平经》在传承老子的"道生万物"时，增加了"元气"，甚至还把"元气"置于"道"之上、之前。《太平经》说："元气行道，以生万物，天地大小，无不由道而生者也。"⑨ "故元气守道，乃行其气，乃生天地，无柱而立，万物无动类而生……自然守道而行，万物皆得其所矣。"⑩ 这是认为"道"在产生万物的过程中，无论是"行道"，还是"守道"，都是离不开"元气"的，以为"元气"更为根本。"天地开辟贵本根，乃气之元也。"⑪ "元气乃包裹天地八方，莫不受其气而生。"⑫ "元气恍惚自然，共凝成一，名为天也（按王明校改，'一'与'天'应换位）；分而生阴而成地，名为二也。"⑬

---

① 王明编：《太平经合校》，北京：中华书局，1960年，第16页。
② 同上，第21页。
③ 同上，第218页。
④ 同上，第734页。
⑤ 同上，第736页。
⑥ 同上，第16页。
⑦ 《道德经》第二十五章。
⑧ 《道德经》第四十二章。
⑨ 王明编：《太平经合校》，北京：中华书局，1960年，第16页。
⑩ 同上，第21页。
⑪ 同上，第12页。
⑫ 同上，第78页。
⑬ 王明编：《太平经合校》，北京：中华书局，1960年，第305页。

"道"与"元气"孰为根本？任继愈等先生认为："这样，《太平经》的宇宙论，'元气'居于'道'之前、之上，成为它的最高概念。"① 卿希泰等先生说："道与元气的功能都是'生'，性质同属'阳'，但道似乎更为根本。"② 我认同前者，因为《太平经》特别强调过："元气无形……不缘道而生。"③ 又说，"夫物始于元气"。④

把"元气"当作产生和构成天地万物的根源，相传最早是战国楚人、姓名不详的黄老道代表人物鹖冠子。他说："天地成于元气，万物乘于天地。"（《鹖冠子·泰录》）到汉代这种观点则甚为流行，如王充说："万物之生，皆禀元气。"（《论衡·言毒》）从而影响到了《太平经》。

老子的"道"，被道教通过"一"和"气"神化老子为道教的"太上老君"。《老子想尔注校笺》说："一者道也……一者散形为气，聚形为太上老君。"⑤ 卿希泰等先生说："道被人格化、神圣化了。""道、一、老君三位一体，成为宇宙万物的本根。"⑥ 所谓"聚形为太上老君"，如果结合有关论述可解读为"聚气成形为太上老君"的话，那就不是"道、一、老君三位一体"，而是"道、一、气、老君四位一体"了。

二、"阴阳二气""和生"万物

《太平经》又主张阴阳二气生万物。"天地之性，半阳半阴。"⑦ "阴阳相与合乃能生。"⑧ "天下凡事，皆一阴一阳，乃能相生，乃能相养。"《太平经》所言"阴阳二气生万物"，是阴阳二气相交时才能生万物，如果阴阳二气分开则不能生万物。"一阳不施生，一阴并虚空，无可养也；一阴不受化，一阳无可施生统也。"⑨ 《太平经》更具体地说："天，太阳也。地，太阴也。人居中央，万物亦然。天者常下施，其气下流也。地者常上求，其气上合也。两气交于中央。人者，居其中为正也。两气者常交用事，合于中央，乃共生万物。万物悉受此二气以成形，合为情性；无此二气，不能生成也。"⑩ "大道……皆以一阴一阳为喉衿。"⑪ "喉衿"，比喻事物之纲要或扼要之地。

《太平经》关于阴阳二气相交时才能生万物的主张其来有自。我认为这种主张仍然出自《道德经》。但卿希泰等先生说："《老子》讲道也讲气，但未将二者合论。"并说："《庄子》中讲气的地方更比比皆是，甚至认为：'通天下一气耳'，但似乎也未将二者结合。"他们认为："战国时黄

---

① 任继愈主编：《中国哲学发展史》，北京：人民出版社，1985年，第661页。
② 卿希泰主编：《道教与中国传统文化》，福州：福建人民出版社，1990年，第65页。
③ 王明编：《太平经合校》，北京：中华书局，1960年，第16页。
④ 同上，第254页。
⑤ 饶宗颐：《老子想尔注校笺》，《选堂丛书》之二，香港：苏记书庄，1956年，第13页。
⑥ 卿希泰主编：《道教与中国传统文化》，福州：福建人民出版社，1990年，第65页。
⑦ 王明编：《太平经合校》，北京：中华书局，1960年，第702页。
⑧ 同上，第078页。
⑨ 同上，第221页。
⑩ 同上，第694页。
⑪ 同上，第653页。

老道家首开此风，到汉代则通常把道与元气合起来形成元气论。""元气化生为阴阳二气，只有阴阳的对立统一才可生成万物，这里包含有朴素的辩证法思想。"①

但我则认为老子和庄子虽然没有用到"元气"这个名词，但都明确将"道"与"气"、与"阴阳二气"加以合论了，实际上也就讲到了"元气"。这是我一贯的主张，最近我刚发表的《论"大道和生学"的理论源流》一文仍然持这一观点："老子在回答万物起源的形而上的问题时，明确提出了'道生'说。他说：'道生一，一生二，二生三，三生万物。'（《老子》第四十二章）'万物起源'的问题，是哲学的一个根本问题，也是一个很难回答和理解的问题。而老子的'道生'说却深入浅出，直接采用了人人都能明白的简便的加法，令人一目了然、过目不忘。这就是老子的'吾言甚易知，甚易行'（《老子》第七十章）的大智慧。""但是，我们认为老子的'道生'说，还有其'玄之又玄，众妙之门'（《老子》第一章）的一面。这就是他接着说的：'万物负阴而抱阳，冲气以为和。'（《老子》第四十二章）在老子之前，已经有用阴阳来解释具体事物与现象成因的传统。如，伯阳父于公元前 780 年用阴阳解释地震成因；叔兴于公元前 644 年用阴阳解释小鸟退飞现象；等等。而老子则将这一传统之说推广到万物结构与产生的形而上的高度，并深刻揭示出阴阳二气在互动中达到和谐状态。"② 这还不足以表明老子在论述万物生成时，把"道"和"阴阳二气"紧密地结合在一起吗？而且还把"道"和"阴阳二气"以及"冲气"与"和气"同样也紧密联系在了一起。"道"和"阴阳二气""冲气""和气"紧密相连的重大意义以及有关庄子的合论，请详见下文。

三、"中和"之气"和生"万物

《太平经》还主张"中和"之气生万物。它说："阴阳者，要在中和。中和气得，万物滋生，人民和调，王治太平。"③"阴阳相得，交而为和，与中和气三合，共养凡物。"④"天气悦下，地气悦上，二气相通，而为中和之气，相受共养万物。"⑤ 所谓"中和"之气，《太平经》认为它本是"元气"，"元气有三名：太阳、太阴、中和"。⑥ 而"元气"是能生万物的，因此能生万物是"中和"之气的应有之义。

卿希泰等先生说："阴阳的统一为'和'，《太平经》更强调'中和'，发挥了汉易阴阳得当便有宇宙和谐的思想。""阴、阳、中和三气相通以成道，即是说阴阳和是为道创生过程的一个重要环节。此为早期道教较有价值的思想，来源于汉代的朴素唯物主义观。"他们还引了《淮南子·

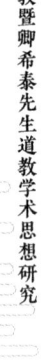

---

① 卿希泰主编：《道教与中国传统文化》，福州：福建人民出版社，1990 年，第 67—68 页。
② 钱耕森：《论"大道和生学"的理论源流》，《社会科学动态》2017 年第 2 期，第 105 页。
③ 王明编：《太平经合校》，北京：中华书局，1960 年，第 20 页。
④ 同上，第 148 页。
⑤ 同上，第 149 页。
⑥ 同上，第 19 页。

俶真训》和《论衡·异虚篇》，特别是《潜夫论·本训》以为证。他们认为王符讲得更全面："上古之世，太素之时，元气窈冥，未有形兆，万精合并，混而为一，莫制莫御。若斯久之，翻然自化，清浊分别，变成阴阳。阴阳有体，实生两仪。天地壹郁，万物化淳。和气生人，以统理之。是故天本诸阳，地本诸阴，人本中和。三才异务，相待而成，各循其道，和气乃臻，机衡乃平。"① 诚然，王符在《潜夫论·本训》中对先有"元气"，再有"阴阳"及其"中和"之气以成"道"，然后产生天地人等等万物说得比较详细。

我发现王符在这段话里，说到了"和气生人"。那么，推广开来岂不就是"和气生万物"？这和史伯所说的"夫和实生物"岂不相同？又说到了"和气乃臻，机衡乃平"，和气达到最佳的境界就是平衡，这又符合了史伯所说的"以他平他谓之和"，多元的他在互动中达到平衡时就形成了和。而和了就能生，简言之即"和生"。王符所说"元气""阴阳""中和"之气生物，其实就是在说"元气""阴阳""中和"之气都在"和生万物""和生"。

我仍拟补充渊源于老子和庄子以及最早的史伯的有关思想。老子的"道生"说的两句话具有内在联系，构成一个有机整体，共同揭示出道生万物的过程及其规律："道生一"，即道先生混沌的元气；再"一生二"，即经混一元气生阴气和阳气；再"二生三"，即经阴阳二气在互动、互冲（即冲气）之中达到平衡而成和气；有了三，有了和气，就可以生万物了，"三生万物"。在老子所说的"道生"的两句话中，确实没有明说到"元气"一词，但确实还是说到了它，它就是"道生一"的"一"，它同时又是"一生二"的"一"。换言之，老子的"道生"其实就是"和生"。所以说，老子的"道生"，是对史伯的"和生"的传承和发展。

庄子提出"气生"的主张。他说："人之生，气之聚也。聚则为生，散则为死。若死生为徒，吾又何患！故万物一也。是其所美者为神奇，其所恶者为臭腐。臭腐复化为神奇，神奇复化为臭腐。故曰：'通天下一气耳。'圣人故贵一。"（《庄子·知北游》）这表明庄子认为，人、生、死、神奇、臭腐……万物都是"一"，都是"一气"所生的。当然这个"一气"含阴阳二气。换而言之，这个"一气"也可以说就是"元气"。无论是"一气"，还是"元气"，在老子和庄子那里归根结底都是生于"道"的。

庄子又说："至阴肃肃，至阳赫赫。肃肃出乎天，赫赫发乎地。两者交通成和而物生焉。"（《庄子·田子方》）万物包括上述人、生、死、神奇、臭腐在内，都是阴气和阳气"两者交通成和而物生焉"。庄子的阴阳"两者交通成和而物生焉"，无疑是源于老子所说的"万物负阴而抱阳，冲气以为和"，简而言之就是"和生"说。所以说，庄子的"气生"是对老子的"道生"，也是对史伯的"和生"的传承和发展。

那么，史伯是何许人也？

史伯，生卒年不详，西周末年周幽王（前781—前771年在位）的太史，于前774—前771年与同朝的司徒郑桓公讨论国是时，为反对周幽王的"去和取同"的腐败的朝政，提出"和同之辨"，并上升到哲理上，提出："夫和实生物，同则不继。以他平他谓之和，故能丰长而物归之；

---

① 卿希泰主编：《道教与中国传统文化》，福州：福建人民出版社，1990年，第68—69页。

若以同裨同，尽乃弃矣。"（《国语·郑语》）这表明史伯以"以他平他"的"和"作为产生万物的根源。我概括称之为"和生"说。他既提出了和确实能产生万物的新理念——"和实生物"，又对"和"赋予了新内涵——"以他平他"，用以回答"和"何以能产生万物的原因。其实，这也是他对什么是产生万物的"和"所做的界定。他的这个"和"的定义，既是中国悠久的"和文化"史上的第一个定义，又是久经考验、历久弥新，还有重大现实意义的经典性定义。史伯又以大量的实例证实了自己的理论，并产生了广泛而深远的影响。所以，史伯的哲学是有体系的，而且他的体系是博大精深的。所以，史伯不仅是一位明智的政治家，而且又是一位智慧的哲学家。

史伯生活于西周末年，比生活于春秋末年的老子和孔子早约二三百年，老子和孔子都深受他的影响，孔子的"君子和而不同，小人同而不和"（《论语·子路》），老子的"万物负阴而抱阳，冲气以为和"，都直接源于史伯的"和同之辨"与"夫和实生物"的"和生"说，所以，我认为史伯是老子和孔子的先驱，也是中国哲学史上的第一位哲学家，还是世界哲学史上的第一位哲学家，因为他比西方公认的第一位哲学家古希腊的泰利斯（Thales，鼎盛年即四十岁左右约在前585—前584年）早近两百年。我把史伯的"和生"说与老子的"道生"说合称为"和生学"，并认为史伯开创了"和生学"，老子建立了"和生学"。多年来，我力图传承并弘扬史伯和老子的"和生学"，探索构建"大道和生学"。"'大道和生学'简称'和生学'，它主张世界万物是由'和''和气''大道之和气'产生的。这一哲学体系由史伯率先提出'和生'说，老子继而提出'道生'说，庄子发展为'气生'说，我发展为'大道和生学'。"①

"中和"，是先秦儒家的一个重要概念。《礼记·中庸》说："喜怒哀乐之未发，谓之中；发而皆中节，谓之和。中也者，天下之大本也；和也者，天下之达道也。致中和，天地位焉，万物育焉。"其中最后一句话说明"中和"是可以产生万物的。

朱熹的后学陈淳解读"中和"时说："那恰好处，无过无不及，便是中。此中即谓和也。"（《北溪字义·中和》）陈淳的解读不是把"和"归为"中"，而是把"中"归为"和"。这也就是说，"中和"生万物实际上就是"和"生万物。这又一次证明史伯的"夫和实生物"的"和生"说影响深远。《太平经》认同了"中和"是可以产生万物的，也就认同了"和生"说。《太平经》所主张的"元气""阴阳二气"与"中和"之气生万物虽未直接用到"和生"一词，但其实际内容则都含有"和生"的思想。

综上所述，《太平经》有关宇宙本元和万物生成的论述，认为"元气""阴阳二气"与"中和"之气都能生万物。卿希泰等先生着重阐述了《太平经》的哲理与汉代哲学有关联及其直接影响。我则较多地说明了《太平经》的哲理与老子《道德经》和庄子《南华经》的渊源及其影响，以相互发明与补充。我更乐意将《太平经》中所言说的"道""元气""阴阳二气"与"中和"生万物，通过对老子《道德经》和庄子《南华经》的溯源，揭示出其实质归根结底还是传承和发展了史伯的"和生"说。

---

① 钱耕森：《论"大道和生学"的理论源流》，《社会科学动态》2017年第2期，第104页。

存在与意义：论道教生命哲学的理论与实践

李远国　李黎鹤*

摘　要：道教生命哲学的思想要点有三：第一，道教认为，生命是神圣的，无论是天地的至灵——人类，还是遍布山川空间的禽兽鱼虫，它们的生命都是大自然的杰作，都是大道至德的显现。第二，生命是相互依存的共同体。所有的人，所有的生物，乃至山川河流、矿物土地，都是在一个共同的天地之中相互连接的，彼此相互协同进化发展。第三，在肯定人类主观作用的同时，亦否定以人类作为中心的自大狂妄态度，承认地球上的一切生命都有生存发展的权利。

关键词：生命　神圣　共同体　生存发展

从人类开始思维的那一刻，即在思考生命的意义。一般而言，意义被人理解为是"内在价值"。当我们谈论人的意义以及人活着的意义时，都默认了要有一个具有主观上感知事物的客观性的对象的存在——这种对象可以是他人，可以是上帝，可以是神灵，等等，总之，是一个第三方的客体。在这个理解下，才有了"内在价值"的可能性。也就是说，人的存在的意义，只能从人存在和人活着这唯一的前提上来寻找。将这一论述进一步放大到整个人类社会与人类种族，我们就不难发现，人类存在的意义与价值，并不依赖于宇宙终将毁灭而人类也将随之而亡。人类到底是否毁灭，这些都不会影响到人类存在的意义与价值。人终究会死亡，人类终究会灭亡。死亡赋予生命以意义，终点赋予旅程以内涵。

生命存在的意义，是人类社会永恒思考的重大问题。生命"存在"的本身出于无意义的偶然性，是随机的自然进化。那么人类对生命意义的"寻找"，其实正是在"构想"生命的意义。西方基督教认为，意义是先于存在的。也就是说，人是先有一个目的，然后才实际存在的。是有一位造了宇宙和万物的上帝，先赋予了人和宇宙意义，然后，才有人的存在；人的形成，不是出于无意义的自然进化，而是出于造物主有意识、有目的、充满爱和智慧的创造。神造人的目的在于

---

*　作者简介：李远国，四川省社会科学院研究员；李黎鹤，四川传媒学院讲师。

彰显神的荣耀。人的意义，就是要活出这个像神的、圣洁尊贵的、荣耀的形象。唯有活出这个显映神荣耀的生命，我们的人生才达到了生命价值的实现。

在道教看来，生命的意义在于生命的创新，在于生命的传承，在于助天赞地，促进万物的共生共荣。当一个个新的生命诞生的时候，当天地万物兴旺发展的时候，我们生命的价值才能得以显现与永恒。《度人经》开卷即曰：仙道贵生，无量度人。谓元始天尊于始青天中碧落空歌大浮黎土，演说《保胎护命品》，十方天真大神、九天监生、保胎护命、三元六甲大神无鞅数众，乘云泛霄而至。元始天尊说经一遍，"诸天圣母同时称善，是时一国仙妃神女忆悟往因，见道本元信，知天地未生，元气肇始，神精吸粹，阴阳定胎，九十亿劫，三气混沌；九十大劫，三华始分，五老保胎，三元育魂，七窍洞开，大块乃坼，二仪出胎，始建环海。说经二遍，胎卵湿生，毛鳞介蠃，无不备成。说经三遍，喙鸣口语，呼应调顺，真协天律。说经四遍，肤革坚完，金真散灵，刚风宛转。说经五遍，道出英妙，才韵秀爽。说经六遍，至巧功成，曲遂天德。说经七遍，育婴端就，善慧滋身。说经八遍，妇人怀娠，鸟兽含胎，已生未生，皆得生成。说经九遍，胎藏发泄，内宝露形。说经十遍，道用神化，自然成人。是时一国，是男是女，莫不倾心，保胎护命，咸得长生"。① 在这里，生命得到了最美好的歌颂与赞美，从天地的诞生，到万物的孕育，经历了亿万年的演化，可见生命是多么的珍贵。

如以人为例，其生于胞胎之中，兼天地万物之禀受，所以最灵而独贵，其孕育到诞生的整个过程，都是非常庄严神圣的。宋董思靖《洞玄灵宝自然九天生神章经解义》卷一曰："人之受生于胞胎之中，三元育养，九气结形，故九月神布，怒满能声，声尚神具，九天称庆。太乙执符，帝君品命。主录勒籍，司命定算。五帝监生，圣母卫房。天神地祇，三界备守，九天司马在庭，东向诵《九天生神宝章》九过，男则万神唱恭，女则万神唱奉，男则司命敬诺，女则司命敬顺，于是而生。九天司命不下命章，万神不唱恭诺，终不生也。夫人得还生于人道，濯形太阳，惊天骇地，贵亦难胜；天真地神，三界齐临，亦不轻也。当生之时，亦不为陋也。"②《太上三洞表文》曰："上闻三天，伏望大道好生，至仁无外，特降玉清道炁，灵宝妙光，朗耀玄虚，焕明坛埠。即俾上件亡魂，沐灵光而快乐，乘炼度以逍遥。臣谨为上请，南昌上官司命君、司录君、延寿君、益算君、度厄君、度人不死君、南极长生君、度世司马君、好生丈人君、回骸起死无量度人君，升度亡过某人，定算玉简，注名金文。又为上请，司马大神、监生大神、卫房圣母、洞阳童子、炼度亡故某人，先入黄华宝井，次入流火神庭。濯质荡形，除阴炼秽。挹九天之真炁，灌五帝之灵芒。气象周圆，形神完复，飚车碧落，羽驾太清，升入天门，佩符合券，永无输转，常获逍遥，受化更生，以为效信。"正是在万神唱恭、天真拱卫、惊天骇地的庄严而神圣的时刻，一个个新的生命诞生了，生命的意义得以肯定，生命的传承得以永恒。

这种热爱生命的理念，融贯于道教的各个流派，成为道教生命哲学的核心。道教以济世度人为传教宗旨，并将保护生命、监生护胎作为一个重要的使命，从而设立了九天监生司这一神灵机

---

① 《道藏》第 1 册，北京：文物出版社、上海：上海书店、天津：天津古籍出版社，1988 年，第 286－287 页。下引同此版本，不一一注明。
② 《道藏》第 6 册，第 395 页。

构，主管生育保胎之事。《九天应元雷声普化天尊玉枢宝经集注》卷下曰："世人夫妇其于婚合，或犯咸池，或犯天狗，三刑六害，隔角交加，孤阴寡阳，天罗地网，艰于嗣息，多是孤独。若欲求男，即诵此经，当有九天监生大神，招神摄风，遂生贤子。于其生产之时，太一在门，司命在庭。或有冤愆，或有鬼魅，或有禁忌，或有凶厄，致令难产，请诵此经。即得九天卫房圣母，默与抱送，故能临盆有庆，坐草无虞。"① 《道门科范大全集》卷二十七《祈嗣大醮仪》请称法位，在三清、四御、九帝、五老、五斗、三元、三省、四圣、九司等圣尊真君之后，即为"九天注生监生真君、九天司禄梓潼真君、九天卫房圣母元君"及"风雷雨部威烈圣众"。并曰："生生之生，实全系于水火，苟赋形于宇内，总托化于仙乡。唯南斗之六虚，乃太微之都，纠领天枢、天机之二省，有司命、司录之尊神。延寿益算则度厄于长生大君，起死回骸则主录于韩君司马。"② 从以上道经中所见，圣母有几十位，诸天圣母、三十六圣母、卫房圣母、护胎圣母、保胎成生圣母，从受孕、怀胎、卫房、护胎、保胎到临盆、出生，这些圣母始终保护着母亲、婴儿的安全。

道教生命哲学的逻辑起点是"道"。"道"是道家哲学的最高范畴，是考察一切问题的出发点和最终归宿，因此，道家对生命的思考和探索也不可能离开道论的基础。道家认为，"道"是客观存在的实体，它生成了世界上的万事万物："道生一，一生二，二生三，三生万物"，也因此，"道"是无所不在的宇宙整体，"道通为一"。道家认为，在"大道"运行的流程中，万物相互之间是没有界限的，"以道观之，物无贵贱"；生死其实是了无差别的，"万物一府，死生同状"。这样，道家以自然主义的道论为其逻辑起点，建立了与"道"合一的生命理论。

基于道论的生命哲学其实是一种境界哲学。其生死哲学的最高目标便是达到死而不亡的境界，"不失其所者久也，死而不亡者寿也"。道家先哲们认为，虽然人的形体总归要死去，腐烂之后化为黄土，但是，如果能够忘记肉体生命的存在，实现"与道合一"，就可以进入死而不亡的境界。老子说："吾之所以有大患者，为吾有身，及吾无身，吾有何患。"庄子则说："忘己之人，是之谓入于天。""入于天"就是将个体的小我融于宇宙的无限之中，就是生命的超越。又说："已外生矣，而后能朝彻，朝彻而后能见独，见独而后能无古今，无古今而后能入于不死不生。"人一旦忘掉肉体生命的存在，便能大彻大悟，心情就会像朝阳一样清新明澈，就可以"见独"达到绝对的"道"。从此便可以超越时空，超越肉体的生命，获得永恒的生命，死而不亡。

庄子不仅继承和发扬了老子死而不亡的理论，而且还进一步提出了达到死而不亡境界的途径就是"体道"，而获得"体道"的方法有两种：一是"心斋"法："唯道集虚。虚者，心斋也。"显然，"心斋"的过程就是致虚守静、去知去欲的过程。二是"坐忘"法："堕肢体，黜聪明，离形去知，同于大通，此谓坐忘。""同于大通"即"与道合一"或"与道相辅而行"，是心灵获得解脱后精神上的一种升华。人们可以通过"心斋"和"坐忘"忘掉身体的存在及欲望，在精神上与无所不通的"道"合为一体，并借助道的永恒，达到个体生命的永恒。这种境界体现在生死问题上，便是"无古今""不死不生"。死而不亡，这正是道家理想人格的最高境界。正是在此意义

---

① 《道藏》第 2 册，第 579 页。
② 《道藏》第 31 册，第 821 页。

上，道家在境界层面超越了生死之困，达到了死而不亡、不死不生的最高层次。

在道教的哲人们看来，生命实际上是一个"苦身疾作""夜以继日，思虑善否"而又"终身役役而不见其成功，然疲役而不知其所归"的辛苦劳作过程，相对于"生"的这种辛苦，"死"实在就是一种解脱、一种休息。"其生若浮，其死若休。""夫大块载我以形，劳我以生，佚我以老，息我以死。故善吾生者，乃所以善吾死也。""以生为丧，以死为反。"生为漂泊，死为归家。所以，死其实并不可怕，相反却是一种休息，一种归家，一种人生痛苦的解除，是可乐之事。因此，道家的先哲们对待生死的态度就是视死如归，"哀乐不能入"，对于身老病残，由生到死，能够泰然处之。显然，"善死"的一个重要意义就在于要死得其所，死得有价值，这不仅淡化了个体生存的世俗功利目的，而且升华出一个泯灭生死的至美境界，进入了生命的深层结构。

道教重人贵生，形成了珍视现实人生生命价值的积极乐观主义生命观。从《道德经》所强调的"摄生""贵生""自爱"和"长生久视"，《庄子》所说的"保生""全生""尽年""尊生"，《吕氏春秋》所说的"贵生重己"，到《太平经》主张的"乐生""重生"，以及其他的道书如《老子想尔注》《老子河上公章句》《周易参同契》《抱朴子内篇》《西升经》《度人经》《悟真篇》等，始终都贯穿着贵生戒杀的思想传统。

"生"，指天地间的生命，这是道教生命哲学中最重要的概念。自老子开始，即十分珍视充满活力生机的生命。他说："出生入死，生之徒十有三，死之徒十有三，人之生，动之死地亦十有三。"也就是说，这个世界到处埋伏着危险，生命随时随地受到各种外物内因的威胁伤害，故应该防患于未然，善于"摄生"。"陆行不遇兕虎，入军不被甲兵。兕无所投其角，虎无所措其爪，兵无所容其刃。夫何故？以其无死地。"① 生死事大，不可掉以轻心。体道者当知生命万物乃道之所生，德之所尊，故应爱之贵之。如林希逸所说："皆言既生既有之后，其在天地之间，生生不穷，皆造化之力也。"② 所谓"摄生"，亦即养生，即善用大道以摄养生命。就自身而言，清静冲虚，不为情欲所伤，此谓"内解"。"内解者，言纵入尘境，亦不为色等所伤也。"③ 就外在而言，善待万物，心无伤害之情。吴澄曰："以虚静为里，以柔弱为表，块然如木石之无知，侗然若婴儿之无欲，虽遇猛兽恶人，亦不能为害也。"④

在道教看来，要想做到长生不死，肉体成仙，首先应从爱护、保养自己的躯体和生命着手。为此，道教中人从理论上做了充分的阐述，提出了重命养身、乐生恶死的主张。《老子想尔注》将《道德经》所说"道大，天大，地大，王大"释解为"道大，天大，地大，生大"，指出"域中有四大，而生处一"，明确提出"生，道之别体"的鲜明主张，将"生"提高到"道"的本体高度。《太平经》中认为，人生最可贵的是生命，它属于每一个人仅仅一次。书中说："凡天下人死亡，非小事也。一死，终古不得复见天地日月也，脉骨成涂土。死命，重事也。人居天地之

---

① 《道德经》第五十章，《道藏》第 3 册，第 23 页。
② （明）危大有撰：《道德真经集义》卷七，《道藏》第 13 册，第 597—598 页。
③ （五代）强思齐撰：《道德真经玄德纂疏》卷十四，《道藏》第 13 册，第 473 页。
④ （明）危大有撰：《道德真经集义》卷七，《道藏》第 13 册，第 597—598 页。

间，人人得壹生，不得重生也。"① 因此，人应该热爱自己的生命："人最善者，莫若常欲乐生，汲汲若渴，乃后可也。"② 基于这种认识，炼养身心、健康长寿便成为人生最重要的一件事，所谓"要当重生，生为第一"。③ "唯思长寿之道，乃安其上，为国宝器"。④

那么，怎样才能得健康、长寿呢？《太平经》提出了"自爱""自好""自亲""自养"的主张，说："人欲去凶而远害，得长寿者，本当保知，自爱、自好、自亲，以此自养，乃可无凶害也。"⑤ 也就是说，只有通过自身的努力，才能求得生命的长存。经中反复告诫人们，人的命运就在自己的手中，为什么要去仰呼上天呢？"有身不自清，当清谁乎？有身不自爱，当爱谁乎？有身不自成，当成谁乎？有身不自念，当念谁乎？有身不自责，当责谁乎？复思此言，无怨鬼神。"⑥ 这种不呼天不怨鬼神的"人命"观，与宿命论者和虚无论者的观点相比，充满了何等可贵的自重精神。

与《太平经》同时的其他几部道经，也都贯穿着这种信念。《老子河上公章句》说："修道于身，爱气养神，益寿延年，其法如是，乃为真人。"⑦《周易参同契》说："引内养性，黄老自然，含德之厚，归根返元，近在我心，不离己身，抱一毋舍，可以长存。"⑧《老子想尔注》亦曰："不知长生之道，身皆尸行耳。""人法道意，便能长久也。"⑨ 以上这些论述，都以修身养性、延年益寿为修道的第一要旨。正是在这一思想基础上，产生了中国养生史上振聋发聩的宣言——我命在我不在天，还丹成金亿万年。《西升经》卷下说："我命在我，不属天地。我不视不听不知，神不出身，与道同久。吾与天地，分一气而治，自守根本也。"⑩ 早期道教养生家提出的这一口号，是道教积极逆转乾坤、参与造化精神的集中体现，包含着一种积极主动的人生态度。

至唐宋时期道教内丹派形成，进一步弘扬了这种思想。钟离权指出，人能穷万物之理，尽一己之性，穷理尽性，以至于命，故体天地之道，为万物之最灵最贵者。但人的本性却阴阳相杂，故可以为鬼，亦可以为仙。不事修炼，恣情纵意，病死而为鬼；知之修炼，超凡入圣，脱质而为仙。仙者全命保生，以合于道，"当与天地齐其坚固，同得长久"。⑪ 吕洞宾说："心境澄清莹且明，施行功业契天星。刚柔宇宙存乎掌，万化生成只在身。"刘海蟾亦曰："作用施为，契合天命。虽宇宙之大，不离掌握。万化虽众，亦生乎身。"施肩吾也说："宇宙乾坤柄，掌握文明定。万化生成只在身，抱一功神圣。"⑫ 陈抟《指玄篇》曰："若得心空苦便无，有何生死有何拘。一朝脱下胎州袄，作个逍遥大丈夫。"⑬ 至张伯端《悟真篇》传世，对道教内丹成功的信心更加充

---

① 王明编：《太平经合校》，北京：中华书局，1960年，第298页。
② 同上，第80页。
③ 同上。
④ 同上，第613页。
⑤ 同上，第466页。
⑥ 同上，第527页。
⑦ 《道藏》第12册，第15页。
⑧ 《道藏》第20册，第156页。
⑨ 四川大学古籍整理研究所：《诸子集成补编》，成都：四川人民出版社，1997年，第9册，第398、402页。
⑩ 《道藏》第11册，第507页。
⑪ 《钟吕传道集·论大道》，《道藏》第4册，第659页。
⑫ 《黄帝阴符经集解》（十真本），《道藏》第2册，第747页。
⑬ 《性命圭旨·亨集》引，《藏外道书》，成都：巴蜀书社，1992—1994年，第9册，第536页。

足。他说:"取将坎内中心实,点化离宫腹里阴。从此变成乾健体,潜藏飞跃总由心。"① "药逢气类方成象,道在希夷合自然。一粒灵丹吞入腹,始知我命不由天。"② 这些论断充分显示了他宏大的气魄和坚定的信念,同时也说明了道教的内丹思想并非逃避现实,而是重视现实。他们的理想是在现实的基础上跳出现实,通过对身心的全面修炼,最后进入更高的人生境界。

道教生命哲学中还包含另一层深意,即不断追求人性的完善,以扬善抑恶的形式,高扬人类的伦理理想,力求人类自我内部环境的净化与完善。在道教看来,修仙道之前必须修人道,人道不修,焉能成其仙道。成仙得道的前提在行善积德,实现生命之转化的关键是人的德行。《太平经》说:"善者自兴,恶者自病,吉凶之事,皆出于身,以类相呼,不失其身。天道无私,但行之所致。"③ 即是说行善之人身体健康、事业兴旺,而做了恶事的人就会遭到得疾病的惩罚。实施报应的主体是上天,它公正无私,人类所得到的善恶报应都源于自身。善恶赏罚的主体是天道。在道教看来,行善以"孝"为先。因为"孝"是出于天地的本心,是天地间与生俱来的非人所创的自然而然的一种法则,"慈孝者,思从内出,思以藏发,不学能得之,自然之术。行与天心同,意与地合"。由于"孝"是自然的法则,因此"孝者,与天地同力也,故寿者长生"。④

《太平经》将道教的生命观与"道"的本性结合起来,为道教的生命哲学做了本体论的解释,认为"慈孝者,思从内出,思以藏发,不学能得之,自然之术。行与天心同,意与地合。上有益帝王,下为民间昌率,能致和气,为人为先法"。⑤ 即是说"孝"是出于天地的本心,出于天道,是天地间与生俱来的非人所创的自然而然的一种法则,将其与道等同。《太平经》说:"夫为善者,乃事合天心,不逆人意,名为善。善者,乃绝洞无上,与道同称。天之所爱,地之所养,帝王所当急,仕人君所当与同心并力也。"⑥ 这种法则上对天下太平、下对社会稳定都有极大的好处。孝善之人上应天心,为神灵所爱好,所以"孝善之人,人亦不侵之也;侵孝善人,天为治之"。可见"孝"是被天保佑的。又说:"郡县皆慈孝,五谷为丰熟,无中夭之民,天为其调和风雨,使时节。是天上孝善之人,使不逢灾害,人民师化,皆食养,有顺之心,天不逆意也。是善尤善,孝忠尤孝,遂成之。使天下不孝之人相效,为设孝意"。⑦ 这样人人唯"孝"是崇,就会风调雨顺,丰衣足食,社会便会有祥和之气,天下则太平了。

《赤松子中诫经》中,以天人感应学说为基础,精辟地阐述了道教生命哲学的道德决定论,即个人行为是决定生死祸害的根本。书中认为,营营万民,在天各有一星主之,其盛衰贫富死生,皆随其人的善恶而表彰。"为善者,善气覆之,福德随之,众邪去之,神灵卫之,人皆敬之,远其祸矣;为恶之人,凶气覆之,灾祸随之,吉祥避之,恶星照之,人皆恶之,衰患之事并集其身矣。"⑧ 即赋予天上神灵以人间道德之神圣捍卫者的性质,从而把人的命运同其行为直接相联

---

① 《道藏》第2册,第943页。
② 同上,第936页。
③ 王明编:《太平经合校》,北京:中华书局,1960年,第456页。
④ 同上,第310页。
⑤ 同上,第301页。
⑥ 同上,第158页。
⑦ 同上,第592—593页。
⑧ 《道藏》第3册,第444页。

系，以死亡衰患相威胁，以长生富贵相诱导，希望人们体天地之仁义，弃恶从善，修道积德。

葛洪亦倡其说，提出修道者当先立功德，以救危难，护人疾病，令不枉死为上功。欲求仙者，当以忠孝、和顺、仁信为本。若德行不修，只务方术而保命，皆不得长生。葛洪还以此为基准，制定了一个十分严格的积善成仙的标准："人欲地仙，当立三百善；欲天仙，立千二百善。"①如积善事未满，虽服仙药，亦无益于成仙。在他看来，一个人要想修成神仙，除了外服仙药，内炼神气之外，还必须积大功德，功夫、功德双双圆满，方可成为天仙。传说中寿高八百的彭祖，之所以仅为地仙，并非如他自己所说不想升天，恐怕是由于他所积的善行不足，没有取得天仙的资格。对此，葛洪说："吾更疑彭祖之辈，善功未足，故不能升耳。"②

道教宣称即使是修炼金丹大道，亦必须积德。张伯端《悟真篇》曰："大药修之有易难，也知由我亦由天。若非积行修阴德，动有群魔作障缘。"上阳子陈致虚注："前云我命不由天，是造化之妙在乎我。此章言由我亦由天，盖还丹先须积阴德。夫施与不求报，阴德也。积善无人知，阴德也。不陷人于险，阴德也。暗中作方便，阴德也。大修行人，自己积德未充，鲜不为外魔所攻。若能回思内省，发大忍辱精进，则魔障化为阴德。经云：彼以祸来，我以福往。彼以怨来，我以德报。皆阴德之盛，祛魔之功也。"③

老子《道德经》说："死而不亡者寿。"这里"死""不亡""寿"的概念，已经超越了普通意义上的思想内涵，渗透着一种以德治命的精神。死尽管是不可避免的，而"不亡"则意味着肉体之身可以死去，但内在的真我——永恒不坏之精神，则将从此脱躯而出，故曰"寿"。在这种理念中，人类可能性的最高潜力达到了它的极致，得到了最终的实现。生命过程的道德化，生命价值的神圣化，在道教追求健康长寿、得道成仙的漫长路途中，一一得到了展现。

道教把道德修养在生命中的意义如此强调，有其深刻的理论根据，更有其不可否认的合理性。从必然的生死转换，到永恒长生的神仙境界，这是一个由凡入圣的过程，是从必然王国向自由王国的迈进。为了完成从人到仙的历史转折，各种各样的修仙途径、内炼手段应运而生，但无论采用何种方法都必须包含一个先决条件——道德。在这里，无论是富有万国的天子，还是凡庶之士，都是一律平等的。如汉武帝汲汲于成仙不死，而求之于李少君，少君回答说，帝虽然求仙之心急切，但却"不能绝奢侈，无声色，杀伐不止，喜怒不除，万里有不归之鬼，市朝有流血之刑，神丹大道，未可得成"。④可见即使是作为天下至尊的汉武帝，亦未获得宽免的资格。相反，许多忠贞慈善之士却以贫寒之身得升仙界。如《列仙传》中的负局先生以紫丸救人，"活者万计，不取一文"；《续仙传》中的王老好道，"务行阴德为善"；马自然为人治疗百病而不收分文，有强送之财帛，"留之复散与贫人"；药王孙思邈"凡所举动，务行阴德，用心自固，济物为仁"。此外尚有许宣平、叶千韶、曹德休、殷七七、杜升、丰去奢等成仙典型，普遍具备符合时代特征的高尚德行。当然，道教中道德高洁的人何止百千，这在各种神仙传记中层出不穷。而这些神迹的

---

① 里明：《抱朴子内篇校释》，北京：中华书局，1985年，第47页。
② 同上，第48页。
③ （元）陈致虚集：《紫阳真人〈悟真篇〉三注》卷四，《道藏》第2册，第1008页。
④ （东晋）葛洪撰：《神仙传》卷六。

反复出现，其目的只有一个，即强调崇高的道德乃是得道成仙的关键，缺此断无所成。因为"人类最高的成就是道德上的作为，它们表现了人类生活中最深刻的实体"。①

海德格尔以一种特殊的洞察力，曾对生与死的关系进行了详细的分析。他说："死亡变成了末世，于是为生存带来了它否则几乎不会有的责任感和严肃性。在一个意义上看是毁灭性的死亡，在另一个意义上却是创造性的，它创造了统一的负责的自我，这个自我的种种关切，在面临终结的情况下变成了有序的东西。"② 道教正是在面对死亡的阴影之前，以高度的责任感去探索生命的奥妙，力图去创造一个统一的自我，使之依从人类的愿望，让生命进入永恒的状态，达到即死即生。这就是修道的目的，也是道教生命哲学的核心。

道教对生命的认知是相当丰富的，并形成了独特的生命哲学。生命的关键是实践，是脚踏实地地修道积德。老子言："早服，谓之重积德。重积德，则无不克。"③ 所谓"重积德"，即反复不断地行善济世，积累功德。陈显微说："然圣人于道有所得者，皆德也。于道有所行者，皆行也。所以积德而不敢失德，累行而不敢失行，功满三千，大罗为仙；行满八百，大罗为客，此皆以可得可行者，善吾生也。"④ 太极真人曰："升仙之道，当立千二百善功，终不受报。立功三千，白日登天，皆济人应死之难也。施惠其人尤善矣。学道当令众行合法，广建福田，发大慈之心，动静常起道意。能如是也，吐纳、服药、佩符、读经精进，终身不倦，岂有不得仙乎？人无此德，虽服药、佩符、读经斋戒，故终命而不验矣。"⑤

德行善功包括甚广，若导人作善，即为善功。常念啸咏洞经，修行大慈，先人后身，扬善化恶，断绝众缘，灭念守虚，心如太玄，为道是求，亦为善功。礼敬三宝，供养法师，能养生，教善行，为人范，亦为善功。见诸经教，能诵章句，建斋争治，饮食自然，常居无为，亦为善功。劝助国王父母，子民忠孝，令人世世多嗣，男女贤儒，不受诸苦，亦为善功。令人不堕地狱，即升天堂，礼见众圣，速得返形，七祖同欢，荣乐道法，亦为善功。劝助布施，谏诤善事，令人寿考富乐，常无怨恼，亦为善功。劝助民人，除嫉去欲，履行众善，令人安乐，祸乱不生，病者自愈，仕官高迁，莫不吉佑，门户清贵，天人爱育，神魔恒护，常生福地，亦为善功。"十善既行，十恶自息。息恶行善，大慈德成。是以上品戒云：恤死度生，救疾治病，施惠穷困，割己济物，奉侍师主，营建静舍，书经校定，修斋念道，退身让义，不争功名，宣化愚俗，谏诤解恶，边道立井，植种果林，教化童蒙，劝人作善，施为可法，动静可观，教制可轨，行常使然。十善遍行，谓之道士。不修善功，徒劳山林。"⑥

统观世界上的各种宗教，道教对生命价值的评价是相当高的。道教诸经之论生命，可谓群经一词，无出"贵"字。如《三天内解经》卷下说："真道好生而恶杀，长生者道也。死坏者，非

---

① ［美］斯特伦著，金泽等译：《人与神——宗教生活的理解》，上海：上海人民出版社，1991年，第96页。
② 刘小枫主编：《20世纪西方宗教哲学文选》，上海：三联书店，1996年，上卷，第73页。
③ 《老子》第五十九章，《诸子集成》第3册，第27页。
④ （南宋）陈显微撰：《文始真经言外旨》卷一，《道藏》第14册，第696页。
⑤ （北宋）张君房编：《云笈七籤》卷三十八，《道藏》第22册，第266页。
⑥ 同上，第267页。

道也。死王乃不如生鼠。故圣人教化，使民慈心于众生，生可贵也。"①《灵宝无量度人上品妙经》卷五说："君民安泰，亿劫长存，乾坤静肃，日月合明，昆虫遂性，至化无边。"②《太清境太清经》说："凡天下之民，均同是性。天性既善，悉生万物，无不置也。地性既善，养生万物，无不置也。圣人悉乐理天下，而实法天地，故万物皆受其大功大善。神仙真人助天地而不敢轻，尊之，爱之，佑之。"③ 由此可见，生命关天，岂可轻视，任意暴殄。

在道教看来，人类财富的多寡，并不是以拥有多少金银珠宝为标准的，而是以自然界的生命兴旺与物种多少来评判。《太平经》中有《分别贫富法》，明确指出，所谓"富"，是指万物备足，生命尽其年，物种延续发展而不绝。它说，在上皇的时代，有一万二千多种物品生出，名为富足。中皇的时代物种略减，已不足一万二千种，故为小贫。至下皇时物种更少了，为大贫。此后，物种难以足万，为极下贫。天地为人之父母，此父母贫极，则人子亦大贫，结果天地人皆悉被伤，"为虚空贫家"。④ 这种尊重生命、强调保护物种的思想，早在两千余年前就被提出，不能不说是道教对于维护生态平衡、保护环境的一大思想贡献。

正是基于这种认识，道教要求人们爱及昆虫草木鸟兽，爱及山川河流，爱及日月天地，不要无辜伤害任何生命。《元始天王欢乐经》说：保护万物，应简朴自己的居室。廉洁克己，应远离酒色。保养形神，应常行仁德。对待他国，应常行慈念。安乐众生，应减少畋渔。放赎生命，应克制饮食。《元始洞真慈善孝子报恩成道经》说：要教育世人，懂得慈爱恭敬，遵顺自然的规律，持守正道以宝身形，怜悯万物而不伤害生命。这些道教经典，都异口同声地肯定了善待万物的必然性和道德价值，承认宇宙间的生命都各有其存在价值，同人的生命一样，应当得到重视和保护。

在道教看来，尊重生命，善待万物，正是大道本身拥有的普济救世美德的最好体现，亦是做人的根本与修道的必须。唐张弧《素履子·履仁》指出：好生恶杀为仁，爱人利物为仁，慈惠恻隐为仁，拯溺救危为仁。"或救黄雀，或放白龟，惠封于伤蛇，探喉于鲠虎，博施无倦，惠爱有方，春不伐树覆巢，夏不燎田伤禾，秋赈孤寡，冬覆盖伏藏，君子顺时履仁而功，仁功著矣。"⑤《刘子·爱民》亦说："先生之治，上顺于时，下养万物，草木昆虫不失其所，獭未祭鱼不施网罟，豺未祭兽不修田猎，鹰隼未击不张网罗，霜露未沾不伐草木。草木有生而无识，鸟兽有识而无知，犹施仁爱以及之矣，况在人而不爱之乎？"⑥ 由此可见，道教重生思想包含着对天地万物的热爱及慈悲仁爱的真情。

慈悲仁爱，本为道教千年的优良传统。《道德经》说："吾有三宝，持而保之，一曰慈，二曰俭，三曰不敢为天下先。"《赤松子中诫经》说："人为天地之本，当为善。""人行善道，天地鬼

---

① 《道藏》第28册，第416页。
② 《道藏》第1册，第25页。
③ 《太上二十六部尊经》，《道藏》第1册，第597页。
④ 王明编：《太平经合校》，北京：中华书局，1960年，第30页。
⑤ 《道藏》第21册，第703页。
⑥ 同上，第738页。

神赐福助之，增延寿考，无诸恶事。"① 清黄正元《太上感应篇图说》曰："慈者，万善之根本。人欲积德累功，不独爱人，兼当爱物，物虽至微，亦系生命。人能慈心于物命之微，方便救护，则杀机自泯，仁心渐长矣，有不永享福寿者乎！"② 这就把行善积德与修道成仙明确地联系在了一起。一个人要想成仙，就必须慈爱万物，积大功德。道书中载述的成千上万的仙真事迹，无论其面貌、神迹怎样神异离奇，但普遍具备符合时代特征的高尚德行，遂至感通上真下降，度升天界。在这里，神仙成为修道成功的典范，人性的完善亦发展到极点。

重生贵人的道德取向，必然导致放生戒杀的行动。清黄正元《感应篇图说》指出："大抵慈是善，放生实养慈术也。""放生功德浩无边，安得富人不惜钱。寒士寡财须爱物，先持戒杀贵心坚。"③ "三教圣人，功用虽不同，其仁慈爱物，仰体上帝好生之心则一也。"④《太上宝筏图说》说："细物宜存保护心，昆虫也解报藏金。初生草木休伐折，麟趾他年送好音。""昆虫物之至微者也，草木物之无情者也，存心仁爱者犹不忍伤，况其它乎！"⑤《吕祖戒杀文》说："世人不惜物命，图彼甘美，资我贪饕，不知人物同生天地，各有痛痒，各有具性灵，贪生恶死，莫不皆然。忍令汤浔刀割，血肉狼藉。一日之中，一家杀一命，百家杀百命，以至成千累万，杀气血光，上昏天日。天心好生，人心好杀，积惨既久，所以灾伤刑戮，盗贼刀兵，杀人如草，聚为恶劫，此自然之公案也。"⑥ 蒋省庵《戒杀生说》曰："人能戒杀，还须放生。既知放生，断须戒杀。若放生而不戒杀，是何厚于野外之羽鳞，而薄于厨中之飞走耶？其亦倒行而逆施矣。不特杀生当戒，蠢动含灵，皆为物命，求丝煮茧，锄地杀虫，念衣食之由来，皆杀彼以自活。若弃膻聚蚁，覆巢取卵，毁垣破蛰，玩鸟捉虫，尽是伤残物命，所宜深戒。"⑦《救济格》曰："天地好生，微物同一躯命，故人惟兼尽物性，方为尽全吾性。体此意者，樽节爱养，戒杀放生，自有所不能已也。"⑧《文昌帝君阴骘文》亦说："欲广福田，须凭心地，行时时之方便，作种种之阴功，利物利人，修善修福，正直代天行化，慈祥为国救民。忠主孝亲，敬兄信友。或奉真朝斗，或拜佛念经，报答四恩，广行三教，济急如济涸辙之鱼，救危如救密罗之雀。矜孤恤寡，敬老怜贫。措衣食，周道路之饥寒；施棺椁，免尸骸之暴露。家富提携亲戚，岁饥赈济邻朋，斗秤须要公平，不可轻出重入。奴仆待之宽恕，岂宜备责苛求。印造经文，创修寺院，舍药材以拯疾苦，施茶水以解渴烦。或买物而放生，或持斋而戒杀，举步常看虫蚁，禁火莫烧山林，点夜灯以照人行，造河船以济人渡，勿登山而网鸟，勿临水而毒鱼虾。"⑨ 如是则吉神保护，百福骈臻，千祥云集。这是利用道德的力量，规劝人们珍惜生命，奉行众善。反之，对于那些暴殄天物、残害生命的各种恶行，道教给予了无情的揭露与严厉的批判。

---

① 《道藏》第3册，第447页。
② 《藏外道书》第27册，第143页。
③ 同上，第143页。
④ 同上，第147页。
⑤ 同上，第632页。
⑥ （清）孙念劬撰：《全人矩矱》卷三，《藏外道书》第27册，第390页。
⑦ 同上，第398页。
⑧ （清）孙念劬撰：《全人矩矱》卷四，《藏外道书》第27册，第439页。
⑨ 《藏外道书》第12册，第407—418页。

《太上灵宝朝天谢罪大忏》卷三中详细论述了末世恶人们的所作所为：他们或杀羊驴马猪禽之类，或杀麋鹿豹野兽之类，或杀鹊鸠燕雀飞禽之类，或杀虫蛇蜂蝎蝼蚁之类，或杀鱼鳖虾水虫之类，或杀蜣螂螟蛉小虫之类，真可谓杀机大发，万物遭殃。其手段亦非常毒辣，或飞鹰走犬，张罗布网；或放火烧山，穷林竭泽；或持弓矢刀杖，手揉足踏，坐按卧捶；或穿坑出土，折篱作障；或剖胎破卵，热汤泼地；或断其头足，剥袭皮毛；或猛火煎烧，沸汤烹煮；或生分子母，断其胎育；或固绝命根，令其永灭。凡此种种恶行，杀害无数生灵，罪孽深重，"长行杀戮，行诸苦酷，不念慈心，杀害群毛"。如行此类罪恶，皆为逆天叛道，必遭报应，死后堕入九幽地狱，"丰都考罚，万劫方生"。①

《太上感应篇》中亦指出了种种伤害生命、恶待万物的行为。如"射飞逐走，发蛰惊栖，填穴覆巢，伤胎破卵""用药杀树""春月燎猎""无故杀鱼打蛇。如是等罪，司命随其轻重，夺其纪算，算尽则死。死有余责，乃殃及子孙"，并用了大量的故事，从正反两方面讲述了重生与滥杀给个人与社会带来的不同结果。如江陵郭晖天性慈爱，买雷公藤以焚之，救河川中鱼虾螺蚌之生命百万，享年九十六，子孙皆登科为官。② 镇江有一位姓范的妻子身患痨病而命危，医生让其夫买了上百只小雀，以合药治疗。其妻说："为救我一条命，却杀一百只雀儿的命，我不忍心，情愿死也不做此事。"于是开笼放生。不久她的病居然好了，并生了儿子，人们皆说这是善心感天的报应。③ 相反，唐代张直方残忍好杀，"喜游猎，网罗弓矢无虚日，一切飞走之类，遥见直方，即惊鸣奔走。起大第，凡入蛰之虫，藏穴之物，尽搜杀之。又喜食含胎之肉，牛羊犬豕，俱生剥其胎，以为脆美。庖人以鸡子清洗釜，日费鸡卵无算"。④ 其肆伐生命，凡见鸟兽虫蚁必杀而后快，后因杀人于市，满族遭诛。

在清梁敬叔《白话劝戒录》中所收载的"病中梦游阴曹""杀害生命的果报""害雀儿的报应""欢喜杀生的报应""打雀儿""蛇来要命""杀生报应""鳝来要命""杀鳝的报应""水獭要命""喜吃牛肉的报应""慈爱生命""放大鱼""牛戒""程世英""牛求人救""鹿来报恩""好生免灾""雷打恶人"等故事，都是在强调无辜杀生的罪行，必然造成深重的恶果。这种依托天道、显现因果的说教，实质上仍然是根基于人间的报应，是人与人之间伦理关系的变相反映，只不过采取了"天道"的信仰化形式而已。其目的还是规劝人们改变自己的不良行为，多一些爱心，使生命得以保护，使万物以生存，使人类生存的环境更加美好。

总结以上所说，道教生命哲学的思想要点有三：

第一，道教认为，生命是神圣的，无论是天地的至灵——人类，还是遍布山川空间的禽兽鱼虫，它们的生命都是大自然的杰作，都是大道至德的显现。任何生命，其孕育、诞生、生长及死亡的过程中，始终都充满了神圣的色彩。作为一种宗教，作为一名教徒，道教及其信徒们，总是心怀对生命的敬畏与热爱的心情，从事着保护生命、善待万物的事业。

---

① 《道藏》第3册，第473页。
② 《阴骘文图说》，《藏外道书》第27册，第358页。
③ 《白话劝戒录》，《藏外道书》第28册，第866页。
④ 《感应篇图说》，《藏外道书》第27册，第190页。

第二，生命是相互依存的共同体。所有的生物，乃至山川河流、矿物土地，都是在一个共同的天地之中相互连接、相互协同进化着。正如《关尹子》所说的那样：自然界好比大海，其中包含着亿万的变化，从本质上讲，鳄和鱼以及它们生活于其中的水，皆属于同一个生命体。人和万物都一起处在这个巨大的变化不息的宇宙中，人的本性和其他一切自然事物是同一的。知道了这个道理，就知道了并没有可以单独生存的人类。

第三，在肯定人类主观作用的同时，亦否定以人类作为中心的自大狂妄态度，承认地球上的一切生命都有生存发展的权利。用《无能子·圣过》中的话来说：天地定位，阴阳气交，于是裸虫、鳞虫、毛虫、羽虫、甲虫生化。"人者，裸虫也。与夫鳞毛羽虫俱焉，同生天地交气而已，无所异也。"[①] 既然如此，人类应该以平等的眼光看待万物，以慈悲的心情去善待生命。因为所有的生命都像锁链一样，一环套一环，若其中的一环断了，那么这条万物赖以生存的生命链就会七零八落，人类的归宿将随着一个又一个生命体的消失而灭亡。

总而言之，道教生命哲学强调的是以人为贵，而不是以物为贵；注重人本身的价值，而不是外在事物的价值；淡化世俗的物质生活，主张高尚的精神生活。它向往"天长地久"的自然可持续性和"长生久视"的生命可持续性，这就包含着丰富的可持续发展思想。但道教并不主张而且反对人凌驾于自然之上，而是要求人在"天人合一"指导下与天地万物和谐共荣。

---

① ［法］阿尔贝特·施韦兹著，陈泽环译：《敬畏生命》，上海：上海社会科学出版社，1992年，第89页。

生死问题与生命修养
——从李道纯的生死观说开去

李大华*

生死问题是宗教理论中的基本问题，也是所谓宗教的终极关怀问题，每个宗教，或每个宗教派别都要对此做出自己的回答。在道教史上，人们知道生活在元代的李道纯实现了全真道南派与北派的合宗，却不清楚宗教理论在他那里经历过怎样的变化，尤其是在生死问题上发生了怎样的变化，这里拟就这个问题加以分析。

一

虽然道教是主张长生的，也就是求生的，但是，在道教的发展过程中，它却经历了种种变化，并非从来在生死问题上都只有一种主张。除了大家都知道的在求长生的途径上的多样性质，道教生死理论也包括了如何才是生，如何才是死，以及如何才算了却生死等等的差别。对于这种变化，道教的理论家们心里清楚，但大多就此问题讲得不甚明了，不是他们讲不分明，而是他们不愿意讲得太分明，因为这涉及道教求长生的基本信念，谁都不愿意去动摇这个信念。所以，他们只是力图去说明这种信念应该是什么样子的，而这种不断说明的过程，就是这个基本信念的变化过程，也是道教生死理论不断建构和完成的过程。对此，不要说行内的人士，就连行外人士都看出来了，早在中唐的白居易在他的诗里都承认，那个时候的道教已经不言白日升青天了。[①]

这也就是说，上述的变化在唐代中期就有了，那么到了元代的李道纯这里，生死问题又有了

---

* 作者简介：李大华，深圳大学文学院教授、博士生导师，中山大学兼职教授，四川大学客座教授。中国哲学史学会会员，美国亚洲研究协会会员，广东省文化学会副会长，广东禅文化研究会副会长。
① 白居易《海漫漫》："何况玄元圣祖五千言，不言药，不言仙，不言白日升青天。"（见《全唐诗》）刘鉴泉先生《道教征略》："唐以还，道教诸名师皆明药之非草，长生非形躯，不言白日升青天。"

什么样的变化呢？

李道纯在其主要的著作《中和集》中专辟了"死生说"，他说：

> 太上云：人之轻死，以其求生之厚，是以轻死。又曰：夫惟无以生为者，是贤于贵生。是谓求生了不可得，安得有死耶？有生即有死，无死便无生，故知性命之大事，死生为重焉。①

李道纯的生死论依然是以老子作为出发点的。但是，他所表达的生死说其实已经不同于老子了。李道纯依据的是河上本《老子》，其原文是说："民之饥，以其上食税之多，是以死。民之难治，以其上有为，是以难治。民之轻死，以其求生之厚，是以轻死。夫唯无以生为者，是贤于贵生。"②从上下文来说，老子本来是指责统治者的求生之厚，使得百姓求生不得，从而轻生，这句话涉及统治者与被统治者两种人。李道纯因老子"民之轻死，以其求生之厚"中省略"上"字，从而改变了行为的主体，两种人变成同一种人，意味着人们因为厚生，所以轻生。③这是明显的误读。只不过，李道纯的误读有历史根据，《河上公章句》就是这样读的："人民所以轻犯死者，以其求生活之事太厚，贪利以自危。"又说："以其求生太厚之故，轻入死地。"如果说河上公的误读是无意的，那么李道纯则是故意的。他试图把老子所说的两种不同主体的生死合为同一种主体的生死，意谓生死不是由别人造成的，都是由个体自己对生死的认识造成的。他在解释老子这段话的"夫唯无以生为者"一句时说："不厚其生。"解释"是以贤于贵生"说："不自生，故长生。"④《老子》一书中直接论及生死问题的除了上述的第七十五章，还有以下几章：

第七章：

> 天长地久。天地所以能长且久者，以其不自生，故能长久。是以圣人后其身而身先，外其身而身存，故能成其私。

第五十章：

> 出生入死。生之徒十有三，死之徒十有三，人之生，动之死地亦十有三。夫何故？以其生生之厚。盖闻善摄生者，陆行不遇兕虎，入军不被甲兵。兕无所投其角，虎无所措其爪，兵无所容其刃。夫何故？以其无死地。

第五十九章：

> 是谓深根固柢，长生久视之道。

第七十四章：

> 民不畏死，奈何以死惧之？若使民常畏死，而为奇者，吾得执而杀之。

第七十六章：

> 人之生也柔弱，其死也坚强。万木草木之生也柔弱，其死也枯槁。故坚强者死之徒，柔

---

① （元）李道纯：《中和集》，《道藏》第4册，北京：文物出版社、上海：上海书店、天津：天津古籍出版社，1988年，第504页。（以下《道藏》版本同）
② 《老子》第七十五章。
③ 任继愈的《老子新译》在比较了马王堆的甲乙两个本子之后，在这句话当中加了"上"字。见任继愈：《老子新译》，上海：上海古籍出版社，1985年。
④ （元）李道纯：《道德会元》，《道藏》第12册，第657页。

弱者生之徒。

可以看出，在老子那里，生与死并不是一个价值相等的概念，也不是一个连环相因的关系，生死两重天。虽然离开了生，就是死（"出生入死"），这是人之常情，但是，在生与死之间，老子崇尚生，厌恶死，所以，在谈到生死的时候，他都是把长生不死作为崇高的价值，而把死看成最坏的结果。如果有某人能够逃离死地（"以其无死地"），野兽、刀刃都不能加害于他的时候，那就是老子所赞赏的人了。正因为如此，老子把最令人恐惧的死作为治理国家的一种手段，使民众经常畏惧死，从而知道遵守法纪。老子不仅列举出了超离死地的人，而且也指出了一种价值导向，那就是在万象界的生生死死之上，有超离生死的"天长地久"和"长生久视"之道。前者的主体是"不自生"的天地，后者的主体是遵从天地之德的人。也就是说，尽管生死之间是两重天，但老子清楚二者之间也是相互依存的关系，死就是生的结果，离开了生就是死，而且依照老子一贯的辩证思维，也会认为生死之间存在着依转的关系，如同前后相随、高下相倾一样，但他依然相信有一种途径可以逃离生死的依转。正是因为这个原因，老子成了道教的宗祖，《道德经》成了道教最为基本的经典。

而当李道纯解释这段文字的时候，他是说"有生即有死，无死便无生"，虽然也把长生作为终极追求，但他把生死看成一个相因相果的关系。既然如此，与生相为因果的死便不是可以回避的了，甚至也无须畏惧。与其畏惧它，不如战胜它。如果能够勇敢地面对生死，外其生死，即出离生死，则能够生而不死。我们看到，李道纯正是如此解决生死问题的。他在"生死说"中继续说道：

欲知其死，必先知其生；知其生，则自然知其死。子路问死。子曰：未知生，焉知死。大哉，圣人之言也！①

在解释《老子》第七章的时候，他说：

无为，无心，不迁不变。效天，忘我，以其无我，故能成我。②

他在解释《老子》第十二章"吾所以大患者，为吾有身。及吾无身，吾有何患？故贵以身为天下，若可寄天下；爱以身为天下，若可托天下"的时候，说：

忘形无累，忘贵无患。外其身者，贵其身者也。以此为天下，则可寄天下。后其身者，爱其身者也。以此为天下，则可托天下。③

他又在解释第四十九章"出生入死"那段话时说：

不厚其生，焉能有死？身非我有，死奈我何？忘其生死。④

的确，老子认为，人如果能够将自己置于人之后，反而会处在人之先（"是以圣人后其身而身先，外其身而身存"）。如果能够将生死置之度外，反而能够保全自己的生命。老子在说这番话的时候，似乎是在表达某种特殊的情景，比如在战争中败北往回逃的人，自以为在人之先，脱

---

① （元）李道纯：《中和集》，《道藏》第4册，第504页。
② （元）李道纯：《道德会元》，《道藏》第12册，第645页。
③ 同上，第646页。
④ 同上，第653页。

离了危险,殊不知最先跳入了敌人的陷阱;而那走在最后的人反而远离了危险。同样,怕死的人总是先死,而不怕死的人反而没有死。就是说,这更像具体情景下对待生死的态度,而非生命修炼中的根本态度。李道纯则从这种具体情景下的生死态度,引申出了对待生死的根本态度,并把它推及宗教追求所涉及的所有领域尤其是宗教修炼过程中。我们知道,在《老子》一书中,并非所有的问题都是围绕着宗教修炼展开的,只有其中的部分内容涉及养生、修炼。而李道纯的做法则相反,在理解老子哲学的所有问题时,他都从宗教修炼方面做了理解,如同上面我们所看到的把统治者的厚生理解为修炼之士的厚生一样。应当说,李道纯的解释是有根据的一种发挥。但是,他所推崇的忘形、忘身、忘我、非我、非身以及忘生死,其中"忘"的观念却不是《老子》本来就有的东西。这是庄子的东西。

庄子对待生死的态度是一贯而明确的。他认为生死有命,那是人所不能参与其中的,也不能改变什么。他说:

> 死生,命也;其有夜旦之常,天也。人之有所不得与,皆物之情也。①

> 是以夫事其亲者,哀乐不易施乎前,知其不可奈何而安之若命,德之至也。为人臣者,固有所不得已,行事之情,而忘其身,何暇至于悦生而恶死。②

既然人并不能改变生死,那么与其采取恐惧、悲观的态度,不如采取一种达观的、快乐的态度,"不知所以生,不知所以死,不知就先,不知就后"。③ 生则生,死则死,乐生乐死,一切随顺物化。既然如此,死就并不是一件可怕的事情,也就不是一种糟糕的结局,而应当坦然接受这个事实,所谓"夫大块载我以形,劳我以生,佚我以老,息我以死。故善吾生者,乃所以善吾死也"。④ 这与老子所主张的"后其身而身先,外其身而身存"的态度完全不同。庄子把这种达观态度巧妙地用了一个"忘"字来表达。《说文》解释"忘":"不识也,从心从亡。"本来认识,现在忘却了。而在庄子那里,这不是客观上忘却了,只是主观上忘却了。除了"忘其身",也要"忘其形",⑤ 不仅要"忘乎物""忘乎天""忘己"⑥"忘是非",⑦ 还要"兼忘"。⑧ 忘却外部现象很容易,要忘掉外部现象之间的差异也容易做到,而要忘掉自己就难了,所以,庄子把忘掉自己看成最高的境界,"坐忘"就是这样一种彻底忘却自我的境界,"堕肢体,黜聪明,离形去知,同于大通,此为坐忘"。⑨ 由于忘掉了自我,不知有我,不知有内外之别,所以才可以因随万千现象的迁化,而在这大化流行的自然现象中,仍有一个自由自在的我。很显然,"忘"是一种超越现象、超越自我的方法,做到了庄子所说的忘,就构成了生命的境界,因由忘的程度的差异,从而有了境界的高低之分。

---

① 《庄子·大宗师》。
② 《庄子·人间世》。
③ 《庄子·大宗师》。
④ 同上。
⑤ 《庄子·山木》。
⑥ 《庄子·天地》。
⑦ 《庄子·达生》。
⑧ 《庄子·天运》。
⑨ 《庄子·大宗师》。

李道纯的忘身、忘我、忘生死的观念正是来自庄子。他知道，在生死面前没有一个达观的态度是不可能解决问题的，贪生怕死的人反而死得快。只有直面生死的人，才有机会解决问题。但是，光凭一种达观的态度如何解决问题？或者说，仅有达观的态度能否将人们从生死的困苦中解救出来？而且，庄子那种随顺生死的态度与道教贵长生的基本主张是不相容的。也正因如此，《庄子》一书在很长的历史时期里都不为道教所接受，甚至葛洪在他的《抱朴子》中对庄子还颇多微词。只是到了中唐的唐玄宗时期，庄子才被封为南华真人，《庄子》也才被封为《南华真经》。然而，我们也要看到，虽然庄子主张随顺生死，但他并没有用达观、坐忘来堵死从生死困苦中获得解救之路。达观、坐忘是个人的事情，而在个人的态度之上，应当且必须存在着一种超越的东西，那就是道，所谓"与其誉尧而非桀，不如两忘而化其道"。① 有人把庄子说的"同于大通"理解为同于道，并非没有道理。个体的生命是有限的，而道是无限的，以有限的生命投注到无限的道当中去，从而分享到永恒的生命意义，这应当是庄子哲学的应有之义。这种应有之义，道教终于解读出来了，李道纯也解读出来了。所以，他才敢于大胆地运用"忘"的思想。"忘"的意义在于实现自我超越，那么这样的超越对于道教来说意味着什么呢？李道纯的回答与庄子异常地相似，那就是"自由"。他说：

  予谓学道底人，欲要其终，先原其始；欲明其末后，究竟只今。只今脱洒，末后脱洒；只今自由，末后自由。亘古直今，历代圣师脱胎神化、应变无穷者，良由从前淘汰得净洁，末后所以轻举。若复有人于平常一一境界，觑得破，打得彻，不为物眩，不被缘牵，则末后一一境界眩他不得，一一情缘牵他不住。只今既不得自由，生死岸头，怎生得自由去也？若是个决烈汉，合眼时与开眼时，则一同于一一妄幻境界，都无染着，去来无碍，得大自在。只今既脱洒，末后奚患其不脱洒耶？②

自由本来只是个体存在的状态，或者说精神存在状态，如何与生命长存的宗教目的性相关呢？在李道纯看来，自由是达到彼岸的必需条件，也是终极目的。如果不能自由，就不能"自由去"，即不能实现宗教超越，到达彼岸；而到达彼岸，则实现了脱透的"大自在"，也即是彻底的、不受生命局限的自由。他说：

  到这里，六根互用，通身是眼，群阴消尽，遍体纯阳，性命双全，形神俱妙，与道合真也。更有甚死生可超？更有甚只今末后也？无因也，无果也，无知得大轻快，得大自在。③

可见，自由、自在是实现与道合真的前提，而实现了与道合真，则又是超越生死因果的大轻快、大自在。正是在这个意义上，在庄子那里的随顺物化，在这里悄悄地发生了根本性的变化；由随顺物化到不化，从达观地认同生死到超越生死，进而不死，所谓"观复则知化，知化则不化，不化则复归其根也"。④

这里当然不是说从老子、庄子一步跨越到了李道纯这里，实现了上述的变化，实际上这中间

---

① 《庄子 大宗师》。
② （元）李道纯：《中和集》，《道藏》第4册，第504页。
③ 同上，第505页。
④ 同上。

有着漫长的历史,其中内丹修炼学说的长期实践促成了这样的变化,但生死观在李道纯这里确乎实现了对这些变化的明确表述。

二

李道纯本来是道教南宗五祖白玉蟾的再传弟子,承接南宗的性命修炼学说,但是,他却自称为全真道士,并以这个身份融合南北二宗。那么在这种融合过程中,他都做了一些什么样的事情,尤其是在生死理论问题上做了什么事情呢?

这需要从两个方面去说:第一,在生命修炼方面与北派和南派的关系;第二,道与儒、佛之间的关系。

南北二宗在生命修炼上都主张性命双修,所以在性命双修的问题上从根本上没有区别,差别仅仅在于下手之处以及是倚重性还是命。北派强调先性后命,相对来说更加倚重性的方面;南派主张先命后性,更为倚重命的功夫。但是,这种看起来的细微差别,却反映了彼此在生死问题上的不同观念。道教的内修内炼学说,在晚唐以前都不大讲性命,而是讲炼神气,讲求性命修炼乃是晚唐、五代乃至北宋时候开始的。而把神气的修炼变为性命的修炼,并不是修炼的主体或者对象发生了变化,只是名称发生了变化,而名称的变化表明了修道意图的变化。因为神气的修炼容易被人们误解为属于外在的东西的修炼,所以有内药与外药的区别,但把神气理解为性命,则是一个确定无疑的指向,即生命自我的修炼。所以,从北宋以来的南北二派都各自再三地说明神就是性,气就是命,也就是生命自我的性、命。① 北宗把下手处及其重点放在性功上,则又是一个特殊的意图。如郝大通所说:"既不见性,岂能养命?性命不备安能成真?"② 见性是指精神的解脱,只有精神解脱,才能谈得上形体解脱;进一步说,如果精神不能解脱,形体解脱也没有意义。③ 循着精神解脱以带动形体解脱的路径,必然在传统修炼过程中,在"有无"的关系上倾向于无,而不是有。这可以说是北派全真道的基本特色,也是它的传统使然。"有"的这一面凸显了实有,或者有象可见,具体来说,会强调气与形的这一方面;"无"的方面则表现了虚无,或者无象可见,强调神与超越的这一方面。北派全真道的传统就在于它是道教里面的别生一枝,所谓别生,其实就是自生。虽然全真道上溯其根源在于钟吕,但那是后来的人所完成的工作。秉承道教的传统,意味着它必定坚持性命双修、精神与形体都能从世俗获得解救;自生则必定有自家体验出来的东西,这就是通过见性而全命,从而成仙。李道纯既以全真道士自居,当然不能不接受全真教的影响。他说:

圣师云:本来真性号金丹,四假为炉炼作团。是知大丹者,真性之谓也。法乾坤者,即

---

① 见(金)马丹阳《丹阳真人语录》、(金)刘长生《长生真人至真语录》,另见(宋)白玉蟾《海琼白真人语录·东楼小参》等。
② 《长生诠经》,《道藏》第35册,第399页。
③ 我们可以看到,早期全真教在传教方面就强调精神得救、精神自由,参见《重阳教化集》《重阳全真集》。

效天法地也。①

又说：

> 纯一不杂谓之全，太虚同体谓之真，一致而百虑，同归而殊途，达得全真理，身心混太初。②

> 法身清净本无形，有象何名圆满身。假使化身千百亿，不能合一不全真。③

他在答问中说：

> 身外有身，未为奇特，虚空粉碎，方露全真。所以脱胎之后，正要脚踏实地，直待与虚空同体，方为了当。④

把大丹理解为真性，并把修炼的结果看作与太虚同体，与道合一，这都是向往精神长存，并且把这样的精神长存看作全真修炼的最高境界。在解释何为"全真"时，他说：

> 全真道人，当行全真之道。所谓全真者，全其本真也。全精、全气、全神，方谓之全真。才有欠缺，便不全也。才有点污，便不真也。
>
> ……
>
> 全真至极处，无出身心两字，离了身心，便是外道。虽然，亦不可著在身心上，才著在身心，又被身心所累，须要即此用，离此用。予所谓身心者，非幻身肉心也，乃不可见之身心也。且道如何是不可见之身心？云从山上，月向波心。⑤

这里既强调修炼只是身心上的事情，又主张身心不可执着于身心之实在，而要从虚无方面，从身心与宇宙万象同在方面去理解。宇宙万象之所在，则是自己身心之所在。在这个意义上，生命的长生就不局限于个人的一己之身心，生死也不是哪个凡体凡心的存在与不存在。能感受到宇宙万象与自己同在，能感受到与道同在，就是超生越死了。而这又与全真道的一贯主张是默契的。此外，李道纯在得道自在、优游逍遥的价值观上也与全真道相契合，如其在《自得》诗中所说的那样：

> 打破鸿蒙窍，都无佛与仙。即非心外物，不是口头禅。尽日优游过，通宵自在眠。委身潜绝境，万事付之天。⑥

李道纯既是南派道士，又接受全真学说，从而受到了来自两个方面的影响。他既然要融合南北两派，那么他也就要从事两个方面的矫正。虽然，南北两派都主张了性才能了命，都主张超越凡体凡命，不再执着于形体的飞升，但是，全真派主张从心性上下手修炼，以为心性了彻了，命体自然可以成全，这在南派看来，就是不注重功夫，没有修炼精气的功夫，便难以解决心性问题。而我们也看到，早期全真道的确是不大讲究功夫的，全真道士们更注重的是宗教社会实践，如果要说功夫的话，那也只应该直接从心性上着力。早期全真教的文献中，讲性命修炼道理的

---

① （元）李道纯：《全真集玄秘要》，《道藏》第4册，第528页。
② 《清庵莹蟾子语录》，《道藏》第23册，第758页。
③ 同上，第760页。
④ （元）李道纯：《中和集》，《道藏》第4册，第497页。
⑤ 同上，第502页。
⑥ 同上，第514页。

多，讲修炼神气及其火候法度的少，比较讲究功夫的是王重阳的《金关玉锁诀》和丘处机的《大丹直指》，可是对这两本书的真伪最近起了争议。① 既然有争议，那么便不能作为全真道士性命修炼的功夫论证据。事实上，北派作为新兴宗教派别，它并没有一种可靠的途径承接传统的修炼功夫，所以，它的长处不在这个方面。北宋以下的传统的功夫论大多由南派教士们传承着。南派道士大多把自己的功夫论依旧称为"炼金丹"，这个金丹则是道，而这个道既是天地之间的道，也是存在于自己身心内的道。所以，南派认为，既然修炼，就要炼出个有形质的东西。如白玉蟾所说："无质生质是还丹，谁信无中养就儿。"② "虚无自然，无中生有。万物一物，一贵乎守。回风混合，终日如酒。大梦得醒，雷轰电光。云收雨散，天长地久。" "显无形之形者，大道之龙虎；露无名之名者，大道之铅汞。"③ 有形质的东西一定要通过系列持久的炼养，遵从师徒相传的火候法度，使性命、神气打成一片，凝结不散，再经七返九还的功夫，才能够成功。在李道纯的著述当中，我们看到了同样的情形。他说：

> 命系乎气，性系乎神，潜神于心，聚气于身，道在其中矣。形化则有生，有生则有死，出生入死，物之常也。气化则无生，故无死。不生不死，神之常也。④

他所说的"形化"就是所有现象界（包括精神现象在内）的自然生死，其"气化"则是指炼精化气、炼气化神的修炼工夫。他又说：

> 天下万物生于有，有生于无，有无错综，隐显相扶。……明达高士，全气全神，千和万合，自然成真。真中之真，玄之又玄，无质生质，是谓仙胎。⑤

这段话的前两句看起来像是在解释老子的话，联系到后面的话，可知他是在利用老子的话来解释修炼神气的功夫。在修炼中，他虽然追求的是"有"与"无"的"显隐相扶"，但他还是要抓住一个"有"，然后才能过渡到"无"，"无质生质""仙胎"正是这种"有"。他与北派全真道士的区别不在于要不要"有"或"无"，而是先抓住"有"，还是先抓住"无"。在李道纯的著述中，他的论域虽广，但大多都围绕着生命修炼来进行，本体的问题、认知的问题、生死的问题，以及儒、释、道三教关系问题，都落实、服务于功夫论了，而功夫论最终又都是为了解决如何实现超越的问题。

南派道士原本在道教与佛教关系上有所建树，这是沿着唐宋道教所主张的两教对话交流的路数延续下来的，但与儒教之间却疏于对话交流。把三教放在一起，公平看待彼此关系的是全真道士。李道纯既以全真道士自居，则必定在这个方面有所作为。如果说全真教的创始人在三教关系上主要以彼此的社会功能来求同存异的话，那么李道纯则主要把精力投注在生命修炼及其生死问

---

① 关于王重阳的《金关玉锁诀》的真伪问题，蜂屋邦夫的《金代道教研究：王重阳与马丹阳》中说道："《玉锁诀》虽冠以'重阳真人'之名，可是要把它当成重阳的真作，就会有些困难。重阳曾明言：'并无技法没谈论'（全真 855），《玉锁诀》却充满了各种技法的描述。《玉锁诀》使用的重要术语，也都与重阳的用法不同。例如重阳把三宝解释为精气神，《玉锁诀》却解释为精气血亲。因此，这部丹诀可认为是后世的伪托。"参见 [日] 蜂屋邦夫著，钦伟刚译：《金代道教研究：王重阳与马丹阳》，北京：中国社会科学出版社，2007 年，第 151 页。关于丘处机的《大丹直指》，戈国龙在 2007 年的"全真道国际学术研讨会"上发表的论文《大丹直指非丘处机作品考》中认定，《大丹直指》非丘处机所作。
② （宋）白玉蟾：《海琼传道集》，《道藏》第 33 册，第 149 页。
③ （宋）白玉蟾：《海琼白真人语录》，《道藏》第 33 册，第 126 页。
④ （元）李道纯：《中和集》，《道藏》第 4 册，第 484 页。
⑤ 同上。

题上了。在与弟子的问答中，他记述道：

> 问：或谓崇释与修道，可以断生死，出轮回，学儒可尽人伦，不能了生死，岂非三教异同乎？
>
> 曰：达理者，岂患生死耶？且如穷理尽性以至于命，原始返终，知周万物，则知死生之说，所以性命之学实儒家正传，穷得理彻，了然自知，岂谓不能断生死轮回乎？①

这是说道教与佛教都能解决生死问题，而有人怀疑儒教能否解决生死问题，李道纯则相信儒教"穷理尽性以至于命"的学说其实就是解决生死问题的，如果"理"能够"穷"得彻底，生死问题也就自然涵括在其中了。又有人认为佛教与道教难以会通：

> 问：先生云，三教一理，极荷开发，但释氏涅槃，道家脱胎，似有不同处。
>
> 曰：涅槃与脱胎，只是一个道理。脱胎者，脱去凡胎也，岂非涅槃乎？如道家炼精化气，炼气化神，炼神还虚，即抱本归虚，与释氏归空一理，无差别也。②

道教与佛教之间最大的差别也就在这生死问题上了。佛教求死，但这种死是了却生死、超越轮回的死，是合乎宗教追求目的的死，死而后，精神得以永生。道教求生，是逃离了生死困扰的生，只不过，早期的道教追求的是没有死的生，即形体的不死，但后来逐渐发生了一些变化。所以，同样是"脱胎"，过去和现在都追求的脱胎，同样是凡体变为圣胎，但意义却不同了：过去的脱胎是从前那个凡体不曾死过的蜕变，现在则是从前的那个凡体死了，新的圣胎产生了，所以，它是出离了生死之后的生。李道纯以一个脱胎、一个还虚，就把道教与佛教融合起来了，可谓同质相约。"脱胎"意味着不再是逃避死的生，"还虚"意味着道教修炼最终能够粉碎自我与私我，而能够与万物同体同在。之所以可以超越生死，获得自由、自在，还不仅是因为不回避生死，或者敢于面对生死，不回避生死、面对生死，这对于超越生死来说，并不是充分的条件。能够使得人们超越生死的，还根本地在于有一个永恒不死的道，它是人们宗教追求的最初动机，也是最后的归宿。当人们直面生死考问的时候，是道做了最后的推动，给了人们以战胜生死的力量，从而获得了解救。

---

① （元）李道纯：《中和集》，《道藏》第4册，第493页。
② 同上。

一毛与天下
——试论杨朱及道家的生命观

陈 霞[*]

一、拔一毛利天下而不为——捍卫个体生命

杨朱提出"拔一毛利天下而不为",韩非子批评他"不以天下大利易其胫一毛",[①]《吕氏春秋》总结他的学说是"贵己"。"杨子取为我,拔一毛而利天下,不为也。"[②] 杨朱提倡的这种贵己思想被孟子批评为"无君",说"杨氏为我,是无君也"。[③] 表面看起来"天下"和"一毛"不能相提并论,但"一毛"先于"天下",保护一毛属于自然权利。今人还可以进一步追问拔一毛的权利、合法性、受益者。杨朱就不认为以"利天下"的名义要求别人"拔一毛"具有正当性。捍卫这"一毛"就是捍卫生命,捍卫个人权利。这是中国古代有关个人生命、价值、尊严的有力宣言。

在道家看来,一毛是身体的一部分,生命由无数的部分组成,没有哪一个部分不重要,每个部分都是独特的,都是不可替代的。列子高唱"为我"思想,说"人人不利天下,天下治矣":

> 伯成子高不以一毫利物,舍国而隐耕。大禹不以一身自利,一体偏枯。古之人,损一毫利天下,不与也;悉天下奉一身,不取也。人人不损一毫,人人不利天下,天下治矣。禽子问杨朱曰:"去子体之一毛,以济一世,汝为之乎?"杨子曰:"世固非一毛之所济。"禽子曰:"假济,为之乎?"杨子弗应。禽子出,语孟孙阳。孟孙阳曰:"子不达夫子之心,吾请言之。有侵苦肌肤获万金者,若为之乎?"曰:"为之。"孟孙阳曰:"有断若一节得一国,子为之乎?"禽子默然有间。孟孙阳曰:"一毛微于肌肤,肌肤微于一节,省矣。然则积一毛以

---

[*] 作者简介:陈霞,中国社会科学院哲学研究所研究员、博士生导师。
[①]《韩非子·显学》。
[②]《孟子·尽心上》。
[③]《孟子·滕文公下》。

成肌肤，积肌肤以成一节。一毛固一体万分中之一物，奈何轻之乎？①

杨朱在这里想说明的是，即使微弱似一毛也是整个身体的一部分，具有独立价值。它们的叠加构成身体，作为部分，它们与身体有着同等的重要性。这当然是极端的例子，但可以从中看出道家捍卫个体性的决心。梁启超在《爱国论》中有与《列子·杨朱》篇类似的说明，他说："国者何？积民而成也。国政者何？民自治其事也。爱国者何？民自爱其身也。故民权兴则国权立，民权灭则国权亡。为君相者务压民之权，是之谓自弃其国。为民者而不务各伸其权，是之谓自弃其身。故言爱国必自兴民权始。"② 德国古典哲学家费希特也说："每个人不能为国家完全献出自己和自己的所有。个人是完全独立自主的，国家保护个人自由。正是为了这种自由，个人才加入国家公民契约。"③ 这些言论都是以个体为本位的。国家由人民组成，爱国就是人民爱他们自己，人民爱他们自己就是爱国。

道家在对"道"和"物"、"天"和"人"、"自然"和"社会"、"两臂"和"天下"、"一毛"和"天下"、"一节"和"一国"的区分中，倾向于认为前者是应然的、本真的状态，是后者的基础、原因和法则，具有至上性、神圣性、绝对性和永恒性。个体是价值对象，个体拥有尊严，不是没有思想和自我意识的部件或元素，不是成就其他目的的手段，个体以自己为目的。

人都会受到利益的驱动，爱己包括对自我利益的关心和追求，对不利和患害的避免。亚当·斯密（Adam Smith）曾说："在各事物都听任其自然发展的社会，即在一切都听其自由，各个人都能自由选择自己认为适当的职业，并能随时自由改业的社会，情况确是如此。各人的利害关系必然会促使他寻求有利的用途，避开不利的用途。"④ 人的自利和自为性情无法改变，不能用不合人性的规则要求人，而要从满足人的"自为"中建立规则和秩序。老子说"我无为而民自化"，表明他相信个人有能力运用自己的知识自我化育、自我决定。"我无事而民自富"，表明人能够主动做出选择去追求利益、拥有财产，并实现道德（"我好静，而民自正"）。没有私有财产，或者私有财产不能得到有效的保护，也不能有效地践行道德。由于是私有财产，只有个人才能肩负起其对财产的责任，有了责任才谈得上有道德。

因为保护私利而产生了自然法。朱学勤介绍说："古希腊哲学的晚期代表是斯多噶学派。这一派人以消极厌世著称，而正是这种消极态度使他们产生了一个具有积极后果的自然法思想。他们认为，人类社会只不过是大宇宙中的小宇宙，必须受制于外在之'它'的自然法则—Logos，即逻辑。人的社会法则出于人的动物性动机——保护私利的需要，在相互之间制定对等契约。人通过这种低下的动物性动机而不是高尚的道德理性将'它'的逻辑引到了'我'的世界——社会领域，这就是自然法思想。这一思想到了近代一旦展开，就产生了谁也想不到的一个爆炸性思想体系：社会契约论。"⑤

---

① 《列子·杨朱》。
② 梁启超，《爱国论》，《饮冰室合集·文集》之三，北京：中华书局，1989年，第74—76页。
③ 梁志学：《自由之路——梁志学文选》，北京：商务印书馆，2013年，第23页。
④ ［英］亚当·斯密著，郭大力译：《国富论》上卷，北京：商务印书馆，1997年，第91页。
⑤ 朱学勤：《老内圣开不出新外王——从〈政道与治道〉评新儒家之政治哲学》，《探索与争鸣》1991年第6期，第47页。

当然，今天需要进一步明确个人与社会、自利与利他之间的关系，充分尊重人的主体性，充分理解人的动机、能力、人类行为以及人与人关系的复杂性。杨朱"拔一毛利天下而不为"，其出发点是利己，而不是理想的、受到褒扬的、看上去凛然不可侵犯的、特别冠冕堂皇的以利天下作为出发点，客观上却能起到促进公共利益的目的。老子既说"民自富"，也说"既以为人己愈有，既以与人己愈多"，①既利己也利人。老子在这里阐述了个人只有在为他人利益服务的情况下才可能实现个人私利的思想。这是一种个体和他人双赢的模式。一个人也只有在明白利于他人就是利于自己、善待他人就是善待自己时，才会有合于道德的行为。这听起来虽然不如出于道德那样高尚，但这样至少可以建立起真正互利而不是互害的模式，避免培养口唱利他而实际上谋取私利的虚伪人格。具体境域中的具体个人利益的实现对社会总体经济增长和秩序良好有着重大的作用。无为原则要求政府不去扰民，发挥民的才干，让他们实现其利益。为了维护个体独立、权利和价值，道家提倡的无为政治、有限政府能够尊重个人权利，保护个性的发展，有利于个人创造性的发挥。个体的创造性发挥出来才能为整个社会创造更多的物质和精神财富。②

提出自爱作为爱他的出发点，还因为道家看到养成尊重个人的文化才会使人们互相尊重，天下才会太平。道家在这里看得很深刻。由于每个人都是独立个体，这也为人们互相尊重提供了前提和基础。他人的存在就构成了对自我的限制。费希特曾提出为了更好地实现自我，就需要设定非我。他所谓的"非我"，即一切不是我的东西，包括他人、社会。"自我"必须要设定这一切"非我"的东西，即设定"自我"为一个受到"非我"限制的"自我"，"自我"的主动性受到"非我"的被动性的制约，造成"自我"与"非我"的互相限定。通过对"非我"的规定、克服和超越，"自我"才能使"自我"展开、扩充、形成。所以"非我"既是"自我"需要克服的，也是"自我"实现自己不可或缺的。③ 最终，自我和他人都是必需的，都是应受到保护的，牺牲任何一方都只能是双输，损人却不利己。

二、独与天地精神往来——倡导个体独立

孟子讲："仁之实，事亲是也；义之实，从兄是也；智之实，知斯二者弗去是也；礼之实，节文斯二者是也。"④ 仁义道德主要表现在人的社会关系尤其是血缘和上下关系中。《周易》在指出"有天地，然后有万物；有万物，然后有男女；有男女，然后有夫妇；有夫妇，然后有父子；有父子，然后有君臣"之后，立刻据此做出如下价值判断："有君臣然后有上下；有上下，然后

---

① 《老子》第八十一章。
② "自爱才能爱人"是出自亚当·斯密《国富论》中的著名论断，即每个人在追求自己的利益时，都"受一只看不见的手的指导，去尽力达到一个并非他本意想要达到的目的……他追求自己的利益，往往使他能比在真正出于本意的情况下更有效地促进社会的利益"。斯密提出的"看不见的手"的经济人假设可以帮助我们理解"人人不利天下，天下治矣"这句话的道理。
③ 梁志学主编：《费希特著作选集》卷一，北京：商务印书馆，1990年，第705—710页。
④ 《孟子·离娄上》。

礼仪有所错。"① "天尊地卑，乾坤定矣。卑高以陈，贵贱位矣。"② "君子之于物也，爱之而弗仁；于民也，仁之而弗亲。亲亲而仁民，仁民而爱物。"③ 道德规范必须在以家族血缘关系为根基的人与人之间的现实伦理秩序安排中展现，个体必须周旋于与他人的张力之中，从而导致个体立场和自我价值淹没于无限制的集体意识之中，体现出一种集体本位观。集体本位轻视了个人对权利的意识，却强化着个人对义务的承担。如"善事父母"之孝和"尽心竭力"之忠后来演变为下对上的单向责任，维系社会组织依靠的是下级对上级的忠诚。在这种情形下，个体只能以共同实践中的非独立构成而存在，个人迷失在他所参与的社会生活里。这种建立在宗法人伦和等差之爱基础上的传统德治思想弱化了个体观念和平等意识。当这种道德与政治联姻后，"凌驾于个人之上的虚幻的不合法的整体权力被合法化和绝对化，形成了家庭、国家大一统的整体主义，严重扼杀了个人存在的地位、权利、尊严和自由……否定和抹杀了个体的真实意义，最终导致社会政治走向反面，陷入专制主义政治的泥潭"。④ 梁漱溟（1893－1988）在其《中国文化史要义》中说道："到处弥漫着义务观念之中国，其个人几乎没有地位。此时个人失没于伦理之中，殆将永不被发现。自由之主体且不立，自由其如何得立？在西洋近代初期，自由实贵于生命，乃不料在中国竟同无主之弃物！中国文化最大之偏失，就在个人永不被发现这一点上。一个人简直没有站在自己立场说话的机会，多少感情要求被压抑，被抹杀。"⑤

克尔凯郭尔（Soren Aabye Kierkegaard，1813—1855）批评过个人失落的现象，说："原本应该具有丰富个性的人被'平均化'：个体被削减为'公分母'，成了'公众'这个'抽象概念'中的一分子。"⑥ 人们往往因为害怕成为不是什么而选择成为公众。但是，一旦成为公众则意味着个体的削弱。这个公众之一的无个性色彩的人绝不会、也无力负担任何责任。个体隶属于一个与自己根本无关的东西，却声称那是最值得追求的目标。这种现象极为普遍，具有极大的欺骗性。其实，成为公众是一种逃避，正好被集体主义、民族主义、国家主义之类的东西所取代。成为个人比成为公众面临更大的压力和挑战。

与集体本位主义不同的是，道家更为关注历史进程中的个人，对个体的命运和境遇有着深切的悲悯和终极般的关怀，提倡适合个体精神成长的思想和制度，强调个体的价值，推崇个体的独立。庄子在讲到王子搜拒绝成为越国的君王时说"君乎君乎！独不可以舍我乎"⑦，渴望舍弃君王，摆脱君臣关系。《至乐》中的髑髅因为"无君于上，无臣于下"，摆脱了君臣的等级关系，以至于再生为人，再次进入这种关系中而不情愿。《知北游》提出子孙不是个人所有，"孙子非汝有，是天地之委蜕也"，不把子孙看作自己的，而看成天地演化中的个体。庄子声称"至仁无亲。

---

① 《周易·序卦》。
② 《周易·系辞上》。
③ 《孟子·尽心上》。
④ 田薇、胡伟希：《从人性论的差异看中西政治哲学理念的分殊》，《东岳论丛》2002年第2期，第102页。
⑤ 梁漱溟：《中国文化要义》（"民国丛书"第一编），上海：上海书店，1989年，第281页。
⑥ 王齐：《理性时代的信仰危机及出路——克尔凯郭尔假名写作时期的宗教哲学思想研究》，《浙江学刊》2003年第2期。
⑦ 《庄子·让王》。

……夫至仁尚矣,孝固不足以言之"。① "天道无亲"②,如果将仁义建基于血缘关系上,庄子就说"虎狼,仁也……父子相亲,何为不仁"。由于虎狼之间也有虎毒不食子的亲情,动物也有保护幼崽和种群的本能,人禽之间那点建立在血缘亲情上的"几希"之别就被庄子消解了。

个人在道家这里没有被家庭、种族、国家所淹没。道家高度赞赏"出入六合,游乎九州,独往独来,是谓独有"③的人,认为这种"独与天地精神往来而不敖倪于万物"④的逍遥自在的个体最可贵。个体是独一无二、无法复制的,自然会表现出个体性和差异性。顺其自然就是顺从每个独立个体的特性,个性的获得就是个体差异性、自然性的实现。道家鼓励、尊重、接纳个体在性格、才智、能力方面的不同,不强求用一个标准衡量人、改造人,"不尚贤",这有别于从类和群体来谈的人性论。

中国在从传统向现代转化转变的过程中,对个体价值的强调超过了任何时代。孙向晨说,从谭嗣同的"仁学"到梁启超(1873—1929)的"新民说",都对"个体主义"有所认识。陈独秀(1879—1942)明确认为个人平等自由的权利是国法所不可剥夺的,国家祈求的就是个人的权利与福祉,国家利益和社会利益非但不与个体主义冲突,相反是以巩固个人利益为目的的,社会文明也应该为个人所享受。胡适的"易卜生主义"在倡导独立自由之个体的同时,也借易卜生列举出家庭自私自利、依赖性、假道德、怯懦的四大恶德。吴虞从"孝"的观念出发,论证"家族制度为专制主义之根据"。傅斯年(1896—1950)以"万恶之源"来论述家庭对个性的扼杀。但是,尽管"五四"以来有对家族主义的种种批评和对个体的张扬,"个体主义"在现代中国却始终没有真正确立起来,集体主义、民族主义、国家主义仍然是现代中国社会更为主要的思想取向。陈独秀自己的思想在1919年之后就发生了变化,集体、组织、革命、社会和阶级的叙事逐渐替代了其早年的"个体主义"。逐渐地,党国体制、思想统一的趋势开始慢慢压制个体主义的流行。在"救亡"的现实面前,理想型的现代"个体主义"让位于现实的"集体主义"叙事,个体主义遂沦为自私自利的代名词,成为集体主义的对立面,受到了彻底批判。⑤

在《现代汉语词典》里,"个人主义"被定义为"一切从个人出发,把个人利益放在集体利益之上,只顾自己、不顾别人的错误思想。个人主义是生产资料私有制的产物,完全体现出资产阶级的世界观",这就把个人主义与过度的利己主义等同起来了。这种所谓的"错误思想"表现为自私自利、损人利己等,个人主义显然成了一个与受到褒扬的集体主义相对立的贬义词。但是,在《简明不列颠百科全书》中,个人主义被解释为"一种政治和社会哲学,高度重视个人自由,广泛强调自我支配、自我控制、不受外来约束的个人或自我。……作为一种哲学,个人主义包含一种价值体系,一种人性理论,一种对于某些政治、经济、社会和宗教行为的总的态度"。⑥《韦氏大词典》对个人主义的定义是"主张个人正直与经济上的独立,强调个人主动性、行为与

---

① 《庄子·天运》。
② 《老子》第七十九章。
③ 《庄子·在宥》。
④ 《庄子·天下》。
⑤ 孙向晨:《个体主义与家庭主义——新文化运动百年再反思》,《复旦学报》2015年第4期,第62—68页。
⑥ 《简明不列颠百科全书》,北京:中国大百科全书出版社,1985年,第406页。

兴趣的理论,以及由这种理论指导的实践活动"。① 从这些定义来看,个人主义在西方显然是一个褒义词,是西方最为核心的价值,具体表现为哲学上的人本主义、政治上的民主主义、经济上的自由主义、文化上的个性独立等内容。个人主义认为人与人是平等的,任何人不得侵害他人的生命、健康、自由和财产。个人主义在中西词典中这一贬一褒使得包含在个人主义哲学主张中的重要内容,如国家应该仅仅作为保护个人自由的工具,保护个人能在不侵犯他人同等自由的情况下做任何他想做的事情,避免将商业和产业力量过度集中到国家手上等等被严重忽略,都无法得到落实,而强调国家必须迫使个人替社会的整体利益服务,"大公无私""毫不利己,专门利人"等则被顺理成章地接受下来。在主张个人服从集体的文化氛围中,个人主义受到打压和排挤,"个人主义"这个概念也完全失去了它本来的个体独立、个人自由、个人权利应受保护的意义。

"五四"提倡的个人主义是针对家族的个人主义,冲破家族的个人却转向了国家、民族。为强调个人使得传统的家族、家庭遭到破坏,但个人主义并没有真正确立起来,反而使国家、民族取得最高价值,家族和个体两败俱伤。对个体权利的强调和维护是传统文化的盲点,成为完成现代转型的一大困难。道家认为每一个体不能重复出现,具有唯一性、稀缺性和极高的不可取代的价值。萧公权说:"虽然,老庄之政治思想并非完全消极,而自有其积极之成分。盖老庄怀疑政治之效用而肯定个人之价值。社会之一切幻想可以消除,而个人之生存与乎保全顺适此生命之愿望,则为不容否认之事实。……故全身适性乃老庄政治哲学之最后目的。"② 个人不仅是抉择和价值的主体,而且是其行为以及所在社会集体的福祉、灾祸、命运、责任的最终承担者,也是一切快乐、痛苦、希望和绝望的感受者。国家、社会、集体、文化皆是抽象概念,其意义是模糊的,是一种没有明确外延的符号。唯独个体不是一个符号,而是有血有肉的完整生命,是有理性、有意志、有创造力的生命体。如果不承认个人是终极价值,而将国家、民族等设定为社会的终极价值,会导致对公民个人权利的抹杀,使掌握国家权力的人高高在上,不受公民监督,而只对抽象空洞的"国家""社会""文化"负责,为所欲为,安享既得利益,乃至任意镇压异己者。所以,今天仍然需要大力提倡个体独立,维护个体权利。道家一直主张的个体的独立、自由、保护个人权利应该成为可贵的本土资源,需要深入挖掘、大力阐发和弘扬。

---

① *Webster's Ninth New Collegiate Dictionary*. M. A: Merriam—webster, Inc. 1984, p. 615.
② 萧公权:《中国政治思想史》,沈阳:辽宁教育出版社,1998年,第12、155页。

《三天内解经》道教自然生态观与审美思维模式的内在联系

苏 宁[*]

摘 要：从现代性的视角来看，道教思想不仅具有自身的历史演进，而且根据不同历史情境有效"转化"并创造了自然生态的审美秩序原则，有着自身遵循的内在审美思维逻辑。《三天内解经》有对其秩序原理以及内在逻辑的立体呈现和深刻阐释。作为早期天师道的重要经典，《三天内解经》不仅提出了重要的道教思想，而且从强调生克互济、万物一气的自然整体思维模式，到真道好生、修真念道等方面提出了许多有价值的道教美学思想，展现了道教文化的深刻价值和社会意义。

关键词：《三天内解经》 道教自然生态观 审美思维模式

恩师卿希泰先生十分关心道教经典在当代的阐释和弘扬。他在给我们上课时常说：道教思想是通过各个时代的道教经典、各个道派的具体活动以及具体的道教人物的言行、著述表现出来的，不能笼统地谈经典。他十分注重揭示道教思想的丰富内涵，并探讨它在发展过程中对其他意识形态和社会生活各个方面所产生的辐射作用。在卿先生这一教导的指引下，我尝试从生态思想的角度，解读《三天内解经》中的道教自然生态观与审美思维模式的内在联系。

自然生态美历来是中国古代美学的一个重要支点。由于其注重在自然的神秘性中寻找美的特质，因而与道教的生态思想具有天然的联系。早期道教经典《三天内解经》从道教自然观出发，对人与自然的关系有深刻而独到的表达，并形成了独特的审美思维模式。在道教建构的审美思维模式中，"三天"思想既是道教史的重要概念，又含有道教生态美的独到表达。"三天"思想从人类在自然之中的根本困境角度立论，把人对世界的理解看作可以用多维的方式来把握的思维原则，以道教独有的修真念道和生命伦理思想，给审美思维提供了多样性的路径，展现了道教文化

---

[*] 作者简介：苏宁，哲学博士，四川省社会科学院文学所研究员、所长。

的潜在价值和无穷魅力。

一、"三天"自然理念以生为美的审美思维功能

道教在对待生死、自然、命运的问题上，其理论体系往往从宇宙论、目的论和认识论来论证，即从讨论现实世界的真幻、动静、有无等出发来构建自己的理论，把天地万物视为一个有机联系的整体。《三天内解经》中的"三天"思想，是为了给天师道教祖张陵及其教法——正一盟威之道的特异性、优越性提供根据而论说的，有刘宋以降天师道的重要教理及早期道教神学本体论的思想内容。从哲理思考的对象和范畴来看，其目的是探讨道在天地间存在形式的终极追问，其中涉及从自然和谐论出发的审美境界。

何谓"三天"？小林正美在《六朝道教史研究》中说："天师道中三天观念的用法，在东晋末期述作的《女青鬼律》中可见。在此经典中，三天有三种用法：第一，太清玄元上三天；第二，上三天；第三，三天。"① "太清玄元上三天"据小林考察乃是神仙居所，《三天内解经》的经文也证实确是如此。② 丁培仁教授所著《道教典籍百问》中解释《太上三天正法经》说："所谓'三天'，指清微天、禹余天、大赤天。"③ 综上所述，在道教神学体系中，所谓"三天"（清微天、禹余天、大赤天），可以理解为神话式命名，这当中包含了汉代以来的宇宙生成论、天命观。这个神仙居住之"天"无论在时间上、空间上都与人形成无限的联系，是人与神在信仰层面的临界面。在《三天内解经》经文作者眼中，天是活的、有品格的，它有着把内在于自然之中的东西带入超越之美的"天职"，是一种对生命之美的"呼唤"和美化。这里体现出建构天地人神四重结构的道教思维功能。

这个解释用于"天道"也能够成立。人们确信神仙居所对应着神话想象中的混沌之"道"。这样的神圣名号实质上直接来源于神话思维的信仰观念，是借用超自然的神话象征意义解释天道的结果。在中国古代神话里，神圣的形象被认为是宇宙深层结构的体现。天道为天界所传递的讯息，隐含了神圣的力量。从认识论看，它涉及神与人、人与宇宙以及神与自身等多重关系，突破了主客二分二元对立的认识论思维模式，更接近存在论哲学；从功能论看，它是以神、人、自然整体和谐关系为原则的宇宙观。从《三五历记》《淮南子》等典籍来看，它们都有关于造化之神的记录。且造化之神较之其他神更崇高，拥有道生万物之功。因此，这其中之伟力与其说是神的力量，不如说是内在于自然界的审美力量的功能。《三天内解经》通过"宇宙生成论""道之本体论"，从生命之道、生死之道、天人感通等方面，表达了道教审美思维功能的基本内容、特点及逻辑体系构架，并通过实践天人关系的"自然"和谐统一，展现了道教生生之美所蕴含的丰富

---

① ［日］小林正美著，李庆译：《六朝道教史研究》，成都：四川人民出版社，2001年，第463页。
② 《三天内解经》有经文曰"太清玄元上三天无极大道"，《道藏》第28册，第413页。
③ 丁培仁：《道教典籍百问》，北京：今日中国出版社，1996年，第62页。

思想。

南北朝是道教的改造和充实时期。从道教改革充实的思维功能看,"三天"的天命神话之所以在汉以后也具有很强的影响力,如《三天内解经》所言,"新出老君之制,罢废六天三道",[1] 主要源于"三天"的两个意义系统:一个是属于人的系统,一个是属于宇宙(自然)的系统。

从属于人的系统看,首先是其"天地兴万物"的天命特征。三天思想具有天人观和自然观双重属性重叠的综合思维功能。"三天",本指虚空,又吸收了汉代宇宙论的天地始源、宇宙本根的含义。"三天"并不是一个绝对的空间概念,而是天之实也。永恒的道说是基础,自然和人是它的落脚点。按怀特海的象征指涉观点,三天的审美原理包含在天道的实体和体验的象征感应系统之中,经相互对应而形成感应统一。"生生"——天地生成的"万物"之中也包括人本身。人的生命形式即个体的结果是消亡,但它的终极意义却是在消亡之前又派生出新的生命存在形式。那么,"天地兴万物"的特征便构成人类不断派生的象喻条件,所以生命有如"元气轻微通流为水、日月星辰于此列布"的无限绵延。《庄子》也认为自然界是许多个别的物"块然而自生的",[2] 这些个别的物之间"彼此相因"而互相为"缘",它们是"对生""互有"的,天人合顺,因其本然。三天成为生命本体论的浓缩——"万世之始",即从自然的神性起点到人的神性形成发展为认识后的理性总结。

在属于宇宙的系统中,"三天"思维功能特别强调自然所具有的"本然、本性"之内涵。从宇宙生成与演化的基本规律来看,将"天地之性"与"气质之性"打通,是"三天"的另一特点。以三天思想为代表的早期道教自然观是在继承道家自然观思想基础上形成的宗教化的宇宙观。《易传》说"天地之大德曰生",[3] 这里的天地是自然的总名。道家把天地的生生之德称作天地之本然,使生生之德具有了本体论的意义。大自然的生老病死有它自身的循环,人作为一个类别来看也有自身的循环,找出二者之间的节律并开创出"第二自然",万物就都能得到天地之心作为自己之心,这就是宇宙的合目的性,也就是生生之美。这也是三天思想对周易所言"生生之德"的发扬。

《三天内解经》关于生生之美的思想以及对"生"的理解,都是基于最本然的自由去探索生命的自然秘道。这是一种自然理念的信仰,而非超自然的信仰。它强调以"道"为本体的认识论,关心自然的进程与流变。"自然者,道之根本也。"[4] "生者不知其始,成者不见其终。"[5] "道能遍物,即物是道。"[6] "自然,道也。"[7] "道本自然。"以上种种思想构建了《三天内解经》道教生生之美的思想基础。三天思想正是由于把对自然的敬畏放到道本体的层面,从而构建了人与自然和谐的宗教审美模式。

---

[1] 《道藏》第 28 册,第 414 页。
[2] 《南华真经注疏》卷二,《道藏》第 16 册,第 288 页。
[3] 郭彧译著:《周易》,北京:中华书局,2006 年,第 379 页。
[4] 《西升经》卷下,《道藏》第 11 册,第 508 页。
[5] 《宗玄先生玄纲录》,《道藏》第 23 册,第 674 页。
[6] 《玄珠录》卷上,《道藏》第 23 册,第 621 页。
[7] 饶宗颐:《老子想尔注校证》,上海:上海古籍出版社,1991 年,第 30 页。

二、"三天"的实体意义——整体性目的论审美思维原则

"三天"自然观讲道不违自然,万物就是本体(道)自己运动的表现。它用以自然为第一性的生态整体论思想来解释"三天"的变化过程,确立了一些基本名词用以描述三天的实体意义,将"三天"融入了天道系统。我们可以借鉴这部道经,从一个独特角度开创用天地、尊卑、刚柔、阴阳来解释自然整体性目的论审美原则的新局面。

第一个整体是"三天"与"三气(始、元、玄)"相连。《三天内解经》曰:"幽冥之中生乎空洞,空洞之中生乎太无,太无变化玄气、元气、始气三气混沌相因……老君布散玄、元、始气,清浊不分,混沌状如鸡子中黄,因而分散:玄气清淳上升为天;始气浓浊凝下为地;元气轻微通流为水,日月星辰于此列布。"① 这里有泛神论的倾向,与魏晋时期对自然美的追求有异曲同工之妙。其主要的审美基础形式是他界主义的神性结构,它的延伸形式是自然感应行为结构、天地结构以及宇宙延伸的变化结构。所谓"天人相与,如影赴形"②"夫物有以自然,而后人事有治也"③,是以自然属性为本的天人感应论,它综合了儒家的"与物同体"④,道家的"万物一气"与"天人合一"。

第二个整体性目的论的核心是"合"。在《三天内解经》的神学体系中,从"宇宙生成"开始,产生了对生命及其运动、演化等思想内容独特的认识,强调生命的自然本真审美性质:"命者自然也,本者道也。"⑤ 按照道教的逻辑,"三天"中有"三气"。气是无法直接感知的、无形无状的。在一定的"时间"和"空间"条件下,由于"宇宙运动"产生了"天"和"人",三天实质上是"气"的本然存在状态即"本体"。诸性混合是看不到的,因而它是"无",气化是其延伸变体,其中介是"气",《三天内解经》划分为始、元、玄三气。在其他道教经典中也能看到与《三天内解经》所说的"三气"相似的观点,即三气与清微天、禹余天、大赤天(三天)有必然的关联性。如《空洞》曰:"空洞之内,生乎太无。太无变而三气明焉。三气混沌,生乎太虚而立洞,因洞而立无,因无而生有,因有而立空。空无之化,虚生自然。上气曰始,中气曰元,下气曰玄。"⑥《道教三洞宗元》曰:"其三气者,玄、元、始三气也。始气青在清微天,元气黄在禹余天,玄气白在大赤天,故云玄、元、始三气也。又从玄、元、始变生阴、阳、和,又从阴、阳、和变生天地人。"⑦ 按牟宗三的观点,它"显示道体之创生义",它"可以分解而为气与神,分解而为乾知坤能之易与简",⑧ 可以说,它既是本体论范畴,又有着审美目的论的性质。它用"天地兴万物"的整体宇宙论反映宇宙生成与演化的统一性。这种审美文化深层现象的形成有着

---

① 《三天内解经》卷上,《道藏》第28册,第413页。
② 《太上感应篇》,《道藏》第27册,第10页。
③ 何宁:《淮南子集释》,北京:中华书局,1998年,第1386页。
④ 程颢、程颐:《二程集》卷二上,北京:中华书局,1981年,第16页。
⑤ 《西升经集注》卷六,《道藏》第14册,第599页。
⑥ (宋)张君房编,李永晟点校:《云笈七籤》,北京:中华书局,2003年,第17页。
⑦ (宋)张君房编,李永晟点校:《云笈七籤》,北京:中华书局,2003年,第17页。
⑧ 牟宗三:《心体与性体》第1册,台北:中正书局,1987年,第437—443页。

道教早期深刻的哲理思考。由宗教思维转换为审美模式的建构关键在于，作为思维整合的逻辑起点是"天地人神"共同的次序，而它的生成点是"合"。

《三天内解经》既尊崇"道"，也尊崇"气"。它利用当时流行的元气说的思想材料，阐明早期道教独特的宇宙生成论。汉代比较普遍地认为"道"既是万物的本原，又是事物变化的根源。从其化生万物来看，"气"是"道"运行的物质基础，天地万物皆由元气而生，道离不开气。《三天内解经》认为远古时代，"元气窈冥，未有形兆，万精合并，混而为一"，后来经过自然演化，分别清浊，"变成阴阳。阴阳有体，实生两仪。天地壹郁，万物化淳，和气生人"，① 从元气分为阴阳，从而产生天地万物。《三皇经》称"大有之祖气"② 衍化出"三元"，实即三气。三元神格化后，"三洞尊神"本质上仍是气。《太平经钞》乙部《和三气兴帝王法》曰："元气有三名，太阳、太阴、中和。形体有三名，天、地、人。天有三名，日、月、星，北极为中也。……治有三名，君、臣、民。"③

就思想层面而言，先秦时期就有"阴阳之气""五行之气"等学说，而《三天内解经》中的"气"更接近审美层面，使自然之美具有了神圣之美的含义。三气化生世界的变化轨迹与庄子的思想一脉相承。《庄子·刻意》认为气变而有形，形变而有生，通天下者一气耳，人在气中，气在人中，万物皆需气以生。人的生老病死、吉凶祸福，皆由气主宰；气既联系着形，又联系着神，因此通过炼气既能炼形又能修神。不仅如此，也如《管子·枢言》所说："道之在天者，日也。其在人心者，心也。故曰：有气则生，无气则死。"④ 就是说气即是"道"，万物皆由此而化生。至于神和人，也是因气而成。《老子想尔注》曰："一者道也……一散形为气，聚则为太上老君。"⑤ 又如《道藏》中还有"玉帝，在道教即三清之化"⑥ 的说法，《管子·内业》也说"凡人之生也，天出其精，地出其形，合此以为人"。⑦ 这些论述与《三天内解经》的"三天"思想相通，都揭示了气与道的关系，人的神思寄托在天地之中，与神之"元气"相通，故而能与道相通。又如"道以妙无生成万物，谓之自然"，⑧ 是从自然与道的同一性解释宇宙产生与演化的本体意义。

与《三皇经》"大有之祖气"相似的"三气"，可以理解成作为万物本原的"气"，实际上是对汉代气化宇宙论中元气说的进一步发展。它与《太平经》"三一"思想如出一辙，以此来描述宇宙整体性的审美模式，认为天下万物皆可一分为三，而作为一个统一体，三者之间又是相需而立，相得乃成。作为自然理念信仰的天与作为（信仰）终极界限的自然、死亡、不死均向自然回归，由此显现宇宙的大美大净观念，其审美感知向整个宇宙系统扩展。三天、三气、三元的神格化使单一的人类本体呈现出否定性价值，所谓"元气行道，以生万物，天地大小，无不由道而生者也。故元气无形，以制有形"，⑨ 这是中国古代宇宙模式中的整体主义立场，同时也是道教生态

---

① 王符：《潜夫论全译》，张觉注译，贵阳：贵州人民出版社，1999年，第567页。
② 《无上秘要》卷六，《道藏》第25册，第19页。
③ 王明编：《太平经合校》，北京：中华书局，1960年，第19页。
④ 黎翔凤：《管子》，北京：中华书局，2004年，第241页。
⑤ 饶宗颐：《老子想尔注校证》，第12页。
⑥ 《道藏》第24册，第632页。
⑦ 黎翔凤：《管子》，北京：中华书局，2004年，第945页。
⑧ 《道德真经广圣义》卷二十三，《道藏》第14册，第472页。
⑨ 王明编：《太平经合校》，北京：中华书局，1960年，第16页。

美学的整体性原则：立足于将天地人神纳入生态系统的整个有机体中，类似于庄子的"天地有大美而不言"①的思想。正如宗白华先生所言，自然无往而不美，"你试看那棵绿叶的小树。他从黑暗冷湿的土地里向着日光，向着空气，作无止境的战斗。终竟枝叶扶疏，摇荡于青天白云中，表现着不可言说的美"。②正因如此，三天的整体性目的论与审美的目的相似，都立足于表现自然与道的整体性原则。

三、"三天"的拆解与重组——天人感通的审美思维方式

从审美的维度看其意义，三天思想用作解释天地人关系的核心，在于"感通"与"玄合"。"感通"在道教有其特有的思维逻辑，是一个既具体又抽象的概念。它有着广泛的精神指涉，又有着规定的现实内容。按日本近代哲学家西田几多郎的概念，这是一种"纯粹经验"。"纯粹经验"即主客不分的状态，"真正的宗教觉悟，并不是以思维为基础的抽象的知识，也不单纯是盲目的感情，而是自己悟得存在于知识及意志的根基里的深远的统一"。③

按照《三天内解经》的道教逻辑，由"三天"到三气，经历无穷，千变万化，反映了宇宙生成与演化的多样性。从三天与三气的系统相应性来看，在《三天内解经》天人感通思想的表达中，由三天化生三气，三气化生世界，始、元、玄三气中蕴含着创造的活力，"天"与"气"是相生关系而不是体用关系，共同作用于宇宙万物的生命规律。这种彼此相因就是"玄合"，它以不可思议的创造活力创造了大自然。所谓"天地合而后万物兴"，把"天""地""人"从二元对立的主客体存在设定为天人感通、互为条件、互相因果的同一物，这是三天自然观的总体思路。

我们从逻辑因果关系来判断"三天"的道教天人感通思想审美思维构成，可总结出以下三个特点：

"三天"感通之美的第一个审美判断为：神通妙合之自然。《三天内解经》的自然观，在某种程度上可以视为禅宗美学自然观的前导。道家的感通与同体，在"三天"中被同时称为神通。它继承了《周易》阴阳二气相感的说法。牟宗三认为感是"存有论的感"，是"宇宙间、天地间最根本的一个实体，如同海德格尔的本体论情感"。④三天也讲感应之几，但不仅仅是人与自然的感应同体，与天地鬼神也同体，于是可产生气化流行、生生不息之美。

从天人感通的系统性看，"三天"经过了不断地拆解和重组，经过"动静""参两""神化"，到了"三气"已经有了丰富的内涵，尤其是它和"合"构成了一个宗教性的审美思维形态，有了神圣的色彩，形成了"一物两体"、天人相应的完整的秩序原则。其自然观类似于郭象的"独化而相因"。一方面，首肯物在时空当中存在个体性，因此众多自然现象就可以被当作审美观照的

---

① 郭庆藩：《庄子集释》，北京：中华书局，1961年，第735页。
② 宗白华：《美学散步》，上海：上海人民出版社，第458页。
③ 转引自姚健：《西田几多郎的"纯粹经验"与老子哲学》，《日本文化研究》2011年第3期。
④ 参见牟宗三：《周易哲学讲稿》，上海：华东师大出版社，2004年，第38页。

对象而独立起来，并认为自然界是许多个别的物"块然而自生"的，① 没有什么别的力量使它产生；另一方面又可以认为这些个别的物之间彼此"相因"而互相为"缘"，它们是"对生""互有"的。人靠自然界来生活，人是自然界的一部分，但河水不是"鱼"的本质，"自然"也不是"人"的本质。这种彼此相因是无形地"玄合"着的。自然是人的"无机的身体"，也是人的精神生产即"艺术的对象"。三天思想把人与自然的关系比喻成太阳和植物，二者互为对象、互为表现，达到完善、融和的美的境界。玄合是看不到的，因而它是"无"。

第二个审美判断为：三合成德，性情有道。《三天内解经》中有一个由"三天"到"三气"再到"三合"的过程。三合，既是指同一物类的和合，也是指天地人三才的融合。《三天内解经》指出，人的身体来自天地，故上禀天，下象地。天地和人的关系是相互依存的，"天地无人则不立，人无天地则不生。天地无人，譬若人腹中无神，形则不立；有神无形，神则无主。故立之者天，行之者道，人性命神同，混而为一。故天地人三才成德，为万物之宗"。② 这里的"三合"既有人与自然的相互依存，又有道教自然观的神学化思想。天地人相合，与玄、元、始三气相通，又与大赤天、禹余天、清微天相遇。这就将有机的自然观神学化，使人与自然的依存关系转化为类似"三皇"的人神关系，这是对"玄合"自然观的拆解与重组，是在其神学本体论基础上的逻辑展开。其主体为三天所代表的"太无"——神界。在人对自然的审美态度方面，《三天内解经》讲道不违自然，万物就是本体（道）自己运动的表现。《三皇经》说："天皇主气，地皇主神，人皇主生，三合成德，万物化焉。"③《太平经》也说："天地人三才相得乃成道德，故适百国有德也。故天主生，地主养，人主成。一事失正，惧三邪。是故天为恶亦凶，地为恶亦凶。三共为恶，天地人灭尽更数也。三共为善，德洞虚合同。故至于三合而成德，适百国。"④《三天内解经》与这些道经都有相似的自然观。类似的还有王弼《老子注》的"圣人有情论"，即所谓"天地任自然，无为无造，万物自相治理"。⑤ 人感受自然的美，并不仅是感受自然的表面形式，而是直接去体会自然的精神，"感觉那自然凭借物质以表现万相的过程"，然后再把自己的精神、情绪、意志贯注到物质里面去，使物质精神化，"深入于自然的中心，直感着自然的生命呼吸、理想情绪，晓得自然中的万种形象、千变百化，无不是一个深沉浓挚的大精神……宇宙活力……所表现"。⑥

第三个审美判断为，"物有以自然而后人事"。这个判断的前概念是建立在道教对自然特质、自然运动规律等认识论基础上的抽绎概念，它有特定的指义范畴。它主张在纯粹的个人经验内向外亲证人与自然的统一。在自然特质方面，主张"净净清清合自然"；在自然与人天的关系上，主张因修会道；在自然运动规律方面，主张"顺物者物亦顺之"，⑦"自然摄性归性混合"。道教认为，"命之自然，非人力也"，万物生命的自然演化是自然本真而成。人如果不尊崇自然规律而去

---

① 《南华真经注疏》卷二，《道藏》第 16 册，第 288 页。
② 《三天内解经》卷六，《道藏》第 28 册，第 19 页。
③ 《无上秘要》卷六，《道藏》第 25 册，第 19 页。
④ 王明编：《太平经合校》，北京：中华书局，1960 年，第 392 页。
⑤ 楼宇烈：《王弼集校释》，北京：中华书局，1980 年，第 13 页。
⑥ 宗白华：《美学散步》，上海：上海人民出版社，第 458 页。
⑦ （宋）张君房编，李永晟点校：《云笈七籤》，北京：中华书局，2003 年，第 1987 页。

命令、改造自然，强迫自然服从其掠夺性的指令，自然必然反过来惩罚人类。这样一来，由以主体的弱化或消极感受下的"心与物游"的物化混茫意识，到"与物为春"的非人类中心主义，把人也视为自然有机的一分子，直至最后与自然为善的人类美感的终极指向，从"人类中心主义"到"生态整体论"，使面对自然的审美态度得以真正确立。它在美学观的内容上，从"人化的自然"上升到"人与自然的共生"上来；在审美观的性质上，从人对自然的审美态度的单纯审美观，转化为一种人生观与世界观，反映了生克互济、天人感通的整体美。这也是自然摄性顺应规律的生态存在论美学。它以天地宇宙的真实存在和无限广袤，赋予人在天地的浑沦一气中追求逍遥与超越的自由。

四、"三天正法"生克互济的审美思维动力

道教产生于社会动乱之际，一开始它就以与统治阶级相对抗的姿态出现，因此，它构造了自己的天地神灵系统，并且创造了自己的祭祀"天、地、水"三官的仪式。在道教建构的宇宙模式中，人与天地构成"三才"。三才相通，则灾害不生。道教经典《女青鬼律》曰："人为中才，法地则天，动静以时，通而不争，利而无害。"[①] 道经还详细描述了"三才"的生成关系。如《混元八景真经》就有如是描述："分积清之气为天，积浊之气为地。天地既立，乃轻清上为天，重浊下为地。其轻清虽然属阳，却内生阴气，阴气下降为地；其重浊虽然属阴，却内生阳气，阳气上腾为天。始天降地腾，水火相交，阴阳相战，交气极足，方结就太丹，太阳是也。其阳被天地，运转至有金气，金气属阴，运转气足，始生太阴，月是也。自后日月交泰，阴阳相炼，其数满足，渐生星辰。自上古至今，不离天降地腾，阴阳相交，日月相合，真气生产万物，万物之中唯人最灵、最贵。"[②]《三天内解经》将天、地、人一体的自然结构神学化，把人与天的关系演绎成形与神的关系，"以自然之正理，正苍生之性命"。[③]

根据道教审美意识的逻辑，人性要摆脱自然的偶然性，就要将天命伦理解释成为必然，通过敬天革去"故气"。"三天"思想体现了道教的生命伦理观："天地无人则不立，人无天地则不生"，[④] 天地人三才的相互依存为"万物之宗"。道教的人生观与其他宗教不同，它重视生命的价值，以生为乐，重生贵生。道教以长寿为大乐，以成仙不死为极乐，把长生不死作为人生追求的终极目标，使人保持了自身的自然性。这一点与古希腊哲学相似，古希腊哲学把自然理解为诸对象的总和，即理解为永恒的"持存"，把自然与人的关系理解为和谐。三天思想以一种更严格的方式阐述自然的目的论哲学以及自然与人的和谐关系。它以道教特有的方式另立出主客体意义及起源。这里的天人关系有以下三个维度。

---

① 《道藏》第19册，第249页。
② 《道藏》第11册，第434—435页。
③ 郭庆藩：《庄子集释》，北京：中华书局，2006年，第317页。
④ 《三天内解经》卷上，《道藏》第28册，第413页。

第一，三才与阴阳协调："顺物者物亦顺之。"①《三天内解经》以此模式思考天人关系不和谐带来的灾难，并提出解决的办法：以"三天正法"革去"六天故气"，从而匡正大道，解决人性中的"故气"。如果天地人三者的关系和谐，则风调雨顺、灾厄不生；如果天地人三者的和谐关系被打破，就会出现阴阳不调、水旱不适、灾害屡见、瘟疫横行的后果。《三天内解经》云："而今六天故事渐渐杂错，师胤微弱，百姓杂治，祭酒互奉异法，皆言是真，正将多谬哉？今有奉五斗米道者，又有奉无为幡花之道及佛道，此皆是六天故事，悉已被废，又有奉清水道者，亦非正法。"②"今下古民人，年命夭横，不终年寿。皆由所修失本，婚姻非类，混气乱浊，信邪废真，本道乖错。群愚纷纭，莫知祸之所由。或烹杀六畜，祷请虚无，谣歌鼓舞，酒肉是求，求生反死，邪道使然。头痒搔足，是不相由，祈请乖越，以致灭躯，夭此年命，诚可痛哉。今撰集《三天要解》，以示未悟。"③ 这里体现了对德的重视，德性被纳入三天信仰，在人性的层面被赋予结构性，同时被赋予自身因果性。在这种情态下，"顺物"实际上将天人关系悬置在天空和大地之间，不是把它放置在天上；"物顺"则是把人召唤回大地，人是以物的方式去活动并同自然发生关系的，而天地人的一般秩序和运行被赋予了圣洁和神圣的意义。

第二，自然和精神是平行的表达。从天命伦理看，天人感应的神秘性在于，"应者，无物不承天命而生也"。④ 性情有道，有一个精神世界和自然相对应。因此，即使是天也总是有着另一个方面的图景而被产生着。在自然和精神世界的感应之中，"三天正法"被认为是自然界最好的创造。但反过来的观点也是正确的，即精神世界也创造自然，自然和精神是平行的表达，自然是看得见的精神，精神是看不见的自然。在"三天"的本体与原初意义之间，由于"六天故气"的干扰，出现了一道鸿沟。早期道教从对"性"的了解出发，认为真正的灾难源自人的内心，源自人性与天性的不吻合，"六天故气"是万恶之源。"人性"这个自然之性，生出情来，再由所生的情，发而成道，终结为义。这个道义，当然已经不再是自然的了，但它确系由天地人的自然属性生发而来，如果其中的关系不谐和，则会受到超自然力量的干预，成为形于内的形上天理之所形，而灾难是它所投射的影子。所谓"人之道也，或由中出，或由外入"⑤。仁生于人，义生于道；人之道源于人心、人性、人情以及人和外界的关系，甚至包括对"群物之道"的观察与了解在内，行至于天或天道。且看以下例证：

《三天内解经》曾由寇谦之借老君之口说出，道教创始人张道陵并未完成在人间的任务，而因为"地上苦难不堪"就匆匆飞升步虚了。从张天师升仙以后，因为没有天师，所以道民是由"土地真官"⑥ 管理。但是人间的祭酒仍传道教，只是经籍符箓错乱，妄传张道陵的黄赤之术等等，所以道教需要清整了。

《老君音诵戒经》云："老君曰：'汉安元年，以道授陵，立为系天师之位，佐国扶命。陵以

---

① （宋）张君房编，李永晟点校：《云笈七籤》，北京：中华书局，2003年，第1987页。
② 《三天内解经》卷上，《道藏》第28册，第415页。
③ 同上，第413页。
④ 《九天应元雷声普化天尊玉枢灵宝集经》，《道藏》第2册，第569页。
⑤ 李零：《郭店楚简校读记（增订本）》，北京：中国人民大学出版社，2007年，第207页。
⑥ 《道藏》第18册，第210页。

地上苦难不堪，千年之主者，求乞升天。吾乃勉陵身元元之心，赐登升之药，百炼之酒，陵得升云蹑虚，上入天官。'①"这里有两点值得注意：1. 张陵被选中来管理人间，但是张陵没有完成这个任务就飞升了。而且在他之后世界更加混乱，因为人面对大自然的巨大神秘力量，如飘在汪洋中的小舟。2. 清整虽是从张天师开始但是没有完成，所以老君又另选其人——寇谦之。

《老君音诵戒经》曰："谦之，汝就系天师正位，并教生民，佐国扶命，勤理道法，断发黄赤。"②寇谦之建立新道教的目的是"清整道教，除去三张伪法"，他主张"齐整人伦""以礼度为首"。③这既是为政治力量平衡的需要，也是对失衡的社会伦理的清整，是"三天"生态伦理观的延伸。

第三，以三天正气使人神交感。"六天"为恶鬼，《三天内解经》提出应以善神"三天"代替，"生之以道""养之以神""形之于美"，只有大道运化，才能获得使万物居于天地之美的理想结构。这种神性自然观也有心理学的依据。现代格式塔心理学派提出了异质同构的学说，这种理论认为在外部事物、艺术式样、人的知觉组织活动与人心灵感应的内在情感之间存在着统一，它们都是力的作用模式，一旦这几个领域力的模式一致时，就会产生审美体验。《三天内解经》提出的以三天正气使人神交感之说从审美心理学角度看，类似格式塔所说的这种物质世界与精神世界统一的结构，或者说统一的力。天人之所以可以互相感应，就是因为"六合之内，宇宙之表，连属一体"④的缘故。内在心理结构之所以能与外部事物结构相契合，是因为人类千百年来的社会实践活动在人们头脑中的积淀。人的心理结构具有容纳"神圣性"的客观基础。"神圣性"不仅可以畅通于人的心灵、魂魄之中，而且是宇宙万物、自然社会的共同根据，是生态自然与人的世界统一的基础，天人、物我在"神圣性"的基础上得到了统一，人独与天地精神往来。在这一点上，三天思想类似于格式塔心理学所探寻的存在于心理与自然界中的统一力的模式。

从现代性的视角来看，道教思想不仅具有自身的历史演进过程，而且根据不同历史情境有效"转化"并创造了自然生态的审美秩序原则，有着自身遵循的内在审美思维逻辑。《三天内解经》是对其秩序原理以及内在逻辑的立体呈现和深刻阐释。作为早期天师道的重要经典，《三天内解经》不仅提出了重要的道教思想，而且以对自然所呈现的神圣之美的本能追求，从强调生克互济、形神和谐的自然整体美思维模式，到真道好生、修真念道、修斋体道观念等方面提出了许多有价值的道教美学思想。其协同进化的共生美，生克互济、形神和谐的动态美中蕴含的生态美学意识和思想元素，体现出道家道教与当代生态审美追求理念的一致，折射出古人对理想生态美的追求，在当代背景下仍然具有独到的意义。

(2018年4月2日)

---

① 《道藏》第10册，第010页。
② 同上，第211页。
③ 汤一介：《早期道教史》，北京：昆仑出版社，2006年，第223页。
④ 《道德真经指归》卷八，《道藏》第12册，第355页。

生命符号与仪式象征：论道教传统中的"水"元素

李 裴*

摘 要：道教贵身重生，作为生命象征符号的"水"自始至终得到道教的尊崇。从饮水成仙到符水治病，再到各种仪式中水的运用，道教以水洁净身心、超度亡魂、表征神圣空间，水的多种功能充分体现了生命道教热爱生命、济世度人的特点。本文从水作为生命符号的意义和水在道教仪式中的象征性两方面展开，揭示道教传统中"水"的独特价值。

关键词：生命符号 仪式象征 道教传统 水

水为生命之源，是中国古代哲学家用以说明世界万物形成及相互关系的五种元素之一，在可见文献的五行最早排序之中，"水"居于首位。① 《说文解字》曰："准也。北方之行。象众水并流，中有微阳之气也。凡水之属皆从水。式轨切。"② 《周易》中"坎"卦为水。中国古代第一部以山水为核心的百科全书、被"诸家并以为地理书之冠"的《山海经》，直以"山""海"为名，以此展现古人眼中的世界。对于华夏农耕文明而言，水与生产、生活密切相关。古人对于水的依赖和崇拜一方面表现为祈祷、祭祀的仪式行为，如商汤"祷于桑林"；③ 另一方面，也表现为对水资源的理性保护和利用。夏朝时人们已懂得"凿井而饮"，④ 周文王时明令："毋填井，毋伐树木，毋动六畜，不如令者，死无赦。"⑤ 汉代为解决水资源的分配，还专门制定了《汉水令》，"开六辅渠，定水令，以广溉田"。⑥ 在漫长的封建社会里，治水、祈雨等结合了科学与巫术的行为实践一直持续发生。

---

* 作者简介：李裴，哲学博士，四川大学道教与宗教文化研究所研究员。
基金项目：本文系 2014 年度教育部人文社会科学重点研究基地重大项目《道教环境美学思想史研究》阶段性成果，并受到四川大学中央高校基本科研业务费研究专项（哲学社会科学）项目——杰出青年基金项目（SKJC201003）资助。
① 参见《尚书·洪范》，《尚书译注》，上海：上海古籍出版社，2004 年。
② （清）段玉裁：《说文解字注》，北京：中华书局，2013 年，第 521 页。
③ （汉）高诱注，（清）毕沅校，徐小蛮标点：《吕氏春秋》卷九，上海：上海古籍出版社，2014 年，第 174 页。
④ （汉）陈应润：《周易爻变易缊》卷六，《景印文渊阁四库全书》，台北：台湾商务印书馆，第 27 册，第 149 页。（下引此书均不再注出版社）
⑤ （汉）刘向撰：《说苑》卷十五，《景印文渊阁四库全书》第 696 册，第 135 页。
⑥ （宋）王应麟撰：《玉海·汉水令》卷六十五，《景印文渊阁四库全书》第 944 册，第 691 页。

先秦时期，水已被儒、道两家赋予了伦理意义。儒家代表人物孔子说："智者乐水，仁者乐山。"其疏曰："水者，流动不息之物也，智者，乐运其智，化物如流水之不息，故乐水也。"① 荀子称："君子见大水必观焉。"② 道家哲学的创始人和后来被尊为道教教主的老子，在《道德经》中尽数水之"七善"，并称"上善若水，水善利万物而不争，处众人之所恶，故几于道"。③

东汉末道教产生以后，继承远古的自然崇拜及先秦诸家思想，对水的崇拜和重视成为其一以贯之的传统，同时，因其宗教化的特点，从象征意义、实用功能等方面赋予"水"以新的内涵。

一、生命符号：长生与治疗

道教是以长生久视为追求的宗教。水是地球上一切生命生存的重要、必要资源，也是生物体最重要的组成部分，其循环往复、流动不止、生生不息的特性决定了它被赋予的生命象征意义。"上帝在创造天、地、光明、黑暗之后，便将旱地由水中分开；在其他的宇宙进化论中，水是所有造型的原始本质。……以媒介物而言，水甚至变成生命的象征。"④

《山海经》载："有员丘山，上有不死树，食之乃寿；亦有赤泉，饮之不老。"⑤ 不老泉与不死树一样，承载着古代先民对生命永存的渴望。这种渴望，进入道教的仙话作品之中，则进一步被神秘化和神异化。比如，道教相信饮用神水可致长生。据后来被归入道书的汉代神仙传记类作品《列仙传》载，鹿皮公"食芝草，饮神泉，且七十年"，⑥《太平寰宇记》称其"饮此水而成仙"。⑦ 越大夫范蠡成仙的重要原因也是"好服桂，饮水"。⑧ "夫水者，元气之津，潜阳之润也。有形之类，莫不资焉。故水为气母，水洁则气清；气为形本，气和则形泰。"⑨ 这是道教认为饮水可致长生的理论基础。

除了饮用神水，服食似水的矿物质，也是长生成仙的重要手段。《列仙传》中记载的第一位仙人赤松子，系"神农时雨师也"，不仅身份奇特，是传说中负责降水的雨师，同时，其"服水玉，以教神农"。⑩ 水玉，是《山海经》中频繁出现的一种矿物，又称"水碧"，⑪ 即现在所谓"水晶"。《说略》又称"冰玉""玻璃，一作颇黎，一作玻瓈，西国宝"等，认为其为"千年冰化"，具有不朽不腐的属性。⑫ 作为一个有着巫术传统的宗教，道教相信服食金丹、水玉等自身有着不

---

① （魏）何晏集解，（梁）皇侃义疏：《论语集解义疏》卷三，《景印文渊阁四库全书》第195册，第392页。
② 《荀子·宥坐》第二十八，卷二十。
③ 《道德经》第八章。
④ ［挪威］诺伯舒兹：《场所精神——迈向建筑现象学》，施植明译，台北：田园城市文化事业有限公司，2002年，第27页。
⑤ 《山海经·海外南经》郭注。
⑥ 《道藏》，北京：文物出版社，上海：上海书店，天津：天津古籍出版社，1988年，第5册，第72页。（下引此书，不再注出版社）
⑦ （宋）乐史撰：《太平寰宇记》卷十八，《景印文渊阁四库全书》第469册，第152页。
⑧ 《道藏》第5册，第68页。
⑨ （宋）张君房编，李永晟点校：《云笈七籤》，第3册，北京：中华书局，2003年，第1259页。
⑩ 《道藏》第5册，第64页。
⑪ 《山海经·东山经》云："又南三百里，曰耿山，无草木，多水碧。"注曰："亦水玉类。"
⑫ （明）顾起元撰：《说略》卷二十六，《景印文渊阁四库全书》第964册，第812页。

朽坏特性的物质，可以获得自身形体的永存。葛洪在《抱朴子内篇·金丹》中说："夫金丹之为物，烧之愈久，变化愈妙。黄金入火，百炼不消，埋之，毕天不朽。服此二物，炼人身体，故能令人不老不死。"① 唐代高道司马承祯则以玉相比附，称："山有玉，草木以之不凋，人怀道，形骸以之永固。"② 这种同类相生的"相似律"的使用，正是传说中的道教神仙服食水玉以致不老不死的立足点。在某种意义上，水就是一种带着生命能量的符号，饮下神异之水，如同饮下生命之泉，可延长寿命，更可治愈疾病。

水的治疗功能，在仙传中也有大量范本。《列仙传》中，负局先生仙去之际曾留言："吾还蓬莱山，为汝曹下神水。崖头一旦有水，白色，流从石间来，下服之。"③ 果然，服用者大多治愈了疾病。《神仙传》《历世真仙体道通鉴》等均载玉子"以器盛水着两魁④之间，吹而嘘之，水上立有赤光，绕之晔晔而起。又以此水治百病，在内者饮之，在外者浴之，皆使立愈"。⑤ 道教初创之时，以符水为人治病，在一定程度上正是对这类水疗神话的现实摹写。

历史上，早期五斗米道以符水治病，"若疾病之人，不胜汤药、针灸，惟服符饮水……积疾困病，莫不生全"。⑥ 太平道初起，亦以符水治病吸引信众。"巨鹿张角，自称'太贤良师'，奉事黄老道……浮水咒说以疗病，病者颇愈，百姓信向之。"⑦ 所谓符水，即道士书符投水，通过这种宗教行为，使水取得某种特殊的效力。水的特性，"既可以通复胃，益津气，亦可以导符灵，助祝术"，⑧ 因此符水治病得以流行。

"符"原系古代朝廷传达命令或调遣兵将的凭证。《说文解字》曰："符，信也。汉制以竹，长六寸，分而相合。"⑨ 道教用以沟通人神，也是道士法力的凭证。"假尺寸之纸，号召鬼神，鬼神不得不对。"⑩ 符水治病术，某种意义上，属于古代祝由术的范畴，即通过咒语、符法等，直接作用于疾病背后的原因。当然，相比古代巫术中的祝由之方，道教具有更为完备的法术和治疗系统。刘仲宇先生曾指出，"宋元以降的祝由科皆受道教影响，采纳道教的符咒及施行方式"，⑪ 即有此原因。

人秉天地之气而生，古人认为"喜怒忧思悲恐惊"七种情绪与"风寒暑湿燥火"六种外来邪气的侵袭均是致病的因素。⑫ 此外，对尚未被认识的致病因素，"其所从来者，微视之不见，听而不闻，故似鬼神"，⑬ 将病因归咎于"鬼神"，这是符水治病等祝由术能够存在的主要因素。事实上，现代医学已经证明，许多疾病，都是直接或间接由心理因素所引起的。所谓鬼神致病，往往

---

① 王明：《抱朴子内篇校释》，北京：中华书局，1985年，第74页。
② 《坐忘论》，《道藏》第22册，第897页。
③ 《道藏》第5册，第74页。
④ 《云笈七籤》作"肘"。
⑤ （东晋）葛洪撰：《神仙传》，北京：中华书局，2010年，第140页。
⑥ 《陆先生道门科略》，《道藏》第24册，第779—780页。
⑦ 《后汉书·皇甫嵩传》，《景印文渊阁四库全书》第253册，第408页。
⑧ （宋）张君房编，李永晟点校：《云笈七籤》第3册，北京：中华书局，2003年，第1260页。
⑨ 《说文解字》，北京：中华书局，1963年。
⑩ 《道法会元》卷一，《道藏》第28册，第674页。
⑪ 刘仲宇：《道教法术》，上海：上海文化出版社，2002年，第434页。
⑫ （明）缪希雍撰：《神农本草经疏》卷一，《景印文渊阁四库全书》第775册，第315—316页。
⑬ （明）张介宾撰：《类经》卷十五，《景印文渊阁四库全书》第776册，第274页。

只是因为病因不易被人察觉。这种情况，就可以通过思想意识调控，来改变患者的精神状态，治愈疾病，即《素问》中所谓"移精变气，可祝由而已"。① 以五斗米道的静室思过、符水治病为例，从客观上讲，制作道符所用的原材料多是中药：如桃木，有消毒、避邪之功；书写道符所用的朱砂，有镇心安神、清热解毒之效；书写道符的黄纸在制作时也往往加入虎骨、珍珠、麝香等，对于治疗某些疾病本就有一定功效。从主观上讲，通过施法者的咒语、画符等行为实践，可以给病患以一定心理暗示，通过"自首其过"，② 祈祷神灵，最终驱除心魔，达到心理治疗和身体康复的效果。

这一心理治疗的过程，事实上也是一种神秘主义的宗教体验。诚然，这种体验在历史上各种形态的宗教中都有所表现，只是道教因其对现实人生的关注和对身体、生命的热爱，在以自己的精神与神灵沟通之时，更加强调施法者之修为、心意之精诚和济世度人的宗旨。

自五斗米道始，其后历代道教天师多有以符水治病、济世救人的事迹。唐代第11代天师张通玄"岁大疫，以标植水中，汲饮者皆愈"。③ 宋徽宗时，疫病流行，第30代天师张继先"以大瓮数十贮水，京畿取符投水中，以饮有疾者，凡饮者皆愈"。④ 南宋高宗时，"皇子魏王镇明州，有疾"，第33代天师张景渊"为坛以请，至乃咒水，饮之而愈"。⑤ 明代，第42代天师张正常入觐京城，"士庶求符者，日以千百计，侍史不能给，闭关拒之，不止。上谕俾施符水，乃篆巨符，投朝天宫井中，人争汲之，须臾水竭见土，弗已。疫者饮之皆瘳，上闻而嘉之，令作亭井上，号曰太乙泉"。⑥ 明代中叶，第45代天师张懋丞入京，途经杭州，"民多疫，求符者不能悉给，乃书巨符投井中，人竞汲之，水为竭，饮者瘳焉"。⑦ 这些符水治病的故事，既是对水疗神话的继承，也体现了道教重生、度人的宗旨。"人性至善，非善则不能明道也。水性亦然，故善则能利于物。"⑧ 道教的符水治病故事完美地诠释了人性之善与水性之善。

二、仪式象征：洁净与危险

在世界各大宗教的仪式中，水都是一个不可或缺的重要部分。基督教的点水礼与浸礼，象征着与基督的联合与重生，对于信徒而言，是一种记号和印证。⑨ 伊斯兰教教徒每天的拜功之前，需进行净身活动，即使在沙漠地区，找不到洁净的流动的水，也要用干净的沙子来暂时替代水的

---

① 《黄帝内经·素问》，北京：中华书局，2010年，第121页。
② 《道藏》第34册，第822页。
③ 同上，第824页。
④ 同上，第827页。
⑤ 同上，第828页。
⑥ 同上，第834页。
⑦ 同上，第837页。
⑧ 《灵宝玉鉴》卷十二，《道藏》第10册，第224页。
⑨ 参见谢炳国：《基督徒的洗礼》，《中国宗教》2004年第9期。

作用，通过对身体污垢的清除来洁净自己的灵魂。① 佛教除了在一般宗教意义（如沐浴、净身）上使用"水"这一象征符号之外，还因其利乐有情的信仰而产生了一些以"水"为载体的宗教实践。如以甘露免除鬼道众生之苦，或以护生咒超度一切水中的生物，均是以大慈悲心利益一切众生的行为。

对于道教而言，水的意义就更为具体，它贯穿于修炼实践、仪式行为之中，直接与其飞升成仙的理想结合起来。正确地运用水，可以带来事半功倍的修炼效果，反之，则预示着触犯神灵、行为不当带来的危险。大致来看，道教仪式中水的运用主要有以下几个方面。

（一）洁净身心

中国古代，人们在祭祀之前，需沐浴更衣，不喝酒，茹素，不行房事，以表肃穆、崇敬之意。"斋，戒洁也，从示。"② 就是指祀神时必须遵守一定的行为禁忌，而洁净身心是其中最为重要的部分。道教产生以后，承袭了这样的传统，在重要仪式前一定要斋戒沐浴，齐整身心。《三天内解经》云："夫为学道，莫先乎斋，外则不染尘垢，内则五藏清虚，降真致神，与道合居，能修长斋者，则合道真，不犯禁戒也。"③《灵宝无量度人上品妙经》云："行道之日，皆当香汤沐浴，斋戒入室。"④ 而在特定的日子斋戒沐浴，忏悔其过，洁净身心，对于学道之人，甚至能达到飞升成仙的效果。"立春之日……为学之士，常以其日沐浴清斋，日中入室，夜半露身，北向再拜，叩头搏颊九过，自陈己身学真以来，所犯沉匿恶过、难赦之愆、不原之罪，随事首谢。当令心虚意玄，内外空尽，无所隐藏，乞丐解释，拔出七玄，幽魂上升，我身飞仙。"⑤ 西方人类学家玛丽·道格拉斯在研究了很多民族的原始信仰后，得出污秽总是带来危险的结论。⑥ 而在道教看来，一切与长生的信仰和追求相背离的事情都是污秽不洁的，如遭遇官非、见到死亡、血污等，均要以水来禳解，称之为解秽。"或被县官系闭出后，香汤沐浴解淹秽，三日已后，始得入靖。夫淹忌临尸、入产妇室及丧家，斋食产家三日并满月，及见丧车灵堂六畜生产，抱婴儿胎秽哭泣……存一真人头戴箓中九凤真冠，口中含水喷洒，秽亦消解。"⑦ 无论沐浴也好，喷水也好，都是以水的洁净功能来象征洗去污秽，免除潜在的危险。因此，道教极其重视水的洁净功能，认为不能持戒沐浴，检束身心，将会受到神灵的惩罚。如道经所言，"不斋戒沐浴、行香诵者，获被殃之罪"。⑧

有意思的是，道徒沐浴之水，往往不是普通的江水、河水、井水等，而是很多道经里提到的"香汤"。所谓"香汤"，是指以白芷、青木香、沉香、白檀香、甘松香等香料加以泉水熬制的五香之汤，"各以二十四铢，治下筛用，东流长泉一石，煎数沸。先当解衣，烧香，于左就座，存

---

① 参见王晓朝：《宗教学基础十五讲》，北京：北京大学出版社，2003 年，第 176 页。
② 《说文解字》，北京：中华书局，1963 年，第 8 页。
③ 《三天内解经》卷下，《道藏》第 28 册，第 416 页。
④ 《灵宝无量度人上品妙经》卷一，《道藏》第 1 册，第 3 页。
⑤ 《元始天尊说变化空洞妙经》，《道藏》第 1 册，第 846 页。
⑥ ［英］玛丽·道格拉斯著，黄剑波、柳博赟、卢忱译：《洁净与危险》，北京：商务印书馆，2018 年。
⑦ （宋）张君房编，李永晟点校：《云笈七籤》第 2 册，北京：中华书局，2003 年，第 900 页。
⑧ 《太上洞玄灵宝无量人上品妙法》，《道藏》第 2 册，第 474 页。

日光华五色交错，入于五香汤中。存五方五色仙童五人，玉女五人，烧香散华，执巾执水左右"。① 道徒通过存想、念咒等，最终使整个沐浴过程具有了仪式的神圣意味。通过这样完备的沐浴过程，使身心得到涤荡，保持对道的虔诚信仰。当然，就沐浴本身而言，净身的作用只是外在的，更大的象征意义还在于对心灵的检束功能，所谓"心神不动为之真沐浴"。②

（二）济度亡灵

度亡仪式是道法科仪中十分重要的一项，是体现宗教临终关怀的独特实践。道教度亡，包含了"祭"与"炼"两个部分。所谓"祭"，指给亡灵施食，与佛教焰口仪相似。"炼"，则打上了道教思想的深刻烙印，体现了道教形神并炼、性命双修的观念，通过召魂、沐浴、天医调治等步骤，再以水火炼度，使鬼魂被重新改造后，结成圣胎，皈依道门，往升仙界。而在这两个部分中，"水"或其象征物等，都是重要的参与元素。

在度亡法事中，法师先以仪式象征慈悲接引天尊，引亡者至浴所。在法事过程中道众持续洒水，象征甘露，召请清凉甘露天尊，并焚烧甘露符、开咽喉符等，以解亡魂饥渴之苦。"热恼三途中，猛火入咽喉，常生饥渴念。一二三洒甘露浆，如热得清凉。神魂生大罗，润及于一切。"③ 与沐浴步骤相配合的，则有沐浴咒、沐浴变衣咒、④ 沐浴亡魂咒⑤等，法师"以清净慈悲法水，一滴一洒，一沾一洗之。项心清而魄全，罪消而垢灭"，⑥ 然后召请主水、主火神君，焚水、焚火炼符。

正如伊利亚德所说："在水中，一切事物都被溶解，一切形状都被打破，曾经发生的事物不复存在；没有什么先前存在的东西能在浸入水之后残存下来，没有什么轮廓、什么标志，没有事件。浸入在人类层面上等于死亡，在宇宙层面上等于突变（洪水），它周期性地将世界深入原始的海洋。打破一切形状，废除过去，水具有这种净化、更新、重生的力量……水之所以能够净化和更新是因为它使过去无效并且重建——哪怕只有一小会儿——万物之初的完整性。"⑦ 通过太玄神水，洗新除故，亡魂终得新生。而逝者得以安宁，某种程度上也意味着免除了鬼魂对生者的纠缠、注祟，去除了生者的致病因素，人世的危险得以解除。

（三）表征时空

水对空间的表征，首先表现在道教举行仪式的法坛之中。根据不同的功能，道教法坛形式不同。但无论何种坛式，建坛必不可少的步骤就是净坛，或称洁坛、禁坛、敕坛、锁坛等。"夫所以洁坛者，荡涤故炁，芳泽真灵，使内外清通，人神俱感。凡启醮悉皆如之。"⑧ 按玛丽·道格拉斯的说法，洁净也意味着安全。洁净的坛场意味着与凡界不相交涉的空间，整个仪式不会遭到来自凡俗的冲撞或破坏。对于法师而言，则整束身心，使邪念不生。洁坛的办法，先书解秽符于纸

---

① 《灵宝无量度人上经大法》卷三，《道藏》第3册，第621页。
② 《元始天尊说得道了身经》，《道藏》第1册，第807页。
③ 《灵宝领教济度金书》卷九十七，《道藏》第7册，第464页。
④ 《太上三洞神咒》卷六，《道藏》第2册，第95页。
⑤ 《太上三洞神咒》卷十二，《道藏》第2册，第140页。
⑥ 《无上玄元三天玉堂大法》卷十六，《道藏》第4册，第51页。
⑦ 转引自［英］玛丽·道格拉斯著，黄剑波、柳博赟、卢忱译：《洁净与危险》，北京：商务印书馆，2018年，第168页。
⑧ 《醮三洞真文五法正一盟威箓立成仪》，《道藏》第28册，第493页。

上,"其水桃皮、竹叶、沉香、鸡舌、香柏叶等,剉绢袋沉汤中煮之,以洒坛及器物中,并沐浴。或以清泉新水,亦得用也"。① 用香汤或清泉洒坛之后,才是伏剑、步罡、噀水等步骤。据刘仲宇先生研究指出,这些步骤在实际使用中不见得全部施行,但法师咒法水、以杨枝洒坛却是不可少的。② 正式仪式开始之前,均需洒水解秽。"师堂序立,焚破秽符入水盂中,咒水净秽。焚通师信香等符……一官引领升坛,一官持盂洒水坛外。"③ 然后才是行香、飞符步罡等步骤,通过法师的符、咒、步、诀等,使凡俗空间变为圣洁的神圣境域。在仪式中被洒出的水,已不再是我们日常生活中所经验的物理意义上的水,而具有了净化、神化的意味,这时候的水,被赋予了神性的力量,沟通人神,架起从世俗空间过渡到神圣空间的桥梁。道教认为,净坛之后,天兵天将才会下降,为道法所用。

其二,水也是道教以空间变化来解释人之存在状态改变的重要媒介。在道教传统的五种尸解方式中,水解是除火解、金解、木解、土解之外,排行首位的解化方式,"可脱大难,避阴追,遁他所,投胎夺舍"。④ 道教文献对以水遁形的事例颇多记载。如务光,因不接受汤克桀后所让天下,"负石,自沉于蓼水,已而自匿";⑤ 琴高,"果乘赤鲤来,出坐祠中。且有万人观之。留一月余,复入水去……是任水解,其乐无穷";⑥ 李白,"自金陵济采石访族人李阳冰,因捉月赴水而终,人谓之水解,享年六十四";⑦ 边洞元,"乘醉入水,不复出。……时好事者皆曰水解"。⑧ 南宋高道陈楠,据其学生白玉蟾说也是以水解方式成仙而去。⑨

入水隐沦,代表着空间的变化,而空间的变化隐含着人的存在状态的变化,即由凡入仙。在这里,水之本身就意味着一种与凡俗不同的异质空间。生命通过这种方式得以延长,而经由世界上最基本的物质元素——水,道教编织了一个超越时空有限性的梦想,这时,时间不再是单向的不可逆转的,人最深层的存在意义上的向度被打断和中止,在由人到仙的跨越中,其自身的位置与存在的意义最终得以确立。

其三,在道教传统中,水不仅表征着不同空间,也用以象征修炼中的不同时间阶段。对修道者而言,"沐浴"除了以水洁净身心的意指之外,还是内丹修炼中的一个重要术语。"至正月,阴阳之气相半,自然相交而为泰卦。人之元气亦然,是以息火谓之沐浴。夏至之日,天中有一阴之气下降而为姤卦,故进阴符。至七月阴阳之气相半,自然相交而为否卦。人之元气亦然,是以停待,亦谓之沐浴。"⑩ 这里的沐浴便特指内丹修炼过程中息火停待的时期。在特殊的日期、时辰,必须遵守时日禁忌,不可盲目用功。"卯酉甲庚须沐浴,朔弦晦望每防危。……但禁戒至重,古

---

① 同上。
② 刘仲宇:《道教法术》,上海:上海文化出版社,2002年,第272页。
③ 《道法会元》卷十四,《道藏》第28册,第746页。
④ 《玉清无极总真文昌大洞仙经注》卷五,《道藏》第2册,第638页。
⑤ 《道藏》第5册,第66页。
⑥ 《列仙传》卷上,《道藏》第5册,第68页。另,《历世真仙体道通鉴》卷三、《云笈七籖》卷一百八均载其事。
⑦ 《仙鉴》卷三十七,《道藏》第5册,第315页。
⑧ 《仙鉴》卷四十三,《道藏》第5册,第346页。
⑨ 《仙鉴》卷四十九,《道藏》第5册,第385页。
⑩ 《紫阳真人悟真篇注疏》卷八,《道藏》第2册,第962页。

今所同，魔试相干，紧定方可。"①

　　作为一个具有悠久历史的连续并自成体系的信仰传统，道教同时兼具道与术、精英与平民、超越与入世、神圣与日常等不同面向。在这些纷繁多元的面向中，其对于生命的重视却是一条从未中断的主线。而作为生命象征符号的"水"自始至终得到道教的尊崇，从饮水成仙到符水治病，再到各种科仪法术中水的运用，道教以水洁净身心、超度亡魂、表征神圣空间，充分体现了生命道教贵身重生、济世爱人的特点。正因如此，道教奉水若神明，在其宗教传统中，其神灵信仰（如"三官"信仰之"水官"信仰及以龟蛇合体形象出现的玄武等）和对环境的认识和利用（如风水与建筑思想），均突出地体现了道教对于水的崇拜。尤其环境思想，作为生命道教至为重要的一条思想主线，体现了道教对人与自然、人与环境之间的生态审美关系的理性思考，将法自然的观念与求长生的宗教理想结合起来，营造人天、物我之间和谐共生的美好状态，体现了道教之为道教的独特性。由于篇幅所限，这些与水元素相关的重要内容，只有留待另行撰文再讨论了。

---

① 《元始无量度人上品妙经注》卷下，《道藏》第2册，第278页。

"仆仆野人"：道教生态自我人格素描

蔡林波[*]

近年来，西方学界兴起的深层生态学（deep ecology）思潮，其中一个重要的理论向度在于对人类之自我人格的重新塑造，其涉及的核心理念就是挪威著名哲学家阿恩·纳斯（Ame Naess）提出的"生态的自我"（ecological self）。阿恩·纳斯指出：

> 人类自我意识的觉醒，经历了从本能的自我（ego）到社会的自我（self），再从社会的自我，到形而上的"大自我"（Self）即"生态的自我"（ecological self）的过程。这种"大自我"或"生态的自我"，才是人类真正的自我。这种自我是在人与生态环境的交互关系中实现的。[①]

从某种意义而言，纳斯的"生态的自我"的概念，确实揭示了人的生命或生态学本质。然而，究竟如何才能塑造、实现这样一种生命人格状态，却还是一个有待研究，特别是需要通过实践来解决的问题。美国环境哲学家考利科特（J. Baird Callicott）曾将道教生态思想称为"传统的东亚深层生态学"。[②] 那么，在塑造生态自我人格方面，道教古老的生态智慧，以及历代道人的思考与实践，是否可以给我们提供可资汲取的思想营养呢？

一、人耳！人耳！

道家先哲老子，早就有对文明社会中人类之自我异化人格的深刻反思。《老子》第十三章云：

> 宠辱若惊，贵大患若身。

---

[*] 作者简介：蔡林波，哲学博士，华东师范大学哲学系副教授。
[①] 参见王正平：《深生态学：一种新环境价值理念》，《上海师大学报》2000 年第 4 期。
[②] J. Baird Callicott, *Earth's Insights: A Survey of Ecological Ethics from the Mediterranean Basin to the Australian Outback*, Berkeley and Los Angeles: University of California Press, 1994, pp. 67—86.

>何谓宠辱若惊？宠为下，得之若惊，失之若惊，是谓宠辱若惊。
>
>何谓贵大患若身？吾所以有大患者，为吾有身，及吾无身，吾有何患？

在此，老子所谓的"身"，实质上就是指的"社会的自我"（self）。在老子看来，这个"自我"乃是背离了自然的、非本质的自我。人处于这种状态下，必然患得患失，成日里为追名逐利而处心积虑，其结果，却是失去了真正的自我，失去了给予我们生命和力量的大自然母亲的关照。

因此，老子主张人们"无身"，就是要超越这个以人为中心的"小我"。他在第二十章中，道出了自己的期望：

>荒兮，其未央哉！
>众人熙熙，如享太牢，如春登台。
>我独泊兮，其未兆；
>沌沌兮，如婴儿之未孩；
>累累兮，若无所归。
>众人皆有余，而我独若遗。我愚人之心也哉！沌沌兮。
>俗人昭昭，我独昏昏。
>俗人察察，我独闷闷。
>众人皆有以，而我独顽且鄙。
>我独异于人，而贵食母。

在这里，老子劝世人不要沉迷于对世俗功名的"昭昭察察"，而是应"回归婴儿"，即回到大自然母亲的怀抱当中，去追求一种"大我"的人生境界，去享受人生真正的快乐。

而对于人类社会文明造成的对自然生态的破坏，以及人性的异化，庄子的批评更为严厉、具体。他在《马蹄》篇中，以隐喻的方式指出：

>马，蹄可以践霜雪，毛可以御风寒，龁草饮水，翘足而陆，此马之真性也。虽有义台、路寝，无所用之。及至伯乐，曰："我善治马。"烧之，剔之，刻之，雒之，连之以羁縶，编之以皂栈，马之死者十二三矣；饥之，渴之，驰之，骤之，整之，齐之，前有橛饰之患，而后有鞭策之威，而马之死者已过半矣。

在庄子看来，在"荒野"的大自然中自由自在地生活，乃是符合马的本性的。但是，人类却为了自己的利益，而剥夺了马的自然生活状态，其结果是造成了马的本性的消亡，直至生命的灭亡。

当然，庄子的这则寓言，也是在以马喻人。庄子接着上文说：

>吾意善治天下者不然。彼民有常性：织而衣，耕而食，是谓同德；一而不党，命曰：天放。故至德之世，其行填填，其视颠颠。当是时也，山无蹊隧，泽无舟梁；万物群生，连属其乡；禽兽成群，草木遂长。是故禽兽可系羁而游，鸟鹊之巢可攀援而窥。

这就是说，人其实与马一样，也有着自己的自然天性。而人如果发挥这种天性，本是与"荒野"相和谐的。如果人类能够不失掉这样的品性，那么就能够使这个世界保持一种和谐的生态状况，并能使得芸芸众生可以自由繁衍、生息，到处呈现出生机勃勃的景象。庄子以为，这才是最符合"道德"的世界。

但是，庄子深知，人类并不满足于自己"同与禽兽居，族与万物并"的状况，而总是想要成为那个"超然于万物之上"（董仲舒语），能主宰世界并从中恣意攫取财富的"统治者"。《庄子·大宗师》所记载的一则寓言说：

> 今大冶铸金，金踊跃曰："我且必为镆铘！"大冶必以为不祥之金。今一犯人之形而曰："人耳！人耳！"夫造化者必以为不祥之人。今一以天地为大炉，以造化为大冶，恶乎往而不可哉！

我是"人"！我是"人"！当这个只具人之形状的模型喊出这句话的时候，"他"似乎忘记了自己的本根；它似乎要从自然荒野造化中跳离出来，向全世界宣告：我就是"人"，我与众不同，我登峰造极！于是，它开始了骄傲地、孤独地征服对象世界的旅程。然而，其结果是："他"不仅与大自然背道而驰，而且将给这个世界带来灾难。

实质上，庄子是用这一荒诞的寓言，生动地刻画了人类在其文明发展进程中，忘却了大自然（荒野）的恩惠，忘却了自我之根源的精神样态。我是谁？我从哪里来，又到哪里去？古老的道家、道教思想提醒我们：人类的生命底蕴是同天地造化联系在一起的，人类始终不过是整个宇宙中内在的一个部分；因此，只有把我们的"自我"契入宇宙洪荒的伟大历程之中——"复归于朴"，我们的心灵才会安顿下来，不再自命不凡；才会精神健全，成就"真我""大我"。

二、"野人"与"荒野"

我们发现，历代许多高道皆爱自称为某某"野人""山野之人"等，并常常以此而自得其乐，显现出遗世独立的清傲品格。如，《罗浮山志补篇》载："黄大仙，名初平，东晋时人，在罗浮山拜葛洪为师，界称黄野人。"明张岱《夜航船》卷十三《容貌部》载其形迹曰：

> 黄野人游罗浮，长啸数声，递响林樾……往来罗浮山中，见人则大笑，反走，三年不言姓氏。他日醉归，忽取煤书壁去："云意不知沧海，春光欲上翠微。人间一堕士劫，犹爱梅花未归。"

又，唐代名道、诗人张氲，也自称"野人"。据《三洞群仙录》载：

> 氲竟入山，绝粒服气，隐姑射山，不复出。久之，河东巡抚使李嗣真与晋牧郭正一往姑射寻之，数日，方遇于松下，戴角巾，披鹿裘而卧。乃曰："朝客何用逼野人乎？"二子叹曰："真高士巢由之辈也。"

张伯端曾自称"野人"，《玉清金笥青华秘文金宝内炼丹诀》序载：

张子野人，身披百衲，自成都归于故山，筑室于山青水绿之中，万物馨然，而怡怡然若有所得。

据《太华希夷志》，著名道士陈希夷亦自言：

贫道山野之人，鹿豕同群，登高望远，临流漱齿。松君桂父，吾之友也；云峰霞岭，吾之游也，孰羡浮荣之富贵哉！

高道吕纯阳曾作一诗《幽况》，描绘"野人"行迹：

山高不碍白云深，长啸归一和鸟音。
日暮天空闻远磬，月明松响听瑶琴。
苔茵雨过春新了，桃李花飞色不禁。
三辅五陵谁有梦，野人行乐只同林。

爱与仙道交游的唐代著名诗人顾况，也常在诗中描述"野人"之行止。如《苔藓山歌》吟：

野人夜梦江南山，江南山深松桂闲。
野人觉后长叹息，帖藓粘苔作山色。
闭门无事任盈虚，终日歇眠观四如。
一如白云飞出壁，二如飞雨岩前滴，
三如腾虎欲咆哮，四如懒龙遭霹雳。
嵚峭嵌空潭洞寒，小儿两手扶栏干。

中国文学史上的著名诗人宋代陆游，有一首《题野人壁》诗：

身如鱼鸟出池笼，常在陂湖草莽中。
箫鼓相闻村社密，桑麻无际岁时丰。
市墟买酒何人识？僧阁煎茶欠客同。
久欲潇湘寄清啸，它年一棹莫匆匆。

其实，在诸神仙高道传记中，充满了关于"野人"形象、事迹的记载。如《列仙传》载：赤松子，"神农时雨师也。服水玉，以教神农……随风雨上下"；赤将子舆，"不食五谷，而啖百草花"；偓佺，"槐山采药父也。好食松实，形体生毛，长数寸，两目更方。能飞行，逐走马"；毛女，"形体生毛，自言秦始皇宫人也。秦坏，流亡入山避难，遇道士谷春，教食松叶，遂不饥寒"。

道教"野人"理念和称呼的流行，实与道教对"荒野"（大自然）生存价值的推崇有关。在古代道人的眼中，"荒野"乃是神奇所在——一个时刻都在演绎着伟大的生命戏剧的舞台：鲜花、树木、野兽、昆虫等生命万物，皆在此诞生、发育、成熟、死亡……循环往复、生生不息；这个充满生命活力的舞台，是如此绚烂夺目，如此神妙莫测，怎能不令人为之倾倒，而欲融入其中以领受造化之激情呢？

夫至德之世，同与禽兽居，族与万物并，恶乎知君子小人哉！同乎无知，其德不离；同乎无欲，是谓素朴。素朴而民性得矣。（《庄子·马蹄》）

> 万物群生，润于草木，浸于金石；禽兽硕大，毫毛润泽，羽翼奋也，角骼生也，兽胎不殰，鸟卵不殈；父无丧子之忧，兄无哭弟之哀；童子不孤，妇人不孀，虹蜺不出，贼星不行，含德之所致。（《淮南子》）

> 元气归留，诸谷草木蚑行喘息蠕动，皆含元气，飞鸟步兽，水中生亦然。神灵之施，莫不被荣，恩及蚑行，草木亦然。夫天以要真道生物，乃下及六畜禽兽。夫四时五行，乃天地之真要道也。（《太平经》）

此可谓道教对于"荒野"及生命万物的神学规定。在古代道教看来，"草木山川，皆有神祇""山无大小，皆有神灵，山大则神大，山小即神小也"，甚至有"木石之怪，山川之精"（葛洪语）等。什么意思呢？就是指世界上的种种生命个体都有自己的神性——只要是生命，就有灵性。可见，道教的生命精气本质论，以及精、气、神相统一的生命结构理论，为"荒野"神圣化的意向奠立了坚实的思想基础。

由上观之，道教在基于自身深刻的生命观、自然观基础上，不仅用其特有的神学方式赋予"荒野"世界以神圣性，而且凸显出了本真生命个体（野人）的至上价值性、尊严性。因此，道教中"野人"这个词是有着特定内涵的。它往往是指那些幽栖于"荒野"山林、远离"雅致"文明的道人——或绝粒服气、修真悟道；或怡情山水、啸咏抒怀；或衣裘褐、食杼栗，餐霞服气……他们身处山林大泽，与大自然及万物生灵相处得亲密无间，并且从中获得极大的身心愉悦。"野人本自不求名，欲向山中过一生。莫嫌憔悴无知己，别有烟霞似弟兄。"（顾况《题明霞台》）实质上，这就是道教所普遍主张的回归自然、融于自然的生态自我人格之形象描摹。

三、任于野性

道教"野人"的生态自我人格，主要体现在"任于野性"的自由品格和生命精神上。实质上，"野性"就是人的本真之性，是人之与大自然和谐相处的天然品质。道教认为，人类应该回归到大自然当中，在"荒野"环境中，自由和谐地生存、栖息和繁衍，而不要热衷于筑城封地、追名逐利，肆意攫取，这样既人为地束缚、压抑了自我，又破坏了大自然本有的生态秩序。

因此，道教"任于野性"的生态自我人格，首先体现为"不为物役"的生命自由追求。唐代高道成玄英在注疏《庄子·养生主》中的"泽雉，十步一啄，百步一饮，不蕲畜乎樊中"一句时，说：

> 夫泽中之雉，任于野性，饮啄自在，放旷逍遥，岂欲入樊笼而服养？譬养生之人，萧然嘉遁，适情于林籁，又岂美于荣华！①

庄子在讲到天人关系的时候，又说：

---

① 《道藏》第16册，第320页。

> 天在内，人在外，德在乎天。知天人之行，本乎天，位乎得，蹢躅而屈伸，反要而语极。曰："何谓天？何谓人？"北海若曰："牛马四足，是谓天；落马首，穿牛鼻，是谓人。故曰：无以人灭天，无以故灭命，无以得殉名。谨守而勿失，是谓反其真。"

这里的"天"，是指顺乎大道的自然本性或天性。所谓"天在内，人在外"，就是说"天性"本内在于人和万物之身，但世俗中人却因为外在的欲望而导致自己失去了人的本性，故而，就成了一种外在于"天"的存在。因而，古代道人或隐逸山林，或混迹人间，皆以其超然物外、不滞俗情的超越胸怀为精神底蕴。《淮南子·原道训》言：

> 古之人有居岩穴而神不遗者，末世有势为万乘而日忧悲者。……圣人不以身役物，不以欲滑和，是故其为欢不忻忻，其为悲不惙惙。万方百变，消摇而无所定，吾独慷慨，遗物而与道同出。是故有以自得之也，乔木之下，空穴之中，足以适情；无以自得也，虽以天下为家，万民为臣妾，不足以养生也。能至于无乐者，则无不乐；无不乐，则至极乐矣。

其次，"任于野性"体现为"复归婴儿"的天真情操。所谓"天真"，就其现实性而言，就是指人脱去了世俗伪装，消除了名利之心，焕发出本之于自然、"与物一体"的本真生存与情感活动状态。

道教经书《一切道经音义妙门由起》说："所以称为道士者，以其务营常道故也"，并指出道士有六阶：天真道士、神仙道士、山居道士、出家道士、在家道士、祭酒道士。

> 天真道士者，体变合化，混沌自然，道亚三清，智周万物。
> 神仙道士者，功成累劫，德被尘沙，神化无方，飞腾自在。
> 山居道士者，无为无欲，守道守精，气贯烟霄，心凝淡泊。
> 出家道士者，摈落纷埃，忘诹健美，心遗万物，神王九空。
> 在家道士者，消声陆沉，和光顺世，心凝道迹，形混人间。
> 祭酒道士者，轨迹虚远，志行冲辑，慈以救人，和能抚物。

其实，以上所有的"道士"，其精神本性皆可归结为"天真"二字。《众仙赞颂灵章》之"吴子来写真赞"言：

> 不才吴子，知命任真。志尚玄素，心乐清贫。涉历群山，涤然一身。学未明道，形惟保神。山水为家，形影为邻。布裘草带，鹿冠纱巾。饵松饮泉，经蜀过秦。……

作者在文章中还赋诗一首，以表明心迹：

> 此生此物当生涯，白石青松便是家。
> 对月卧云如野鹿，时时买酒醉烟霞。

文中最后总结道：

> 寂尔孤游，儵然独立。饮木兰之坠露，衣鸟兽之落毛。不求利于人间，绝卖名于天下，此山居之道士也。①

---

① 《道藏》第 11 册，第 166—167 页。

可以说，这就是对道教之"野人"生态自我人格的真实、生动的写照。不过，写到这里，或许会有人质疑：这不是主张把人降低到了动物的水平，或者使人类社会回到原始状态去吗？

其实，不论是老庄等思想家们的理论主张，还是躬身实践的山居道士，他们绝非要完全地否定或消除人类文明所取得的成果。他们是要通过进入"荒野"的思想与实践，来揭示人类文明进程中所存在的巨大弊端，并进而彰示人性的生态本质。19世纪美国哲学家梭罗（Henry David Thoreau）曾说：

> 生命是荒野构成的。最有活力的也就是最有野性的。荒野还没有屈服于人类，它的存在不断更新着人类。①

因此最后，道教"任于野性"更体现为一种对于人类自我人格提升的实践原则。事实上，道教把栖息于荒野山林，作为"入道之门户"（王志谨语）。如《真诰》卷六云：

> 数游心山泽，托景仙真者（存思），灵气将憨子之远乐，山神将欣子之向化……静睹天地念飞仙，静睹山川念飞仙，静睹万物念覆载慈心，常执心如此，得道也……若摄气营神，苦辛注真，将得道久。道成则同与天地共寓在太无中矣。

这段话的意思是说，修道者去到大山林泽中修炼，往往是受惠于大自然的恩赐；另一方面，道人修习各种法术，诸如存思、行气等，本质上也是一种人与自然之间的生命交流。栖云真人王志谨更提倡修道者在"荒野"（大自然）之中，去积极地修炼、塑造自我的心灵品格，提升自我的生命精神境界——此几可作为塑造"生态自我"之神圣诀法。其言：

> 且如云之出山，无心往来，飘飘自在，境上物上挂他不住，道人之心亦当如此。
>
> 又如风之鼓动，吹嘘万物，忽往忽来，略无凝滞，不留影迹，草木丛林碍他不住，划然过去，道人之心亦当如此。
>
> 又如大山，巍巍峨峨，稳稳当当，不摇不动，一切物来触他不得，道人之心亦当如此。
>
> 又如水之为物，性柔就下，利益群品，不与物竞，随方就圆，本性澄淡，至于积成江海，容纳百川，不分彼此，鱼鳖虾蟹尽数包容，道人之心亦当如此。
>
> 又如日月，容光必照，公而无私，明白四达，昼夜不昧，晃朗无边，道人之心亦当如此。
>
> 又如天之在上，其体常清，清而能容，无所不覆，于彼万有，利而不害，道人之心亦当如此。
>
> 又如地之在下，其体常静，寂然不动，负荷万物，无党无偏，道人之心亦当如此。
>
> 又如虚空广大，无有边际，无所不容，无所不包，有识无情，天盖地载，包而不辨，非动非静，不有不无，不即万事，不离万事，有天之清，有地之静，有日月之明，有万物之变化，虚空一如也，道人之心亦当如此。（《栖云真人王志谨盘山语录》）

在这里，王志谨以云、风、山、水、日月、天、地、虚空为"榜样"，全面地阐释了道教塑

---

① Henry David Thoreau, "Walking", in *The Writings of Henry David Thoreau*, vol. 5（Houghton Mifflin, Boston, 1906）, p. 226.

造"野人"自我人格的内容。实质上,在道教看来,"野人"乃是指那些具有高洁品性的"全德之人"或"真人":

> 其为人也真,人貌而天虚,缘而葆真,清而容物。

> 无以人灭天,无以故灭命,无以得殉名。谨守而勿失,是谓反其真。

由此可见,道教信仰者归隐"荒野"山林,实际上就是一种"反其真"的行为象征。他们似乎要把"人"隐没于深山茂林之中,而所凸显的是人类自我之天然、野性的本真生命人格。可以说,道教主张的"野人"及"任于野性"的人格理念,乃旨在"扩展我们的视野,将我们带入更深、更广的存在中。我们可以探寻一些我们不能共享的价值,寻求一种最奇怪的、不带任何自利之心的与荒野的遭遇"。[①] 同样,道教对那些所谓的"高雅"之人的批判,也绝非意味着对人类文明进步的完全弃置,而是希望在提升人类生态自我人格的基础上,力求促成一个美好、和谐之理想社会的实现。

[①] [美]霍尔姆斯·罗尔斯顿著,刘耳、叶平译:《哲学走向荒野》,长春:吉林人民出版社,2000年,第219页。

道教"洞天福地"的生态空间结构及其生命哲学意蕴

蒋朝君*

摘　要：道教的"洞天福地"内在地蕴含着一种理想中的风水景观。要比较完整地理解"洞天福地"中所蕴含的生命、生态哲学智慧，一定要注意到《洞天福地岳渎名山记序》中所载"上配辰宿，或下藏洞天，皆大圣上真主宰其事""为天地之关枢，为阴阳之机轴"的语句。徇此而进一步考察"洞天福地"的结构，可以清晰地划分出人—洞天福地—宇宙空间这一从微观到中观再到宏观的横向的空间结构。但道门中人所追求的"洞天福地"——所谓"四象"的空间结构仍然只属于"形式"意义上的，其本质仍然是古代"以水聚气"的风水观念的曲折表达。"洞天福地"作为形式意义上的空间结构，只有纳入"以水聚气"的维度时，才构成一个完整的，具备时间、空间的生命哲学系统。从实践上看，"洞天福地"的生态、生命哲学理念，因有助于建构起"人境合一"的生命共同体而特别有助于自然生态环境之保护。

关键词：洞天福地　空间结构　水聚气　人境合一

一、"洞天福地"释义及其所追求的"天人合一"的生命存在空间结构

道门中人的宗教修持活动总是与山联系在一起。按许慎的《说文解字》，"仙"字古代写作"僊"，其意为"长生仙去"。同时，仙也可作"仚"，意思是"人在山上"，[①] 故成仙大概意味着要成为山中之人吧。道教既然特别羡慕神仙，那么，也就意味着道门中人特别愿意居住于风景秀美的山中。有山想必一定会有水，因为我们常常把山水联称；有山想必也一定有山林土石、花草树木和鸟兽虫鱼，想必这些就是山之为山的必要条件吧。

自张陵创教以来，道教就有"十大洞天""三十六小洞天""七十二福地"的说法。可以说在

---

*　作者简介：蒋朝君，哲学博士，华侨大学哲学与社会学院副教授。
①　（汉）许慎：《说文解字》，北京：中华书局，1963年，第167页。

众多的"洞天福地"中均有著名的宫观,而道教史上那些最为有名的高道也大多与这些"洞天福地"的名字紧密地联系在一起。于是,那些具有幽静而秀美的自然环境的"洞天福地"成了道门中人终生向往之地,因为在那儿不仅可以养性活命,如果有造化还可以飞升成仙。

历代道门中人一般都有自己隐修的场所,他们对这些场所的选择通常都是很讲究的。经过长期的修行实践,他们发现在祖国的大地山河之上有那样一些地方特别适合于修道养生,他们称之为"洞天福地"。道教经书对"洞天福地"之名进行过解释,如《道迹经》中对"洞天"的解释是:"五岳及名山皆洞室。"①

可见,"洞室"又可以喻指自然环境优美的名山大川。而"福地"大概指谁占据了某名山大川谁就可以得福之地。对于道门中人来说,最大的福气就是能飞升成仙,所以洞天福地应该指那些有益于道门中人得道成仙的名山大川。

问题在于,为什么道门人士对洞天福地青睐有加呢?中国大地上环境优美的地方举不胜举,为什么只有"十大洞天""三十六小洞天""七十二福地"特别受到道门中人青睐呢?加之,历代道门中人不乏风水行家,故而在世人眼中,那些被道教称为洞天福地的地方似乎一直笼罩在一层神秘的面纱之中。问题随之而来,道门中人选择这样一些地方并称之为洞天福地,其中到底隐藏着什么样的玄机呢?这种环境选择对世俗人士有什么启示呢?

为了回答上述问题,还是先从洞天福地本身的地理位置和空间结构特征的分析开始。

《洞天福地岳渎名山记序》中记载有这样一段话:

> 乾坤既辟,清浊肇分,融为江河,结为山岳,或上配辰宿,或下藏洞天,皆大圣上真主宰其事,则有灵宫闶府玉宇金台,或结气所成,凝云虚构;或琼池翠沼,流注于四隅;或珠树琼林,扶疏于其上,神凤飞虬之所产,天骥泽马之所栖;或日驭所经,或星躔所属,含藏风雨,蕴畜云雷,为天地之关枢,为阴阳之机轴。②

上文以颇为浪漫、带有神话色彩的口吻告诉人们,洞天福地在开天辟地以来、清浊二气肇分时就已经形成,还说有什么所谓"大圣上真主宰其事",其实是神化了洞天福地的形成过程。引文中描述洞天福地的地理、空间结构最关键的一句话就是其"上配星宿"。为什么这么说呢?

众所周知,中国古人眼中的宇宙空间无非就是天球,再次是日月。另外,就是人所生存于其上的大地。《易·系辞下》中有这样一种十分重要的思想观念:"天地氤氲,万物化醇。男女构精,万物化生……乾,阳物也;坤,阴物也。阴阳合德,而刚柔有体。"其中蕴含的意思就是,天地交媾而万物化生。如果说天地只是一个静态的空间结构的话,那么日月相互交替循环就是一个动态的阴阳交合过程了。因此《易·系辞下》又说:"日往则月来,月往则日来,日月相推而明生焉。寒往则暑来,暑往则寒来,寒暑相推而岁成焉。"

《易·系辞上》说"阴阳之义配日月",故日月总是与阴阳相配。日、月分属阳、阴,天、地亦分属阳、阴。天地交媾可以化生万物,日月相推肯定与阴阳和合相关,并且这是一幅动态的景

---

① 《无上秘要》,《道藏》第25册,第11页。
② 《洞天福地岳渎名山记·序》,《道藏》第11册,第55页。

象。无论是天地絪缊还是日月相推,都只是"象",其背后的根据在于天地之阴阳二气和合、相磨相弹。虽说这种观念源自《周易》,但也是道教所一贯信奉的思想观念。

在古人看来,在日月之上尚有"四象"和二十八星宿。古代天文学又把周天二十八星宿划分为四个区域,即东方青龙,属木;南方朱雀,属火;西方白虎,属金;北方玄武,属水(外加中央紫微垣、天市、太微垣三宫,属土,化生万物)。由这四个区域所构成的空间就是日月运行于其中的空间。"四象"与天地、日月之间的阴阳二气有着密切关系,东方木与南方火分属少阳、老阳;西方金与北方水分属少阴、老阴。当日月运行至某一个天区(四象中的某个区域)时,会对万物的状态产生或生或杀的关系,对人也是如此。在道门中人看来,人们应该顺应天地阴阳交合运行而行事。人体之阴阳二气也能够与天体宇宙空间中之阴阳和合的运动变化状态相一致,因为人本身也有一个阴阳五行属性结构:脾属土;肝属木;肺属金;心属火;肾属水。

"宇宙的结构在汉文化传统中是和谐、完美而组织严密的整体,而且蕴含了自然的生生不息的力量。在这样的宇宙观所支配的思想中,凡是结构上可以与宇宙相类比的人为的事物,也具有宇宙一样的特性。换言之,将人为的事物以宇宙结构的方式予以说明或建构起来,在概念上是传统宇宙观的延伸,其目的在于将该类比的结构纳入宇宙结构中,使其具有宇宙的特质及力量。"① 这段话中包含着道教一种十分重要的思维原则,那就是人类应仰观俯察天文地理,然后效法之。在道门中人看来,天的空间结构是如上那样一种结构形态,故而他们也要求所居住的环境有一个与之相类似的空间结构形态,这样才可能显现出与天体空间相类似的和谐秩序和神圣性,也才可能称得上循"道"而行。道教相信人身为一个小宇宙,外部的宇宙空间则是一个大宇宙,那么人所选择居住的自然环境也应该有一个介于大宇宙和小宇宙之间、与之相类似的中观空间结构。当然,这还只是一种逻辑推演。接下来将会在对道教洞天福地本身的空间结构的分析中发现,洞天福地事实上的确具有如上空间结构。

二、道教"洞天福地"所蕴含的理想中的生态景观及其"一气流行"的生命哲学意蕴

"风水"之学是古人用来勘察环境好坏的学问,活人居住之地称阳宅,死人所葬之地称阴宅。不管是阳宅还是阴宅,都重视前后左右的空间地理结构及周边的自然生态环境。从空间地理结构要求上说,主要看前方是否有"朱雀",后方是否有"玄武",左边是否有"青龙",右边是否有"白虎"。更进一步说,要看所选之宅的地形、地势、地貌是否呈现为"玄武垂头,朱雀翔舞,青龙蜿蜒,白虎驯服",② 这是理想中的风水结构形态。为了更精确地了解该地是否具有如上的空间

---
① 吕理政:《天、人、社会:试论中国传统的宇宙认知模型》,台北:"中央"研究院民族学研究所,1990年,第88页。
② (晋)郭璞:《葬经》。

地貌结构形态，往往还要运用罗盘来测定方位，看是否与天上之星宿象位相合。当然，这是从形式上而言的。

道教对自然环境的选择还与"地""气""水"有直接的关系。早期道教经典《太平经》中有这样一段话：

> 葬者，本先人之丘陵居处也，名为初置根种。宅，地也，魂神复当得还，养其子孙，善地则魂神还养也，恶地则魂神还为害也。五祖气终，复反为人。天道法气，周复反其始也。欲知地效，投小微贱种于地，而后生日兴大善者，大生地也；置大善种于地，而后生日恶者，是逆地也；日衰少者，是消地也。①

《管子·水地》中又说："地者，万物之本原，诸生之根菀也。……水者，地之血气，如筋脉之通流者也。"这说明，在古人看来，为死者选择葬身之地，其实质是要让死者之骨骸②获得"生气"。因为古人认为，人的肉体死了之后，并不意味着已经完全离开了这个物质的世界，肉体还会化为气，对子子孙孙产生或好或坏的作用。引文的最后还提到一种鉴别土地好坏的十分简单的方法：把一些劣质的物种种于地中，如果日后长出优质的种子，则该地为好地；把一些优质的种子种于地中，而日后所得种子质量越来越差，则为"逆地"，如果所得种子越来越少，则为"消地"。

旧题为郭璞所撰的《葬经》中也认为："葬者，乘生气也。气乘风则散，界水则止。古人聚之使不散，行之使有止，故谓之风水。"

"葬者，乘生气也"是说，为死者选择安葬之地是要使死者的骨骸获得"生气"之扶持，这与《太平经》中的看法是一致的。不过，《葬经》在对葬地的选择中特别重视水的因素，这是因为水能把周围之气给聚集起来（"界水则止"），使之不被风吹散（"气乘风则散"）。因为在古人的观念世界里，气是生命之源。所以风水之法虽说重水，但其实质还是重气观念的延伸。

因此在古人眼里，只有能把"气"聚集在一起的地方才是好地方，而水能聚气，所以风水好的地方必有水。不过，气有阴阳二重属性，因此某地方的风水好，就意味着阴阳二气在此处能协调和合，有利于万物的生长（所谓"天地之大德曰生"）。同时，死者葬入该地也能获得"生气"，从而荫佑子孙。

虽然以上是就为死者选择阴宅而言的，但这对阳宅的选择同样适用。因为古人认为，那些能聚合阴阳之气使之和合之处就能生长自然之物。自然之物既然能在此处生长得很好，想必人居住在这种地方也一定会有利于身体健康，人也一定能在此有一个好的生存环境。

相对来说，风水之法对阴宅的选择更为自由一些，可以在自然界中做最广泛的选择，而阳宅的选择会有诸多限制，要考虑农业生产、交通、信息等方面的因素，故而古人对阴宅的选择更能体现理想中的风水景观。同样，相对于世俗社会的阳宅选择，道门中人的选择会更自由、更少限

---

① 王明编：《太平经合校》，北京：中华书局，1960年，第182页。
② 《文子》谓："精神本乎天，骨骸根于地。精神入其门，骨骸反其根。我尚何存？"骨骸最终要归根于地。见王利器：《文子疏义》，北京：中华书局，2009年，第111页。

制，道门中人较少或基本不考虑诸如世俗社会中发财、升官、人丁兴旺等方面的要求，故其选择更能体现理想中的风水景观。

现在的问题是，到底在什么样的空间地理结构中才能使水聚集阴阳二气并使之和合。

再回过头来看道教洞天福地的空间结构。其实，洞天福地一般都符合如上风水之术所给出的风水宝地的要求。历代天师所居之地叫龙虎山，其实也就是左有青龙右有白虎，前有朱雀后有玄武之意，此举二以概四，与古人对天体空间结构（这种结构是相对于中国人对天体的认识而言的）的认识相似。道教的洞天福地正是天体空间结构在地上某个区域内的缩影。即是说，道教洞天福地的山势、地形、地貌比较接近于前朱雀后玄武、左青龙右白虎这样的地理空间结构形态。

从另外一个非常功利的角度看，那些山清水秀、草木丰美的洞天福地其资源也一定比较丰富，从而有利于道门中人的生活。但并非所有山清水秀、草木丰美的地方都适于道教养性活命、修道飞升的活动，如柳宗元《小石潭记》中的那种地方，虽然环境优美，有山有水，但却太过阴冷（不能有效地达到阴阳二气之间的和合），就不适合人居住，同样也不适合于道门人士修道。从地理空间结构上说，小石潭所在之地并不完全具备洞天福地那样的空间结构，总有一些缺陷，环境虽然幽美，但却不会受到道门人士的青睐。

道教是一种十分关注生命健康的宗教，道教经书中不乏养生思想和养生之术。而道教养生思想中一个十分重要的观念在于，只有把人体脏腑（分属五行）和精、气、神（其中精属阴、气属阳，而神则是精气阴阳和合在人身体上所表现出来的一种完满状态）之和合与天地四时五行之阴阳二气变化的状况相谐调起来，才有利于人体的生命健康。这样，在洞天福地这些地方生存似乎最有利于协调人体内部自然与外部自然生态环境之间的关系，因为它们之间具有相类似的空间结构特征。

另外，道教把具有如上空间结构的地方称为洞天福地也与道教修炼内丹有关。洞天福地的空间结构看起来对道士的炼丹道活动有所帮助，因为道教的内丹术正是依照天人同构的原理来进行的。如果说，宇宙天地是一个最大、最具有神秘色彩的宏观空间的话，那么洞天福地则是一个与宏观大宇宙同构的中观空间结构，最得天地造化之神功，道士于其间则最易于修道飞升。当然，仅仅有洞天福地的外部客观条件是不够的，还需要主观上付出艰苦卓绝的努力。只有长期从事丹功实践，自觉地达成人体的小宇宙与洞天福地的中观空间及宇宙天体的宏观大宇宙空间之间的协调一致，才能真正做到飞升成仙。这正是道教"天人合一"理念最形象化的表达。

最后，道教洞天福地的空间地理结构为世俗社会对居住环境的选择提供了一个理想中的模式。中国古代社会极为重视对居住环境的选择：

> 夫宅者，乃是阴阳之枢纽，人伦之轨模，非夫博物明贤无能悟斯道也。……凡人所居，无不在宅，虽只大小不等，阴阳有殊，纵然客居一室之中，亦有善恶，大者大说，小者小论，犯者有灾，镇而祸止，犹药病之效也。

> 故宅者，人之本。人以宅为家，居若安即家代昌吉，若不安，即门族衰微，坟墓川岗，

并同兹论。阴者，生化物情之母也；阳者，生化物情之父也。①

这段引文出自《黄帝宅经》（被收入《道藏》中），文中非常明确地提出人们的住宅乃是阴阳交接的关键之处，其选择稍有不慎就可能给居住于其中的人带来大祸。这种说法当然有点夸大其词。但是，中国古代社会对居住环境的选择自有其一套哲学理论作为支撑，如"道"之一气化生天地自然万物，人的肉体、精神混而为一，阴阳二气和合的思想观念，五行相生相克的思维及其对宇宙万物的解释模式等等。中国古代社会对这样一些哲学和宗教信念的重视体现在居住环境的选择上，就是对那些具备与洞天福地的空间地理结构相类似的居住环境的重视：

> 明日邑人来相宅，方山在其东，佩山在其西。左环杏墩，右绕蛇城，南壮两潭，而前坐后大。溪北来萦纡，西下两峰特秀巉然。水口良然，佳处也。乃相与子来斩竹薙草作为华屋，立像肖貌，揭虔安灵。四远闻之，鳞集辐辏。②

这是一段十分典型的关于理想居住环境特征的论述文字。文中对居住地点周围的方山、佩山、前后、左右、水口、自然生态环境的特点均做了比较详细的描述。不过世俗居住环境的选择与洞天福地也有所不同，因为世俗居住环境的选择要考虑种种功利因素，如文中提到"四远闻之，鳞集辐辏"，即人来人往，提供了获取种种世俗功利最基本的前提条件。至于各种用于选择理想居住地的技术和方法③并非本文考虑之列。

可以肯定的是，无论道教对洞天福地还是中国古代世俗社会对居住环境的选择，其中包含着诸多与现代生态科学相一致的思想因素：

> 凡人生处若土厚水深，地气多寒，万物晚成，造化之功厚，故多寿也。若土薄水浅，地气多热，万物速成，造化之功薄，故多夭地（也）。此风土不同禀受之异也。④

这说明，道门人士很明确地认识到水土自然生态环境与人的生产生活有着极为紧密的关系，体现了道教天人合一的追求理念。俞孔坚对中国古代的风水之术做了这样的评述，很有启发意义："一个可证的论点是，中国人眼中的现实世界不同于西方人的现实世界，而风水正是'中国人的一种认识世界、感知世界和处理现实世界的一种方式'。"这意味着：一方面"只能从其对中国人的生活的作用来认识和理解风水，它超越于西方价值观念和理论体系之上；另一方面，风水可能反映了西方人体验之外的现实世界的某些部分，所以，如果将风水模式与西方的模式相结合，有可能给我们以一条更为全面地认识世界，特别是认识我们生活的世界的途径"。⑤

---

① 《黄帝宅经》卷上，《道藏》第4册，第979页。
② 《搜神记》卷二"五圣始末"，《道藏》第36册，第265页。
③ 近些年来出版了一大批有关风水学方面的著作，其中对风水技术均有论及。
④ 《九天应雷声普化天尊玉极宝经集注》，《道藏》第2册，第575页。
⑤ 俞孔坚：《理想景观探源——风水的文化意义》，北京：商务印书馆，1998年，第17页。

三、道教洞天福地的生命智慧对自然生态环境保护之践行

历代道士大多有山居的习俗，而作为其活动场所的道教宫观大多修建于山清水秀、草木丰茂之地。道门中人通常称他们所居之地为洞天福地。洞天福地被喻为人间仙境，那是道门中人修道的地方，也是他们日常作息的场所；那是他们与神仙交通对话的所在，也是生命终极意义的寄托。

我们今天看到，那些最为著名的道教宫观周围的自然生态环境被完好地保存着，它们大多是有名的旅游胜地，有的还被列入世界文化遗产保护范围之列。当游客们徜徉在这些秀丽的山水和宫观建筑之间时，每每会被那些渗透了人类的情感和理智，人与自然水乳交融的人间仙境所深深打动，发出不绝的赞叹之声。如果把洞天福地喻为中国古代的自然保护区，那么历代道门人士则成了这些自然保护区的管理者和守护者。洞天福地是道教为中国生态环境保护所做出的最大、最实际的贡献。

洞天福地大多具有优美的自然生态环境，是山清水秀之地，其中的自然资源十分丰富，这无疑会引起社会下层贫苦百姓的取夺之意和好利之徒的觊觎、掠夺之心。可以想见，那些山居于其中的宫观道士所面临的环境保护压力是很大的，这可以以20世纪60年代至80年代武夷山所遭遇的砍伐之灾为例作为说明。①

武夷山属于道教三十六小洞天中名列第十六位的"升真化玄洞天"，有"溪曲三三水，山环六六峰"，其间生长着为数众多成百上千年的古松、白楠、香樟等珍贵林木。徐霞客首次进入福建寻访武夷山时，在《游武夷山日记》中写道："落日半规，远近峰峦，青紫万状。"当他进入桃源洞时则描述道："四山环绕，有平畴曲涧，围以苍松翠竹，鸡声人语俱在翠微中。"而他游水帘洞时则这样写道："岩既雄扩，泉亦高傲，千条万缕，悬空倾泻，亦大观也。"大王峰号称武夷第一峰，据史料记载，大王峰上顽石林立，古木参天，浓阴铺地，灌木丛生，飞鸟成群，几乎无路可走。武夷山是典型的丹霞地貌结构，整座山常常是一块整石。众多古树就生长在峰巅、岩趾间所积聚起来的覆盖着一层落叶的薄薄泥沙石壤之上，其生长的过程是十分漫长和奇特的。同时，这种自然环境下的生态链也是十分脆弱的。

自20世纪80年代经济建设开始以后，武夷山的古树林木就开始被砍伐了。② 据统计，1974年，大王峰上尚留有古树三百棵，虽不算多，却也可以使其穿上半遮半掩的绿装呈现在世人面前。后来，当地百姓砍伐了其中的298棵，只剩下两棵。1984年武夷山市所辖崇安县部分农民砍树一直砍到玉女峰，被人戏称为是在扒下玉女的裙子。1983年12月7日，南源岭良种场职工未经许可就进入当时风景绝对保护区狮子峰后的老虎巢毁林开荒，用火烧山，破坏植被达375亩，毁坏林木6000多棵。当时上级政府正决定要捉拿毁林者，并命令不得随意将木材外运。但崇安县

---

① 本部分武夷山的相关资料见徐刚：《伐木者，醒来》，长春：吉林人民出版社，1997年，第4—18页。
② 道教自清中叶以来，就一直处于衰落势态。由于众所周知的意识形态领域内的原因，自20世纪50年代以来，道教的宫观组织已遭遇灭顶之灾，各名山宫观中的道教组织基本上不复存在。——作者注

一些人员在一天之内就将火烧后所得木材121立方米运到了江苏。

武夷山当年的毁林之风盛行的原因并不复杂，主要是代管武夷山风景区的某些人为了追求眼前的蝇头小利，有法不依，有意包庇，领导干部带头违法。武夷山公社黄柏大队的主要负责干部亲自率领乡民到风景区金鸡洞砍伐风景树18棵，最小的直径30厘米，最大的直径达80厘米。徐刚在踏访武夷山时得知，武夷山上直径在80厘米以上的大树已经被砍光而绝迹。树木被砍伐直接导致九曲溪水位的下降。1962年，九曲溪上尚可泛舟，到80年代则只能过竹排，甚至在有的地段竹排要擦着水底的卵石才能过去。仅1985年一年，九曲溪的水位就下降了27厘米。

这是发生在20世纪七八十年代让人不愉快的事情。

再看《崆峒山志》中所载的一段文字：

> 马融《广成颂》："于林嘉树，建林丛生，椿、梧、栝、柏、柜、柳、枫、杨。"又张衡《西京赋》："木则枞、栝、棕、楠、梓、槭、梗、枫，嘉卉灌丛，蔚若邓林。"此昔日之崆峒也，而今则童其山矣，牛山之感胜慨哉！①

文中提到马融和张衡对崆峒山茂密林木的赞美，说明到汉代，崆峒山尚未受到严重的生态破坏。"牛山"一词语出《孟子》，以前是林木十分茂盛的地方，到孟子的时代，由于战争和当地百姓出于生计的需要而被过度砍伐，牛山变成了"童山"——光秃秃的山。《崆峒山志》的编修者从古人诗中所描述的崆峒山之繁盛情景来对照当时崆峒山被砍伐后的状貌，不禁感慨万千。这一方面说明历代山居道士要维护宫观周围的自然生态环境是十分不容易的，就像昔日林木茂盛的崆峒山由于当地百姓的砍伐而变得有些光秃，丰茂之盛况不复存在；另一方面也说明，如果不是有道士的存在，那些被称为洞天福地的地方在历史上完全可能会受到范围更大、程度更严重的破坏。

每一个时代和社会的人们都面临着沉重的生存压力，在历史上，那些物产丰裕的洞天福地随时都面临着类似于20世纪50年代至80年代武夷山林木被砍伐、生态环境恶化的局面。每当那些道教宫观所在之地的名山大川面临地方势力的侵吞、掠夺之时，道教宫观的管理人员一般会请求中央政府对山中的自然生态环境予以政治和法律措施上的支持和保护，这可以以茅山和武当山为例做一说明。

茅山是道教上清派的祖庭，唐、宋两代多次受到当地不法势力砍伐林木、渔猎等活动的侵蚀。唐时，茅山高道李玄静运用自己在中央和社会上的影响力，上书请求唐玄宗下诏保护茅山的动物植被，唐玄宗在其感召之下下诏明令：

> 茅山神秀，华阳洞天，法教之所源，群仙之所宅，固望秩之礼，虽有典常，而崇敬之心，宜增精洁。自今以后，茅山中令断采捕及渔猎。②

唐文宗大和年间，茅山又面临着当地百姓弋猎采伐及焚烧山林活动的威胁，茅山宫观道士孙智清再次请求政府的帮助，中书侍郎李德裕、右仆射平章事牛使立下禁牒：

---

① 《中国道观志丛刊》（3），南京：江苏古籍出版社，2000年，第104—105页。下引该书同此版本。
② （元）刘大彬：《茅山志》卷二之"玄宗赐李玄静先生敕书"，《道藏》第5册，第555页。

> 右茅山三观威仪道士孙智清等，状华阳洞天众真灵宅，先奉恩旨，禁断弋猎樵功，秋冬放火，四时祭祀，咸绝牲牢。自经艰难，失去元敕，百姓不遵旧命，侵占转深，采伐山林，妄称久业。伏请重赐禁断，准法护持，差置所由，切加检察，庶得真场严整，宫观获安，具元禁疆界如前。中书门下牒茅山三观等奉敕：句曲灵山洞宫所在，恭惟列圣尝亦钦崇，宜禁樵苏，以申严敬，其茅山界内并不得令百姓弋猎采伐及焚烧山林，仍委州县切加禁止。牒至准敕，故牒。大和七年十月四日，中书侍郎平章事李德裕，检校右仆射平章事牛使。①

引文中所谓"自经艰难"指的是经历"安史之乱"之后。这一方面说明，在"安史之乱"前，茅山的自然生态环境保存完好，各项保护措施都能得到很好的贯彻和落实；另一方面又反映出，在经历"安史之乱"之后，老百姓流离失所，生存压力增大，茅山的自然生态环境面临着恶化的危险。

宋代大中祥符年间，茅山再次面临"樵采及放野火焚烧山林"的威胁。当时的皇帝宋真宗是有名的崇道皇帝，亲自过问此事，发布"敕禁山"令：

> 访闻茅山界内，祠宇宫观之侧树木多有，诸色不顾修法，擅行樵采及放野火焚烧山林，须议专行指挥。国家方延景贶，以祐蒸民。眷彼名山，存于方志，或仁慈所治，或真侣攸依，是为降福之场，允谓栖神之所。故宜加礼，敬答储休，岂可斤斧竞臻，樵苏无节，致嘉生之罔植，使灵迹以何观？爰伸禁止之文，用表肃恭之意。今下润州、升州候宣命到于茅山，四面立定界址，严行指挥，断绝诸色人并本山宫观祠宇主首以下，自今后不得辄有樵采斫伐及放野火焚蓺，常令地方巡检官吏、耆老壮丁觉察、检校，如有违犯，即便收捕，押送所属州县，勘断讫，令众半月满日疏放。如斫伐数多，情理难恕，即仰收禁，奏候指挥，当行决配，如是逐处宫观祠宇之外，无有供烧柴薪，不系古迹之内，久来存留树木，即仰本县官吏与宫观等主首同共指定界址，竖立标记，方得采取。若是已有斫伐延烧到树行疏处，亦仰随处州县勒定数目去处，常依时栽种补填，务要别无空阔，即不得辄便骚扰，仍将此宣命指挥于宫观门首及往来要路，镌石晓示知委。②

上文中非常详细、具体地划定了茅山自然生态环境保护区的范围，并明确了当地宫观和政府的职责以及相应的整治、惩治措施，可见中央政府对此事的重视。

武当山被明王朝视为家庙，明代皇帝曾数次下诏保护山林。成化二十年（1484），明宪宗为了保护武当山的竹木不被流民砍伐，特下旨划定方圆八百里内不许砍伐竹木、拓林耕种：

> 朕惟大岳太和山乃玄帝显灵之所也，形胜蟠踞八百余里，东至冠子山，西至鸦鹕寨，南至麦场凹，北至白庙儿。……兹者提督太监以近年流民潜于界内，砍伐竹林，住种田地，虑恐日久愈加侵毁，乞敕护持。特允所请。继今以往，一应官员军民诸色人等，毋得侮慢亵渎，砍伐侵种，生事扰害。敢有不遵朕命者，治之以法。故谕。③

---

① （元）刘大彬：《茅山志》卷三之"大和禁山敕牒"，《道藏》第5册，第560—561页。
② 同上，第561页。
③ 杨立志点校：《明代武当山志二种》，武汉：湖北人民出版社，1999年，第61页。

历史上，武夷山也不乏道教宫观力行保护山林的事实：南唐保大二年李良佐[①]建会仙观于武夷山时便明令樵禁说："今者保护森林，政府有明令，凡我人民宜各有责遵守之。况性有自觉，心有自尊，肥己损公被人鄙，非君子所为。砍毁迹敛，则名山胜概益增华美。记事勒石，示告诫焉，幸勿自治伊戚！"[②]他又感叹道："古时且尔！"可见武夷山自古以来就受到了道教宫观住持人员的保护。

还可以通过这样一组数据来了解道教洞天福地对自然生态环境保护所做出的实际贡献：

从生态学的角度来看，洞天福地中繁衍生息着众多珍稀物种和濒危物种。例如在四川的青城山，据四川大学生物系郭倬甫1936—1939年编写的《川康狩猎志》以及四川生物研究所于1952—1965年间所做的实地调查显示，青城山共栖息着各种珍稀动物七类十九科约50种。其中国家一类保护动物有大熊猫、金丝猴等；禽鸟大约有200余种，其中珍禽有腹角雉、锦鸡等；山中有鱼类20余种，野生两栖类动物10余种，野生爬行动物10余种。在茅山，明代李时珍《本草纲目》记载的药材与茅山有关的多达380种。崂山的植被资源极为丰富，有木本植物80科400多个种和变种，草本植物1000多种。[③]

道教还运用自身的宗教信仰特征来保护自然生态环境。例如华山是道教重镇之一，其中有多处森林经过道教人士的宣扬而成为"神林"，"华山之上，山之下，或谷内，或庙道之中，但有生死树木，名曰神林，禁人采伐。如有犯者，立祸于身。山之西南隅有一林，侵天松桧，乃岳神游宴之处，名黑山林，有樵窃采之者，火烧虎啖甚众"。[④]华山有一片"神姑林"，历代道门人士对之加以特别护持："在黄神谷内，次东有独坐姑姑庙，其林合围，松桧数万根，禁人樵采。"[⑤]此外，华山还有晋代所植古柏数千棵："晋太康九年，太守魏君实来去西岳古庙，道栽柏，不知其几千根也。两傍烽墩以千字文为号，禁人牧放樵采。"[⑥]以上是道教运用自身的宗教信仰特征和社会影响力保护木林的例子。

道教洞天福地的自然生态环境得以完好地保存，说明道教确实蕴含着有利于生态环境保护的思想因素，同时也说明道教生态伦理在环境保护的实践中也是确有成效的。道教宫观大多处于山水俱佳、环境优美的地方，历代道门人士均注重对其间的山山水水、一叶一草一木加以爱惜、保护。很难想象，这些洞天福地要不是由那些信仰"道"、以"清虚自守"作为人生的追求目标、具有遵守生态伦理规范准则的自律精神[⑦]的道门中人守护着，它们还能否保存得像今天这样完好。

---

① 李良佐为南唐皇帝李煜之叔，后放弃与李煜之父争夺皇位，入道武夷山。
② 徐刚：《伐木者，醒来》，长春：吉林人民出版社，1997年，第11页。
③ 参见张继禹主编：《道法自然与环境保护：兼论道教济世贵生思想》第四章"道教对环境保护的贡献"，北京：华夏出版社，1998年。
④ （金）王处一：《西岳华山志》之"神林"，《道藏》第5册，第747页。
⑤ （金）王处一：《西岳华山志》之"神姑林"，《道藏》第5册，第751页。
⑥ （金）王处一：《西岳华山志》之"古柏行"，《道藏》第5册，第751页。
⑦ 道士们同样面临着类似的生存压力和占据更多财富的诱惑，所谓"近水楼台先得月"，他们作为山居者，要砍伐山中林木，取用山中飞禽走兽更为方便。

和气者寿
——道家、道教论"和气与养生"

钱耕森　沈素珍*

摘　要： 所谓"和气养生"，通俗地说就是"心平气和"。我国道家、道教对"和气养生"的原则和方法都做过系统而深入的研究。本文以《管子》的"平正和生"、老子的"阴阳冲和"、庄子的"阴阳交和"以及《淮南子》的"阴阳接和"的"和气养生"法为例，来论述中国古代哲学家尤其是道家、道教哲学家们在探讨世界万物的生成或本体时，同时提出了"和气养生"的原则，体现了中华民族源远流长的养生经验和智慧，传至今日依然是普遍有效且宜行的养生大法和妙法。

关键词： 和气养生　健康长寿　《管子》　老子　庄子　《淮南子》

关于养生，孔子有句名言，即"仁者寿"。① 就是说，孔子主张以道德，特别是以"仁"德、以"爱人"之大德作为健康长寿的有效的养生原则和方法，这种观点使后人受益无穷。

我套用孔子这句名言来为拙作命名为："和气者寿"。其实，我的"和气者寿"的命题主要来自于我国的民间谚语："心平气和"。"心平气和"这四个字，乃是我国国人千百年来健康长寿行之有效的宝贵养生经验。因此，大家耳熟能详并津津乐道。

所谓"心平气和"的养生法，更是我国道家、道教养生的大智慧。西汉术士严遵讲到"心平气和"。② 元、明时期的著名道士张三丰说："凝神调息，只要心平气和。心平则神凝，气和则息调。心平，平字最妙，心不起波之谓平，心执其中之谓平，平即在此中也。心在此中，乃不起波，此中即丹经之玄关一窍也。"③ 所谓"心不起波之谓平"，指心意、心念、心思、心想等不要或高或低、或上或下。所谓"心执其中之谓平"，指心意、心念、心思、心想等不要或左或右。

---

*　作者简介：钱耕森，安徽大学哲学系资深教授；沈素珍，安徽大学社会和政治学院教授。
①　《论语·雍也》。
②　《道德指归论》卷二《大成若缺篇》。
③　《张三丰大道指要·道言类》。

心能不高不低、不上不下、不左不右，还宜加上不前不后、不患得患失、不过喜不过忧等等，其心自然就平了。能持守平常心，自然就妙在其中了。关于"和气与养生"这个重要问题，我国道家、道教对之做过系统而深入的研究。其论述十分精辟，是指导我们养生的圭臬。

世界万物，是如何生成的？生成万物的本原是什么？这都是哲学的基本问题。前者是生成论，后者是本体论。二者有区别又有联系。亚里士多德在其《形而上学》中说："万物从其中产生的东西，也就是万物的本原。"胡适把天地万物怎样来的宇宙论作为哲学的首要问题，他在《中国哲学史大纲》卷上中说："哲学的门类也有许多种。例如：一、天地万物怎样来的。（宇宙论）"等等。这两个问题是古今中外很多哲学家所关心的，尤其是中国古代很多哲学家对此有过相关的论述，这些论述同时也体现了"和气养生"法。

一、《管子》"平正和生"的"和气养生"法

管子（？—前645），即管仲，春秋初期人，是思想家、政治家和哲学家。他离西周末年的史伯较近，易受其影响。他在齐国执政40年，帮助齐桓公成为春秋第一霸主。战国时期稷下道家学者托名为他所著的《管子》，存有他的思想，其中也有很丰富的"和气养生"思想。其主要内容有以下三点：

第一，他们在回答"人是如何产生的"这一重大问题时说："凡人之生也，天出其精，地出其形，合此以为人。和乃生，不和不生。"① 这是说"人"就是"天出其精"与"地出其形"二者"和生而成"的。反之，如果二者"不和"，那就"产生不出人"了。所谓"和乃生"充分传承和弘扬了史伯的"和生"思想。而"不和不生"，则是从反面对史伯"和生"主张的进一步支撑，其实也就是对史伯"和生"主张的发展。

第二，他们在回答"人内心深处的和谐状态"是如何形成的这一难题时说："彼心之情，利安以宁，勿烦勿乱，和乃自成。"② 意思是说，心的特性，需要安定和宁静，保持不烦和不乱。果能如此，则心的和谐状态与境界，就可以自然而然地形成。所以，"和乃自成"，即"和乃自生"。简而言之，即"和生"。

第三，他们还探讨了"人的长寿之道"，认为长寿也是由于"和生"而得。他们说："平正擅匈（按：擅：擅专。引申为占据。匈：即"胸"），论治在心，此以长寿。忿怒之失度，乃为之图。节其五欲，去其二凶，不喜不怒，平正擅匈。凡人之生，必以平正。"③ 意思是说，如能使平和与中正占据、充满胸怀，融化在心里，就有了长寿的来源。忿怒过度了，应该设法消除。节制耳、目、口、鼻、心的那五种情欲，除去喜、怒那两种凶事，做到既不喜又不怒，平和与中正就

---

① 《管子·内业》。
② 同上。
③ 同上。

可以占据、充满胸怀了。人的生命，一定要依靠平和与中正。此说与民间的关于"心平气和"乃是身体健康长寿所不可或缺的要素的观点不谋而合。①

上述例证充分表明稷下道家也提倡"和气养生"的主张。他们的"和气养生"的主张与管子的养生思想不无关系。所以，他们有关"和气养生"的论述也就被收进《管子》一书中，代表了管子的思想。

二、老子"阴阳冲和"的"和气养生"法

道家创始人、被道教奉为太上老君的春秋末期的老子，早就是古今中外著名的大思想家、大哲学家。他的哲学主张"道生一，一生二，二生三，三生万物"。② 这表明老子认为"道"是万物（含人在内）的本原，万物是由"道"产生的，他用"道"来回答了哲学上的本体论与生成论的根本问题，也回答了我们人类的繁衍及养生的重大问题。所以，老子的哲学可以简称为"道生"说。

老子的"道生"说，其内涵首先是"三生万物"说。他用"生一、生二、生三"的方法来说明"道"是如何产生万物的形而上学的大道理，真是通俗易懂。正如他本人所说："吾言甚易知，甚易行。"③ 通俗易懂，也是老子的大智慧。

"万物负阴而抱阳，冲气以为和"，④ 这是老子"道生"说的又一内涵。老子在这里深入万物内在的共同结构"阴气"与"阳气"，认为二者在彼此相冲的互动即"冲气"中，达到"和""和气"之时，就能不断地产生出万物。"阴与阳"亦由"道"派生，"阴与阳"内存于"道"之中；换言之，"道"可由"阴与阳"共同构成。所以说："一阴一阳谓之道。"⑤ 王夫之说："阳非孤阳，阴非寡阴，相函而成质，乃不失其和而久安。"⑥ 这好比是说，孤男寡女，绝对生不出新生婴儿；单阳独阴，绝对生不出新事物，生不出万物。男女双方和谐结合，就能生出新生婴儿；阴阳和合，就能生出新事物，生出万物。

我还认为老子"道生一"的"一"，指"元气"；"道生二"的"二"，指"阴阳二气"；"道生三"的"三"，指"和气"。这就能把前后两句话更紧密地合二为一来诠释老子的"道生"说。

可见，老子在这里极其深刻地揭示出"道"通过其所生的"阴阳二气"在互动中达到"和""和气"之时，就能不断地产生出万物的规律。老子的"道生"说内涵在这里是"玄之又玄，众妙之门"。⑦ 其哲理极其深邃，诚乃大智慧、高智慧。

---

① 钱耕森：《弘扬管子的"和生"思想》，《衡水学院学报》2014年第5期。
② 《道德经》第四十二章。
③ 《道德经》第七十章。
④ 《道德经》第四十二章。
⑤ 《周易·系辞上》。
⑥ 《张子正蒙注·参两篇》。
⑦ 《道德经》第一章。

老子如此精湛的"道生"说，其实就是"和气生万物"说。简而言之，也就是史伯的"和生"说。我主张"和生"说，"史伯是创立者，老子是建立者"。史、老的"和生"说和"道生"说，是我的"大道和生学"的理论渊源。

显然，老子的"道生"说，"和气生万物"说，也就是"和气养生"说了。

三、庄子"阴阳交和"的"和气养生"法

道家又一位创始人、被道教奉为南华真人的战国时期的庄子（约前369—前286），是又一位大思想家、大哲学家、大文学家。他传承并发展了老子的"道生"说。庄子说："夫道有情有信，无为无形；可传而不可受，可得而不可见；自本自根，未有天地，自古以固存；神鬼神帝，生天生地；在太极之先而不为高，在六极之下而不为深，先天地生而不为久，长于上古而不为老。"① 所以，庄子也主张天与地以及万物都是由"道"产生出来的。

但庄子又提出了"气生"说。他说："人之生，气之聚也。聚则为生，散则为死。若死生为徒，吾又何患？故万物一也，是其所美者为神奇，其所恶者为臭腐。臭腐复化为神奇，神奇复化为臭腐。故曰：'通天下一气耳。'圣人故贵一。"② 这是说，人的生与死、神奇与臭腐以及万物，都是气的聚与散的作用形成的。其实，这"通天下一气"就是生成万物的本原。所以，"圣人要贵一"，要特别宝贵、珍重这一气。

老子的"道生一，一生二，二生三，三生万物。万物负阴而抱阳，冲气以为和"，如上所述。这两句也可以这样诠释："道生一"的"一"指"一气"，"一生二"的"二"指"阴阳二气"，"二生三"的"三"指"和气"。这样，庄子的"气生"说，其实仍是老子的"道生"说，是对老子"道生"说的传承与发展，庄子把老子"一"所含之"气"，彰显为"通天下一气耳"。

庄子说："至阴肃肃，至阳赫赫。肃肃出乎天，赫赫发乎地。两者交通成和而物生焉，或为之纪而莫见其形。"③ 这是说，庄子主张万物是由阴和阳两气经过交通（即互冲）达到和气而生成，并认为阴阳二气和生万物是不可不遵循的"纪""纲纪"，即"规律"。概而言之，"和生"是客观规律。这是庄子对老子以至史伯"和生"说的传承与发展，庄子是把"和生"上升为客观规律的第一人。

显然，庄子关于阴阳二气和生万物的规律，也是人们成长、健康与长寿的规律。他说："中国有人焉，非阴非阳。"④ 中国：国中。非阴非阳：阴阳调和。这是说，国中的人，是阴阳调和、平衡的产物。简而言之，人是阴阳和生而成的。换言之，人生于和气，这是理应自觉抉择和主动

---

① 《庄子·大宗师》。
② 《庄子·知北游》。
③ 《庄子·田子方》。
④ 《庄子·知北游》。

遵循的。

庄子说："乡吾示之以太冲莫胜。"① 乡：同向。冲：调。这是说，阴阳二气太冲，即调和，则阴阳二气就不会有偏胜。但是，如果阴阳二气失去平衡与和谐，有偏胜，则危害性是很大的。庄子说："阴阳之气有沴。"② 沴：因气不和顺而引起灾害。这是说，由于阴阴二气不调和而引起灾害。庄子又说："阴阳错行，则天地大絯……心若县于天地之间……众人焚和。"③ 这是说，阴阳错乱了，则天地要发生大震动。心像悬在天地之间，众人就伤了内心的和气。庄子又说："阴阳不和，寒暑不时，以伤庶物。"④ 这是说，阴阳不调和，寒暑不顺时，伤害众物，当然也伤害人类。

庄子又说："寇莫大于阴阳，无所逃于天地之间。非阴阳贼人，心则使之也。"⑤ 这是说，敌人中最厉害的是阴阳，因为阴阳二气满布于天地之间，如果与阴阳二气相冲撞，就无法逃避而会被它伤害。但其实并非是阴阳伤害你，而是由于你的心志未能顺乎自然，阴阳不能调和而造成的。这表明庄子强调人的安全和健康与否，取决于阴阳是否平衡。庄子又说："人大喜邪，毗于阳；大怒邪，毗于阴。阴阳并毗，四时不至，寒暑之和不成，其反伤人之形乎！"⑥ 毗：偏，伤。这是说，人偏于阳，过于欢乐，就会伤害阳气，表现为阴虚、阴亏的病症；偏于阴，过于愤怒，就会伤害阴气，表现为阳虚、阳亏的病症。阴阳并毗，就成了阴阳俱虚，阴阳二气互相侵害，四时不顺序，寒暑不调和，岂不反而会伤害到人体吗？可见，阴阳是否调和，直接影响到人的身体是否安康和长寿。

所以，他又说："阴阳于人，不翅于父母。"⑦ 于：如。翅：同啻。这是说，阴阳对于人，无异于父母。可见，庄子对阴阳的评价是相当高的。庄子充分肯定了阴阳二气调和对于人生及其健康与养生是多么重要。

庄子讲了一个轩辕黄帝向广成子问长寿之道的故事。传说广成子活了一千二百岁，还很健康，还能再活下去，真的是会万寿无疆呢。可见，老寿星广成子的养生之道必定是极其高妙的。所以，黄帝非常虚心地向他求取养生之经和长寿之道。广成子回答说："天地有官，阴阳有藏，慎守汝身，物将自壮。我守其一以处其和，故我修身千二百岁矣，吾形未常衰。"⑧ 这是说，天地各司其职，阴阳各居其所，谨慎守护你自身，大道就会自然昌盛。广成子持守'至道'的纯一而把握'至道'的和谐，所以修身一千二百岁了，他的形体却还没有衰老。一言以蔽之，广成子之所以如此高寿，为全人类寿星之冠，关键就在于他善于坚持"阴阳和谐"的"和气"养生之"至道"！

外在阴阳失和，影响内心之和，庄子认同这种认识。他还主张外在阴阳失和，也受到内心失

---

① 《庄子·应帝王》。
② 《庄子·大宗师》。
③ 《庄子·外物》。
④ 《庄子·渔夫》。
⑤ 《庄子·庚桑楚》。
⑥ 《庄子·在宥》。
⑦ 《庄子·大宗师》。
⑧ 《庄子·在宥》。

和之影响，这是庄子深意之所在。

四、《淮南子》"阴阳接和"的"和气养生"法

《淮南子》，亦称《淮南鸿烈》，又名《鸿烈》（东汉高诱叙："鸿，大也；烈，明也，以为大明道之言也。"），西汉淮南王刘安及其宾客苏非等合著。作者自称此书立说"非循一迹之路，守一隅之指"，但实以道家思想为主，杂糅阴阳、儒、法诸家。该书主张宇宙、天地、万物都起源于"道"，而万物的直接来源则是"阴阳二气"。"天地未形，冯冯翼翼，洞洞漏漏，故曰太昭。道始于虚廓，虚廓生宇宙，宇宙生气。"宇宙的初始状态"太昭"或"太始"，发展经历了"虚廓"和"宇宙"至"元气"，属于无形的状态。"元气"，乃是中国传统哲学的一个很重要的理念，最早见于此。而"元气"先生天生地。天地的精气相合形成了阴阳二气。阴阳二气相互作用产生了万物。"天地之袭精者为阴阳，阴阳之专精为四时，四时之散精为万物。"①

《淮南子》又说："故至阴飂飂，至阳赫赫，两者交接成和而万物生焉。众雄而无雌，又何化之能造乎？所谓不言之辩，不道之道也。"②前两句源于庄子："至阴肃肃，至阳赫赫。肃肃出乎天，赫赫发乎地。两者交通成和而物生焉。"增加的后两句是说如果都是雄性而没有雌性，又怎能造成变化呢？用"和气生万物"，这就是所谓不用言语的辩论，不用讲说的道理。雌雄乃生物的特征。生物无论雌雄之生命，都是阴阳二气和生出来的。

人也是阴阳二气所和生。有了阴阳，"万物乃形。烦气为虫，精气为人"。③万物在阴阳二气动态中冲和而生，其中虫类为粗杂之气所生，而人类则为精纯之气所生。

《淮南子》认为阴阴二气及其相冲或交通所成之"和气"，对于人体的形成以及健康成长与延年益寿，都是有价值的。"和气"充满心中，"则耳目清、视听达矣。耳目清、视听达，谓之明"。并且，人的生命活动就会正常无碍，进而就会产生出神奇功能："理则均，均则通，通则神，神则以视无不见，以听无不闻，以为无不成也"，要看的东西都能看到，要听的声音都能听到，要做的事情都能做成。不仅如此，还可以避免祸害，"是故忧患不能入也，而邪气不能袭"。④

《淮南子》认为阴阳二气不平衡，影响人不能心平气和地对待外物的刺激，对人的健康生活就会产生有害的影响。"五色乱目，使目不明；五声哗耳，使耳不聪；五味乱口，使口爽失；趣舍滑心，使行飞扬。"⑤"人大怒破阴，人大喜坠阳"，阴阳二气遭到破坏，失衡、失和，必将"病乃成积""祸乃相随"。⑥《淮南子》又说："人大怒破阴，大喜坠阳，大忧内崩，大怖生狂。"积成

---

① 《淮南子·原道训》。
② 《淮南子·览冥训》。
③ 同上。
④ 《淮南子·精神训》。
⑤ 同上。
⑥ 《淮南子·原道训》。

疾病、好憎太多，就会使人生喑变哑，使人发狂等。"此皆迫性拂情而不得其和也"，"钳阴阳之和而迫性命之情"。① 由此认定人喜怒无常，就会影响阴阴二气相冲或交通所成之"和气"，"和气"遭到了破坏就会有损于人的健康与养生。

所以，《淮南子》指出必须"知养生之和"。"理情性，治心术，养以和，持以适。"即使遇到了生与死，在这关键时刻，也要善于持守"和气"养生的原则与方法而不动摇。"何足以滑和?""心志专于，通达耦于一。""存而若亡，生而若死。""以死生为一化，以万物为一方。"② 一心专注于"和气"养生，让自己的精神通畅地与"和气"养生之道融为一体，视生死为一，能放下一切，不担忧疾病，不害怕死亡，始终心平气和地对待死亡，也许还可以死里逃生，转危为安，延长寿命。这表明《淮南子》也完全认同"和气"是人们健康和养生的有效之途。

综上所述，中国古代的哲学，尤其是道家的哲学，无论是《管子》中的"平正和生"、老子的"阴阳冲和"，还是庄子的"阴阳交和"、《淮南子》中的"阴阳接和"，既探讨了世界的生成论或本体论，又包含着"和气养生"的原则，体现了中华民族源远流长的养生经验和智慧，传至今日依然是普遍有效且宜行的养生之大法和妙法。

---

① 《淮南子·精神训》。
② 同上。

推进"新时代道教养生文化创新发展研究"的几点思考

张 钦[*]

"每个德国家庭买一本中国的《道德经》,以帮助解决人们思想上的困惑。"德国前总理施罗德如是说。不能让我们在继承、创新、发展自己的道教文化过程中被西方落在后面,所以本文提出要推进"新时代道教养生文化创新发展研究"。

党的"十九大报告"指出:"要坚持中国特色社会主义文化发展道路,激发全民族文化创新创造活力,建设社会主义文化强国","中国特色社会主义文化,源自于中华民族五千多年文明历史所孕育的中华优秀传统文化"。道教养生文化作为中华传统养生文化的重要组成部分,更应当在"十九大"倡导的全民族文化创新创造的时代潮流中激发出强大的活力,为促进中华民族的身心健康和推动中国特色社会主义文化建设事业添砖加瓦。

道教养生文化在新时代国家文化战略下如何创新发展?其创新的理论基础、实践价值有哪些?这些问题正是本文要探讨和回答的核心问题;道教养生文化如何在全球化、信息化和文明多元并起的时代,乘着"十九大"国家文化创新战略的春风扬帆远航,更是本文重要的现实关切点。

一、新时代道教养生文化创新发展研究的已有学术基础

十九大"新时代中国特色社会主义文化"理论的提出是撰写本篇小论文的时代背景,前人并没有直接的系统成果可资借鉴,但间接的相关联的成果还是很丰富的。

---

[*] 作者简介:张钦,四川大学道教与宗教文化研究所教授,四川大学老子研究院副院长。

就道教养生文化这个研究领域，在国内外的研究成果都已相当丰富，从目前我们所收集的国内外资料情况来看，不仅有 40 余部主要以道家道教的养生经典或人物、理论、方法等为内容的学术专著出版（中文出版的专著有 37 部，英文原版的专著有 6 部），还有 60 余部相关专著的部分内容和 200 余篇高水平的学术论文多角度直接或间接研讨了本论文所涉及的部分论题。

下面我就对这些与本文密切相关的代表性著作做一简要述评。

1.《道家养生学概要》，萧天石著。1963 年在台湾首次出版，华夏出版社 2007 在内地再版。萧天石先生是 20 世纪道家道教养生界的巨擘、学术大家和修行大师，著作等身，他编辑的《道藏精华》、撰著的《道海玄微》等著作均影响深远。

《道家养生学概要》是萧先生在道教养生方面的代表作，全书共分五卷。该书后附有《玄门太极长生功》《明道诗词偶拾》《道家养生法要简述》三篇文章，其中《玄门太极长生功》有神元功、上元功、中元功、下元功四部。该著作的功法简单易行，养生效果明显，非常具有推广价值。

《道家养生学概要》从道家道教养生源流直至各派宗旨均论述得准确、明晰，对各家密旨要义亦条分缕析地指明源流与正误所在。该书在道家养生学领域尤其内丹学领域有较大影响，是近现代道教养生研究领域不可忽视的重要著作之一，可为本文在道教养生理论的创新发展方面提供很好的借鉴。

2.《道的养生学——科学的内功》，张绪通著，雷家端译。四川大学出版社 1995 年出版，英文原著为 *Self－Healing of Tao*，Tao Publishing Press，1976 年在美国出版，原副标题为"内功"，1978 年修订后改为"科学的内功"。张绪通先生是世界著名的美籍华裔医学家、道教养生学家。该书是他众多的养生与医学著作中道家养生类的代表作之一。

该书共分为四部分十个章节。第一部分讲养生的原理。作者首先提纲挈领地将养生的原理归于道学之下，具体针对养生而言，道学中的养生原理可分为精气论、循环论、七腺论和神经论。第二部分讲综合养生术，作者以丰富的实践经验，详细介绍了五行论、五兽功、八段锦、黄道十二功、十二段易筋功、雄鹿功、鹤翔功、龟缩功、坐姿、站姿、行姿、睡姿、头部按摩、眼保健操、雷天鼓、鼻功、口功、面部按摩、去痛术、肺功、心功、减肥功、腹部运动、养胃功、肝功、肾功、经络按摩术等共四十种内功的原理、方法、作用和注意事项。第三部分讲高层次的生活，作者在道学体系上论证和分析了高于身体锻炼的内功的意守和吐纳方法。第四部分是作者针对具体问题开出的具体内功对治处方，如治疗周期性偏头痛、高血压、痔疮等病症的自然康复疗法等，这是作者行医多年来的实际经验总结。

《道的养生学——科学的内功》是道家内功普及指导书，面向现代、面向社会、面向世界，结合现代中医学、西方医学、营养学等学科的研究成果，对道家的养生功法在原理探索、功法普及等方面都做出了显著的贡献，可以为本文的研究和应用以及在世界格局下创新发展道教养生文化提供很好的思路。

3.《道教养生学》，杨玉辉著。宗教文化出版社 2006 年出版。杨玉辉教授是当代道教养生学研究领域的重要学者之一。该著作于导论之后分上下两篇共十三章。绪论简明阐述了养生、道教养生学的概念以及道教与养生之间的关系，道教养生学的历史发展、体系结构、自身特点与现代价值等。上篇总论，共有六章。作者从对人体构造的理解入手，探讨了养生的基本原理与方法。第六章"养生的基本方法"，首先从历史的角度审视了道教养生基本方法的形成与发展，对服食、行气、守一、导引、存思、调摄、房中、外丹、内丹等九种道教养生基本方术进行了概述，并进一步总结了道教养生方法的特点及其具体运用。下篇分论，共七章，对道教养生的主要方法进行了分别论述。该书在概念的梳理、辨析，道教的各种养生原则、养生理法的阐论等方面，清晰、深入、全面；书中原文引述非常丰富，理论剖析常切中要害；上下编的分布使《道教养生学》进一步具有了实践指导的价值。该著作可为本课题的研究提供多角度的理论与应用的资料。

其他相关代表著作本文也精选了10部：

1.《道教与养生》，陈撄宁著。中国道教协会编，华文出版社1989年7月出版，41万字。该书是中国道教协会为了纪念近代著名道教学家陈撄宁先生逝世20周年，由李养正搜集整理陈撄宁先生遗稿选编校勘而成。2000年3月再版。

2.《中国道教养生长寿术》，李远国编著。四川科学技术出版社1992年3月出版。李远国，四川省社科院教授，是改革开放后系统研究道教养生的著名学者。

3.《道在养生——道教长寿术》，郝勤、杨光文著。四川人民出版社1994年7月出版。郝勤，成都体育学院教授，四川大学道教与宗教文化研究所客座教授、兼职博士生导师；杨光文，四川大学道教与宗教文化研究所教授。

4.《中华道家修炼学》，田诚阳著。宗教文化出版社1999年7月第1版，2000年3月第2次印刷。田诚阳，道号清阳子，全真龙门派第二十四代弟子。

5.《中国道教养生秘诀》，马道宗编著。宗教文化出版社2002年1月出版。该书设有导引行气、守静、存思、内视、胎息、内丹、睡功、养生疗病术、日常起居养生法等十章。

6.《养性延命：道教养生观与人类健康》，李似珍著。上海辞书出版社2006年12月出版。李似珍，华东师范大学哲学系教授。

7.《道教养生秘籍》，卓远主编。中国环境科学出版社、学苑音像出版社2006年6月出版。该书阐论了道教炼心、男女内丹术、吐纳、导引、房中、睡眠、饮食、四时调养等道教养生的各个方面内容。

8.《道教与中国养生智慧》，詹石窗主撰。东方出版社2007年12月出版。詹石窗，四川大学老子研究院院长，四川大学道教与宗教文化研究所教授，著名道教学者。

9.《道教炼养心理学引论》，张钦著。巴蜀书社1999年9月出版。张钦，四川大学老子研究院副院长，四川大学道教与宗教文化研究所教授。

10.《灵性的奥秘：修道的基本理论与方法》，戈国龙著。中央编译出版社2011年6月出版。戈国龙，中国社会科学院世界宗教研究所研究员。

以上代表性著作从不同的角度比较系统全面地研讨了道教养生文化的历史、理论与实践内容，可以直接为本论文的观点和建设性意见提供坚实的学术基础。

二、新时代道教养生文化创新发展研究的价值

养生是一门非常具有实践性的学问，一千八百余年来，道教正是以其"长生久视""修道成真"的终极追求而留下了大量于古有征、于今有验的养生理论与方法，成为我国历代热爱生命的人们重要的养生宝库。宏观地说，道教养生文化是中华养生文化中的一朵奇葩，不仅有益于中国人民的身心健康与长寿事业，也必将跨越国界成为全球人类养生摄生的重要文化资粮，为人类21世纪的养生事业做出贡献。

在新时代国家文化创新战略中，道教养生文化的创新性发展、推广和应用，至少在以下几个方面极具价值：

（一）学术价值

1. 养生从理论的层面，涉及人与自然、人与人、人与自我三大关系。在人与自然方面，道教养生之尊重自然、道法自然、与自然和谐共生的持续发展理念，对新时代生态文明建设、推动"绿水青山就是金山银山"的发展理念等都将提供切实的理论助力。"十九大报告"指出，要"像对待生命一样对待生态环境""人与自然是生命共同体"，我们人类不就是在这个有生命的自然环境中生生不息的吗？道教的养生摄生实践如果离开了良好的生态环境也必将是残缺的。所以道教养生文化的深度研究、创新与应用和时代发展有着相互为用、交互支持的理论意义。

2. 从学术的角度，道教养生文化的创新性研究将为本学术领域和相关学术领域的研究提供资粮，将为开创新时代的道教养生文化做理论储备和普及准备，在研究中将丰富和发展中国道教养生文化，使理论与实践相互促进、相得益彰。

（二）应用价值

1. 发掘道教"贵生"思想，可以为青少年珍视生命和热爱生命的生命教育提供思想与学术的资源。

2. 发掘道教"乐生"思想，可以为大力推动新时代养生事业之"老有所乐"提供思想与学术资源。

3. 宏观上，可以为中央及地方政府推动全民性的养生运动提供有价值的决策参考，为我国各级各类的养生产业提供有价值的学术支持，推动优良的便于实践的道教养生理法服务于我国民众的养生事业，为民众的健康长寿做出积极贡献，甚至跨越国界为人类的养生事业做出具体贡献。

三、新时代道教养生文化创新发展研究的思路

要落地新时代道教养生文化创新发展的研究，本人提出以下三个方面的内容以就正于学术同行：（一）新时代道教养生文化应用现状调查研究；（二）新时代道教养生文化的主要内容及其理论与实践创新研究；（三）新时代道教养生文化在文化创新中的问题与解决方案。

下面简明阐述一下以上三个观点。

（一）"新时代道教养生文化应用现状调查研究"的展开思路

1. 就全国范围看，目前各大道教名山宫观及其所在地的地方政府，都越来越重视对道教文化尤其是道教养生文化的宣传与弘扬，有些地方已开始打造道教养生文化的某些产业品牌，这是值得学界和政府共同关注的现象。

例如大家熟知的提出"拜水都江堰　问道青城山"的四川省都江堰市委市政府以及四川省成都市委市政府就相当重视道教文化的品牌打造，自2004年以来已连续四届成功召开了"中国（成都）道教文化节"，并在此基础上，这两级政府还预备共同打造成都道文化产业链，以带动当地的文化和经济建设，其中道教养生文化的产业打造就是重要的内容之一。目前这些地方的民间机构及相关公司已开发出不少有关道教养生的产品。

又如大家熟知的提出"问道武当山　养生太极湖"的湖北十堰市，他们更直接地在打造道教养生文化品牌，武当山道教协会也面对海内外举办各类武当太极拳和养生太极的培训班等。据笔者目前不完全的统计，其他如江苏的茅山、江西的龙虎山、福建的武夷山、浙江的天台山、广东的罗浮山、湖南的衡山、陕西的华山、山东的崂山、河南的鹿邑老子故里以及重庆潼南陈抟故乡等等都不同程度地在打造以道教养生文化为重要内容的文化品牌。可以说，随着我国作为一个大国的全面崛起，作为中华文化三大支柱之一的道教文化也在全面兴起，尤其以道教养生文化的兴起为突出特点。

2. 就世界范围看，美国、日本、新加坡、澳大利亚以及欧洲的一些国家如英国、法国、德国、意大利等都纷纷成立了道教协会或相关道教组织，大多以传播弘扬道教的养生文化为特色，同时结合当地的医养产业，已逐步产生越来越大的社会影响。这些海外的道教组织及其养生弘道活动是中华文化在全球化时代的新生事物，同时也是我国扩大开放的文化成果，可以预见道教养生文化在世界范围内的传播将更加广阔和深入。

基于以上的情况，首先可以选取四川、湖北、湖南、陕西、江苏、江西、福建、广东、山东等有重要道教名山宫观的地方进行实地考察，对当地道教养生文化事业的实际情况做尽可能全面的调研，并撰写考察报告，发掘不同地方道教养生文化产业化的特色和优势以及不足之处，给当地政府提供研究报告，为他们更好地打造道教养生文化品牌提供理论支持。其次可以通过各种渠道收集整理海外道教养生文化传播和应用现状的资料，以期全面了解全球化时代道教养生文化在海外的基本状况，并在此基础上提出相应的对策报告。

（二）"新时代道教养生文化的主要内容及其理论与实践创新研究"的思路

1. 收集整理本研究领域的专著、学术论文及其重要的海内外相关学术会议的资料等，在此基础上提炼、总结出适合时代需求的道教养生理论与实践体系。

2. 千百年来中华道家、道教的历代大师们苦心孤诣积累而成的养生智慧非常珍贵，它涵盖了诸多关涉人类如何"长生久视"的理论与实践，以天地人的历时态和共时态为经纬，以道所化生的阴阳、五行、八卦为理论符号系统，展现出中华道学对超越生命局限、达到长生不老且又逍遥自适的神仙境界的不懈探索。我们可以运用现代学术的通行范式，结合现代相关学科的研究成果，发掘、整理上述养生智慧。我认为，大致可以分为理论篇与众术篇两个部分来展开这部分的研究与探索。

（1）理论篇的重心是阐论道学的道、阴阳、五行、八卦等的符号体系在养生学中的具体运用，以及天、地、人三才生克制化、和谐共生的原理，并结合现代中医学、西医学、现代生理学、生物学、心理学乃至地质学、天文学、生物化学等各类相关学科的相关学术成果来充实道教养生学的理论内容。

（2）众术篇的重心是研究养生"道术"，包括传统的气法、存思、内丹等静功，也包括传统的五禽戏、八段锦、太极拳等动功，以及外丹、服食、房中等养生法，并包括在此基础上继承和发扬出来的现代理法，内容宏富。

在全面而简明地研讨了道教养生文化主要内容的基础上，再根据田野研究所提出的应用性需求，发掘整理出道教养生理法中有实际操作性和应用前景的内容，结合现代科技的相关成果，分门别类地对这些内容进行研究，提出有应用价值的养生理法创见。

（三）"新时代道教养生文化在文化创新中的问题与解决方案"的展开思路

这里是在前面两部分研究成果的基础上提出问题，并解决问题；同时，就道教养生文化应用在当代我国文化事业中存在的普遍性问题与特殊性问题提出有操作价值的学术创见。

综上所述，推动与展开"新时代道教养生文化创新发展研究"有丰富的前期相关研究成果的坚实基础，该研究内容宏富，意义重大，且有展开的现实可行性，是一个很好的研究课题。

道家文化：当代中国人幸福生活的文化指南

杨玉辉[*]

摘　要：在一系列文化体系中，道家文化是当代大多数中国人追求幸福生活最合适的文化指南。道家对幸福生活的追求包括五个方面的基本内容：（1）合道顺道的生活性质；（2）身心健全的身体状态；（3）道法自然的生活满足；（4）虚静逍遥的精神表现；（5）自然超脱的价值追求。道家对幸福生活的追求具有自然本真性、完整合理性、现实生活性、自我实现性、身心健康性、社会有益性等特性。道家文化对当代中国人幸福生活的意义和价值包括五个方面的内容：第一，道家文化可以为当代中国人提供幸福生活的文化价值体系；第二，道家文化可以为当代中国人提供幸福生活的生活方式；第三，道家文化可以为当代中国人提供幸福生活的养生原理；第四，道家文化可以为当代中国人提供幸福生活的养生方法；第五，道家文化可以为当代中国人调整生活态度和心态提供良好的思想机制和方法。

关键词：道家文化　当代中国人　幸福生活　文化指南

今天的中国，随着社会和经济的飞速发展，人们对生活提出了更高的要求，追求生活的幸福而不仅仅满足于富裕成为人们的普遍愿望。然而如何才能让生活过得幸福，却是一个问题，解决这个问题需要文化价值观的指引。对当代开放的中国人来说，各种文化体系都可以成为人们追求幸福生活的指南，但不管是传统的儒家和佛教，还是外来的基督教和伊斯兰教，抑或科学的现代医学，都不具备成为当代大多数中国人幸福生活指南的条件。唯有道家文化，特别是其核心——养生文化，具有成为当代大多数中国人幸福生活的文化指南的条件，而且笔者也相信，通过道家文化的当代普及和运用，中国人的幸福指数能得到显著提高。本文试图分析阐述为什么只有道家文化能成为当代大多数中国人幸福生活的文化指南，道家幸福生活追求的基本内容和特性，道家文化对当代中国人幸福生活具体的意义和价值，由此说明道家文化作为当代中国人幸福生活文化

---

[*] 作者简介：杨玉辉，西南大学宗教研究所暨养生养老养病文化研究所所长、教授。

指南的内在依据。

一、当代中国人幸福生活文化指南的可能选择

一个人的生活要幸福,除了物质经济的支撑和基本需要的满足外,更重要的还需要有文化价值观的指引;如果没有文化价值观的指引,再好的物质经济条件与再充足的需要满足,都不可能使一个人过得幸福。所以,正确的文化价值观就成为人们生活幸福的重要因素,特别是当基本的物质经济条件得到满足的时候更是如此。

对今天开放的中国人来说,能为其提供幸福生活文化指南的思想价值体系可以有不少,但主要的还是传统中国的儒、释、道和外来的基督教、伊斯兰教以及中医、西医科学文化八个。那么,哪一个更能得到当代中国人的青睐,或者按照哪种文化价值体系指引生活,更能为今天的中国人带来幸福生活呢?下面我们就来做一个简单的分析。

1. 儒家文化:儒家是传统中国文化体系的重要内容,其文化价值的指向具有现实功利性和集体主义倾向。由于现实资源的有限性,这种价值指向必然导致人生和社会目标实现的困难,并最终因为人生和社会追求的挫折和失败而使个人生活陷入痛苦,使社会生活陷入不自在和失败的局面。

2. 佛教文化:佛教文化具有超越现实功利的特性,其信仰能让人走出对金钱、名誉、权势等功利事物的执着和纠结,从而得到解脱和自在,消除内心的烦恼和痛苦。但其对现实功利的超越也会使其走向对现实生活的否定和限制,由此也会使人难以安心自在地满足人正常的各种需要,难以尽情地享受现实人生的快乐和幸福。特别是对大多数难以走出现实生活的中国人来说,必然出现在现实人生和终极追求之间的纠结和烦恼,影响其生活的幸福感。

3. 易学文化:在今天,传统易学文化可以分为哲学易学文化和命相易学文化。哲学易学文化主要是为人们提供处理人生与世界及生活问题的方法论,它只能从思想方法的角度为人们提供追求幸福的路径和方法,无法也不能落实到具体特殊的操作层面。而命相易学文化虽然可以为人们提供对人生未来的某些预测,但它并不能保障每个人都获得满意的结果;且过分看重命相会陷入迷信的泥潭,反而会带来一系列的烦恼和痛苦。很显然,从这两方面看,易学文化都难以成为完整的人生幸福指南。

4. 基督教文化:基督教文化对人生社会有一套完整的思想价值观,且其在现实人生和天国追求上具有较好的平衡性和一致性,所以更能为人们提供有效的人生幸福指南。不过,虽然基督教可以为今天的中国人提供较为完整的幸福生活文化指南,但其作为外来文化的特性则使其无法成为当今中国人最普遍的幸福生活指南,最多可以成为信仰基督教的几千万人的幸福生活指南。

5. 伊斯兰教文化:伊斯兰教文化作为一种宗教信仰文化也可以为人们提供幸福生活文化指

南，但其外来文化和少数民族信仰特征及对现实生活和女性社会生活的诸多限制，也使其难以成为当今中国人普遍的幸福生活指南，最多可以成为信仰伊斯兰教的几千万少数民族群众的幸福生活指南。

6. 中医文化：中医文化虽然是一种传统的医药文化，但它仍然可以在当代中国人的健康生活中发挥重要作用。不过，今天的中医更倾向于疾病的预防、治疗与康复，它要解决的问题主要是人体的疾病问题，并不涉及人的生活幸福问题，虽然解决疾病问题能让人更幸福地生活。可见，中医文化不可能作为当今中国人的幸福生活指南。

7. 现代医学文化：现代医学文化是基于现代科学的对疾病进行治疗的文化，它要解决的问题也主要是人体的疾病问题，是疾病的诊断、治疗与康复问题，也涉及预防和健康的一些问题，但它并不提供人如何幸福生活的完整答案，所以今天的中国人不能期待从现代医学中获得完整的幸福生活指南。

8. 道家文化：道家文化在关注人生方面是介于儒家的入世和佛教的出世之间的中国传统文化。道家文化既强调终极的神仙追求，同时又重视世间的生命和生活，主张重生养生，所以道家文化是最具生活气息的文化。道家文化关注人生活的方方面面，为人们追求健康、快乐、幸福的生活提供了一套最具现实运用价值的养生文化体系，由此也使道家文化成为最能适合当今中国人的需要和特性，最能被当代中国人接受和运用的传统文化。很显然，道家文化才是今天大多数中国人幸福生活的文化指南。

二、道家文化对幸福生活的追求

道家文化之所以能作为当今中国人幸福生活的文化指南，根本的原因还在于它所提供的基于养生的对幸福生活的追求符合当今中国人对幸福生活的愿望。

那么道家对幸福生活的追求到底是一种什么样的追求呢？根据笔者的考察，道家对幸福生活的追求主要体现在五个基本的方面。

1. 合道顺道的生活性质

根据道家的认识，幸福生活在根本性质上应是合道顺道的生活。天地万物，合道顺道则生，悖道逆道则死。人的生活也是如此。一个人要有幸福的生活，必须按照人之道和物之道生活，也就是要根据人和物的道即本质规律来安排生活的各种活动，顺应人和物的本质规律进行活动，这样，人的生活才可能是顺利的、惬意的、幸福的；否则，违背人和物的本质规律来进行活动，带来的必然是对人自身的伤害，导致人的身心痛苦，甚至致人死亡，这样的生活也不可能是幸福的生活。总之，在道家看来，只有符合道的生活才是有利于人的生活，也才称得上幸福的生活，所以人的生活必须遵循人体之道、社会之道和事物之道，悖道之人为、主观、想当然的生活都不可能带来幸福。

2. 身心健全的身体状态

在道家看来，人在本质上是身与心的统一，所以人的健康存在必然是身与心的和谐统一。很显然，对人来说，幸福生活的一个基本前提就是身与心的健全、身与心关系的和谐；如果身体或心灵出现缺陷和疾患，身心关系失调、失和，甚至身心冲突、精神分裂，人的生活必然无法正常进行，轻则生活品质下降，重则身心冲突、相互伤害、生活痛苦。所以对道家来说，贵生养生，注重身心调养，促进身心健康和谐，就成为生活幸福的应有之义。身心不健，身体为病痛所折磨，精神烦恼抑郁、躁动不安，身心不能认同、失调冲突，生活自然也不可能幸福快乐。

3. 道法自然的生活满足

幸福生活必然是合道顺道的生活，不过应该如何来判断合道顺道呢？根据道家的理解，其判断的基本标准就是"道法自然"，也就是看生活是否体现了道的根本特性——"自然"。如果体现了道之自然，就说明是合道顺道的；反之，如果违背了道之自然，就是悖道逆道的。"自然"即自然而然、本然、固然，所以道之自然实则指符合事物自身的本性和规律的表现。生活的自然所反映的就是生活按人自身的生理、心理、社会的本性进行，人的各种自然需求得到满足，不压抑自己的需要和本性，也不人为过度地满足和表现自己的需要和本性。饥饿则进食，干渴则饮水，困顿则睡眠，寒冷则添衣，爱欲则媾和，孤独则交往，情郁则发泄；不过其活动和满足又不超过自然的尺度，不过分地追求和享受，保持不过无不及的状态。

4. 虚静逍遥的精神表现

生活幸福虽然也需要物质生活的保障，但更重要的是精神的感受和状态，因为一个人生活得幸福与否首先体现在这个人对生活本身的感受上，而幸福的生活必然是个人在生活感受基础上所表现出来的满足、愉快、惬意、自在的心情。这种心情也正是道家所追求的虚静逍遥、快乐自在的精神境界。虚静则心中无物、意中无念，意味着内心没有烦恼和痛苦，心情安详、宁静；逍遥则心中无碍、神意畅达，意味着心情没有抑郁、结滞，神情轻松、自在、欢畅。道家认为，按照人及天地万物之道来生活，在生活中保持人与物的自然之道的状态，人就可以进入虚静逍遥的境界，并可感受到快乐自在的生活幸福。

5. 自然超脱的价值追求

个人对幸福的感受最终依赖于价值评判。道家之所以更能让人感受到幸福是因为它提供了一套以道为最高追求的自然超脱的价值体系。如能以道为最高的价值标准，追求合道顺道、自然无为，不仅有利于人的生存和发展，而且能超越生活的世俗层面和利益得失，摆脱生活中各种事务的羁绊和烦恼痛苦，使生活超脱自在、幸福快乐；相反，将人为、不自然的东西作为追求的目标，则不仅不利于人的生存和发展，还会给生活带来无尽的烦恼和痛苦。当以道为最高追求的自然超脱的价值在一个人身上得到体现的时候，他就会表现出一种自然超脱地对待生活中各种问题的态度，自然平和地看待各种生活问题，不为身外功利之物所牵、所累，安时处顺，随顺自然，这样，他也就可以享受到生活的快乐、自在和幸福。

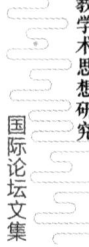

三、道家幸福生活追求的特性

从上述道家生活追求的五个方面来看,其生活追求不仅具有身心健康性,而且能为生活带来幸福和快乐,符合人类生活追求的健康快乐幸福特性。道家生活追求的这种幸福特性包括:

1. 自然本真性

道家幸福生活追求的自然本真性是指道家幸福生活追求是人的自然本性的体现,是人的自然需求和自然特性在人的各个方面需要的具体展现,也就是说,道家幸福观反映的是在没有人为因素和外部因素影响下人对美好生活的自然表现。道家强调道法自然,崇尚事物的自然本性,认为人最可贵的也是他的自然本性。所以在道家看来,最理想的生活也应该是反映人的自然本性需要的生活,那种违背人的自然本性的、以人为的、外在的标准来评判的幸福不是真正的幸福,而且会给人带来伤害。无疑,道家对幸福生活的认定和追求是对社会中过多的人为因素和外在因素干预和影响个人生活的否定;在一个很容易使人失去其自然本真品质的环境条件下,道家幸福生活的追求无疑更能体现人对生活的真实需求。

2. 完整合理性

道家幸福生活的追求的完整性是指道教幸福生活的追求体现了人对美好生活的完整需求,包括了人生活的各个方面,不管是人的生理生活还是人的精神生活,不管是人的自然生活还是人的社会生活,都是道家幸福生活的重要组成部分,都是不可缺少的方面。在这一点上,中国传统的儒家和佛教则更倾向于社会生活和精神生活的追求,较为忽视生理和自然生活的满足和享受,而现代医学或科学对生活的理解则主要倾向于生理或身体的生活,都表现出生活上的不完整性或偏颇性。

道家幸福生活的追求不仅完整、全面,而且还具有科学上的合理性。这种科学上的合理性主要体现在它是根据人的本质特性来认识和理解人生活的幸福内涵的。道家把人看成是形气神的统一体或命与性的统一体。根据道家的认识,人的存在离不开形气神或性命的任何一方,人的生活必然是包含形气神或性命各方面内容的完整生活,而幸福的生活也必然是能满足形气神或性命各方面需要的健康愉悦的生活。每个生活在现实中的人都知道,只是满足形、气、神或命与性的某一方面或某些方面的生活不可能是真正幸福的生活,只有满足形、气、神和命与性各个方面需求的生活,才是真正完整的幸福生活。

3. 现实生活性

道家幸福生活追求的现实生活性是指道家幸福生活的追求是一种现实实际生活的幸福追求,是一种在现实生活中实现的幸福追求。具体来说,道家幸福生活追求的现实生活性体现在以下几个方面:第一,道家生活幸福的追求是一种具有现实存在性的追求。道家幸福生活追求的最大特性在于它强调的幸福生活是现实的,它是人们的现实愿望的反映,它是通过现实的努力可以实现的。第二,与道家的幸福生活追求相比,儒家和佛教的生活追求则更具有非现实性和超现实性。

儒家和佛教的生活追求虽然更具有社会崇高性，但这种生活追求在现实社会中却是很难实现的，也是普通人所无法追求和达到的，只有极少数的人能按照这种理想的幸福生活的要求去做，并达到思想上的自觉性，实现较高的人生幸福境界。对大多数人来说，要把这种幸福模式作为生活目标来追求则存在相当大的困难，况且大多数人也不会愿意放弃自己的自然现实需求，承受长期的身心痛苦去追求这种理想的幸福。

4. 自我实现性

根据笔者的考察，中国古老的道家哲学与现代西方人本主义的自我实现理论存在惊人的一致性。这种一致性不仅表现在其价值观上，而且表现在二者所追求的幸福人生上。从价值观上来看，道家幸福生活追求充分体现了人对自我价值的肯定和追求。道家肯定人的自然本性，而不是把它看作消极的东西；强调自身存在的价值，对自身存在安然接受；认为精神的价值高于物质的价值，高层次的精神追求高于低层次的身体需要；主张自然价值高于人为价值，自由价值高于纪律价值。以上这些与自我实现的价值都高度契合。正是道家思想价值追求所体现的自我实现特性，展现出了道家幸福生活追求的自我实现特征。

5. 身心健康性

根据笔者的研究，道家幸福生活追求所倡导的生活方式，不管是从身心的哪一方面看，对个人健康都是有益的。从身的方面看，道家强调顺应人的自然生理欲求，满足人的身体需要，这就可以保障身体的基本需要，达到身体的健康；同时它又主张自然朴素的生活，反对生理上的过度满足和保护，这又可以避免像营养过剩等身体损伤问题。从心理方面来看，其主张对各种身心的自然需要的满足而不是人为地抑制，保持自由超然的心态，这就可以使人的性情得到愉悦，不会给人带来思想上的压抑和焦虑，使精神能进入一种自由宁静的状态；同时它又反对在性情上的过度放纵，又可以避免身心的过度耗损。从身心关系方面来看，其所提倡的生活方式不仅能增进身心各自的健康，而且能促进人的身与心的亲和力，使身心的和谐程度得到提高，其保健作用亦显而易见。总之，在人的身心的各个方面，道家幸福生活追求的生活方式都具有明显的健康特性。

6. 社会有益性

道家幸福生活追求不仅有助个人健康，而且也对社会有益。其社会有益性可以从以下几个方面来理解：首先，道家幸福生活追求有利于提高社会成员的基本素质，生理素质的提高有利于减少社会医疗保健资源的耗费，思想文化素质的全面提高则有助于推进社会精神文明水平的提升。其次，道家幸福生活追求有利于人们心态的调整和健康。道家幸福生活追求对社会成员精神品质的提升有利于人们心态的调整，使社会成员具备更健康、更平和、更利于社会交往与合作的能力，这自然有利于人际关系的改善和社会的和谐。同时，道家幸福生活追求所倡导的顺其自然和自由超然的心态则不仅有利于个人的精神健康，而且对于建立人与人之间的和谐关系，对于宽容地处理社会发展的各种问题，对于人与自然和谐关系的建立，都具有良性的作用。第三，道家幸福生活追求有利于减少社会矛盾，避免社会冲突。道家幸福观反对把对社会资源的占有作为自己的人生目标，也不会把与别人的竞争作为人生的目的，这就可以使人用更自然平和的方式来处理各种社会问题和社会矛盾，这对解决有限资源分配中的社会矛盾和冲突无疑有重要的作用。

四、道家文化对当代中国人幸福生活的重要意义

道家哲学虽然是一种古老的思想文化体系，但在今天仍然不失其重要的理论和实践价值。道家生活追求的思想理论对当代中国人追求幸福生活具有重要的文化价值和指导意义，而道家完整系统的养生理论和方法更是对当代中国人具有重要的理论指引和实践操作价值。道家文化对当代中国人幸福生活的意义和价值主要表现为以下几点：

第一，道教文化可以为当代中国人提供幸福生活的文化价值体系。

今天的中国人应该如何生活才更加健康、愉快而且富有生活品位和层次？对于这个问题，现代科学和中医学诚然可以在某种程度上回答生活健康尤其是身体健康的问题，但却无法圆满回答生活的愉快和品位问题；儒家可以提供道德生活的内容和标准，但却很难让人生活得愉快自在；佛教、基督教可以为人们提供一整套包括思想价值追求、道德行为规范在内的思想文化体系，但对今天的中国人来说难以被接受，更难以在生活中实践。唯有道家所提供的幸福生活价值体系能兼顾人生追求的各个方面，且符合当代中国社会的现实，其生活目标也契合当代中国人的现实状况，能满足中国人追求生活健康、快乐自在且有品位和层次的愿望。事实上，道家哲学虽然是一种古老的思想体系，但它所提出的对人生幸福的诠释却包含了对人性的完整认识和理解，其思想价值的实践不仅有益人的身心健康，而且可以充实人的生活，提升生活的品质，使人的生活过得更加愉快、自在和幸福。这也是当代中国人的共同愿望。

第二，道家文化可以为当代中国人提供幸福生活的生活方式。

今天的中国人到底应该怎样生活才能幸福？其幸福生活应该按照什么样的方式进行？幸福生活的内容和要求是什么？正是在这些问题上，道家基于养生的理论和方法为人们提供了一套完整的幸福生活方式，其主要内容包括：人生要追求理想、做人要真性诚实、心神要虚静自由、心态要自然超脱、信念要有信不迷、睡眠要安好足够、饮食要多样均匀、身体要常动不过、居处要天人相应、性爱要满足不淫、社交要超越功利、活动要丰富多样、雅趣要有兴无害、药物要按需服用。如果按照这样一种生活方式生活，幸福生活自然可以期待。

第三，道家文化可以为当代中国人提供幸福生活的养生原理。

就今天人们的生活来说，大多数人都只能根据科学的理论和方法来安排生活的内容，但科学的理论和方法只能涉及生活的某些方面，主要是物质或生理上的内容，很难提供完整的生活幸福之道。而道家养生的理论和方法则涉及人生活的方方面面，可以为人们提供完整的各个方面有价值的思想理论基础和方法指引。事实上，道家完整的养生理论和方法可以说也是关于人生幸福生活的完整理论和方法，其养生思想理论有助于人们认识和理解幸福生活的原理和机制，而它的各

种养生方法则无疑可以成为今天人们达成幸福生活的技术指南和方法指引。具体来说，道家养生理论不仅让人们能关注到人体形气神、性命、脏腑、经络、人天关系、人我关系等各个方面，而且要求遵循协调阴阳、道法自然、形气神并养、性命双修、调理脏腑、疏通经络、通达顺畅、虚静无为、后天返先天、和顺自然、人我和同、平和中道等一系列养生原理来生活，以使生活能达到健康快乐幸福的目标。

第四，道家文化可以为当代中国人提供幸福生活的养生方法。

道家不仅提出一系列的养生原理，而且基于这些养生原理提出了一系列的养生方法。道家养生方法主要包括：食养、药养、守一、坐忘、存思、存神、行气、胎息、导引、按摩、针灸、辟谷、服食、居处、房中、调摄、内丹术、雅趣、养病等。道家的养生方法涉及人体各方面的调养，及各种养生问题的技术解决。事实上，道家的各种养生方法理论都是基于对人体各方面的调养提出的，具有人体养生的针对性和完整性。按照道家的养生方法进行养生，不仅可以充实人们的生活内容，而且可以提升生活品质，让人生活得健康、快乐、幸福。很显然，道家养生方法不失为当代中国人追求幸福生活切实可行的路径和方法，在这一点上也是其他思想文化体系所难以取代的。

第五，道家文化可以为当代中国人调整生活态度和心态提供良好的思想机制和方法。

对人来说，心态的健康和超脱是幸福生活的关键。当今社会，人们的物质生活水平无疑有了极大的提高，但许多人仍然感到不幸福，究其原因无疑是在对生活的认识和判断上出现了问题，是生活态度和心态出了问题。要解决这一问题，很显然不能靠无限地满足人对物质生活的需要，靠这种办法也是不可能根本解决问题的。正确的方法是调整对生活的态度和心态，通过重新确立对生活的判断标准和判断方式来解决问题。而道家自然无为、虚静超脱的幸福生活价值观，无疑可以更好地调整人们的生活态度，使人们做到更自然、更平和、更超脱地看待生活中的各种问题，并获得更多的平和感、自在感和幸福感。事实上，道家幸福观可能是最能给当代中国人带来生活幸福感的幸福观了。

仙道唯生，别开生面
——养生道教视阈下的陈撄宁仙学思想之文化意义

刘延刚 李 艳[*]

摘 要：在当代新道家的文化复兴思潮中，因科学之名研究道教文化而兴起了一门现代新兴学科"养生学"，其开山大师不是别人，正是仙学大师陈撄宁先生。其仙学独立思想是现代养生学的理论发端。陈氏仙学独立论主张仙学独立、仙道唯生，别开生面地提高了道教的文化地位和战斗力，以养生学为本扩大了道教文化的影响，标志着中国古老养生术向现代生命科学的转型。陈氏筚路蓝缕，开启了中国养生学的现代化之路。

关键词：陈撄宁 仙学独立 养生学 现代转型

在中国传统文化的研究中，继儒学热、佛学热、易学热之后，当代道教研究气象万千，繁花似锦，庶几呈显学之势。在波澜壮阔的中华文化复兴大潮中，有一支队伍旗帜高扬，声震瓦屋，有学者称之为当代新道家的文化复兴思潮，其中因科学之名而研究道教文化兴起了一门现代新兴学科"养生学"，学者们对建立现代养生学的呼声甚高，可以说成了足以影响当代学科建设的构架问题。那么我们不禁反问：以养生道教的视阈来看，现代养生学的鼻祖是谁？他的学术思想对今天的养生学有着怎样的价值和意义呢？笔者认为，这一切都要从近代道学大师陈撄宁先生的仙学独立思想说起。

---

[*] 作者简介：刘延刚，绵阳师范学院图书馆馆长、教授、博士，研究方向：道教、易学；李艳，四川大学艺术学院教授、博士，研究方向：道教、文学。

一、陈撄宁先生的仙学独立论是现代养生学的理论发端

陈撄宁先生由于早年得童子痨，四处求佛拜儒访道而不得法，最终自学《道藏》，而于仙学情有独钟，遂创立仙学。他一再强调仙学是一门独立于三教之外的学术而不是宗教，这是他与传统道教学者的根本不同之处。

唐宋以来中国学术的一个突出表现就是三教合一思想的兴起。无论是隋唐佛学，还是宋明理学，其理论的创新与突破都是在三教合一思想影响下，融摄儒、道、释的思想养料而创建的新体系。儒、道、释互相竞争，又相互涵摄，特别是自中唐以来形成了三教合一的巨大潮流。王家祐先生说："三教合一是北宋以来的时代思潮，是封建中央集权制不断强化的反映。"① 作为宋明理学先驱的北宋五子在《宋史》中，都被列为"道学"。"道学"之名，诚如有的学者所说"似乎反映出儒道融合为一的特征，或者儒者对道家之学的强烈兴趣"。② 而佛教方面，由于在士大夫官僚中，信仰佛教的人们自幼就接受正统的儒家教育，因此经历了数次灭佛事件的僧尼，为了减少本教发展的阻力，也不能不大倡三教融合、互不非毁之论。宋初的佛教首领赞宁就是其中的代表之一。他认为：帝王"为邦合遵于众圣"，如信奉佛教，又能"旁凭老氏，兼假儒家"，则"其于御物也，如臂使手，如手运指，或擒或纵，何往不臧耶？夫如是，则三教一家之物，万乘一家之君"。"况道流守宝，不为天下先，沙门何妨饶礼以和之。当合佛言，一切恭信；信于老君，先圣也；信于孔子，先圣也。非此二圣，曷能显扬释教，相与齐行，致君于羲、黄之上乎？"③ 作为"中国文化根柢"的道教，其文化思想的演进也经历了这种三教合一的汇流。在儒、佛二家思想的影响下，道教三教融合之论也逐渐兴起。宋初，高道陈抟首开道士融合儒、释二氏之先河。④ 此后三教合一思想差不多成了道门中人的普遍共识，宋元时期的道教鼎新，就来源于当时三教融合的思想背景。南宗祖师张伯端在《悟真篇》序中明确说："教虽分三，道乃归一，奈何后世黄缁之流各自专门，互相非是，致使三家宗要迷没邪歧，不能混一而同归矣。"⑤ 因而张伯端之南宗内丹学，即已和禅宗融合。他在《悟真篇》的《后序》中说："故此《悟真篇》者，先以神仙命脉诱其修炼，次以诸佛妙用广其神通，终以真如觉性遣其幻妄，而归于究竟空虚之本源矣。"⑥

全真教的创始人王重阳也力主三教合一之论。他以《道德经》《孝经》《般若心经》教授门徒。他说："儒门释户道相通，三教从来一祖风。"（《重阳全真集》卷一）南宋之际，既是禅宗盛行不衰，也是道学（理学）集大成的时期，许多道士都尽量吸收理学家和禅宗的思想养料来为己所用。"最有力的就是继承张伯端（紫阳真人）的一些道士，被称为南宗五祖的白玉蟾是其中的佼佼者。"⑦ 他把内丹理论与儒学、佛学联系起来，以说明"天下无二道"的道理，并对把儒、

---

① 王家祐：《道教论稿》，成都：巴蜀书社，1987年，第281页。
② 陈少峰：《宋明理学与道家哲学》，上海：上海文化出版社，2001年，第37页。
③ 《大宋僧史略》卷下，《大正藏》卷五十四。
④ 卿希泰主编：《中国道教史》第二卷，成都：四川人民出版社，1996年，第623页。
⑤ 《道藏》第2册，第914页。
⑥ 王沐：《悟真篇浅解》，北京：中华书局，1990年，第450页。
⑦ 葛兆光：《道教与中国文化》，上海：上海人民出版社，1987年，第265页。

释、道拿来比高低的观点进行批驳，试图泯灭三家界限。①

这种三教合一的思想，流风所及，影响到以后明清两代的道教徒。关于明清之际三教合一的思想，唐大潮教授在其专著《明清之际道教"三教合一"思想论》中有详细论述，兹不赘言。

需要说明的是，明清时代的"三教合一""三教同门"思想进一步打破了三教界限。在教理上，他们多讲三教同出一门，云："儒曰存心，仙曰修心，佛曰明心"，标榜在心学的基础上统一三教。李道纯《中和集》中的《炼虚歌》云："为仙为佛与为儒，三教单传一个虚，悉由虚里做工夫。学仙虚静为丹旨，学佛潜虚禅已矣。扣余学圣事如何？虚中无我明天理。"王道渊所填《沁园春》词，亦讲"三教一理"。福建林兆恩自称三教先生，主张以儒家融统佛、道。② 在陈撄宁之前的西派丹法的创立者李西月还著有《仙佛同修说》，大倡三教合一之论。因此儒、释、道三教合一思想不仅是恒久以来的一个传统，而且也是当时的思想潮流。既是潮流，人们便难以免俗，也就你唱我和，而陈撄宁却一反中国文化史上传统的三教合一之说，力主"仙学独立"，认为仙道是三教以外独立的一种学术，无须依靠儒、释、道三家的门户。

陈撄宁在为《定志歌》所加的按语中说："三教一贯、三教合参、三教调和、三教互摄这些论调，我也会说几句。若果说出，想未必有人能够反对，不过我的良心上认为此种论调不适用于现代之时机。所以特地把神仙学术，从三教圈套中，单提出来，另成一派。对于儒、道、释，脱离关系，不受他们的拘束，然后方有进步之可言。否则永远被他们埋在坟墓中，见不到天日。"③ 为此他力辩仙学与儒、道、释三家的不同之处。他说："儒家见解，认为人生是经常的，所以宗旨在维持现状，而不准矜奇标异，因此人生永无进化之可言。释家见解，认为人生是幻妄的，所以宗旨在专求正觉，（这是佛教的本旨，其余都是枝叶。）而抹杀现实的人生，因此学理于事实，常相冲突，难以协调。道家见解，认为人生是自然的，所以宗旨在极端放任，而标榜清静无为，以致末流陷于萎靡不振，颓废自甘。仙家见解，认为人生是缺憾的，所以宗旨在改革现状，推翻定律，打破环境，战胜自然，以致思想与行为，往往惊世而骇俗。非但儒、道、释三家不能融和，即道家与仙家，表面上似乎同隶一种旗帜之下，然二者宗旨，亦难以强同。"④ 另据胡海牙说，他手中还藏有陈撄宁当年给他的手稿《众妙居问答续八则》，其中也谈到儒、释、道、仙四家的不同之处：

> 儒家人生观是庸常的，其宗旨在率由旧章，其流弊则尊古卑今，而妨碍民族社会之进步。如中国妇女缠足的习惯，历代儒家从来不肯提议改革，可见他们保守性何等顽固。（缠足是民间恶习，并非先王的礼教，也不是后王的法制，何必要保守？）
>
> 释家宗旨在明心见性，其思想与现实有异，而理事不能无碍。
>
> 道家人生观是自然的，其宗旨在清静无为，其流弊堕于消极的厌世主义，而放弃有为之事功。（道家是庄子的大病，老子尚不如此。）

---
① 唐大潮：《明清之际道教"三教合一"思想论》，北京：宗教文化出版社，2000年，第107页。
② 胡孚琛、吕锡琛：《道学通论》，北京：社会科学文献出版社，1999年，第351页。
③ 《中华仙学》，台湾真善美出版社倡印，香港陈湘记书局出版，1978年，第941页。
④ 同上，第954—955页。

> 仙家人生观是缺憾的，其宗旨在改造自然，其流弊则不求实践，而变成虚伪荒诞的神话。①

众所周知，道家在先秦是一个重要的学派而不是宗教，而道教产生以后，奉老子为教主，才成为宗教。道教发展到后来实际上是消融了道家思想，所以后来人们所称的"道家"实际上指的是道教了。陈撄宁在这里强分仙、道，实际上他所说的道家仅指老庄学说而不是道教，他批评的道家主要是批评庄子，可见陈氏是将道家与道教区别开来的。但他在这里所谓的"仙家见解"实指道教传统之神仙学，是道教"我命在我不在天"的现代阐释。

在陈撄宁的仙学思想中，他把仙学独立看得非常重要。在《答张化声先生》一文中他说他本人对于儒、释、道三教并不想议其得失，免启无谓之争。"今只将仙术从三教范围中单提出来，扶助其自由独立，使世人得知儒教、释教、道教而外，尚有仙教，理学、佛学、玄学之外，尚有仙学，于愿已足。较之中华民国，从列强条约层层束缚中，努力挣扎，以求自由独立者，其用意正复相同。"② 把仙学独立与中国的自由独立相提并论，这意义本身就非同凡响。因而其态度也就非常坚决，并不余遗力地对任何三教合一的思想给予批评。在《北平学院胡同钱道极君致陈先生函》一文按语中，他认为，神仙学说，其来有自，"后人七扯八拉，把神仙学说混入道教之中，又把道教混入佛教之中，又把佛教同儒教联合起来，于是乎三教一贯的招牌就出现于世了，一方面学仙，一方面讲道，到了结果，仙也学不成功，道也讲不圆满。自北七真祖师王重阳以后，皆是如此"。③

在陈撄宁看来，仙学不仅要早于儒、释、道三家，而且本身要高于儒、释、道三家，除了上文所引他谈到儒、释、道、仙宗旨不同，明显倾向于仙学优越论之外，在《众妙居问答》一文中他还说：

> 理学乃儒家之学，如周、邵、程、朱、陆、王等所讲之学是也。彼等皆偏重世间做人的道理，充乎其量，亦不过希圣希贤而已。假使我等嫌普通人类之能力薄弱，不肯自满自足，而必欲求一超人之学术，彼等理学家就瞠目结舌，不知所对。这是理学家的缺点，若仙学则可以补足此缺点而有余。

> 佛学乃释家之学，既不免与世间做人的道理相冲突，又同仙道立在反对的地位。佛之宗旨要"无我"，仙之宗旨要"有我"。佛不敢和宇宙定律相抵抗，眼见世间生老病死，成住坏空，一切现象，难以避免，故说"诸法无常"；仙要打破宇宙之定律，不肯受造化小儿之戏弄，不肯听阎王老子之命令，故说"长生不死"；佛最后之结果是入涅槃，涅槃之表示就是死，涅槃之意思就是寂灭；仙最后之结果是白日飞升，飞升之表示就是不死，飞升之意思就是脱离凡界而升到仙界，永远不会寂灭，但亦非如佛教行十善道后死后升天，念阿弥陀死后升西天之说。此皆仙学与佛学大不同处。

---

① 据胡海牙转发陈撄宁《众妙居问答续八则》，《上海道教》1998年第1期。
② 《中华仙学》，台湾真善美出版社倡印，香港陈湘记书局出版，1978年，第832—833页。
③ 《扬善半月刊》第19期，上海图书馆合订影印本，第294页。

唐朝尝列之于官学，凡习老子、庄子、文子、列子各书者，在当时皆称为玄学。此等书中虽亦偶有关于修养之言，然总不能称之为丹经，不能认其为仙学。又如玄旨、玄妙、玄悟、玄言、玄谈、玄机、玄览等，凡带上一个玄字的，都有点令人难以捉摸。仙学乃实人、实物、实情、实事、实修、实证，与彼专讲玄理之事不同。故只能名之为"仙学"而不能名之为"玄学"。①

陈撄宁对原始儒、释、道后来的表现形态"理学""佛学""玄学"的宗旨及其比不上仙学之处的缺点都一一给予指出。因而在陈撄宁看来仙学应该是世界上最高最好的学问了："其实我丝毫没有迷信，惟认定仙学可以补救人生之缺憾，其能力超出世间一切科学之上。凡普通科学所不能解决之问题，仙学皆足以解决之，而且是脚踏实地，步步行去。既不像儒教除了做人以外无出路，又不像释教除了念佛而外无法门，更不像道教正一派之画符念咒，亦不像道教全真派之拜忏诵经。"②既然仙学是这么好的学问，所以他坚决反对任何形式的附会和混同。《前安徽师范学校学生致其教授胡如渊君研究内丹十二函》陈撄宁所加按语说："儒、释、道、仙，四家的宗旨，截然若异，学者每每分不清楚，若非笼统混作一谈，即是彼此互相攻击，甚至一家之内，亦复各树旗帜。在立说者本是发挥自己的意见，原无不可，但因此就苦了学人。弄得左右为难，进退失据，几乎动辄得咎。所以读书求学之事，要有天才，方能不被前人所惑。"③他认为以前的道士讲三教合一，混仙术于三教之中，是为了讨好当时占文化主流的儒、释、道三家，特别是不在同一阵线上的儒、释二家，结果反而不得其好而招致骂名，羞辱了仙家门庭。

"自来儒教徒常骂二氏曰异端，是佛、老全非，释、道并斥也。佛教徒常骂仙家曰外道，曰邪教，而不及儒。盖畏儒教势力之盛不敢撄其锋，见仙教人才之衰，遂肆其狂吠也。仙学书籍开口就是三教一贯，终未肯独树一帜，并喜援引儒、释二教书中义理与名词以自重，惹人厌恶鄙弃而不知，究竟何居心耶？"④其愤怒之情不可遏，大有当年鲁迅先生对阿Q的"哀其不幸，怒其不争"之态度了。在他看来，"宋元以降，三教混同，仙风寥落，修炼之徒，时而高谈《大学》《中庸》，时而讲究《金刚》《圆觉》，时而牵涉《道德》《南华》。竟不知结果走到哪一条路上去？做出书来，立足点又欠稳妥，一面受儒家之批评，一面受释家之攻击，一面与道家清静无为乐天安命一派，根本又不能调和，终至左右为难，进退失据，真所谓弄巧反成拙也"。⑤

无论如何，陈撄宁认为受三教合一思想的影响，仙学从来没有获得过独立的资格，历史上的神仙家们往往躲在儒、释、道三教的"圈套"中，借用三教的名词义理，"秘密工作，永不公开，务其实而讳其名"，所以造成了有仙无学的局面，"故愚见非将仙学从儒、释、道三教束缚中提拔出来，使其独立自成一教，则不足以绵延黄帝以来相传之坠绪。环顾海内，尚无他人肯负此责，只得自告奋勇，尽心竭力而为之耳"。⑥

---

① 《中华仙学》，台湾真善美出版社倡印，香港陈湘记书局出版，1978年，第660—661页。
② 同上，第332页。
③ 同上，第1页。
④ 同上，第656页。
⑤ 同上，第15—16页。
⑥ 同上，第191页。

在这一点上，陈撄宁旗帜非常鲜明，态度异常坚决。他说："余观古代真正神仙家，皆具耿介拔俗之标，潇洒出尘之想，孤芳自赏，虽集众毁，不足以动其心，卓识艰凝，纵遇圣智，亦不为之屈，固无须借重他人之言论，以掩护自己之畸行。"① 在《辨命歌》中，他进一步表述了仙学独立思想的提出对于仙道事业发展的重大意义。"夫士各有志，原不必人人共趋一路。但宗旨不能不决定，言论不能不彻底，门径不能不辨别，旗帜不能不鲜明。否则仙佛圣贤，混作一堆，老庄钟吕，粘成一片，令后之学者，何所适从乎？余本不反对儒、释、道三教之宗旨，但不愿听神仙学术埋没于彼三教之内，失其独立之资格，终至受彼等教义之束缚，而不能自由发展，以故处处将其界限划分明白，俾我中华特产，卓绝千古的神仙学术，不至遭陋儒之毁谤，凡僧之藐视，羽流之滥冒，方士之作伪，乩坛之乱真。自汉明帝以来，一千八百七十余年，佛教徒所给与仙学界恶嘲谩骂之丑声名，于兹刷尽。自金世宗以来，七百七十余年，北七真所给与仙学界三教同源之假面具，一旦揭开，岂不快哉！岂不快哉！"② 因为提出了仙学独立这一划时代的论断，而发出了"岂不快哉！岂不快哉！"的感叹，陈撄宁都在为他自己喝彩了，可见陈氏本人也认为，这是其新仙学最出彩的地方。

为了支撑他的仙学独立论，陈撄宁煞费苦心地总结出五个方面的论据：

第一，从历史上看，神仙学术的出现早于儒、释、道三教的产生。

第二，三教信徒可以自由地从事修炼仙学的活动，而对于其本教毫无妨碍，甚至一教不信者更适合于学仙。

第三，历史上许多著名的神仙家都不是三教中人。

第四，仙学与宗教有截然不同的性质，二者属于不同的思想体系和学术领域。

第五，仙学是与造化分权的学问，这与其他任何一门世间的学问都不同。

关于以上五点本人的《陈撄宁与道教文化的现代转型》一书有详细论述，这里不再赘言，有兴趣的朋友可以去读一读。

众所周知，神仙思想是中国道教带有特色性的根本内容，"宗教职业者是宗教的要素和标志之一。用这一观点来衡量，道教萌芽于春秋战国时期，神仙方士为其标志"。③ 而道教正式产生后，修道成仙的思想也一直是道教的根本精髓所在。那么，陈撄宁为什么要主张仙学独立呢？其实这正是他为弘扬道教文化，开创道教现代化之路的良苦用心。这就是他采取的适应现代科学的挑战迂回曲折地继承"道统"的"积极"办法。④ 其目的不在于与儒、释、道三家划清界限，而在于与当时人们普遍批判的宗教迷信划清界限，以适应时代需要，免得道教被科学打倒。"顿观全世界所有各种宗教，已呈强弩之末，倘不改头换面，适应环境，必终归消灭。所谓异教纷争者，亦不过最后五分钟之挣扎而已。"所以仙学应该从宗教中独立出来，"否则宗教迷信有朝一日被科学打倒之后，而仙学亦随之而倒，被人一律嗤为迷信。正应着两句古语：'城门失火，殃及

---

① 《中华仙学》，台湾真善美出版社倡印，香港陈湘记书局出版，1978年，第15—16页。
② 同上，第954—955页。
③ 朱越利：《道经总论》，沈阳：辽宁教育出版社，1991年，第1—2页。
④ 参见刘延刚：《陈撄宁仙学思想的现代性特点》，《社会科学研究》2004年第3期。

池鱼',岂不冤枉?"①

正因为看到宗教在现代文明中的严峻形势,陈撄宁才倡言仙学独立,这正是其创造性地变革道教思想的根本动机之所在。

然而他这一变革,意义却非同小可,这就是撇开宗教藩篱而催生了一门新的学科——现代养生学。在这一点上,当代养生学研究的专家杨玉辉先生似乎也意识到了这个问题。他说:"早期道教养生研究多半是随着20世纪80年代的人体科学和气功热开始的,而在这之前则有陈撄宁、萧天石两位道教养生研究的开拓者。"②他列陈、萧二人为道教养生研究的开拓者,实际上萧天石比陈撄宁晚了一二十年,只能算是陈撄宁的学生辈。所以我们可以肯定地说,现代养生学理论的开山人物非陈撄宁莫属。无论是萧天石、胡海牙、胡孚琛还是今天众多的道教养生学专家都是接着陈撄宁讲的,也没有人可以绕过他去讲现代的养生学。

那么,陈氏以仙学独立论来提倡道教的养生学对于道教文化的复兴和发展有何重大作用呢?

二、仙学独立论以养生学为本扩大了道教文化的影响

在陈氏看来,面对科学的挑战,宗教本身就处境不妙了,而各种宗教的纷争,就更加剧了这种危险。所以他不想让中国的仙道在这些纷争之中遭受灭顶之灾。在《众妙居问答》一文中他说,以前的学仙之人,"常隐藏于儒、释、道三教牌名之下,不肯出头露面大胆承担。请看《参同契》冠以《周易》之名,并引伏羲、文王、孔子以自重。《悟真篇》又牵涉老子《道德经》,如'大小无伤、虚心实腹、左右军、休轻敌、他主我宾、谷神玄牝、异名同出、恍惚杳冥、有无相入、归根复命、祸福倚伏'各等语,皆从《道德经》原文脱化而出。后来如《仙佛同源》《仙佛合宗》《性命圭旨》《慧命经》等书,又将佛教拉入仙学之内。而佛教徒绝对不肯承认,常骂为邪说,斥为魔民,请看《印光法师文抄》,即可略见一斑。故自汉朝至现代,此二千年间,遂成为有仙无学之局面。非真是无学,因这班学仙的人,将儒、释、道三教之名词与义理,混合组织,做成遮天盖地一个大圈套。彼等躲在此圈套中,秘密工作,永不公开。务其实而讳其名,如此圆滑行藏,常常招惹儒教之拒绝,释教之毁谤。甚至于道教徒亦根据老庄'清静无为'为旨,而不信有神仙。彼仙学者流,竟弄得东家不收,西家不纳,进退失措,左右为难。余今日迫不得已,将仙学从三教圈套中单提出来,扶助其自由独立,摆脱三教教义之束缚,然后方有具体的仙学之可言"。③仙、道难分,而陈撄宁却要强分仙、道,这在当时有人就向陈撄宁提出了质疑,陈撄宁自己也知道他分仙、道为二的说法是很难自圆其说的,因为他本人的表述事实上也时时现出矛盾

---

① 洪建林编:《仙学解秘——道家养生秘库》,大连:大连出版社,1999年,第164页。
② 杨玉辉:《道教养生研究三十年综述》,盖建民主编:《回顾与展望:青城山道教学术研究前沿问题国际论坛文集》,成都:巴蜀书社,2017年,第805页。
③ 陈撄宁:《道教与养生》,北京:华文出版社,2000年,第406页。

之处，不管是在《扬善半月刊》还是在《仙道月报》上，他有时称他专提仙学，有时又说他在弘扬道教。陈撄宁自己也似乎意识到了这一点，所以他在《答拙道士黎道人二君》一文中，剖露了自己的心路历程："承嘱加强仙学之机构，团结仙道之精神，辟开道眼之宣传，勿使仙道之分裂。鄙志本来如此，请观拙作《中华道教会宣言书》一篇，即是将道教、孔子、诸子、百家、正一、全真、南宗、北派，宗教思想，神仙学说，民族精神，三民主义，新生活运动，混合团结而不可分也。又一篇，名《四库提要不识道家学术之全体》……更可见仆弘道护教之微意矣。无奈当今之世，轻视道教者，实繁有徒。请看商务、中华两家出版书籍，凡关于道教者皆无好评。而且道教史中，居然有佛教痛骂道教之语。《道教概说》《道教源流》等书，亦复偏袒佛教。仆自感才疏学浅，又苦于辅助之无人。若就道教立场与彼等做笔战，设不幸而失败，恐重累及道教之全体。故将阵线范围缩小，跳出三教之外，以仙学为立足点，而抵抗彼等之进攻。苟受挫折，亦不过损我一人之名誉，与中华整个之道教固无伤也，并且不至于引起儒、道、释三教之争议，愚见认为此为最妥善之办法，故改变以前之论调耳。"① 不与科学和其他宗教正面冲突，缩小阵线免得伤及整个道教，以利于更好地应对时代的挑战，这就是陈撄宁提倡仙学的出发点。

陈撄宁大倡仙学独立论，笔者认为至少有两点作用是非常明显的。

第一是提高了道家文化在中国文化中的地位，提高了道教在佛、道文化之争中的战斗能力。

自佛教传入中国并成为中国传统文化的三大主干以来，儒、道、释三教之争，是中国文化史上一个久悬不解的问题。其中儒、道之争主要是土生土长的两家文化谁主谁从，也就是到底谁该居中国文化正统地位的争论，而道、佛之争则是两家文化谁高谁低、谁优谁劣的争论。从整个中国封建社会的历史来看，除了六朝和隋唐出现过一点小波动而外，自汉武帝罢黜百家、独尊儒术以来，儒家一直处于大一统的独尊地位，而道、佛两家则一直争斗不息。相比较而言，由于佛教势力强大，两家争斗的结果往往又是作为本土宗教的道教反而败多胜少。这种情况到了陈撄宁所处的民国时期，尤显突出，当年《扬善半月刊》编辑部在钱道极、陈撄宁通函附编者按语中就说："唐朝以前，道教与佛教之争论最盛，宋朝以后，道教势力渐渐衰微，明清以来，只看佛教徒摇唇鼓舌，道教徒一声不响，噤若寒蝉……今日道教已不成其为教了，若再不提倡，恐怕就要消灭。"②

而陈撄宁仙学独立思想的提出，让道家文化别开生面，至少在道教徒看来，让他们取得了竞争的主动权。自唐宋以来，儒、道、释的大师们都主张三教合一，而陈撄宁一反传统，提倡仙学独立，这在当时佛、道两家的文化圈中引起不小震动，不仅道门中人为之欢呼鼓舞，一些对道教养生学感兴趣的佛门弟子也中途倒戈加入陈撄宁的阵营来弘扬仙道。如佛门中被人称为"羽扇纶巾儒服道冠"的张化声，本来是追随太虚从事佛化新运动的干将，在陈撄宁的影响下，离开武昌佛学院，与二三羽士把臂入林，日夕谈道，被僧人骂为"在佛法的大幢下卖仙道的狗皮膏药"。③

---

① 《中华仙学》，台湾真善美出版社倡印，香港陈湘记书局出版，1978年，第833—844页。
② 《扬善半月刊》第19期，上海图书馆合订影印本，第294页。
③ 《中华仙学》，台湾真善美出版社倡印，香港陈湘记书局出版，1978年，第839—841页。

而张化声并不理这一套，反而对陈撄宁的仙道事业更加投入。在陈撄宁仙学独立思想的影响下，《扬善半月刊》在第六十三期发表了钱心《仙佛判决书》一文，历数仙道之优，佛教之劣。钱氏文章发表后引起轩然大波，圆成作《闲话》诅咒钱心，汪伯英作《读仙佛判决书的感想》、王隐作《读仙佛判决书的平心论》等为钱心助阵，俨然佛、道之争的一场厮杀。这在近代史上算是佛、道之争的一场经典大战。在这场仙、佛之争中，陈撄宁的战斗姿态非常鲜明，在《致湖南宝庆张化声先生书》一文中他说："拙作口气，皆是锋可吹毛，刚能截铁，一动笔就开罪于人。"① 可见当年陈撄宁的文章恰如鲁迅先生的"投枪匕首"，充满了战斗精神。陈撄宁的仙学独立论似乎长了道门中人的志气，在一定程度上提高了道教在当时的地位。这一点陈撄宁本人对自己的评价也谦虚中不免带有骄傲的口吻："扬善刊中材料，虽以拙稿为最多，然非如尊论所谓公开示世，仅仅为仙道争回一点立足之地而已。"②

第二，将道教生活化、普适化，提高了道教适应现代社会的能力。

"宗教的世俗化是一个必然的历史过程，它是随着人类社会经济、政治、文化的发展而变化的，这体现了宗教历史发展过程中的客观规律性。"③ 陈撄宁的仙学独立思想将以前秘而不宣的道教炼养学从神学的樊篱中开拓出来，成为普适性很强的中华道家修炼养生学。"他将古代仙术提升为仙学，使之成为一门独立的光明正大的哲学体系。从道教的发展史来看，前期成仙之丹道重术而轻学，故称为功法；后期之内丹道，援佛融儒而失却自家面目。而陈的仙学，扬弃术数、科仪而凸显仙道，虽融摄佛、儒而不依傍他人门户，遂使仙学成为可以和儒、释、道并驾齐驱的安身立命之道，并使道教进一步世俗化和生活化。他认为这样做的一大好处就是打破了界限，一切人都可以修炼仙学，不仅三教信徒可以自由从事炼丹活动，并于其中毫无妨碍，而且一教不信者更适合学仙。所以他开辟的仙学道路，不局限于出世、入世，不局限于儒、释、道三教，不局限于清修、双修，不局限于内丹、外丹，不局限于山林、闹市，不局限于自度、度人，不局限于宗教、科学……"④ 将道教生活化、普适化的特色非常明显。

老实说，仙学要打破界限，这一思想并不自陈撄宁始，伍守阳就曾经提出过这个问题。

伍守阳《仙佛合宗语录》就曾云："遇有仙可学则学，仙即佛也；遇有佛可入则入，佛即仙也。"⑤ 事实上也就是承认了不必拘泥于一教一宗，只要能从根本上认识到儒、释、道旨同、源同、无分别，就不在于是否出家，是否为儒为释为道；按照三教圣人的教导行事，人人可以成为仙、佛、圣。这对陈撄宁有启发之功，就这方面来说，陈氏的仙学独立与伍守阳的三教合一有异曲同工之处。但伍守阳讲人人都可以为仙为佛为圣是从三教合一的立场出发，还没有完全摆脱宗教的框框；陈撄宁讲人人都可以自由修炼仙学是从仙学独立的角度出发，是把它当成一门不同于一般神性宗教的特殊学术来看待的。所以在他看来他不仅打破了三教的界限，而且冲破了宗教神

---

① 《中华仙学》，台湾真善美出版社倡印，香港陈湘记书局出版，1978年，第824页。
② 同上，第290页。
③ 陈麟书、陈霞：《宗教学原理》，北京：宗教文化出版社，2003年，第234页。
④ 田诚阳：《仙学详述》，北京：宗教文化出版社，1999年，第18—19页。
⑤ 《藏外道书》第5册，成都：巴蜀书社，1994年，第699页。

学的樊篱，离世俗社会也就更近了，群众性也就更强了。

在陈撄宁的影响和带动下，20世纪三四十年代在《扬善半月刊》和《仙道月报》的旗帜下，无形中形成了一个引科学以弘扬仙道的陈撄宁学派，受陈氏仙学思想影响的一些仙道爱好者甚至一些科学工作者纷纷发表仙学研究之文章。如纯一子《佛经仙道与科学之研究》称：对于人的衰老病死之原因，各国学者亦无确实之证明，德国发明青春腺接种之术，有很多局限，"远不若我国之金丹大道，能改造体质之自动力，生理上起逆行之变化，初步之炼精化气，已有返老还童之效。照科学原理，实是医化变态成电子。中步炼气化神者，乃炼化万灵电子自由凝集之法，能独立随意运用其原始灵明之力，脱离身体物理精妙机器之构造，瞬息万里，如电之神妙无比也。最后之炼神还虚，炼虚合道者，乃炼化随意运用之电子，由渐而化为无极之元始子矣"。"昔日讲仙论佛，为神之境地，在今日已渐趋知的范围，所谓先天之原始祖气，可以明矣。"①

净心子《科学应和仙学合作说》主张以"仙学"济科学之弊，要融化"科学""仙学"于一炉，科学家要放下架子去请教仙学家，仙学家要打破密传成规，热心贯通科学，与科学家合作。②

王又仙《科学与仙学之比较》认为："新时代人类，受科学发达之影响，对于宗教已失其信仰，假使此后科学知识愈进步，则宗教势力必愈见退化，将成为反比例。只有仙学堪称之劲敌，甚或能驾而上之，因为科学家素日穷思极想未能达到之目的，在仙学家容有实现之可能也。"③ 医学博士、理学博士施毅轩作《仙道与脑细胞之有关系》《到四次元宇宙去》论证仙学合于科学之处多有发明，陈撄宁还于后者多处加按语以评述之。从内容上来看，这些关于科学与仙学之关系的文章都程度不同地受到了陈撄宁带有科学理性思维之仙学思想的影响，与陈撄宁的仙学思想形成了时代的合唱和共鸣，从而扩大了道教文化的影响。

至于陈撄宁的仙学对于现代养生学具有的重大意义，本人认为最根本的就是它促成了传统养生术向现代养生理论的转化。

三、陈撄宁仙学体现了从中国古代养生术到现代生命科学的转型

陈撄宁主张仙学独立，表面上是要与宗教划清界限，免得仙学被科学打倒而影响到整个道教，而实质上是想调适道教养生学与近代科学的关系，以发展道教养生学。其手段在当时应该说是先进而又积极的，其积极的作用就在于将仙学作为一门特殊的科学来对待。这对当今的生命科学应该说是有酵母作用的。

陈撄宁的学生胡海牙先生在《谈陈撄宁天元丹法中的科学性》一文中就从现代医学的观点来看待陈氏的清静功夫，指出了其契合现代科学的诸多之处。如文中说："现代医学认为，人体是

---

① 《扬善半月刊》第19期，上海图书馆合订影印本，第86页。
② 同上，第148—150页。
③ 《仙道月报》第25期第2版，民国三十年一月一日，上海图书馆影印本。

一个极为复杂而高度有序化的物质运动结构，而维系这个结构的，则是大脑与中枢神经……大脑和中枢神经的功能一旦失调，人体将失去平衡，疾病、衰老、死亡等现象就会随之而来。而静功的修炼，则能有效地保持和发挥大脑和中枢神经的作用。"文中还说："现代科学证明，静功的修习不仅对一般的精神紧张、焦虑等有显著的疗效，而且也适用于各种身心疾病。"① 不仅如此，蒲团子还说："胡海牙还在陈氏《静功疗法》'听呼吸'的基础上，创编了'听皮肤'的法门，经实践，在治疗、养生中效果颇佳。"② 我们之所以称陈撄宁的仙学思想是中国道教文化现代转型的典型代表，是因为道教文化的精华在于长生成仙说也就是养生学，而陈撄宁于此是做出了重大的现代性贡献的。牟钟鉴先生将长生成仙说划分成五个阶段：第一阶段从先秦到两汉，道教处于孕育和生长时期，长生成仙说尚无理论形态，主要表现为神话传说和方术。第二阶段从汉末到魏晋南北朝，道教正式诞生，长生成仙说主要表现为金丹成仙之道。第三阶段为隋唐时期，道教重玄学出现，在老庄和佛教哲学的双重影响下，长生成仙说的内涵发生重大变化，它不再执着于追求肉体长生，而转向心性炼养，可称之为重玄炼性之学。第四阶段是宋元金明清时期，全真内丹兴起，长生成仙说落实为修纯阳之体，丹功的中心在炼养阳神，可称为内丹阳神之说。第五阶段是民国时期，代表人物是道教学大师陈撄宁。他全面总结了以往丹学的学说，努力吸收现代自然科学成果，在此基础上提出自己的新仙学，用理性化的词汇重新解释了长生成仙之说，其特点是力图把仙学改造为一种生命科学，同时保持着宗教信仰的色彩，可以称之为科学与宗教杂糅的长生成仙之说。他用唯生论的观点看待仙学，表示：当兹生物学、生理学、生殖学、生态学、发生学、化学、物理学等大用之时，似宜适应新潮，将仙术建在科学的地平线上，俾唯心唯物之粗暴权威，消融于唯生的大化炉中，造成升平和乐的世界。这一设想表示了他要纳仙学于生命科学的愿望。③

民国以来，许多中国人接受了西方的理性科学，视道教长生成仙说为白日梦幻，视斋醮符箓为世俗迷信，因而予以抨击或冷落。教内缺少大师级人物出来开拓建设，因循守旧，不图进取，道教文化的丰富资源得不到深刻的理解和有效的开发利用。而这一历史重任在近代是由居士出身的道教学者陈撄宁来担当的。

比较集中而系统地代表陈撄宁仙学思想的是《众妙居问答续八则》，在其中陈撄宁讲了仙学的内涵、历史、与儒释道宗旨的区别、仙学与哲学和科学的关系、仙学与进化论之问题、长命世界的理想的可能性等问题。而这篇答高尧夫的书信是以小论文形式出现的，时间在1937年，而文章的内容则作于十七年前即1920年，因为文章一开头就说："'仙学'二字之界说，恐人不易明了，今附抄十七年前拙作数条于后。"由此可以看出，就道教养生学开始向科学靠拢这一意义来说，陈撄宁做道教文化转型的工作要早于冯友兰等人做儒家文化转型的工作。

胡海牙说："陈撄宁先生虽然不能算是仙学的成功者，但他为中华仙学做出的贡献与其为仙

---

① 胡海牙：《谈陈撄宁天元丹法中的科学性》，《上海道教》2003年第1期。
② 同上。
③ 牟钟鉴：《长生成仙说的历史考察与现代诠释》，《上海道教》1999年第3期。

学所建立的理论,却为我们后学者学仙了道指明了道路,故有人曾予陈撄宁先生冠以仙学派的开山祖师也不为过。"① 从现代养生学的角度来看,胡海牙先生这一说法是有一定道理的。如果对中华道家养生学的整个历史进程来进行考察,前期成仙之丹道,重术而轻学,故称为功法;后期之内丹道,不但援佛融儒空谈心性而失却自家面目,而且隐语暗喻等易象思维的大量运用使大量丹经成为人们看不懂的天书。陈撄宁引入科学理性,以现代语言将这些秘而不宣的中国古代道术进行重新阐释,使中华仙学这门古老而年轻的学问具有了现代养生学的胚胎和萌芽,这对现当代的人体科学是有很大贡献的。可以说,陈撄宁先生是筚路蓝缕,开启了中国养生学的现代化之路。

---

① 据胡海牙转发陈撄宁《众妙居问答续八则》,《上海道教》1998 年第 1 期。

全真教史家姬志真及元仁宗延祐六年《云山集》的史料价值

张广保*

摘　要：姬志真是蒙元时期全真教重要的教史家之一，也是道教史上最后一位有影响的重玄学家。他为金元时期全真教史的书写与编纂做出了重要贡献。他又传承郝大通、王志谨宗系，并于元世祖中统二年王志谨逝后，接任该宗宗主之位。《道藏》本《云山集》分为八卷，收入太平部。实际上这是一个残缺本。国家图书馆收藏并影印过元仁宗延祐六年（1319）全真郝大通、王志谨一系高道李怀素所刻《云山集》，其元刊本虽然只残存三卷，然而刚好是《道藏》本缺损的部分，其内容大多关涉全真教理、教义、教规及修炼法门，对于我们了解姬志真有关教理、教义、教规的思想有重要的史料价值。

关键词：元刻《云山集》　姬志真　全真教史家　重玄学家

姬志真（1193—1268），俗名姬翼，字辅之，自号紫微野人、夷山老人、知常子，泽州高平（今山西高平）人。原籍陕西长安，后因祖先在山西高平为官，因而占籍是地。原本姓雍，因避金世宗完颜雍名讳，改姓姬。姬志真是蒙元时期全真教重要的教史家之一，也是道教史上最后一位有影响的重玄学家。元世祖至元四年（1267），元廷宣诏赐予其"文淳德懿知常真人"称号。元代全真教著名教史家李道谦为其撰写了传记《知常姬真人事迹》，收入《甘水仙源录》卷八。王鹗、裴宪都为他的《云山集》撰有序文。姬志真的生平著作除《云山集》见于《道藏》之外，另外还有《周易直解》《道德经总章》《冲虚断章》《南华解义》，今均已佚。值得注意的是，姬志真的这些注释之作都是围绕着玄学展开的。其四部注解著作中包含魏晋玄学倡导的三玄即《周易》《老子》及《庄子》。《列子》一书，自东晋张湛注释之后，在南北朝之后的玄学发展中颇有后来居上之势。再联系海迷失后二年（1250），全真掌教宗师李志常在全真教总部长春宫创立玄

---

*　作者简介：张广保，北京大学哲学系教授、博士生导师。

学教席，这说明全真教有意识地复归道教传统，接续历史上道教玄学、重玄学的道统。关于这一点，过去学术界研究全真教的学者都未予注意。

《云山集》今存于《道藏》。在此需要指出的是，《道藏》本《云山集》分为八卷，收入太平部。实际上这是一个残缺本。国家图书馆收藏并影印了元仁宗延祐六年（1319）全真郝大通、王志谨一系高道李怀素所刻《云山集》，该版框高234毫米，宽161毫米，题五卷，现残存三卷，即卷三至卷五。这个版本的刊刻距离姬志真仙逝仅五十一年，比《道藏》本《云山集》早一百二十五年，具有非常重要的价值，有助于《道藏》本《云山集》的校勘。最重要的是，李怀素刊刻本虽然只残存三卷，然而刚好是《道藏》本缺损的部分，这真是天不丧斯文！①

一、为郝大通、王志谨宗系书写教史的姬志真

姬志真是蒙元时期全真教重要的教史家，为金元时期全真教史的书写与编纂做出了重要贡献。他传承郝大通、王志谨宗系，并于元世祖中统二年王志谨逝后，接任该宗宗主之位。该宗由于王志谨早年开宗于盘山（今天津蓟州区），故学界又称为盘山派。其后王志谨又于汴梁王重阳升霞之地创建大朝元万寿宫，此宫成为该宗在元代的弘教基地。

1. 姬志真的生平与入道

姬志真主要为郝大通、王志谨宗系书写宫观碑铭、高道传记，他书写全真教史的过程充分反映了元代全真教宗系分化的历史过程。因此，我们考察他的教史书写应围绕这一主线来进行。姬志真早年业儒，蒙古太宗六年（1234），金朝灭亡，姬志真四十二岁。此年郝大通弟子王志谨演教冀州南宫，遇姬志真，双方道缘成熟，姬志真于是拜王志谨为师，从其出家学道。王志谨赐其道名志真，道号知常子。李道谦《知常姬真人事迹》载云："甲午，栖云王真人演教诸方，道出于此，师一言相契，遂执弟子礼，赐名志真，号知常子。自是从游盘山，颐真养浩，大蒙印可。"②《道藏》本姬志真《云山集》卷二载姬志真《寄南宫旧友》诗两首，回忆其当年居留南宫的生活：

其一

鼓笛声中上戏场，妆成模样作趋跄。

不知造物闲般弄，空使傍人话短长。

伎俩呈来干懡㦬，机关识破绝商量。

虚堂月白风清夜，坐对温炉一灶香。

---

① 《道藏辑要》也收录有一种不分卷的《云山集》，经笔者比对，其语句与《道藏》本完全相同，可以肯定是源自《道藏》本。
② 《知常姬真人事迹》，（元）李道谦：《甘水仙源录》卷八，《道藏》第19册，第792页。

其二

自笑从来底许迷，欲寻东海却投西。

怨恩尔汝何须说，非是翻腾不可齐。

世味嚼开浓似蜜，物情勘破醉如泥。

而今各得心无用，月在青天水在溪。①

寓居南宫的生涯，反映出姬志真早年一直四处漂泊，居无定所。依据目前的材料推测，姬志真此次居南宫，当属寓居。关于姬志真入道的确切时间，全真碑刻史料记载不清楚。由《云山集》所载诗来看，姬志真应该在客居南宫时就已入道，其入道可能受到族人姬志玄的影响。据元好问《明阳观记》记载，姬志真族人洞明子姬志玄，曾经师礼丘处机，并亲蒙赐号崇道大师。可见姬志玄拜礼丘处机最迟应在1227年即丘处机仙逝之前。又据中统二年姬志真所撰的《创建清梦观记》碑，姬志玄早在金宣宗贞祐（1213—1216）时期就加入了全真道，这说明他是较早一代的全真高道，其年辈应在姬志真之前。姬志玄在家乡弘道成绩斐然，元好问撰于1244年的《明阳观记》称："独炼师一出，州之人翕然归之，虽稚子辈，亦为起信而起敬。古所谓存乎其人，乃今见之。"②姬志玄自元太宗元年即1229年始，就一直在山西老家传教，姬志真接触全真教或许应受到他的影响。因此，我判断姬志真正式加入全真道应在师礼王志谨之前。

2. 为王志谨开创的盘山派书写教史

上引李道谦《知常姬真人事迹》文中提到的盘山，位于渔阳西北即今天津市蓟县，因先秦时田盘先生在此修道，因而得名。盘山原系一座佛教名山，金蒙易代之际，因为连年战乱的破坏，此山佛教寺庙破坏殆尽。成吉思汗十五年（1220），王志谨门人张志格重新开拓此山，于中盘法兴寺废址创建全真宫观，并请栖云安住。其后丘处机又为宫观赐名栖云观。这表明丘处机正式认可王志谨开宗立派之地位。自此之后，盘山就成为郝大通、王志谨一系早年重要的弘教居地。据此，我们称这一宗系为盘山派。③姬志真《云山集》云："（丘处机）门下有栖云子者，密通玄奥，颇喜林泉，飞舄择地。其徒有张志格等，庚辰岁，预及此山，薙荒撇径，披寻故址，巧与心会，遂营卜筑。辛巳春，承本州岛同知许公，议请栖云真人住持此山，应命而至。居无几，参学奔赴，虚往实归，日数之而不及也。席下皆茂德耆宿，履践皆抱朴明真。徒辈日增，遂营为观。"④

宪宗二年（1252），姬志真为同宗高道王志谨弟子儒志久所创清华观撰作《咸宁清华观碑》。碑文记述王志谨弟子儒志久在陕西五路总管田雄的支持下，于京兆创建清华观的事迹。碑文称："儒公乃卜筑于是，以至圣宇真堂，靖庐特室，随宜序立，足以栖迟清侣。"⑤咸宁清华观是王志谨宗系在陕西的一处重要据点。此年姬志真又作《长春大元都宫碑》，该碑文今已佚失。清道光

---

① （元）姬志真：《云山集》卷二，《道藏》第25册，第380页。
② （明）李侃修，（明）胡谧撰，李裕民点校：明成化本《山西通志》，北京：中华书局，1998年，第1081页。
③ 据元释祥迈《辩伪录》卷三记盘山栖云观位于盘山的中盘，原为佛教的法兴寺，后被王志谨接受改为栖云观。宪宗八年佛道辩论之后，由于道教一方失利，因此盘山栖云观已被佛教一方收回。
④ 《盘山栖云观碑》，（元）姬志真：《云山集》卷七，《道藏》第25册，第414页。
⑤ （元）姬志真：《云山集》卷七，《道藏》第25册，第417页。

《高唐州志》中有《增修长春大元都宫碑》，① 题亚中大夫礼部侍郎达庄康璧撰，康氏此碑当据志真旧碑撰成。按姬志真《长春大元都宫碑》不知撰于何时，但康氏提到姬志真已出任三洞讲经师，姑系于此年。康璧碑记王志谨弟子邓志迥、卜志平、杨志友营修长春大元都宫事。

宪宗七年（1257），姬志真应全真教徒赵志完的请求撰《开州神清观记》，② 记述王志谨弟子逍遥子张志信于金哀宗正大四年（1227），于开州（今河南濮阳）创建神清观的事迹。同年三月，姬志真撰《滑州悟真观记》，记载王志谨一系女冠郭某与女冠王眇瑞共同创建滑州（今河南滑县）悟真观的始末原委。宪宗九年（1259），姬志真又撰《荥阳修建黄箓大醮记》。碑文记载蒙古宪宗九年，栖云真人王志谨应荥阳县令袁公的请求，在荥阳县（今河南荥阳）主持过一次黄箓大醮。该碑文未见于明《道藏》本《云山集》，见于《北京图书馆古籍珍本丛刊》影印元仁宗延祐刊本《云山集》卷四。此年旧历十月，姬志真撰《京兆普度碑》，③ 碑中记载了此年冬十月栖云真人王志谨应窝阔台一系西凉府八哈的请求举行的一次黄箓醮。世祖至元三年（1266），姬志真撰《大元国宝峰观记》，该文题夷山知常老人撰，撰作时间题岁舍柔兆摄提格即丙寅年，即世祖至元三年（1266）。记文述王志谨高徒全真女冠安真散人李守迁，于河南林州（今河南林州）创建宝峰观的事迹。记文以山比喻道性，颇得王志谨《盘山录》之真传。④

中统四年（1263），姬志真撰写《洛阳栖云观碑》。洛阳栖云观由栖云真人王志谨弟子崔志隐、管志道、董道亨、李志希等人，于太宗八年（1236）创建于洛阳："数子于是议经道观，为之张本。继而王、杨、江、李寻至，同心戮力，有作争先，卜筑垍茨，芟薙垦辟。摧枯拉朽，剪荒榛枳棘之丛；解秽除纷，树火枣交梨之木。朝勤暮止，日改月化，几二十年，是观浸兴。立正殿以奉三清，后真堂以尊众圣。云会在右，芬积居东。附近门墙，膏腴之田六百亩，栽培覆护果实之木千余株，桧柏萧森，门庭清肃。养生储蓄，取诸左右而丰；敬接方来，兼有自他之利。尊师报本，奉国熏修，祝赞璇图，祈禳士庶。云霞萃止，师真往还，乃为东道主也。甫成而后，额之曰栖云。盖取其师之道号云，冀不忘师也。"⑤ 洛阳栖云观系汴梁大朝元宫下院，归属于郝大通、王志谨一宗。由姬志真所撰碑文"甫成而后，额之曰栖云。盖取其师之道号云，冀不忘师也"看，此时全真教的宗门意识已逐渐形成。对此，我们再看一下王志谨门下另一位高道程志保，此人在元代曾被驸马高唐郡王承制加号为冲虚清净至德真人，这是继王志谨之后该宗第二位道士获真人封号。他在今山西交城创建大玄真万寿宫，并于至元九年在该宫葬王志谨冠履，表明对此宗的宗系认同。"初，壬申之秋，环步北山近麓，择一隙地，葬栖云冠履，以寓岁时之敬。"⑥

由上所述，我们看到姬志真所撰诸碑文，其中多数系为王志谨宗系所建宫观撰作，这说明姬志真记述全真教教史是有显著的宗门意识的。当然他也为全真教祖王重阳及全真教其他宗系撰写

---

① 王宗昱：《金元全真教石刻新编》，北京：北京大学出版社，2005年，第20页。
② （元）姬志真：《云山集》卷八，《道藏》第25册，第422—423页。
③ 同上，第418—419页。
④ （元）姬志真：《大元国宝峰观记》，陈垣编、陈智超校补：《道家金石略》，北京：文物出版社，1988年，第609页。
⑤ （元）姬志真：《云山集》卷四，《道藏》第25册，第413页。
⑥ 王宗昱：《金元全真教石刻新编》，北京：北京大学出版社，2005年，第87页。

碑记，例如定宗二年（1247）撰写《重阳祖师开道碑》，①世祖中统五年（1264），又撰《无为抱道素德真人夏公道行碑记》。此文《道藏》本《云山集》及延祐本《知常先生云山集》均未收录，李道谦《甘水仙源录》卷五则有收录。碑文记述丘处机弟子、位居十八大士的清贫道人夏志诚修道证道的历程。1248年姬志真又撰写《滨州重建太虚观记》。这是一篇很重要的碑记，文中记载丘处机弟子范全生于丘祖故乡山东滨州重建太虚观，此举得到山东行省李全夫人杨妙真的支持。该碑文未见明《道藏》本《云山集》，见于《北京图书馆古籍珍本丛刊》影印元仁宗延祐刊本《云山集》卷四。宪宗六年（1256），姬志真撰写《高唐重修慧冲道观碑》，②记载尹志平门人贾志希、李志端于宪宗时期于山东高唐县重修慧冲道观的事迹。这说明姬志真除宗门认同外，同时也对全真教有着整体认同。

其实，在郝大通各宗系之间也存在竞争关系。郝大通门下有三位开宗立派的大弟子，除王志谨开创盘山派之外，还有郝大通徒孙李志柔以楼观宗圣宫为中心的传承，郝大通一系后世之所以以华山派命名，应当与该宗有关。另外郝大通大弟子范圆曦以山东东平上清宫为本山也创立宗派，在蒙古国时期还曾以郝大通嫡传自居。

范圆曦（1177—1249）于金章宗承安元年师从郝大通，早于王志谨入师门。其时郝大通在山东宁海先天观演教。据宋子贞（1185—1266）《普照真人玄通子范公墓志铭》载："公讳圆曦，姓范氏，号玄通子，宁海人。……幼业儒，喜涉猎书传，务通大义而已。年十九，从郝太古学为全真，太古深器之，潜授秘诀，且属以观事，常住多羡余几十万缗，听其出入不问。"③可见他深得郝大通的信任。

郝大通于崇庆元年（1212）仙逝之后，范圆曦一直在山东、河北一带弘教。蒙古太宗八年，范圆曦重编、刊印其师郝大通之《昆嵛文集》，并为之撰序。序文云："惟是平居制作，若《三教入易论》一卷，《示教直言》一卷，解《心经》《救苦经》各一卷，《太古集》一十五卷（内《周易参同契简要释义》一卷），师西来日，真定诸人已功木行于代。归老之后，又多所撰述。至于旧集所传，时有改定，世俗抄录，往往讹舛，欲改新之，盖未暇也。窃惟先师之道，独得于旷代不传之妙，粹之以易象，广之以禅悦，精微宏廓，遗世独立，法言遗论，人所愿见。乃今鲁鱼莫辨，真伪交杂，疑惑后学，在于门人弟子，实任其责。圆曦不敏，蒙赖道荫，今得洒扫东原之正一，居多暇日，谨以师后来所正，及世所未见者，点校精审，按为定本，刻而传之。敢以芜辞，冠之篇首。"④又据集内郝大通自序，《昆嵛文集》初编成于大定十六年（1176），共计十五卷，范圆曦此次重编又加入太古东归以后的新作及对旧作的修改。今《道藏》太平部收录《太古集》三卷，缺损严重，只是一个残本。值得注意的是，范圆曦的序文题署"昆嵛野服嗣教范圆曦谨序"，表明他是以郝大通一系的嫡传嗣教自居的。又在蒙古太宗九年，范圆曦还募资修复郝大通早年弘教的真定太古观，真定幕府参佐赵国宝夫人冀氏出奁资支持。元好问《太古观记》云："幕府参

---

① （元）姬志真：《云山集》卷七，《道藏》第25册，第411页。
② （元）姬志真：《云山集》卷七，《道藏》第25册，第414—415页。
③ 陈垣编、陈智超校补：《道家金石略》，北京：文物出版社，1988年，第502—503页。
④ 《太古集·序》，《道藏》第25册，第867页。

佐赵侯国宝之夫人冀氏，出奁中物，直百金，起中殿庑斋厨，下及用器，无所不备，堂众岁费，亦时给之。"① 修复工程至乃马真称制三年（1243）完成，元好问为新修复之真定太古观、天宁观撰写了碑记。值得注意的是天宁观太古堂设有郝大通像，表明郝大通一系在范圆曦倡导下，已正式确立郝大通崇拜。元好问为之撰《太古观记》《太古堂铭》。在《太古观记》中元好问评论郝大通的道行云："今《太古集》所载言词，往往深入理窟，其以古道自任，有不可诬者。"② 这些举动都可视为范圆曦强化本宗乃郝大通嫡传的努力。对于范圆曦之道行，宋子贞评论说："尤邃于玄学，神怪幻惑之术，略不挂口。其尝受戒箓称为门弟子者，不可胜计。四方请益之士多乞为歌诗。及其手字，公布纸落笔动数百幅，殊不致思，而文采可观，得片言只字，皆藏之什袭，以为秘宝。所至之地，则候骑络绎，幢盖塞路，马首不得前，自郡守县令而下，莫不奔走致敬，北面师事，其为时所重如此。"③

不过尽管该宗在元代影响不小，但似乎后继乏人，范圆曦仙逝之后，该系再也无法与郝大通门下另外两系王志谨、李志柔并驾齐驱。据我们考证，范圆曦弟子在元代只有高道宣加封为真人。世祖至元二十九年，诸路道门玄学提举王道明为高道宣撰写《纯正昭慧冲和真人高君道行碑》。这是今日可考见的郝大通、范圆曦一宗为数不多的高道遗迹。碑文称："（高道宣）年三十二，始拂衣弃俗入道，礼东平上清万寿宫玄通普照惠和真人范君为师。本宫受业十有余年，服膺拳拳，未始少懈。师怜其勤，遂以平昔所得于太古宗师者付授，偈赐昭慧大师，道号明真子。"④ 高道宣在张志敬掌教期间曾任东平路都道录，兼提领东岳庙事，仙逝于世祖至元十三年。至元二十八年，答剌伯大王下发令旨，追赠真人号。碑文又称其"工楷书，得欧柳法，远近有石刻必诣求书丹"。⑤

3. 继任盘山派宗主

世祖中统四年，盘山派宗师王志谨仙逝，姬志真接掌郝太古、王志谨一系宗门。《知常姬真人事迹》云："栖云登真，以师嗣主教事。"⑥ 据元仁宗延祐本《知常先生云山集》，其结衔为"主掌太古、栖云门下宗教事"。由此结衔名称看，此时全真教的宗系已开始分化，盖七真门下各宗均有独立的传承，有归属本宗的宫观，又有相当强烈的宗门认同意识，例如王志谨一系的宫观多以他的道号栖云命名，且多在宫观中创建栖云祠就是显证。不过，这一时期尚未出现如后世那样严整的派字谱。

世祖至元四年（1267），姬志真七十五岁。为表彰其文材懿德，元朝廷宣诏赐予其"文淳德懿知常真人"称号。诏书云："姬志真德行贞良，文学优赡，易垂《直解》，道入《总章》。早师万寿于盘山，晚主朝元于汴水。稽闻操履，宜先褒崇，可特赐'文醇德懿知常真人'之号。尚体

---

① 陈垣编、陈智超校补：《道家金石略》，北京：文物出版社，1988年，第482页。
② 陈垣编、陈智超校补：《道家金石略》，北京：文物出版社，1988年，第482—483页。
③ 同上，第503页。
④ 王宗昱：《金元全真教石刻新编》，北京：北京大学出版社，2005年，第26页。
⑤ 同上。
⑥ （元）李道谦：《甘水仙源录》卷八，《道藏》第19册，第792页。

纶章，永祈国算。"① 这表明姬志真的道行、文章在道俗两界均得到认可。至元五年，姬志真仙逝于汴梁大朝元万寿宫，享年七十六。世祖至元六年（1269），姬志真师弟、王志谨另一位弟子李志居继任本宗掌门，并为栖云之师郝大通请得广宁通玄太古真人之封号。②

据元许有壬碑，郝太古、王志谨一系掌教，八传而至王德衡。许有壬《龙德宫记》载："迨至崇玄诚德洞阳真人徐公、泰定虚白文逸明德真人孙公，俱以善继见称。八传而至通玄文德虚逸真人王公，公名德衡，天均其自号也。"③ 王德衡是该宗最后可考知的宗主。元顺帝至正十七年（1357），红巾军首领率军攻陷汴梁，朝元万寿宫遭拆毁，惟余斋堂。清周城《宋东京考》卷十三载："延庆观，在城内汴河之北浚仪桥之西，旧为朝元万寿宫斋堂，明军储仓即朝元万寿宫之遗址也。元世祖时盘山栖云道人王志谨建。元末，伪宋太保刘福通废之，惟存斋堂耳。"

明太祖洪武六年（1373），朝元万寿宫斋堂改名延庆观，并在其中设立道纪司。四年之后，即洪武十年（1377），都纪邵惟真改建三清正殿，并建左右殿堂。这是朝元宫在明初第一次大规模复建，然其规模远逊于前："洪武六年，设道纪司于内，十年，都纪邵惟真等改建正殿，奉安三清。又建左右高真之殿，内有宋时诸名公石刻甚多，悉已散失无存。"④

此外，王志谨门下高道程志保也传有盘山宗支系。世祖至元元年驸马高唐郡王承制加号王志谨门下高道程志保为冲虚清净至德真人，这是继王志谨之后该宗第二位获真人封号。程志保道学宏深，弘教业绩斐然，王构《玄祯观至德真人记》评论说："师器素闳博，靡滞一偏。其处事也详，其应物也简。不出方丈逾五十年，晨香夕灯，淡以自守。徒众请业，左右环侍，威仪整肃若官府然。及其修明道法，敷畅玄旨，理致深密，词锋峻拔，使听而受之者如游琅玕之林，琼瑶之室，青英绛实，璀璨盈目，金珰玉佩，随取随得，而莫知其极也。至于事物之理，悉能究其源而诣其实。其啬神葆真之赜，占卜推测之妙，灵飞十二科品之秘，心皆了然而不挂于口。"⑤ 他在今山西交城创建大玄真万寿宫，并于至元九年在该宫葬王志谨冠履，表明对此宗的宗系认同。"初，壬申之秋，环步北山近麓，择一隙地，葬栖云冠履，以寓岁时之敬。"⑥

二、《云山集》的流传、结构及史料价值

《云山集》现存两个版本，其一为《正统道藏》本，收入太平部。全书析为八卷，卷一为性赋、心赋及七言古调、五言古调、七言律诗；卷二及卷三为五言律诗、长短句、七言绝句；卷四为六言绝句、五言绝句及七真图像跋；卷五、卷六为词；卷七、卷八为碑记，包括著名的《重阳

---

① 《知常姬真人事迹》，（元）李道谦：《甘水仙源录》卷八，《道藏》第19册，第792页。
② 徐琰：《广宁通玄太古真人郝宗师道行碑》，见陈垣编、陈智超校补：《道家金石略》，北京：文物出版社，1988年，第674页。
③ 陈垣编、陈智超校补：《道家金石略》，北京：文物出版社，1988年，第791页。
④ （清）周城：《宋东京考》卷十三，北京：中华书局，1988年，第241页。
⑤ 王宗昱：《金元全真教石刻新编》，北京：北京大学出版社，2005年，第87页。
⑥ 同上。

祖师开道碑》《长春真人成道碑》等碑记，以及为王志谨宗系宫观、醮仪撰写的碑铭。

1. 延祐本《云山集》与《道藏》的异同

延祐六年李怀素所刻《知常先生云山集》系残本，现存三卷，不过其版式较《正统道藏》为大，它的一卷，《正统道藏》析为两卷。其中卷三收词，与《正统道藏》卷五、卷六除个别文字有差异，绝大多数相同。不过，有些词前按语不见于《正统道藏》本，例如《雨中花》之三，作者加按语述词作之缘由："仆自骚屑东游，玲琍宛转十有余年，杳绝山阳。一日，表弟不厌披榛垂顾蓬荜，就审舅氏，兼庇玉属无恙。悯然犹疑梦间，于是乱道《雨中花》词奉寄。"这段按语既交代了词作缘由，又有助于我们了解作者的生平。据此我们知道作者有舅氏，早年曾有十余年离乡东游经历。这就不是普通按语，而具有史料价值。卷四收录姬志真所撰碑记，可惜有残缺，与《正统道藏》卷七、卷八所收相较，有同有异。其中《滑州悟真观记》《滨州重建太虚观记》《荥阳修建黄箓大醮记》等三篇重要碑记，《正统道藏》失收。而延祐本有缺损的《终南县梁家庄栖云观碑》，正好见于《正统道藏》卷七，只是碑题略有不同，《正统道藏》题《终南山栖云观碑》。此外，延祐本的碑题较《正统道藏》更详细。延祐本卷五最为重要，其内容完全不见于《正统道藏》之《云山集》。该卷收录姬志真撰作的论、门、铭、说、评等不同文体。如有《玄教袭明论》《知常论》《复命论》《谷神论》《明天论》《乐全论》《采真论》，以及五条修行法门，即《收心门》一、《啬字门》二、《虚静门》三、《冥字门》四、《清静真实门》五。此外还有铭，包括《全真铭》《守一铭》《炼丹铭》《修身铭》《住山铭》《堂规铭》《奉道铭》。又有说，计有《精神说》一、《气神说》二、《性命说》三、《全真说》四、《抱一说》五、《功行说》六、《辨疑说》七。评，共有《评心评》一、《邪正评》二、《生死评》三、《神性评》四、《物我评》五、《空有评》六、《动静评》七。这些论、门、铭、说、评等文体不见于王重阳及全真七子的文集，在全元全真教诗文集中颇为独特。其内容大多关涉全真教理、教义、教规及修炼法门，对于我们了解姬志真的教理、教义、教规思想有重要史料价值。最后一篇是延祐六年（1319）重刻《云山集》时，元代全真教另一位教史家、古楼观宗圣宫说经台提点朱象先所撰的《云山集后叙》。其时距离《云山集》第一次刊刻的世祖至元二年（1265）已有五十四年。在后叙中，朱象先交代重刻缘起，并对《云山集》予以高度评价，将其与唐代杜甫、北宋邵雍并论，称为玄门第一流。①

又该版本还收录《知常真人行实》一篇，与元代全真教史家李道谦编于世祖至元二十五年（1288）的《甘水仙源录》卷八所录《知常姬真人事迹》一文相似，只有个别地方有出入。例如关于姬志真的著述，《知常真人行实》说："所著诗文曰《云山集》，及《道德经总章》《周易直解》《南华解义》《冲虚断章》行于世云。"而《甘水仙源录》所收无《南华解义》《冲虚断章》。据王鹗撰于至元二年（1265）的序文已提到姬志真撰《南华解义》《冲虚断章》，可知《知常真人行实》所记更符合事实。此外，两处均未交代《知常真人行实》的作者，考虑到姬志真与李道谦交游密切，此文又收入《甘水仙源录》，姑且推定为李道谦所撰。又延祐本还列出当时盘山宗宫

---

① 朱象先在后叙中评论《云山集》说："昔人以少陵诗为诗史，康节诗为诗经。今先生之诗，言言见谛，句句朝宗，诚可谓诗经矣。"

观管理机构框架，即：

特赐泰定虚白文逸真人主掌太古栖云门下宗教事孙履道

宣授纯明虚寂观复大师栖云真人门下本宗都提点邢道正

观妙凝玄弘道大师太古栖云门下本宗提举张道久

□□□□①大师汴梁路大朝元万寿宫提点王道元

明远纯素崇真大师汴梁路大朝元万寿宫提举祝道延

冲和渊静清惠大师汴梁路大朝元万寿宫知宫汤道蕴

由此可见，郝大通、王志谨宗系的管理机构分主掌宗教事、本宗都提点、本宗提举、大朝元万寿宫提点、大朝元万寿宫提举、大朝元万寿宫知宫等共六级。其中泰定虚白文逸真人主掌太古栖云门下宗教事孙履道于泰定帝泰定元年（1324）出任全真掌教大宗师，成为郝大通一系唯一出任全真掌教大宗师者。

2. 延祐本《云山集》与《道藏》失收的姬志真所撰碑记

姬志真的作品除上述两种版本文集所收之外，另还有未见于两种文集的佚文存世。兹据学界研究，考述如下。

世祖中统二年（1261），姬志真六十九岁。是年姬志真住居汴梁大朝元宫，撰作《创建清梦观记》一文。该文记录了姬志真家乡山西高平（今山西高平铁炉村）清梦观的创建始末。该观现名玉皇庙，仍存在。创建者系姬志真族人姬志玄，道号洞明子。清梦观原系姬姓族人的宗族祠观，系一座二进院落的建筑物，坐北朝南，现仍存有中殿、左右配殿、后殿、山门、钟鼓楼、拜亭遗址。尤可注意的是观中三清殿四壁的壁画及留存的三通碑记。其中东西壁绘有《老子八十一化图》，虽然现已残缺，仍然弥足珍贵。由壁画风格及绘制历史背景看，应创始于元代。至于三块碑刻，其一为世祖中统二年姬志真所撰《创建清梦观记》，其二为明万历四十五年的《清梦观重修玉皇殿记》，其三为撰于清道光四年的《重修清梦观碑记》。据姬志真所撰《创建清梦观记》，清梦观由姬志真同宗洞明子姬志玄创建。该碑高182厘米，宽76厘米，厚18厘米，保存完整。碑文不见于明《道藏》所收《云山集》，亦不见于《北京图书馆古籍珍本丛刊》影印元仁宗延祐刊本之《云山集》，2004年山西大学文学院霍建瑜在《姬志真〈创建清梦观记〉》一文中首次发现并介绍此碑。②碑文记载了清梦观创建始末："原自姬公先生之来而崇建焉，实祖居之地也。先生讳志玄，道号洞明子，性浑厚，喜清澹，幼有出尘之虑。贞祐南迁之末，兵尘骚屑，靡有子遗。方河朔预宁，先生避地于齐、赵之间。闻长春之风而悦之，乃易衣而道。久之，历太原，经台山。杖履所及，观宇遂立。户外之履尝满，将尸而祝之者众。年已长矣，策杖而来。载经父母之邦，复造先人之卢。顾荆榛草木之缙合，几泯灭而遗土矣。其徒悯斯覆绝，为之营其焉。于是垦擗土石，开通正路，剥阜填虚，平高就下，日往月来，其功乃完。立正殿以奉高真，序堂厨以集清众。祝延皇祚，祈福官民，养浩栖真，尊师报本，宜矣。甫成之始，真人额之曰清梦焉。"

---

① 原文此处被抹涂。

② 霍建瑜：《姬志真〈创建清梦观记〉》，《山西大学学报》（哲学社会科学版）2004年第2期。

按：清乾隆三十九年刻本《高平县志》，误记洞明子姬志玄为姬志真，其云："金姬志真，号洞明子，皇统中游五岳，归语所亲曰：人生一梦耳。舍宅作观，名清梦，服紫衣为道士。见观碑。"①文中称姬志真于金皇统（1141－1148）中游五岳，与史实不符，因为姬志真出生于金章宗明昌四年（1193），皇统时尚未出生。

又同年旧历十月，姬志真撰《高良太清观碑》。该碑题夷山姬翼撰，曹南李湛书。碑中记述定陶东高良墅创建太清观之事，观由清虚大师辛公门下女冠任守真于太宗五年（1233）所创。碑文既不见于明《道藏》所收《云山集》，亦不见于《北京图书馆古籍珍本丛刊》影印元仁宗延祐刊本之《云山集》，2015 年由赵芃教授首次发现并释读，承蒙教授惠赐，在此特予致谢！世祖中统四年（1263），旧历正月，姬志真撰《无为抱道素德真人夏公道行碑记》。此文《道藏》本《云山集》及延祐本《知常先生云山集》均未收录。李道谦《甘水仙源录》卷五收录，陈垣《道家金石略》第 570－571 页据之收入。该碑记题紫微野人姬志真撰。由此可见姬志真亦曾自号紫微野人。碑文记述了丘处机弟子、位居十八大士的清贫道人夏志诚修道证道的历程。夏志诚生于金世宗大定十二年（1172），仙逝于宪宗五年（1255），享年八十三岁。他自元太宗四年（1232）始就一直出任长春宫提点，当姬志真宪宗二年（1252）居住长春宫时，两人应该相识。碑文撰于夏志诚逝后十年。碑文称夏志诚："原自弱冠，以迄于终身，步趋玄域而无一毫利欲之私，至于以身率物，未尝诘责伤割于彼，其专心致志，内不失己，外不失物，往来尘境幻化之间而无碍，所谓人貌而天，清而容物者宜矣。"②

世祖至元三年（1266），姬志真七十四岁。此年旧历四月撰《大元国宝峰观记》，该文题夷山知常老人撰，撰作时间题岁舍柔兆摄提格即丙寅年，即世祖至元三年（1266）（见陈垣《道家金石略》第 609－610 页），不过碑文立石却是在八年之后的世祖至元十一年（1274），以至于引起学者误读。记文述王志谨高徒全真女冠安真散人李守迁，于河南林州（今河南林州）创建宝峰观的事迹。记文以山比喻道性，颇得王志谨《盘山录》之真传。其云："古人喻道性如山，若玉京劫刃之类是也。山则取其拔擢出地而有魏然寂然不动之象。山之为物，虽居物表，时遇春而万物生，正行秋而万实成，虽体寂然，感而遂应。若夫寂然不动者，若道之体也。道体则独立而不改，自亘古以固存者是已。随时生化者，若道之用也。道用则周行而不殆，从日新而不故者是已。"③

世祖至元五年（1268），姬志真七十六岁。是年六月，姬志真撰《大朝曲阳县重修真君观碑》，碑中记述了宪宗时期，全真两代掌教宗师李志常、张志敬令全真高道寂照安、大师杜志寥修复北岳真君观的史实，对于我们了解全真教在蒙古国时主掌五岳国家祭祀的历史有重要史料价值。当年十二月姬志真即仙逝，此文系其绝笔之作。该碑文延祐本、明《道藏》本《云山集》均失收，见于陈垣《道家金石略》第 585－586 页。

---

① 乾隆三十九年刻本《高平县志》卷十四。
② 陈垣编、陈智超校补：《道家金石略》，北京：文物出版社，1988 年，第 570 页。
③ （元）姬志真：《大元国宝峰观记》，陈垣编、陈智超校补：《道家金石略》，北京：文物出版社，1988 年，第 609 页。

3.《云山集》编辑、刊刻与流行

《云山集》初编于海迷失后二年（1250），初刻于忽必烈至元二年（1265），元仁宗延祐六年有过一次重刻。据裴宪序文，海迷失后二年（1250），姬志真五十八岁时，《知常先生文集》编成，此即其后《云山集》初版。《知常先生文集》裴子法序云："庚戌（1250）夏五月，友人论伯瑜至自相合，话旧之余，忽出《知常先生文集》一编，将以板行垂世，且索序引，义不得以荒蔽辞，披玩数四而弗能已。"文中提到的友人论伯瑜亦系姬志真密友，《云山集》中录有姬志真与他的唱和诗词。据此可知，海迷失后二年（1250）之前，《云山集》初集当已编成，此后陆续有所增入。

世祖至元元年（1264），《云山集》当已编定。因为王鹗于次年（1265）即为《云山集》撰序，说明其时《云山集》已编定。又据中统五年之后，姬志真所撰碑传均未收录现存两种《云山集》版本，说明至元元年《云山集》已编定。王鹗序云："（王志谨）一传而得吾知常子，心地坦明，问学该赡，六十四卦、八十一章，咸有解释，而又作《南华解义》《冲虚断章》，言简而意足，义深而理明。其可谓黄冠中之铮铮铰铰者尔！间于应物之际，游戏翰墨，其赋、诗、歌、论、碑记、杂文，娓娓可观，号《云山集》。长安裴宪子法，已叙之于前，其友李君提举复求余说缀于后，余与知常有平昔之好，尝为作《易解后序》，今何辞焉。岁旃蒙赤奋若，慎独老人、东明王鹗百一序。"①按，据王鹗序中提到裴子法于1250年为《知常先生文集》所撰之序来看，《云山集》初名《知常先生文集》，今元仁宗延祐本正名《知常先生文集》。据此，我推测《知常先生文集》与《云山集》都是在姬志真生前编定的，而《云山集》较《知常先生文集》后出，内容更为详备。又，王鹗序中还提到曾为姬志真撰《易解后序》。

《云山集》在仁宗延祐六年重刻过一次，延祐六年（1319）郝太古、王志谨一系高道与该宗迎祥观的提点李怀素刊刻《云山集》。该版框高234毫米，宽161毫米，题五卷，《道藏》本将其一卷析为两卷。现残存三卷，即卷三至卷五。这个版本的刊刻距离姬志真仙逝仅五十一年，比《道藏》本《云山集》早一百二十五年。元延祐本《云山集》有元代高道朱象先撰于此年的后序，这也是现今所见朱象先的最后作品。此文题一虚叟，撰作地点是道祖说经之台，即元大宗圣宫说经台。据后序交代，《云山集》一直为该宗嗣教天游真人邢君（应即上引该宗都提点邢道正，此时已升任嗣教）所珍藏，此年邢道正委托迎祥观的提点李怀素重新刊刻。序文评价《云山集》称："知常先生，天禀既异而师授有源，道博文富，凡应机接物，必以开示宗性为本，斁人之邪，栝人之妄，高文大义，其于诗章尤为警策。昔人以少陵诗为诗史，康节诗为诗经。今先生之诗，言言见谛，句句朝宗，诚可谓诗经矣。"以"见谛朝宗"四字总括《云山集》，朱氏可谓的评矣。

明建文四年（1402），全真高道姚孤云向明皇室进献姬志真《知常先生云山集》，姚孤云系浙江嘉禾（即今浙江嘉兴）人。此人学问渊博，于明初享誉朝野，曾住居明初国家宫观朝天宫。据《景刊宋金元明本词》的记载，姚孤云在明初向朝廷进献了姬志真的元延祐本《知常先生云山

---

① （元）姬志真：《云山集》，《道藏》第25册，第364页。

集》。该版卷后题有"一部五本,洪武三十五年正月十九日,朝天宫道士姚孤云进到"字样。① 此书收入宫廷以后,成祖永乐十九年(1421),随文渊阁检出图书运往北京,一直作为内阁藏书藏于内府。此书原分为五卷,现仅存三卷,即卷三、卷四、卷五,其中卷四有缺页。② 姚孤云进献的元延祐本《知常先生云山集》极为珍贵,经我们将这三卷与《正统道藏》本《云山集》对勘,发现其遗存的卷五,收录姬志真的论、铭、说,具有很高的思想价值,但却不见于《正统道藏》本《云山集》。其他与《正统道藏》本《云山集》相同部分,也间有文字不同,可以用于校勘。

三、姬志真《云山集》的学术价值

1. 姬志真与全真高道的交游

海迷失后三年(1251),全真掌教宗师真常真人李志常于全真教总部燕京大长春宫创设玄学,以纯成大师李志全为提举,在各地选举道学精深、擅长讲论的全真高道担任讲席。姬志真与全真教史家史志经都应聘出任讲经师。姬志真受聘玄学讲席则在宪宗二年(1252)。此年姬志真六十岁。李道谦《知常姬真人事迹》记此事云:"壬子岁(宪宗二年),掌教真常李君起置玄学于燕京大长春宫,师亦与其请,日与四方师德递主法席,后学之士多赖进益。"③

正是在长春宫的玄学讲经师任上,姬志真与全真掌教李志常、权教冯志亨,十八大师中的潘德冲、夏志诚,教史家李道谦等全真高道有了来往。《云山集》中有不少诗文记录他们之间交往的事实,为我们了解蒙古国时期全真教内的活动及其与汗廷的来往,提供了珍贵的史料。

宪宗三年(1253),姬志真六十一岁。其时他居燕京长春宫教授玄学。《道藏》本《云山集》卷一所收"初任长春观"一诗,当作于此时:

初任长春观

而今压尽范莱芜,釜破厨空甑亦无。
敦杖憨颐观寂寞,入门掩口笑卢胡。
安排冷淡为生计,指点虚无是所需。
不挂一毫闲打坐,更于何处觅衣珠。④

此年姬志真居燕京全真教堂下长春宫。姬志真与全真掌教宗师李志常同年出生,此年恰逢出任全真教掌教大宗师的李志常(1193—1256)六十大寿,姬志真于是撰《祝真常真人寿》七言诗一首,以示祝贺。《道藏》本《云山集》卷一载此诗云:

---

① 此本现藏于国家图书馆,参见吴昌绶、陶湘:《景刊宋金元明本词》,上海:上海古籍出版社,1989 年,第 351 页;冀叔英:《明代宫廷的图书采访》,《文献》1989 年第 4 期。
② 汪桂海:《元版元人别集》,《文献》2007 年第 2 期。
③ 《知常姬真人事迹》,(元)李道谦:《甘水仙源录》卷八,《道藏》第 19 册,第 794 页。
④ (元)姬志真:《云山集》,《道藏》第 25 册,第 370 页。

祝真常真人寿

櫋楹佳气郁葱葱，东皇戒旦驱融风。蓂飞四叶应真造，九光霞映蓬莱宫。

霓旌月节捧麟駮，丕显玄风大宗主。世间甲子才一周，铜狄摩掌阅今古。

金堂玉室本无尘，瑶林琪树轻庄椿。寿光寂照通理窟，枢环圆应休天钧。

清都永锡春难老，拂石芥城何足道。命蒂栽培高厚先，无穷岂与人求祷。

特拈心炷香非烟，冀伸悃恳犹瞻天。歌以长言荐云几，朱颜历劫常依然。①

按，李志常，字浩然，开州观城（今属山东范县）人，早年业儒，金宣宗兴定二年（1218）师事长春真人丘处机，获赐真常子号。蒙古太宗十年（1238）接替清和真人尹志平担任全真掌教大宗师，获赠"玄门正派嗣法演教真常真人"号。此年又正逢全真高道冯志亨七十四岁寿诞，姬志真于是撰《冯权教庆诞以寿山为祝》七言诗。其诗云：

浑沦未判包乾坤，有无巨细悉固存。元始虚皇建中极，天柱卓尔名昆仑。

其上无盖总天目，其下无底擎地轴。宫殿盘郁山之巅，璇玑运转山之腹。

挺拔巉岩群玉峰，直超象外无争雄。大藐姑射与太华，下视培塿轻乔嵩。

神人肌肤莹冰雪，心若渊泉与日月。劫尘沧海任更迁，不古不今无毫釐。

但愿老仙如此山，长春永不凋朱颜。蠢尔具瞻履綦下，悉开聋瞽通玄关。②

诗中提到的冯权教即冯志亨（1179—1254），字伯通，道号寂照，其时正担任全真教的教门都道录、权教门事，相当于掌教大宗师的副手。由于该年冯志亨已年届七十四，因此在诗中姬志真称他为老仙。姬志真还于宪宗四年冯志亨仙逝时撰有吊唁诗：

吊冯权教

文林戢迹效玄微，回首人间觉梦非。

旦宅不留真面目，作家元有活关机。

双凫绝迹白云去，短笛不闻黄鹤归。

凄惨楼前旧花木，西风和露泣朝晖。

冯志亨逝于宪宗四年（1254），享年75岁。李道谦《甘水仙源录》卷六收有蒙古国时期赵著所撰《佐玄寂照大师冯公道行碑铭》。冯志亨曾扶持尹志平、李志常继任全真大宗师，在蒙古国时期全真教门中地位崇高。

宪宗三年姬志真的诗作还有《癸丑春送樊道录赴阙》：

识面不数月，软语接犹希。无何复相别，缓辔策轻肥。朔方晚春色，杨柳自依依。联翩西北往，暗尘随马飞。去天不盈尺，作霖心莫违。举首一明月，万家同是辉。老我寄泉石，俟君衣锦归。③

诗中送别的樊道录即樊志应，据王恽所撰《真常观记》记载，樊志应，道号重玄子，生于金

---

① （元）姬志真：《云山集》，《道藏》第25册，第366页。
② （元）姬志真：《云山集》卷一，《正统道藏》第25册，第366—367页。
③ 同上，第369页。

宣宗兴定五年（1221），卒于元成宗元贞元年（1295），享年七十五。樊志应童年出家，师事真常真人李志常："玄览之暇，诗章篆隶亦时习之。既壮，辞达体要，与事物接，无所凝滞，众以不凡许之。"① 可见，他在教门中是以文学见长的。在李志常担任掌教大宗师期间，他深得宗师信任，系当时教门的实力派人物："真常师嗣主法席，委掌资用，出纳明，会计当，己无私焉。"② 樊志应还曾出任蒙古国京都和林皇家道观的道录："时朝家钦挹真风，所在宫观相望，和林都会地，独阙焚颂之所。乃选充道录，俾张皇教基，供奉阙庭。"③ 因此，姬志真诗中以樊道录称之。据释祥迈《至元辨伪录》记载，樊志应参加了宪宗七年的佛道辩论，失利后被罚落发为僧。④ 由王恽碑看，实际上他在世祖至元二十二年还创建了真常观。这说明释祥迈的记录并不可靠。

又《道藏》本《云山集》卷一所收《郭子渊北行索诗时在通州》，当亦作于此时。其云：

> 此别燕山第一程，潞川冰雪送君行。
> 道人简事为繁事，对客无情似有情。
> 跧穴但宜容蛰物，搏风从此奋鹏程。
> 神游八极无穷尽，未卜何时会玉京。⑤

由此诗看，郭子渊应当也是负责全真道方面与汗廷联系的道士。不过关于此人生平，今已不可考。

此年姬志真的重要诗作还有《道藏》本《云山集》卷二所收《与金坡老饯行》《重阳日游琼花岛》《送何巨川从真人赴阙》《悼郝讲师》等诗，对于我们今天了解蒙古国时期的全真教史有重要价值。其中《与金坡老饯行》一诗中的金坡老即淳和真人王志坦，他后来接替张志敬担任全真掌教大宗师，系蒙元时期全真教第五任大宗师。自乃马真后称制三年（1244）始，王志坦就与蒙古汗庭结下了友谊。高鸣碑说他留居汗庭六年，曾十七次往返于燕京、和林之间。可见他是全真教负责汗庭与教门之间联系的主要使者之一。他还擅长祈禳、行符等法术，受到乃马真后的敬重："（王志坦）参受三洞秘籍，以祈禳诃禁济人。其疾病，药石不可为者，假符水，或以袂指之，罔不立验。咸畏服其神。皇太后钦挹真风，宠赉以礼。"⑥ 宪宗继位之后，他与汗庭仍然保持着紧密的联系。

世祖至元七年（1270），王志坦接替张志敬出任全真掌教大宗师。不过，王志坦在任时间只有两年。世祖至元九年，他在长春宫仙逝，享年七十三。宪宗三年，王志坦当仍在和林供职，此次当系由和林至堂下公干。他的年龄较姬志真小七岁，姬志真在诗中却称其为金坡老，由此可知他在全真教门中的崇高地位。

《云山集》还收录了一首《吊无欲真人》诗，撰于宪宗四年（1254），系吊唁全真高道马丹道、杨碧虚一系的无欲真人李守宁所作。

---

① 陈垣编、陈智超校补：《道家金石略》，北京：文物出版社，1988年，第694页。
② 同上。
③ 同上。
④ （元）释祥迈：《至元辨伪录》卷三，《乾隆大藏经》，台北：新文丰出版社，1998年。
⑤ （元）姬志真：《云山集》，《道藏》第25册，第369页。
⑥ 高鸣：《崇真光教淳和真人道行之碑》，陈垣编、陈智超校补：《道家金石略》，北京：文物出版社，1988年，第612页。

吊无欲真人

陇右老仙公，寿历先天永。慈念落人间，临目阅尘境。八十有六年，迅如弹指顷。思复白云乡，弃却丹砂井。幻出彩云容，沉冥黄鹄影。径入寥天一，少焉犹镜静。宝珠无遗响，众瞻俱莫省。虚堂夜未央，月挂松梢冷。①

按：李守宁，又名李志远，道号无欲子，生于金世宗大定五年（1165），师事马丹阳嫡传弟子碧虚真人杨明真，太宗八年（1236）担任全真祖庭大重阳万寿宫的提点。太宗十二年（1240）蒙古汗廷授予其无欲观妙真人号。李守宁是蒙古国时期极有影响的全真高道，何道宁撰《终南山重阳万寿宫无欲观妙真人李公本行碑》记载："甲寅（1254）春，宗师以国家醮事，具书招致，年已八十六矣，不敢以老耄辞。比致堂下，疾笃，以后事付于法弟衍真大师张志悦，以其徒拜宗师为大度师，于长春方壶留颂而蜕，时夏六月二十六日也。"②

又此年姬志真还撰有《送何巨川从真人赴阙》三首诗：

送何巨川从真人赴阙

鹤驭翩翩起自燕，搏风直上约钧天。

龙堆沙漠几千里，南海北游经半年。

别后更谁供一笑，坐中无与话重玄。

平生铁石肝肠断，老眼相看涕欲悬。

同前

君逢若士学卢敖，一举凌云万丈高。

往矣扣阍亲帝座，来斯署职列仙曹。

玄勋远企通幽壤，大庇余波及老饕。

不济世间无用物，也宜林下醉蟠桃。③

送何巨川之祖庭

空山落落水长流，鹤怨猿啼岁几周。

昨向坛前陪鹭序，今游秦陇占鳌头。

马前风月程程远，雁底关河处处秋。

会得一纲张万目，活机轻拨早归休。

诗中的何巨川当即何道宁，其人颇有文采，亦系当时全真教以文弘道的重要代表。他既然随从李志常抵汗廷觐见，说明在教门中的地位非同一般。他于宪宗四年担任全真教陕西五路兴元路教门提点领重阳宫事，这是蒙元时期全真教一个很重要的职务。

此年他还撰有《送潘提点之永乐》诗：

---

① （元）姬志真：《云山集》，《道藏》第25册，第368页。
② （元）李道谦：《甘水仙源录》卷六，《道藏》第19册，第768页。
③ （元）姬志真：《云山集》，《道藏》第25册，第377页。

> 仙公初出五明官，玉佩声传御寇风。
>
> 三素云蒸头上白，九还丹结脸边红。
>
> 大明通密先师意，又继纯阳鼻祖功。
>
> 遐想中条山上月，瑞光澄澈万家同。①

诗中的潘提点即冲和真人潘德冲，道号冲和，生于金章宗明昌元年（1190），师事丘处机，系随侍丘处机西行的十八大师之一。据李道谦《甘水仙源录》卷五收录蒙古国时期徒单公履所撰《冲和真人潘公神道之碑》，乃马真后称制三年（1244），奉祀全真教五祖之一的吕洞宾之河东永乐祠灾，为修复永乐祠，掌教宗师李志常遂任命潘德冲为河东南北两路道教都提点，主持修复大计。潘德冲仙逝于宪宗六年，世寿六十六岁。

该年姬志真还撰有《送别紫峰老师南行》诗二首：

> 乾坤彻视一蘧庐，变动不居游太虚。
>
> 触物昏明承影似，从人俯仰桔槔如。
>
> 洪津浩汗横慈艇，古道峥嵘运德车。
>
> 多少步趋瞠若从，绝尘奔逸到华胥。
>
> 同前
>
> 阿师先得个中真，紫盖峰前旧主人。
>
> 呼吸一风号万籁，圆明孤月照通津。
>
> 北临燕蓟光尘混，南渡梁园草木新。
>
> 到处不烦吹暖律，从容寒谷为回春。②

按，潘德冲号九峰老人，上述诗中提到的紫峰老师或亦为潘德冲，此推论是否正确待考。

宪宗四年，姬志真在长春宫还结识了教内另一史家李道谦，并撰《送李和甫归秦》诗：

> 之子西归出凤城，芰荷风袭羽衣轻。
>
> 蘧庐天地寸心事，咫尺云山千里程。
>
> 幸矣相逢亲识面，惜哉重别澹交情。
>
> 终南祖意君偏得，独向长安道上行。③

此诗中送别的李和甫即全真教教史家之一的李道谦（1219—1296）。李道谦，字和甫，汴梁（今河南开封）人，师事马丹阳门下洞真真人于善庆。宋渤《玄明文靖天乐真人李公道行铭并序》称他："遂三坟五典之正，老氏五千言之微，及所谓内圣外王之说，祠祀上章、金丹玉诀之秘，咸诣精奥。"④ 他于宪宗元年（1251）担任全真祖庭重阳万寿宫提点，世祖至元九年（1272）升任诸路道教提举，相当于掌教宗师的副手。至元三十一年（1294），元成宗继位，赐玄明文靖天乐真人号。这在蒙元时期的道教界是很高的荣誉。李道谦在蒙元时期全真教中颇负文名，尤享教内

---

① （元）姬志真：《云山集》，《道藏》第25册，第379页。
② 同上。
③ （元）姬志真：《云山集》，《道藏》第25册，第379页。
④ 陈垣编、陈智超校补：《道家金石略》，北京：文物出版社，1988年，第714页。

史家之誉。李道谦编撰有多种全真教史著作，如《七真年谱》《甘水仙源录》《祖庭仙真内传》《终南山记》，并撰有《筼溪笔录》及诗文集。宪宗四年李道谦由祖庭至堂下公干，此时姬志真正出任重阳宫提点。这是全真两大史家的首度相逢，由此也可看出全真教宫观之间联系很频繁，尤其是对号称堂下的全真总部长春宫具有很强的向心力。在李道谦返程时姬志真赠诗送别。由诗中"幸矣相逢亲识面，惜哉重别澹交情。终南祖意君偏得，独向长安道上行"等句看，姬志真对李道谦是很看重的。

此年姬志真还撰有《于公大师挽词》：

> 阿师紫府谪仙俦，毕竟终期汗漫游。
> 心迹百千三昧了，世缘七十一年休。
> 叶兔飞去山衔月，鄂笛声遗黄鹤楼。
> 望极渺茫沧海阔，断云飘忽凤麟洲。①

挽词中的于公大师系于志可，字显道，道号冲虚，生于金世宗大定二十四年（1184），仙逝于宪宗五年（1255），世寿七十一岁。于志可师事丘处机，为西行觐见随侍十八大士之一。据李道谦《甘水仙源录》卷五收录蒙古国时期李鼎所撰《冲虚大师于公墓碣铭》，于志可在尹志平掌教期间曾提点长春宫达六年之久，李志常掌教期间，不再担任提点之职。他在蒙古国时期全真教中享有很高的地位，是当时教门元老之一。

此年姬志真还撰有送别全真高道彭宗道、赵子真、崔庭玉、王大师、左法师、赵法师等赴和林的饯别诗六首。这对于我们了解蒙古国时期全真教与汗廷之间的联系有重要价值。这六人当系此时期的全真高道，然其行事今不可考。尤其是《送赵子真送藏经于朝廷》一诗，② 诗中提到的藏经，当系宋德方于蒙古乃马真后三年（1244）主持兴修的《玄都宝藏》。这年赵子真向汗廷贡献《玄都宝藏》，说明《道藏》已现迹于蒙古国都城和林，这在道教史中尚属首次。宪宗时期《道藏》现迹于和林，也充分表明宪宗主政时期全真教与汗廷之间关系良好。

> 送彭宗道从师北行
> 此别何堪思郁陶，君逢若士学卢敖。
> 鹤先有意时常唳，云本无心势转高。
> 致远不疑容展骥，解牛何虑泽吹毛。
> 宗师借尔钩竿用，健泛瀛洲钓巨鳌。③
>
> 送赵子真送藏经于朝廷
> 忆昔同游金凤台，临高望远思悠哉。
> 重来又作燕山别，不意翻为驿马催。
> 宝藏玄辉天上去，塞尘秋色鬓边来。
> 归期已定终年约，莫遣丹心一寸灰。④

---

① （元）姬志真.《云山集》,《道藏》第25册，第380页。
② 同上，第378页。
③ 同上。
④ 同上。

送崔庭玉赴阙

竹月松风伴有年，霏霏梅雨别燕然。

远山得意闲搜句，沙漠无人更着鞭。

赤水早图元事业，青毡毋失旧家传。

殷勤要及通明殿，附凤攀麟朝上天。①

送王大师赴阙

补天亲及翠华宫，挽转银河别有功。

鹤报金书来紫府，云融彩色见苍穹。

布挥惠泽沾枯朽，摇荡仁飙发蔽蒙。

瑞应合传天上去，坐观鹏翼又搏风。②

送左法师赴阙

元放传家几代孙，数年矩步谒金门。

才闻风旆离天阙，又报星轺复帝阊。

分应王公希蓟训，力呼神鬼效刘根。

烧山符在随时用，辅正除邪仰至尊。③

饯赵法师赴阙

驿程冰雪路赊长，别语匆匆酒一觞。

箧贮羽符增气焰，匣藏神剑动光芒。

袯除氛祲从王事，驱驭风雷及帝乡。

伫看一吹山鬼伏，搜眠无复见彷徨。④

值得注意的是，这些全真高道都是以科仪符箓见长，说明宪宗对全真道的此类法术颇感兴趣，这与《元史·宪宗本纪》记载宪宗喜好祭祠之事可相互印证。

2. 延祐本《云山集》对教义、教理、教规、戒律之阐述

在《云山集》中，姬志真还对功行、性命、精神、全真、堂规等关涉全真教教义、教理、教规的一系列重要问题展开探讨。这方面的论述主要集中于延祐本《云山集》卷五中，此卷收录姬志真撰作的论、门、铭、说、评等，重点阐述全真教功行、性命、精神、全真、堂规等重要问题。姬志真对这些问题继承王重阳以来尤其是郝大通、王志谨宗系的相关看法，并予以独到而深入的论述，从而推动全真教教义、教理、教规的发展、完善，值得我们重视。

我们先看他对功行的看法。众所周知，全真教自王重阳开始，就确立了功行双修的立教原则。在《重阳教化集》中，王重阳引晋真人语，倡导功行双全：

> 晋真人云：若要真功者，须是澄心定意，打叠神情，无动无作，真清真净，抱元守一，

---

① （元）姬志真：《云山集》，《道藏》第25册，第378页。
② 同上，第378—379页。
③ 同上，第379页。
④ 同上，第379—380页。

存神固气，乃真功也。若要真行者，须是修仁蕴德，济贫救苦，见人患难，常行拯救之心，或化诱善人入道修行。所行之事，先人后己，与万物无私，乃真行也。①

在此，王重阳对真功、真行做了界定，真功就是内修心性，真行则是入世应缘。盘山派正是继承王重阳功行双修的全真立教法门，王志谨在《盘山栖云王真人语录》中进一步发挥王重阳内功外行双修并重的思想：

或问曰：如何是功行？答云：合口为功，开口为行。如何合口为功？默而得之，无思无虑，缄口忘言，不求人知，韬光晦迹，此是合口为功也。如何是开口为行？施诸方便，教人行持，利益群生，指引正道，是开口为行也。②

作为王志谨的嫡传掌宗大弟子，姬志真也对全真教的功行双修思想做了深度阐述，延祐本《云山集》卷五收录有他的《功行说》，对功行双修予以专门论述。他说：

道心历久，即是真功，利益一切，即是真行。功非自外，皆从心得，故曰内功；用则利物，故曰外行。

这与上述王重阳、王志谨的论述是一脉相承的，不过姬志真更强调内功外行都要落实到修心之事。

其次，姬志真对性命问题的论述同样也值得我们重视。与功行问题一样，性命问题也是全真教立教的核心问题。性命双修乃是全真教立教的另一基本原则。关于性命的讨论，王重阳在《重阳立教十五论》中说："性者神也，命者气也。性若见命，如禽得风，飘飘轻举，省力易成。"又云："性命是修行之根本，谨紧锻炼矣。"③盘山派祖师郝大通也很重视对性命的探讨，在《周易参同契简要释义》中对性、命、情的关门有专门辨析："乾能正定物之性命，物之性命各有情也。所禀生者谓之性，随时念虑谓之情。故以真言之，存乎其性；以邪言之，存乎其情。情去性存，命自归而辅之。"④姬志真在《性命说》一文中，秉承郝大通的思考逻辑，对性、命、道、情做了界定，并以水为例对它们之间的关系予以明晰分判：

夫性者，清净妙明，本然之真性也。又名本分事，又名向上机，又名大本大宗，非习性、种性也。

性如水也，心者水之流动也，情者波也，命则如使水之流止者。盖命自道所禀，赋于形体之中为性。性之本则为命，与道且然无间也。

这种以命为核心通贯心、性、情的性命思想是很有特色的。除此之外，姬志真还结合全、真概念拓展对性命理论的解释。其《全真说》解释全、真云：

人之生也，皆具天真自全之性，未尝不与天地万物冥会。

真则全矣，全则真矣，动静行止，语默应对，色色皆真，真则上与天地之道合，下与神物之义融。收纵凝然则谓之丹，施行于事则谓之行。不拘于万有之间，则谓之仙；冥同于造

---

① （宋）王嚞：《重阳教化集》卷二，《道藏》第25册，第799页。
② （元）论志焕编：《盘山栖云王真人语录》，《道藏》第23册，第723页。
③ 《道藏》第32册，第154页。
④ （金）郝大通：《太古集》卷一，《道藏》第25册，第869页。

化之一者，则谓之道矣。

这里创造性地以全、真疏解性与道，将全真论与性命论统合，可谓其性命理论的独创之处。

最后，延祐六年《云山集》对堂规的论述，也值得我们重视，有助于我们了解盘山派宫观系统的教规。延祐六年《云山集》卷五收录有姬志真的三篇铭文，均与该宗的教规有关。此即《堂规铭》《奉道铭》《住山铭》。

堂规铭

合堂道众，稽手叮宁，各居一位，整列如星。存神于道，寓目于经，安详动静，端正仪形。禁止杂语，杜塞邪听，多行方便，少出门庭。普请先到，宴坐心冥，消除诈伪，保护真灵。谦和低下，忘物忘形，摧强挫锐，念住性停。神锋绵密，如新发硎，日就月将，令德唯馨。同流后进，请事斯铭。

奉道铭

火坑跳出，孽障冲开，清净林中，惠然肯来。尘情顿歇，俗语休谈，是非锋卷，人我山摧。恶根除荡，善种栽培，贪饕念息，爱欲心灰。消磨旧业，拂拭尘埃，常怀敬信，莫起疑猜。多生浊骨，换作仙胎，玄关拨转，飞步蓬莱。

住山铭

隐约住山，别无功课，粗以御寒，粝以塞饿。要行即行，要坐即坐，忺时或歌，困时或卧。人问后答，彼唱即和，谦卑自持，强梁自挫。世态尽忘，人情勘破，唯吾之真，纤尘不涴。优哉游哉，随缘且过，一任诸方，谈玄活堕。

这里涉及道众的普请、宴坐、住山等宫观集体生活，详细规定了道众行、住、卧、举止及心性的约束，为我们了解这一宗系的宗教修炼生活提供了珍贵的史料。如果我们再联系现存《道藏》收录的《重阳立教十五论》、①《教主王重阳帝君责罚榜》、② 马丹阳的关中十劝及《重阳真人金关玉锁诀》提到的忍辱十善、断除十恶等，那么对于全真教规的发展就会有更深入的理解。当然姬志真之所以撰作教规三铭，乃是与他的宗主身份有关。③

---

① 《正统道藏》第32册，三家本。
② 载《全真清规》，《正统道藏》第32册，三家本。
③ 在《云山集》所录诗、词、赋中，姬志真还继承王重阳及全真七子以文传道的传统，创造性地使用大量意象阐释全真教的内丹心性论，从而构建起系统的、具有创新意义的道教象征主义心性理论。对此，笔者将撰专论探讨。

《天师教》: 天师道和早期道教文献中的七言诗

[美] 柏　夷　黎江南*

《天师教》，作为天师道的一种押韵的交流手段，现存于《正一法文天师教戒科经》之中。该文和《大道家令戒》同在此经之中，且被放在更长的《大道家令戒》之后。学者们推测这两个文本是在相同的时间和背景下被编纂和流布的。这一假说，和其他假说一样，值得被探索。我相信，对这一较短文本本身的分析是一项饶有价值的工作。首先，正如我即将在下文中详细讨论的那样，《天师教》的形式是与一些早期道教的重要押韵文本相吻合的。其次，如果它确实是一个早期文本，那么此诗，据我所知，是第一个清楚地提及五脏神灵，以及他们可能是怎样被修道者在脑海中想象（visualize）的文本。[①]《天师教》也隐约涉及当时天师们所面对的灾难性事件。考虑到现存关于早期道教的信息相对较少，这一碎片般的文本是极富价值的。

我通常会以对文本的翻译和研究开始我的分析。但是，这里我想以对"通常方式"的思考开始我的论证。为此，我将探索学者们所运用的给《大道家令戒》系年的一些方法。乍看之下，这可能会显得不太合理，因为我对《大道家令戒》系年的看法已经付梓。在此，我的目的并不是去重述之前的论点，也不是想加入一些正在进行中的讨论，而是对这些方法做一个评估。这或许有助于对《天师教》的系年。

唐长孺关于天师道传播的文章依然需要被反复阅读。[②] 他为《大道家令戒》中几个重要的段落提供了释义，并展示了它们与记载于正史中的事件的一致性。他对"化胡说"在文本中的出现、"各自署职"的天师道诸治的神职人员以及其他当时的文献也有有趣的见解。比如，他推测"自从太和五年（231）以来诸职各各自置"，这个文本中不太清楚的系年，可能与天师道遇到的困难有关。因为在魏国黄初年间（220—226），朝廷对业已传播的"祠祀巫祝"禁令森严。这可能是一个合理的推测，而且唐长孺用其特有的谨慎对它进行了论述。

---

* 作者简介：柏夷（Stephen R. Bokenkamp），美国亚利桑那州立大学宗教学系教授、博士生导师。黎江南，亚利桑那州立大学东亚系在读博士研究生。
[①] 译者按，这里"visualize"指的是一种类似于"存思"的修行方式。
[②] 唐长孺:《魏晋期间北方天师道的传播》,《魏晋南北朝史论拾遗》, 北京：中华书局，1983年，第218—232页。

遗憾的是，唐文中最常被引用的假说是他对《大道家令戒》的系年。① 由于本文将涉及这一假说，在此我将概括他的观点。唐长孺的关注点在于《大道家令戒》中关于"化胡说"的一句话。该句谈及"道"在胡人中的出现，说道：

> 非但为胡不为秦，秦人不得真道。

他同时注意到《天师教》中"观视百姓夷胡秦"一句对"秦"的运用。由于把"秦"作为对中国民众的称呼仅可零星地在西汉北方少数族群（匈奴）对这一词的运用中被证实，唐长孺提出这一指称必定与我们现存最早的案例相一致，而这些案例保存于在前秦（350－394）和后秦（384－417）时被翻译的佛经的序言中。

我们首先需要注意到这两处对"秦"的用法并不相同。正如大渊忍尔所指出的，《大道家令戒》将胡人的信奉定在秦朝之时，所以在此文中"秦"应当是指"秦国人"而不是"中国人"。② 这可以从《大道家令戒》中与此紧挨着的"五霸世衰，赤汉承天道"一句清楚地看出。

那么，我们还剩下《天师教》中的案例。③ 我们是否应该认为唐长孺的论述至少在这一案例上是有力的呢？我不这么认为。正如我将在下文中强调的，个别词汇是不能作为充分的论据去论证整个文本的系年的。第一，这其中有太多的变数。我们没有足够好的证据去证明当时的人是如何发音和组织语言的。加之，数以万计的文献已经湮没不存。因此，我们所说的"第一次在文本中出现"很难意味着什么。这一论断是有力的，尽管所有已往的研究都在当时佛经译者的作品中追溯到了"秦"一词的运用。④

第二，我们应该注意到，与唐长孺引用的《汉书》中的文本相似（唐引用此段以显示汉代时匈奴用"秦"一词来指称汉人），《天师教》中的案例也将"秦"与"胡""夷"作比。如果我没有误读，东汉末年的军事将领们也将他们族群杂糅的军队称作"秦胡"。⑤ 对族群杂糅的群体采用一个实际上的早期西域族群的名称——"秦"，对于身在其中的汉朝人来说，则可能是一个常见的现象。早期天师道信徒的构成和治理他们的神职人员的案例应当是一则确凿的证据。正如下文所示：

> 领决职：主鬼气男女被气传语。领决教：分别秦、夷、胡、戎、狄、氐、羌真伪。⑥

换言之，由于天师道徒是由使用不同语言并用这些语言从神灵处接受信息的人们构成的，所以人们需要能理解不同语言且能辨别这些"启示"（revelations）的神职人员。相似的族群名单也

---

① 《魏晋期间北方天师道的传播》，第226－228页。
② [日]大渊忍尔：《初期の道教》，东京：创文社，1991年，第302－303页。相反的观点参见 T. H. Barrett, "The Emergence of the Taoist Papacy in the Tang Dynasty", Asia Major (Third Series) 7. 1 (1994), pp. 92－93. Barrett 的系年仅仅依赖于《大道家令戒》中"秦"一词的运用。
③ 小林正美有自己的一套系年方法。与他所用的方法保持一致，他认为《大道家令戒》和《天师教》中的"秦"一词均指的是汉朝之前的秦朝。然而，他认为这两个文本是在同一时间被写成的。他的结论也建立在这一推论的基础之上。见[日]小林正美：《六朝道教史研究》，东京：创文社，1990年，第341页。
④ 铃木裕美对此有一个自称"部分的"（不完备的）研究。见氏著《古訳・旧訳经典における割注について》，《印度学佛教学研究》1991年第78期，第90－92页；又1991年第79期，第43－45页；1993年第82期，第17－19页；1993年第84期，第39－41页。
⑤ （南朝宋）范晔：《后汉书》卷六十五，北京：中华书局，2000年，第2153页；《后汉书》卷七十二，第2322页；卷七十四下，第2414页。这一用语可能指的是"汉化的胡人"，但我的观点依旧有效：这些材料表明，汉代时，人们可能将汉人称为"秦"。
⑥ HY1131《三洞珠囊》，7；19a，引《玄都职治律第九》。见陈国符：《道藏源流考》，北京：中华书局，1963年，第350页。Terry Kleeman 将此部分译成了英文。见 Celestial Masters，p. 335。

出现在这一文本的他处。虽然这些宗教内部神职机构的名单没有单独地流传下来，而是被后来的文献加以引用，但是对"秦"一词的运用很难被当作证据去证明《天师教》是在前秦或后秦时的北方被编纂的，因为当时需要这些机构的"教治"系统已经在北方陷入混乱局面。①

总而言之，我认为唐长孺的文章依旧有很多贡献。但是，他对"秦"一词的运用所下的结论是有讨论的余地的。

大渊忍尔，与唐长孺一样，试图利用正史及其现存的注解，将文本中的内容与历史事件相匹配。他的几个论点十分引人瞩目。例如，比唐长孺更进一步，他注意到《三国志》中的一段文字和源自《魏书》的一段按语，其中记载，在建安二十年（215）曹操开始用"金印紫绶"来奖赏地位在"关中侯爵"以上官员们的军功。这似乎与《大道家令戒》中"赤子不伤身，重金累紫，得寿遐亡。七子五侯，为国之光"这一对天师道在曹魏治下状况的描述相吻合。②

大渊忍尔的研究重在《大道家令戒》与《〈老子〉想尔注》中概念的比较。这对前者的系年并无太多裨益，但对后者的系年意义重大。我自己对《〈老子〉想尔注》的推论就是部分建构在大渊忍尔的研究之上的。③

最后，大渊忍尔也探讨了困扰之前学者的另一句话。大渊忍尔指出，"百有余年魏氏承天驱除"和"以汝付魏，清政道治"中，《大道家令戒》的作者不停地想令他的道教受众们注意到曹魏政权的荣光。这"对两百年以后的道教祭酒和教民来说毫无意义"，④ 这是值得我们注意的一个论断。他的关注点在于文本所表达的思想的论点，重视当时的意识形态，并试图以今天逻辑演进的角度将其进行编排。与这些论点不同，大渊忍尔的推论着重探讨了一个世俗的关注点——对统治家族的效忠。这一关注点则是可以更加准确地被分析和判断的。

小林正美是在他所称的文本中"思想"的层面进行研究的。但是，随着行文的深入，他仅仅探讨了《大道家令戒》中"三天""新出老君"这些孤立的用语。尽管小林正美不断地传递"概念"和"思想"，但他实际上涉及的是一个个用语。⑤ 譬如，在讨论"太上老君"一名的起源时，小林指出"太上老君"出现在《老君音诵诫经》（寇谦之撰）和《太上正一咒鬼经》中，但并未在《抱朴子》和《太上灵宝五符序》中出现。在后两种文献中，我们只能看到"老君"。尽管他能够推测为何寇谦之想要发明出这一术语，但是没有证据可以证明寇谦之确实这么做了。实际上，我们可以同样推论，为何期待《抱朴子》和《五符序》也使用这一术语是不合常理的。一方面，他们都是南方的文献，明显与早期天师道关系不大。但是，对小林正美来说，我们所见的文献，似乎自然会根据一些术语出现的先后，在时间线中被排成一列。因此，《大道家令戒》被小

---

① Kleeman, *Celestial Masters*, pp. 205—209. 关于寇谦之改革之后，道教在北方的情况，Terry Kleeman 给我们提供了一个睿智的判断：这一时期教治似乎尚存，但是是以多种方式呈现的，而整齐的天师教系统则已经倾塌。
② [日] 大渊忍尔：《初期の道教》，东京：创文社，1991年，第 265—266 页。
③ 见 Stephen R. Bokenkamp, *Early Daoist Scriptures* (University of California Press, 1979), pp. 29—148.
④ [日] 大渊忍尔：《初期の道教》，东京：创文社，1991年，第 303—304 页。
⑤ 也可参见 Terry Kleeman, "Reconstructing China's Religious Past: Textual Criticism and Intellectual History," Journal of Chinese Religions 32 (2004), pp. 29—45. 小林正美将他的方法称为"思想史"，但 Kleeman 认为小林做的关于"思想史"的论断仅有一处，即直到刘宋"人格化的道"（anthropomorphized Dao）才首次出现。而这一观点早已被麦谷国雄提出过。我与饶宗颐在1996年的国际道家文化研讨会上，对这一观点有过讨论。他的回答是："果真如此的话，那刘宋之前就不可能有天师道了……而且，汉末的中国人肯定是一群缺乏想象力的人。" 简而言之，这一思想史仅仅构建在几个孤立用语的基础之上。

林定在刘宋之后。

另一方面，人们会经常感到，小林似乎没有读过不包含他所找的"关键词"的文献。例如，他认为在《大道家令戒》的终末论中，看不到对世界必定崩坏那一天的来临的迫切不安感或危机意识。① 相反地，我们可以在这一文本中找到为数不少的证据，来证明作者其实对即将来临的魏国的倾塌有明确的意识。作者不断地对当下和未来的灾难进行警告。这可以在小林正美所引的一段文字的上下文中看出。② 这里，我将小林的引文加粗，以示区别：

> 欲朝当先暮，欲太平当先乱。人恶不能除，当先兵病水旱死。汝曹薄命，正当与此相遇。③ 虽然，吉人无咎，昔时为道以备今来耳。未至太平而死，子孙当蒙天恩。下世浮薄，持心不坚。**新故民户，见世知变，便能改心，为善行仁义，则善矣可。见太平。度脱厄难之中，为后世种民。**虽有兵病水害之灾，临危无咎。故曰道也，④ 子念道，道念子。子不念道，道不念子也。

我引用小林引文的上下文，是为了强调用断章取义去说明"关键词"的危险性。读过全部的上下文，我们很难认同，这一文本缺乏迫切的不安感和危机意识。

通过以上学者们对《大道家令戒》系年的尝试，我们可以总结出几条原则：

1. 最好的策略是在道教文献之外找到其他的历史文献，来厘清我们在道教文献中见到的观点。如卿希泰老师在其基于历史考察的道教史中所详尽证明的，我们最好能将这一宗教置于其时代背景之中看待。最有问题的策略则是仅仅考察"道教"文献，进而根据时间顺序排列词汇和概念。

2. 个别的词语（比如"秦"）可能会误导我们。相较之下，与文本相关的官名、朝代或物品（比如"以汝付魏""清政道治"或是"金印紫绶"）则可能会更加有用，特别是当这些细节互相支持之时。

3. 只有在我们能够提供确凿的证据，去证明为什么一种思想不可能出现在另外一个时间的情况下，文本中的"思想"才可以被当作可接受的证据（可以参见大渊忍尔对"何时人们会将魏国与'荣光'联系起来"的讨论）。

这可能看上去收获寥寥，但是这些有待商榷的例子是特别值得我们注意的。

以下，我将尝试运用前文尚未提及的策略，来分析一个不长的文本——《天师教》。以下是此诗的原文：

> 今故下教作七言，谢诸祭酒男女民。天地混籍气如烟⑤，四时五行转相因。天地合会无人民，星辰倒错为人先。二十八宿毕参辰⑥，荧惑太白出其间。若有改变垂象先，太平之基

---

① ［日］小林正美：《六朝道教史研究》，东京：创文社，1990年，第339页。
② 同上。
③ 如我在《想尔注》的研究中谈及的，恶行会导致寿命的减少。但是，人们的寿命也会在一"劫"结束的时候缩短。这一观点可能在此也起了作用。
④ 这是说"所以你们叫作道士"。更加直接的翻译是"道民"。
⑤ "混籍"似乎是一个"只出现过一次的词"（hapax legomenon）。
⑥ 毕、参当属西方。

不能眠。是令轙轲不可言，发言出教心意烦。走气八极周复还①，观视百姓夷胡秦。不见人种但尸民，从心恣意劳精神②。五藏虚空为尸人。命不可赎属地官，身为鬼伍入黄泉。思而改悔从吾言，可得升度为仙人。节慎阴阳保爱神，五藏六府有君臣。积在微微③为真人④。神思愁惨不能眠，游戏百姓五藏间，还与真人共语言。心中真人来上天，绛黄单衣三缝冠⑤，佩天玉符跪吾前。陈说百姓道万民，功过进退有明文⑥。

第一个能引起人们注意的关于该诗结构的地方是：它是一首七言诗。诗中的每一行，与隔行押韵的诗和赋不同，都是押韵的。除此之外，该诗有一个贯穿全篇的韵。相似的天师道文献的例证有《黄庭外景玉经》《黄庭内景玉经》和《女青鬼律》的第五卷。虽然这些文本运用了不止一个韵脚，但是他们同样是七言诗，也是每行押韵。加之，其中有相当长的一部分也是只用一个韵脚。从上述的例子可以看出，我们可以用诗歌的结构、韵律结合文学研究和历史语言学的方法，对《天师教》进行系年。由于《大道家令戒》本身并不押韵，这些方法不曾被学者用于对《大道家令戒》的系年中。

根据王忠林对中国诗体的研究，一行押一韵的七言诗，尽管稀少，但是体现了一些早期诗歌的特点。他引用了西汉的两个例子和东汉的其他几个例子。王忠林认为，直到鲍照（405—466）的《拟行路难》，我们才第一次看到一首隔行押韵的诗。⑦

虽然这或许是事实，但文人的诗，特别是存于各种文集中的精英创作的诗，并不是我们能够搜寻上述道教诗的先例的地方。相反，我认为可能与道教诗歌有关的是"童谣"这种预言和训诫的表达方式。童谣并不是创作于单一的写作框架之下。⑧

我们在最早的例子中可以找到三、四、五、六和七言诗，一些例子中甚至有长短不一的诗句。但是，其中少数的七言诗也是每行押韵且通篇用一韵。⑨ 在历史资料中，一般是将这些诗放在历史事件中记载的。遗憾的是，这些历史资料倾向于仅仅引用与历史事件相关的那几句诗。我从历史资料中辑出的最长的一首，仅有五行之长。⑩ 这比《天师教》要短许多。然而，有迹象表明童谣可能实际上更长。比如，我们可以在《灵宝五符序》中找到一首七行的童谣。这首童谣据

---

① 这种周游之术表明这首诗背后的声音是一个神灵，或许是天师自己，抑或是第三代天师张鲁，因为张鲁在此时已经升仙。无论是哪种情况，这个声音都是为道而言。
② "从心恣意"可能暗示这个神灵可能到了需要改变自己的一些原则的地步。
③ "微微"——我们对天师们如何看待死后的世界知之甚少。但是，这一表述似乎可以与《想尔注》中的一段话相呼应："太阴，道积练形之宫也。世有不可处，贤者避去托死。过太阴中，而复一边生像，没而不殆也。俗人不能积善行，死便真死，属地官去也。"
④ 这一用语似乎指的是修炼者体内的神灵而不是修炼者本人。
⑤ 三缝冠在《老子中经》中也被提及，是东王父（YJQQ, 18: 2a7—8）、北斗和璇玑（YJQQ, 18: 9a10）的头冠。但是，他们并没有被描述成"心中真人"。
⑥ "心中真人来上天"一节似乎是对天师道中"上表"或"奏章"的描述。
⑦ Wang Zhonglin 王忠林, Zhongguo wenxue zhi shenglü yanjiu《中国文学之声律研究》第二卷，台北：台湾省立师范大学，1963年，第352页。王氏引用了作于汉武帝宫廷的《柏梁诗》、汉昭帝的《淋池歌》、张衡《思玄赋》的"系曰"部分、马融《长笛赋》的结尾部分。另一个例子是王逸的《琴思楚歌》。当然，这些诗赋都有着作者和系年方面的问题，这是需要被小心处理的。
⑧ 当被收入史书时，这些预言通常被称作"妖诗"。其他一些指称有灵语、预言、诗谣、谶、谶谣、诗谶等。见谢贵安：《中国谶谣文化研究》，海口：海南出版社，1998年。
⑨ 可参见清代学者杜文澜（1815—1881）的《古谣谚》。杜文澜辑：《古谣谚》，北京：中华书局，1904年，第06、07、90、100、114、116—117、295—296、1026—1027页。其中有从汉朝到梁朝的例子。另一个例子是《纬书集成》中的《诗泛历枢》。见[日]安居香山、中村璋八编：《纬书集成》第三卷，东京：明德出版社，1978年，第41页。更加相关的材料可能被收入纬书之中，只是我尚未做全面的检索。
⑩ 《古谣谚》引《续汉书》。见杜文澜辑：《古谣谚》，北京：中华书局，1984年，第98页。

传被孔子听到，并使他确认了《灵宝五符序》的文本历史。① 虽然这首诗当然不是任何时代的一首童谣，但是，为了逼真的效果，它很可能需要模仿它可能的受众已经见过的童谣。

作为一种体裁，童谣倾向于将预兆、天象、对时代的批评尤其是对具有神性的权威（Divine Authority）的诉求囊括其中。这些都可以在《天师教》中被找到。例如，一些童谣和《天师教》都提及"荧惑"的出现，并将其作为战争、社会失序和即将到来的王朝覆灭的预兆。②

然而，鉴于现存的童谣的碎片性，我们只能将这种关联视作一种可能性。对我而言，这其中似乎并没有直接的联系。但是，童谣和道教诗一定都借用了当时地方神祠的灵媒诗业已建立的权威。由于这些诗歌的性质，它们现已不存。③

这些推测当然不会有助于我们对《天师教》的系年。实际上，至少直到梁朝，童谣中也有每行字数相同且有着相同的押韵模式的例子。这说明诗体对我们的系年没有太多帮助。

但是，由于这首诗是押韵的，我们或许可以从其可能的押韵模式上获得一些信息。④《天师教》用了以下的韵脚：⑤

	言	元	平	ngjan	*民	真	平	mjen	烟	先	平	jen
*因	真	平	jen	民	真	平	mjen	*先	先	平	sien
辰	真	平	zjen	*间	山	平	kan	先	先	平	sien
*眠	先	平	mien	言	元	平	ngjan	*烦	元	平	bjwan
还	删	平	gwan	*秦	真	平	dzien	民	真	平	mjen
*神	真	平	dzjen	人	真	平	nzjen	*官	桓	平	kuan
泉	仙	平	dzjwan	*言	元	平	ngjan	人	真	平	nzjen
*神	真	平	dzjen	臣	真	平	zjen	*人	真	平	nzjen
眠	先	平	mien	*间	山	平	kan	言	元	平	ngjan
*天	先	平	tien	冠	桓	平	kuan	*前	先	平	dzien
民	真	平	mjen	*文	文	平	mjuen				

由此立刻变得清晰的是，作者对在这首短诗中运用同一个韵脚，并未感到任何不妥。在二十二行的空间中，"言"和"民"各被用了四次。这明显不是文人诗或宫廷诗。所有韵脚都属于平声韵中"真""元"和"寒"三类。文韵在其中尤其重要，因为根据丁邦新的研究它在晋朝时有属于自己的"文韵"。它与其他类别诗的这种关联非常罕见。丁氏将这种联系视作魏国多种北方

---

① 太上灵宝五符序，HY 388，1：9b9—10a2. 我曾翻译过这首诗。见"The Peach Flower Font and the Grotto Passage," Journal of the American Oriental Society, 106. 1 (1986)，pp. 65—77.
② 例如，一首载于《晋书》的妖诗讲述了这样一个故事：孙休永安二年将守质子群聚嬉戏，有异小儿忽来言曰："三公锄，司马如。"又曰："我非人，荧惑星也。"言毕上升，仰视若曳一匹练，有顷没。干宝曰："后四年而蜀亡，六年而魏废，二十一年而吴平。"见《晋书》卷二十八，第 843 页。又见谢贵安：《中国谶谣文化研究》，海口：海南出版社，1998 年，第 59—60 页。
③ 与此相关，其与《楚辞》"骚体"七言句的相似性也是值得注意的。
④ 1982 年，我在加利福尼亚大学张琨教授的帮助下，开始了对上清、灵宝文献中押韵文本的研究，但这一研究尚未发表。之后，赤松佑子发表了对《真诰》中押韵文本的研究。见其撰《真诰中的押韵字にみえる言语的特性》，收于吉川忠夫编《中国古道教史研究》，东京：同朋舍，1992 年，第 471—510 页。赤松的成果表明此类研究是有其价值的。
⑤ 这样的韵脚当属魏韵。见丁邦新：《魏晋音韵研究》，台北："中央"研究院历史语言研究所，1975 年。这些重构是我在 Karlgen 版本的基础上做的一些改变。

方言的一种可能性的特征。①

将这一发现与《女青鬼律》和《黄庭外景经》中的诗韵对比，我们可以发现所有这一切表明，这些类别间的联系是一种有规律的特征。遗憾的是，"真""元"和"寒"部之间的关联并不能将这些道教的文本与后来者相区别。根据赤松佑子《真诰》押韵的研究，尽管"寒"部在《真诰》中倾向于被独立出来，其中也不乏与"真""元"和"文"类似的押韵。②

为了确定《女青鬼律》和《黄庭外景经》中的押韵是否与四世纪南方的道教文献不同，我们必须延伸我们的研究，进而将其他的押韵体系纳入考量。我十年前初步的研究表明我们可以从这样的研究中获得一些东西。实际上，虞万里不约而同地进行了他的研究，而且完成了一个我不可能完成的更加全面的研究。③ 他的研究显示，《天师教》《女青鬼律》和《黄庭外景经》有着同样的押韵体系，且都创作于三世纪的西北中国。我认为这一发现是极其富有价值的，且对现存道教文献进行语言学方面的研究将极有裨益。

另一个将有丰硕成果的方法是，利用电子检索中的频率分析来研究道教文献。我们知道一部分的道教文献是经过再编辑的。但是，如果我们足够小心，这一方法将有助于我们对文献的系年和定位。④

回到我的分析。值得注意的是《天师教》和《黄庭外景经》都将一首以宣告口吻写作的诗作为开头。作者似乎并不信任预期的受众能够准确地理解这些诗。⑤ 实际上，《大道家令戒》也将《黄庭外景经》称作《黄庭三灵七言》和《妙真三灵七言》。这些早期诗歌中宣告式的口吻应当在当时这些诗歌传播的过程中是必要的。据我所知，我没有在其他地方（道教文献以及之外的文献）看到过这样的形式。

现在让我们再考虑《天师教》的内容。根据上述原则，我们需要首先在历史资料中寻找线索。只有一个证据让我觉得可能得到一个可靠的系年，它出现在诗的第七、八行。"太白"和"荧惑"出现在了二十八宿的"毕参辰"中——这似乎预示着可能的王朝变迁。遗憾的是，我没有找到能对应这一星象的历史文献。"太白"和"荧惑"交汇预示着战争。有一个这样的记载是，在234年，诸葛亮在渭水之南的军队遇到了吴国援军的抵抗。⑥ 但是，如此天象的后果应当更加严重。如张璠所引："金火交会，革命之象也。"⑦ 虽然这对我们确定具体的事件并无帮助，但是这样的天象确然代表着王朝的变迁。我不是天文学家，所以尽管我搜集了"荧惑"出现的一些史

---

① 丁邦新：《魏晋音韵研究》，台北："中央"研究院历史语言研究所，1975年，第220—221、267页。赤松发现《真诰》中的"寒"部倾向于与"真、文、山、先"相区别。
② ［日］赤松佑子：《真诰中的押韵字にみえる言语的特性》，收于吉川忠夫编《中国古道教史研究》，东京：同朋舍，1992年，第494—498、506页（这是他的结论部分）。
③ 虞万里：《榆枋斋学术论集》，南京：江苏人民出版社，2001，第576—577页。
④ 陶弘景的文本在《无上秘要》出来以前的改写是一个显著的例子。有人抹去了《真诰》中一些佛教的元素。另外，《登真隐诀》丢失的21卷也比较可疑，因为其中也有可能包含佛教的成分。见Stephen R. Bokenkamp, "Research Note: Buddhism in the Writings of Tao Hongjing," Daoism, Religion, History, and Society, 6 (2014): 247—268.
⑤ 《黄庭内景经》的开头也是一首七言诗，但是，如施舟人（Kristofer Schipper）所言，它是对《黄庭外景经》的一个更加"现代"的翻译。见 Concordance du Houang-ting King, Paris: Publications de l'Ecole Française d'Extrême-Orient, #104, 1975.
⑥ 《晋书》卷十二，第351页；又见《三国志》卷三，第101页。
⑦ 《三国志》卷一引张璠《汉纪》，第13页。

料，我仍然无法确定这里描述的是怎样的天象。

鉴于决定性证据的缺失，我们只好将关注点转到姗姗来迟的《大道家令戒》，并将其与《天师教》的内容加以比较。这与我的第三条原则相连。这里，我们将不会仅仅依赖于个别词汇，而是整体的一致性。《大道家令戒》中预言了魏国的灭亡和道教徒们可能面对的命运。那么，《天师教》与这一部分是相关联的吗？我将强调以下的论证虽然仅仅是一种假说，但十分有力。

我们首先会注意到，第一行的"今故"似乎与之前已有的一些文本相关联。这很有可能是学者倾向于将《天师教》作为《大道家令戒》附文的原因。① 当然，《天师教》也有可能是另一文献的残篇。尽管《大道家令戒》同时将个体的命运和更加宏大的历史背景作为主题，只要我们将《天师教》的最后一联仅仅看作是对个体命运的预言，该诗整体传达的讯息似乎就比较一致。这是因为《天师教》中并没有提及"魏氏承天"或是"道"对王朝施以援手的地方。

让我们将这些一致的地方在以下列出。《天师教》与《大道家令戒》相似，先提及祭酒、男女教民，并警告他们上天已经预言了王朝的变迁。于是，两者都提到了"太白"和"荧惑"。但《天师教》似乎指向一个更加明确的星象。两者都宣称作者可以魔法般地周游四方，并观察民众的行为。② 而且，两者得到的结果都是令人不安的。这些可以从所引下文看出：

《天师》：走气八极周复还，观视百姓夷胡秦。不见人种但尸民，从心恣意劳精神。

《大道》：吾晨夜周流四海之内，行于八极之外。欲令君仁、臣忠、父慈、子孝、夫信、妇贞、兄敬、弟顺，天下安静。故民浑浊日久，虽闻神仙之语，长生之言，心迷意惑，更怀不信。③

我还可以继续列举类似的例子，但继续列流水账恐怕会令我的读者昏昏欲睡。总之，与《大道家令戒》异曲同工，《天师教》的作者宣称人类当时的现状令他困扰不安。这一主题也基本上贯穿了这两个文本。

两个文本的另一个共同点是：教民存在于大道之中，正如大道也存在于他们之中。这解释了《天师教》中一个更令人困惑的描述：因为两个文本的作者作为神灵不安地周游四方，同样地，存在于人体之中的神灵也会如此。如下文所示：

《天师》：神思愁惨不能眠，游戏百姓五藏间，还与真人共语言。

《大道》：大道者，包囊天地，系养群生，制御万机者也……道授以微气，其色有三。玄、元、始气是也。玄青为天，始黄为地，元白为道也。三气之中，制上下，为万物父母。

没有可以维持生命的神灵和以"微微"④为方式的积累和滋养，人们注定会走上"黄泉"之路。有趣的是，《天师教》将这些不幸的人描述为"尸民"。这一惯用语未出现在《大道家令戒》

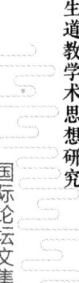

---

① 《大道家令戒》的文末有这样一段话："今传吾教，令新故民皆明吾心，勿相负也。"这可能加强了这种印象，因为《天师教》以第一人称的声音继续"传教"。而这个声音很明显是属于某个神灵或仙人。在他面前，修炼者体内的神灵需要向他下跪。
② 我曾错译了《大道家令戒》中"火星失辅"一句。我的翻译是"火星从辅助的位置上移走"（the fire star departs from its position as adjunct），但"辅"很有可能是指 Alcor。这是北斗七星的一颗辅星，喻指那些扶持帝王的臣子。薛爱华（Edward Schafer）将这颗星的名字译为"Sustainer"并提供了相关的信息。见 *Pacing the Void*, pp. 50—51 and 67.
③ 在这里和接下来的文本比较中，我将首先给出《天师教》的措辞，再给出《大道家令戒》的用语。
④ See line 24 of the Tianshi jiao; 12a7 in the "Admonitions."

中，而是出现在《〈老子〉想尔注》中。① 在这两个文本中"尸民"都表示，在这些人死后，他们将与已死的人为伍。简而言之，他们是行尸走肉。这可以在所引下文中得到证明：

《天师》：命不可赎属地官，身为鬼伍入黄泉。

《大道》：人不信道，道恚死者，当气在幽谷。

《天师教》和《大道家令戒》都谈及五脏六腑对滋养神灵的重要性。② 如下所示：

《天师》：五藏虚空为尸人……五藏六府有君臣。积在微微为真人。

《大道》：九气通则五藏安，五藏安则六府定，六府定则神明，神明则亲道。

关于体内的神灵是如何向上天报告的，《天师教》有更具体的细节，《大道家令戒》则更注重历史和当时的政治现状，且没有提及如"绛黄单衣三缝冠"和"天玉符"这样的细节。这样的细节为读者们突出了心脏中的神灵，并使得他们在脑海中想象这些神灵（visualization）变得可能。

然而，上天的司法系统似乎同时出现在这两个文本中。《大道家令戒》谈及了"天考"和"名荷天官"，③ 且是以告诫而威胁的方式提到这一系统。而《天师教》则仅仅谈及"功过进退"的可能性。这是两者之间一个明显的区别。这可以从所引下文中看出：

《天师》：心中真人来上天……陈说百姓道万民，功过进退有明文。

《大道》：诸闲官无文书之职皆当随时坐起。名荷天官，常处神明之坐……犯天禁，必当中伤，终不致福也。但劳汝耳无事自勤苦，不如任心恣意以快汝。不须为天考，不须轻易官法也。

由于上天的司法系统可能同时在这两种文本中出现，因此这仅仅是一个无关紧要的区别。

最后，两个文本都浓墨重彩地描述了上天对王朝覆灭的预言和在其间存活下来的需要。这种覆灭更像是一种世界范围内的破坏。虽然《大道家令戒》没有提及"种民"，但它让那些对"道"保持信念的民众（即使他们也会先面临死亡）得见"太平"。除此之外，如果将《天师教》看作《大道家令戒》的附文，我们可以得到一个完整的思想体系。

《天师》：观视百姓夷胡秦。不见人种但尸民。④

《大道》：至今三天恚怒，杀气纵横。五星失度，太白扬光。变风冬雷，彗孛低昂。天垂悬像以示人。人不信道，道恚……民怨思乱，逆气干天。故今五星失度，彗孛上扫，火星失辅，强臣分争，群奸相将。

作于这两个文本之前的《〈老子〉想尔注》，也提供了关于天象的一些相似的证据，但却没有这两者中的那种迫切。其中仅仅描述了向道"王者"的贤政：

王者行道，道来归往。王者亦皆乐道，知神明不可欺负。不畏法律也，乃畏天神，不敢为非恶。臣忠子孝，出自然至心。王法无所复害，形罚格藏，故易治，王者乐也。……如此

---

① 见 Early Daoist Scriptures, pp. 85, 105 and 110。
② Tianshi jiao, lines 23—24; "Admonitons," 12b4。
③ "Admonitions," 16b3 and 17b1。
④ 小林认为这里可能是文本的错误，但我不同意小林的观点。见《六朝道教史研究》，第339页。小林对用语纠正（terminological correctness）的着迷，使他做出了这样的判断。"人种"和"种民"明显是同一种事物。他们是指，只有"道民"才有希望取得这样的地位。另外，我无法同意他对这一概念起源于刘宋的判断。

之治，甚大乐也。诸与天灾变怪，日月运珥，倍臣纵横，刺贯之咎，过罪所致；五星顺轨，客逆不曜，疾疫之气，都悉止矣。

上述分析尽管简短，但提供了有力的证据，进而支持了"《天师教》是《大道家令戒》的附文"这一假说。鉴于这一文本是用魏国时的西北方言写成的，且与《大道家令戒》和《〈老子〉想尔注》有语言和关注点方面的一致性，我的假说如下：《天师教》是一篇附于某种作于公元3世纪西北中国文本的"传教文"。对我来说，这是最能说得通的一种解释。也许，在我们处理这样短的残篇之时，这是最好的结果了。

金元全真教人物画类型摭述

申喜萍[*]

"道教肖像是一个丰富而几乎完全未被触及的领域。"[①] 放到汉文化作为"他者"的金元少数民族统治时期、新的宗教创立时期来研究道教肖像画会更加凸显出此一时期道教肖像画的特点。

在丘处机际遇成吉思汗后,全真教进入了一个高速发展的时期。其教徒人数急剧增加,宫观数量随之大量增加,社会影响力也日益增强。为了进一步培养新加入全真教的教众的宗教认同意识,全真教不仅仅是在教理教义上设立玄学讲师进行教授,借助戏剧文学进行宣讲,而且还借助雕塑、绘画等感性、直观的艺术形式进行宣传,由此产生了一大批弘道画作。这些弘道画作中的一种就是高道肖像画。当时的道教人物画主要有以下三个类型。

一、高道个人肖像画

全真教非常重视传承,在对新的教众进行教理教义的传授时,也充分利用高道的人格魅力来感染教众。用教内高僧大德形象的人格魅力来教化教众是佛教喜欢使用的方法,这样做不仅是对宗派谱系的发展和传承,而且作为直接冲击眼球的形象性绘画,更容易培养教众的认同感、亲切感。全真教弘道画的主要题材就是当时的祖师王重阳、全真七子以及其他著名高道的画像。

(一) 王重阳画像

作为开创全真教的教主,王重阳深受教众爱戴和尊崇,其画像较多。其中王重阳石刻像现存重阳宫,其上有题词:

---

[*] 作者简介:申喜萍,四川师范大学文学院教授、博士生导师。
[①] [法] 索安著,吕鹏志、陈平译:《西方道教研究编年史》,北京:中华书局,2002年,第68页。

额题"重阳祖师之图"。九行,行十三字。①

王重阳石刻像

在山东,全真教传教的地方也有王重阳画像。据《王重阳画像诗刻》:

> 石高一尺八寸,广一尺四寸,在掖县青萝馆受宣堂。
>
> 右画象刻王重阳,幅巾道袍,曳杖而行。上题五绝云:"三冬游海上,六出满天涯。为访神仙窟,经过道士家。"行书,径八分。左刻"壬寅仲夏月丙午日莱州丹阳观立石"。正书一行,径五分。未见拓本,据朱朗斋所录存之。②

明代张宇初还曾看到王重阳画像留世。

(二)丘处机画像

丘处机画像③

《长春真人本行碑》记载了丘处机在当时具有极强的感召力,很多教众往往对其画像顶礼膜拜:"故其生也,四方之门人,丹青其像事之。"④

荷兰学者葛思康在《多伦多朝元图中的丘长春像》一文中指出,在加拿大多伦多安大略省皇

---

① 《重阳祖师画像赞》,陈垣编、陈智超校补:《道家金石略》,北京:文物出版社,1988年,第468页。
② 陈垣编、陈智超校补:《道家金石略》,北京:文物出版社,1988年,第431页。
③ 该画像选自《金莲正宗仙源像传》,《道藏》第3册,第376页。
④ 陈垣编、陈智超校补:《道家金石略》,北京:文物出版社,1988年,第458页。

家博物馆珍藏有山西省平阳府13世纪的一幅道观壁画，西壁壁画中"绘有一个道士，占据着主神位置。之所以判定其为道士，是因为他身穿绘有云气纹饰的道袍，头戴莲花冠。多伦多壁画中其他主神都像皇帝、皇后一样，穿着龙袍、戴着冕旒冠等等。类似的朝元图，不论是壁画或者卷轴画，从来未见一位道士占据主神的位置。而且，跟永乐宫朝元图西壁比起来，我们能推测这个道士占据的是天皇大帝的位置"。"这个道士是谁？道士为什么占据天皇大帝的位置而非其他？在这篇文章中，首先，我将以图像符号学（iconography）为据，证明多伦多壁画的道士应该是描绘丘长春（丘处机，1183—1247）的肖像。其次，多伦多壁画的图像实践学（iconopraxis）能解释丘长春像特殊位置的原因。最后，以在艺术方面这样赞美和尊敬丘长春为线索，我们又有可能辨认多伦多壁画的赞助人并推断壁画的时代。"① 按照葛思康的观点，丘处机竟然和神仙并列在一起，可见其地位之高、声势之隆，弟子对其的敬仰之情溢于言表。

（三）尹志平画像

丘处机打下了全真教发展的坚实基础，但真正把全真教推向发展高峰的是尹志平，尹志平在全真教史上也是一个举足轻重的人物。作为全真教第六任掌教，尹志平对推动全真教的大发展做出了极大贡献。他不仅继续支持《道藏》的编纂工作，积极筹备王重阳祖庭会葬等事务，同时在把教位传于李志常后，还给全真弟子进行经教传授活动。

《清和真人真像之记》碑刻："碑阴为镌刻清和真人真像之碑铭，碑阳为清和真人之像。（碑阳）刻清和真人之坐像，其仙风道骨飘逸洒脱、风姿可见。……"②

"全真教道士们利用儒人文士以宣传其宗教主旨。上者谈性命哲理，中者谈格言鉴戒，下者谈因果报应，类似后世之善书阴骘文一样，貌似粗鄙而对社会影响极大。教徒们对其宗教领袖人物的崇拜与爱戴，最高级的是塑像供奉，其次就是画像崇拜，像赞就是以'诗配画'表达崇敬之谊的。刻为画像赞碑的形式陈列于宫观中，在当时似乎是流行的方式。因为刻碑，就可以打印拓片，化身万千，在一个地区广泛地流传，比在墓中刻墓志铭、墓道树墓表碑都更受信徒的欢迎。因为前者只能给识字的人阅读，而画像则可以通过艺术的形式，请名画师作画、名书法家书丹、著名文学家写赞，在艺术欣赏之中潜收崇敬之功效。"③ 尹志平手写"仙"字以及画像的流布就是如此。

（四）宋德芳画像

宋德芳为刘处玄弟子，也是随丘处机拜见成吉思汗的十八随从之一。为了接续道教的正统命脉，宋德芳在丘处机及尹志平支持下，携徒广泛搜集道经，又增补全真史集，历时四年，编成《元藏》，还一力支持修建永乐宫，使得永乐宫壁画到现在都是世界艺术珍品；同时又在山西太原建造了龙山石窟和山东寒山洞石窟，这是全真教史上最重要的石窟艺术作品。正是因为这些伟大的成就，宋德芳是唯一一个在活着的时候就被塑像的高道。

---

① 中山大学艺术史研究中心编：《艺术史研究》第九辑，广州：中山大学出版社，2007年，第337页。
② 刘卫涛：《山西平遥清虚观道教文化探析》，《文物世界》2010年第6期，第54页。
③ 师道刚：《金元之际儒学与全真教的关系》，《山西大学学报（哲学社会科学版）》1992年第4期，第48页。

宋德芳的人物像为石刻画像：

> 真人遗颂曰：坦荡逍遥客，无拘自在仙。身似钻泥藕，心如出水莲。（右上截，并有像）①

宋披云死后，埋于永乐宫，尹志平把他校订的道藏经版一并送至永乐宫。当地官员布施钱财，给宋披云建造祠堂，"并画天师殿壁"。②

（五）崔道演画像

崔道演，刘处玄弟子，他因医术活人、神通广大等为世人所称道，杜仁杰曾为其作传。

《虚静先生像赞》：

> 碑高六尺，广三尺五寸，二十九行，行七字，篆书及分书。额题"□□□□画像赞"。上赞下像，在长清洞真观。③

有元好问④、刘祁、杜仁杰等的题赞，最下一行为"锦川散人沈士元子政莫年画　司中刊"。该像赞现在依然保留在洞真观内：

> 洞真观中古碑林立，金、元、明、清各代皆有，其中尤以元初定宗二年（1247）《真静崔先生画像赞》碑最为著名。此碑为后人纪念在庙中修行的崔道演而立，正面碑额镌"真静崔先生画像赞"八字，篆书。碑身是沈士元单线条刻画的崔道演盘膝坐像，画像上端勒有金元诗人元好问、刘祁、杜仁杰的像赞诗各一首，字体分别为籀、篆、隶。碑阴镌刻杜仁杰撰文、高翔书写的《真静崔先生小传》。此碑作品出自各名家之手，诗、书、画、刻俱佳，为历代金石家所著录。此外，杜仁杰的诗碑也保存于观内。⑤

师道刚推断为崔道演画像的沈元可能是全真女道，"锦川散人沈元可能是个女画师，因为'散人'为全真女冠通号。……子政是士元之字，莫字与暮字可通用，意思是说这是画师晚年的作品"。⑥

在当时道书以及画史、画论中都没有找到更多有关沈士元的资料以资证明其生平事迹。

（六）张志纯画像

张志纯号天倪子，十二岁离家入道，拜崔道演为师。他曾对泰山南天门等的修建做出了巨大贡献，并对朝元观和蒿里山神祠等宫观进行了重修。⑦ 其在当时影响甚大，忽必烈赐其"崇真保德大师"称号。

> 张志纯，号天倪子，泰安埠上保人。六岁能诵五经，十二岁入玄门，居会真宫数载，道行超群辈。初名志伟，元主改今名，赐号崇真保德大师，授紫服，重建岱岳、升元二观及上岳庙。……学士徐世隆题其小影曰：形虽羸，于道则肥；性虽介，于物则齐；具儒墨之体

---

① 《宋披云道人颂》，陈垣编、陈智超校补：《道家金石略》，北京：文物出版社，1988年，第485页。
② 《玄都至道披云真人宋天师祠堂碑铭并引》，陈垣编、陈智超校补：《道家金石略》，北京：文物出版社，1988年，第548页。
③ 陈垣编、陈智超校补：《道家金石略》，北京：文物出版社，1988年，第498页。
④ 师道刚《金元之际儒学与全真教的关系》一文中指出第一个散佚的名字可能是元好问，见《山西大学学报》1992年第4期，第48页。
⑤ 见泰山道教网页 http://www.bixiaci.org/newsfile/bxc_new120.html
⑥ 师道刚：《金元之际儒学与全真教的关系》，《山西大学学报》1992年第4期，第48页。
⑦ 《张志纯与泰山南门山》，《中国道教》2002年第4期。关于张志纯的事迹还可参见白如祥《泰山石刻与泰山全真教》，丁鼎主编：《昆嵛山与全真道——全真道与齐鲁文化国际学术研讨会论文集》，北京：宗教文化出版社，2006年，第394—398页。

用,见天地之端倪。杜仁杰曰:其学也老庄,其志也轩岐。①

杜仁杰有《题天倪子像》《天倪子像赞》等作品。不知是张志纯的一幅画像,杜仁杰两次题写,还是张志纯的两幅画像,杜仁杰分别题写。按照常理来推断,后者的可能性更大。

(七)祁志诚画像

祁志诚为全真教第十任教主。师从宋德芳,在云州以医术救人。善书法,有诗歌集《西云集》传世。宰相安童也曾拜会于他。祁志诚于1272年全真教处于低谷时接任掌教,和统治者交往较多,先后参加了全国多场祭祀大醮。"表面看来祁志诚对于全真教发展的贡献不大,但是在教派最艰难的时期出任掌教,苦苦支撑着几乎崩溃的局面,而且选择了张志仙作为继任者,使全真教很快就走出了困难的局面,使全真教重新获得了良好的发展环境。所以,对于全真教的发展,祁志诚的贡献是不可磨灭的,比我们现在的人士要大得多。"②《元史·释老志》中记载的全真教掌教只有两个人,一个是丘处机,另一个就是祁志诚,可见祁志诚的影响力。

祁志诚和文人交往密切,王恽、程钜夫的作品中都有关于祁志诚画像的记载。程钜夫的作品中不仅记载了有关祁志诚的画像,还记载了祁志诚画有《秋山图》,可见祁志诚还擅长绘画。

程钜夫在其作品中多次为画像作赞,例如《乔达之学士真赞》《危槐坡真赞》《李秋谷平章画像赞》《白云平章画像赞》《王仲泽真赞》《陈氏三兄弟画像赞》《宋学士真赞》《赵克敬真赞》《任东卿真赞》等。③可见在元代,人物画像不仅是统治者的专利,文人、道士等都有画像传世,人物画像在当时也是绘画的一种重要的主题,只是淹没在山水画中而不为学界所重视。

(八)孙德彧画像

孙德彧,十一岁加入全真教,为全真教第十四任掌教。成宗、武宗、仁宗等都对其多加赞赏,并推恩于其师李道谦等。因先后祈雨有验,孙德彧被皇帝称为"真仙人也"。"命图其像,属翰林学士承旨赵公孟頫为赞,以玺识之。"④由此可见,孙德彧的画像是皇帝命画师来画、赵孟頫题赞的。这幅画像不仅绘画水平、书法水平高,而且也昭示出全真教在当时的地位。毕竟像张留孙、吴全节那样的玄教宗师得到皇帝崇信而命人为他们画像的事情在全真教史上极为罕见。

类似的画像还有许多,兹不再赘述。这些高道像的存在形式有石刻、版刻,创作目的有出于纪念或感激祖师的功德的,抑或出于对祖师神迹的顶礼膜拜的,还有出于最高统治者自上而下的提倡的,原因不一而足。

这么多高道画像自然构成一部直观形象的全真教史,是研究全真教的重要资料,不可或缺。

---

① 汤贵仁、刘慧主编:《泰山文献集成》第二卷,济南:泰山出版社,2005年,第91页。
② 刘江:《困境中的全真道掌教——祁志诚生平事迹考略》,弘扬老子文化国际研讨会筹备委员会:《自然·和谐·发展:弘扬老子文化国际研讨会论文集》,郑州:中州古籍出版社,2006年,第311—312页。
③ (元)程钜夫:《雪楼集》卷二十三,《四库全书》第1202册,第331—333页。
④ 《玄门掌教孙真人墓志铭》,陈垣编、陈智超校补:《道家金石略》,北京:文物出版社,1988年,第767页。

二、全真高道群体像

宋濂在《题清微法派仙像图》中指出，道教和其他宗派一样重视传授以及谱系的建立。清微派有十七祖师画像相传。① 全真教也不例外，除了众多高道的个人肖像画外，还有以群体形象出现的肖像画，这不仅反映出全真教在发展过程中不同地域、不同派别的面貌，而且也折射出全真教发展的传续。

较为集中出现的群体画像有为早期全真教发展做出巨大贡献的全真七子画像、继承传统道教正统的楼观群像以及和全真教密切相关在民间具有重大影响力的八仙群像。

（一）全真七子的画像

王重阳在山东先后收了马钰、谭处端、刘处玄、丘处机、王处一、郝大通、孙不二等七个弟子。关于七真具体指哪些人有四种说法，一说指的是王重阳、刘通微、马钰、谭处端、丘处机、王处一、郝大通，一说指的是王重阳、马钰、谭处端、刘处玄、丘处机、王处一、郝大通，一说指的是刘通微、马钰、谭处端、刘处玄、丘处机、王处一、郝大通，一说指的是马钰、谭处端、刘处玄、丘处机、王处一、郝大通、孙不二。关于七真的形成有提出期、对峙期、调和期、转变期、确定期等，最终以1269年元世祖封赠马钰为"丹阳抱一无为真人"、丘处机为"长春演道主教真人"、孙不二为"清静渊真顺德真人"等②全真七子而最后确定。

七真上仙图

李道谦曾作《七真年谱》，这里的七真指的是王重阳加上马钰等男弟子，女性孙不二被排除在外。在后序中李道谦指出，该书不仅是弘扬七真的伟大事迹的，同时也是为了"启诸童蒙"的："七真始终之大盘具矣！若夫师真之尸居而龙见，雷声而渊默，神动而天随，从容无为之妙，固不得以尽笔舌形容之。今之纪者，但取其修真立教之边，姑此启诸童蒙，俾于向上诸师知所宗

---

① 陈垣编、陈智超校补：《道家金石略》，北京：文物出版社，1988年，第1225页。
② 可参见赵卫东：《金元全真道教史论》，济南：齐鲁书社，2010年，第183—270页。

本，非敢以渍我同志者也。"①

这种思想也开始在图像上体现出来。当时全真著名高道姬志真就曾为七真图像写过赞："写真绘像，是敬是仰。只斯面目，余将安仿。向上宗师，本无二相。月印千江，圆明一样。先天不朽，真容如旧。得之孰见，传之孰受。"② 李冶仁卿为当时的《七真传》作过序。

陕西终南山通玄万寿宫也出现了壁画"七真像"。路志进主持通玄观以来，"绘七真像以金碧，凛同门士已箴规矩"。③ 赵志和等"凿洞悬崖，绘塑玄元八仙七真"。④ 山东通道宫重修时，"绘塑七真法师"，⑤ 甚至有道人刘志希雕刻七真木像献于尹志平。⑥

元青花瓷也有七真图像出现，而且是经典之作：

> 道教全真派七子纹大罐描绘的是一个风景优美的大花园。七位真人每位独享空间，他们之间分别绘画着七个场景：丘处机真人头系的飘带高低摆动，长袖飘飘洒洒。郝大通真人头淑排攥，飘带下垂手托有宝葫芦。马钰真人和孙不二真人头扎二攥。七真子里唯一一位道姑孙不二右手持宝扇单腿盘坐。谭处端真人身旁灵芝上下齐茂，仙气逼人，一棵大柳树覆盖面积最大。刘处玄真人的腰里持有宝物袋，和王处一真人绑腿赤脚站立，他们面对柳树，动作各异、情趣飘逸。七位真人有的留有胡须满腮，高鼻厚唇；有的浓眉深厚，神态自然。在真人旁的瘦、透、皱的赏石旁生长有大小竹树和草丛，还配有少见的钩钩云、怪异的山石、湖石和芭蕉树。……罐体整个画面布局较满，景致分布均匀，远近层次虚实变化，人物与景物之间疏密美感，给人留下无限的遐想。

> 道教全真派七子纹大罐受到来自全国各地的古陶瓷专家学者们的称赞……他们看到这道教人物纹大罐一致认为，这种绘画人物形象和表情的设计，只有在元代完成，这种人物设计表情是现代人无法想象编造出来的。⑦

元青花七真图像⑧

---

① （元）李道谦：《七真年谱·后序》，《道藏》第3册，第378页。
② （元）姬志真：《跋七真图像》，《云山集》卷四，《道藏》第25册，第395页。
③ （元）杨天初：《大元奉元路终南山增修通仙万寿芦宫碑》，陈垣编、陈智超校补：《道家金石略》，北京：文物出版社，1988年，第752页。
④ 《重建昊天宫碑》，陈垣编、陈智超校补：《道家金石略》，北京：文物出版社，1988年，第664页。
⑤ 《创修通道宫碑》，王宗昱编：《金元全真教石刻新编》，北京：北京大学出版社，2005年，第31页。
⑥ （元）尹志平：《道人刘志希献雕木七真小像》，《葆光集》卷上，《道藏》第25册，第513页。
⑦ 大漠行者：《元青花道教人物纹大罐》，《东方收藏》2014年第5期，第41、42页。
⑧ 图片引自季君：《元青花"全真七子"透秘》，《东方收藏》2011年第1期，第74页。

全真七子曾经受到统治者的封号，全真教社会影响又非常大，作为全真教早期历史上的重要高道或者继任嗣教，全真七子群像的出现绝非偶然。

（二）楼观群师图像

李刚教授曾撰文指出，创立初期的全真教非儒、非道、非佛，属于民间组织，后因道教杂而多端的包纳思想才最终归属于道教。① 在这种情况下，怎样接续道教传统就是摆在全真教徒面前的一个非常重要的任务。陈垣先生曾经指出全真教接续道教传统的行为，作为道教传承的楼观台就因为这种接续而备受关注。

李道谦曾亲自撰写《终南山祖庭仙真内传》三卷，在该卷中记载了和德瑾、赵九渊、赵九古、尹志平、李志常、宋德方等三十七名全真高道事迹。《楼观先师传碑》也记载了包括尹喜、王嘉、尹文操、尹志平、李志柔等在内的历史上三十五名高道事迹。② 朱象先编纂的《古楼观紫云衍庆集》共有三卷，也是为了接续老子流绪，为全真教正统正名而著述的。

这种努力的结果最终形成了一个庞大的道教祖师图像群。尹志平曾经在楼观生活过一段较长的时间，在他的支持下，李同尘于1226年开始"兴复祖宫"，前后用时十年，"渐复旧规"。"惟此台启元殿，经变得不废，复以规模简陋，拓而新之，绘历代注经仙哲名德俱显者四十八员于两壁……"目前这四十八仙哲具体是哪些人不得而知，但在当时这些壁画所绘一定是具有代表性的人物，影响应该较大。可惜壁画没有保存下来，难窥历史真容。

（三）八仙群像

八仙群像出现较早，有蜀八仙、酒八仙等。以吕洞宾、铁拐李、汉钟离、张果老、曹国舅、韩湘子、蓝采和、何仙姑为八仙的形象在明代才得以确立，但是在此之前，基本人物为以上其中绝大多数人物的八仙形象已经出现。例如山西侯马董明墓的八仙砖雕为铁拐李、韩湘子、曹国舅、钟离权、何仙姑、吕洞宾、张果老、徐神翁，65H4M102出土的八仙砖雕为铁拐李、韩湘子、曹国舅、钟离权、蓝采和、吕洞宾、张果老、徐神翁。③

山西侯马董氏墓中的八仙形象④

---

① 李刚：《全真道何以能成立》，卢国龙主编：《全真弘道集——全真道传承与开创国际学术研讨会论文集》，香港：青松出版社，2004年，第54—75页。
② 陈垣编、陈智超校补：《道家金石略》，北京：文物出版社，1988年，第674—679页。
③ 杨福斗、杨及耕：《金墓砖雕丛探》，《文物季刊》1997年第4期，第69—72页。
④ 图片引自畅文斋：《侯马金代董氏墓介绍》，《文物》1959年第6期，第53页。

"侯马金墓中的两组八仙砖雕，是目前所知最早的八仙形象化资料，虽然两墓的人物组合有所差别，但它表明早在金代，八仙作为一种空泛的观念已经形成，八仙中的人物已基本确定。"①

王重阳自称甘河遇仙，没有明确提及遇到的是什么人，后来就逐渐演化成在甘河点化王重阳的是汉钟离和吕洞宾，从而钟吕二人成为全真五祖②之一，接受全真教教众的顶礼膜拜。丘处机《钟吕画》一诗说："无我无人性自由，一师一弟话相投。谈经演法三山坐，驾雾腾云万里游。"③从该诗中，看不出该画为何人所画、绘画的具体内容，但是应该是和汉钟离、吕洞宾有关。

永乐宫壁画中的钟吕传道图④

《金莲正宗仙源像传》中就有五祖形象，载有汉钟离以及吕洞宾的图像。除了汉钟离、吕洞宾因为被全真教尊崇为祖师而有了图像，其他六仙的形象为什么会汇聚在一起共同构成一个整体，胡应麟认为是"汇缘附会"以成的："今世绘八仙为图，不知起自何代。盖由杜陵有《饮中八仙歌》，世俗不解为何物语，遂以道家者流当之。要之起自元世王重阳教盛行，以钟离为正阳，洞宾为纯阳，何仙姑为纯阳弟子。汇缘附会，以成此目。"⑤ 其他六仙借助于全真教对钟吕二人的尊崇也得到了宣扬，加之在民间具有一定的号召力，八仙形象在艺术上得以大量流行开来，尤其和元代流行的瓷器结合在一起，产生了大量的精品。

---

① 杨福斗、杨及耕：《金墓砖雕丛探》，《文物季刊》1997年第4期，第72页。
② 关于五祖有"全真五祖"与"南五祖"之分。"全真五祖诰"中记载的是："大道开先，玄元阐化。教垂今古，示号东华。接汉室之将军，隐终南而仙契。过化每超于劫运，示现常在于人寰。启唐朝之英贤，悟神仙之秘诀。飞剑货药，警化无方。金廷丞相之高标，宝印力辞之勇决。霞裾上陟，南北统宗。天复挺于人豪，道通于四海。发金莲之七朵，演仙派于十方。长生理被于古今，玄妙天垂于率土。恢弘至道，广度愚迷。全真祖师东华紫府辅玄立极大道帝君、正阳开悟传道垂极帝君、纯阳演正警化孚佑帝君、海蟾明悟弘道纯佑帝君、重阳全真开化辅极帝君、五祖阐道天尊。""南五祖诰"记载的是："明真证道，行化南天。九皇降迹于天台，一脉浚通于刘祖。采琼花之仙异，著悟真之丹书。道付杏林，不日还元之篇集；法通鸡足，于焉丹髓之书成。真人挺出惠州，性地悟超神俊，刀圭入口，神化无边。施雷雨于掌中，苏民生于世外。德彰南海，获琼玉之英标；道遍遐荒，饫法言之灵妙。龙虎浮罗之迹，武夷玉隆之区。过化多方，真文备著，为神仙之首冠，集前代之范模。誓愿弘深，慈悲仁圣祖师。悟真紫阳真人、杏林翠玄真人、道光紫贤真人、泥丸翠虚真人、琼管紫清真人。"当时对南北宗五祖是明确区分了的，只是随着全真教的社会影响力进一步增强，皇帝对全真五祖进行封赠，南宗汇流到北宗中去。现在所提及的五祖一般指的是全真五祖中的东华帝君、汉钟离、吕洞宾、刘海蟾、王重阳等五人。
③（金）丘处机：《磻溪集》卷二，《道藏》第25册，第817页。
④ 王廷琦：《全真道教与八仙关系初探》，《山东省农业管理干部学院学报》2004年第4期，第120—122页。
⑤ 转引自党芳莉：《八仙研究综述》，《文史知识》2000年第3期，第125页。

元代八仙故事瓷枕后视、前视图①

元代磁州窑白黑花"八仙过海"瓷枕②

三、高道修道成长的叙事性绘画

全真教初期，高道辈出，不仅出现了大量相关的文学作品，而且高道修道的绘画性作品也有很多。永乐宫纯阳殿有关吕洞宾的叙事性故事画，大多描绘的是吕洞宾点化世人的故事；永乐宫重阳殿壁画则讲述了王重阳创教、传教的故事。"重阳王真人悯化图，凡五十有五，李真常实为之，张诚明遂为之题其目，史宏真为之传其事，王资善为之序其然，何窈窈然如也。盖悯一世之穷，相率而期于化，此图之不容不作也。"③

对于吕洞宾、王重阳的叙事性壁画的研究成果较多，而对于丘处机的叙事性绘画《玄风庆会图》的研究成果则较少。《玄风庆会图》目前只剩下残本，现藏日本的《玄风庆会图》与涵芬楼影印本实为一个版本。《玄风庆会图》共分五个部分。第一部分主要讲丘处机的出生、拜师以及隐修的故事，第二部分主要讲丘处机的传教故事以及接受成吉思汗邀约毅然西行的故事，第三部分主要讲述西行途中的见闻，第四部分讲述丘处机与成吉思汗的会晤以及仙逝的事情，第五部分

---

① 于炳文：《枕中自有乾坤——元代青白釉透雕人物故事瓷枕》，《收藏家》2002 年 10 期，第 57 页。
② 王兴、王石磊：《元代磁州窑画枕上的道教故事》，《收藏》2014 年第 3 期，第 71 页。
③ 陈垣编、陈智超校补：《道家金石略》，北京：文物出版社，1988 年，第 717 页。

是把有关丘处机的记载都辑录了进来。目前留下的像传只有第一部分的十六个故事，每个故事都配有图像。

金元时期，识字人群比例较小，尤其是在当时战乱频仍、人心不稳的情况下，普通民众的文化水平是较低的。以儒生加入全真教者有之，关于这方面的研究较多。① 王恽曾毫不客气地指出，社会上的一些坏人也加入到全真教中："方草昧未判，独全真教大行，所在翕然从风，虽强梁跋扈性于嗜杀之徒，率邀福避祸，佩法号者，皆是也。"② 这样一大批草昧、强梁之辈的加入，使对他们的教育成了一项巨大的工程。当时全真教的任务主要是执行丘处机所说的"建观度人"方针，主要在于社会救助等"外功行"方面，而像全真教初创时期的清修、寡欲、乞食、坐环等"内功行"则多有忽略。一是新教徒众多，娴于教理教义的道众人数难以完成这个任务，确实是力有不逮；二是当时的主要任务还是在政治的支持下扩大社会影响，因而在其他方面疏于教育。源于此，王磐尖锐地批评全真教的贵盛以及人浮于事、钻营投机等不良形象："今也掌玄教者，盖与古人不相俟矣。居京师，住持皇家香火焚修，宫观徒众千百，崇塘华栋，连亘街衢。京师居人数十万户，斋醮祈禳之事，日来而无穷。通显士大夫洎豪家富室，庆吊问遗，往来之礼，水流而不尽；而又天下州郡黄冠羽士之流，岁时参请堂下者，踵相接而未尝绝也。小阙其礼则疵衅生，一不副其所望，则怨狱作，道宫虽名为闲静清高之地，而实与一繁剧大官府无异焉。"③

当时名士张邦彦曾感叹："学道之难，大要有三：一曰悟理，二曰弘教，三曰付畀得人。"④ 从以上儒生的评价中可以看出，此时全真教初期的清修之风不再，而在"弘教"上用力甚勤。对全真的立教之本都没有"悟理"透彻，又何来"弘教"？又能将教付与何人？可见"悟理"是实现"弘教"与"得人"的关键和基础，而在全真教后期的发展过程中，恰恰是在这一环节上有着很大的缺失。

史志经编纂《玄风庆会图》的目的可能正在于此，这在李道谦为之作的长序中可以看出：

> （丘处机）不辞数万里，见上于西域雪山之阳。……上喜其说，乃命左史书之册，目曰：《玄风庆会录》，盛行于世。逮仙驭之东还也，四方向化之士，翕然宗之。鸿儒巨笔，碑传题咏，褒功赞德者，唯恐其后。太华山三洞讲经弘真宣义大师史公，总集诸家纪传，起于栖霞分瑞，讫于白云掩柩，定为六十四题，题各立图，图各附以说文，目之曰《玄风庆会图》，以为不如是，则宗师充塞霄壤之道德，不能举白于世。图文之说，公先于《重阳真君悯化图》序中，以迹履之喻，释之详矣。……是书之出，非惟光扬宗师之瑰玑伟迹，实为后进者照心之镜、释疑之龟也。⑤

李道谦在序文中直接指出，该画传对全真弟子能起到"照心之镜、释疑之龟"的作用，并借助丘处机的修道成长史指出，教众在该画传中至少可以学到以下五点：1. 捐情割爱，绝累离尘，

---

① 陈垣：《南宋初河北新道教考》，北京：中华书局，1989年；申喜萍：《金元之际儒生社会地位考论》，《孔子研究》2011年第5期，第99—106页。
② （元）王恽：《卫州胙城县灵虚观碑》，（元）李道谦编集《甘水仙源录》卷九，《道藏》第19册，第798页。
③ （元）王磐：《创建真常观记》，（元）李道谦编集《甘水仙源录》卷九，《道藏》第19册，第802页。
④ （宋）张邦直：《真常子李真人碑铭》，（元）李道谦编集《甘水仙源录》卷四，《道藏》第19册，第749页。
⑤ 王卡、汪桂平主编：《三洞拾遗》第16册，合肥：黄山书社，2005年，第391—392页。

俗既远而道自近；2. 求学之初，必赖明师指授，益友辅相，卒能成其道业；3. 虽得所受，必当岩居穴处，啬气凝神，以全炼养之功；4. 知道成德著，必当建宫立观，济物度人，以衍真教之无穷；5. 至人既成诸己，必当恢弘圣道，泽及生民，以进上天之品位。这五点基本上就是全真道徒修炼的一个基本过程或者步骤：第一，像王重阳、马钰等一样清心寡欲，割断爱欲情仇，投身道门。这个步骤是全真教入道前的修性过程，在王重阳、马钰等身上体现得比较明显和突出，丘处机则不太具有典型性。这也是全真教去除酒色财气、人我是非等的集中体现。这一步是非常关键的一步，王重阳舍俗修性被称为"害风"，马钰走过这一步甚至用了一年的时间。第二，需要老师的辛勤指导。全真教修炼内丹，内丹火候的把握、修行的磨炼等都需要老师的指导。因此，丘处机等在收徒弟时是非常谨慎的。第三，得师授后，还需要教徒进行艰苦的修炼，丘处机用了十几年才悟道就是一个明证。第四，悟道后，就可以开始救助世人、济物度人。第五，把小范围的救助世人、济物度人扩大到全国范围，最好能够为最高统治者所赏识，在更大范围内推广道教的济世情怀。这五个步骤实际上可以归纳为修道的三个阶段：第一个阶段就是划分人间的世俗和修道的神圣之间的关系，这是"质"的区别，也是入道前的重要准备工作。第二个阶段包括上面第三、第四个步骤，都是修道成名前在老师指导下的努力，这是决定修道成功与否的关键。第三阶段则包括第四、第五两个步骤，指的是怎样兼善天下之意，只是实施范围不同而已。第一阶段针对的是加入全真教之前需要做的事情，但实际上《玄风庆会图》更多针对的是入道后的教众，这个阶段已经变得不重要了。第二阶段才是《玄风庆会图》大力宣扬的内容，即在丘处机长达十数年的修道过程的指导下，新进教徒怎样一步一步地完成整个修道过程，成为一个合格的甚至成功的全真教徒。第三阶段是弘道过程，建立在第二阶段基础之上。弘道不是单纯依靠自己就可以完成的，需要天时、地利、人和，甚至还需要一定的运气成分。因此，第三阶段也不会是《玄风庆会图》的宣传重点，不仅仅是因为新进教众还没有完成前面的步骤，而且还源于这样没有深厚思想基础地大肆提倡弘道反而会使得教徒更加难以沉下心来。

通过图文并茂的生动易晓的形式进行宣传，不仅仅是出于对丘处机的纪念和崇敬之情，最重要的就是让教众在感受丘处机鲜明修道形象的同时能够逐渐领悟深刻的甚至难以言传的教理教义。这就解释了用像传形式传教、弘道的问题。

和永乐宫纯阳殿、重阳殿的壁画不同的是，《玄风庆会图》在有了壁画以后又付梓刊行：

> 夫《玄风庆会》者，纪大元太祖圣武皇帝会长春大宗师谈道之事也。……虑宗师应变同尘、垂世立教之迹湮没也，粉其堂而绘之。其绘也，采《西游记》。……至元中，诚明以堂庳隘而高大之，与都之门众檀信，复将画图，俾余从事。余采海濒遗老之言、文集序传之说，洎便宜刘仲禄家藏诏，举记《西游》《庆会录》所载，分题列款，始乎降瑞栖霞，终乎白云掩柩，得六十有四，而宗师仙迹称为大备。惜乎诚明捐馆，不克其终。……今也，享师之功业，处师之荫庥，视其道而不传，密其图而不流，我辈实任其责。加之，申张二君，宫之宿德，金为赞相，圆明遂命工以画之，雇匠以刻之。其宗师在陕右日，立教弘道之绩，有所未明，吾发筠溪天乐先生李君和甫，弥而缝之者居多，兼载长春、虚静二传，厘为五卷，

其诸糜费，则嘱落副宫抱真子韩志古。志古德厚信矼，以达人心，使行疏化，导于同门，庶乎咸启孝思，共成胜事。①

史志经认为，金石等会随着岁月流逝而损毁，而且金石等媒介的传播非常有限；而文字媒介的传播、保存等能力都远远超过了金石。史志经这个观点非常具有前瞻性，他敏锐地看到了不同媒介在传播、保存等方面存在的巨大差距。《玄风庆会图》的刊行，不仅更加有利于把丘处机的形象传播出去，而且其保存价值在今日得到了体现：正是通过刊行这种媒介形式，才使今人得以了解当时的丘处机像传。

尹志平也记录了处顺堂曾画有《西游记》一画，当与史志经的《玄风庆会图》为一图："清河画士，处顺存心堪发志。画士清河，早早来时意若何。全真宗祖，画向白云传万古。宗祖全真，永镇燕山日日新。"尹志平明确指出，在处顺堂作画的是张道人。但刊行本的《玄风庆会图》不知是否是张道人所作，张道人具体为何人目前也不得而知。

《玄风庆会图》中的人物刻画细致、结构完整、比例协调，极具艺术价值。以"分瑞栖霞"为例。

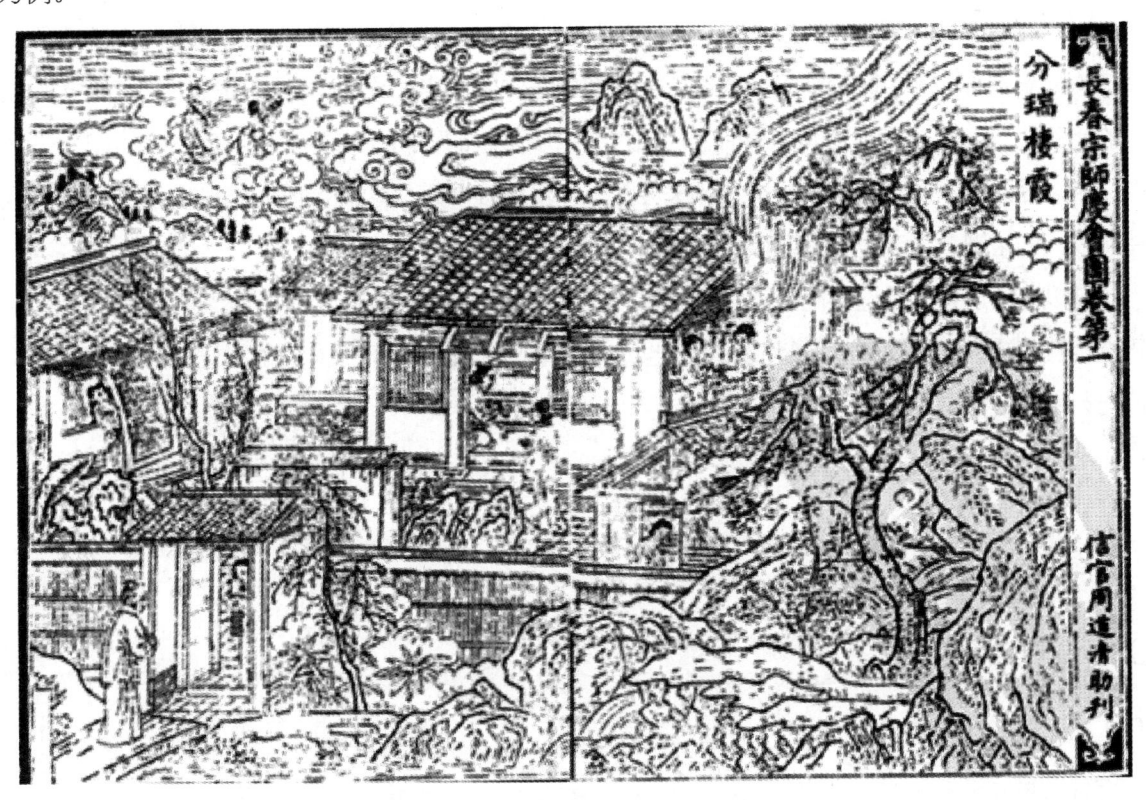

分瑞栖霞②

该画是讲述丘处机出生的。画面描绘了丘处机降生时出现的祥瑞：天上祥云朵朵，在稍远的右方有两位神仙，更远处还有神仙，这些神仙似乎是一路护送丘处机投胎人间的。祥云逶迤连绵，构成一个盛大的天上场面，预示着此子拥有不凡的出身以及较高的神仙位阶，同时也预示着

---

① 王卡、汪桂平主编：《三洞拾遗》，合肥：黄山书社，2005年，第16册，第417—418页。
② 同上，第398页。

这个刚要出生的孩子在人间必将有一番大的作为。在人间，则是有条不紊的场面，充满了生活气息：有在产房里外忙碌的五个女人，旁边屋子里还有人在等待消息，甚至还有老妪在敲门的情况。这个敲门的老妪不知是为天上的祥瑞吸引过来的，还是迫不及待地想早一点看到孩子的降生。这个敲门待进的场景使得丘处机降生的这个小院不再是一个封闭的空间，而是与外在的广大世界相连的，一下使得画面的信息量大增。而这个院子的门也已经打开，可以走向更加宽广的外在世界，不再是独善其身，而更多地可以造福于人，这和丘处机后来的开观度人的弘教行为是完全吻合的。

除了祥瑞、院子、老妪等形象外，最为引人注目的是院子旁边高坡上的一棵树，这棵树的高度超过了院子，看起来就像在庇荫着院子里的人和事；同时这样一棵树也给人一种伟岸、苍挺之感，觉得这个将要出生的孩子也会像这棵树一样，泽被一方的同时也深受人们的敬仰和爱戴，这就是丘处机为时人所认可的形象。祥云、树木等都是中国祥瑞文化中重要的组成要素，"分瑞栖霞"的图像中多处运用祥瑞就是为了营造丘处机与众不同的特征，为其后的大成就张目。不过在该图下面相配的文字则有两百二十之多。

史志经的《玄风庆会图》首先是壁画，然后才付梓刊行的。参照永乐宫纯阳殿、重阳殿的图文结构来看，其文字都比较简短，寥寥数行就把相配的图像点了出来，过多的文字会打破文图之间的比例关系，造成视觉上的不和谐感。加之受制于墙壁的面积等实际条件，也不可能配上过多的文字。因此，壁画呈现出来的《玄风庆会图》和目前残存下来的刊行的《玄风庆会图》应该存在着较大的区别，后者应该是在前者基础上进行了一定程度的加工。

从以上论述可以看出，高道人物肖像画、叙事性像传在宗教传播中具有重要的作用，不仅是研究全真教资料的重要的有机组成部分，也是中国绘画史上一个不可或缺的组成部分，其学术价值与艺术价值值得进一步开掘。

论"道教创立于东汉"说的合理性

尹志华[*]

卿希泰先生主编的四卷本《中国道教史》是中国宗教研究领域的一座丰碑。

写道教史,首先就面临着道教起源于何时的问题。卿希泰先生在1980年出版的《中国道教思想史纲》第一卷中,即指出:"关于道教的起源问题,历来众说纷纭。"他分析了道教内部的一些说法,如奉老子为开教之祖,乃至将道教的起源远推至天地之先的渺茫时代等,认为这不是做历史研究的学者所应持有的立场。他强调:"一种宗教的产生,总有它的社会历史根源和思想根源。因此,要了解道教的起源,就必须分析它之所以产生的社会历史条件和思想渊源。"[①] 我们认为,只要是严肃的学术研究,在讨论道教的起源和产生时,就应该秉持卿先生这样的态度。

卿先生在《中国道教思想史纲》中说,道教的思想渊源可以追溯到远古的原始宗教——巫术。道教所谓的"道",是从古代神道设教的神道而来。而古代的神道,主其事者,就是巫祝史。到了战国时,燕齐一带出现了神仙方士,这些方士也从事巫祝术数,自称能够通神仙,能够炼不死的丹药,能够飞升成仙。不过,方士和巫师,都只有术,没有学说。战国末年,方士和巫师采取邹衍的阴阳五行学说,与神术、仙术相结合,有术又有学说,形成神仙家。到了汉代,由于儒生与方士的合流,谶纬之学蜂起,而谶纬之学即是形成道教的思想渊源之一。此外,神仙方术也依托墨家学说。

卿先生认为,道教和老子,并不是完全没有关系。道教依托老子,以老子作为教主,并不是偶然的,而是有深刻的原因的。第一,是汉代的统治者对黄老学派的尊重,而黄老学派中的有些人,同时也就是神仙方士。第二,老子所著《道德经》本身,有不少可供道教利用的思想。

卿先生在分析了神仙方士尊崇老子的内在原因之后,又指出:老子本身不是宗教家,作为一个哲学派别的先秦道家,与作为宗教的道教,是两回事。道教虽然也利用了《道德经》中的一些神秘思想,但主要是由巫术、神仙方术与神秘的阴阳五行学说和谶纬之学相结合而产生的,老子

---

[*] 作者简介:尹志华,中央民族大学哲学与宗教学学院教授。
[①] 卿希泰:《中国道教思想史纲》第一卷,成都:四川人民出版社,1980年,第31—32页。

学说只不过是其中的一个构成要素而已。

卿先生据《后汉书》的有关记载,认为方士改称道士,开始于前后汉交替的时候。当时的道士,多半活动于民间,鼓动造封建统治者的反,受到民众的支持。他以卷人维氾的起事为例,认为当时民间不仅有个别道士的活动,而且开始有类似道教组织的活动存在了。

卿先生主编的《中国道教史》第一卷,对道教产生的历史条件和思想渊源做了更详细的叙述,得出结论说:"道教是中国社会历史发展和道家自身衍变的产物,是黄老思潮结合神仙思想、阴阳数术、鬼神观念,并吸取宗天神学、谶纬神学等等而由'道'统率的庞杂的思想体系。西汉末年出现的《天官历包元太平经》具有道教思想雏形的特征,东汉中、后期即出现了道教早期经典《太平清领书》和五斗米道、太平道等早期民间道派。"①

当然,"道教创立于东汉"说并不是卿先生的发明。早在1921年,日本学者常盘大定在《东洋学报》上发表了《道教发达史概说(上)》,将道教史分为五期,第一期为开教时代,即指后汉张陵开立天师道时代至东晋末。② 1923年,日本学者小柳司气太所著《道教概说》也提出:"道教始于后汉之张陵"。③ 但是二人均未作任何论证,似是将此视作公认的观点。

1934年出版的许地山著《道教史》上册,其结尾处说:"巫觋道与方术预备了道教底实行方面,老庄哲学预备了道教底思想根据。到三张、二葛出世,道教便建立成为具体的宗教。"④ 这也是以东汉为道教正式创立的时代,而将此前视为道教的"预备"阶段。

1937年出版的傅勤家著《中国道教史》,在介绍《魏书·释老志》和道教经书所述道教起源后总结说,"老子在张角、张陵时代,奉为开教之祖,以其《道德经》为圣典,后乃有无数驾而上之者,亦诚老子所不及料矣"。她进一步指出:"大凡宗教之兴,其始必奉一人为教祖。其后意有不足,则又推演斯教之由起,先乎天地,超乎万物。而昔之推为教祖者,不得不递降于数级之下,或仅视为徒隶,或仅奉为先知。此亦世界各教共同之点,不第道教为然耳。"她表示:"余欲溯道教之起源,必当上求道字名义之由来,与其演变为道教之痕迹,不能盲从道经之说。"她经过考察认为,道教义理以道家为本,而其信仰实由古之巫祝而来,展转而为秦汉之方士,到两汉之际又演变为道士。太平道、天师道的出现为道教之发端。⑤

蒙文通先生撰写于1958年的《道教史琐谈》一文,起首即说:"道家之学始于晚周,而道教则源于汉末。"⑥

1962年陈撄宁先生在国务院宗教事务局做题为《道教起源》的讲学,也认为"东汉张道陵始创道教",并说道教是由商周时代的巫祝祭祀鬼神、战国秦汉时代的方士求仙采药等因素演变而来。⑦

---

① 卿希泰主编:《中国道教史(修订本)》第一卷,成都:四川人民出版社,1996年,第99页。
② [日]常盘大定:《道教发达史概说》,《东洋学报》第11卷(1921年)。
③ [日]小柳司气太著,陈彬龢译:《道教概说》,上海:商务印书馆,1930年,第37页。
④ 许地山:《道教史》(上册),南京:江苏文艺出版社,2008年,第149页。
⑤ 傅勤家:《中国道教史》,北京:中国文史出版社,2016年,第12—23页。
⑥ 蒙文通:《古学甄微》,成都:巴蜀书社,1987年,第315页。
⑦ 陈撄宁:《道教与养生》,北京:华文出版社,1989年,第40页。

喻松青先生于1963年在《历史研究》上发表论文《道教的起源与形成》，明确说，"道教出现于汉朝"，"黄老道是道教的前身，它具备了道教的内容和一定的宗教规模。但等到张陵出来编纂经典，传道收徒，建立宗教仪式和宗教组织，道教才算创立"。①

1977年出版的日本学者洼德忠著《道教史》，亦认为太平道和五斗米道是道教教团的萌芽，此前为道教的前史。②

卿先生的《中国道教思想史纲》和《中国道教史》在探讨道教起源的思路上与前贤是一致的，所得出的结论也是相同的，其特点是集大成，对有关史料的引述至为详尽，对道教思想渊源的考察十分全面，对道教前史和酝酿产生轨迹的论述十分清晰。

在20世纪八九十年代，"道教创立于东汉"说基本上成了学界的共识。如：

晨阳先生在1982年发表的论文《原始道教的产生和性质》中说，道教实形成于后汉，当时西方有张陵创立的天师道，东方有张角创立的太平道。③

楼宇烈先生在1984年发表的文章《原始道教——五斗米道和太平道》中说："道教是从我国古代原始宗教的巫术，特别是战国秦汉以来的神仙方术等基础上发展起来的一种宗教。"④

柳存仁先生1986年在香港中文大学演讲，题目为《一千八百年来的道教》。⑤ 所谓"一千八百年"，就是从东汉时期算起。

1988年出版的汤一介先生著《魏晋南北朝时期的道教》说："道教作为一种宗教是产生在东汉末期，在顺帝时（126-144）有张陵创'五斗米道'，灵帝时（168-172）有张角创'太平道'。而前此在战国末期燕齐地区之神仙家实为道教之前身。"⑥

金棹先生在1988年发表的《试论道教的起源》一文中说："一般把东汉晚期视为道教产生的正式历史开端，其标志即是出现了《太平经》一类道教经典，出现了太平道、五斗米道等道教组织。它们具有一定的教规教仪，也有崇拜的神灵。"⑦

1989年出版的李养正先生著《道教概说》认为，史学界与道教界一般都说道教形成于东汉顺帝（126-144）时代，至今已有1800多年的历史。⑧

1989年出版的胡孚琛先生著《魏晋神仙道教》说："自东汉顺帝时至汉末年，进入了道教的始创阶段。在这之前，早期道教的经典《太平经》已经在信奉黄老道的方士间流传，到东汉顺帝时终于由张陵和张角等创立起五斗米道和太平道两个最大的道教结社。"⑨

1990年出版的任继愈先生主编的《中国道教史》说："东汉晚期为原始道教从民间崛起和形成的时代。"⑩

---

① 喻松青：《道教的起源与形成》，《历史研究》1963年第5期。
② [日]洼德忠著，萧坤华译：《道教史》，上海：上海译文出版社，1987年，第31、71页。
③ 晨阳：《原始道教的产生和性质》，《河北师范大学学报》1982年第2期。
④ 楼宇烈：《原始道教——五斗米道和太平道》，《文史知识》1984年第4期。
⑤ 柳存仁：《和风堂文集》第2册，上海：上海古籍出版社，1991年，第649页。
⑥ 汤一介：《早期道教史》，北京：昆仑出版社，2006年，第72页。
⑦ 金棹：《试论道教的起源》，《哲学研究》1988年第11期。
⑧ 李养正：《道教概说》，北京：中华书局，1989年，第3页。
⑨ 胡孚琛：《魏晋神仙道教》，北京：人民出版社，1989年，第23页。
⑩ 任继愈主编：《中国道教史》，上海：上海人民出版社，1990年，第5页。

1999年出版的王卡先生主编的《中国道教基础知识》说:"道教形成实体,大约始于东汉。从先秦道家发展为汉代道教,经历了数百年之久,这是道教的前史。"①

不过,学界也有质疑"道教创立于东汉"说的。

1991年去世的潘雨廷先生,其生前所著《道教史发微》中说,道教为中国自生自长的宗教,故写道教史必须从中国的原始宗教写起,决不可执于道教之名而忽视道教之实。他认为道教始于张陵之说,乃是宋真宗敕封张陵后裔世袭天师职位造成的。他又认为,中国决非在佛教传入后方有宗教,故原始的五斗米道及黄老道、方仙道等道派皆当在东汉前。

1998年出版的台湾学者萧登福先生著《周秦两汉早期道教》,从神仙信仰、修炼法及科仪、祭中仪制、组织教众、老庄列已攀引神仙方术、先秦及西汉已出现大量道教修仙经典等方面,论述道教不始于张道陵,而是成立于先秦时期。②

韩秉方先生于1999年在《世界宗教研究》上发表《关于道教创立过程的新探索》一文,认为道教在其漫长的生成、发展历史过程中,经历了三个阶段,即:原始道教阶段、民间道教阶段和正统道教阶段。韩先生所说的原始道教阶段,是指道教的宗教思想正处于逐渐形成,原始的道教活动尚处于散漫芜杂,方士、道士们仍在孤单零散地施术作法,而未结成系统组织的阶段。韩先生认为,原始道教的上限,至少要追溯到春秋战国时期。而民间道教阶段应以西汉成帝时甘忠可造经教人干政为起点,这时的道教,不仅已经有了自己的经典,而且还形成了上下有别、分等级的教团。东汉时,有记载的民间道教派别甚多,决不仅只有太平道和五斗米道两支。道教由民间道教变成被封建朝廷承认并给予支持的正统宗教,则要到公元5世纪中叶的南北朝时期。

詹石窗先生于2013年在《中国道教》上发表《重新认识道教的起源和社会作用》一文,指出:"对照一下学术界和道教界关于道教创始的说法,可以看出彼此的分歧在于判断何为宗教的标准不同。前者是以比较完备的宗教要素作为标准来审视道教的存在,后者则主要是依据传统信仰意义来考察自身历史。各有各的标准和立场,故而形成不同说法。"詹先生认为,"可从形态变迁入手来统合两种说法,解决分歧"。他将道教的成立与发展分为三大型态:雏形道教、义理道教和制度道教。雏形道教的源头应该远溯于七八千年前的伏羲画八卦事件,到了将近五千年前的轩辕黄帝,即树立了以"尊天法祖、修炼成仙"为教化内涵的基本信仰。义理道教就是把通常大部分学者认定的"道家"看作道教理论的奠基者。制度道教就是具有宗教礼仪和组织系统的道教,以正一盟威道(五斗米道)和太平道的出现为标志。③

熊铁基先生于2015年在《世界宗教研究》上发表《略论道教的名与实——再论道教的产生问题》一文,认为历史上道教始终是以具体的"某某道"为名,因而"方仙道""黄老道"也可视为正式的道教,它们反映的是道教形成发展的过程,也反映道教的特性,即道教不是创生性的,其原生性十分明显和突出。而汉以后的道教各种流派,则是创生性的,因为它们都有明显的创教

---

① 王卡主编:《中国道教基础知识·前言》,北京:宗教文化出版社,1999年,第2页。
② 萧登福:《周秦两汉早期道教》,台北:文津出版社,1998年,第5—13页。
③ 詹石窗:《重新认识道教的起源和社会作用》,《中国道教》2013年第2期。

之主。① 2018年，熊先生又在《宗教学研究》上发表《重新研讨道教起源和产生问题》一文，认为道教产生于东汉末的说法虽然影响很大，却与道教起源和产生的实际情况不符。熊先生主张，从鬼神、神仙信仰的演变，从"巫""方""道"的发展，均可证明至少春秋、战国时期已产生道教。②

李远国先生于2017年在《世界宗教文化》上发表《道教成立战国论》一文，认为战国时期形成的方仙道已有宗教组织，方仙道即道教。③

关于道教创立时间的不同看法，涉及两个根本问题：一是如何界定宗教，二是如何界定道教。

所谓如何界定宗教，并不是说非得给宗教下个定义，而是说，大家在讨论道教时，一般已设定了一个前提：具有哪些因素才能称为宗教意义上的道教。比如：

柳存仁先生认为，"一种宗教必须有（一）礼拜的对象；（二）它的教义和戒律这些东西；和（三）它的信徒们必须有的经常聚会。像样子的道教当然也不能例外"。④ 所谓"像样子的道教"，即符合宗教一般特征的道教。

李养正先生认为，"一种宗教的构成，它必须具有内在和外在的基本要素"。他引用了吕大吉先生在《宗教学通论》中提出的"宗教四要素说"，并进一步阐述说："所谓宗教观念或思想，即神灵、神性观念及其基本教理教义，以及阐发和论证其信仰的真理性、灵验性、权威性的经典。所谓宗教的感情或体验，即因虔诚信持而产生的依赖感、敬畏感、安宁感和与神合一的神秘体验。所谓宗教行为和活动，即宗教方术、戒律禁忌、祈祷仪式、宗教礼仪等。所谓组织和制度，即教团组织形式、管理体制、规范和指导宗教活动的规章等等。"⑤

台湾萧登福教授认为，成为一个宗教，必须具备信仰、仪式及信徒三大要素。在这个要件之下，纵使是人类的原始社会，也有它的宗教存在。如以更进步一点的宗教来说，则通常具有五个条件：教义、典籍、证道方式、仪轨和组织。⑥

熊铁基先生认定方仙道已是正式的道教，根据也是说它"具备了宗教的一些基本因素"，即有信仰，有信众，有证道方式，有祭祀仪式。⑦

以上列举的四位学者，柳先生和李先生主张道教创立于东汉，萧先生和熊先生主张道教的成立早于东汉，但他们对宗教基本要素的理解却相差不大。由大致相同的理论依据出发去研读历史材料，却得出了不同的结论，这其中显然涉及了历史材料与主观建构之间的联系机制。程乐松先生在讨论道教历史的叙述与诠释时就认为，"诠释的立场往往是在历史叙述之前形成的"。他说，我们在进入道教史的具体评述之前，先要明确历史研究本身可能存在的模糊地带。正是这种模糊

---

① 熊铁基：《略论道教的名与实——再论道教的产生问题》，《世界宗教研究》2015年第5期。
② 熊铁基：《重新研讨道教起源和产生问题》，《宗教学研究》2018年第1期。
③ 李远国：《道教成立战国论》，《世界宗教文化》2017年第5期。
④ 柳存仁：《一千八百年来的道教》，载柳存仁：《和风堂文集》第3册，上海：上海古籍出版社，1991年，第640页。
⑤ 李养正：《道教的创立与佛教东传无关》，《道家文化研究》第九辑，上海：上海古籍出版社，1996年，第78—79页。
⑥ 萧登福：《周秦两汉早期道教》，台北：文津出版社，1998年，第2页。
⑦ 熊铁基：《略论道教的名与实——再论道教的产生问题》，《世界宗教研究》2015年第5期。

地带将历史研究引向了不同的诠释方向,因此,面对同样的材料,运用同样的理论,不同的诠释主体也可能会有不同的解读。程乐松先生提问道:"我们何以确定历史上发生的某些事实是与信仰有关的?进而言之,在确定信仰事实之后,我们如何确定特定信仰事实是归属于道教的?"① 这样一种"从历史上发生的信仰事实向道教历史叙述的跨越",显然是由诠释主体的认知建构的。不同的认知,就会有不同的结论。

所谓如何界定道教,也不是说非得给道教下个定义,而是要确定道教的边界,也就是说,要明确什么不是道教。这就涉及如何看待道教的连续性与阶段性、整体性与多样性的问题。

笔者认为,我们所谈论的道教,应该是有着内在一致性的道教,这样我们就必须找到道教中具有连续性、反映了共性的内容。

从连续性来看,贯穿历代道教的根本信仰,一是道,二是神仙,而且神仙与道密不可分,或为道之显化,或为得道的楷模。也就是说,"神源于道"的道神一元论,是道教区别于其他宗教或信仰的本质特征。② 从这个角度来看,方仙道不能称为道教。

方仙道虽然有信仰、有信众、有修炼方法、③ 有祭祀仪式,"具备了宗教的一些基本因素",可以视为一种宗教,但与后来的道教还是有很大的区别,就是它不信"道"。"方仙道"之"道",是指道术,而不是作为终极存在的"道",不是神所源出的"道"。郑杰文先生曾撰文专门分析方仙道的方术,将其归为三类,一是不死方,二是鬼神方,三是政治方。④ 这三类方术中,没有"得道"的方术,只有"成仙"的方术,仙与道没有密切的联系。即使主张方仙道就是道教的熊铁基先生也承认,"最高信仰——道的确定则应该还有一个发展过程"。⑤ 这也就意味着,方仙道并未将"道"确立为最高信仰。有学者以蒙文通先生关于晚周仙道分三派的考证,来说明道教始于方仙道。⑥ 但蒙文通先生在《道教史琐谈》中明确指出,"此神仙三派之事皆与老、庄无关"。⑦ 既然与老、庄无关,显然不能称为道教。

"黄老道是黄老学和方仙道结合的产物。"⑧ 黄老道形成于东汉时期,以道为最高信仰,视老子为道的化身。可见,黄老道已具有了道神一元论思想。因此,从根本信仰上来说,黄老道跟后来的道教是一致的。张道陵创立的五斗米道和张角创立的太平道,都可视为黄老道的一种。

黄老道的明确开端不可考。汉明帝时楚王英"晚节更喜黄老,学为浮屠斋戒祭祀"。⑨ 这表明其时黄老道已被视为跟西域传来的佛教一样的祭祀宗教。那么,能否将汉明帝时的黄老道视为道教的开端呢?我们认为,这个问题仍需要辨析。

有的学者将世界上各种宗教区分为原生型宗教和创生型宗教。那么,道教属于哪一类型?笔

---

① 程乐松:《身体、不死与神秘主义——道教信仰的观念史视角》,北京:北京大学出版社,2017年,第83—84页。
② 丁培仁先生指出:"道教之'道'在神学水平上可解读为'神体'。"见丁培仁:《基督教与道教比较论纲》,载《求实集——丁培仁道教学术研究论文集》,成都:巴蜀书社,2006年,第26页。
③ 熊铁基先生说方仙道有"证道方式",乃是以后起概念加诸方仙道。方仙道并不崇道,何来证道?
④ 郑杰文:《方仙道的方术》,《中国道教》1991年第1期。
⑤ 熊铁基:《略论道教的名与实——再论道教的产生问题》,《世界宗教研究》2015年第5期。
⑥ 李远国:《道教成立战国论》,《世界宗教文化》2017年第5期。
⑦ 蒙文通:《古学甄微》,成都:巴蜀书社,1987年,第315页。
⑧ 李刚:《论黄老道》,《宗教学研究》1984年第1期。
⑨ 《后汉书·光武十王列传》。

者赞同牟钟鉴先生的观点:"从宗教发生学的角度看,道教既不是典型的原生型宗教,也不是典型的创生型宗教,而是介于两者之间的宗教。其生成的特点是没有统一的创教教主和集中创教时间,其孕育过程缓慢而分散,经过多种渠道,在不同地区发展,逐渐汇合在一起,所以上限极不易确定。"①

虽然从历史的观点来看,道教"没有统一的创教教主和集中创教时间",但从道教的宗教特点来看,道教也是一种启示宗教,有自己的先知。于吉(一作干吉)就是见诸史籍记载的道教最早的先知。②于吉有徒弟,是否创立了教团,则不清楚。鉴于于吉在后世道教中并没有突出的地位,把他视为道教创始人,从道教的历史连续性来说,是不妥的。

晋常璩《华阳国志·汉中志》载:"沛国张陵学道于蜀鹤鸣山,造作道书,自称太清玄元,以惑百姓。"丁培仁先生指出,这是常璩不严谨的表述,"自称太清玄元",应当理解为张陵自称其信奉太清玄元之道。直到晋代以后南方正一道神系也是以太清玄元无上三天无极大道为首,然后继之以太上老君等众神。③可见,张道陵已将道本身奉为神,这在后世道教中得到了继承。丁培仁先生还指出,张陵入蜀在汉顺帝时期,与宫崇上其师于吉所得《太平经》几乎同时,《太平经》流传开来大约在第二次襄楷上书以后,故张陵很可能不及得见。④既然张陵与于吉是同时代的人,张陵创教并未受到于吉《太平经》的影响,那么把张陵作为道教创始人是一个合理的"历史诠释"。

早期道教对自身的宗教认同,有一个重要内容,就是道教对传统祭祀宗教的变革性。所谓以"三天正法"除去"六天故气",就是这一思想的反映。由此,张道陵在道教中的地位,类似于摩西在犹太教中的地位。摩西与上帝重新订立了契约,张道陵也与太上老君重新订立了盟威之约。摩西作为先知,被学界视为犹太教的创始人,同理,张道陵也可以被视为道教的创始人。

张道陵的事情可能只是传说,也可能是后来道教中人"托古明志",但是它在道教中是作为宗教事实流传下来的。既然早期道教情况"史阙有间",我们从尊重道教的整体性和连续性出发,采纳道教内部的说法,也是合理的。

美国学者司马虚(Michel Strickman)曾撰文指出,张道陵和他的直接追随者显然带来了一场宗教革命。他们开创了一个定义他们自己的新制度,跟佛教和儒教都没有关系,而且也反对愚昧民众用血牲祭祀邪神。虽然早期道教徒远溯其渊源至黄帝、大禹和周朝的仙人,以及出于自己的目的利用老子,道教的社会史实际上开始于公元2世纪张道陵创立的天师道。⑤

司马虚所言,可谓"先得我心之所同然者"。

---

① 牟钟鉴:《中国道教》,广州:广东人民出版社,1996年,第3页。
② 《汉书·李寻传》记载汉成帝时齐人甘忠可造作《天官历包元太平经》12卷,言"汉家逢天地之大终,当更受命于天,天帝使真人赤精子,下教我此道"。据前引蒙文通先生《道教史琐谈》,甘忠可系今文学家,属于儒生,其托神造书乃汉代谶纬之常用手法。《天官历包元太平经》未传世,仅据《汉书》所载,无法判断甘忠可所言赤精子所教之道为何道。
③ 丁培仁:《道与神》,载《求实集——丁培仁道教学术研究论文集》,成都:巴蜀书社,2006年,第340页。
④ 丁培仁:《关于早期正一道的几个问题》,载《求实集——丁培仁道教学术研究论文集》,成都:巴蜀书社,2006年,第443页。
⑤ Michel Strickman. "On the Alchemy of T'ao Hung-ching." In Holmes Welch and Anna Seidel (ed.), *Facets of Taoism* (New Haven and London: Yale University Press, 1979), p. 165.

南北朝至隋唐时期道教的道性与修道关系研究

孙瑞雪*

摘　要：道性是道教对人与万物能否得道成仙的潜在能力的描述，是人与万物修道成仙的先天因素之一。南北朝至隋唐时期道教的道性论认为"一切含识皆有道性"，其对于修道成仙理论的意义就在于肯定道性是修道的内因，人与万物平等无差，能否证道成仙则有待于个人的勤修，充分彰显了人在修道过程中的主观能动性，是道教"我命在我不在天"精神的体现。就外部因素来说，在修道的过程中，《本际经》等道教典籍认为人们能否得道很大程度上在于是否得到明师的指点，从而将师道的地位提到了更高的位置。

关键词：南北朝至隋唐时期　道性　修道　明师

引言

"性"与"修"的关系是中国古代哲学中的一个重要命题，其涉及对人的本性和人们通过后天努力修行所能达到的生命状态和道德境界等问题的认识。魏晋以前，中国哲学中的"性"，主要是指人出生之时就具有的某种人格品质或本能，"修"则是通过后天修养，达到某种生命状态或人生境界的过程。从字源上来说，"性"与"生"、"姓"属同源字，① 均与人出生之时所具有的某种特征相关。如《论语》曰："性相近也，习相远也。"②《孟子·告子上》云："食色，性也。"③

---

* 孙瑞雪，1986年生，哲学博士，四川大学道教与宗教文化研究所讲师。
① 以"生"解释"性"，并不是将"生"与"性"等同。关于这一问题，傅斯年认为，"性"字的本义为"生"字，因而："独立之性字，为先秦遗文所无；先秦遗文中，皆用生字为之。"（《性命古训辩证》卷上，《中国现代学术经典·傅斯年卷》，北京：中国人民大学，2015年，第10页。）对此徐复观先生经过细致的考察，反驳了这种意见，认为先秦文献中"生"与"性"有区别，并指出："性字之含义，若与生字无密切之关联，则性字不会以生字为母字。但性字之含义，若与生字之本义没有区别，则生字亦孳生出性字。"（《中国人性论史·先秦篇》，台湾：东海大学，1963年，第5页。）唐君毅先生认为："凡生命必有所向，此所向之所在，即生命之性之所在，所以中国古代的生字能涵具有性之义，从而有单独的性字。"（《中国哲学原论·原性篇》，香港：新亚研究所，1968年，第9页。）本文认同徐复观先生的考证，虽然先秦诸子以"生"解释"性"，但二者是不同的概念。
② （宋）朱熹撰：《四书章句集注》，北京：中华书局，1983年，第175页。
③ 同上，第326页。

均指的是人与生俱来的生命本能和自然属性。荀子、子思、庄子则直接将"性"解释为人出生之时的本性。《荀子·正名篇》说:"生之所以然者谓之性。"①《中庸》云:"天命之谓性。"②《庄子》云:"性者,生之质也。"③ 后世诸家学说多继承了儒家"生之谓性"的说法,并且以元气的思想解释"性"。如许慎《说文解字》云:"性,人之阳气,性善者也。从心,生声。"④ 而在中国古代哲学史上,主张人与生俱来之性善或恶抑或质朴的学说不尽相同,但主张人们通过后天努力和接受教化改变原初之性的观点却是一致的,如汉代董仲舒所说:"性非教化不成。"⑤

南北朝至隋唐时期,道教十分重视对"性"与"修"关系的讨论,体现在其对道性和修道关系的论述中。我们知道,道性是道教对人与万物能否得道成仙的潜在能力的描述,是修道成仙的先天因素之一。南北朝至隋唐时期道教的道性论认为"一切有形皆含道性",其对于修道成仙理论的意义就在于肯定道性是修道的内因,而能否证道成仙则有待于个人的勤修。就外部因素来说,在修道的过程中,《本际经》等道教典籍认为能否得道成仙很大程度上在于是否得到明师的教诲。本文对道性与修道关系的讨论,将从道教对道性特征的描述入手,进而探讨道性对于修道的意义,以及明师之教在修道过程中所起的具体作用。

一、道性论源于道家对"道"之本性的讨论

道教对道性的论述源于道家对"道"之本性的认识。道家认为道的本性"自然""周备万物""亘古不变",从而从本体论的角度奠定了南北朝至隋唐时期道教道性论的基本理论。

我们知道,以老、庄为代表的先秦道家虽然没有明确提出"道性"一词,但在对道、天、地、人和万物的构成关系中对万物是否有道性的问题已经有所说明。如从《道德经》的宇宙创生理论说:"道生一,一生二,二生三,三生万物。万物负阴而抱阳,冲气以为和。"⑥ 我们已经可以看出,老子将"道"作为宇宙的起点,人与万物皆禀"道"而生,奠定了宇宙生成体系的哲学基础。《庄子》则直接阐述了"道"周备万物、亘古不变的观点。《庄子·知北游》中有一段著名的对话:"东郭子问于庄子曰:'所谓道,恶乎在?'庄子曰:'无所不在。'东郭子曰:'期而后可。'庄子曰:'在蝼蚁。'曰:'何其下邪?'曰:'在稊稗。'曰:'何其愈下邪?'曰:'在瓦甓。'曰:'何其愈甚邪?'曰:'在屎溺。'东郭子不应。"⑦ 也就是说,庄子认为道周备万物、无处不在,无论多么卑微、看起来不可思议的地方都有道。不仅如此,庄子还认为道恒常存在于天地之间,自古至今没有变化。《庄子·大宗师》说:"道有情有信,无为无形;可传而不可受,可得而

---

① (清)王先谦撰,沈啸寰、王星贤点校:《荀子集解》,北京:中华书局,1988年,第412页。
② (宋)朱熹撰:《四书章句集注》,北京:中华书局,1983年,第17页。
③ 张松辉:《庄子译注与解析》,北京:中华书局,2011年,第473页。
④ (汉)许慎著,(清)段玉裁注:《说文解字注》,上海:上海古籍出版社,1981年,第502页。
⑤ (汉)班固:《汉书》第8册,北京:中华书局,1964年,第2515页。
⑥ 任继愈:《老子绎读》,北京:国家图书馆出版社,2015年,第94页。
⑦ 张松辉:《庄子译注与解析》,北京:中华书局,2011年,第436—437页。

不可见；自本自根，未有天地，自古以固存；神鬼神帝，生天生地；在太极之先而不为高，在六极之下而不为深，先天地生而不为久，长于上古而不为老。"① 可以说，在老子和庄子的哲学思想中，道既是宇宙万物的本源，同时还普遍存在于万物之中，亘古不变。

秦汉以后，对《道德经》的解释中出现了"道性"一词，用以描述"道"的本性。如《老子河上公章句》将《道德经》中"道法自然"一句注释为"道性自然，无所法也"。② 其意思是说，道的本性是自然，它没有需要效法的对象。南朝梁时期著名道教思想家宋文明在其《道德义渊》一书中，引《道德经》《河上公章句》等讨论道性论的道家渊源时候则说："河上公云：辅助万物自然之然，即此也。夫性极为命。《老子经》云：复命曰常。河上公云：复其性命。此言复其性命之复，曰得常道之性也。经云：道法自然。河上公云：道性自然，无所法也。《经》又云：以辅万物之自然。物之自然，即物之道性也。"③ 他一方面将道的本性解释为自然，无所效法；另一方面，他认为在万物与道的关系中，万物皆含有道性。

二、"一切众生悉有道性"根植于"人皆可以为尧舜"的思想

在论述是否人人含有道性这一问题上，南北朝至隋唐时期道教继承了道家主张道周备万物的思想，认为"一切众生悉有道性"。④ 如《本际经》说："一切众生悉有道性，称之遍有，种之则生，废之则不成。"⑤《本相经》也说："天下万物悉有道性，皆负阴而抱阳。"⑥ "诸一切含形之类，悉有道性。"⑦《海空智藏经》和《道教义枢》则进一步扩大了道性的范围，认为"众生、是诸饿鬼皆有道性"，⑧ "一切含识，乃至畜生、果木、石者，皆有道性也"。⑨ 而道教所谓的"众生"，即"五道"众生。据《太上老君虚无自然本起经》所述，包括"一道者，神上天为天神；二道者，神入骨肉，形而为人神；三道者，神入禽兽，为禽兽神；四道者，神入薜荔者，饿鬼名也；五道者，神入泥黎者，地狱人名"。⑩ 南北朝至隋唐时期的道经多认为一切有意识、有意志、无意识、无意志的事物身上都含有道性，它们都有修仙证道的可能。总的来说，道教对道性是否遍有的问题几乎不存在重大的争论。究其原因，很大程度上在于中国文化中自古以来就认为"人皆可以为

---

① 张松辉：《庄子译注与解析》，北京：中华书局，2011年，第124页。
② 王卡点校：《老子河上公章句》，北京：中华书局，1993年，第103页。
③ 张继禹主编：《中华道藏》第5册，北京：华夏出版社，2004年，第521页。（本文所引《中华道藏》均为此版本，后文不再重复说明。）
④ 《中华道藏》第5册，第25页。
⑤ 同上。
⑥ 同上，第34页。
⑦ 同上，第38页。
⑧ 同上，第322页。
⑨ 《道藏》第24册，北京：文物出版社、上海：上海书店、天津：天津古籍出版社，1988年，第832页。（本文所引《道藏》均为此版本，后文不再重复说明。）
⑩ 《道藏》第34册，第620页。

尧舜",①"涂之人可以为禹"的思想。② 虽然人与生俱来的本性有善有恶，或质朴或聪颖，但从认识论的角度来说，人的性情、品德若得到恰当的教化和引导，则人人都能成为尧、舜、禹一样的圣贤。这也是道家强调"圣人常善救人，故无弃人；常善救物，故无弃物"③背后所暗含的人性假设。

需要指出的是，道教修仙理论中所说的道性之"性"，一定程度上也受到了大乘佛教涅槃思想中的佛性之"性"含义的影响，含有"觉性"之义。《道门经法相承次序》卷上记录有一段潘师正向唐高宗解释"道家阶梯证果"的文字。潘师正说："夫道者，圆通之妙称。圣者，玄觉之至名。一切有形皆含道性。然得道有多少，通觉有浅深。通俗而不通真，未为得道；觉近而不觉远，非名圣人。"④ 也就是说，证道实际上是一个通晓、觉悟的过程，目标是使未通未觉之人通觉，甚至大觉。这与佛教所说的觉性有相似之处。佛性观念是大乘佛教理论的重要方面，方立天先生在《佛性述评》一文中认为，佛性的起源是释迦牟尼所具有的本自清净的"如来性"，是觉悟宇宙和人生智慧的一种"觉性"。他说："所谓自心性清净的人心被视为凡人所借以成佛的质地，而名为'佛姓'。'性'有'种性''种族''族类'的意义，'佛性'就是佛这一族类。'佛姓'通常作'佛性'，'佛性'的'性'不是'性质'的意思，而是'界'的意思，也叫'佛界'。'界'有'因'，即'质因'，因素的意义。……佛性由佛陀的本性发展为众生成佛的根据。"⑤ 虽然大乘佛教倡导"一切众生悉有佛性"，但对于断尽善根的人是否有佛性的问题，佛教仍有较大的分歧。如《大般泥洹经》认为断尽善根的"一阐提"不具有佛性，不能成佛，而《大般涅盘经》则认为"一阐提"也有"佛性"，也能成佛。然而，"一阐提"不具佛性，不能成佛的思想在中国并没有发扬开来，其原因一方面是讲述佛性思想的《涅盘经》在东晋时期被汉译，当时的社会门阀制度等级森严，使得人们十分关注下层社会的人是否具有佛性的问题，竺道生等人在翻译的过程中为了更加贴合中国民众的心理需求，多提倡众生都有佛性；另一方面则是受到中国儒家"人皆可以为尧舜"观念的影响，中国佛教主张众生皆有佛性显然更符合中国人的圣人观念。道教的"一切众生悉有道性"显然是对中国传统的"人皆可以为尧舜"思想的继承。

三、在修道中返还清虚之道性

然而，虽然人人皆有道性，但非修行而不能证道。《本相经》中曾讲述了一个关于道性与修道关系的譬喻。其云："譬如种子，内有苗性，不种不养，岂获其实？一切众生虽有道性，不建

---

① （清）阮元：《十三经注疏·孟子注疏》，北京：中华书局，1980年，第2755页。
② （清）王先谦：《荀子集解》，北京：中华书局，1988年，第442页。
③ 任继愈：《老子绎读》，北京：国家图书馆出版社，2015年，第60页。
④ 《道藏》第24册，第785—786页。
⑤ 方立天：《佛性述评》，《求索》1984年第3期，第46页。

不勤，终不成道，何以故？垄麦有膳，随垄而责，其膳终不可得。要须径冬涉春，至夏结实，梓杨入碓，罗莜付厨，和均膏水，巧手乃甘，浓味调美，和成以为食膳。一切众生虽有道性，亦与垄麦同耳，修之则为道，废之则为鬼，麦修则为缮，不修则为刍，一切众生亦复如是。……凡夫积学，亦复如是。故道为方士所不宝。故道不恶善，所务道生万物，不可弃。"① 其将道性比喻为种子，是"因"，不可见。若人努力修行，就像垄麦能生长为可食用之膳一样，人们若努力修道则有得道的可能。因此《本相经》极力劝人"积学"，通过后天不断的修习证悟大道。

修道是一个返还清虚之性的过程。首先，从认识论的角度来说，修道者应认识到道性本自清虚，清虚是道的自然之性。南朝梁道士宋文明所撰的《道德义渊》中专门阐述了修道理论中的"自然道性"之义，其认为"道性以清虚自然为体，一切含识各有其分，先禀妙一以成其神，次受天命以生其身，身性等差，分各有限，天之所命，各尽其极"。② 即道性是清净虚无的，一切有意志、情感的众生都有道性，道性清虚是与有形有质的物性相对立的。人禀道而生，进而得其神，然后承天命而成为有形之身，人的生命可谓是"性之极也"。③《道德义渊》又引用《中庸》，认为人禀道而生的过程就是"天命之谓性，率性之谓道。……穷理尽性，以至于命"。④ 而修道的过程就是复返清虚之性的过程。

其次，修道者应对返还清虚道性的过程有正确的认知。在《太玄真一本际经》这部阐述重玄学的重要著作中，其"道性品"篇就说："言道性者，即真实空，非空不空，亦不不空。非法非非法，非物非非物，非人非非人，非因非非因，非果非非果，非始非非始，非终非非终，非本非末，而为一切诸法根本。无造无作，名曰无为。自然而然，不可使然，不可不然，故曰自然。悟此真性，名曰悟道，了了照见，成无上道。"⑤ 也就是通过重玄学有无—非有非无—非非有非无的双遣方法，达到本迹俱忘，遣之又遣，忘而再忘，从而认识到"道性"乃是"真实空"或"真空""自然"。《海空智藏经》讲述道性时也有类似的说法，其云："言道性者，无性之性，非有法性，非无法性。道性之生，亦有亦无。"⑥ 同样是以重玄的方法描述道性，认为道性是"有法性"与"无法性"、"有"与"无"的统一。然而"真实空"的道性只是"理"或"因"，无所谓生与灭，虽然本性清净，但人众生生而有形，即为烦恼所遮蔽，若不除去妄念，则道性不能显现。因此，《本际经》云："一切众生皆应得悟，但以烦倒之所覆蔽，不得显了，有理存焉，必当得故。理而未形，名之为性。三世天尊断诸结习，永不生故；真实显现，即名道果。果未显故，强名为因，因之与果，毕竟无二，亦非不二。若知诸法本性清净，妄想故生，妄想故灭，此生灭故，性无生无灭。了达此者，归根复命，反未生也。"⑦ 也就是说，道性是成道之因，是尚未显发的潜隐状态，犹如木中之火，石中之玉，"道性之体，冥默难见，从恶则役，从善则显"。⑧ 而有意识的

---

① 《中华道藏》第 5 册，第 25 页。
② 同上，第 521 页。
③ 同上。
④ 同上。
⑤ 同上，第 234 页。
⑥ 同上，第 329 页。
⑦ 同上，第 234 页。
⑧ 同上，第 521 页。

事物区别于无意识的事物的一个突出特点就在于其心有取舍的能力，能通过自身的取舍转变当下的状态，即主宰心念的状态趋向善，或趋向恶。

第三，返还清虚之性的重点在于去除烦恼和情欲对清虚之性的遮蔽。由于人是有意识、有意志的生命体，能控制自己的意识和行动，心境能动能静，因此不同的意识状态会有不同的心念后果。如《道教义枢》认为："静则为性，动则为情。情者，成也。善成为善，恶成为恶。"① 性为静，清虚自然，无善无恶，而心动则生情，情则有善恶。《道教义枢》还援引《洞玄生神经》云："大道虽无心，可以有情求，此善情也。《定志经》又云：受纳有形，形染六情，此恶情也。《四本论》或谓：性善情恶，或云性恶情善，皆取无矣。《定志经》云：不亦为善，离此四半，反我两半，处于自然乎？其中又云：为善上升清虚，自然反乎一。即反道性也。"② 其认为性与情都出于心，二者的关系既不是性善情恶，也不是情善性恶的对立关系。性本身清净，无所谓善恶，情虽有善恶，但若引导其朝着善的方向，则能上升为清虚，复归道性，即《通玄定志经》所谓返离"两半"，回归自然之性。"两半义者，凡夫识业起自氤氲，欲染飘流，沦斯颠倒，若能反出，则还处自然，信任流来，终婴罪垢，此其致也。"③ 所谓"氤氲"即《周易》所说的"天地氤氲，万物化醇"，是天地形成之时充满宇宙的混沌的湿热之气，又是万物化生之时的混沌状态。"识"是诸种烦恼和障碍遮蔽清净自然之道性的原因，而一切有意识、有意志之物的"识"都起于氤氲之气交感，也就是说一切有识之物自化生以来就被烦恼遮蔽，而修道的重点就是去除这些遮蔽。

第四，返还清虚之性的方法之一是于"空"中修性。"空"是大乘佛教描述世间万物真相的重要概念，在南北朝至隋唐时期的道性论中也被用于描述道性。如北周《升玄内教经》云："得其真性，虚无淡泊，守一安神。见诸虚伪，无真实法，深解世间无所有性。"④ 其所谓"无所有性"就是借用佛教的空观解释道性的清虚，认为道性并非实有，从而破除人们修道过程中对道性实有的执着。这对后来道教典籍中的修性方式产生了很大的影响，如《本相经》在阐述了一切众生都有道性的"道性遍有"思想基础上，进一步阐述了众生修道复性的方法，即修"空"的方法。其云："若有众生知有道性，处于空中修空，必致其空性也。箕中有风性，故可用箕，空中有道性，故可行道。是以真人明知空中有真，修空得真……不知不用，功从何成？若不行不修，德从何因？是故道人须知乃修之，须信乃用之耳。自然者有感而无形，风香之貌，亦复如是。故诸真人信于自然，不委自然，是以信而不委，此天之道也。"⑤ 但由于这部经散佚较多，就目前所见的经文来看，尚不足以对其"于空中修空"的具体方法做深入论述。

四、修道不离明师教诲的意义

自古以来，道教认为能否得道成仙很大程度上取决于是否遇到明师，在《太平经》等早期道

---

① 《中华道藏》第5册，第521页。
② 同上。
③ 《道藏》第24册，第820页。
④ 《中华道藏》第5册，第110页。
⑤ 同上，第47页。

教经典中，极为推崇明师对于个人修道和社会教化的作用。而对于神仙道教来说，明师的神秘性被更加凸显出来。比如在葛洪看来成仙方术中最高明的金丹术，若没有明师指点，终归于徒劳，这也是世人修道多而得道之人少的重要原因。到了南北朝至隋唐时期，诸道经在阐述道性和修道关系时，将明师地位提升到了一个新的高度，即"师宝"。

明师之教化在修道复性过程中有何意义呢？《本相经》将道性比喻为琴鼓，将明师之教比喻为叩击鼓琴。其云："琴瑟虽有雅乐之音，非弹不鸣；钟鼓虽有节曲之响，非打不声。是以真人弹琴悟人，打鼓来众。何以故？弹琴打鼓，欲令众生前得闻知。琴鼓者，譬如道性；叩打者，譬如师教。若好琴者自来听琴，好鼓者自来听鼓。是以真人恒打鼓弹琴，不舍昼夜。何以故？真人以忧众生，不闻乐故，是以昼夜打之。"① 众生之有道性譬如琴鼓能奏出优雅音乐，都是一种潜在之质，非击打而不能发出响声。因此《本相经》说，圣人深深地忧虑众生被烦恼障碍，夜以继日地击鼓弹琴，以优美的声音吸引好道之人，"真人"可谓是最好的老师。而为了鼓励人们修道精勤，《本相经》又说"真人"在受到老师教诲之前，亦犹如木之未雕刻，其性质朴，须工匠加以绳墨、凿斫才得以成为有用之物。真人之学尚且由师承而来，何况一般凡夫修道呢？《海空智藏经》也有相似的譬喻，其以"鸣钟"之事比喻圣人对众生的教化，圣人之教犹如悬挂于虚空中的钟，众生感应圣人的教化犹如扣钟。其云："譬如鸣钟悬在虚空，若无扣击，声理恒存。以何因缘声理恒存？以应扣故。若有扣者，大则大声，中则中声，小则小声，而此钟中声体不异，各随其扣，发响不同。圣人亦尔，湛然之理等一不异，随物应形，万种差别。"② 可以说，对于《海空经》所说的"圣人"而言，其本身乃是清净无为的虚空之性的显现，对众生来说都是平等无差的，但由于众生的因缘不同，而感应到的明师之教各不相同。因此《海空智藏经》在师之教化思想上也主张，圣人之教平等无二，但由于众生感应教化的方式不同，从而有了大圣师、次圣师和小圣师的差别。其云："圣人无为，以众生故，故应有为。圣人之心常自寂魄，以众生感故，故示形相。众生感应因缘不同，圣人应生其体亦异。是知圣形不可测度，随众生感应，然后为状。所以者何？众生能感此大圣师，圣师即便应以形质；众生能感此次圣师，圣师即便应以形质；众生能感此小圣师，圣师即便应以形质。圣师之心未尝有异，众生感果理致不同。"③ 这里所说的圣师并不是具体以某人为师，而是整体抽象意义上的"师"。现实生活中的师教是有差等的，众生会因感应程度不同，而遇到大圣师、次圣师、小圣师等不同的师。而《海空经》的讲述者之一——元始天尊即自称为"大圣师"。

既然跟随明师修道对于修道如此重要，那么就应该择师而学，审道而修。如《本相经》认为，对于道教的传承而言，"师承"是最主要的途径，"其师真则弟子正，其师邪则弟子伪"，④ 师父的品行直接关系到能否传承道教的精髓。其又说："其师明，则无陷滞之患；其师暗，则为魔

---

① 《中华道藏》第5册，第13页。
② 《道藏》第1册，第632页。
③ 同上。
④ 《中华道藏》第5册，第17页。

曹之所难。"① 也就是说，师有明师和暗师之分，二者不论教化的方法还是教授的内容都大相径庭。"明师所教，绳墨之内；暗师所教，规矩之外。所以者何？明师依法度而化，暗师帅情而授。帅情而授者，皆属魔之簿，其名虽同，果成殊别。亦如禾芳生垄，其初难分，待穗秀颖，结实乃别。秕参家粟，春榆簸扬，随糠而去。肇学之士，甚须安审，择而后从，不得辄从，真伪难分。亦如金鍮，看其形色，体质相似，遭火莹发，乃知识之。真伪并化，其状叵明。自能发家行道，安审三思。所以者何？人身难得，经法难闻，圣体叵值。是故丁宁，重为三思。魔伪兴起，能使良贤染于外事。魔心既就，志易坚固。是以人心易移，亦如玄丝。"② 可以说，在《本相经》看来，人的学道之心往往不够坚定，"人心易移，犹如玄丝"，需要外在的约束力，这也是明师依据法度约束弟子修道而使得弟子中得道之人较多的重要原因。与之相反，暗师教授弟子往往"帅情而授"，没有准绳，相对于明师，其所教授的弟子能否成道的不确定因素更多。因此，《本相经》劝诫修道之人择师须审慎三思，要择明师而后学。人虽然有清净自然的道性，其学道之初犹如白绢，但这只是隐而未现的天性，容易随后天所接受的教化而呈现出不同的状态。"素变无常，随匠所染，染性尚黑，从工互变。"③ 对于一般人而言，很容易被不好的东西熏陶，犹如红色和黑色参半调和到一起的时候，红色往往被黑色覆盖，人学道也是这样的道理。从长远来看，明师之教"无有谬误，后人述之，其正相承，邪气不乱，功成德就，遂至于至真无为之道乎"。④ 暗师所授被称为"魔伪"之法，学道之人应当审慎提防。因此，有志于修道的人，应该先寻找明师，娴熟戒律，研读经籍，才能"究道里候，铭名而行"。⑤ 而且修道的人在学道过程中会遇到种种疑惑，需要有德行高明的师父答疑解惑，从而不至于中途而废，甚至走上偏斜之路。

道经中也提出了辨别明师与暗师的方法。如《本相经》以十人同时出家跟从不同的师父学道为例，在同等勤奋的情况下，其中一个师父的弟子有所悟，而另外一个师父的弟子没有进步，其原因就在于师父有明、有暗。所谓"明师"，《本相经》云："师有明暗，故有进否。所以者何？师者，即是道之门户也。若有明师，善知经义，观今玄宗，辨道冥趣，教授礼拜，敕诲如法，依文演授，将入法会，约之以礼，尊之以律，日日增受，形殊见等，若远若近，寻之明了。兢惧威神，恒恐驰趣，日夜翘勤，专守不移，炁和神柔，形魂畅悦，神晖授引，拥将真道，孔务三真，将感玄应，敷教回景，猛狩依附，三师进笑，加研转神。"⑥ 对于修道之人而言，自身的禀赋和勤奋固然是成道的内因，然而学道贵在道理的融通，需要依靠明师的指点。明师犹如"道之门户"，其知晓经义，能依据经文演授道法，在弟子心生疑惑、懈怠的时候以"礼"和"律"督促弟子不心生退转，并且气和神宁，容貌和悦，深谙大道之旨，是修道之人不可或缺的外缘。《本相经》中还阐述了明师的十三种德行，其云："明师异于人者，人好宝货，我意不贪；人好色欲，我志不动；人好高贵，我愿不然；人好骄乐，我心不愿；人好名誉，我所不尚；人好渔猎，我所憎

---

① 《中华道藏》第5册，第17页。
② 同上，第22页。
③ 同上，第17页。
④ 同上。
⑤ 同上，第26页。
⑥ 同上，第5页。

恶；人好报冤，我心不贪；人好甘味，我所不羡；人好方术，我不志愿；人好杂法，我不习用；人好扬非，我不称说；人好爱憎，我性平等；人好浮华，我尚敦朴。凡有十三世之所好……若能去彼取此，可谓长生久视之道。是以明师取此道，去彼好故，事异于人。"① 可以说，其认为明师不仅应该是深明法度，依科教训诫之人，而且更为重要的是明师贵在有道德。不贪宝货、不为美色所动、不好高贵、不骄奢、不尚名誉、不杀、不仇恨、不羡美食、不好方术、不用杂术、不说人是非、待人平等、崇善敦朴等十三种品质是明师之德的重要体现。有师承也是明师的重要体现。"道"的传续犹如父子之间的血脉相承，具有延续某种神圣性的意义，如某些法术，若无师承，"虽复负佩高大灵图在身，而无吏兵"，② 终究不会灵验。而为师者若自身不精娴道法，无师承而传授，则有贻误后学之患。所以《本相经》将"不明而传""不师而教"视为两种不严守师承的罪，是要遭到神灵惩罚的。

与此同时，弟子受师教诲应感念师恩，若叛师也将遭受严厉惩罚。如《本相经》说："学士受师教，昼夜在心怀。一日三时朝，候颜时不亏。进问至真法，师和乃得虑。师恩赐重宝，得道由斯书。判师自尊亢，万劫幽夜徒。祖考受其殃，子孙保后辜。流中种五谷，天地无伴徒。"③ 若没有师父的教诲，不得听闻道法真谛，又何从证道升玄呢？因此《本际经》主张："师者父也，我若无师，不能得道，是故应当远近随逐，心眼观想，恒在目前，不替须臾，无他杂想，是名念师。又当正念：一切得道大圣众真，通是师宝，皆能训我，是良福田，系念归依，心心相续，邪念不起，是名念师。"④ 师的地位犹如父亲的地位，若无师父的教诲，则不能得道，所以应该敬师如父，时时谨记师父的教诲。同时，师不仅仅是修道者自己跟随学道之师，师还是"师宝"，即十方得道圣众。若无师宝，则道法无从得以传续，所以也应当感念世间一切传承大道的明师的教诲。

结语

综上所述，道性与修道的关系问题是南北朝至隋唐时期道教修道理论中的重要问题。通过对这一问题进行研究，我们看到道教对道性的阐述一方面继承了老子、庄子等道家代表人物主张道生万物、道性自然、周备万物、亘古不变的思想，另一方面则是发挥了中国古代哲学中"人皆可以为尧舜"的圣人观念。其倡导"一切众生悉有道性"，认为人与万物都有证道成仙的潜在能力，充分肯定了人与人、人与宇宙万物之间的平等性，将能否得道的关键归于个人自身的修持，无疑是十分具有时代先进性的，充分体现了道教"我命在我不在天"的生命自觉精神。而在道性与修

---

① 《中华道藏》第5册，第22页。
② 同上，第23页。
③ 同上，第33页。
④ 同上，第225页。

道关系中,南北朝至隋唐时期道教认为修道者还应孜孜以求明师之教,主张通过自身的努力感应有大智慧之师的教化。犹如《本相经》将琴、鼓比喻为道性,将击鼓之人比喻为师之教化一样,明师之教对于个人证道深浅、悟道迟速都有很大的影响。因此当时的道教极力推崇明师之教,将师道的地位进一步提高到了师宝的地位。这种强调提高个人努力感应明师的思想,对于现代人树立恰当的求师问道和尊师重道观念无疑具有重要的启发意义。

清末民国道教善书与医方结合的几种形式

李 冀*

摘 要：道教善书与医方的流行促使两者之间的交汇愈发频繁，这种现象在清末民国时期最为突出。医方或穿插于善书的注文当中，或附于善书之后，或与善书并列共为一书。在两者的交融与发展过程中，善书与医方又互为依托，共同成为构筑中国古代慈善事业的一个重要环节。

关键词：劝善书 医方 清末民国

道教善书又称道教劝善书。陈霞教授认为道教劝善书即"假神仙之口训导、托神仙的名义降授和道教徒以个人名义撰著的，用道教教义、从道教的角度劝人去恶从善以成仙了道和积善获福的通俗道德教化书"。[①] 对此，日本和我国港台地区的相关研究较早。20世纪80年代以来，随着一批道教经籍的整理与出版，内地关于道教善书的研究开始络绎不绝，王利器、卿希泰、朱越利、李刚、陈霞等一批学者皆有相关论著面世。目前来看，虽然涉及道教善书的研究成果已较为丰富，但是在个别领域，仍有进一步可探究的空间，例如在道教劝善书的功能与意义方面的研究尚有不足。道教善书纵然是以道教理论为指导的以劝人为善为基础的书籍，但其在发展过程中，尤其在清末及民国时期的发展阶段，道教善书不仅是一种宣扬宗教的书籍，它还与医方相结合，成为一种带有医疗性质的书籍。这一时期，有部分注者与付梓者针对时弊与各地的不同疾疫情况，将各类医方附在道教善书中，借此消除民众身心之苦痛。

---

* 作者简介：李冀，四川大学道教与宗教文化研究所助理研究员。
① 陈霞：《道教劝善书的界定及主要特征》，《宗教学研究》1998年第3期，第40—41页。

一、道教善书与医方的流行

道教与医学之间本有密切的关联，盖建民教授在《道教医学》中已对此有详述，而道教善书与医方的结合实依于两个方面的因素：首先，以《太上感应篇》为代表的道教善书在清末民国时期的流通规模达到顶峰；其次，清代方剂学的迅猛发展是两者可以组合在一起的另一重要因素。

道教善书的刊印量在清末民国时期呈井喷式增长，这一情况是由多种因素促成的。首先，清初顺治帝对于《太上感应篇》的推崇奠定了此后善书广泛流行的重要基础。以目前掌握的资料来看，顺治帝是第一个为《太上感应篇》作注的帝王。他于顺治十二年（1655）著《御注太上感应篇》，① 十三年（1656）钦谕刊刻《太上感应篇》，并"颁赐群臣，及举贡生监士庶，莫不敬遵"。② 顺治帝认为《太上感应篇》可开导、训诫民众，成为儒家经典之羽翼。他说："朕得是书，时存披览，嘉其勤勤恳恳，开导颛蒙，不为幽邈之辞，有裨训诫之旨。诚弗谬于圣贤，而可为经传之羽翼者。"③ 又说："要使臣民，晓然于遵道遵路，驯致嘉祥，善气迎而和风应，庶共臻于平治云尔。"④ 在顺治帝的影响下，以《太上感应篇》为代表的善书获得了统治阶级的大力支持，各地官员、乡绅纷纷出资刊印善书，名儒雅士也纷纷为善书作注，使得善书在社会上广为流布。其次，1840年第一次鸦片战争将中国带入了半殖民地半封建社会，这一时期的中国不仅存在着地主阶级与农民阶级的矛盾，还有外国侵略者与中华民族之间的矛盾，各种矛盾的交融给时人带来了无穷的苦痛。为了缓解和减轻这种苦难，部分民众将希望寄托于善书之中，各类善书也应运而生，人们纷纷在善书中寻求内心的安定与平和。人们还会在善书中加上"救劫"的字眼，"劫"代表了时运，象征着一个阶段内人们必须经历的苦难；而"劫"也并非无止境的，人们认为可以通过众人的善行达到救劫的目的，这类说辞在《太上玉笈救劫金灯感应篇新注》中表现得淋漓尽致。再次，外强的侵入与洋务运动的开展，带动了港口城市出版业与印刷工业的繁荣。为了满足人们向善的需求，各地开始兴设善书局，仅上海就设有宏大、翼化堂、明善等多个善书局，大大小小的善书局也推出了多种书目，以方便时人订购。

在统治阶级的支持下，在特定的社会背景中，善书刊印伴随着善书局的兴起与人们对于内心平和的追求，在清末民国时期呈现了相对繁盛的景象。与善书的情形类似，清代医方的发展同样得益于统治者的支持。

清乾隆帝曾命吴谦编纂《医宗金鉴》，该书对清代医药、医方的应用与普及起到了重要的推进作用。这一时期产生的各类单辑本验方多达三百余种，它们多按功能或治法分门别类，这种分类方法为现代方剂学的形成奠定了基础。清代较为代表性的医方有汪昂的《医方集解》《汤头歌诀》、吴仪洛的《成方切用》、鲍相璈的《验方新编》等。其中《验方新编》最为流行，在鲍相璈

---

① （清）顺治帝：《御注太上感应篇》，《故宫珍本丛书·子部道家类》，海口：海南出版社，2000年，第524册，第336—367页。
② （民国）印光法师编校：《感应篇直讲》增订讲法七条，苏州弘化社民国二十一年。
③ （清）顺治帝：《御注太上感应篇》，《故宫珍本丛书·子部道家类》，海口：海南出版社，2000年，第524册，第333—335页。
④ 同上。

初编 16 卷本后，梅启照又增辑至 24 卷本，比初编本多出 8 卷，所收集的民间验方、偏方、便方等达数千条。全书按人体从头到脚的顺序分部，内容包括内、外、妇、儿、五官、针灸、骨伤等科，以及怪症奇病的治法，具体治法有内服、外敷、针灸、按摩、拔罐、刮痧、食疗等多种。按鲍相璈的序文所言，编纂《验方新编》的主要目的是为了方便贫苦之人解决疾患。他说："凡人不能无病，病必延医服药。然医有时而难逢，药有时而昂贵，富者固无虑此，贫者时有束手之忧。为方便计，自莫良于单方一门矣。"① 书内所录之方也是经过鲍相璈精心择取的，不少医方无须花钱，且在缺乏医疗条件的僻壤地区也可奏效。他说："今之所存，期于有是病即有是方，有是方即有是药，且有不废一钱而其效如神者。虽穷乡僻壤之区，马足船唇之地，无不可以仓猝立办，顷刻奏功。"因为该书的验方不仅丰富且具实效，在 1846－1955 年间，该书所刊行版本已达 110 余种，② 这一现象集中展现了清末民国时期医方发展的迅猛态势。

在道教善书与医方广泛传播的背景下，人们在刊印是书时，常将两者相互掺杂，善书与医方互为媒介而得到更加广泛的流布。

二、道教善书与医方结合的几种形式

道教善书与医方于何时完成了最初的交汇，暂时无法考证，不过随着道教善书与医方的流行，两者之间结合的现象在清末民国时期较为普遍，这种结合具体有以下几种形式。

在道教善书中夹杂良方。例如由黄正元整理、孙文治等参阅、王龙池等纂订、雷仁育点评、毛兰芝增补的《太上宝筏图说》一书。编者黄正元身为浙江处州总兵，针对人们吸食鸦片的恶习，痛心疾首，他在整理此书时，加入了《解鸦片方》和《戒烟瓜汁饮》。《解鸦片方》："用香菇浸水，瘾来时，将香菇水生吃下即咽吐其涎，乃止。倘再发瘾，则再吃自止。又方：用老反蒲（即南瓜）捣汁大半钟许，瘾来时，即吃下，亦吐其涎而止，或未定再捣，反蒲叶吃立止。"③《解鸦片方》是道光四年（1824）由贵州学台程恩泽梓行的，该方通过饮用香菇水和南瓜汁戒止烟瘾。此外还有《戒烟瓜汁饮》："南瓜正在开花时连其叶与根藤一并取下，用水涤净于石臼中，合而捣之，取汁常服，不数日夙瘾尽去，甫经结瓜者亦可。"该方由两湖总督部堂林颁示，同样以南瓜为药。该文还引用林则徐语："林制军颁示《戒烟断瘾方》总论有曰：人溺而知戒，不过因于一时溺而不戒，则直殉以身命，可不惧哉。"④ 也就是说，当人们沉溺于自身欲望的诱惑时，能够及时戒止则善莫大焉；若是因为一时沉溺而不知戒改，以此丧失了生命，如何能不让人惧怕呢。可见，在特殊的历史环境下，黄正元以总兵的身份，在善书中加入戒烟良方，以此希冀士兵

---

① （清）鲍相璈编，（清）梅启照增辑：《验方新编·鲍相璈序》，北京：中国中医药出版社，1994 年。
② 李经纬：《中医史》，海口：海南出版社，2015 年，第 400—401 页。
③ （清）黄正元编：《太上宝筏图说》，光绪十八年竹简斋书局石印本，"廉"卷，第 21 页。
④ 同上。

与民众免除烟瘾困扰,振兴民族器魂,实现清廷统治的长治久安。

最为常见的现象是将医方附于善书之末。例如同治十一年(1872)的《劝善汇编》,劝善之文为《感应篇》及《阴骘文》,后附有《古今历验奇方》。又如道光己酉年(1849)仲春华经堂新镌的《太上感应篇》,内附有《经验良方》;光绪二十年(1894)翼化堂版《太上感应篇》,同样附有《经验良方》;民国三年(1914)上海宏大善书局刊印的《玉历金丹劝世合编》与民国庚申(1920)刊印的《玉历至宝钞》附有《经验神效良方》。那么,为何将医方附于善书之后呢?归结其原因,刘沅在陈调元辑《同善录》一书的序文中已有所说明。刘沅说:"陈君乃汇验方以附劝善书后,原其心亦济世之心,而其方则必审量而行之。"① 善书意在对人们的心理与行为进行宗教和道德上的约束和肯定,在清末民国时期,人们会通过刊印善书等行为完成自我的向善诉求,但是道德的向善却无法解决身体疾病的困扰,在善书后附有医方则有效地解决了这个问题。同时,由于古代经济水平的落后,有效的医疗条件对于人群的覆盖率不高,偏远地区和生活条件较为艰苦的百姓无法获得相应的医疗服务。在这种情况下,作为一种被免费施与的书籍——劝善书及其附有的医方,可以为这部分人群提供便利,而随着善书的流行,这种"医学的推广作用,可能较成本成册的医书更为宏大"。②

以上两种形式都是将医方附于善书之中或之后,医方的地位属于善书的附属。但是在两者的发展过程中,有一类书籍是将二者的地位并提并重,例如《息斗戒奢劝善歌文及经验良方总录》(见图1)一书,是书由东莞侯山坊阅报社社长余伟宾(见图2)所辑录。"息斗戒奢"在《太上感应篇》中有较多表述,《感应篇》的多种注本中也存有《息斗文》和《息讼文》。"劝善歌文"是余伟宾对于善书的一种汇总,主要采自《警世良言》;"经验良方"是余伟宾长时间搜集民间医方而成。该书在广东一带较为流行。

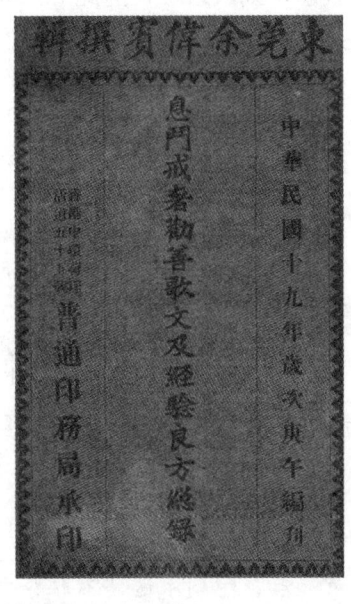

图1

图2

---
① (清)陈调元辑:《重镌同善录附达生编》,道光二十五年,刘沅序。
② 张之杰:《善书与医疗卫生》,《思与言》1992年第30卷第4期,第217页。

该书收录了较多医方，其《增广经验良方择录》中收录了《太乙大仙散》《应验霍乱丸》《甘露茶方》《应验痧呕良方》《治涌泉珠急症方》《治发冷良方》《抽筋症良方》《班痧妙方》《黄肿仙方》《治痧呕未有核良》《长寒发冷日久不愈方》《黄肿良方》《急救痧呕肚痛抽筋仙方》《水药用净水煎服》《时症仙方》《救急回阳仙方》《异人传授救急奇方》《霍乱经验良方》《治发冷方》《中痰第一方》《邪风入骨痛方》《疫症良方》《万应八宝散方》《菩提药丸方》《万应菩提丸良方》《就霍乱良方》《救危保安丹》《疫症良方》《经验痧呕时症方》《救急时症方》《班疹良方》《经验救急风痰方》《抽筋症良方》《黄食仙方》《舒肝行痰消滞胁痛药丸方》。此外，该书还收录了《小儿科各症良方》《妇人各症良方》等。

那么余伟宾为何辑撰此书呢？他说："鄙人见人生痛苦，莫甚于疾病颠连，而居于穷乡僻壤者为尤甚。因是选择经验良方，不遗余力，其方皆百发百中，应验如神，特刊于后，以期利物济人。尤望善士仁人，广为印送。庶家蓄一编，无事诵习歌文，以维风化；遇病则遵依方药，藉忧康强，于世未尝无小补也。"① 余伟宾身为阅报社社长，深知地方之间的差异性与知识流通的重要性。在偏远地区，由于医疗条件的落后，使得贫穷的民众在身体遭受疾苦时无法得到有效救助。余伟宾所搜集的良方，按他的话说是"百发百中，应验如神"，也就是对于民众普遍性的疾病救治具有奇效。此外，前面的劝善之辞可以作为教化风俗之用，后面的医方可以在人们身体有恙之时施与援手，两者的结合可以促使人们身心完善，达成其劝善的目的。

此书一经推出即广受好评，人们争相翻印。民国十九年版的启文说："《息斗戒奢劝善歌文及经验良方总录》一书乃老慈善家东莞余公伟宾所编辑选述《警世良言》及搜罗经验良方广为印送，用以挽世颓风，济人疾苦者也。此书自印送以来，逾数万本，其中详言因果、崇俭、息争，觉迷不少，又备载各方，依症用药，效验非常。久矣口碑载道，视若家珍，但此书只有慈善家印送，各书坊并无发售，每有欲得是书，无从求索，于是好善者恝焉其未普及也。因是重印分送，以广流传，继美相承，后先辉映。丁卯东莞李沃华堂重印二千本，戊辰顺德罗玑南君、台山余桂卿君重印二千本，台山黄耀东君、黄仕进君，广州章裕卿君及余伟宾公之哲（缺字）君令婿陈肯堂君附印二千五百本分往各地。"② 从上文可知，起初，此书只有余伟宾等慈善家印送，书坊并无发售，后由好善之人，如东莞李沃华堂，顺德罗玑南君，台山余桂卿君，台山黄耀东君，黄仕进君，广州章裕卿君等人出资重印，使得此书在坊间广为流传。

此书在民间的广泛流传不仅是因为余伟宾等慈善家的大量印送所产生的影响，还得益于余伟宾对于此书的谨慎态度以及不断修订的行为，使得此书保持着持久的生命力。上文谈到此书的印送多达数万本，其实这数万本并非都是相同的板式。余伟宾为了搜集更多的经验良方，在书中打起征集医方的广告。其"征求内外经验良方广告附录"说：

> 启者，鄙人日前搜集经验各方，附于《息斗戒奢录》后，印刷派送，不取分文。蒙陈君杰臣，何绅棣生，各费去数千金，所得之蛊胀、鹅喉、跌打、癫狗咬伤，及各验方送出，公

---

① 余伟宾辑：《息斗戒奢劝善歌文及经验良方总录》序文，香港普通印务局，民国十九年。
② 同上。

诸于世，不肯自珍，一片婆心，殊堪钦佩。盖此举为悯恤人生疾苦，无力延医，或乡僻间，卒患急症，不及延医者起见，非敢藉此沽名渔利。凡未经效验之方，不敢妄列，以免误人，是以对症服药，效如桴鼓。独惜见闻未广，博访未周，每念及兹，心尝耿耿。因思利人济物，谁不如我；扶危救急，谅有同情。用敢登报征求，仁人善士，如有经验秘方，欲公诸世而救人疾苦者，请将方抄正，并用法，详细列明，寄交香港上环大马路天吉金铺。鄙人自当汇集续刊赠送，以便同群；并将台卫恭录，不敢掠美。庶几卫生却病，冀无失治之虞；妙药回春，咸跻仁寿之宇。区区此志，当能鉴原，好善诸君，谅不秘吝也。①

从上文中，至少可以得出以下信息：首先，余伟宾以低姿态，恳求存有良方之人要以"扶危救急"为念，将各类医方广示众人；其次，他在摘录良方时并非没有择取，收到医方后，他会依据该方的效验性有选择地进行汇总，避免人们因其所录不良医方而耽误病情；再次，在重新汇集一批医方后，余伟宾会将此书重编续刊，赠送于提供医方之人，并重订该书的新的版本。

对于存有争议的医法，余伟宾甚是谨慎。例如针对以前版本中有"用艾火灸医头疬方"，是书再次重印时，依据医者的意见将此方删去，并附上《说明用艾火灸医头疬方之由来》以及《说明删去艾火灸医头疬方之原因》。《说明删去艾火灸医头疬方之原因》说：

重印是书竹生先志谨承，并荷好善诸君委托，对稿任务，当然悉心校对，惟是非知医者，只能校对文字无讹，不能详知各方用法，是非适用，实非医者不能。此次何觉庵君委代重印，对稿一节，为慎重起见，特于戚友中之知医者，浼其于公暇同商校对，参酌用法，是否适用，详细指明，以免有误。据知医者云，用艾灸医头疬一方，虽有经验，然非有专门学识，深明人体脉络者，不宜妄用。因疬系生在头部，颈为人体之天柱，中间为咽喉，其脉络上通头脑耳眼口鼻，下透五脏六腑，盖颈为人体重要部位，若不明其脉络之要素，妄用艾火，误中火毒，生命关焉，与外敷内服各方不同。故特将此方删去，并将原因说明。俾患疬者知不可妄用，以免危及生命，慎之慎之。②

余伟宾首先谈到自己作为非医者的身份，在编纂此书时，总会出现不妥之处。例如用艾火灸治疗头疬的方法就有待商榷，因为该法与外用内服不同，普通人对于人体的脉络并不熟知，而颈部是人体最为重要的部位之一，上通头脑，下透脏腑，若是人们不明脉络，妄用艾火灸头颈，误中火毒，会有性命之忧。于是余伟宾再次刊印是书时，将此法删去，不仅附上此法的由来，还将删去原因一并说明。

在余伟宾的努力下，《息斗戒奢劝善歌文及经验良方总录》一书在民间广为流传。其实，这里可以将余伟宾看作一个缩影，使我们了解到清末民国时期的实业家在慈善事业方面所做出的贡献。

以上所述道教善书与医方的结合只是依于文本而言，在内容方面，善书中还有一类书籍，这类书籍所含有的医方由乩语或灵签组成，即假借神仙之名义降笔而成的医方以及请神而得到的随

---

① 余伟宾辑：《息斗戒奢劝善歌文及经验良方总录》，香港普通印务局，民国十九年，第1页。
② 余伟宾辑：《息斗戒奢劝善歌文及经验良方总录·说明删去艾火灸医头疬方之原因》，香港普通印务局，民国十九年。

机药方，这类医方的实质是对社会上普遍流传的"经验良方"的一种道教神学式的改编。在一定的心理暗示下，这类方子或可起到一定效果，不过不同于经过广泛实践与应用的验方，在实效性方面，降笔而成的医方以及灵签药方在疗病方面不如"经验良方"那么方便与直接，所以其流传的规模并没有那么大，范围也没有那么广泛。

　　总之，在清代帝王的推崇下，道教劝善书在民间迅速传播，人们出于行善之目的，将各类医方附于善书之中，希望借善书的流通解决普通民众所面临的各类疾病问题。善书与医方两者的结合可谓相得益彰：善书作为教化类书籍促使人们通过道德自律达成内心的平静，而医方的实用性与经验性特征可以为普通民众解决身体方面的苦痛。从广义上来说，医方也可以称为善书，例如在上海宏大善书局所刊印的书目中，医方作为一个较大的比重列于其中；而善书本身具有安抚人心的效果，无论是对社会的稳定还是对个人内心的和谐，都有一定益处，善书也可以看作一种社会的医方与个人内心的医方。中国古代道家、道教所追求的理念之一是身国共治。所谓身国共治可以理解为国家与个体的安乐长存，而道教善书与医方的结合，正是道教身国共治的另类体现，反映出道教在清末民国时期的世俗化发展以及其与社会相适应的新的导向，而这种新的导向其实与学界认为的道教在清代处于衰败的状态相悖。这一点实值得现代学人为之深思。

对宗教学方法的思考：以道教内丹学为例

戈国龙[*]

摘　要：中国文化以儒释道三教为主体，故中国思想文化的研究离不开宗教学的向度。本文以道教内丹学的研究为视角，对中国宗教研究方法中一些普遍性的理论问题，如文献与诠释、理论与实践、知识与智慧等，做了独特的思考，这对于中国宗教的研究方法的探讨，具有重要的意义。

关键词：文献与诠释　理论与实践　知识与智慧

一、主题与意义

"道教内丹学"是道教文化中的瑰宝。内丹学借用外丹术语，以"鼎炉""药物""火候"为三要素，以"阴阳""五行""八卦"等符号系统为象征语言，以道家哲学为理论基础，是综合和升华了道教史上的各种修炼方术，而形成的以三教融合为特征、以性命双修为宗旨的修道思想体系。内丹学以人体为实验室，以自身的"精""气""神"为修炼实验的对象，以意识的自我调节为实验手段，探索出一套转化升华人的生命能量，达成人的生命境界的提升与超越的生命自控系统方法。这对于我们今天继续探索人体生命的奥秘，提升内在生命的质量，克服盲目追求外在物质欲望的偏颇，都具有十分重要的意义。

在儒、释、道三教并立互补的中国文化格局中，"道教内丹学"有其重要地位。作为道教修炼方术的实践归宿和理论完成，自晚唐发展至宋明成熟起来的内丹学在整个道教中的地位，相当于禅宗在中国佛教中的地位或理学在儒家思想中的地位。虽然学术界对道教内丹学的研究越来越重视，但相对于佛教和宋明理学的广泛深入的研究而言，道教内丹学的研究只能算是刚刚开始成为道教研究的重心，不像佛教的禅宗和儒家的理学那样已经成为世界性的显学，引起了各国文化

---

[*] 作者简介：戈国龙，中国社会科学院世界宗教研究所研究员。

精英们的关注。现有的内丹学研究成果为我们进一步深入研究道教内丹学提供了必不可少的基础。

深入发掘道教内丹学的多方面意蕴，系统研究内丹学的理论内涵和现代意义，既是中国哲学、思想史研究领域一项不可或缺的重要内容，也是对中国传统思想进行创造性的现代转化的不可忽略的一个方面。在科技文明高度发达的现代社会，片面追求物质的发展是不能创建一个和谐社会的。科技文明在给人类带来巨大的物质生活的享受的同时，也不可避免地导致某种精神的异化；在征服自然的同时，也导致了人类赖以生存的自然环境的破坏。许多有识之士已经看到，人类文明的全面进步和有序发展，需要科技文明和人文文化的协调发展，需要物质文明和精神文明的共同繁荣。道教内丹学作为一种追求生命与宇宙和谐统一的文化体系，在今天仍可以作为促进人的全面发展的重要的传统资源。道教重视生命自身的和谐和人与社会、人与宇宙的和谐，特别是通过主体自身能动的身心修养，使个人的身心获得和谐的发展，这是整个社会和谐的重要基础。今天我们研究和发掘道教思想中富有生机活力的理论资源，具有重要的理论价值和深远的现实意义。

在我们的用法中，广义的道教内丹学是指一门包含理论体系与实践方法的完整的学科，这门学科研究道教内丹学的历史、文献、理论与方法等，也包含从各门具体学科如哲学、宗教学、史学等角度对内丹学所做的研究，并相应地形成"内丹学史学""内丹学哲学"和"内丹学宗教学"等分支学科。本文中的"内丹学"属于狭义的道教内丹学概念，主要是指对内丹学的理论体系与实践方法的研究，而内丹学的历史与文献研究则属于内丹学史学的研究范围。内丹学研究与内丹史学不同：内丹学有其形成的历史，有其丰富的文献，有关具体的内丹学历史与文献知识的研究属于内丹史学的研究；而内丹学研究的重点不在于内丹学是如何形成的，而在于这门学科给出了怎样的宇宙图景及生命意义，我们如何在现代的视野中给出对内丹学的系统理解并阐释其内在意义。换言之，我们是作为一个思想者，一个真理的探索者来研究内丹学本身，而不是作为一个历史学家或文献学家来研究内丹学的历史发展与文献考据。

必须区分"内丹道教"与"道教内丹学"两个概念。内丹道教属于道教传统中的一个派系，指以内丹修炼为其主要特征的道教体系，包括这一道教派系的人物、流派、历史、文献、社会存在等，对内丹道教的研究主要地是对道教教派的研究；而道教内丹学主要是指道教中的内丹学，是由道教传承和发展起来的有关身心修炼的理论系统与实践工夫，对道教内丹学的研究其重心不在道教作为一个宗教的组织形式与宗教传承，而在于其核心教义的系统整理与现代阐释，是对内丹修道思想体系及实践艺术的研究。

在现代对中国哲学的研究中，牟宗三和唐君毅可以说是两位典范式的人物。牟宗三先生的《佛性与般若》，我在准备硕士论文时曾通读一遍，受益良多，使我对整个佛学的系统有了一个宏观的把握。在从事道教内丹学研究的过程中我重读了此书，欲从宏观上再体会一下牟先生的主要思路与学问方法，为我研究道教内丹学提供参考。牟先生是以天台宗的判教为主要线索来把握整个佛学的系统，以"佛性"与"般若"两者为整个佛学的纲宗，再具体地梳理判释唯识、华严和天台诸宗的思想要义与系统性格，从而对整个中国佛学做出哲学意义的系统整理与诠释。他的写作方式则是通过列举、抄录重要的文献来展示一家思想的主要内容，再对相关的文献做详细的解析、分判、会通与诠释，这样就是以哲学思考为经，以文献资料为纬，做到了哲学史与哲学研究的统一。此与一般的历史方法不同，亦不重文献本身之考据，但重哲学思想的整体把握与具体诠释，其目标是疏通义理，而不在历史陈述。故此书非一般的"佛学史"研究，而为佛学义理之研究；此书更非"佛教史"研究（佛教史偏重于佛教之人物、经典、教派等历史），而为佛教哲学之研究。牟先生此种方法与我很相契，我亦不重视宗教教派之历史与文献之考据，而重内在义理之整理与诠释，只不过我不欲以宗派、人物为主线，而欲以中心问题为根本线索，以文献诠释为基础，研究道教内丹学的整体思想与微言大义，并联系现代诸学科的新进展对内丹学做现代诠释。于哲学思想方面，牟先生功力为吾所不及也；然吾之实修智慧与体验，则又非牟先生所能及。所以吾当发挥吾之所长，深入"修道现象学"的探索，而亦可较牟先生别开生面也。

唐君毅先生是现代新儒家的重要代表人物，被称为"文化意识宇宙的巨人"。他虽不是一位"悟道者"，但他具有传统的知识分子所具有的性情与担待，对中国传统文化具有深刻的理解，和牟宗三一样，至少从思想的层面是趣向于悟道的。他虽未能实修实证圣人境界，但已"立其大者"，其"致广大而尽精微"的学问工夫，亦足值吾人学习与借鉴。他的《中国哲学原论》系列（包括《导论篇》《原性篇》《原道篇》和《原教篇》）是一部总论中国哲学的皇皇巨著，是以重要的问题与范畴为中心对整个中国哲学的整理与诠释。这一套书只有牟宗三对中国哲学的系列疏解书（《才性与玄理》《心体与性体》和《佛性与般若》）可与之相媲美。唐著与牟著的共同特点是规模宏大，自成系统，但牟先生之书在哲学上更加精微，而唐先生之书在文化上更加广博。从研究方法上说，牟著和唐著分别代表了疏解通释中国哲学的两种典范：牟著以哲学史中的人物、文献为中心而贯通其哲学问题与哲学范畴，疏通中国哲学中的儒、释、道三教义理；唐著则以哲学问题和哲学范畴为中心而贯通历史人物与相关文献，探寻中国哲学的整个义理系统。唐、牟二人的中国哲学研究是哲学史研究与哲学研究的高度统一，既非"以我为主"的纯哲学探索，亦非"以它为主"的纯历史考据，而是"六经注我"与"我注六经"的创造性的统一。

我一直关注杰出的中国哲学研究著作，以前对牟宗三的作品关注较多，我与牟先生有较多的共鸣；在从事系列社科项目研究期间，我又认真阅读了唐先生的著作，他那种以哲学中心范畴为主线来从事中国哲学的疏释的研究方法，对我有较大的启示。本人尝试以"性命双修""返本还原"和"阴阳交媾"等内丹学的重要理论问题为中心，综合内丹学的历史文献资料，对内丹学进行了系统的理论梳理。"返本还原""性命双修"和"阴阳交媾"既可以一起组成对道教内丹学的整体研究，同时其中的每一段又都可以单独组成一部专论，它们都是从不同的视角对内丹学本体论、生命论、工夫论和境界论的系统研究。因为任何一个主题深入下去都全息了整个内丹学的理论体系，因此这几部分的研究将共同形成一个内丹学研究的系列。这种方法或许与唐先生对中国哲学的研究方法有相通之处，不过在具体的研究方式上，我仍然更重视理论系统的探索，而不是以历史人物为线索去研究某一个专题。

道教内丹学的研究有两个基本的层面：一是在充分掌握内丹学文献的基础上建立内丹学理解的整体框架，以内丹学家的代表作为基础，对内丹学进行系统的整理与评论；二是从现代视野给出道教内丹学的系统阐释，诠释内丹学思想的现代意义，包括其宗教学意义、哲学意义、灵性修养的意义等等。如此则可在已有研究成果的基础上，对内丹学做一综合系统的研究。

二、文献与诠释

任何研究都蕴含了某种方法论的预设：以什么样的方法，解决什么样的问题，达到什么样的目标。每一种研究都包含着研究的"视阈"，这种视阈既体现了研究对象本身的多元开放性及其丰富的维度，也体现了研究者自身的独特视角与阐释方向。只不过有的研究者对自己的研究视阈有自觉清醒的认识与反省，而有的研究者并没有自觉其研究的前提预设与独特路径。自觉地明了自己的研究视阈与阐释视角，将有助于克服单纯的"客观主义"与"主观主义"的片面性，而开启"现象学式"的"直面事物本身"的"居间场域"。① 本文除了说明内丹学研究的主题及其成果的重要意义外，主要对作者的一些主要的思路与研究方法做出概略的说明，以一种清醒自觉的方法论意识从事我们的研究。② 当然，并没有所谓"方法论"的灵丹妙药，研究者的综合素质与生命境界才是最重要的，只有具备卓越的悟性与洞见，我们才能领悟那难以言说的道境。

与其盲目地标榜自己在从事所谓的"客观研究"，还不如清醒地审视自己的研究视角，避免那种虚妄的自大与自欺。那种不经认识论的反省而独断地想要达到认识的客观性的态度，就像是要自己提着自己的头发把自己从地球上提起来一样可笑。经历过康德的"纯粹理性批判"，哲学家们已经认识到，对人类自身认识能力与认识结构进行深刻的反思，是我们正确认识事物的前提。实际上，我们总是以某种特定的"前理解"和特定的"认识镜头"去认识事物，中国哲学（宗教）的研究也不例外。"我们通过谁的眼睛、透过什么样的镜头来考察宗教?"③ 我们观察世界的方式在很大程度上决定了我们观察到的世界，一种认识模式虽然并不在客观意义上创造客观世界本身，但却毫无疑问地能够创造出作为"意向对象"的"所知世界"，正如镜头虽不改变所拍摄的现实对象，却可以影响所拍的照片的取景效果。认识到任何阐释都有其特定的视角并不是主观主义，恰恰相反，只有自觉地意识到认识的"诠释情境"，才能避免过分的主观主义式自信。

中国哲学研究的主体是儒、释、道三教，所以中国哲学的研究离不开宗教学的研究向度。现代宗教学研究充分汲取了哲学现象学－诠释学的研究成果，对宗教的研究呈现出多元的视角与不

---

① 真实的意义之生成，既不是完全由客体所决定的客观主义，也不是完全由主体自身所决定的主观主义，而是主客交融中的一种意义构成。关于意义的"居中构成性"，参见张祥龙《胡塞尔的意义学说及其方法论含义》一文，见氏著《从现象学到孔夫子》，北京：商务印书馆，2001年，第4—19页。
② 关于内丹学的研究方法，本人曾经在博士论文绪论中的"修道现象学与创造的诠释学"一节作了专门的论述，参见拙著《道教内丹学探微》，成都：巴蜀书社，2001年，第26—39页。本文进一步阐明笔者的研究思路与原则立场。
③ ［美］W. E. 佩顿著，许泽民译：《阐释神圣——多视角的宗教研究》，贵阳：贵州人民出版社，2006年，第1页。

同的阐释路径。如果我们不能从现代宗教学的发展中汲取营养来从事某一种特定宗教的研究,我们就会迷失在"见树不见林"的孤芳自赏之中。反过来,对某一种特定宗教的深入研究,也将丰富宗教学的领域与识见,为宗教学的拓展提供素材。在研究方法上,我们既重视传统的文献学、历史学方法,立足于道教内丹学自身的历史和文献,来具体地展示道教内丹学的丰富内涵,又结合现代多学科的方法,如宗教哲学、宗教现象学、心理学等学科,将道教内丹学的理论体系置于现代学术视野中加以诠释,通过与其他宗教的理论系统的比较研究彰显道教内丹学的特色并阐明其与其他宗教的超越理论的区别,从而丰富我们对宗教超越理论的理解。

道教内丹学文献是我们从事内丹学研究的基础,历代内丹学家的理论探索与生命体验都浓缩于内丹学文献之中。我们已经无从得以和古人面对面地亲切交流,历史人物永远不可能"起死回生",再重新回到我们的身边。然而,历史上的内丹学家把他们的心血都投注于他们的作品之中,经典文献是一种媒介,在其中承载着古人的存在经验与智慧。当我们面对文本的时候,我们并不是在面对一种现成化了的历史陈迹,而在"知识考古学"的意义上去发现确切不移的古代知识的"化石"。重要的是面对文本开启真正的"思",在领悟文本的意义的同时,伴随着存在真理的开显。

所以文献需要研究者去加以同情的理解和深入的诠释,这种诠释并不仅仅是一种字面的或者语法结构上的诠释,要真正深入古典文献的内在意义,就需要研究者自身有一种能够与古人对话交融的"视阈"。唯有你自身生命中的体验能够与古人相应的体验发生共鸣,你才能理解语言文字背后的真相。一方面,文献向研究者发出了邀请,"某个传承下来的文本成为解释的对象,这已经意味着该文本向作者提出了一个问题。所以,解释经常包含着与提给我们的问题的本质关联",① 我们必须与古人一起去思索并解答这个问题;另一方面,我们自身的生存体验的深度与高度又向文献打开了崭新的可能性,我们使那沉睡的生命重新鲜活起来并与我们的现实生命发生联结。"在重新唤起文本意义的过程中解释者自己的思想总是已经参与了进去,就此而言,解释者自己的视阈具有决定性作用。"② 从某种意义上说,任何研究者都只能看到他想要看到和他能够看到的东西,研究者将自身的丰富性赋予了文献,文本与诠释之间是一种相互依存的关系。

在文献的诠释过程中,我们越是能够进入古代作者的内心世界,我们便越能把握他的语言背后的思想精髓,而我们自己必须具有某种相关的体验,才能充分地理解古人。"我们关于他人的知识与我们对我们自身一般经验的利用这两者之间越是协调,我们对他人的理解就越深,因为我们只能够就我们自身内在经验已包含的某种形式、某种程度、某种方式来理解他人的这种思想状态。完全与我们内在经验陌生的东西不能进入我们所能理解的他人思想的范围。"③ 道教内丹学的文献已经属于历史存在的一部分,但是就内丹学文献所承载的那个生命体验而言,如果这部文献不是出于缺乏真实体验者的虚构而是出于真修实证者的记录,那么这个生命体验并不属于历史,

---

① [德]伽达默尔著,洪汉鼎译:《诠释学Ⅱ:真理与方法》,北京:商务印书馆,2007年,第501页。
② 同上,第524页。
③ [意大利]马利亚苏塞·达瓦马尼著,高秉江译:《宗教现象学》,北京:人民出版社,2006年,第19页。

它仍然可以鲜活于当下。这正是我们今天仍然对历史文献深有兴趣的原因：透过文献的媒介，我们可以和古人心心相印，交流对话，共同探索永恒的宇宙人生之谜。历史上的内丹学家就像是宇宙生命意义的探险路上的先行者，他们的经验与智慧成为后来者取之不尽的精神食粮。

这个探险的旅程犹如攀登一座高山，你登山越高，你看到的风景就越美，你的视野就越广阔。你会发现前人已经到达过的地方及其留下的遗迹，你可以在前辈的文字记录中发现同样的风景。这个时候就已经进入到诠释学的良性循环之中，古人印证了你，你也印证了古人。反之，如果你无法登临高处，你就看不到应该看到的风景，此时你就无法理解那些比你走得更高的人，你会以你自身的局限来规范古人，你就看不到那些有价值的文献所显示的高度。

在文献诠释的方式上，有两种可能的途径：一种是从尽可能多的文献材料中整理出尽可能一以贯之的解释线索，你充分占有文献材料而又超越分散的材料的局限性，你看到了一个更广大的视阈，可以作为一个创造性的诠释者说出古人还没有说出但已经潜在蕴含的思想系统；另一种是从尽可能少的文献材料中读出尽可能丰富的意义，你把对内丹学文献的整体理解化为一种简约的诠释方式，不必言必据典，而达到某种自由阐释的佳境。但这并不代表你随心所欲地讲你自己的思想，而是在一种融会贯通式的理解中，摆脱了形式上的拘泥。实际上，有一种整体诠释的视阈被打开，这时你看起来似乎说得很多，但其实仍然在你诠释的经典文献所蕴含的意义之内。这需要某种平衡，某种意义的居间性开显，你既不是脱离文献基础的纯然主观的演绎，也不是与主体自身无关的纯对象化的陈述。

在我的道教内丹学的研究中，其整体结构恰恰同时运用了这两种诠释的途径：有时是从大量的文献材料中整理出一个一以贯之的诠释架构，并做出引经据典的理论分析；有时则是从尽可能少的文献材料中做出尽可能丰富的理论阐释。不管是何种文献诠释的模式，研究者自身的整体素质与生命体验，都是能否站在足够的高度诠释内丹学的关键所在。

三、理论与实践

洪汉鼎曾经指出，现代诠释学经历了三次重大的转向：从特殊的诠释学到普遍的诠释学的转向，从方法论诠释学到本体论诠释学的转向，和从单纯作为本体论哲学的诠释学到作为实践哲学的诠释学的转向。当代诠释学重新激活了亚里士多德的"实践智慧"的概念，把理论与实践作为诠释学的双重任务。① 对于道教内丹学的研究来说，内丹学本身即是一种基于内丹修炼实践并为实践提供指导服务的思想形态，在内丹学的研究中理论与实践的关系是一个必须认真加以考察的方法论前提。

这与是否信仰内丹道教无关。并不是说存在着两种完全对立的研究，一种是道教内部基于信

---

① 参见［德］伽达默尔著，洪汉鼎译：《诠释学Ⅱ：真理与方法》，北京：商务印书馆，2007年，第25—27页。

仰的教内研究，一种是道教外部学者的教外研究，前者关注内丹学的实践课题，而后者只需要关注内丹学的理论与历史。现在我们是从一种更广泛的视野来看待这个实践性的问题，我们排除掉信仰、不信仰这种过于简单的区分方式，而着眼于内丹学自身的诠释结构来处理诠释中的实践性维度。我们认为，任何一个研究对象都包含有不同的研究层面或者说研究范围，既可以从事物的内在去研究它的内在意义，也可以从事物的外在去研究它的外部表现；既可以研究作为个体的事物存在，也可研究作为集体的事物存在。正如超个人心理学家肯恩·威尔伯（Ken Wilber）的"四象限理论"所揭示的，存在着四个不同的领域和整体顺序，在每个领域中都有着不同的层次性。这四个不同的领域和整体顺序即是所谓的"四象限"，它包括"左上象限的个体内在领域、左下象限的群体内在领域、右上象限的个体外在领域和右下象限的群体外在领域"。① 比如说对于"人"研究来说，个体内在领域是属于人的内在心理世界，个体外在领域则属于人的行为世界；群体内在领域属于文化价值世界，群体外在领域则属于社会活动世界。相对于不同的世界，其研究的方式相应地不同，外在世界可以用外在研究的方式去研究，而内在世界则必须以内在的方式去研究。个体与群体世界的研究方式也是一样，各有不同的途径。我们可以描述一个人的外在特征，他穿什么样的衣服，他有什么样的身材，他有什么样的职业及头衔，等等，但这些外在特征无论多么详尽，我们还是不能以此推断此人的内在心理世界；反之亦然，通过对一个人心理世界的理解并不能推论出此人的外在特征。由此观之，对于内丹学的研究来说，你可以考证和描述一个内丹学家的生平经历与著述情形，也可以列举一个内丹学家的文字话语，但这些并不足以推论此内丹学家的理论真谛与内在意义。历史事实的考证与文献研究有其有效的领域，但对于探究内丹学的思想真谛来说，除了以存在性的呼应去体证内丹学的实践智慧以外，别无他途。

按照诠释学哲学家伽达默尔的看法，"人文科学最关键的不是客观性，而是与对象的前行关系，正如在艺术和历史中人的主动参与是它们理论有无价值的根本标准，同样在其他人文科学中，如政治、文学、宗教等，实践参与正构成它们的本质特征"。② 通常，我们认识到自然科学的实践性，自然科学的理论来源于科学实验并反过来指导科学的实践活动，而一般人文科学则似乎更多是一种理性的认识活动，而缺乏直接的实践性。但任何一种人文科学，如果追溯其意义之源与存在之根，都离不开其实践性。仅仅只有理论，其理论可能成为空谈的理论；仅仅只有实践，其实践可能成为盲目的实践。理论与实践的有机统一，是任何大智慧形成的根本机制。

每一种宗教都有其核心的宗教体验，这是作为宗教性的内在领域；同时每一种宗教也都有其宗教表现形式，这是作为一种宗教的外在领域。在宗教的理解与宗教的研究中，有一个客观存在的研究领域与研究维度，就是探索宗教的核心精神体验，缺乏了这一研究维度，我们对宗教的了解就只能达其皮毛。实际上，对于宗教经验的研究已经成为国际宗教学界的一个热门的领域，学者们也开始探索宗教经验研究的有效方法。宗教现象学与宗教诠释学就是走近宗教核心经验的两个根本的方法，而现象学的直观与宗教意义的诠释都离不开宗教体验的实践性。

---

① 参见［美］肯恩·威尔伯著，许金声译：《万物简史》，北京：中国人民大学出版社，2006年，第58—69页。
② 洪汉鼎主编：《理解与诠释——诠释学经典文选·编者引言："何谓诠释学"》，北京：东方出版社，2001年，第25页。

这就是说，这不仅是一个学者要不要信仰宗教的问题，而是探索宗教内在意义所不得不面临的一个现象学情境。除非我们只满足于外部形式化的研究而不触及宗教经验的本质，否则我们就必须进行某种形式的"宗教实验"。就如科学家在实验室进行科学实验探索科学真理一样，宗教家必须在他的心灵世界中进行宗教实验来探索宗教性的真理。无论信仰还是不信仰，缺乏真实的宗教体验就都可能成为迷信，而一旦你真正体会到生命存在的实相，则你根本无须"信仰它"：信仰意味着你不知道，而真知无关乎信仰。

对于道教内丹学的研究来说，有一个研究领域关涉到内丹学的真正的本质，即内丹学所提示的宇宙人生的真相是什么？对于这个领域的研究来说，"深达天机者乃能说天道之妙，未造圣域者焉能释圣人之经"。① 对内丹学的理解与领悟的程度直接与研究者自身的实践经验与体道境界相关联，你越是深入地体验到内丹学的实践智慧，你就越能阐释内丹学的内在意义。当然，这里的实践是广义的，每个人都可以有自己独特的生命体验，从而也产生相应的实践层面的理解。但严格地说，内丹学的深入内在的理解只有通过深入的内丹学修炼实践才能获得。你可以不去探索这一研究的领域，但你不可能否定这一客观的研究领域的存在，也不能否定这一研究领域独特的实践智慧的研究进路。

"道教内丹学"有其丰富的思想内容，是一种理论与实践高度结合的修道体系。以往人们对内丹学缺乏足够的认识，对道教的观感往往就是一些技术层面的"养生"功法，甚至有人把道教仅理解为一种荒诞不经的巫术。现代的宗教哲学著作，也大都是基于西方宗教（主要以基督教为代表）的背景来论述宗教哲学的体系。之所以造成这个局面，一方面是现有的宗教哲学主要是西方人创立的，他们对东方的宗教缺乏深入了解；另一方面是，我们对传统的东方宗教比如佛教、道教的超越体系缺乏深入的研究。即使对东方宗教有深入了解的人，又局限于传统的语境，不能加以现代的表达。实际上以自我修炼、自我觉悟而成就圆满境界为特征的佛教、道教，与信仰上帝为主的神教，在其宗教哲学与宗教实践上有着迥异的面目。以佛教、道教为背景我们完全可以得到一种新的宗教哲学的体系。要达到这一目标，就不仅要深入《道藏》的相关材料之中，在道教文献的理论诠释方面，更要注意吸收国外比较宗教学、哲学、心理学等领域的最新成果，充分吸收国外同行的最新研究成果，开阔研究视野，提升专业研究的品质。

基于此种背景，本人对道教内丹学的研究主要集中在"道教内丹学"的理论体系的构建及其现代诠释方面，尤其是对"内丹学"作为一种宗教的超越性的理论形态，做宗教哲学和宗教现象学的阐释。东方哲学不是一种纯理论的追究，而是源自于一种生命体悟，是生命体验的"修道现象学"。因此要理解它们就不能单纯地从客观的知识性眼光来看，而必须同情地对它们进行再体验。只有进入"修道现象学"的世界，才能真正理解它们的内在意义。

任何一种宗教体系，都必须包含以下几个方面：一是对人的现状有一套理论认识和价值判断，指出人在其本然的现实情态上有何"有漏"、不圆满的处境，进而说明其原因以及追求"解

---

① 《黄帝阴符经注》序，洪丕谟编：《道藏气功要集》（上），上海：上海书店，1991年，第61页。

脱"境界的必要性。追究人的问题一定会导致进一步追究人在宇宙中的地位、人与宇宙的关系等问题，这里面就蕴含着"心性论"与"本体论"的构建。二是对人最终所可能达成的圆满境界给出描述，这是人实现其宗教性超越目标而体现人的终极关怀层面，是宗教信仰与宗教实践的动力和目标，这里面就体现出人的意识发展的多种层面和种种修道的境界，包含有"境界论"的维度。三是人从不圆满的现实层面的"此岸"的人，到圆满境界的"彼岸"的人，需要通过一套修行的工夫以实现之，此即是"工夫论"的系统。我们的主要研究思路就是从"本体论""心性论""工夫论""境界论"诸方面，探索道教内丹学的理论系统。

但是，这并不意味着我们就会以上述理论框架做一种教条式的附会，我们在具体的论述中仍然遵循自身内在的理路，并不拘泥于形式上的一种固定的结构，因而虽然在核心内涵上离不开"本体论""心性论""工夫论""境界论"的研究思路，但在实际的表述上仍然是灵活多样的。

四、知识与智慧

学术研究的目标是什么？这一追问似乎是多此一举，对一些学者来说根本就不存在这样的追问。他们只是跟随学界的潮流：哪些是最新的动向，怎么样来得到学界的重视与认可，如何在学术界赢得自己的一席之地。对他们来说，他们并没有自己个人的研究目标，他们只是要为了外在的目的去从事自己的研究，学术研究只是一种职业罢了。这也无可非议，毕竟学者也要生存，也要在激烈的竞争中赢得自身的社会地位。但问题是，大家都是为了他人的眼光而做学问，这样一来，谁来制订学术的游戏规则？所谓的"学术规范"就成了一种自由博弈的或然性结果，而并没有引领生命向更高的存在状态迈进的心灵动力。

这有可能造成这样一种结果：每一个人都被某种公共的学术法则所催眠，以朝着那种"外在价值"而努力，大家都以这种公共价值观为学术研究的行为准则，尽力符合这种学术规范，而实际上最后大家都没有得到生命本身的乐趣与生命境界的提升，做学术纯粹是为了满足心目中那些评判者的标准而非发自内心的兴趣，而那个评判者本身也并不知道真正的学术意义何在。他又依据某种流行的"学界潜规则"来评判学术作品，于是这种假冒的"学术规范"成了"皇帝的新装"，没有人去揭开其真实的情境。那些学术成果看起来很符合某种学术规范，但实际上可能并没有为任何人带来真实的利益，只有虚幻的"学术价值"，成为后来从事这种虚幻的学术研究时的"参考资料"。当然，我不是反对学术规范，而是说要对某种流行的学术规范进行自觉的审视，要追问学术研究真正的价值所在，要寻找真正的学术规范，不能盲目地以某种学术风潮为学术研究的根本方向。

人们可以不去管学术研究的目标这一问题，但这一问题值得被认真地思考。那些不去思考这一问题的人，实际上已经有某种预设，有某种前见。事实上每一个从事学术研究的人都有自己的目标，有自己的价值立场。作为一种比较公认的学术研究的目标，在客观上是不断增进各个领域的知识，在主观上是得到一种理性探索、理智游戏的快乐。知识无疑在社会的生活中扮演着极为重要的角色，给生活带来了很大的便利，人们的生活离不开知识。但现在我们讨论的不是一般的科学技术方面的知识，我们是在讨论人文社会科学的知识，对这一领域的研究来说，单纯地追求知识是远远不够的。知识永远是对于某种对象的认识，它只是存贮于大脑中的资讯，有时候这种知识不过是头脑中的"垃圾文件"，需要不断删除之以清理人脑的"内存空间"。可见知识的增加并不能自动地提升生命本身的精神境界，而精神境界的提升却是人文社会科学研究的一个核心功能，这就涉及"主体智慧"的新维度。

海德格尔指出："科学必然具有两种基本可能性，即，关于存在者的各门科学（存在者状态上的各门科学）和关于存在的这一门科学（存在学上的科学，亦即哲学）。存在者状态上的科学向来把某个现成的存在者当作课题，这个现成的存在者总是已经以某种方式在科学的揭示之前被揭示出来了。"① 海氏这种区分深具卓识，我们可以把这里谈到的"关于存在者的科学"看成是以追求知识为目标的科学，而"关于存在的科学"则是以追求智慧为目标的科学，这种科学实际上是有关内在精神境界的科学，严格地说就是哲学，就是宗教性的科学，而不是外在的物质世界的科学。知识是对于某种现成的对象的对象化认识，它有助于我们改变物质世界、外在世界，而智慧是对于存在意义的探索，是主体自身的境界，它有助于增进人的精神境界，获得心灵的自由与安宁。

无论我们获得多少有关"存在者"的知识，都无法解决"存在意义"的问题，因为存在的意义不在作为"现成对象"的"存在者"那里，存在的意义就是对于存在本身的觉解与体验。知识是关于对象的了解，智慧是主体自身的觉醒。知识的增长只是人的外在个性的成长，不是人的内在本质的成长。个性的成长形成一个虚假的人格中心：自我，自我总是试图从外在对象上寻求满足，但每一个自我又都是以自己为中心而想要从别的自我那里寻找满足，这样就形成了自我之间无穷的竞争与斗争。自我越是想要占有，就越是感到失落；越是感到失落，就越是向外追求。人就这样错过了生命的本身，不知道自己到底想要什么，永远得不到真正的满足。因为只有存在本身，才是生命的安顿之所，任何对于存在者的占有，并不能提升存在自身的品质。

存在一直就在那里，人的本性一直就在那里，但这需要人去唤醒他、体验他，人必须来一个反身，与自己的本来面目重逢。当你回归存在，回归生命的源头，于是执着的自我被超越了，你与整体融合为一，你与万物融为一体。一切问题与烦恼都出自于人没有生活在本性之中，出自于自我的分别与执着。整个社会的运转都建基于人的自我追求上面，而灵性发展的全部意义在于找回人的超越性的本体存在。当分别的意念停止了，你只是宁静地倾听，只有倾听而没有一个在背后分别判断的自我，这时就有一种和谐，一种美，在倾听中你感觉不到能听与所听之分，整个世界都在你的倾听中统一了。这时就有一种清明的意识，一种无分别的觉知，那就是你本真的存

---

① ［德］海德格尔著，孙周兴译：《路标》，北京：商务印书馆，2014年，第54—55页。

在。认识它、记得它，常常保持这个觉知的境界，这就是一种修道的方式。

对内丹学而言，知识是对"物"的认识，而智慧是对"道"的体悟；知识是后天"识神"的认识对象，而智慧是先天"元神"的境界显现。内丹学的整个修炼方式，从某种意义上就是破除后天知识对先天本性的污染，从后天物化的知识世界，回归先天本源性的智慧境界。很显然，如果内丹学属于某种先天的智慧的范围，那么我们又如何可能以知识寻求的心态去把握这种智慧呢？一个学者可以只对知识而不对智慧产生兴趣，但决不可以以知识的态度去拒绝智慧，甚至去批判对智慧的寻求是一种伪学术。是时候揭穿"皇帝的新装"了！如果学术研究拒绝智慧的探寻，这种为知识而知识的所谓"学术性"又到底有何意义呢？如果不能对宇宙与生命的浩瀚与奥秘表示惊异，如果不能增进自身与他人的生命觉醒意识、提升生命存在的深度与境界，我不知道这种纯知识的学术性到底意义何在？况且所谓的纯知识本身本不存在，人既然已经参与了这个世界和对世界认知，一切知识就都离不开人的视阈。

老师只能传授知识，只有一个师父才能点拨智慧。那些洞悉生命的奥秘，找到内在无限生命的源头的人，就是师父，就是觉者。专门点拨智慧的学校，就是内在工作的团体，或称密意学校，它往往存在于不为人知的地方。而各种现存的宗教，都是古代由师父创立的密意学校而遗留下来的外在形式，其中的真意往往已经被外在形式所掩盖了。内丹学是道教传统中一种内在工作的途径，其本身的目标不是用来增进知识，而是用于开发智慧。

这就必须回到我们前面所提出的问题：学术研究的目标何在？内丹学当然可以作为一种知识的体系去研究，去建立关于内丹学的知识系统，但这只是内丹学研究之中的一个领域，而且不是最核心的领域。如果我们追问内丹学的真实意义，我们就必须回到内丹学本身的特质上来；而对内丹学内在核心意义的追问，就必须联系到对宇宙人生真理的追问。这时内丹学就不再作为一个外在的客观对象摆在那里供我们评头论足，而是我们必须亲身参与的一种内在工作。只有智慧才能认识智慧，唯有透过内丹学的智慧去领悟智慧本身，才能以自身的生命智慧去领悟内丹学的智慧。

当然，知识与智慧并不是截然两分、截然对立的，知识也可以成为智慧的基础，经过"转识成智"的能动修养，我们可以将知识点化为智慧。但前提是：我们认识到智慧的重要性，我们不满足于获得外在于生命的知识。对我们来说，掌握有关内丹学文献的知识是我们阐释内丹学智慧的基础，对内丹学进行系统的知识化整理是我们进一步诠释内丹学核心精神的基础，我们的研究试图将知识探求与智慧升华完美结合起来。

内丹就是要实现逍遥与自由

曾传辉[*]

现在社会上的养生热方兴未艾,据说北京电视台养生堂节目收入超过了"中国好声音"这样大制作的节目。从城市到乡村,大爷大妈们的广场舞随处可见,人气十足。乐土信仰、寿域信仰在华夏民族的骨子里面,三千年未变。养生热是好事,说明盛世康乐,正如庄子所谓,百姓安居乐业,无忧无虑,含哺而熙,鼓腹而游。然而在这种繁华的表象之下和流行的热潮之中,又存在一些偏颇,就是大家过分注重数术,好像养生只是一个技术问题;讲起内功似乎也是一个口诀问题,只要亲近名师,求得口诀,什么问题都迎刃而解了。与社会氛围同凉热的浮躁使得养生热潮中的普罗大众很容易像20世纪末那样被坏人利用。

养生不应止于技术,比技术更重要更根本的是心性修炼。而心性修炼首先要做到的其实就是自由。从哲学上来看,内丹的实质就是实现自由。什么是自由?自由并不是想干什么就干什么,那样会受到自然规律和社会规则的惩罚,反而不自由了。在马克思主义哲学那里,自由是对必然的认识和改造,是对事物的本质和规律的认识和掌握,千万不能胡来。马克思主义哲学的自由观侧重于对客观世界的认识和改造,道家哲学更愿意从主观世界来谈论自由。自由是什么?很简单,把这两个字反过来讲即可,就是"由自"。由者从也,就是要听从、遵循。自不能简单地等于"我",但与我有关。自在甲骨文中像一个人的鼻子。一个健美的人站立时,鼻子位于身体最前面。因此,自的第一个引申意义即:自者始也。《说文》谓:女之初谓始。始是幼女,是人生的开端。

《道德经》第二十八章说:"常德不离,复归于婴儿。"复归到婴儿的纯真状态,就能保持永恒的德不离开。在第四十九章又说:"圣人皆孩之。"圣人使得老百姓都像婴孩那样单纯质朴。复归于婴儿,不是说要停留在婴儿脆弱、无知、没有自我生存能力的状态,老子所说的婴儿、赤子是浑然元气初生之儿,是天真未凿的幼儿。但是进入成人社会后,心灵就起了变化了,为物欲蒙

---

[*] 作者简介:曾传辉,中国社会科学院世界宗教研究所研究员。

蔽，有的渴求高官厚禄，有的希望发财致富，有的贪恋美色，有的贪图美食等。为了达到目的，一味地意气用事，一味地霸道逞强，一味地扩张，都与最初呱呱坠地的婴儿、赤子那种浑朴、真纯、柔和相去越来越远了，最终与强硬、衰老、危险、死亡越来越近了。要想真正获得自由，不被老病的必然性所牵制，只有通过对思想和心态的不断校正，才能保持超脱潇洒的心境。

　　后期的道教内丹学，发明了具体的修炼方法。古人讲先天落于后天是从胎儿出生、呱呱坠地、剪断脐带以后，口鼻之气代替肚脐呼吸，这就是先天满入后天，逐步远离真性，失去天真，变得不自由。因此内丹修炼有成的最低标准就是修炼胎息有验，用脐呼吸代替口鼻呼吸，最终达到恢复婴儿的赤子状态。

　　从现代科学来看个人修行，这已经是先天的第二层意义了，还不是真正意义上的先天。人之为人的起点，古人只能看到父精母血结合的那一刹那。现代科学看得更精确，揭示出胎儿是精子和卵子结合的产物。一般来说卵子质量是精子的七百倍左右，精子冲入卵子的那一刹那，和小行星撞击地球的情形有些相似。就像宇宙大爆炸一样，这是由无限小到无限大、化有形于无形再由无形入有形的过程。阴阳结合，自我被压缩紧绷，瞬间由极小放射到极大，一切有形，一切分别，瞬间消融，化为氤氲之气至于无限，仿佛宇宙就是我，我就是宇宙。基因的潜在变为生命的现实，先天落入后天，一生二，二生四，四生八，直到发育成人，一个单一的受精卵一步一步地成长为天地间最为复杂奇妙的机器。这是人之为人真正意义上的先天，其中变化的机理就是先天之炁。

　　我们养生要修什么？养生要能真正地做到"我命由我不由天"，就是要回到这个原始星云状态去，就是一步一步地由后天返还先天。这个过程就是"由自"的过程，修行就是一步一步地走向自由的过程。

　　自由在庄子那里叫逍遥，这是从正面讲。在老子那里叫自然，也是从正面讲的；讲无为，是从反面来讲。庄子还有一个说法叫作"县（悬）解"，是解除各种无形的束缚，也是从反面来讲自由的，是思想解放，是心理革命。佛教和瑜伽哲学讲"解脱"，也是从反面来讲的。人要获得自由，实现逍遥自在，第一步就是从束缚中解脱出来。这个束缚不是外来的，不是别人强加的，是人自己加给自己的各种后天习气和思想上的条条框框。

　　着手修行第一步就是要改变习气和条条框框。不自由就是佛教说的苦谛，苦的原因是各种欲念牵绊形成思维定式，找到这些思维定式，就是集谛。这个说起来容易，做起来难。人生在世几十年，从小到大，甚至从祖先的承负中，都是教我们如何从外界获取各种利益来壮大自己，是做加法，现在让你去分析解构，做减法，容易吗？

　　我们早已发现，道家文献中有极为丰富的内容，讨论如何实现逍遥与自由问题，可以总结出很多方法。现介绍三个路径，以帮助我们获得逍遥与自由。

　　一是以理化情法。《易经·说卦》曰："穷理，尽性，以至于命。"意为，穷究天下万物的根本道理，彻底洞明人类的本性，以达到改变人类命运的崇高目标。后期道学养生家以性命释命。内丹学所说的性指人心的本性，又有真性、元神、真心、本来一灵等别名；命指物质层面的炁或元炁。

对于如何能洞彻天人之际的根本法则（理），实现德性，获得永恒的幸福，道家有其独特的思想方法与实操方法。这个方法人人可用，道家文献中有很多例子，如庄子妻死鼓盆而歌就是一例。

> 庄子妻死，惠子吊之，庄子则方箕踞鼓盆而歌。惠子曰："与人居，长子老身，死不哭亦足矣，又鼓盆而歌，不亦甚乎！"庄子曰："不然。是其始死也，我独何能无慨然！察其始而本无生，非徒无生也而本无形，非徒无形也而本无气。杂乎芒芴之间，变而有气，气变而有形，形变而有生，今又变而之死，是相与为春秋冬夏四时行也。人且偃然寝于巨室，而我噭噭然随而哭之，自以为不通乎命，故止也。"（《庄子·至乐》）

庄子妻刚死的时候，他也感到悲痛万分。但他转念一想，世界上本来没有生命，不仅没有生命，而且没有有形物体，自然也没有他老婆这样一个人。后来，因为某些复杂的机缘，自虚无之中演化生气，气演化成形，形演化成生命，生命中之一分子就是他这个老婆。现在他这个老婆由生到壮到老到死，就像春夏秋冬四季一样自然交替。她现在仰卧在天地之间的大房子里睡着了，而他却因此而噭噭大哭。自以为不懂得生命的规律，因此就不再哭泣了。

因为不明白事情的真相陷入大喜大悲，感情造成的精神痛苦有时候可以使人痛不欲生。人发挥理解的作用，可以削弱感情，摆脱痛苦。事物都有多重属性，因为习惯性思维，或者为主观欲望所蒙蔽，人们往往只能看见一些表面的肤浅的现象，从而只能像普通人一样，为七情六欲所左右。以理化情，就是通过对事情有一个新的、不同的、自己能够接受的、合情合理的理解，让自己有一种恍然大悟之感，原来的感情问题就被消除了。

道家的哲理可以达到"至人无己"的境界。至人对万物的自然本性有完全的理解，所以能做到不受私欲所左右，在普通人看来就表现得很"无情"，实际上是无私故无欲。与其说他没有情感，毋宁说他不为情所扰乱，而享有所谓"心灵的宁静"。如斯宾诺莎说的："因为愚人在种种情况下单纯为外因所激动，从来没有享受过真正的灵魂的满足，他生活下去，似乎并不知道他自己，不知神，亦不知物。当他一停止被动时，他也就停止存在了。反之，凡是一个可以真正认作智人的人，他的灵魂是不受激动的，而且依某种永恒的必然性能自知其自身，能知神，也能知物，他决不会停止存在，而且永远享受着真正的灵魂的满足。"①

至人由于对万物的自然本性有充分的理解，他的心就再也不受世界变化所左右。他的情感不依赖外界事物，因而他的幸福也不受外界事物的限制，这是一种建立在德性基础上的幸福，是绝对幸福。但这并不能等同于宿命论，宿命论并未真正理解事物的必然规律，只是盲目地被动地适应必然性。道家的至人认识到自然过程的不可避免性，从而对其欣然领受，主动适应。

二是修炼先天炁的方法。道家修炼，种种法门终归要从后天返回先天。世间众多法门，有些甚至可以取得十分神奇的效果。《庄子·逍遥游》中通过列子御风而行的故事，说明了什么是真

---

① ［荷兰］斯宾诺莎著，贺麟译：《伦理学》，北京：商务印书馆，1997年，第267页。

逍遥：

> 夫列子御风而行，泠然善也，旬有五日而后反。彼于致福者，未数数然也。此虽免乎行，犹有所待者。若夫乘天地之正，而御六气之辩，以游无穷者，彼且恶乎待哉？故曰：至人无己，神人无功，圣人无名。

庄子和列子同属道家，列子能御风而行，在天空中飞行半个月才回来。这样的轻功非常了得，后世武侠小说家们的想象力都难望其项背，但庄子的评价却是："此虽免乎行，犹有所恃（待）者！"列子的御风离不开风，没有风就飞不起来。有待就是要有所依凭，有待就是要受限制，就不是真正的逍遥。真正的逍遥乃是"乘天地之正，而御六气之辩，以游无穷"，这样才能不受限制，不会失败。

在关于鲲鹏的寓言里，鲲和鹏有无可比拟的巨大器相，但它所需要的条件也是难以企及的。对其背不知几千里的鲲来说，水也积之不厚则载大舟也无力，需要深水大洋才能水击三千里；对其翼若垂天之云的鹏来说，需要抟聚扶摇（旋转）而上的飓风才能直上九万里。因此，在后天的有形的世界里，越是要有所作为，对外在条件的要求越高，受的限制也就越多，目标也就越难以实现，也就愈加不得逍遥和自由。

对于反求诸己的内在超越之路来说，需要的只是不断去除后天的习气。列子跟师友学御风术的过程就是从对利害十分在乎，到随心所欲皆无利害的过程。

> 列子曰："曩吾以汝为达，今汝之鄙至此乎？姬！将告汝所学于夫子者矣。自吾之事夫子、友若人也，三年之后，心不敢念是非，口不敢言利害，始得夫子一眄而已。五年之后，心庚念是非，口庚言利害，夫子始一解颜而笑。七年之后，从心之所念，庚无是非；从口之所言，庚无利害，夫子始一引吾并席而坐。九年之后，横心之所念，横口之所言，亦不知我之是非利害欤，亦不知彼之是非利害欤；亦不知夫子之为我师，若人之为我友；内外进矣。而后眼如耳，耳如鼻，鼻如口，无不同也。心凝形释，骨肉都融；不觉形之所倚，足之所履，随风东西，犹木叶干壳。竟不知风乘我邪？我乘风乎？今女居先生之门，曾未浃时，而慰憾者再三。女之片体将气所不受，汝之一节将地所不载。履虚乘风，其可几乎？"尹生甚怍，屏息良久，不敢复言。（《列子·黄帝》）

列子学御风术的关键，其实还是一个心性的问题，要达到心中无分别，言为心声，自然言语无是非利害。心中无分别，连眼耳鼻口五官的功能也可互通，最后实现心凝形释，骨肉都融，形之所依，足之所履，犹木叶干壳，可以随风飘行。列子并未提及在长达九年的学习过程中，他是如何修炼，实现心凝形释、骨肉都融的。

从内丹学来看，只要炼精化气功夫成功，就可以做到哀乐不入于胸臆，对是非利害无分别心，"至人之用心若镜，不将不迎，应而不藏，故能胜物而不伤"（《庄子·应帝王》）。故李景伯总结丹诀曰："丹田有宝休问道，心中无私不参禅。"

三是祝由返先天。祝由是帮助他人去除身心疾患的，但对施治者来说，也有后天有为法与先天无为法的区别。按照李雄先生的说法：

> 道医治病包括有为法和无为法。有为法的基本训练主要是走禹步和习练合气法，以及画符念咒等。……有为法实际就是识神功夫。识神就是人的思维意识，愈用愈灵。后天的智慧全由识神所出，所说的聪明才智都出自识神。道医修炼识神实际上就是动功的修炼。

什么是先天功夫？李先生说：

> 道医在修炼识神的基础上，主要修炼元神。要修炼元神，首先要激活元神。元神的活是由于识神的死。人如果能使识神真死，元神也就会活。识神就是人心，人心死，不是心枯槁而死，而是使心专一不二。

对于修炼先天的静功要诀，李先生讲得要而不繁：

> 每天静坐功夫有昏沉和散乱两种毛病。昏沉如果自己能发觉就不是昏沉，其中还有明白清楚在里边。散乱是心神的游动。散乱易治，能做到内视内听，心神就不会外走。

> 练家经常提到火候，其实只有自己的元神才能真正掌握火候，而识神只能给它创造条件。所以入静后，才能入定，入定后元神才能出来主事。这就是无为而无不为的原意。①

可见，上层祝由功夫需要医者有返还先天的基础，用真意调动元气，直接觉知患者病灶，从而发动患者的自愈能力，实现救死扶伤的人道主义精神。

总之，在道家哲学看来，人可以获得的幸福有不同等级。自由发展我们的自然本性可以使我们得到一种简单盲目的自由，丰富自觉的自由是通过对事物的自然本性有更高一层的理解而得到的；内丹要达到的自由是向绝对自由的返还，涉及人生目标即形而上学终极目标的追求；祝由是将个人获得的自由赋予社会，对接受者来说是相对的被动的自由。

---

① 李雄编著：《轩辕黄帝祝由学研究》，北京：宗教文化出版社内部发行，2016年，第9—10页。

唐末宋初炼丹术的发展
——《周易参同契》与外丹的理论化

[日] 加藤千惠*

前言

我想论述在唐末宋初时发生的炼丹术的变化。早期外丹以丹砂、汞为中心，采用了各种各样的矿物药。至唐代铅汞二药受到注目，唐末出现了讲究理论甚于实践的外丹书。比如，在《抱朴子》《黄帝九鼎神丹经诀》《张真人金石灵砂论》《大洞炼真宝经九还金丹妙诀》《大洞炼真宝经修伏灵砂妙诀》《玉洞大神丹砂真要诀》《通幽诀》等唐代以前的外丹书里，铅与汞并不是特别的两种药，但在唐末以后成书的《参同录》《丹论诀旨心鉴》《大丹铅汞论》中，铅与汞被确定是调和阴阳的一对药，炼丹术的工程也用易卦等予以理论化。这种新式的外丹书出现的时候，正是因服用矿物药导致药物中毒的问题表面化的时期。新式外丹书不否定外丹本身，而批判炼丹方法不正确，说大部分人不认识真正的药材，这就是他们修外丹时最大的错误。现在还不清楚交合铅汞的炼丹术是在什么时候、由谁提倡的。有些炼丹书和《周易参同契》的注释说，铅汞说的起源在《周易参同契》中，但现在能看到的《周易参同契》里，只能看到把铅与汞在不同的文章里各自说明，并没有把铅与汞看作是应该交合的一对阴阳药的想法。虽然在《周易参同契》中找不到铅汞说，但是当时提倡外丹的人也许通过在后汉《周易参同契》中探寻铅汞说的起源，确立引进《周易参同契》思想的炼丹理论，来提高外丹的权威。在本论文中，我想考察当时成立的新式外丹书用了《周易参同契》的哪些说法以及用什么样的方法构成理论。

---

* 作者简介：加藤千惠，日本立教大学教授。

一、铅与汞

新式外丹书《参同录》《丹论诀旨心鉴》《大丹铅汞论》等都说，只有铅汞二药才能炼成丹。这些经典否定曾经被采用的各种药材，主张来自天之日月的铅汞在人间是最优秀的阴阳精华。一般认为《诸家神品丹法》卷二所收的《参同录》是由唐末五代人孟要甫传的。《参同录》批评很多人把黑铅看作真铅，把铅黄华看作黄芽，采用被称为"五金八石"的各种矿物药，而主张"一切万物之内，唯有铅汞可造还丹"。

> 铅者银也。谓银从铅中得，故以圣银为真铅。感月之精气而生，是太阴之水精也。……汞者水银，从朱砂所得，有形而无质，吸银炁而凝体，故号真汞。感日之精炁而生，是太阳之真火也。（《参同录》）

铅与汞两种药材不只是大地之产物，而是"日月之灵气"，就是说，是代表天地万物的一对至宝。以感月之精气而生的"太阴之水精"作为"真铅"，以感日之精气而生的"太阳之真火"作为"真汞"。《大丹铅汞论》说，《参同录》是唐金竹坡的著作，但因引用北宋的《悟真篇》，所以知道是宋代以后才成书。《大丹铅汞论》也曰："大丹之术，出乎铅汞"，认为铅汞来自日月。

> 盖铅汞者，日月之精，出于天而光照四表，日月之光，着乎山泽，而五金生焉，八石产焉，珠玉结焉。（《大丹铅汞论》）

《丹论诀旨心鉴》也被称为《丹论诀旨心照五篇》，收录在《云笈七籤》卷六十六，因为书中引用马自然的歌诀，可以说为宋初成书。该书开头引用《周易参同契》中的文章论述作为最好药材的铅汞。

> 《参同契》云："术甚众多，千条有万余"，即知大丹之妙，唯铅汞二物，为至药也。非用四黄八石。……大凡学得传受一小法，即言世人少双，将丹与人服之，倏有夭横之毙，深可哀之。自后见者生嫌，皆云丹石发于疮疖痈肿，盖此谬惑之徒，毁谤金丹之功，不可服饵。（《丹论诀旨心鉴·序诀章》）

现在能看到的《周易参同契》里有"诸术甚众，千条有万余"两句，但接着讲的文章里没说到铅汞。《丹论诀旨心鉴》把和铅汞没有关系的《周易参同契》中的两句加在前面推荐铅汞的文章，表面上令人觉得是《周易参同契》在讲究铅汞。《丹论诀旨心鉴》还说明，炼丹术因只得到小法的愚人行动而受到误解，金丹之功被毁谤，没人服用丹药了。因此，《丹论诀旨心鉴·序诀章》主张，"不用药，用五行"，把重点放在阴阳理论上讲炼丹术。其有代表性的阴阳说就是把铅汞看作阴阳的想法。

> 诀曰：用铅八两，为阳，为乾，为虎。又水银八两，为阴，为坤，为青龙。……故药自有阴阳，递相制伏，为于至药。此二灵物，是天地阴阳之正象，岂凡八石四黄为丹乎？（《丹论诀旨心鉴·明辩章》）

《丹论诀旨心鉴》以铅与汞为乾卦与坤卦，换言之，把铅汞看作天地阴阳变化而出现的。它还说铅汞各要用八两，八两之数也有含义：

> 八两属乾，八两属坤，一两有四分，分有六铢，一分应一卦，一两应四卦，八两有三十二卦［分］，乾八以应三十二卦，坤八亦应三十二卦，合六十四卦，道之本也。二八共一斤，以应六十四卦，铢有三百八十四，象一年三百六十日。古仙观易象，合乾坤，应为于节候一年大，毕合周天数。（《丹论诀旨心鉴·明辩章》）

和八两铅加八两汞，一共一斤（十六两），和一斤相当的六十四分（四分×十六两）对应六十四卦，同样和一斤相当的三百八十四铢（六铢×六十四分）对应三百八十四爻，还对应一年的天数。因此，铅与汞的重量和易经的数以及周天的数相符，暗示把用卦爻象征的森罗万象凝结装到一颗丹药里。在《参同录》中也说，把铅与汞合起来做黄芽，和八两黄芽加上八两汞炼成一颗丹药：

> 黄芽八两为上弦，汞八两为下弦，上下两弦，共合一斤，每斤一十六两，每两二十四铢，一斤计三百八十四铢，应其爻数也。（《参同录》）

把两个八两合起成为一斤，和一斤相当的三百八十四铢对应爻数的说法，在《周易参同契》的经文中也能看到。但这里没有铅、汞、黄芽等药物：

> 上弦兑数八，下弦艮亦八，两弦合其精，乾坤体乃成。二八应一斤，易道正不倾，铢三百八十四，亦应卦爻之数。（《周易参同契发挥·上篇》）

在《周易参同契》中能看到的"八"本来意味着从新月到上弦的八天和从满月到下弦的八天，并说到两个八天的数对应一斤的数。但在《丹论诀旨心鉴》和《参同录》中能看到的"八"却表达铅与汞或黄芽与汞的重量，说把两个八两药材合起来做一颗丹药。

二、火候

唐末以后成书的外丹的炼丹工程也用《周易参同契》里的说法进行理论化。比如，利用十二消息卦和十二支有时可以表达一年的十二月，有时也可以表达一天的十二时，利用这个道理来压缩时间，还可以把炼丹工程比作人之怀胎的过程。《参同录》说："一日十二时，一月计三百六十时，以应三百六十日，以一月为一年。"原本要花费十二年的火候，实际上一年就可以结束。

> 火起一阳生，十一月复，十二月临。正月泰，二月大壮，三月夬，四月乾，五月姤，六月遁，七月否，八月观，九月剥，十月坤，炼药成丹，功毕一年。（《参同录》）

一年的火候从一阳来复的复卦十一月开始，到阳穷尽的坤卦十月结束，按照这十二卦的阴阳消长调节火候炼丹。在《周易参同契·中篇》中也论述了十二消息卦。但是在其论述十二消息卦的一段当中，除了"临炉"一词以外，都没有关于炼丹术的词，所以不能断言这段关于十二消息卦的文章跟炼丹术有关系。但《参同录》把十二消息卦和炼丹术明确地联系起来了：

> 十个月结胎成药，两个月温养，如母养乳子之状。十个月方坚熟。（《参同录》）

这里说，炼丹时间和怀胎时间都一样要十个月。养育丹药，恰如养育胎儿。十二月当中，卯（二月）和酉（八月）两个月因死气盛行，应该忌避，需不进火而"温养"。在《周易参同契》中，"弥历十月，脱出其胞"（《中篇》）和关于卯酉的说明（《中篇》）写在不同的地方，但《参同录》以及后来出现的炼丹书，把这两个说法编在一起做成十二月的火候理论。

《周易参同契》开头说把乾坤坎离四卦称为橐籥，按三十天的朝暮分配其他六十卦，根本没把它和炼丹术联系起来。可是，《参同录》还明确地说，"以乾坤为鼎，坎离为药，以四卦为橐籥"，把其他六十卦看作象征炼丹术的火候：

> 古人托《易》以象焉。《易》有六十四卦，以乾坤为鼎，坎离为药，以四卦为橐籥，余六十卦，以为运火之数。始起于屯蒙，终于未济。每日用两卦，一月三十日，计用六十卦，终而复始，朝屯暮蒙。（《参同录》）

《参同录》把在《周易参同契》里的十二消息卦、十个月的怀胎时间、除了乾坤坎离以外的六十卦等因素作为表达炼丹术的火候明确写出，进而把《周易参同契》和炼丹术联系了起来。后来的炼丹书都继承了这些因素。

《丹论诀旨心鉴》中有一段韵文描写了配药后的经过：

> 一个月白液初凝恰如雪，两个月似乳为酥渐渐结，三个月半含蕊绽垂珠芴，四个月二物抱持如点血，五个月飞腾恋母声呜咽，六个月行到子宫阴气绝，色似鹅儿分明别，七个月垂阴受气手足厥，八个月欲成藏府全〔含〕凝血，九个月点点残〔成〕珠长毛发，十个月母子分明欲相别。此时母困子体全，似见颜容尚如雪。〔注：铅脱胞后，铅面肉白如雪。〕更向炉中温养之，名为食乳肌肤，脱出儿毒气，当依诀。〔注：药已成，入赤色，六十日出毒服食。〕此药如儿在母胎。（《丹论诀旨心鉴·金丹论章》）

文中指出，药物变化的状态，犹如在母胎中把精子与卵子融合在一起，成为一个生命，成长后脱出母体的过程。经过四个月的二药交合的过程像滴血战斗一样激烈，令人想起《周易参同契》中所说的"龙呼于虎，虎吸龙精，两相饮食，俱相贪并"（《中篇》）所表达的龙虎交合的样子。五个月的二药发出声响而融合在一起的现象，是用《周易参同契》中的一段"升熬于甑山兮，炎火张于下。白虎唱导前兮，苍龙和于后。朱雀翱翔戏兮，飞扬色五彩。遭遇罗网施兮，压止不得举。嗷嗷声甚悲兮，婴儿之慕母"（《下篇》）来表达的。在《丹论诀旨心鉴》中，经过六个月的丹药状态如鹅雏，七个月具有手脚，八个月具有脏腑，十个月儿子离开母亲，这些有象征性的变化过程和与《周易参同契》中记载的"类如鸡子，黑白相扶，纵广一寸，以为始初。四肢五脏，筋骨乃俱，弥历十月，脱出其胞"（《中篇》）的表现相符。因在《丹论诀旨心鉴》中描述的丹药叫作"食乳肌肤"，可以想象看上去好像刚出生的婴儿一样柔弱。在《周易参同契》中用"骨弱""肉滑"的说法描写"脱出其胞"的东西，这也令人想起婴儿。但是，《周易参同契》的这些文章里都没有证据证明其和炼丹术有关。

三、对《周易参同契》的注目与新外丹说的出现

如果后汉魏伯阳著作《周易参同契》的说法是事实,为什么成书后几百年之间几乎没人注意到的这本书,一到唐代却突然一变而受到注目呢?解开这个谜题的关键在唐末宋初成书的《参同录》《丹论诀旨心鉴》等炼丹书中能够找到。我想正是在这一时期提倡外丹的人用《周易参同契》中的说法完善了炼丹术的理论。由于唐末药害的问题表面化,一方面,外丹越来越衰落,内丹取代外丹的说法越来越盛行;另一方面,为了恢复矿物药的信誉,外丹必须进行改变。

关于内丹和外丹的关系,还不明白的因素有很多。特别是宋代以后成书的关于炼丹术的著作中,无论内丹外丹经常能看到用《周易参同契》里的说法建构的理论。比如,在《参同录》中能看到的理论大概在内丹书的《悟真篇》里也可以看到,不能不让人感到内丹和外丹之间有共同的趋向。一般认为,因为当时内丹术受到外丹术的影响才成书,所以唐末以后内丹和外丹共有理论。可是,我认为不一定是这样。把日月阴阳因素交合的理论以及模仿怀胎的形象等,在六朝时代成书的《老子中经》《洞真太一帝君太丹隐书洞真玄经》《上清九丹上化胎精中记经》等的修养法上已经具备。唐代的《日月玄枢论》暗示外丹和六朝时代的修养法所具有的服日月精华法有关系。[①] 因为《大丹铅汞论》尽管是外丹书,但仍然根据《悟真篇》《钟吕传道集》等内丹书说明铅汞,曰:"直与天地同其轨辙,与内丹同其关键",能看出内丹理论走在前头的可能性。作为内丹前身的六朝修养法、还没有理论化的外丹和《周易参同契》这三者之间的关系,以及把作为阴阳二药的铅汞合起来的想法是从哪里出来的,我想,明确这些问题就是阐明炼丹术史的关键。

---

① 《日月玄枢论》说:"世人徒知还丹可以度世,即不知度世之理,从何生焉。盖饵日月精华故也。……所以《黄庭经》云:'日月精华救老残',岂非二景之事乎?答曰:媾二景之晖者,其徒实繁;服五晨之霞者,数亦不少。然当此道,住世长生者鲜矣。至于饵一药,服一丹,获延驻长生者,目所见多矣。"

洗心子内丹生命哲学思想概论

丁常春*

摘　要：洗心子是民国时期有一定影响的内丹家。本文从"顺则生人，逆则成仙"论、内丹性命双修论、道学为研究空间造化的一种哲学三方面来概述洗心子的内丹生命哲学思想。他的内丹生命哲学思想既继承前人，又有新的阐释。

关键词：洗心子　内丹　生命哲学

内丹学是宋代以来道教体证生命的主要方法。内丹学自唐末五代兴起，历经宋、元、明、清的发展，形成了钟吕派、南宗、北宗、东派、西派、中派、三丰派、伍柳派等主要派别。民国时期道教内丹学面对从传统向现代急剧转型的社会，开始了现代转型，并被道教界的有识之士用来救世救国。民国内丹家的内丹思想既继承前人，又有创新之论。洗心子就是这样一位内丹家。

洗心子，姓名不详，洗心子是其道号，生卒年不详，四川省铜梁县（今重庆铜梁区）人。民国年间，他与冉道源、周道成、密密子等人在铜梁县组成修道团体，常养静于铜梁县如意寺中，通过书信答各方的问道，并刊印、赠送道书《伍柳仙宗》《仙佛合宗语录》《道窍谈》《三车秘旨》《合宗明道集》《明道语录》等，扶持道风。他说："敝同人非集团性质，既无会社组织，亦无地址所在，再无名利贪图，更无招生希望。各友散处各山，注重实践，不履廛市。印赠道书一举，原因每见刊载同志种情，颇有造就，肫诚之心可嘉。惜不闻正道，恐无良好结果，是以不揣冒昧，特为介绍，然亦听其因缘之如何耳。"[1] 可见，洗心子等人组成的修道团体不属于会社组织，也不立派别；刊印赠送道书亦不是沽名钓誉，借道敛财，希图招生，而是使同志于道之邪正，稍有辨别，扶持道风。他约于1941年后遁迹山林。

关于洗心子的师承，他自称遇到明师而悟道。[2] 他说遇到真师的经过是：1928年2月初旬，

---

* 作者简介：丁常春，安徽大学哲学系教授。基金项目：本文系国家社科基金项目"民国时期道教研究——以内丹学为中心的考察"（项目号：11XZJ007）阶段性成果。

[1] 洗心子：《明道语录》，台北：真善美出版社，1981年，第3页。下引此书，只注书名及页码。

[2] 《明道语录》，第9页。

他和冉道源等人在如意寺中遇到挂单于该县三官堂的道士李真一，李氏授冉氏等人《三车秘旨》，言毕而去，从此杳无音信。他们从其名和挂单三官堂推断出其应为李涵虚祖师，因为"真一"即得先天之真而合一者，即是仙；凡传授大道，需三官记名，故说三官堂挂单。① 可见，他遇到的真师是李真一，但他把李真一当成了李涵虚。

从洗心子答各方道友的问道函来看，他最推崇伍柳派和李西月的西派丹经。他认为，《三车秘旨》《道窍谈》，"已将先天大道全旨，自起手以至了手，行功次序，逐节细目，详尽无遗，惟在诚心人，求诀中诀以了之"。② 他认为，那种认为伍柳之功着相，不是先天大道的观点，是谬谈。他对汪东亭、徐海印的丹法持批评态度。他认为，《黄元吉语录》《道德经注释》《道门语要》，作者有修有证，系旁左伪造。③ 他认为，傅金铨顶批、注释的《金丹真传》《悟真篇》，贻误后人。④ 可见，他的内丹思想深受伍柳派、西派影响，但他又有新的阐述。本文从"顺则生人，逆则成仙"论、内丹性命双修论、道学为研究空间造化的一种哲学三个方面来概述洗心子的内丹生命哲学思想。

一、"顺则生人，逆则成仙"论

内丹学主张，仙道与人道的关系是顺逆之关系，即顺则生人，逆则成仙。内丹学主张人是由道所化生的，道是凭借炁来化生人的，并且把道化生人的过程描述为：道→元炁→阴阳→人（万物）。这是从内丹学的视角对老子《道德经》（王弼注本）中"道生一，一生二，二生三，三生万物。万物负阴而抱阳，冲气以为和"思想的诠释。

此外，元代的内丹家还据陈抟的《无极图》解释丹道原理，认为人道为：无极而太极→阴阳动静→五行四时→万物化生（人）；丹道为：万物→五行→阴阳→太极本无极。

洗心子亦指出，道为生天、生地、生人之理；其过程为：无极而太极，由太极而生天、地、人三才。《周易》是道书中最古老的。自龙马负图，伏羲氏仿而画卦，是《易》之创始。后文王、周公、孔子"始尽其义，则天地人生成之道，阴阳变化之理"，都明白了。伏羲所画河图源始于无极。无极指"无有穷极，无边无际，空虚浑噩一团，名之曰无极。虽云空虚无物，中伏有虚灵之神，其神一凝，中成一点，名曰太极"。"由此中一点，动而生阳为天，天主生；静而生阴为地，地主成。天地既立，人受天地中灵秀之气而生，则三才定位。"⑤

他指出，三才定位亦是出于天地生成之数。如他说："而数则由天生地成而出，阳数奇，阴数偶。奇数一、三、五、七、九，为天生；偶数二、四、六、八、十，为地成。数既定矣，则五

---

① 《明道语录》，第64—65页。
② 同上，第21页。
③ 同上，第74页。
④ 同上，第138—139页。
⑤ 同上，第82—83页。

方分而五行别，五行由数而出河图。一六属水，正北；二七属火，正南；三八属木，正东；四九属金，正西；五十属土，正中，统摄四方，河图完备矣。"①

他还指出，成卦亦有义，"自太极动而生阳，为阳仪；静而生阴，为阴仪，则两仪成"。"由阳仪生太阳，少阴；由阴仪生少阳，太阴，则四象成。"又"由太阳生乾、兑，少阴生离、震，少阳生巽、坎，太阴生艮、坤，于是八卦全"。卦图分先后天，"先天卦图，乾正南，坤正北，离正东，坎正西，震居东北，兑居东南，巽居西南，艮居西北；而后天卦图，则易位，以离正南，坎正北，震正东，兑正西，艮居东北，巽居东南，坤居西南，乾居西北"。八卦已全，变化出，由八而变为八八六十四卦。六十四卦"图中自左至临卦，到乾卦，为阳升，为进；自姤由右至遁卦，到坤卦，为阴降，为退，即周天"。②

他还主张，人身中的阴阳运行与天地同，故顺则生人，逆则成仙。如他说："天地未开，道在虚无；天地既立，道法天地。人与天地同体，身中阴阳运行，与天地同，但有顺逆，顺则生人，逆则成仙，故易为逆数，即成仙之学也。逆修如何，取坎中阳，填离中阴，则还成乾坤，即是以后天神气，返还先天神炁，再从先天神炁，返还太虚，则大道功圆矣。"③ 意谓：道法天地，人身中的阴阳运行与天地同，故顺则生人，逆则成仙。逆修指取坎中阳，填离中阴，还成乾坤，即是以后天神气返还先天神炁，再从先天神炁返还太虚，如是大道功成。

他还主张，道"夺天地之造化，握生死之权衡，大无不包，小无不载"。④ 这是由于道始于无极。如他说："道始于一，诚然包罗万有，一点落黄庭，人由是而生，如欲逆返，必至一，则大事毕矣。"⑤ 但成仙大道必须躬行实践。如他说："升天大道，独一无二，虽说简易，又岂能如汽车飞艇之便捷乎？一定要躬行实践，不畏艰辛，一步一步走去不可。"⑥

可见，洗心子的"顺则生人，逆则成仙"论是袭取陈抟的《无极图》思想。

二、内丹性命双修论

内丹学主张，性即是神，命即是炁。如《重阳立教十五论》云："性者，神也。命者，气也。"⑦ 神藏在心，炁藏在肾。如伍守阳说："有心，即其有性之元；有肾，即其有命之元。神已因藏之于心，炁已因藏之于脐。神即性，是心中所有，因不离于心；炁即命，是肾中本有，固不离于肾。"⑧ 在丹经中，命通常是炁和精的代称。因为精由炁化，精炁本是同一个东西。陆西星

---

① 《明道语录》，第83页。
② 同上，第83—84页。
③ 同上，第84页。
④ 同上，第8页。
⑤ 同上，第9页。
⑥ 同上。
⑦ 《道藏》第32册，第154页。
⑧ 《天仙正理浅说》，《藏外道书》第5册，第835—836页。

《玄肤论》说："性则神也，命则精与炁也。"① 内丹学主张通过性命双修而成仙证道。内丹性命双修的步骤通常分为：炼己筑基、炼精化炁、炼炁化神和炼神还虚。

（一）炼己

炼己是内丹性命双修的入手工夫。关于炼己的内涵，历来丹家见仁见智，主要观点有：首先，炼己即止妄念。其次，炼己即弃除不好的行为、习气、嗜好等方面的修养。再次，炼己即炼心，炼心即降伏妄心。最后，炼己即制伏元神。

洗心子亦指出，内丹修炼必须先炼己，炼己即炼性。炼性"惟在心念镇定，清静无为而已。人之心脏，犹如照相机之底片，任何物当前，即将形影粘于上最坚，欲急除去，颇费手续。又如好色，虽立志禁绝，性分影像难尽，不免有时发生，欲其灭尽，须下一种死工夫。经曰：'修道容易炼性难'，炼性即炼己也；又曰：道须先炼己，不炼己，有难成玄功之弊"。②

他还指出，炼性是大道彻始彻终的功夫。炼性的方法有：禁止旧习，绝不做不当为之事；割绝贪爱，苦做当做之事；励志精进，必求修道成功。如他说："《伍真人天仙正理》所谓炼者，禁止旧习，绝不再蹈，曰炼；灭尽其不当为之事，曰炼；割绝贪爱不留余情，曰炼；苦行其当行之事，曰炼；励志精进必求其成，曰炼。炼性是大道彻始彻终之功。初关下手，性如不纯，则采炼以至运行等功，必不合玄妙。不合玄妙，则不凝丹基而成丹。……经曰：神即性，炁即命，道之成败，全在神之能力，所以语录答何维民，训练司机生，为行道第一步工作，成败攸关。训机生，即是炼性。其他丹经，叮咛炼性处亦多。如《太上清静经》中，自神好清而心扰之起，至为化众生名为得道止，皆言炼性；下文云，能实验见性，始可传与圣道。圣道即命，性未悟者，徒知命功，不能成丹。《天仙正理》曰：双修之理，少一不可。少神，则炁无主宰，不定；少炁，则神堕顽空，不灵。可见二者并重。"③ 可见，他的炼己即炼性论是继承伍守阳的思想。

（二）去妄念之法

洗心子指出，在初下手行功之先，有杂妄则要扫除净尽。如前所述，洗心子主张，内丹修炼首先是训练操作员，此操作员是身中神。神有元神、识神。元神指无念中有灵觉，又名先天之神。识神指思虑妄想，即后天愚痴之神。内丹修炼只用先天之元神，忌用后天之识神。识神与元神是二是一，可分可合。如何能合？将心中杂妄除尽，即返识神为元神。关于去妄念之法，洗心子认为主要有以下两点：

第一，戒色。"人欲之最大最厉害者，莫过于色欲，男女皆贪恋以为乐事。人之生存，身之强健，全在精神充足，好色乃消耗精神之第一件。试想性交时间不过片刻之欢而已，过后筋疲神倦。"④ 人行道至身中阴阳交媾时，快乐无穷，神清气爽，并且长久，即经云"身中自有真夫妇"。唯有上智之人明白此中原委，心境顿空，没有妄念。如果事事体察究竟，都是到头来一场空，与

---

① 《藏外道书》第5册，第363页。
② 同上，第139页。
③ 同上，第139—140页。
④ 同上，第56页。

本人毫不相干，则诸念皆释然。①

第二，在行功上苦干，认定行道为自己最大的一项事业，是美满的享受，其他身外种种行动皆属义务，是水月镜花。行、住、坐、卧必须"常常觉照放心，心走即收回，住在腔子里，不许乱动，如是持久专一，生出兴趣，则心未有不静，而妄未有不除者"。如有同志除妄念之行持已久，心难清静，入坐时神昏嗜卧，因为他白天心里被富贵色财、恩爱贪嗔种种欲妄缠扰，无一分钟闲着，"神气劳伤过甚，当然昏迷。及入坐时，始行收心，犹捉野鹊入笼，拼命碰出，莫可收拾，不知自己习性未除，道心轻而人心重"，即经云"人心生而道心灭，道心生而人心绝"。②

（三）调息凝神、心息相依

内丹学主张，调息是小周天火候之用，是初关的重要功夫。调息就是使凡人之息转为真息，真息即一呼一吸为息，不呼不吸亦为息。调息的作用是调呼吸之气而使之藏伏，唯能伏此气，则精可返而复还为先天之炁，呼吸亦离口鼻，则离生死。凝神入炁穴是指息念而神炁返归炁穴，神炁在炁穴有交媾，非神返、炁返各归而不合一。

洗心子亦指出，内丹炼精化炁的入手之法，就是调息凝神，心息相依。"心止于脐下曰凝神，气归于脐下曰调息。"③心止于下丹田，犹如系马有桩，"如系稳到神息相依时，则守其清静自然名勿忘，顺其清静自然名勿助"。④脐下丹田，又名炁穴，"此穴为古今修炼者一定不移之处，修道初乘，行炼精化炁之功，自起首以至大丹从中采取烹炼运行，种种行功，皆在此间"，此间即中。"有在身中之中，有不在身中之中。"⑤《道言浅近说》云："凝神者，收已清之心入内，心未清时，眼勿乱闭，先要自劝自勉。劝得回来，清静恬淡，始行收入炁穴，乃曰凝神。"⑥意谓：凝神是收已清之心入炁穴。

他又指出，坐到无念则神凝，鼻息细微则息调。"无念息调，即神息相依时。"⑦神息相依，"勿忘勿助，以默以柔，息活泼而心自在，即用钻字诀，以虚空为藏心之所，以昏默为息神之乡是也。三番两次，澄之又澄，忽然神息相忘，神炁融合，不觉恍然阳生，而人如醉矣"。⑧

他还指出，玄关抱一不是初下手事。这"犹小子入幼稚园，初学识字，便谈作文"。内丹入手，调息凝神，"此时心尚未平，气尚未和，隔玄关远"，神气合一亦远。调息要用口鼻，即丹经云"以后天呼吸寻真人呼吸处"。可见先后天亦有兼用之时，凝神要用下丹田与阴跷二穴。⑨

洗心子还指出，《三车秘旨》所言下手功明显，"自静心，缄口，调息，至静之又静，清而又清，一切放下，全体皆忘，心神气息，皆入于杳冥之中"，这是性功；"杳冥而至于钻杳冥，杳冥中有气，惟神独觉，乃真息，即佛家所谓真空不空也。阴精非真息不能化，阳气非杳冥不能生。

---

① 《明道语录》，第56页。
② 同上，第57页。
③ 同上，第15页。
④ 同上，第16页。
⑤ 同上，第17页。
⑥ 同上，第18页。
⑦ 同上，第16页。
⑧ 同上，第19页。
⑨ 同上，第10页。

积累久之，始有一阳来复，非命而何。有热气由下丹田熏至心府，乃是展窍，本人如梦初醒。外则阳兴，急采取运行，起第一河车，将初醒之心，领导阳炁过下鹊桥，即天罡前一位，誓愿不传之真诀"。①

他还提出，初下手功夫，一念不生，静入恍惚杳冥，以至钻杳冥，即是最初还虚。"每入坐，先静心坐下，即默念灵祖咒与李涵虚诰各三遍，即收心净念之法。次缄口，次调息，息如何调，心静则气平，不调之调也。鼻息若是和平，不急不缓不粗，则闭目内观，将神移至肾根之下，阴蹻一脉，即阴囊后谷道前之间。片时，即将心神提上虚无窍内。窍在何处？即脐之后，腰之前，心之下，肾之上，中间一带，不可拘执，即是言大概情形，观照着，在此一带停神安息。停神安息，当以自然为主，心不可太严，太严则炎，即是用力着相，务必顺其自然之象。心又不可太散，太散则冷，即是昏迷落空，务必守其自然之景。始终的妙用，内息匀称，勿助勿忘，到似有似无时，则心如太虚太空，即恍惚杳冥也。但恍惚杳冥中有个知觉，知其中有息，相依相随，则不虚空。此即是真空不空，自此以下，功夫又进一步。如常在不虚不空之间，则加静之又静，清而又清，一切放下，全体皆忘，心神默默，气息绵绵，皆入于杳冥之中，此之谓钻杳冥。钻杳冥，即虚空藏心，昏默息神，即是初还虚之功已到。此杳冥中有气，一神独觉，即真息也。真息发现，有凭证，即熏心酥痒，极其愉快，此时心神勿贪着其乐，须要安定腔子里虚无窍内，如此积累久之，则命蒂生，而阳气长，乃可展窍开关，始行第一河车之功也。每查同志行功，多系妄念未净，心亦未清，便言河车，不依程序，不以规矩，混乱行来，焉望成就。"②

洗心子还指出，凝神入气穴就是回光返照。他指出，坐下合眼后，将目光内观下丹田，即回光返照，"两耳亦内听，与目光同住，鼻息不要达到丹田，内息调至似有似无，心便静了。须听其自然，勿助勿忘，此精微处，要在身中体察适当"，适当即是"心里念头一不动时，便守其清静自然，而入恍惚杳冥之景象"。③

由上述可见，洗心子的调息凝神论渊源于伍冲虚、李涵虚的思想，但他说得更通俗易懂。

（四）炼精化气、炼气化神和炼神还虚次序

洗心子认为，炼精化气、炼气化神、炼神还虚，是分层次的，不能一齐做起。他指出，静功在一刻，一刻之中，亦有炼精化气、炼气化神、炼神还虚，三层功夫在内，即一时一日一月一年皆然，并不是不分次序。例如坐下闭目存神，使心静息调，即是炼精化炁之功；回光返照，凝神丹穴，使真息来往，内中静极而动，动极而静，无限天机，即是炼炁化神之功；如此真气朝元，阴阳反复交媾一番，自然风恬浪静，我于此时，正念止于丹田，即是封固火候，亦即是炼神还虚之功。年月日时，久久行此三部工夫，以至真空真静，十年百年，打破虚空，与太虚同体，乃无次序之可言。与之相反的，恐怕是真师未传真诀。④可见，洗心子的炼精化气、炼气化神和炼神还虚次序论未见于前人之丹经。

---

① 《明道语录》，第62—63页。
② 同上，第122—123页。
③ 同上，第59—60页。
④ 同上，第41页。

三、内丹学为研究空间造化的一种哲学

民国时期，西方大量自然科学和社会人文学说传入，中国传统文化受到欧风美雨猛烈地扫荡，特别是"五四"新文化运动，高举"民主""科学"两面大旗，提出"打倒孔家店"的口号。儒学虽首当其冲，但道教被认为阻碍科学进步、导致人们"迷信"而成为重点批判对象。是时，为了调适道教与科学的关系，获得合法性，内丹家用科学知识诠释内丹学，洗心子亦不例外。

洗心子认为，道学（内丹学）作为我国固有的国粹，是研究空间造化之至精至微至神至妙之一种哲学，科学的眼光不能窥测它。他指出，当今人人注重科学，因为科学有飞空行陆入海种种之神妙。"试思机械神妙，果系自有乎？查一切机械，不离铜铁等构成。本为笨重之死物，有何能力之可言，惟借电火之力量鼓动之。但徒有电火亦不灵动，必须以人为司机搬运其中各机关，则神妙始见。"① 例如飞机空战之胜负，全凭借飞行员之技能。于此可以想见人本身真是天然一部神妙活机，"又可以说是部母机。有母始有子。一切子机，皆自人心里无中生有，妙想出来，可见人心真是万能"。② 据查，"科学家之心理最灵，思想最精，如以此种智慧，容易造作人自己真机，但世界未见一人"。③ 道学作为我国固有的国粹，是研究空间造化之至精至微至神至妙的一种哲学，这是科学眼光所不能窥测的。由于道学有精微高深难明之理，所以人们容易以虚渺的迷信来看待它，称之不可眼见。常人眼见日常之吃饭、解便、睡眠等事所具有的浅近之理，尚且还有不解的，而道学作为空间造化之学、精微神妙之理，常人更不能明白。④

洗心子还提出，道学就是声光电化之祖宗，科学愈进步，愈证明道学之至高。如他说："今亦感谢科学愈进步，愈证明道学之至高。科学讲声光电化，而道学即是声光电化之祖宗。吾人一部真活机，以科学所造之假机比之，假机不离电火与司机生；人之身躯，欲使行动神妙，亦不离电火与司机生两大要件。修士初下手，第一工作，即是训练机生，真机之成败，全在机生之贤否；训练之法，须切实教导，戒其浮躁贪妄虚假怠忽之习气，而归于诚静端肃恒勤朴慎之行动，始可经理机中电务之造电、收电、炼电、藏电等事。盖电之煅炼，必经三次鼎炉，始有无穷之动力，其初次工作之处在海底，收积水中电气，积累煅炼。久之电盈，有冲突之象，全仗机生护持转运到原鼎炉，和合凝集，精华团聚，以至电光透露，至再至三，发生震动，此初次工作移炉换鼎之时也。机生小心照顾，如猫捕鼠，经七日夜，运至南宫大鼎炉中，为第二次制炼处工作之时也。又于火中取电，和合凝集，期满十月，则电之精华飞空，直冲霄汉。有此现象，正是迁运至昆仑造化炉中，为第三次制炼工作之时也。再加精炼，工作圆满，电精之光，充塞天地，真机得此最精最美之电，有变化莫测之妙，机生从而旋转，随心所欲，或飞天外，或入水火，透金贯石，横遍十方，竖穷三际，毫无阻碍，岂区区小术飞空行陆入海，所可同日而语哉。"⑤ 可见，洗

---

① 《明道语录》，第53页。
② 同上。
③ 同上，第54页。
④ 同上，第53—54页。
⑤ 《明道语录》，第54—55页。

心子这里用操作员来喻内丹修炼之神，用电来喻气，内丹修炼的过程被喻为操作员造电、收电、炼电、藏电等事。

结语

综上所述，洗心子的人道与丹道顺逆之关系论、炼己论、调息凝神论都是对前人的继承，特别是对伍柳派、西派的继承。洗心子主张，静功在一刻，一刻之中，亦有炼精化气、炼气化神、炼神还虚，这与前人不同，也与事实相悖。他提出道学即是声光电化之祖宗。人体是一部活机器，内丹修炼之神就如操作员，气就如电，内丹修炼的过程就如操作员造电、收电、炼电、藏电等事。此论发前人之未发。

内丹史的建构
——以《中国道教史》（修订本）为线索

霍克功[*]

内丹理论发扬中华民族的探索创新精神，高举"我命在我不在天"的旗帜，勇敢地实践长生成仙的理想，追求生命的意义，取得了积极的成果。唐宋以后，内丹学对中国思想文化产生了巨大影响，与佛教禅学、宋明理学合称三大思潮，在中国哲学史上占有重要地位。内丹学同时影响了宋明以来学者的思维方式和行为模式。研究内丹学对生命科学、医学及认知心理学、思维科学具有重大的理论价值。而且，内丹学在中国文化史上占有重要地位，率先走向了世界，促进了现代心理学的发展，为中西方文化交流做出了积极贡献。

在内丹理论研究和实修总结方面，近三十年来学术界、道教界的专家学者进行了艰苦的努力，取得了很好的成果。在内丹史方面，所涉内容很多，需要总结梳理，形成比较系统的成果。因此，这些年我在思考和搜集资料，试图写出内丹史。期间我反复阅读卿希泰先生主编的《中国道教史》（修订本）且获益良多，找到许多有关内丹史的线索。前些天盖建民所长邀我参加卿希泰先生道教思想国际研讨会。我想：写什么论文好呢？就写我对内丹史的一些思考和写作情况吧，谨以此表达对卿先生的怀念，并就教于方家。

一、《内丹史》总体设想

《内丹史》拟分十九章。第一章"导论"，介绍道教和内丹概念。第二章"先秦时期的神仙思想及方仙道活动"，包括谶纬神学、鬼神信仰、墨子的《天志》《明鬼》思想、五行观念与鬼神崇

---

[*] 作者简介：霍克功，宗教文化出版社编审、编辑部主任。

拜；昆仑山是圣人仙人集聚所，西王母为赐授仙经、指引修道之神，道教始祖黄帝等。第三章"秦汉时期的神仙思想"，写《山海经》的神仙思想、《老子》的神仙思想、《庄子》的神仙思想、屈原的神仙思想；方仙道的产生和活动及其代表人物，《史记》的神仙思想、秦始皇神仙梦、汉武帝神仙迷；《枕中鸿宝苑秘书》《列仙传》等神仙著作；这一时期崇尚黄老的社会思潮与黄老道，《老子道德经河上公章句》的思想影响，黄老与阴阳五行结合的阴阳数术家伏羲作八卦，黄老与养生之术结合的神仙方技家；《庄子》对内丹学的作用，其对神仙的描述和黄老思想的继承；《列仙传》中的神仙为内丹修炼指明终极目标；《老子道德经河上公章句》或称《老子河上公注》以炼养长生为主旨，对内丹产生的深远影响。第四章"早期道教经书的修炼思想"，首先介绍太平道的出现和《太平经》中的长生久视理论和方术；内丹学最重要的理论著作魏伯阳的《参同契》对炼养方术的概括和贡献；五斗米道的长生成仙思想及炼养方术，以及《老子想尔注》的神仙思想。第五章"魏晋时期的神仙人物"，"汉魏之际，真是所谓'异术之士甚众'，各种方术盛行，从导引、行气、胎息、胎食、房中、炼丹、养生到符箓禁咒、遁甲变形、召神劾鬼等等，品种繁多。大多为道教所承袭，成为道教的修炼方术"，① 这些方术都是内丹学的实践和理论来源；五斗米道变身为天师道，有其独特的修炼思想；重点介绍蜀中李氏神仙人物；葛洪对神仙思想的系统总结，金丹道派的传授系统和实质，上清派的出现与《大洞真经》和《黄庭经》的丹道思想，《金液丹经》《九鼎神丹》《大洞真经》第一卷《诵经玉诀》的修炼思想，中医脉络思想的发展历程及对内丹思想的影响；灵宝派及其《灵宝经》中的修炼方法及修炼思想；李家道的修炼思想。第六章"道教修炼思想在南北朝时期的发展"，阐述《黄帝阴符经》中的修炼思想、楼观道的修炼思想；陶弘景对道教养生思想的贡献，道教神仙说谱系的建立；上清派发展成茅山宗后的修炼思想；养生学、医药学、炼丹术对内丹形成的直接影响。第七章"道教内丹思想形成的隋唐时期"，阐述司马承祯的修炼思想，李筌《黄帝阴符经疏》中的内丹思想；张果的内丹学说；沈汾及其《续仙传》对道教神仙体系的丰富；杜光庭的内丹思想；谭峭《化书》对内丹学建立的作用；唐末内丹术的发展及彭晓的内丹思想；《周易参同契》的再发现是内丹史上划时代的事件。第八章"内丹在宋朝的发展"，阐释陈抟的内丹思想，骞昌辰等的《阴符经》注解；北宋内丹术的渐次兴起，内丹史上最重要的著作张伯端的《悟真篇》思想；南宋王重阳内丹北宗的建立；内丹南宗的创立；南宋内丹术的兴盛和内丹学的发展。第九章"内丹在元朝的发展"，讲内丹南宗与北宗的合并。第十章"内丹在明朝的发展"，包括张三丰的内丹思想；陆西星创立的内丹东派及其《方壶外史》著作；伍守阳的《天仙正理》《仙佛合宗》思想。第十一章"内丹在清朝的发展"，阐释楼近垣的内丹思想；闵一得的内丹思想及其《古书隐楼藏书》；陈清觉开创的龙门碧洞宗；张清夜的《阴符发秘》；傅金铨的《道书十二种》及其内丹思想；李西月创立内丹西派。第十二章"民国时期的内丹思想"，主要阐释陈撄宁的内丹思想。陈撄宁（1880—1969）虽然生于清朝，卒于1969年，但其内丹思想集中在民国时期，故放在民国时期。第十二章"当代内丹思想

---

① 卿希泰主编：《中国道教史（修订本）》（第一至四卷），成都：四川人民出版社，1996年，第236页。

的传播",阐述中国内地以及港澳台地区内丹学研究的情况。

二、内丹史的分期

内丹学源远流长,在中国的形成和发展经历了几千年。从先秦(前21世纪—前221)到东汉(25—220)是内丹学的准备时期;东汉(25—220)道教创立至隋唐(581—907)为内丹学形成期,又称为早期内丹学;唐末五代(907—979)至宋元(960—1368)是内丹学的成熟期,称为中期内丹学;明清(1368—1911)是内丹学的衰微期,为晚期内丹学;民国至当代(1912—今)为现当代内丹学。我们注意到内丹学的各个时期与道教的形成和发展时期基本对应,也就是说内丹学的形成和发展与道教的形成和发展基本同步,内丹学与道教密不可分。

(一) 内丹学的准备时期

内丹学形成之前先有内丹术的创立,内丹术的理论提升是为内丹学。先秦(前21世纪—前221)、东汉(25—220)为内丹学的出现创造了条件,是谓准备时期。殷商之前,即有内丹术的先导出现,如黄帝的移精变气修炼,王乔、赤松子则"吸阴阳之和,食天地之精,呼而求故,吸而求新"。先秦神仙信仰形成,内丹术开始萌芽,神仙家研习了许多延年益寿的方术,如行气、吐纳、导引、存思等。至战国时逐渐认识到男女合气之术是长寿的根本,这对内丹学的建立起了决定性的作用。《老子》中有"专气致柔""啬精""玄牝之门""长生久视"等内容,《庄子》中有"熊经鸟伸""吐故纳新""踵息""心斋""坐忘"等多种修炼方术的记载。战国时的《却谷含气篇》《行气玉器铭》中记有"服气""服饵""行气"等方术。东汉(25—220)的《太平经》中有爱气、尊神、重精思想,提出了内照、存神、食气、胎息、辟谷等修炼方法。内丹的自我修炼功法,通称为内丹术、内丹功、丹鼎术,又称周天功。内丹术就渊源于这些早期的内炼功法,所以陈致虚说此修炼法"求于册者,当以《阴符》《道德》为祖,《金璧》《参同》次之"。[①] 内丹术的成熟为内丹学的出现准备了条件。

(二) 早期内丹学

东汉道教创立至隋唐是内丹学的形成时期。"在这段历史时期内,内丹学的符号体系以及基本理论以一种极为艰深晦涩的方式建立起来。"[②] 由于唐代开始重视内丹术,为了阐述其功法和理论,找到了《周易参同契》作为工具。汉末魏伯阳所著《周易参同契》(以下简称《参同契》)是一本专门论述内外丹法诀的仙学著作,奠定了内丹学清修、双修的理论基础。北宋高宗时期的高象先在其所编《金丹歌》中首次称其为万古丹经王,他说:"又不闻叔通从事魏伯阳,相将笑

---

① 陈致虚:《金丹大要序》,《藏外道书》第9册,第5页。
② 卿希泰主编:《中国道教史》(修订本)第四卷,成都:四川人民出版社,1996年,第23页。

入无何乡，准连山作《参同契》留为万古丹中王。"① 后世沿用了此说法。宋末元初俞琰所著《周易参同契发挥》阮登炳序说："《参同契》乃万古丹经之祖。"②《参同契》以周易阴阳变化作为立论根据，以卦象规律来阐述修炼过程，并将《周易》、黄老与炉火三者掺合在一起对炼丹内养进行解说。《参同契》运用周易阴爻和阳爻组成的8个经卦和64个别卦及其比喻手法，来说明炼丹方法，以乾坤喻鼎器，坎离喻药物，以其余60卦喻火候。在内炼方面，首次阐述了有关"养性""同类相从""牝牡化生""丹胎法象"等理论问题，并为内丹学创造了隐语表达系统。魏伯阳把以前的炼丹、内养方术与其自身体验结合起来，予以理论概括，将周易阴阳交合之道、黄老自然养性之道、炉火铅汞炼丹之道合而为一，说明人欲长生成仙，必须服食铅汞所炼还丹（外丹），或炼养自身阴阳（内养），方能成道，在肯定外丹术的同时又肯定了内养术。但在其后的三四百年里，其理论一直未被世人接受。徐从事所著《阴阳统略周易参同契》以阴阳注释《参同契》。魏晋时的葛洪将《参同契》解释为外丹炼制著作。而同时期的《黄庭经》则将内丹称为子丹、玄丹，重点研究了以存神、意守三丹田、内视、调息为主的清修丹法。"内丹"一词最早出现在东晋许逊的著作中，他在《灵剑子·服气》中说："服气调咽用内气号曰内丹。"③ 李远国教授认为，《灵剑子》为宋代托名许逊的著作，不能为凭，最早发掘内丹的是隋代的苏元朗。较为可信的说法是，隋开皇年间，青霞子苏元朗最早把《参同契》这颗珍宝发掘出来，用以解说和指导内丹修炼实践，并提出以"身为炉鼎，心为神室"，归神丹于心炼，自此正式出现内丹名称，且为道徒所知。还有一种说法认为，唐玄宗时的刘知古是有文献记载的第一个推崇《周易参同契》的人，《昭德先生郡斋读书后志》曰："知古谓神仙大药无出《参同契》。"④ 唐代，外丹学盛极而衰，内丹学乘势而起，成玄英、王玄览、司马承祯、杜光庭极力阐扬修心神以契道的思想；张果提出炼气结丹思想并实际修炼；陶植、羊参微主张真阴真阳互涵、铅汞性情合亲、龙虎互逐思想。唐代早期，有人认为通过炼胎息即可成内丹，如幻真《胎息经注》说："常伏其炁于脐下，守其神于身内，神炁相合而生玄胎。玄胎既结，乃自生身，即为内丹。"⑤ 作为《胎息经》附录的《胎息铭》干脆将胎息与内丹等同起来："假名胎息，实曰内丹，非只治病，决定延年。久久行之，名列上仙。"⑥ 这时的内丹术，以口中甜香的口水增多作为成丹的标志，《上洞心丹经诀》卷中《修内丹法诀》说：在行胎息功后，"又运精气自尾闾、夹脊入脑。……脑满之后，丹自玄膺而下，其味甘，其气香，至此则内丹成矣"。⑦

（三）中期内丹学

唐末五代至宋元，是内丹学的成熟期，谓之中期内丹学。这一阶段也是内丹学的繁荣时期，内丹学理论中的种种问题以越来越明晰的方式被提出，但仍具有概念意义模糊不清、理论体系不

---

① （宋）高象先撰：《真人高象先金丹歌》，《道藏》第24册，北京：文物出版社、上海：上海书店、天津：天津古籍出版社，1988年，第152页。（下引《道藏》皆为此版本）
② （元）俞琰：《周易参同契发挥》阮登炳序，《道藏》第20册，第192页。
③ （东晋）许逊：《灵剑子·服气》，《道藏》第10册，第665页。
④ 参见晁公武：《昭德先生郡斋读书志》第四卷，国家图书馆古籍馆藏，1961年。
⑤ （唐）幻真注：《胎息经注》，《道藏》第2册，第868页。
⑥ （唐）幻真注：《胎息经·胎息铭》，《道藏》第2册，第869页。
⑦ 《上洞心丹经诀》卷中《修内丹法诀》，《道藏》第19册，第403—404页。

完整的缺陷。此阶段有钟离权、吕洞宾、施肩吾、崔希范、彭晓、刘海蟾、陈抟、谭峭等进行内丹实践。

吕洞宾名号很多，原名绍先、岩，字洞宾、希云，号纯阳子，封号妙通真人、纯阳演正警化真君、孚佑真君，生于唐末或五代，为唐宪宗时侍郎吕渭的孙子。吕洞宾曾参加进士考试，但未题名金榜，后归入山林。元《纯阳帝君神化妙通记》云："吕洞宾姓吕名嵒，字洞宾，唐河中府永乐县人氏，曾祖延之，终浙东节度使，祖渭……乐善好道，多有阴德，累迁礼部侍郎，终潭州刺史，赠陕州大都督，渭生四子温恭俭让……迁太子右庶子，终海州刺史，真人乃让季子。唐德宗贞元十四年（798）四月十四日巳时，众见有一白鹤自天飞下，竟入房帐中不见。母氏正寝，亦梦警觉，即时真人降生，异香满室，经日不散。"① 即是说吕洞宾生于唐德宗贞元十四年（798）四月十四日巳时，并说吕洞宾"三教经书，圆贯精熟，常诵《周易》《道德》《阴符经》"，"常慕清虚恬淡，不好华饰富荣，自幼年已有仙道志"。② 吕洞宾卒于何时，道书中未见记载，但已知与陈抟有交往，时年已"百余岁"，陈抟卒于端拱二年（989），则吕洞宾的卒年也应在此前后。

《大成捷要》记载了吕洞宾的师承情况："初，黄帝访道崆峒，广成子授以至道，而得跨龙飞升。至周末太上老君，转劫降世，传道尹喜。而为之教之宗，万真之主也。故时至东汉，金母将伏羲所演太极八卦、先天之灵文及老君所传复性立命大丹之秘旨，默授于青州王玄甫。及道成以后，金母赐号，为东华帝君。帝君誓愿洪深，欲广开法门，永垂道脉。因于本朝桓帝永寿丁酉年，传道于正阳祖师钟离权。至唐朝武后天授二年，正阳祖师传道于纯阳祖师吕洞宾。时吕祖六十四岁，事师七年之久，始闻道。至咸通十三年，道始成。"③ 据此我们可以勾勒出从上祖传至吕洞宾的道脉：广成子→黄帝→玄玄皇帝老子→金阙帝君尹喜→东华帝君王玄甫→正阳祖师钟离权→纯阳祖师吕洞宾。

人们常将钟离权、吕洞宾并称钟吕。《宣和书谱》卷十九云："神仙钟离先生名权，不知何时人而间出接物，自谓生于汉。吕洞宾于先生执弟子礼。"④ 说明钟吕是师徒关系。元人赵道一所著《历世真仙体道通鉴》亦称：吕洞宾"于长安道中拟游华山，酒肆憩息，俄有一人长髯碧眼自西而来……髯者曰：'吾乃天下都散汉钟离权也，居终南山，公若省悟，可从吾去。'先生于是弃儒业而从游，师事之而得道。复于僖宗广明元年（880）遇崔公（希范）传《入药镜》，即知修行性命，不差毫发"。⑤

吕洞宾的著作主要有：《宋史·艺文志》神仙类收录有其《九真玉书》1卷；《全唐诗》中有其诗4卷；《道枢》卷十三中有其《指玄篇》，卷二十五中有其《肘后三成篇》，卷二十六中有其《九真玉书篇》；《道藏辑要》收录多种，但多系伪托作品。其他著作还有《还丹歌》《破迷正道歌》《灵宝篇》《秘传正阳真人灵宝毕法》《百问篇》《敲爻歌》《钟吕传道集》。吕洞宾的修道思想

---

① 《纯阳帝君神化妙通记》，《道藏》第5册，第705页。
② 卿希泰主编：《中国道教史》（修订本）第二卷，成都：四川人民出版社，1996年，第739页。
③ 徐兆仁主编：《悟道真机》，北京：中国人民大学出版社，1990年，第156—157页。
④ 参见《宣和书谱》卷十九，北京：中华书局，1985年，第441页。
⑤ （元）赵道一编：《历世真仙体道通鉴》卷四十五，《道藏》第5册，第358页。

和修炼实践包括：

1. 阐述传统内丹功法

他在诗中说："六年雪岭为何因，志定调和气与神。一百刻中都一息，方知大道显三乘。""九转烹前一味砂，自然火候放童花。""七返返成生碧雾，九还还成吐红霞。""天生一味变三才，交感阴阳结圣胎。""爱惜壶中一粒丹，镇藏幽洞在昆山。此中不是凡间药，服了将身列圣班。"这些诗句旨在阐述内丹修炼的一些基本方法，如调息、还丹、结胎等。

2. 论述儒道释三教合一思想

前述吕洞宾出身儒家，深受儒家思想影响，后又学道修炼成仙。在《历世真仙体道通鉴》中，吕洞宾是得道后升天的，但在《吕祖志》中，吕洞宾却立志度尽众生后，才愿意升天。"这种观念，正是与佛家普度众生的宏愿相一致的。从这里，我们可以看到佛家思想对道教的影响，道教对佛家思想的吸收。"①

3. 倡导性命双修

吕洞宾阅读崔希范的《入药镜》后，即知性命修行。崔希范所说的性指神，命指气，但性命与神气又有所不同。性命结合是为先天之体，神气运化是为后天之用。这种性命为先天、神气为后天的思想经吕洞宾传至李西月。《纯阳帝君神化妙通记》中记述了钟离权在回答吕洞宾的问题时，对性命问题的观点。他说："一点灵明无昧，性也；一点元气常调，命也；性无命则无依倚，亦不能安止；命无性则不冲融，亦不能固密。二物混融，一真玉莹。性也、命也，俱强名尔。"②点明性命实为一个事物的两个方面，不能分开。这一思想被吕洞宾继承发扬。他在《敲爻歌》中说："八卦三元全藉汞，五行四象岂离铅。铅生汞，汞生铅，夺得乾坤造化权。杳杳冥冥生恍惚，恍恍惚惚结成团。性须空，意要专，莫遣猿猴取次攀。"③又说："性命机关须守护，若还缺一不芳菲，执着波查应失落。只修性，不修命，此是修行第一病。只修性命不修丹，万劫阴灵难入圣。达命宗，迷祖性，恰似鉴容无宝镜。寿同天地一愚夫，权握家财无主柄。性命双修玄又玄，海底洪波驾法船。生擒活捉蛟龙首，始知匠手不虚传。"④可以看出，性命双修是吕洞宾修道思想的突出特点。

4. 提倡和光同尘的入世思想

《纯阳真人浑成集·百字诗》曰："和光且同尘，但把俗情混。"⑤《七言绝句》说："不用禠媒往外求，还丹只在体中收。莫言大道人难得，自是功夫不到头。"⑥表明修道要在俗世间进行，不一定非要到深山，在自我身体中就可修炼还丹，只要功夫修炼好，自然能得道成仙。李西月发扬了这一思想，他说："炼性修心，外除尘扰，大隐市廛，和光混俗，则身心两定，内汞坚凝。"⑦

---

① 赵杏根：《八仙故事源流考》，北京：宗教文化出版社，2002年，第46页。
② 《纯阳帝君神化妙通记》，《道藏》第5册，第709页。
③ 《敲爻歌》，《道藏精华》第9集之2《吕祖全书》，第461页。
④ 同上，第465页。
⑤ 《纯阳真人浑成集》，《道藏》第23册，第689页。
⑥ 同上，第695页。
⑦ 《道窍谈》，《藏外道书》第26册，第610页。

谭峭道的虚、形互化思想是其《化书》的理论纲领，主张生死互化，化化不间，世间万物都在不断变化之中。彭晓积极主张人可以修炼成仙，倡导金液还丹，其理论核心是因元气而成还丹。晚唐施肩吾著《西山群仙会真记》，整理《钟吕传道集》，其内丹理论主要是河车论和性命论，保留了水火相交的标志是口水增多，并命名为紫河车；发展了内气运行理论：把人身元气运动命名为河车，人身元气过下关尾闾、中关夹脊、上关玉枕，至泥丸宫上丹田，后再自上丹田、中丹田至下丹田的运行过程名为大河车（后世称为周天），把肾气、肝气、心气、肺气、脾气五气相传称为小河车；并提出了炼形化气、炼气成神、炼神合道的修炼概念。他还认为，导引、辟谷、房中、外丹、胎息、守顽空、布施、供养等皆是小法旁门，主张先要养形，次补精气神，形全气壮后再进行正式的内丹修炼。施肩吾的《西山群仙会真记》和崔希范的《入药镜》，还将内炼思想上升到性命高度，使内丹理论体系形成雏形。五代彭晓所著《周易参同契分章通真义》可能为现存的从内丹角度来注释《参同契》的第一部著作。[1] 各派内丹家多认为，钟离权、吕洞宾为内丹学的开山祖师，其丹法为性命双修、形神并炼，以炼精、气、神为基本功，以摄取先天一气为要诀。我们知道，自魏伯阳的《周易参同契》奠定了内丹学的基本结构和文化要素以来，直到钟吕手中，内丹学才首次形成一个自成体系的理论和实践系统。"吕洞宾、钟离权等即成为后来内丹派的祖师爷。"[2] 五代北宋初的陈抟（871－989），字图南，自号扶摇子，赐号白云先生、希夷先生。他将内丹功法和理论概括为《无极图》和《指玄篇》，阐释了"顺则生人，逆则成丹"的还丹原理和"炼精化气、炼气化神、炼神还虚"的内丹修炼基本步骤。北宋张伯端（984－1082）是内丹学的主要奠基人之一，他的《悟真篇》的问世，标志着内丹学的成熟。他在《悟真篇·序》中说："仆幼亲善道，涉猎三教经书，以至通刑法、书算、医卜、战阵、天文、地理、吉凶之术，靡不留心研究。"[3]《悟真篇》把内丹功法明确分为筑基、炼精化气、炼气化神、炼神还虚四个步骤，并被后世所沿用。《悟真篇》的最早注本是南宋叶文叔、翁葆光的注疏。至宋元时期，内丹学流派纷呈，主要有张伯端、石泰、薛道光、白玉蟾"先命后性"的南派，王重阳、马钰、丘处机"先性后命"的北派和李道纯开创的以"守中为要"的中派。元代陈致虚完成内丹派的南北合宗，实质是将南宗归入北宗。

元明间道士张三丰，传三家相见的同类阴阳龙虎大丹也即男女双修丹法，是与吕洞宾、张伯端齐名的内丹家，称为隐仙派。徐兆仁认为："就张三丰来说历史上就曾经有人将他混同于主张阴阳双修的道教东派人物张三峰。"即是说张三丰与张三峰是两个人。他还认为有两个张三丰，一个是北宋时期的武当派内家拳祖师，一位是元明之际的著名道士张三丰。[4] 张三丰，元明间道士，以隐藏深山不与官方往来而闻名，被称为隐仙。在其身后形成一个派别，收入李西月所编《道藏辑要》的《张三丰先生全集》（简称《三丰全集》），称其为隐仙派、隐派或犹龙派，将其师承追溯到尹喜："大道渊源始于老子，一传尹文始。五传而至三丰先生。虽然老子之所传，亦

---

[1] 马济人撰：《道教内丹学》，见牟钟鉴、胡孚琛、王葆玹主编：《道教通论——兼论道家学说》，济南：齐鲁书社，1993年，第629页。
[2] 任继愈主编：《中国道教史》，北京：中国社会科学出版社，2001年，第259页。
[3] 《悟真篇·序》，《藏外道书》第10册，第68页。
[4] 见徐兆仁主编：《太极道诀》"前言"，北京：中国人民大学出版社，1990年，第2页。

甚多矣。其间杰出者尹文始、王少阳,支分派别各有传人。今特就文始言之。文始传麻衣,麻衣传希夷,希夷传火龙,火龙传三丰。或以为隐仙派者,文始隐关令、隐太白,麻衣隐石堂、隐黄山,希夷隐太华,火龙隐终南,先生隐武当,此隐之说也。夫神仙无不能隐,而此派更为高隐。孔子曰:'老子其犹龙乎',言其深隐莫测也。故又称犹龙派云。按老子之道,文始派最高,少阳派最大。少阳传正阳,正阳传纯阳。纯阳首传王重阳。重阳传丘长春,开北派。纯阳又传刘海蟾,海蟾传张紫阳,开南派。再按文始一派至麻衣而传希夷、少阳一派。刘海蟾亦以丹法传希夷。两派于斯一汇,是三丰先生。谓为文始派也,可谓少阳派也。亦可特其清风高节,终与麻衣、希夷、火龙相近云。"①

张三丰其人富有传奇色彩。"由于明室之推尊神化,张三丰成为自吕洞宾之后最负盛名的活神仙。"②《明史》卷二九九《张三丰传》记载:"张三丰,辽东懿州人,名全一,一名君宝,三丰其号也。以其不饰边幅,又号张邋遢。颀而伟,龟形鹤背,大耳圆目,须髯如戟。寒暑惟一衲一蓑。所啖升斗辄尽,或数日一食,或数月不食。书经目不忘。游处无恒,或云能一日千里。善嬉谐,旁若无人。尝游武当诸岩壑,语人曰:此山异日必大兴。时五龙、南岩、紫霄俱毁于兵,三丰与其徒去荆榛,辟瓦砾,创草庐居之,已而舍去。……后居宝鸡之金台观。……乃游四川,见蜀献王。复入武当,历襄汉,踪迹亦奇幻。"③

有关张三丰生活的年代也有几种说法,一说是宋时人,一说是金代人,较为可信的说法是张三丰生活在元明时期。《三丰全集·古文·芦汀夜话》说,张三丰自称"延祐初年(1314)已六十七"。④古人用虚岁,虚岁67,即周岁66,由此推算张三丰生于元定宗三年(1248)。张三丰卒于何时,一直没有定论。清代雍正年间(1723—1735)有这样的说法:"梦九先生姓汪名锡龄,徽州歙县人,曾官剑南观察而宦情益淡,隐心愈深。遇三丰先生于峨眉。"⑤果真如此,张三丰当有四百多岁。甚至有人说张三丰还传道给李西月:"白白先生(李西月)者……道光(1821—1850)初遇张三丰先生于绥山,传以交媾玄牝金鼎大符之妙。"⑥李西月"后至峨眉山,遇吕祖、丰祖于禅院"。⑦按此说,张三丰当享寿570岁以上。这些当是神化张三丰,以抬高当事者地位的做法。关于张三丰的籍贯也有几种说法:《山西通志》说他是平阳或猗氏人,《陕西通志》说他是宝鸡人,《四川通志》说他是天目人,其先辈为江西龙虎山人,后迁至懿州(今辽宁武西南)。张三丰的名和字很多,名有通金、思廉、玄素、玄化等;字有玄玄、山峰、三峰、君宝、君实、铉一、全一等;号有昆阳、张邋遢等。张三丰幼年时拜碧落宫白云禅师张云庵为师,学习道经,兼读佛教、儒家著作,据说读书过目不忘,并可以预先知道事情的结果。元世祖至元元年(1264)曾做中山博陵县令,次年辞官回家。曾云游河南、河北、陕西、甘肃、四川、湖北、山东等地。

---

① 《张三丰先生全集》,《藏外道书》第5册,第415页。
② 卿希泰主编:《中国道教史》(修订本)第三卷,成都:四川人民出版社,1996年,第465页。
③ 《明史》卷二九九。
④ (清)李西月编:《三丰全集·古文·芦汀夜话》,《藏外道书》第5册,第388页。
⑤ (清)李西月编:《三丰全集·派考记》,《藏外道书》第5册,第417页。
⑥ 同上。
⑦ 《三车秘旨·李涵虚真人小传》,《藏外道书》第26册,第627页。

张三丰的著述，《明史·艺文志》著录有《金丹直指》《金丹秘诀》各一卷，李西月认为《金丹直指》《金丹秘诀》即是今之《大道论》《玄机直讲》《玄要篇》。其他著作还有《大道论》《玄机直讲》《玄要篇》《道言浅近说》等。

清朝雍正时期，剑南观察汪锡龄将张三丰丹经两卷、诗文若干篇及张三丰显迹三十余则编辑成《三丰祖师全集》收藏。① 道光甲辰年（1844），"长乙山人（李西月）、遁圆居士忘名利者也，得先生书于梦九六世孙名昙者之家，十存七八，因采诸书以补之"。② 西月从汪锡龄六世孙汪昙家得到《三丰祖师全集》一书，但因内容仅存百分之七八十，他又从其他书中找出相关文稿，编成《张三丰先生全集》八卷。

张三丰的宇宙观认为，道是宇宙的本体。他说："夫道者，统生天、生地、生人、生物而名，含阴阳、动静之机，具造化玄微之理。统无极，生太极。"③ 他提出"人心绝，道心见"，提倡"不窥牖，不出户，便知天下有把握"的认识论；主张儒、道、释三教合一，指出"仙是佛，佛是仙，一心圆明不二般。三教原来是一家，饥则吃饭，困则睡眠"，把佛教"打坐""坐禅"也作为道教修炼的方法，以"尽忠孝，立大节"为养性目的。他善于用诗、词、散文以及民间的唱词、歌谣阐发道家思想，其《了道歌》《打坐歌》等既是道教经典又是优秀的民间作品。张三丰的生命观认为："父母未生以前一片太虚，托诸于穆，此无极时也；无极为阴静，阴静阳亦静也。父母施生之始，一片灵气投入胎中，此太极时也；太极为阳动，阳动则阴亦动也。自是而阴阳相推，刚柔相摩，八卦相荡，则乾道成男，坤道成女矣。"④ 张三丰把无极、太极、阴阳的本原论与人的身心性命联系起来，把本原论与人的出生直接挂钩，这是张三丰思想的独特之处。《大道论》说，从人的生命历程来看，没有出生之前是一片太虚，处于无极阶段，无极为阴静，阳也随其静。父母交媾受精卵形成的一刹那，灵气进入其中，是为太极阶段。太极是阳动，阴也随之动。阴阳互动生八卦，八卦顺变成人形，乾道成男，坤道成女。人出生后，"性浑于无识，又以无极伏其神。命资于有生，复以太极育其气。气脉静而内蕴元神，则曰真性。神思静而中长元气，则曰真命"。⑤

张三丰进而把其本源论无极—太极—阴阳的转换过程逆推而为内丹修炼的程序。修炼内丹就是返本归根。张三丰的丹法，继承了北宗先性后命、性命双修的修炼思想。首重立基炼己，立基以伦理实践为要。《大道论》曰："不拘贵贱贤愚、老衰少壮，只要素行阴德，仁慈悲悯，忠孝信诚，全于人道，仙道自然不远也。"⑥ 炼己就要保持正念，扫除邪念。《玄机直讲》说："初功在寂灭情缘，扫除杂念，除杂念是第一着筑基炼己之功也。"⑦ 但总体来看，张三丰的内丹修炼是由双修而清修的理论和实践体系，其著名的双修著作有《玄机直讲》《玄要篇》《无根树》等。他的修

---

① 《三丰祖师全集·序》，《藏外道书》第5册，第378页。
② 同上，第379页。
③ （元）张三丰：《大道论》，《三丰祖师全集》，《藏外道书》第5册，第456页。
④ 同上。
⑤ 同上。
⑥ （元）张三丰：《大道论》，《藏外道书》第5册，第466页。
⑦ 同上。

炼方法称为"神仙裁接法"，以双修炼采外药，以清修炼养内药。他说："外药者，在造化窟中而生；内药者，在自己身中而产。内药是精，外药是气。内药养性，外药立命。性命双修，方合神仙之道。"① "《悟真篇》问世后，南宗道士便分别以'双修''清修'视野加以理解和注释。不过，终宋之世，以石泰、薛道光、陈楠、白玉蟾为代表的清修派以优势力量压倒了以刘永年、翁葆光、若一子为代表的双修派。"②

（四）晚期内丹学

明清时期是内丹术的衰微期，但内丹学理论蓬勃发展，大量细节问题以前所未有的方式被展开讨论。随着明中叶以降，中国封建社会进入衰落期，内丹学的文化载体道教也随之衰落。加之内丹的宗教神秘性质与复杂的炼养方法不适合明清市民文化发展的需要，内丹术逐渐走向衰微。至晚清，内丹术基本上仅作为一些道教团体内部及师徒同门秘传的炼养术。但内丹学的理论探索并未停止；相反，还相当活跃，产生了东派和西派。明万历年间，陆西星创立内丹东派，力主男女双修，是中老年人修炼的上乘功法。

几乎与东派同时，还形成了孙教鸾创立的孙派丹法。孙教鸾号烟霞散人，生于明弘治十七年（1504），享年106岁，"髫年好道，历访名山，调息运气。弱冠得秦野鹤先生守中、采药、结胎、出神之法，迄王云谷先生胎息玄关抱一无为之旨。因与李若海结为丹友，圜坐岁余，萦彻几先，道未来事，历历如烛照。若海以为道在矣，而父师以为非阳神冲举之道民。跋涉六年，遇石谷子真人，授以金鼎火符、玉液炼己、金液炼形口诀"。③ 可见，孙教鸾的丹法思想来源广泛，包括秦野鹤先生的守中、采药、结胎、出神诸法，王云谷的胎息、玄关、抱一无为要旨，石谷子真人的金鼎火符、玉液炼己、金液炼形口诀等。孙教鸾修道思想主要保留在既是其子又是其徒的孙汝忠撰写的《金丹真传》一书中。该书全文共有五千多字，分自序、筑基第一、得药第二、结丹第三、炼己第四、还丹第五、温养第六、脱胎第七、玄珠第八、赴瑶池第九、葫芦歌、明道歌、修真入门、修真大略、金丹五百字、扫邪归正歌16部分，从中可以看出孙派丹法的全貌。总的来看孙派属于男女双修内丹派，认为补气要男女互补。正如李堪疏《金丹真传》筑基第一曰："然补阳必用阴，补阴必用阳。竹破竹补，人破人补，取其同类。故《契》曰：'同类易施功，非种难为巧。'修补者，补气补血也。气与血原非两物，气周荣卫，融而为血。血行胞络，复蒸而为气。惟气损则不能生血，血损亦不能生气。故皆须用补。然气之运也虚，虚则随呼吸以出入，故补气之功用多。血之行也实，实则一人不复出，故补血之功用少。必气以其虚者，补之于先，使吾气既足，然后可以补血之实，使血有所归。气不补，未有能补血者也。气血不补，未有能完基者也。气者，后天鼎中所生先天之气也。补之有琴剑焉，须明日时符火可也。血者，或先天鼎中，或后天鼎中之所自降也。补之亦有琴剑焉，须辨老嫩爻株可也。补之时，神交体不交，气交形不交。虽交以不交。却将彼血气用法收来，与我精神两相凑合，而凝结为一，然后虚者不虚，损

---

① （元）张三丰：《大道论》，《藏外道书》第5册，第469页。
② 吴光正：《八仙故事系统考论——内丹道宗教神话的建构及其流变》，北京：中华书局，2006年，第210页。
③ 孙汝忠：《金丹真传自序》，《道藏精华》第2集之7《顶批金丹真传》，第1页。

者不损，而丹基始固，可以得药。"① 这一表述，界定了清修双修的区别，强调筑基阶段男女双修"神交体不交，气交形不交"，"结丹之法由我而不由人，还丹之功在彼而不在我"。这是内丹双修派的突出特点。"彼"指女鼎，"我"指修炼者男身，并将内丹修炼过程分为"一筑基，二得药，三结丹，四炼己，五还丹，六温养，七脱胎，八得玄珠，九赴瑶池。初三节可为人仙，中三节可为地仙，后三节可为天仙。大率三候三关，明三仙之口诀。九琴九剑，行九转之功夫。故称九转仙丹也。然筑基不完，不敢得药。炼己不熟，不敢还丹。行功不满，无得玄珠"。② 又说："采先天中先天，可以成仙做圣；后天中先天，可以益寿延年。"③ 初三节可为人仙，采后天中先天，结丹（"后天"阶段）；中三节可为地仙，采先天中先天，还丹（"先天"阶段）；后三节可为天仙，即还虚功夫，各丹家学说差别不大。

明末清初形成了伍柳派，属全真龙门支派。该派由伍守阳、柳华阳创立。伍守阳（1574—1644），明末江西吉安人。原名阳，字端阳，号冲虚子。生而聪颖超常，十九岁时得曹还阳亲传丹法，遍阅仙圣之书，始著《天仙正理》《仙佛合宗》，后又师事李泥丸、王昆阳，成为北宗龙门派传人。柳华阳（1736—?），清代江西南昌人，自幼好佛，出家为僧，又出佛饭道。得遇伍冲虚真人及壶云大师，得传金丹大道秘诀，著《慧命经》《金仙证论》。该派主张清静修为，仙佛合宗，以修气脉与小周天功夫为主，参以佛理及禅定，较为烦琐，但说理浅近，易于入门。

伍柳派的经典主要有：伍守阳的《天仙正理直论》《仙佛合宗语录》等；柳华阳的《慧命经》《金仙证论》等。

清代道光年间，四川乐山人李西月创立西派，也传同类阴阳丹法即男女双修丹法。李西月有幸学于郑朴山，入孙学之门，得其真诀，探其神髓，为他日后创建自己的内修体系奠定了基础。因而，孙派内丹双修思想可以说是李西月思想的直接源泉。④ 西派以清静自然筑基，用阴阳成丹。用彼家之铅，补我家之汞，使男女互补，达到返本还元的目的。

西派也叫大江派，或大江西派，由李西月创立。历史上确有西派吗？回答是肯定的，有西派派诗为证："西道通，大江东，海天空。"⑤ 实际上，西派派诗早已由吕洞宾确定，吕洞宾作《大江派偈并引》曰："余作《大江吟》，人多以大江称我，怍良深矣。今诸子诵之，同然心喜，请开大江一派，纯阳苦不敢辞。因按《禹贡》经文'岷山导江'八句，书九字，曰：'西道通，大江东，海天空。'以此循环，合九转之义。偈曰：'大江初祖是纯阳，九转丹成道气昌。今日传心无别语，愿君个个驾慈航。'"⑥ 这里一方面确立了西派的传代字，另一方面说明吕洞宾是西派的开山祖师，而李西月是西派的实际创始人。派诗是什么呢？派诗是某一派别的祖师所参悟到的真理，以简约的形式写出来的诗歌，当是某一派别的根本教义教理的体现。因派诗的独特性，就被用来表示不同的派别。派诗又叫"宗派字谱"。某一派别道统继承人的法名的第一个字必须按不

---

① 孙汝忠：《金丹真传》，《道藏精华》第 2 集之 7《顶批金丹真传》，第 13—14 页。
② 《顶批金丹真传》，《藏外道书》第 11 册，第 860 页。
③ 同上，第 864 页。
④ 张晓粉撰：《李西月内丹思想及其特色浅析》，《宗教学研究》2000 年第 1 期。
⑤ 《道窍谈·读者须知》，《藏外道书》第 26 册，第 607 页。
⑥ 《大江派偈并引》，《道藏精华》第 9 集之 2《吕祖全书》，第 700 页。

同的辈分顺次采用派诗里所用的字。这样，某继承人为何代就一目了然。一个道士必须记着他所属派别的派名及派诗，否则他不被认为是个真正的道士。派名和派诗合称"派目"。西派之名从何时出现的呢？据笔者所知，西派之名首见于李西月主编的《吕祖年谱·海山奇遇》卷之六"示冷生"条："万历间有冷生者，不知名字里居，业岐黄，喜游云水，每来湖南湖北，风月扁舟，吹笛以自娱。……冷生云：纯阳有三大弟子，为群真之冠，海蟾开南派，重阳开北派，陆潜虚开东派，吾愿入西方，化一隐沦，亲拜吕翁之门，身为西祖。一日，上黄鹤楼，忽遇吕祖，谓之曰：'汝欲临凡耶？今乃万历丙午，再候二百年，丙寅之岁，降于锦水之湄，为吾导西派可也。'"① 又《道情诗词杂著》曰："堪叹我生下世来啊，自记前身是冷生，湖南湖北一舟轻。为何惹下西方愿？云水烟山浪荡行。"② 两相对照，可知"今乃万历丙午，再候二百年，丙寅之岁"即为1806年，是为李西月出生之年，可知冷生为李西月的前生。由此可知，李西月实际创立了西派。

西派又叫隐仙派或犹龙派，李西月自称传承于张三丰。黄兆汉在《明代张三丰考》一书中就西派的传承问题写道："隐仙派或犹龙派是道光年间（1821—1850）产生出来的一个崇奉张三丰的道教教派，流行于四川乐山县。……'隐仙派'或'犹龙派'的名称虽为李西月辈所立，但当时为一般人所熟悉的却是它的普通名称'西派'，因为这一派的流行地区是西部四川乐山县。虽然说这一派是李西月辈为张三丰所立的，但实际上是为他们自己创立的，他们穿凿附会地堆砌了一个从老子到张三丰的道统，完全是为了抬举西派在道教中的地位。他们要捧出来的是张三丰，张三丰以前的几位祖师只是陪衬而已；同时他们认为自己是张三丰的直系弟子，直接承受张三丰的大道，其实他们大概只不过是通过扶乩一类的方法去彼此交通而已，这一点从《全集》（引者按：指《张三丰先生全集》）里所收录《云水三集》可知。至于张三丰以后的明代及清初的弟子与再传弟子，或者说为这段时期的张三丰道统的传人，他们都一概抹杀。大概只有这样才可以显出他们这班创派人的崇高地位。"③ 这一段话说明，李西月将张三丰视为西派的祖师，而李西月才是西派的实际创教人。

此外还有清代道士刘一明的"易道同一"内丹学说、闵一得的"赤黄黑道"学说等。

上述内丹学的分期，并未特别区分清修与双修功法。事实上，内丹清修功法与内丹双修功法是并存的，但清修派力量更大。所谓清修派是指男修炼者或女修炼者，自己孤修，没有异性参与修炼的内丹功法。而双修是男丹士在内丹修炼的某个阶段或某几个阶段，用女伴侣作为鼎器配合修炼进行的内丹修炼功法。郝勤先生认为："所谓内丹双修派，是指男女性修炼的内丹法，系相对于内丹清修派（亦称清静派）炼己身之药的诀法而言。"④ "双修派的内丹理论，与清修派丹法理论相同之处在于都重视炼气，以'先天一气'为丹本。两家的分歧主要是，清修派认为坎离均在自己一身之内，只需一己独修便能炼成内丹。而双修派却认为坎中真阳只能产生于同类的'彼家'，故主张男女双修，取彼家坎中真阳，以接补己身中之阴。这种采补式修丹法又分三乘：中、

---

① 《吕祖年谱海山奇遇》，见《道藏精华》第9集之2《吕祖全书》第6卷，第287—288页。
② 《三车秘旨·道情诗词杂著》，《藏外道书》第26册，第633页。
③ 黄兆汉：《明代道士张三丰考》，台北：学生书局，1988年，第120页。
④ 郝勤：《龙虎丹道——道教内丹术》，成都：四川人民出版社，1994年，第93页。

下乘行'体交法',上乘则行'神交法',即男不宽衣,女不解带,男女对坐,性情相交,气化感应,从而双修双补,利已而不损人,双方皆获采补之益,与采战御女之术有别。"①

(五)现当代内丹学

虽然元代陈致虚完成了南北合宗,将南宗归入北宗,但在当代,有识之道士志在恢复南宗,使之重生。中国道教南宗祖庭——浙江天台桐柏宫住持张高澄道长继承前辈遗志,正致力于道教内丹南宗的弘扬发展事业。当代在桐柏宫修炼南宗的高道多享仙寿,1984年羽化的桐柏宫住持谢崇根道长(俗名谢希纯)仙寿94岁,2002年无疾而终的叶宗滨道长享年107岁。

中国道教自古将天台桐柏列为道教"十大洞天"之第六洞天。桐柏宫自古就号称是道教南宗的最早中心和圣地。早在东汉(25－220)时,著名的道教人物葛玄就在这里创立了道教"葛真君天台派"。到西晋(265－317)时,魏华存夫人来到天台山修道,被后世尊为上清派第一代祖师。后来又有宋朝(960－1279)人、出生于本地的张伯端创立紫阳派,后世尊他为道教南宗的始祖。宋仁宗时,被后人尊为"紫阳真人"的张伯端居桐柏修证,著有《悟真篇》等书,自此开创了道教南宗。《悟真篇》的问世,首次打破了道教修炼时口口相传的传统,使普天下道俗修真开始有了理论依据。其中"性命双修"理论影响到王重阳所开创的北宗全真派及宋元以后道教的发展。它不仅是道教的内丹经典,也是当今全世界气功界所尊崇的修行宝典。

道教南宗曾一度逐渐衰微。在清雍正年间,桐柏宫经皇家大规模修建,但民国后遭毁。1973年,因桐柏水库蓄水,桐柏宫址沉于水底,部分建筑、文物移至附近玉泉峰上的鸣鹤观。这座由高道葛玄为祭祀"右弼真君"王乔而建的小道观,也一度承载起了传承中国道教南宗法脉的重任。自2005年开始,天台县启动了桐柏宫重建工程,已先后完成了紫阳殿、玉皇殿、三清殿等六大主体工程。目前,已建和在建的大小建筑共有40多处,比桐柏宫全盛时期规模还要壮观。2009年,由浙江大学亚太休闲教育研究中心和天台山养生传播中心、桐柏宫联合主办的天台山养生修炼基地宣告成立。2012年9月5－12日,举办了首届天台山中国道教南宗文化周。目前,来天台山修道养生的人越来越多,天台山作为中国道教南宗的发祥地,正焕发出新的活力。

内丹西派在当代还有流传。西派当代传人、台湾中华道学院教授马炳文(合阳)先生,确定西派传承为:太上道祖→少阳帝君王玄甫→正阳帝君钟离权→孚佑帝君吕纯阳→李涵虚祖师→吴天秩→汪东亭→徐海印→李仲强→吴君确。从太上老君开派,到实际创教人李西月,再到当代传人马炳文共21代,从李西月创教作为初祖,到马炳文共七代祖师。西派较为详细的源流情况如下:

年代　　师承　　　　名号

(春秋)太上老君李耳,字伯阳,号老聃。苦县厉乡曲仁里人。(老子)

(汉)老子传王玄甫,号东华子。紫府少阳君,尊为东华帝君。

(唐)少阳传钟离权,字云房,号真阳子。正阳帝君,咸阳人。

---

① 张志坚:《道教神仙与内丹学》,北京:宗教文化出版社,2003年,第202页。

（唐末）正阳传吕洞宾，名岩，号纯阳子。孚佑帝君，京川人。

（北宋）纯阳传陈抟，字图南，号扶摇子。隐居武当山，亳县人。

（宋）扶摇子传张伯端，字平叔，号紫阳。南宗初祖，天台人。

（宋）紫阳传石泰，字得之，号杏林。南宗二祖，常州人。

（宋）杏林传薛道光，名式，字道源。南宗三祖，鸡足山人。

（宋）道源传陈楠，字南木，号翠虚。南宗四祖，惠州人。

（宋）翠虚传白玉蟾，字如海，号海琼子。南宗五祖，琼州人。

（元）海琼子传李道纯，字元素，号清庵。南宗再传弟子，都梁人。

（元明）陈抟传张三丰，名全一，一名君实，道号三丰，辽阳人。

（清）吕祖三丰郑朴山传李涵虚，字西月，号涵虚子。创玄门西派，乐山人。

（清）涵虚传周道昌，吴天秩。西派二祖。

（清）吴天秩传汪东亭，字护，号体真山人。西派三祖，新安人。

（清）体真山人传徐海印，号海印子。西派四祖，苏州人。

（近代）海印子传李仲强，西派五祖。

（近代）李仲强传吴君确，号修真山人。西派六祖，江阴人。

（当代）吴君确传马炳文，号合阳子。西派七祖。

李西月创立西派，奠定了玄门西派内炼金丹的基础。李祖门徒甚众，有江西周道昌，福建李道山、吴天秩等。另有四川银道源（张义尚、曾师之），上海刘振民。

吴天秩传西派功法于柯怀经、汪东亭。柯怀经，湖北武昌人，号葆真山人。曾同汪东亭、柯载书、李云岚、周俊夫等人同师事于吴天秩，学习内丹功法，继承西派法脉。著有《养性编》，直接传人有孙吉甫等人。

汪东亭是西派三祖，为西派的理论建设做出了巨大贡献。汪东亭（1838－1932），名启濩，字东亭，号体真山人，系安徽省休宁县凤湖人。自幼学习儒家经典，熟读"四书""五经"，成年后热衷于玄学道法，搜罗丹经史籍，遍阅内丹经典。初因未得高师秘诀，修炼无成。遂浪迹江湖，遍游道教名山，寻访真师12年。一日经过庐山，偶遇吴天秩，睹其丰神洒脱，觉其有异相、异能，故请问玄旨。答曰："子虽有仙缘，诚恐始勤而终怠。"汪东亭表示定会勤奋修炼一生，并拜吴天秩为师，得到真传，知七返九还金液大丹法诀，及火候次序之妙。之后又到武汉，遇柯怀经、柯载书、李云岚、周俊夫等人组成"八人谈道会"，同参切究内丹法诀，终悟全旨（《性命要旨》自序，参见安徽《休宁县志》）。后应弟子邀请，到上海传法。汪东亭除实际修炼之外，还笔耕不辍，其著作存世的有《性命要旨》《体真心易》《体真山人丹诀语录》等，另有《三教一贯》《金丹玄要》《教外心法》等三部著作暂未见传世。另辑有《道统大成》丛书四集，汇编元明以来的内丹主要著作，还辑录了元代李道纯的《中和集》《玄门宗旨》（又名《西派真传》）。汪东亭著作的特点是"不借喻象言而直接论述内丹"，并提出了"内丹好炼性，是性功，是静功根底。心既空，神既静，意既定，则内丹已成，所以不必讲筑基之业"。这与早期西派丹法大为不同，它轻视内炼色身，只重炼心修性，更倾向于佛教禅宗。据云，汪东亭曾得到李涵虚祖亲临沪上授示修道秘要。汪东亭门徒甚众，其中魏尧、徐颂尧、蔡潜谷较为著名。

魏尧，四川人，盖取《论语》"唯天为大，唯尧则之"之意。又号后觉道人。魏尧一生好道，精通三教经典。自云"获闻妙蒂于真师"，始抉破丹道秘机。魏尧所获真师，亦即体真山人汪东亭先生。其在《一贯天机直讲》第一卷第三讲中云"吾师汪真人"，在第四讲中又称"吾师东亭先生。"后又参以三教精华，证以身体力行，所获颇丰。他曾在 1924 年 12 月 22 日（即甲子年冬至日）召集同道，在北京传道讲学，拨迷指悟，钩沉发微，直至翌年四月初八（公历 4 月 30 日），共讲课 49 次。其所讲内容经浙江陈孟记录整理为《大道真传》计五讲，皆天机毕露，直泄西派真传秘机，易懂易学，真可谓西派后学之指路明灯。可以看出，魏尧是一位精通三教的人物。

四祖海印子，原名徐颂尧，法名海印子，号玄静居士，又号玄静子、海印山人、玄隐外史等，浙江人，是近代著名道学家，名噪苏、沪、杭一带。他早年毕业于清华大学，19 岁开始学道，民国初年，在上海遇到汪东亭，侍师精勤，获西派丹法真传。一生致力于道学研究，门徒逾千，被前道协会长陈撄宁（1880－1969）先生誉为"西派高杰"。海印子勤于撰述，自 1933 年至 1941 年间，曾在当时唯一的仙学刊物《扬善半月刊》（后改《仙道月报》）上公开发表多篇论文，如《大周与小周》《大还与小还》等，并将研究所得写成 20 万字的《天乐集》。1949 年以后闭门著书，将原版的《天乐集》重加增删，总计 80 卷，从原有的 20 万言增加到近百万言，广征博引，规模宏大。其中如《易学发微》《汪师语录》《师函汇抄》《玄祥合参》《庄列阐真》等，较原著超出四五倍，蔚为大观，琳琅满目，美不胜收。此外，还有著作《玄修诀微》《谭道集》等。海印子强调修性，反对内炼色身。海印子徒弟众多，有陈宗涛、徐竹茂、施菊英、胡澄阳、徐建中等。

蔡潜谷，原名蔡学善，上海市人，清末民初出生，当代人。他应是汪东亭的弟子，从师时年纪最佳，仅 15 岁，故汪师称他为"童子军"。他应是西派弟子中未破童子之身而修道的鲜例。蔡老晚年，在上海几个公园的茶室中讲道。他之收教学生，亦反常规，除传承口诀保密之外，亦各个分别传授。蔡师传天乐口诀时，竟是在复兴公园的大树底下。由此可以看出，当代西派的世俗性和亲和世事的特点。

陈天乐，当代西派实修和理论研究的重要人物，笔名鸣空，通用名陈毓照，童年名陈映宗，字先盛，上海市人，祖籍浙江宁海，生于 1926 年 1 月 11 日，毕业于浙江三师，曾任小学校长，现健在。陈天乐开办了中国东方无派气功研究院并任院长（今后拟改名"大江西派丹道研究院"），由过去西派历代单传独授方法，改为公开秘诀，普世传授。其著作主要有《无派（即西派）功诀泄密》（全编和简编）、《无派功理功法集草篇》、《选译〈参同〉〈悟真〉阐奥理》、《从张紫阳著作探南宗丹法》、《宇宙信息传感录》、《天乐子鸣空诗集》等，并搜集西派历代师承著作，如《园峤内篇》《体真山人语录》《天乐集》《一贯天机直讲》等多种书籍，加上其本人现有的各种著作，以《大江西派典集汇编》出版面世。

内丹西派目前在我国的浙江、江苏、台湾、香港等地和新加坡等国还有流传。

三、两大著作五大派别

（一）两大著作

《周易参同契》和《悟真篇》是内丹学的两大理论著作，代表了内丹学的两个理论高峰。

《周易参同契》简称《参同契》，东汉魏伯阳著。全书以"黄老"参同"大易"指导烧炼外丹和修炼内丹，以乾坤为鼎器，以阴阳为堤防，以水火为化机，以五行为辅助等等，从而阐明炼丹的原理和方法。

《周易参同契》全书共六千余字，基本是用四字一句、五字一句的韵文及少数长短不齐的散文体和离骚体写成的。该书假借《周易》爻象论述作丹之意，研究养性延年，强己益身；采用符号作为表意手段，如坎离、乾坤、日月、阴阳、五行、铅汞、父母、夫妻、男女等。书中以烧炼外丹者使用的炉鼎象征人身，以炉鼎中变化的药物象征人体内的精气神，表示药物的符号则有坎、离、水、火、铅、汞、兔、乌、金蛤蟆、玉老鸦等。《周易参同契》是内丹学最重要的著作。

《悟真篇》用诗歌的形式，借用外丹烧炼的名称，依托卦象符号系统解释内丹修炼的药物、鼎炉、火候、防危等丹经概念，构成完整的内丹修炼体系。可以说，"《悟真篇》是内丹学里程碑式的著作，其继承《道德经》《阴符经》《参同契》及钟吕、陈抟的丹法思想而自成一系"。① 《悟真篇》正文共有丹法诗词93首，其中七言四韵诗16首，七言绝句64首，五言四韵1首，《西江月》12首。附录歌颂乐府及杂言6首，其中，又《西江月》1首，七绝5首，合计99首。这些作品传统上编为上中下三卷：上卷七言四韵16首，是总论，指明修炼的关键在于阴阳得类和调停火候，技巧在于坎离颠倒，最高境界是玄珠成象、返本归原，最终目的是寿永天地；中卷绝句64首，是分论，主要讲述丹经的理论来源，涉及药物、鼎炉、火候、抽添、性命双修、先命后性等内容；下卷19首诗词，是结论，以西江月曲牌为主，是对前面内容的总结。

张伯端的丹法在性命双修的前提下主张先修命功，后修性功。他说：命之不存，性将焉附？故其丹法先命后性，先术后道。他援佛入道，以性命之说融合儒释的修炼理论，形成统一的内丹学。张伯端从《参同契》获取了大量营养，并从三个方面做了发挥：首先，张伯端认为《参同契》是内丹修炼著作，外丹术语是用来借指内丹用语的。张伯端关于铅汞的7首七绝诗，认定"只有把铅汞解读为元精元气时才算认识了真铅汞，这是靠修炼能够得到的"，并"分别从咽津纳气不是内丹修炼、调和铅汞、铅是至宝家家都有、以铅补铅、以铅实腹、不用有形之铅、铅汞合炼等七个方面丰富了内丹理论"。② 其次，张伯端指出，内丹修炼的药物不是有形质的金水铅汞，而是人人都有的精气神，依靠精气神都能炼就金丹。再次，张伯端指出，内丹修炼的场所不在深山老林，而在人体内部。他说："须知大隐居廛市，休向深山守静孤。"③ "志士若能修炼，何妨在

---

① 刘宁：《刘一明修道思想研究》，成都：巴蜀书社，2001年，第7页。
② 张振国：《悟真篇导读》"代序"，北京：宗教文化出版社，2001年，第11页。
③ 陶素耜注：《悟真篇约注》，《藏外道书》第10册，第78页。

市居朝?"① 李西月认同这种看法,他说:"炼性修心,外除尘扰,大隐市廛,和光混俗,则身心两定,内汞坚凝。"②

《周易参同契》没有对功法的层次做出明确的分理,而张伯端继承了陈抟的内丹修炼五阶段之说(从冥心太无入手,待静极生动作为过渡;炼精化气、炼气化神、炼神还虚、复归无极),将之归纳为"筑基""炼精化气""炼气化神""炼神还虚"四步内丹修炼功法,并逐渐发展成为道教内丹修炼的主要修炼法。

(二) 五大派别

内丹学在历史上形成了南宗、北宗、中派、东派、西派等五大派别。其中南宗又分清修派和双修派。

1. 南宗。(1) 清修派。若不特指,南宗一般是指南宗清修派。"南宗的建立,较晚于北宗,其实际创始者是南宋宁宗时代的白玉蟾。"③ 但白玉蟾的弟子陈守默、詹继瑞却在《海琼传道集序》中给出南宗的源流是:"昔者钟离云房(钟离权)以此传之吕洞宾,吕传刘海蟾,刘传张平叔(张伯端),张传之石泰,石传之道光和尚(薛式),道光传之陈泥丸(陈楠),陈传之白玉蟾,则吾师也。"④

(2) 双修派。南宗除上述清修派外还有阴阳双修派,也即南宗双修派。张伯端的内丹功法在传播过程中发生了变化,一些弟子认为阴阳是指男女,形成南宗阴阳派即男女双修派。南宗阴阳派又分成两个支派,一派是张伯端传刘永年,永年传翁葆光,形成很有影响的男女双修派;另一派是张伯端传石泰,石泰传赵缘督,缘督传陈致虚,也形成阴阳派。其中陈致虚一系对陆西星的双修理论产生了重大影响。据宋陈达灵《悟真篇注序》及若一子徒弟跋《金液还丹印证图·后识》记述,双修一派始于刘永年。刘永年字广益,号顺理子,是张伯端的徒弟。刘永年传翁葆光,翁传若一子。"阴阳派虽主男女双修,但和房中术的体接法不同,而是隔体神交,即男不脱衣,女不解带,男女双坐,神气相通,情感相合,心声相应,二气交媾,认为如此可生大丹。"⑤ 当然后世的双修派也有用体接法的,也有交替用体接法和隔体神交法的,如陆西星的东派、李西月的西派、陈致虚的双修法等。双修派是从张伯端处分枝逐渐形成的。

2. 北宗。北宗创始人为王重阳,他生活于南宋时金人统治的北方,早年在咸阳大魏村,后迁至终南山。他原名中孚,字久(一作"允")卿,易名世雄,字德威,入道后改名嚞(一作嘉),字知明(一作名),道号重阳子。王重阳善文习武,48岁时离家出游,于甘河镇遇异人得内炼真诀,悟道出家。56岁一路讨饭至山东,创立全真道,主张出家住庵。他先后收徒马丹阳、谭处端、刘处玄、丘处机、王处一、郝大通和孙不二七人。王重阳与王玄甫、钟离权、吕洞宾、刘操一起被尊为北宗五祖。丘处机开创的龙门派,后来成为北宗的主要派别而流传下来。

① 张振国:《悟真篇导读》,北京:宗教文化出版社,2001年,第137页。
② 李西月:《道窍谈》,《藏外道书》第26册,第610页。
③ 卿希泰:《续·中国道教思想史纲》,成都:四川人民出版社,1999年,第84页。
④ 《海琼传道集序》,《道藏》第33册,第147页。
⑤ 马济人撰:《道教内丹学》,见牟钟鉴、胡孚琛、王葆玹主编:《道教通论——兼论道家学说》,济南:齐鲁书社,1993年,第633页。

3. 中派。中派创立于元代的李道纯。李道纯号清庵，别号莹蟾子。他原是南宗白玉蟾门人金蟾的弟子，但他自称其宗为全真，是江南最早的全真道士。其著作主要有《中和集》《清庵莹蟾子语录》《三天易髓》等。明代尹真人的弟子著《性命圭旨》，清末黄元吉著《乐育堂语录》《道德经讲义》《道门语要》进一步阐释中派内丹修炼思想。中派传道法于中部地区的江浙一带，又以守中为要，故称中派。中派主张清修，同时援儒入道，以守中为要诀。这里的"中"即是玄关。

4. 东派。东派创始人为明代道教学者陆西星（1520－1606），他是江苏扬州兴化人，字长庚，号陆潜虚，又号方壶外史。由于九次参加乡试均未中，遂弃儒入道。自称在修炼中得逢吕洞宾降临其北海草堂，亲授丹法要诀。其主要著作有《方壶外史》《悟真篇注》《三藏真诠》。"东派源自南宗，主阴阳双修。"① 陆西星的代表作《金丹就正篇》说："彼坎也，外阴而内阳，于象为水为月，其于人也为女；我离也，外阳而内阴，于象为火为日，其于人也为男。故夫男女阴阳之道，顺之则生人，逆之而成丹。"② 东派双修丹法是继承张三丰的修炼思想，用女鼎隔体神交而聚气，即男不宽衣，女不解带，敬如神明，爱如父母，凝神聚气而成丹。明末朴真道人的著作《玄寥子》认为陆西星的丹法简洁精妙，属于上乘丹法。明末孙汝忠、清代傅金铨的丹法均与陆西星的丹法类似。

5. 西派。西派的创始人李西月，他和他的内丹思想为本书研究的对象。其生平和内丹思想体现在全书当中。

西派为清代李西月（1806－1856）所创。李西月字涵虚，原名李元植，四川乐山人。20岁时成为县学生员，善琴，嗜诗酒。后得伤血症，到峨眉山疗养，遇孙教鸾高徒郑朴山。郑朴山给他治病并开导他说："金石草木只可治标，治本则宜用自身妙药，方能坚固。"③ 李西月当即开悟，拜郑朴山为师，成为孙教鸾派传人。李西月还自称在峨眉山"遇吕祖、丰祖于禅院"，④ 受道于吕祖、丰祖。李涵虚著作很多，主要有《太上十三经注解》《大洞老仙经发明》《二注无根树》（合册称《道言十五种》）《九层炼心》《后天串述》等刊行于世。《圆峤内篇》《三车秘旨》《道窍谈》三书，李去世后方刊行。西派丹法的基本范畴是先天与后天，以筑基完成（结丹）为界，之前为后天之身，之后为先天之身，筑基完成（结丹）意味着童体的恢复，返还先天。西派丹法理论的一个重要特点是，从无中生有处下手，凝神于虚空，开关展窍；有两种用鼎方法，隔体神交与合体实交。总之，李西月的西派丹法有明显的优势，丰富了内丹学理论。

内丹史按上面的思路，有路线，有重点，一步步厘清相关问题，就一定能写好。

---

① 牟钟鉴、胡孚琛、王葆玹主编：《道教通论——兼论道家学说》，济南：齐鲁书社，1993年，第635页。
② （明）陆西星：《金丹就正篇》，《道藏精华》第2集之8《方壶外史》，第221页。
③ 《李涵虚真人小传》，《藏外道书》第26册，第627页。
④ 同上。

汉唐天师道二十四治圣地建构中的天文学传统及其影响

吴 羽[*]

一、引言

东汉末五斗米道与太平道的成立，是利用和创造性地发挥当时的文化、思潮，凝聚人群的一种努力和尝试，是特定的人和人群在社会秩序大乱时的应对方式，是中国道教形成史上的标志性事件。治是天师道的教区和组织，蕴含着重要的宗教理论，其变迁在道教发展史上具有重要的意义，故而历来备受重视和关注。

以往研究中和本文紧密相关的成果主要有如下内容。陈国符先生《道藏源流考》所收《南北朝天师道考长编》率先对南北朝天师道进行了全面的研究，系统梳理了几乎全部的重要史料，专列"设治第四"一目，是后来研究的重要基础。据陆修静的《陆先生道门科略》、寇谦之的《老君音诵诫经》指出，南朝时"似别治游治下治配治下八品、中八品、上八品治，皆已迁来南朝"，"二十四治迁出蜀土后，上章时，承用蜀土宅治之号，寇谦之始令勿复承用"。[①] 赵宗诚先生《杜光庭〈灵化二十四〉的一些特点》指出杜光庭关于二十四治的说法与前代记载多有不同，一是二十四治不分上中下且没有备治、配治、游治之说，与《无上秘要》《三洞珠囊》不同，而与《太上三五正一盟威箓》相同；二是二十四治与二十八宿的对应，与《无上秘要》卷二十三《正一治炁图》《三洞珠囊》卷七《五岳名山图》及《太上三五正一盟威箓》不同；三是二十四治与五行的相配法与三书不同；四是二十四治与二十四节气配法，不见于《无上秘要》及《三洞珠囊》，也与《太上三五正一盟威箓》不同；五是二十四治配六十甲子生人仅见于杜光庭的著作。[②] 王纯五先生大著《天师道二十四治考》综合运用文献记载和实地调查，对天师道的二十四治有全面的

---

[*] 作者简介：吴羽，华南师范大学历史文化学院教授。
[①] 陈国符：《道藏源流考》，北京：中华书局，2012年，第306—365页，尤其是第329—335页。
[②] 赵宗诚：《杜光庭〈灵化二十四〉的一些特点》，《宗教学研究》1990年第1—2期。

研究，[①]是很多后来者研究的基础。傅飞岚先生《二十四治和早期天师道的空间与科仪结构》具有独特的视角，指出"将二十四治与星宿这样的天空区域联系在一起的观念以传统的分野观作为基础"，"宇宙、身体和时间在结构上分成二十四个部分，在此基础上建立的二十四治形成了天师道度人章程的中心部分"，[②]虽未展开详细考辨，但对本文有重要启发。孙亦平先生《"灵化二十四"考释》也注意到杜光庭《灵化二十四》中治与二十八宿的对应与以往的文献多有不同。[③]

我认为仍有以下问题值得探讨。

首先，前贤已经发现《无上秘要》《三洞珠囊》《要修科仪戒律钞》《受箓法信次第仪》《洞天福地岳渎名山记》《云笈七籤》《太上三五正一盟威箓》中存有关于二十四治的记载。尚待进一步探讨的是，这些文献成书都较晚，究竟哪一文献所载哪些内容最接近张道陵和张鲁时期的面貌？厘清这一文献问题，可以使我们将相关理论建构放在特定的历史文化情景中进行审视，了解其借鉴的学术传统，以及宗教与现实意义。

其次，前贤业已注意到二十四治（或二十八治）与二十八宿的对应关系及其变化，但是少见有人关注《三洞珠囊》《云笈七籤》所引文献中二十八治还主十二辰生人，对这一问题的探讨，能进一步补充和深化傅飞岚先生发现的问题，还能了解汉末魏晋南北朝时期二十四（或二十八）治圣地建构中不宜忽略的层面。

最后，南北朝时的文献对二十四治对应二十四节气的情况语焉不详，在杜光庭撰于天复元年（901）的《洞天福地岳渎名山记》所载《灵化二十四》和成书于宋代的《太上三五正一盟威箓》[④]中却有明确对应，且有所不同，原因何在？早期的二十四化主十二辰生人与杜光庭《灵化二十四》将六十甲子生人配于诸化，有何宗教和现实意义？对宗教和现实有没有影响，有什么影响？这些都很值得研究。

对这些问题的探讨，将有助于我们了解在汉魏六朝社会秩序大乱时，天师道如何借鉴已有的学术传统构建地方圣地认同，加强宗教凝聚力；之后如何维系这种认同，又如何随着社会的变迁而调整。下面我们将依次展开探讨。

二、南北朝文献所见张鲁时代的治、星宿、十二辰生人相配

诚如陈国符前揭书已经指出，东晋南北朝时期，南北方皆有与汉中巴蜀同名的治，则我们可将这一时期应在巴汉而不在巴汉、分布南北的天师道治称为侨置治。关于治的记载很多，但是和

[①] 王纯五：《天师道二十四治考》，成都：四川大学出版社，1996年。
[②] 傅飞岚著，吕鹏志译：《二十四治和早期天师道的空间与科仪结构》，载《法国汉学》编辑委员会编：《法国汉学》第7辑，北京：中华书局，2002年，第219、234页。
[③] 孙亦平：《"灵化二十四"考释——从宗教地理学的角度》，《杭州师范大学学报》（社会科学版）2008年第5期。
[④]《太上三五正一盟威箓》的成书年代，Kristofer Schipper and Franciscus Verellen：*The Taoist canon*: *A Historical Companion to the Daozang*, pp971-972, Chicago & London: the university of Chicago Press.

张道陵、张鲁大致同时期的史料关于治的记载却很简略，我们很难证明南北朝时期或更晚的史料能在多大程度上反映张鲁旧说。鉴于东晋南北朝初期南北方均有侨置治，互不统属，则当时双方大约同一时间的关于治的相同记载和观念，应当便是沿袭了张鲁雄踞巴汉时的旧说。

南朝关于天师道治与星宿、十二辰生人之间的配合关系较早见于《太真科》，虽然大渊忍尔所辑《太真科》中已经注意到，但是其所辑乃宋张君房《云笈七籖》所引，距南朝宋太远，易令人生疑，我们现拟在大渊忍尔先生的基础上，进一步证明唐代前期已经有文献征引《太真科》的这些内容。

大渊忍尔先生指出《太真科》约成书于420年（宋武帝永初元年）至425年（宋文帝元嘉二年），并对之进行了辑佚，采撷了《要修科仪戒律钞》卷十《治名》引《科》和《云笈七籖》卷二十八引《太真科》。① 大渊忍尔先生的辑佚和研究非常重要，因为其中所收《云笈七籖》所引《太真科》有关于治的记载，包括治与二十八宿、十二辰生人之间的对应关系。我们认为大渊先生未收的《要修科仪戒律钞》卷十《治所属》未注明出处的一段文字也属于《太真科》的节文，大渊先生所辑《云笈七籖》中的一小部分内容可能并非《太真科》中的内容。现略述如下。《要修科仪戒律钞》卷十《治所属》曰：

> 三治所属者，阳平、鹿堂、鹤鸣三治，主辰生；漓元、葛璝，此二治主卯生；更除、秦中，主寅生；真多、昌利、隶上三治，主丑生；涌泉、北邙（当为北平）二治，主子生；稠稉、本竹二治，主亥生；蒙秦、平盖二治，主戌生。次中八，玄老治、云台治，主戌生；浕口、后城二治，主酉生；公慕、平冈二治，主申生；主簿、玉局（此一治非山，余总是山），北邙三治，主未生。下八，太上治。太上汉安二年正月七日申时，二十四治付天师。冈互、白石二治，主午生；钟茂、具山二治，主未生。②

这段史料的珍贵之处在于明确记载了二十八治所主的十二辰生人，《三洞珠囊》卷七《二十四治品》亦有类似内容，③ 均未言明出自《科》或《太真科》，大渊先生辑《太真科》时未提及，若能证明《要修科仪戒律钞》《三洞珠囊》所引确是《太真科》节文，则可说明，《太真科》以二十八治配十二辰生人早在唐代已经有道经引用，不必晚至宋代的《云笈七籖》，从而弥补六朝到宋之间这一记载在文献传承上的缺环，进一步证明二十四治主十二辰生人见于《太真科》。因此本文不避烦冗，录《云笈七籖》卷二十八引《太真科》下卷相关文字并在适当地方注明《三洞珠囊》和它的异文如下：

> 第五星宿治二十有八，名上治，一名内治，又名大治，又名正治，是上皇元年七月七日无上玄老太上大道君所立上中下品。
>
> 二十八宿（《三洞珠囊》卷七《二十四治品》作"治"）要诀：
>
> 第一角宿，上治无极虚无无形，下治阳平山。

---

① ［日］大渊忍尔：《道教とその经典——道教史の研究其の二》，东京：创文社，1997年，第456—457、494—497页。
② 《道藏》第6册，北京：文物出版社、上海：上海书店、天津：天津古籍出版社，1988年，第966—967页。（下引《道藏》皆为此版本）
③ 《道藏》第25册，第331页。

第二亢宿，上治无极虚无自然，下治鹿堂山。

第三氐宿，上治无极玄元无为，下治鹤（《三洞珠囊》卷七《二十四治品》作"鹄"）鸣山（此三治主辰生）。

第四房宿，上治虚白，下治漓沅山。

第五心宿，上治洞白，下治葛璝山（此二治主卯生）。

第六尾宿，上治三一，下治庚除山。

第七箕宿，上治三元，下治秦中山（此二治主寅生）。

第八斗宿，上治三五，下治真多山（此一治主丑生）。

右上八品无上治。

第九牛宿，上治九天，下治昌利山。

第十女宿，上治五城，下治隶上山（此合前三治主丑生）。

第十一虚宿，上治元神，下治涌泉山。

第十二危宿，上治丹田，下治稠粳山（此二治主子生）。

第十三室宿，上治常先（《三洞珠囊》卷七《二十四治品》作"光"），下治北平山。

第十四壁宿，上治金梁，下治本竹山（此二治主亥生）。

第十五奎宿，上治六府，下治蒙秦山。

第十六娄宿，上治太（《三洞珠囊》卷七《二十四治品》无"太"）一君，下治平盖山。

右中八品，玄老治之。

第十七胃宿，上治五龙，下治云台山（此合前三治主戌生）。

第十八昴宿，上治随天，下治浕口山。

第十九毕宿，上治六丁，下治后城山（此二治主酉生）。

第二十觜宿，上治十二辰（《三洞珠囊》卷七《二十四治品》无"辰"），下治公慕山。

第二十一参宿，上治还身，下治平冈山（此二治主申生）。

第二十二井宿，上治拘神，下治主簿山。

第二十三鬼宿，上治无形，下治玉局山（此非人所生，李永晟先生指出，《三洞珠囊》卷七《二十四治品》作"此非山"）。

第二十四柳宿，上治聚元，下治北邙山（此三治主未生）。

右下八品太上治之。

太上汉安二年正月七日申时，二十四治上八、中八、下八以应二十四气，付天师张道陵（《三洞珠囊》卷七《二十四治品》有"也"字）。

第二十五星宿，上治别形，下治冈氐（《三洞珠囊》卷七《二十四治品》作"互"）山。

第二十六张宿，上治保气，下治白石山（此二治主午生）。

第二十七翼宿，上治五玉（李永晟先生校记指出，《三洞珠囊》卷七《二十四治品》作"王"），下治钟茂山。

第二十八轸宿，上治金堂，下治具山（此二治主未生，李永晟先生校记指出，《三洞珠囊》卷七《二十四治品》作"巳"）。

天师所立四治。（《三洞珠囊》卷七《二十四治品》无此）

天师以建安元年正月七日出下四治，名备治，合前二十八宿（《三洞珠囊》卷七《二十四治品》作"治"，后有"备应二十八宿"）也。星宿治随天（《三洞珠囊》卷七《二十四治品》有"而"）立，历运设教，劫劫有受命为天师者，各各申明，济世度人，以至太平。太平君出，更加有司，随其才德，进位神仙（《三洞珠囊》卷七《二十四治品》有"也"）。

天师以汉安元年七月七日，立四治付嗣师，以备二十八宿。

第一冈氐治，在兰武山，应星宿。

第二白石治，在玄极山，应张宿。

第三具山治，在饭阳山，应翼宿。

第四钟茂治，在元东山，应轸宿（此四治说与前大同小异）。

系师以太元二年正月七日，立八品游治。

峨嵋治（在蜀郡界）。青城治（在蜀郡界）。黄金治（在蜀郡界）。太华治（在京兆郡界）。慈母治（在城市［《三洞珠囊》卷七《二十四治品》作"布"］山界）。河逢治（在上党郡界）。平都治（在巴郡界）。吉阳治（在蜀郡界）。

系师者，嗣师子也，讳鲁，于阳平山得尸解仙道。又立一治，名系师治。但嗣师治并主簿是天师门下也，又立一治。今按《玄都职治律》第九云：代元治平都治是巡游治也。是知峨嵋治等亦是游治。①

可见，除极个别异文外，《云笈七籤》所引《太真科》卷下"二十八宿要诀"所载二十八治主十二辰生人，与《要修科仪戒律钞》《三洞珠囊》所引相关内容基本相合，故《要修科仪戒律钞》《三洞珠囊》未注明出处的这一记载，确系《太真科》的内容。

大渊忍尔先生辑《太真科》时将上述《云笈七籤》的内容全部采入，我们认为从"天师以汉安元年七月七日立四治，付嗣师"开始的文字，应该不是《太真科》的内容，原因如下：（1）这段文字的内容与前面"二十八宿要诀"有重复也有差别，同一部书不应重复且矛盾如斯，而且小注有云"此四治说与前大同小异"，显然应该是出自不同文献；（2）这段文字中峨眉治等不见于二十八宿治，且后有今按《玄都职治律》云云，似乎暗示上述系师立八品游治恐亦出自《太真科》之外的文献。（3）这段文字亦被《三洞珠囊》卷七所引用，差别仅限于我们在括号里注明的部分，云出自《张天师二十四治图》，②说明这段文字当非《太真科》中的文字。

三种文献所引《太真科》对各治所主十二辰生人基本相同，但是有细微差别，需要加以辨正：

1. 钟茂、具山治应是主巳生人。《云笈七籤》引《二十八宿要诀》及《要修科仪戒律钞》卷十云钟茂、具山二治主未生，《三洞珠囊》云主巳生，当以《三洞珠囊》所云为正，因为此段文

---

① （宋）张君房撰，李永晟点校：《云笈七籤》，北京：中华书局，2003年，第649—652页。
② 《道藏》第25册，第331、334页。

献是以十二支（辰）生人配于二十八治，不当缺巳生人，而《要修科仪戒律钞》《云笈七籤》缺；《要修科仪戒律钞》《云笈七籤》所引均记载主簿、玉局、北邙主未生，钟茂、具山不当再与之重复。

2.《要修科仪戒律钞》漏了北平治而衍北邙治，涌泉、稠粳应主子生，北平、本竹应主亥生。《要修科仪戒律钞》卷十《治所属》无北平治而出现两次北邙治，《云笈七籤》引《二十八宿要诀》《三洞珠囊》均把北邙治放在二十四治最后一位，故，《要修科仪戒律钞》"涌泉、北邙二治主子生"，当作"涌泉、北平二治主子生"。这样一来，《要修科仪戒律钞》所载二十八治主十二辰生人与《云笈七籤》所引《二十八宿要诀》及前揭《三洞珠囊》有所不同。《要修科仪戒律钞》卷十曰"涌泉、北邙（当作北平）二治主子生，稠粳、本竹二治主亥生"；①《三洞珠囊》曰"第十一虚宿，上治元神，下治涌泉山；第十二危宿，上治丹田，下治稠粳山，此二治主子生。第十三室宿，上治常光，下治北平山；第十四壁宿，上治金梁，下治本竹山，此二治主亥生"。② 由上引史料可知，《云笈七籤》与《三洞珠囊》相同，很明显，二十八治是按照二十八宿角、亢、氐、房、心、尾、箕、斗、牛、女、虚、危、室、壁、奎、娄、胃、昴、毕、觜、参、井、鬼、柳、星、张、翼、轸顺序排列的，《要修科仪戒律钞》的顺序不确，当作"涌泉、稠粳二治主子生，北平、本竹二治主亥生"。

总之，前揭《要修科仪戒律钞》《云笈七籤》《三洞珠囊》中关于二十八治配二十八宿与十二辰生人对应的记载全部来自刘宋初年成书的《太真科》。经对比，《太真科》中二十八治与二十八宿的对应关系与《无上秘要》卷二十三引《正一炁治图》、《三洞珠囊》卷七《二十四治品》引《五岳名山图》《张天师二十四治图》相同。不同文献的记载如此吻合，应该足以证明，《太真科》中所载的二十四治与二十八宿的对应关系是东晋末南北朝时期的共识，尽管我们还不能确定《无上秘要》卷二十三引《正一炁治图》、王悬河《三洞珠囊》卷七《二十四治品》引《五岳名山图》《张天师二十四治图》与《太真科》是否有沿袭关系。

有证据表明，和《太真科》成书时间大致接近的北方天师道也认为二十四治山对应二十八宿，且阳平对应角宿。北魏寇谦之《老君音诵诫经》载老君曰：

> 吾本授二十四治，上应二十八宿，下应阴阳二十四气，授精进祭酒，化领民户。道陵演出道法，初在蜀土一州之教，板署男女道官，因山川土地郡县，按吾治官靖庐亭宅，与吾共同领化民户，劝恶为善。阳平山名，上配角宿，余山等同。而后人道官，不达幽冥情状，故用蜀土盟法，板署治职。敕令文曰：今补某乙鹤鸣、云台治，权时篆署治气职，领化民户，质对治官文书，须世太平，遣还本治。而九州土地之神，章表文书，皆由土地治官真神而得上达。有今闻道官章表时，请召蜀土治宅君吏，他方土地之神，此则天永地隔，人鬼胡越。吾本下宿治号令之名，领化民户。道陵立山川土地宅治之名耳，岂有须太平遣还本治者乎？

---
① 《道藏》第6册，第966页。
② 《道藏》第25册，第331页。

> 从今以后，诸州郡县男女有佩职箓者，尽各诣师，改宅治气。按今新科，但还宿官，称治为职号。①

寇谦之于北魏太武帝始光初（约424）献书，活跃在北魏太平真君年间，卒于太平真君九年（448）②，批评的当然是北魏境内的天师道情况，可见当时北魏境内的天师道业已认为治与二十八宿有了紧密的对应关系，且阳平配角宿，与《太真科》同，"须世太平，遣还本治"之文又表明那时至少北魏境内所有的"治"都具有鲜明的侨置性质，仍以巴汉原置之治为本治，很明显在形式上沿袭了蜀地的一些传统。

南北天师道虽然不排除有交流，但寇谦之批评北天师道的情况与《太真科》成书时间非常接近，此时的北方天师道不可能是受《太真科》影响而将二十八宿配诸治，因此至迟在南北朝初，二十八宿配诸治已经是南北朝天师道的共识，故应是上承张鲁旧说。

更重要的是，吉阳治、平都治、阿逢治、慈母治、黄金治、太华治、青城治、峨眉治等见于《要修科仪戒律钞》卷十所引《太真科》及《无上秘要》，却并不配于二十八宿，其中最值得注意的是吉阳治，《无上秘要》卷二十三引《正一炁治图》云在魏郡，③《受箓次第法信仪》收南朝梁天师十三世孙张辩《天师治仪》云"主土在魏郡邺县"，④则吉阳治必然是在张鲁降曹徙邺之后所置，它不被配于二十八宿，从一个侧面说明《太真科》所载二十八治配于二十八宿早于吉阳等治建立时，保存了张鲁在巴汉时的旧法，并非后来比附。

证明张鲁时已经将二十八宿配于诸治的意义在于，我们可以将之放在东汉末期的社会和文化情景中，审视当时如此构建圣地的理论来源与现实意义。

三、二十四治圣地建构的天文分野说来源与地方主体意识

由上可知，除了玉局治之外，其他治都与山对应。我们认为，张道陵至张鲁构建这样的宗教圣地，应是借鉴了汉代纬书中将二十八宿配山的学术传统。

刘宗迪先生指出：李淳风《乙巳占》卷三载《二十八宿山经》中有将二十八宿对应山的做法，《开元占经》卷六十则载有《二十八宿山经》中的二十八宿对应二十八山的详细情况，以二十八山为中介将二十八宿与九州列国相对应；同书引纬书《降象河图》和《洛书》，前者将九州名山昆仑、泰山、王屋等配属天星，后者以《禹贡》山川配属二十八宿，实与《二十八宿山经》出自同一机杼，这很可能是一种很古老的传统，《山海经》中就留下了以山峰配星宿的线索。⑤我

---

① 《道藏》第18册，第216—217页。
② （北齐）魏收：《魏书》卷一百一十四《释老志》，北京：中华书局，2017年，第3315—3316页。
③ 《道藏》第25册，第65页。
④ 《道藏》第32册，第224页。
⑤ 刘宗迪：《失落的天书——〈山海经〉与古代华夏世界观》，北京：商务印书馆，2006年，第24页。

们知道关于《河图》《洛书》的纬书，盛行于东汉，《禹贡》又是常见之书，据传本是儒生的张道陵，从中汲取以二十八宿配山的思想构建宗教圣地是合乎情理的。《河图》《洛书》在两晋南北朝时期的道教中也很受重视，例如《抱朴子内篇》卷六云："按《易内戒》及《赤松子经》及《河图记命符》皆云，天地有司过之神，随人所犯轻重，以夺其算，算减则人贫耗疾病，屡逢忧患，算尽则人死，诸应夺算者有数百事，不可具论。"①《太上正一盟威法箓》中有"太上九一河图宝箓"，②也从一个侧面暗示了汉代《河图》《洛书》纬书对道教的深刻影响。

需要特别注意的一个事实是，汉代将山川、九州、十二邦配于二十八宿的学术传统，是将天上之星宿与全国各区域匹配起来。张道陵、张鲁活动的东汉末年，是国家分崩的时代。张道陵至张鲁借鉴汉代纬书配天下二十八山于二十八宿的观念，配巴蜀汉中的诸山于二十八宿，使得巴蜀汉中成了一个具有完整天文学、宗教学体系，在学理上具有超越性和独立性的神圣区域，这不能不视为是东汉国家分崩时地方认同升高的曲折反映，同时也使得五斗米道信徒对本地的认同得到了极大的提升，并通过宗教理论的学习与实践③不断地重复和加强这种认同。

张道陵、张鲁构建的这种神圣区域和圣地认同，一方面具有强烈的地方主体意识色彩；另一方面则在宇宙论和宗教学论述上超越了中古时期极其强烈的民族、身份乃至郡望认同与界限，因而具有开放性和包容性。从残存的史料中，我们看到，极易产生矛盾的多种民族杂处之地，张鲁治区却"民夷便乐之"，④超越了民族认同；还看到张鲁降操，巴汉本地二十四治衰落之后，在天下大乱之时，素不相识的流民帅李特、李雄对道教徒范长生的尊敬与合作，⑤明显超越了居住地的差别和身份差别；东晋吴国钱塘人杜子恭作为道教徒，所典为"阳平治"，⑥超越了郡望与地域认同。我们还能看到，东晋南北朝时期，无论南方还是北方，都有侨置二十四治的痕迹。除前揭陈国符先生指出的东晋上清经的传人许家常所使祭酒李东所受为"天师吉阳治左领神祭酒"，刘宋陆修静批评南方天师道时说，"谓自受天师平盖、玉局之徒，乃署人阳平、鹿堂"，寇谦之时代北方有二十四治之外，湖南长沙出土的元嘉十年（433）徐副买地券记载徐副为八配治之一代元治的黄书契令，⑦尽管这种侨置的二十四治宗教管理模式与行政隶属已经和张鲁时代有重大差别，但对宗教圣地的认同并无二致，足以证明当年张道陵至张鲁构建的独特宗教地理空间影响之深远，兼具地方本位与开放性。虽然随着宗教活动场所的变革，南北朝后期已经很少能见到这种侨

---

① 王明：《抱朴子内篇校释》，北京：中华书局，1985年，第115页。
② 《道藏》第28册，第466页。
③ 二十四治与天师道科仪的研究，参见［法］傅飞岚著，吕鹏志译：《二十四治和早期天师道的空间与科仪结构》，《法国汉学》第七辑，北京：中华书局，2002年，第212—253页。
④ （晋）陈寿：《三国志》卷八《张鲁传》，北京：中华书局，1964年，第230页。
⑤ 参见唐长孺：《范长生与巴氏据蜀的关系》，《魏晋南北朝史论丛续编》，北京：中华书局，2011年，第176—184页。
⑥ 关于杜子恭的研究，参见唐长孺：《钱塘杜治与三吴天师道的演变》，《山居丛稿续编》，中华书局，2011年，第182—201页。
⑦ 王育成：《徐副地券中天师道史料考释》，《考古》1993年第6期。

置的二十四治，但是直至唐宋时期，至少在天师道的仪式中，二十四治的影响仍然顽强地存在着。[1] 法箓、仪式是维持这种独特认同的最重要的纽带，这也是直到道观成为主流宗教活动场所之后，二十四治的神圣性并未消失的要因。

我们现在很难找到其他材料证明《太真科》中所载各治主十二辰生人为汉中旧法，但我们倾向于认为这也很可能是汉中旧法，因为将十二辰生人配于二十八治的做法，正好与二十八宿配于二十八治一样，均来自古代天文分野学说，两者存在紧密的关系，下面我们将进行证明。

在中国古代星宿分野理论中，将二十八宿配于十二次、十二辰、十二分野（有些是十三分野）是常见的做法。[2] 汉代以降，二十八宿与十二辰的对应关系，在诸家著述中略有差别，现在表格中先列出本文前面辨正的道教治、宿、十二辰的对应，然后附上《汉书》《晋书》所载诸家十二辰对应的宿度，[3] 以资比较。

治	阳平	鹿堂	鹤鸣	漓元	葛璝	庚除	秦中	真多	昌利	隶上	涌泉	稠粳	北平	本竹	蒙秦	平盖	云台	浕口	后城	公慕	平冈	主簿	玉局	北邙	冈互	白石	钟茂	具山
宿	角	亢	氐	房	心	尾	箕	斗	牛	女	虚	危	室	壁	奎	娄	胃	昴	毕	觜	参	井	鬼	柳	星	张	翼	轸
辰	辰	辰	辰	辰	卯	卯	寅	寅	丑	丑	子	子	亥	亥	戌	戌	戌	酉	酉	申	申	未	未	未	午	午	巳	巳
次	寿星				大火		析木		星纪		玄枵		诹訾		降娄		大梁		实沈		鹑首		鹑火			鹑尾		
《汉书》十二次宿度节气	轸十二度白露—中角十度秋分—氐四度				氐五度寒露—中房霜降—尾九度		尾十度立冬—中箕七度小雪—斗十一度		斗十二度大雪—中牵牛初冬至—女七度		女八度小寒—中危初大寒—危十五度		危十六度立春—中营十四度惊蛰—奎四度		奎五度雨水今日惊蛰—中娄四度春分—胃六度		初胃七度谷雨今日清明—中昴八度清明今日谷雨—毕十一度		毕十二度立夏—中井初小满—井十五度		井十六度芒种—中井三十一度夏至—柳八度		柳九度小暑—中张三度大暑—张十七度			张十八度立秋—中翼十五度处暑—轸十一度		

---

[1] 南北朝之后二十四治的相关史料及其影响参见陈国符：《南北朝天师道考长编》，载《道藏源流考》，北京：中华书局，2012年，第306—365页；王纯五：《天师道二十四治考》，成都：四川大学出版社，1996年。此不赘引史料。另外，近年在江苏扬州市墓葬出土的唐昭宗乾宁四年（897）都功版记载有"系天师二十代孙"在某乡招贤里真仙观传授给京兆府万年县洪园乡青贵里康周子阳平治职，其中云"请迁授天师门下大都功，版署阳平治右炁……须世太平，遗还本治"之文，见南京大学历史学院文物考古系、扬州市文物考古研究所：《江苏扬州市秋实路五代至宋代墓葬的发掘》，《考古》2017年第4期。所谓的"系天师二十代孙"显然不是在巴汉的阳平治传授治职，可以看出，直至晚唐，即使已经以道观为主要活动场所，有资格传授阳平治职的天师子孙仍然以张鲁时期确定的阳平治为本治，前揭寇谦之批评的情况仍然某种程度地存在，足证张鲁时期构建的二十四治在天师道经戒、法箓、法位传授中的重要性及其仪式中顽强的传承。感谢山东大学儒学高等研究院、《文史哲》编辑部孙齐先生教示笔者《考古》所载此条材料并示下录文。

[2] 陈遵妫：《中国天文学史》，上海：上海人民出版社，1982年，第419—425页；李勇：《对中国古代恒星分野和恒星分野式盘研究》，《自然科学史研究》1992年第1期。

[3] （汉）班固：《汉书》卷二十一下《律历志》，北京：中华书局，1964年，第1005—1006页；（唐）房玄龄等：《晋书》卷十一《天文志》，北京：中华书局，1974年，第307—309页。费直、蔡邕之说亦见《晋书》此处附注。

费直	起轸七度	起氐十一度	起尾九度	起斗十度	起女六度	起危十四度	起奎二度	起娄十度	起毕九度	起井十二度	起柳五度	起张十三度
蔡邕	起轸六度	起亢八度	起尾四度	起斗六度	起女二度	起危十度	起奎八度	起胃一度	起毕六度	起井十度	起柳三度	起张十二度
《晋书》	轸十二度至氐四度	氐五度至尾九度	尾十度至南斗十一度	南斗十二度至须女七度	须女八度至危十五度	危十六度至奎四度	奎五度至胃六度	胃七度至毕十一度	毕十二度至东井十五度	东井十六度至柳八度	柳九度至张十六度	张十七度至轸十一度

虽然并非合若符契，但仍能看出早期天师道的宿辰对应与教外天文学中的宿、辰对应接近，尤其是与《汉书》的记载最接近，这种不完全对应应该是因为天师道中二十八宿各对应一山，而辰则经常横跨数宿的缘故。类似做法在世俗文献中也常见，例如，《史记》中，兖州对应角亢氐，① 并不绝对在某一辰，《晋书》卷十一《天文志》则记载鬼谷子、诸葛亮等也认为角亢氐对应兖州分野，② 很难与天文学的十二辰所在二十八宿度密合。因此可以判定，张道陵至张鲁建构的二十四治、二十八宿、十二辰生人正是借鉴了汉代以来二十八宿与十二辰对应的天文学传统。

张鲁时代以二十八宿、十二辰生人配二十八治对后世确有影响。除前揭南北朝和唐前期文献外，值得注意的还有明代《受箓法信次第仪》所收天师十三世孙梁武陵王府参军张辩所撰《天师治仪上》，其中有二十八宿与二十八治的对应。③ 虽然《天师治仪》仅见于此，但这则材料应该是可靠的：一方面，《受箓法信次第仪》中比较了其与《太真科》的异同，关于《太真科》的记载全部见于传世文献征引，我们知道明代所修《道藏》中已经没有《太真科》，因此该书当另有较远的传承，而新加了一些明代的内容；另一方面，《太平御览》卷六百六十六《道学传》记载梁武帝曾为天师十二世孙张裕建招真馆，《上清道类事项》卷一记载梁简文帝曾为之制碑，④ 则江南天师后人与梁皇室的关系非常密切，那时有十三世孙是可以接受的。其中具山治出现两次，而未出现北平治，显然是有讹误。其中具山（应为北平）上应危宿，稠粳上应室宿⑤，刚好与《太真科》相反，我们认为应是传本讹误所致。更加需要重视的是张辩武陵王参军的身份，天师十二世孙张裕与皇室关系密切，十三世孙供职武陵王府合情合理，应可信从。而武陵王萧纪在梁具有重要地位。《梁书》载大同三年（537）闰九月，扬州刺史武陵王纪为安西将军、益州刺史，⑥ 大宝三年（552）年"四月乙巳，益州刺史、新除假黄钺、太尉武陵王纪窃位于蜀，改号天正元年"，

---

① （汉）司马迁：《史记》卷二十七《天官书》，北京：中华书局，1959年，第1330页。
② （唐）房玄龄等：《晋书》卷十一《天文志》，北京：中华书局，1974年，第309页。
③ 《道藏》第32册，第222—223页。
④ 陈国符先生辑《道学传》时已经注意到此事，参陈国符《道藏源流考》，第495页。
⑤ 《道藏》第32册，第222页。
⑥ （唐）姚思廉：《梁书》卷三《武帝纪》，北京：中华书局，1973年，第82页。

承圣二年（553）七月兵败身死。① 萧纪治蜀十六年，虽然现在没有任何史料表明张辩是在蜀地编撰的《天师治仪》，然而这种可能性是存在的，如果真的在此时编撰此书，不能不说具有强烈的政治企图，其实是想通过重新加强早已存在的巴蜀道教圣地认同，为政治割据提供宗教理论支持。

张鲁此说对唐代道教关于二十四治的文献也有重要影响。前揭《三洞珠囊》卷七中有引《张天师二十四治图》，陈国符先生云："盖即唐道士令狐见尧撰《正一真人二十四治图》。"② 然而《三洞珠囊》的作者王悬河是高宗武则天时人，③《新唐书》卷五十九载令狐见尧撰《正一真人二十四治图》时说令狐见尧是"真（即贞）元人"。④ 贞元为唐德宗年号，与高宗武后相距甚远，则《三洞珠囊》所引《张天师二十四治图》非《正一真人二十四治图》。明代曹学佺《蜀中广记》所引《张天师二十四治图》绝大多数内容均与《三洞珠囊》卷七所引《张天师二十四治图》相同，但是最大的不同在于，《蜀中广记》卷七十二所引有将十二辰生人配于二十八治的记载，此为《三洞珠囊》所引无，且《蜀中广记》所引《张天师二十四治图》所载二十八治主十二辰生人基本上与《太真科》所载相同，只有玉局治，文中云"非人所生，属水，又云主未生人"，则《蜀中广记》并非从《三洞珠囊》《云笈七籖》等书中采《太真科》杂配，而是确实有所本。我们怀疑有两种可能性：一是曹学佺所见《张天师二十四治图》确系《三洞珠囊》所引的《张天师二十四治图》，但《三洞珠囊》所引是节文，曹学佺所引是全本；另一种可能是曹学佺所引实乃令狐见尧所撰《正一真人二十四治图》，令狐见尧所撰之书大部分因袭了《三洞珠囊》所引之书，但有增加内容，即根据《太真科》增补了二十八治所主十二辰生人。无论如何，《太真科》中所载前述内容，确实在唐代道教关于二十四治的文献中有重要影响。

不仅唐前期如此，即使是在盛唐至中晚唐杜光庭时，张鲁时代的旧说仍有重要影响。如前所述，玉局上应鬼宿，葛璝上应心宿，均是张鲁旧说。《道教灵验记》卷十七《成都玉局化洞门石室验》载："天师以为，玉局上应鬼宿，不宜开穴通气，将不利分野，乃刻石以闭之。……节度使长史章仇兼琼，开元中遍修观宇，崇显灵迹，欲开洞门，使人究其深浅。发石室之际，晴景雷震，大风拔木，因不敢犯。"⑤ 章仇兼琼开元二十七年（739）至天宝五载（746）为剑南节度使。⑥《广成集》卷十二为王建所作《大王初修葛仙化告真词》曰："伏以九陇名区，三仙化迹，上通心宿。"⑦《广成集》卷十四《蜀王葛仙化祈雨醮词》亦有相同说法，⑧ 说明从开元直到杜光庭编撰《灵化二十四》之后，张鲁旧说一直有重要影响。

如果说将二十八宿配于巴蜀汉中二十八山有明显的帝国分崩和地方主体认同的背景，而借鉴二十八宿配十二辰，将十二辰生人配于二十八治，使得各治下的个人在宗教上可能命属他治，这就将各治连成了一片。更重要的是，这种建构并没有规定专为道教徒而设，更没有规定特定地

---

① （唐）姚思廉：《梁书》卷五《元帝纪》，北京：中华书局，1973年，第127、133页。
② 陈国符：《道藏源流考》，北京：中华书局，2012年，第328页。
③ ［日］吉冈义丰：《道教と佛教》，东京：日本学术振兴会，昭和三十四年（1959），第256—258页。
④ （宋）欧阳修、宋祁等：《新唐书》卷五十九《艺文志》，北京：中华书局，1975年，第1521页。
⑤ （唐）杜光庭：《道教灵验记》卷十七，收入罗争鸣：《杜光庭记传十种辑校》，北京：中华书局，2013年，第337—338页。
⑥ 郁贤皓：《唐刺史考全编》，合肥：安徽大学出版社，2000年，第2947页。
⑦ （唐）杜光庭撰，董恩林点校：《广成集》，北京：中华书局，2011年，第168—169页。
⑧ 同上，第198页。

域、民族的人才命属特定的治，而是通过把人出生的年支配于各治涵盖了所有的人，因而具有很强的开放和包容性。虽然我们没有找到魏晋南北朝时期教外人士因此而醮祭二十四（或二十八）治的记载，但是中晚唐时期迁入西川的外来人士祭祀二十四化的史事，证明我们这种判断并非凭空臆想（详后）。

然而，至迟在中唐时期，道门中和社会上已经出现了新的治、宿、生人配法。下面我们将进行力所能及的考察。

四、杜光庭《灵化二十四》以降治、宿、生人配的变化及其影响

诚如前贤已经指出的，杜光庭《灵化二十四》中的二十八宿、六十甲子生人的配法与此前有重要差别，那么，需要追问的是，杜光庭《灵化二十四》中的二十四治配二十八宿、二十四节气、六十甲子生人基于何种理论？这种配法是他本人的发明，抑或对已经流行的理论的总结？这牵涉到二十四化宗教意涵的变化，值得进行力所能及的考察。

杜光庭撰于天复辛酉（901）八月四日的《灵化二十四》（表中简称 A）中只记载二十四治与二十八宿、二十四节气、六十甲子生人的对应关系，[①] 并不记载配治，这与成书于宋代的《太上三五正一盟威箓》[②]（表中简称 B）及成书于政和六年至政和八年间的《太上感应篇》卷二十八（表中简称 C）方式接近，[③] 但三书在具体对应上又有重要差别。为方便讨论，现将三书中二十四化与二十八宿、二十四节气、六十甲子生人的对应列表如下：

治	阳平	鹿堂	鹤鸣	漓元	葛璝	庚除	秦中	真多	昌利	隶上	涌泉	稠粳	北平	本竹	蒙秦	平盖	云台	浕口	后城	公慕	平冈	主簿	玉局	北邙
A宿	角	亢	氐房心	尾	箕	斗	牛	女	虚	危	室壁	奎	娄	胃	昴	毕	觜参	井	鬼	柳	星	张	翼	轸
A节气	寒露	霜降	立冬	小雪	大雪	冬至	小寒	大寒	立春	雨水	惊蛰	春分	清明	谷雨	立夏	小满	芒种	夏至	小暑	大暑	立秋	处暑	白露	秋分
B宿	虚	危	室壁	奎	娄	胃	昴	毕	觜参	井	鬼	柳	星	张	翼	轸	角亢	氐	房	心尾	箕	斗	牛	女
B节气	立春	雨水	惊蛰	春分	清明	谷雨	立夏	小满	芒种	夏至	小暑	大暑	立秋	处暑	白露	秋分	寒露	霜降	立冬	小雪	大雪	冬至	小寒	大寒
C宿	角亢	女	氐	房	星	心尾	轸	斗	牛	箕	虚	室壁	危	翼	娄	胃	昴	毕	张	觜参	鬼	奎	井	柳
C节气	寒露	大寒	霜降	立冬	秋分	小雪	冬至	小寒	大雪	立春	惊蛰	雨水	白露	清明	谷雨	立夏	小满	处暑	芒种	小暑	春分	夏至	立秋	大暑

---

① 罗争鸣：《杜光庭记传十种辑校》，北京：中华书局，2013年，第303—306页。
② 《道藏》第28册，第426—465页。
③ 《太上感应篇》的成书年代，李冀《〈太上感应篇〉文本来源及其成书时间考析》，《宗教学研究》2017年第1期。二十四治的相关记载见《道藏》第27册，第133页。

| A所主生人 | 甲子申寅甲戌 | 戊午乙卯戊申 | 庚辰壬辰 | 丙辰戊辰 | 己卯丁卯辛卯癸卯 | 丙寅庚寅戊戌 | 戊寅庚子壬寅 | 乙丑丁丑 | 己酉己丑 | 辛丑癸丑 | 丙子癸亥 | 壬子壬午 | 乙亥己亥 | 乙巳辛巳辛亥 | 甲戌丙戌 | 丁巳己巳癸巳 | 丙午庚午庚戌 | 乙酉丁酉 | 辛酉癸酉 | 甲申壬申庚申 | 戊戌丁亥 | 乙未己未癸未 | 丁未辛未 | 戊子甲午 |

从上表可知：

1. 表中所载与《太真科》相比，最明显的差别是，此三书是用二十四治配二十八宿，不将四备治配宿，而二十四治无法每治一宿，于是不得不让某治配一个以上的宿，《灵化二十四》《太上感应篇》所载遵循了汉末以来阳平配角宿的惯例，而《太上三五正一盟威箓》则以角宿配云台，依次按二十八宿的顺序对应。

2.《灵化二十四》阳平治对应角宿寒露，之后二十八宿、二十四节气依次对应二十四治，《太上三五正一盟威箓》则阳平治对应虚宿立春，之后二十八宿、二十四节气依次对应二十四治。虽然其对应关系和《太真科》所代表的张鲁旧说已经有很大不同，但是二十四治的顺序与二十八宿、二十四节气的顺序仍然是清晰的。而《太上感应篇》则已经不再遵循魏晋南北朝以来的二十四治的顺序。原因不详。

3.《太上三五正一盟威箓》《太上感应篇》中宿对应的节气相同，而《灵化二十四》与之除角至尾有细微差别（参见表中加粗之处）之外，其他相同。从上表可知，这显然是因为这几个宿分组不同所致。

通过上表也可明显看出，杜光庭以降重视二十四治与节气之间的对应关系，这与《太真科》不同，而且杜光庭以降宿度与节气的对应关系与《汉书》所载有重要差别。那么其原因何在？下面，我们将首先论证早期天师道可能已经承认治、宿、节气之间有固定的对应关系，其次再分析杜光庭以降与《汉书》所载不同的原因。

虽然我们现在难以在道经中找到张鲁至南北朝、唐前期二十四治或二十八治与二十四节气的对应关系，但是有材料表明，道教在很早时已经将教外天文学家的二十四节气学说引入到了自己的教义中。《三洞珠囊》卷七《二十四气品》引早期天师道的重要经典《玄都开辟律》曰："二十四气为天使。一气十五日，一岁十二月，月二气，终岁为二十四气，皆是自然之气也。"① 可为明证。而在汉代，节气与太阳运行至十二次的某一位置是紧密对应的。陈遵妫先生指出："十二次虽然为了表示岁星位置而创立，但古人（笔者按，主要是指汉代和汉代以前）则用以观测日月五星的运行和节气的早晚。……《汉书》所说的'日至初为节，至其中为中'，是以太阳所到的次，作为节气的标准，这就是后世所谓太阳过宫。"② 而十二次与十二辰、二十八宿度皆有固定的对应关系，因此既然张道陵和张鲁借鉴天文学的分野学说将二十八治与二十八宿、十二辰对应起来，自然也必须承认治与节气也有固定的对应关系，这应该是杜光庭以降重新厘定二十四治与宿、节气对应关系的学术远源。

---

① 《道藏》第 25 册，第 334 页。
② 陈遵妫：《中国天文学史》，上海：上海人民出版社，2006 年，第 281 页。

杜光庭以降宿与节气的对应关系与前表《汉书》中的记载有重大不同的原因在于天文史家发现了岁差，认识到南北朝隋唐时期并非日至某次之初为节、日至该次之中为中（气）。二十八宿是古人由间接参酌月球在天空的位置，来推定太阳在天空的位置而设定的。① 由于二十八宿宿度在古代的变化极小，但冬至太阳在宿度的时间则不固定，所以二十四节气在不同时代历法中的宿度有一定的差别。② 由于杜光庭撰写《灵化二十四》的时间与《汉书》成书时间相距甚远，所以两者所载的节气所在宿度有差别。相对而言，杜光庭距《太上三五正一盟威箓》《太上感应篇》成书时间较近，所以相似度更高。

总而言之，杜光庭以降二十四治、宿、节气的对应关系相对于早期发生的变化，一方面与杜光庭等不再重视备治有关，另一方面与不断汲取新的天文学成果有关。那么，这种变化是不是从杜光庭开始的呢？

我们前面指出，张鲁前述旧说在杜光庭时代仍有影响，然而可能在中唐时，至迟晚唐时，已经出现了不同的说法。杜光庭《广成集》卷一《代陶福太保修浕口化请额表》曰："伏以浕口化者，即二十四化之第十八也，节应配于小满，列宿应于毕星……伏惟陛下，轩帝灵源，缑山仙绪。"③ 将浕口化配于毕星和小满，既与《太真科》所载张鲁旧说不同，也与杜光庭《灵化二十四》所载不同，而与《太上感应篇》相同。陶福是前蜀之将，④ 文中之陛下乃王建，这一方面说明，在杜光庭唐末撰写的《灵化二十四》中治与宿、节的配法即使是杜光庭本人也没有完全采用；另一方面说明，《太上感应篇》虽然成书比《灵化二十四》晚得多，但是其中的一些内容却有很早的来源。应该可以认为，至迟在晚唐五代，道教经典和社会上流行的多种治、宿、节的配法，既有源远流长的张鲁时期的传统，也有各色人等的新说法，这本身就意味着道教二十四治圣地建构的变迁。

在杜光庭之前，已经有将六十甲子生人配于二十四治的做法，并且影响深远。《道教灵验记》卷二《韦皋令公修葛璝化验》记载：

> 南康王太尉中书令韦公皋……忽梦二神人谓之曰："天下诸化，领世人名籍，吾子名系葛璝，禄食全蜀……异日当富贵，无以葛璝为忘也。"……俄而驾出奉天，郡守奔难行在，皋率土客甲士，馈挽军储，以申扈卫。以功就拜防御使，复请赴觐行朝，德宗望而器之。既平寇难，大驾还京，以功检校右仆射、凤翔节度使。恳让乞改西川，乃授西川节度……而葛璝之事，久已忘矣。又梦二神人曰："富贵而忘所因，其何甚耶？"公梦觉流汗，惊骇久之。乃躬诣云林，炷香祷福。遂命工度木，择日修崇……知无不为……自制碑刊于洞门之侧，上构层楼……在镇二十余年，封以王爵矣。即本命丁卯，属葛璝化也。⑤

---

① 陈遵妫著，崔振华校订：《中国天文学史》第2册，上海：上海人民出版社，1982年，第306页。
② 可参见昊羽：《唐宋四人吉时的理论来源、变化及其实践》，《"中央"研究院历史语言研究所集刊》（第八十八本第二分），2017年，第263页。
③ （唐）杜光庭撰，董恩林点校：《广成集》，北京：中华书局，2011年，第1页。
④ （五代）孙光宪：《北梦琐言》佚文，见《太平广记》卷三百五十二，北京：中华书局，1961年，第2789页。
⑤ 罗争鸣：《杜光庭记传十种辑校》，北京：中华书局，2013年，第176—177页。

按，韦皋生于天宝四年（745），卒于永贞元年（805）八月，时年六十一。① 天宝四年是乙酉年，离丁卯年甚远，此则记载韦皋本命丁卯显然有误，但是应该在杜光庭之前已有将本命干支配于诸化的做法。无独有偶，《道教灵验记》卷九《青城丈人真君示现验》记载：

> 大和六年壬子，节度使赞皇李公德裕差军将蔡举二人就山修斋，便令访寻草药。蔡举于六时岩下……因见二神人行虚空中……举惊悸问曰："何鬼神也？"前一人答曰："我是竹枝老。"又指其后人曰："此是璜之璪。我有密语两纸，可一一记之，录与尚书。今年西蜀合有水灾，以修斋之故，我回后山一峰，堰水向东。梓州当秋大水，即其应也。"于是授以密语，述李公吉凶未兆之事，蔡举一一记之。归常道观，录于纸上，果得两纸。依神人之言，封题送李公……是年八月，东川水深数丈，西蜀无害。李公历问官寮及道流，解隐语不得。李公曰："'竹枝老'，丈人也，此当是丈人真君耳。'璜之璪'者，本命属葛璜化，亦恐是化中灵官。特此示见，以彰灵应也。"②

按，李德裕生于丁卯年，大和六年（832）十二月方离川入京为兵部尚书，③ 则本故事在时间上均相合，且李德裕确有道教信仰，在蜀也曾生病，④ 则本故事有事实依据。虽然我们对其中的神异之事难以认同，但揆诸史事，至迟在唐文宗大和年间，某年生人属于某化的观念应该早已深入人心。不过《太真科》中云卯生人属葛璜治，我们很难坐实这一观点。李德裕时是按照《太真科》旧说，还是依丁卯生人属葛璜化？由于以干支纪本命更为流行，我们倾向于认为李德裕时期已经有以丁卯人属葛璜化的观念。而且王建为蜀王时已经认为丁卯年生人属葛仙化（即葛璜化），据《广成集》卷九《蜀王本命醮葛仙化词》记载："况岁当丁卯，是臣元命之年；月届仲春，是臣禀生之节。诣本命之化，以本命之辰，虔备香灯，精申祷祝。"《广成集》卷十二《亲随司空为大王醮葛仙化词》曰："臣以本使蜀王元命之辰，配属兹化。"⑤ 可为其证。

因此我们认为，杜光庭将六十甲子生人配于二十四化的做法，不同于《太真科》所载，目前未见其他文献征引，但很可能是对当时或之前已经流行的说法的整合，在蜀地很有影响。遗憾的是，我们目前尚不清楚六十甲子配二十四化的原理，只能留待将来。

更加值得注意的是，无论是韦皋、李德裕还是王建，都非蜀人，来到蜀地后，却都认识到二十四化和自己有着切身的关系，这说明，道教构建某年生人命属某化的理论，对加强蜀地外来人口对蜀地和道教圣地的认同具有不宜忽略的重要意义。

---

① 参赵文润：《论韦皋》，《人文杂志》1984年第5期；（后晋）刘昫等：《旧唐书》卷一百四十《韦皋传附刘辟传》，北京：中华书局，1975年，第3824—3826页。
② 罗争鸣：《杜光庭记传十种辑校》，北京：中华书局，2013年，第239—240页。
③ 傅璇琮：《李德裕年谱》，石家庄：河北教育出版社，2001年，第14、199页。
④ 王永平：《李德裕与道教》，《文史知识》2000年第1期。
⑤ （唐）杜光庭撰，董恩林点校：《广成集》，北京：中华书局，2011年，第132、169页。

五、小结

通过以上考察，我们有以下几点认识：

第一，《太真科》所载二十八治与二十八宿、十二辰生人的对应关系，应是张道陵、张鲁时代的旧说。这种构建道教圣地的做法借鉴了汉代已经存在和流行的山岳、二十八宿、十二辰紧密对应的天文分野学术传统，使得巴蜀汉中成了一个在学理上具有超越性和独立性的神圣区域，这不能不视为是东汉国家分崩时地方认同升高的曲折反映，同时也使得五斗米道信徒对本地的认同得到了极大提升，并通过宗教理论的学习与实践不断地重复和加强这种认同，从而具有强烈的地方主体意识色彩。这一学说一直到晚唐仍有重要影响。

第二，通过将二十四治（或二十八治）与十二辰生人（或六十甲子）联系起来，使得道教对巴汉的道教圣地治在宇宙论和宗教学论述上超越了中古时期极其强烈的民族、身份乃至郡望认同，也超越了地域，使之与每个人的切身利益联系起来，因而具有很强的开放性和包容性。它一方面使得在巴汉之外的道教信徒以之为圣地，另一方面使得来川的外地人快速地对蜀地有了很强的认同感，并进而使得全国各地的天师道信徒都通过道教仪式和相关的箓来体认二十四治的神圣性，入川的外地人韦皋、李德裕、王建等对本命化的崇拜和重视，便是明证。

第三，中晚唐时期借鉴天文学的新进展，调整治、宿、生人之间的关系，一方面是对汉末以降宗教学术精神的继承，另一方面则是修正和创新。从某种程度上说，这或许便是道教在汉魏南北朝、唐宋这段漫长的时间里，在传承中变迁的一种典型方式。

论《太平经》与传统天文学的关系

孙伟杰[*]

摘 要:《太平经》作为道教早期重要经典之一,在经文书写过程中,援引了中国传统天文学尤其是汉代天文学的大量内容,主要涉及星宿学说、漏刻制度和历法思想三大领域。《太平经》此举除了体现出其对传统天文学的继承,更重要的是意图通过对天文现象、计时器具、制历方法等的重新诠释以达到调和世俗和神学伦理价值的目的。

关键词:《太平经》 星宿 漏刻 历法

《太平经》卷帙浩繁、内容庞杂。作为一部宗教典籍,《太平经》杂取阴阳五行、神仙方术等不同学说以宣示其信仰理念,其中不乏传统天文学尤其是汉代天文学思想的影响。《太平经》中"内则不能究于天心,出则不能解天文、明地理,以占覆则不中,神灵不为其使,失其正路,遂从惑乱"的论述,[①]一语便指出掌握天文有助于役使神灵,保持正路而不惑乱人心。这样的例子还有很多。因此,本文将从星宿学说、漏刻制度以及历法思想三个方面入手,对《太平经》与传统天文学的关系进行论述。

作为早期道教的代表性经典,《太平经》自汉以后,历代皆有著录,足见其流传久远,只可惜现在流传之版本皆已残缺不全。今人王明先生以《正统道藏》本《太平经》为据,经多方校勘整理而出的《太平经合校》一书,基本恢复了《太平经》的本来面貌,成为目前学界最为权威的版本。本文的讨论将依据此书展开。

---

[*] 作者简介:孙伟杰,哲学博士,四川大学道教与宗教文化研究所副研究员。
① 王明编:《太平经合校》,北京:中华书局,2014年,第182页。

一、《太平经》所见传统星宿学说

（一）日、月、星"三光"

《太平经》中论述最多的星宿是日、月、星，三者又被称为"三光"。经文对三者的理解首先是将它们视为一个综合系统，从整体上进行描述。最常见的做法是将日、月、星与君臣百官进行比照，认为"日象人君，月象大臣，星象百官，众贤共照，万物和生"。[1] 除此之外，还有将日与君王、月与皇后、星与贤臣相对照的说法，认为"帝王行道德兴盛，日大明，少道德少明。皇后行道德，月大光明，少道德少光明。众贤行道德，星历大耀，少道德少耀。四根俱行道德，天下安宁，瑞应出，大光远。遥观天象，风雨时善，夷狄归心，灾害自消"。[2]《太平经》在此将道德教化与天文星象相联系，认为如果人间社会施行道德，便会天降瑞象，以示福祉。之所以重点突出君王与日的对应，是因为"阳者，日最明，为众为长"，所以在日常星占活动中，"常以日占君盛衰也"。[3]

在此基础上，日、月、星的运行也常被视为人间社会祸福的表征。《太平经》认为："天地之间，凡事各自有精神，光明上属天，为星，可以察安危。"[4]"日月为其大明，列星守度，不乱错行，是天喜之证也。"[5] 同样，人间社会的治乱也可以在星象上得到体现："天者，小谏变色，大谏天动裂其身，谏而不从，因而消亡矣。三光，小谏小事星变色，大谏三光失度无明，谏而不从，因而消亡矣。"[6] 依据事件影响程度的不同，显现出天变色、星变、三光失度、三光消失等不同天象表征。所以，《太平经》不遗余力地强调天文与人文的对应，提出"三光行道不懈，故著于天而照八极，失道光灭矣"的说法，并认为天上有"五星察其过失"。尤其是对于君王的约束和示现表现得更为显著："王者复德，德星往守之。行武，武星往守之。行柔，柔星往守之。行强，强星往守之。行信，信星往守之。相去远，应之近。"在古代社会，君王是被视为"天之子"的人间国主，其一举一动都会在天象上得以示现，因此也就更需要注意自己的言行，这也是中国传统天文学在强调观测天象之余，重视人文举措的重要原因。中国传统天文学是一种天人感应的学问，意在通过天象的权威以延伸道德伦理的教化范围，赋予天象以人文属性，所以《太平经》才会在上述一番言论之后提出"天人一体，可不慎哉"[7] 的警示。

我们知道，汉代星辰司命信仰在社会上十分流行。《汉书·天文志》曾言："星者，金之散气，其本曰人。"三国魏人孟康注解道："星，石也，金石相生，人与星气相应也。"[8] 东汉王充《论衡·命义篇》曰："众星在天，天有其象。……天有百官，有众星，天施气而众星布精。天所

---

[1] 王明编：《太平经合校》，北京：中华书局，2014年，第15页。
[2] 同上，第312页。
[3] 同上，第271页。
[4] 同上，第703页。
[5] 同上，第332页。
[6] 同上，第103页。
[7] 同上，第16页。
[8] （汉）班固：《汉书》卷二十六，北京：中华书局，1962年，第1292—1293页。

施气，众星之气在其中矣。人禀气而生，含气而长，得贵则贵，得贱则贱。贵或秩有高下，富或资有多少，皆星位尊卑小大之所授也。"① 在汉代人的视野中，人与星气休戚相关，甚至人的尊卑都是由星位来决定的。受此风气影响，《太平经》提出"籍系星宿，命在天曹"②的主张，认为："形身长大，展转相养，阴阳接会，男女成形，老小相次，禀命于天数。于星二十八宿展转相成，日月照察不得脱，更直相生，何有解息。……日月星宿皆持命，善者增加，恶者自退去，计过大小，自有法常。"③ 也就是说人们的命数会被日月星宿掌管，星辰会根据人们的善恶来增减寿数，这一理念是对中国传统天文学思想的延续，只是更加具体到每个人的寿命，彰显出天文对于人文的重要影响。

由于星辰与人的生死直接相关，《太平经》还提出了对于人、鬼的理解，认为："生人，与日俱也；奸鬼物，与星俱也。日者，阳也；星者，阴也。是故日见则星逃，星见则日入。"④ 与之相应，出于对日月星的崇奉以及由此附加其上的道德伦理要求，《太平经》还形成了对"三光"的禁忌，认为恶人不能"久视天日月星宿也"。⑤ 凡此种种，皆意图说明天文星象与人伦道德的密切关联。

（二）北斗星、北极星

除了整体上对日、月、星进行阐释之外，《太平经》谈论最多的星宿是北斗星和北极星，这与二者在中国古代星宿体系中的重要地位直接相关。

先看北极星。《史记·天官书》记言："中官，天极星，其一明者，太一常居也。"⑥ 这是中国古代关于北极星的经典表述，将其比于中官，可见北极星在星官体系中的核心地位。对此，《太平经》提出："天有三名，日、月、星，北极为中也。"⑦ 并将帝王比作北极星，人民比作众星，认为："帝王比若中极星，默常居其处，而众星共往奏事也。大者居前，中者居中，小者居后。一星不得，辄有绝气，天行为伤。夫星者，乃人民凡物之精光。故一人不得通于帝王，一星亦不得通也。"⑧ 这与《论语》"为政以德，譬如北辰，居其所而众星拱之"的说法不谋而合，都是以北辰与众星为例说明君王与百姓之间和谐共生的密切关系。

再看北斗星。北斗星是传统星宿体系的枢纽，是古人用以观象授时的重要标志物。《鹖冠子》曾记载："斗柄东指，天下皆春；斗柄南指，天下皆夏；斗柄西指，天下皆秋；斗柄北指，天下皆冬。"⑨《淮南子·天文训》曰："帝张四维，运之以斗，月徙一辰，复返其所，正月指寅，十二月指丑，一岁而匝，终而复始。"同时，北斗也被视为天帝的车驾，兼具宗教神学上的意义。北斗的这一双重内涵在《史记·天官书》中被概括为："斗为帝车，运于中央，临制四乡。分阴阳，

---

① （汉）王充撰，黄晖校释：《论衡校释》卷二，北京：中华书局，1990年，第46—48页。
② 王明编：《太平经合校》，北京：中华书局，2014年，第562页。
③ 同上，第566页。
④ 同上，第52页。
⑤ 同上，第568页。
⑥ （汉）司马迁：《史记》卷二十七，北京：中华书局，1959年，第1289页。
⑦ 王明编：《太平经合校》，北京：中华书局，2014年，第19页。
⑧ 同上，第481页。
⑨ 《鹖冠子》卷上，《道藏》第27册，第207页。

建四时，均五行，移节度，定诸纪，皆系于斗。"① 除此之外，由于北斗是七星的总称，人们又将七星分为"魁"（前四星）与"柄"（后三星）两部分，其中"斗魁"又被称为"斗勺"，"斗柄"又被称为"斗罡""斗建"。二者在职能上亦有分工。一般而言，"斗魁"被赋予凶杀之意，象征不好的事情，《后汉书·天文志》便有"北斗魁主杀"的说法。"斗柄"由于常用来标示方位和时间，在日常生活中更为重要，因此常与贵气、王气相连，成为吉祥好事的象征。

关于北斗的这些说法在《太平经》中得以沿袭。经中提到一种名为"天谶格法"的法术，其言曰："东南为天斗纲，斗所指向，推四时，皆王受命。西北属地，为斗魁所击者，死绝气。故少阴太阴，土使得王，胜其阳者，名为反天地，故多致乱也。"② 经文将东南方位与"斗纲"相应，视为王命所在，将西北方位与"斗魁"相连，认为充满了死绝之气，是多乱之地。再比如经文提到："天斗所破乃死，故魁主死亡，乃至危也。故帝王气起少阳、太阳，常守斗建。死亡气乃起于少阴、太阴，常守斗魁。"③ 这里将"斗建"与帝王气、"斗魁"与死亡气相对应的说法与上文一脉相承。

（三）日月蚀、星灾

在上述星辰之外，《太平经》还涉及对日月蚀以及星灾的解释。《太平经》卷九十二《三光蚀诀》以问答的形式阐述了"蚀"的成因：

> 请问天之光，何故时蚀邪？善哉，子之所问。是天地之大怒，天地战斗不和，其验见效于日月星辰。然亦可蚀，亦可不蚀，咎在阴阳气战斗。何故战斗乎？阴阳相奸，递争胜负。夫阴与阳本当更相利佑，共为和气，而反战斗，悉过在此不和调。如使和调不蚀，亦当不蚀邪？然，大洞上古最善之时，常不蚀，后生弥弥，共失天地意，遂使阴阳稍稍不相爱，故至于战斗。子以吾言不然也。子使德君案行吾文，尽得其意，战斗且止；小得其意，小止；半得其意，半止。如不力行，固因耳。请问：夫日月蚀，以何知为时运相逢邪？……何故于一年之间日月蚀，无解矣。或连岁不蚀，运何以然。帝王多行道德，日月为之不蚀，星辰不乱其运。④

此段文字主要讲述了三个问题：一是认为天地不和会通过日月星辰显现出来，日月蚀的出现便是天地不和的表现。二是认为上古最善之时，阴阳和谐，不会经常出现蚀，后世因为阴阳不相爱才会出现蚀。三是将日月蚀、时运与帝王的德行相联系，认为只要帝王多行仁义，日月便不会蚀，星辰也不会乱其运势。这种基于阴阳相斗相和做出的解释，并非为了从现代天文学意义上对日月蚀的成因进行科学解说，而是出于倡导一种道德仁治的社会理想，归根结底是借天象以言人事。

这样的解释在《太平经》中并非个案，同卷"万二千国始火始气诀"亦有相类似的说法，同样也是以问答的形式展开。其文曰：

> 请问：天下共日月、共斗极，一大部乃万二千国，中部八十一域，分为小部，各一

---
① （汉）司马迁：《史记》卷二十七，北京：中华书局，1959年，第1291页。
② 王明编：《太平经合校》，北京：中华书局，2014年，第281页。
③ 同上，第314页。
④ 同上，第377—378页。

国。……德劣者，乃或无一平之土，悉有病变，令一国日月战蚀，万二千国中，宁尽蚀不？斗极不明，万二千国，宁尽不明不乎？善哉，深邪远邪眇邪！子所问也。……一国有变，独一国日不明，名为蚀。比近之国，亦遥睹之，其四远之国，固不蚀也。斗极凡星不明，独失其天意者不明，其四远固不蚀。……今是日月运照，万二千国俱共之，而其明与不明者处异也。有道德之国，其治清白，静而无邪，故其三光独大明也，乃下邪阴气不得上蔽之也。不明者，咎在下共欺上，邪气俱上蔽其上也。无道之国，其治污浊，多奸邪，自蔽隐，故其三光不明矣。①

提问者首先提问：天下万千国家面对的是同一个日月、同一个斗极（北斗和北极星），那么当德行不好的国家出现日月蚀和斗极不明的现象时，其他国家会不会也同样出现呢？这一问题非常具有代表性。按照现代天文学的解释，日月蚀是当太阳、月球和地球三者运行至一条直线时出现的天文现象，因此有其特定的观测角度，并不是地球上所有位置的人都可以看到。在《太平经》所处的汉代，人们已经能够对日月蚀给出较为合理的解释，因此引文中"一国有变，独一国日不明，名为蚀。比近之国，亦遥睹之，其四远之国，固不蚀也。斗极凡星不明，独失其天意者不明，其四远固不蚀"的说法形象地说明了日月蚀和斗极不明的现象只会发生在特定的国家，由近及远以至极远的其他国家是不会发生的。这一解释合乎实际的天文观测。在此基础之上，《太平经》另附有伦理道德的说教，认为发生日月蚀的国家是由于道德不明导致邪气上行遮蔽了日月和斗极，这种解释很显然是出于劝人行善的考量。

此外，《太平经》中还借"六方真人"与"天师"之口言及流星之事。经中提到三种流星现象，分别是：流星出天门入地户；流星出太阳入太阴；列宿流入天狱。对此，《太平经》解释道：

初始一流星出天门，入地户。天门者，阳也，君也。地户者，阴也，民臣也。今民臣，其行不流而上附，返上施恩于下。

二事见太阳星乃流入太阴中。太阳，君也，太阴，民臣也。太阳，明也，太阴，暗昧也。今暗昧，当上流入太明中，此比若民臣暗昧，无知困穷，当上自附归明王圣主，求见理冤结。今反太明下入暗昧中，是象诏书施恩，下行者见断绝，暗昧而不明，下治内独乱，而暗蔽其上也。又象比近下民，所属长吏，共蔽匿天地灾变，使不得上通，冥冥与民臣共欺其上，共为奸之证也。

三事见列宿星流入天狱中。夫列宿者，善正星也，乃流入天之狱。狱者，天之治罪名处也。恐列士善人，欲为帝王尽力，上书以通天地之谈，返为闲野远京师之长吏所共疾恶，后返以他事害之，故列宿乃流入狱中也。②

针对上述三种流星现象，《太平经》更多的是援取阴阳学说从社会治理层面对其进行讨论，旨在借用异常天象来阐述其一贯追求的君臣共治的世俗伦理，倡导一种君为主、臣为辅的价值追求。

---

① 王明编：《太平经合校》，北京：中华书局，2014 年，第 380—381 页。
② 同上，第 322—324 页。

二、《太平经》所见汉代刻漏制度

刻漏是古代重要的天文计时工具，《太平经》对此亦有论及。其文曰：

> 春夏秋冬，各有分理，漏刻上下，水有迟快。参分新故，各令可知，不失分铢。各置其月，二十四气，前后箭各七八气，有长日亦复七八以用出入。祠天神地祇，使百官承漏刻，期宜不失，脱之为不应，坐罪非一。故使昼夜有分，随日长短，百刻为期，不得有差。有德之国，日为长，水为迟，一寸十分应法数。今国多不用，日月小短，一刻八九，故使老人岁月当弱反壮，其年自薄，何复持长时。①

引文强调刻漏对于奉祠天神地祇的重要性，为了更准确地计算时间，刻漏之数应根据二十四节气的变化进行调整，此处虽然没有明确提到采用的是哪种刻制的漏刻之法，但从"今国多不用，日月小短，一刻八九"的说法来看，社会上至少应存在两种不同的刻漏制度。秦汉之时，社会上流行的漏刻是一昼夜百刻制，不过在汉代却有两次改行一昼夜一百二十刻的时期，分别是汉哀帝和王莽时，而这两次改制都与道教有着或多或少的联系。

先来看汉哀帝改制刻漏。据《汉书·李寻传》记载，汉成帝时，齐人甘忠可作造《天官历包元太平经》十二卷，"以言汉家逢天地之大终，当更受命于天，天帝使真人赤精子，下教我此道"。贺良等人私下学习甘忠可之书。后哀帝初立，采纳贺良等人的建议，认为"汉国再获受命之符"，于是诏制丞相御史大赦天下，改元革新，其中一项重要的举措便是"漏刻以百二十为度"。② 汉哀帝听取贺良等人的建议，认为时年正值符命之时，于是改制漏刻。贺亮等人曾私习甘忠可之书，此书很可能即是甘忠可用以演说汉家更命主张的《天官历包元太平经》。

再来看王莽对刻漏之法的改革。《汉书·王莽传》记载："（居摄三年）十一月甲子，莽上奏太后曰：陛下至圣，遭家不造。遇汉十二世三七之厄，承天威命，诏臣莽居摄。……前孝哀皇帝建平二年六月甲子下诏书，更为太初元将元年，案其本事，甘忠可、夏贺良谶书臧兰台。臣莽以为元将元年者，大将居摄改元之文也。于今信矣。……以居摄三年为初始元年。漏刻以百二十为度，用应天命。"③ 王莽在改革刻漏制度时，曾言及甘忠可、夏贺良之谶书，此谶书很可能包括《天官历包元太平经》。

考察汉哀帝和王莽对于刻漏的改制过程，可以发现两者有以下重合之处：一是两次改革刻漏制度都是由于符命、三七之厄等学说的影响而施行新政，变刻漏是新政的举措之一；二是这些学说都可以追溯至夏贺良和甘忠可以及甘忠可造作的《天官历包元太平经》。考虑到《天官历包元太平经》与《太平清领书》以及《太平经》之间的隐秘联系，我们相信如果《天官历包元太平经》中本已记有一昼夜百二十刻的刻漏之法，那么汉哀帝、王莽以及《太平经》中的刻漏之说很可能都是承袭自《天官历包元太平经》。

---

① 王明编：《太平经合校》，北京：中华书局，2014年，第221页。
② （汉）班固：《汉书》卷七十五，北京：中华书局，1962年，第3192—3194页。
③ （汉）班固：《汉书》卷九十九，北京：中华书局，1962年，第4093—4094页。

三、《太平经》与汉代历法、历数思想

敦煌遗书所出《太平经目录》中著录有《历术分别吉凶决》一文，从篇名来看，应是讲述使用历术预测吉凶之法，只可惜在现存《太平经》中已阙失。不过在现存经文中仍可见《太平经》对历法、历数思想的诸多论述。

（一）历

《太平经》将历法、历数思想的源头追溯至上古之时，认为："上古之人，失得来事，表里上下，观望四方。四维之外，见其纪纲，岁月相推，神通更始，何有极时。星数之度，各有其理，未曾有移动。事辄相乘，无有复疑，皆知吉凶所起，故置历纪。三百六十日，大小推算，持之不满分数，是小月矣。"① 也就是说上古之人通过观察掌握了星辰的运行规律，进而创制出历法，并设定出大小月。类似的说法在《太平经》中另有体现，例如："从太初已来，历有长短，甚深要妙。从古至今，出历之要，在所止所成。辄以心思候算，下所成所作无不就，并数相应绳墨，计岁积日月，大分为计。"② 从使用数绳墨计时来看，此处的"太初"显然不是指《太初历》，而是指远古的"太初"之时。

此外，《太平经》还说："日思月建帝气者致大神，思相气者致中神，思杀气者致小神，思月建后老气者致老物，思月建后病衰气者致邪鬼，思月建后死气者致纯鬼，思月建后破气者致破杀凶恶咎害也。"③ 经文在此强调存思需要按照一定的建除历忌思想选择合适的时机进行。

（二）闰法

早在殷代，古人为了调节太阴年和太阳年的长度差异便创制出了置闰之法，此后置闰成为中国古代历法制定的重要环节之一。由于《太平经》并非专门的天文历法著作，经文对置闰方法的言说并不翔实，我们以涉及闰法最多的《国不可胜数诀》为例，略述一二。

文中提到一年通常是十二个月，置闰之后便多出一个月："子欲知其审，比若数，十而终，一岁反十二月乃终，尚闰并其中，时有十三月，此之谓也。"④ 此处只是略言十三月是闰月，并没有指明多出的这个月是年终置闰还是年中置闰。再比如文中提到的"五岁再闰"法，其文曰："岁月数，独十二也，尚五岁再闰在其中也。此应天地之更起在天，天洞虚之表里，应为天地并数。故十二月反并为一岁，尚从闰其中。此十二月者，乃元气幽冥，阴阳更建始之数也。"⑤ "五岁再闰"是中国传统历法中常说的"三年一闰、五年再闰、十九年七闰"中的一种。这种置闰方法起源很早，《易·系辞上》中已有"五岁再闰，故再扐而后挂"的说法，到东汉时已为人们所熟知。《后汉书·张纯传》载："《礼》说三年一闰，天气小备；五年再闰，天气大备。"《太平经》在此处只是站在阴阳历数的立场进行描述，并没有涉及具体的置闰方法。

---

① 王明编：《太平经合校》，北京：中华书局，2014 年，第 221 页。
② 同上，第 222 页。
③ 同上，第 717 页。
④ 同上，第 406 页。
⑤ 同上，第 402 页。

除此之外，《太平经》还提到："从天地阴阳中和三法失道已来，天上多余算，蓄积不施行，何也？……然天之受命，上者百三十，谓之阳历闰余也。其次百二十，谓岁数除纪也。其次百岁，谓之和历物纪也。人当象是为年。今失三法已来，多不竟其年者。"① 此处虽然提及"阳历闰余""岁数除纪""和历物纪"等历法、历数的名词术语，但更多的只是用以区分人的命寿之数。

（三）三统之历

《太平经》中还可见到三统之历的影响。"三统"的说法可上溯至春秋时期的"三正"论。所谓"三正"，就是古人理解的夏、商、周三代分别以孟春月、季冬月、仲冬月为正（岁首），后来逐渐被简称为建寅、建丑、建子。② 这一学说后来成为王朝更替和制定历法的理论依据，后世董仲舒的三统说乃至刘歆的《三统历》都深受其影响。下面我们以《汉书·律历志》的记载为例，来看一下刘歆《三统历》对"三统"的理解：

> 三代各据一统，明三统常合，而迭为首，登降三统之首，周还五行之道也。故三五相包而生。天统之正，始施于子半，日萌色赤。地统受之于丑初，日肇化而黄，至丑半，日牙化而白。人统受之于寅初，日孽成而黑，至寅半，日生成而青。天施复于子，地化自丑毕于辰，人生自寅成于申。③

根据此段引文，"三统"的基本理论架构可归结为两大部分：一是三统（代）循环更替；二是历数意义上的天统于子、地统于丑、人统于寅。这两部分内容在《太平经》中都有所体现。

先看三统循环的说法。《太平经·万二千国始火始气诀》提到："夫天地人三统，相须而立，相形而成。比若人有头足腹身，一统凶灭，三统反俱毁败。若人无头足腹，有一亡者，便三凶矣。故人大道大毁败，天地三统灭亡，更冥冥愦愦，万物因而亡矣。"④ 此处的"三统"并非"三代"更替的"三统"，而是借用"三统"之名以表明天地人三者之间"相须而立，相形而成"的紧密联系。像这样化用"三统"的例子在《太平经》中还有很多，例如《三合相通诀》云："天正以八月为十月，故物毕成。地正以九月为十月，故物毕老。人正以亥为十月，故物毕死。三正竟也，物当复生。……故天地人三统俱终，实核于亥。……天地人正俱毕竟，当复反始。不实不核，不得其意，天地且不悦喜，其灾不除，复害来年。"⑤ 这里的"三统"也是化用三统循环的理论来解释天地人三者不可或缺其一，《太平经》的上述阐释可以从伦理层面得到更好的理解。

再看历数意义上的天、地、人三统。《太平经》云："今天有六甲十二子，皇道当于何起？然天有三统，各有大无。初一者天皇，二者帝，三者王，四者霸。天皇起于上甲子，地皇起于乙丑，人皇起于丙寅，霸道起于丁卯。是天历气数也。地历者，皇道起于子，帝道起于丑，王道起于寅，霸道起于卯。此四者，初受天地微气造生，不得有刑。有刑者伤皇道，道法不得有伤。"⑥ 此段引文不仅提到了天皇与甲子、地皇与乙丑、人皇与丙寅的对应关系，此三者与历数意义上的

---
① 王明编：《太平经合校》，北京：中华书局，2014年，第713页。
② 有关"三正论"的讨论，参见钱宝琮：《从春秋战国到明末的历法沿革》，《历史研究》1960年第3期。
③ （汉）班固：《汉书》卷二一，北京：中华书局，1962年，第981—985页。
④ 王明编：《太平经合校》，北京：中华书局，2014年，第385页。
⑤ 同上，第160页。
⑥ 同上，第725页。

三统对应理论一致,而且还新提出了霸道与丁卯的对应,将"三统"增加为"四统"。再比如《三者为一家阳火数五诀》云:"今甲子,天正也,日以冬至,初还反本;乙丑,地正也,物以布根;丙寅,人正也,平旦人以兴起,开门就职。"[①] 此处也是在历数意义的三统匹配关系之上做出了自己的新诠释。整体而言,《太平经》对历法、历数思想的采纳更多的只是借用其概念和形式来为自己的信仰理念服务,并没有涉及深奥的历法数据。

结语

道教教理教义的建构需要一定的思想基础。《太平经》所处时代,正值道教创始之初,尚未形成系统性、典型性的神学理论,因此在对神学理论进行塑造的过程中,难免大量汲取当时社会的流行思想。本文选择以传统天文历法对此问题进行深入关照,通过以上论述,我们认为《太平经》确实大量援取了传统天文学的某些思想,不过同时也存在单纯借用某些天文概念的情况。这种化用天文学思想以阐释其信仰理论的做法,增强了经典的理论依据,进而扩大了道教的社会影响。此种模式可简称为"援天入道",这也是后世道教与传统天文历法互动的基本模式之一。

[①] 王明编:《太平经合校》,北京:中华书局,2014年,第694页。

清代道教仪式音乐研究

蒲亨强*

摘 要：本文根据道教仪式文献，从种类、经韵音乐、传承三方面研究清代道教仪式音乐的基本特点；认为其以继承传统为主，更多地继承了宋元黄箓斋的新潮样式，另外保留了祈禳、课诵类仪式，并进一步规范化；认为清代道教仪式音乐的发展性主要体现为传度仪的转型和经韵的世俗化扩充，其与全真道的复古思潮并行不悖，共同构成雅俗交融的格局。

关键词：清代道教仪式　种类　传承　经韵　雅俗交融

宋代兴起的全真道更多地追求复古清修的教义，注重四出传道，逐渐与统领全国符箓道的正一道分庭抗礼。至清代道教各派已然统归于全真、正一两大道派。两大道派的基本仪式框架虽然共同继承了古老的灵宝斋仪，但在各自的仪式程序名称和用法上则有了一些区别，特别是在音乐形式和风格上，更有雅俗分化发展的态势。

清中晚期正一派渐失帝宠，更多地转向民间发展。而长期沉寂的全真道则审时度势，发起中兴运动，通过公开设坛、四处传戒，影响渐盛。全真道一向坚持住观清修的规制和复古的观念，无论在教义教规、服饰饮食或日常生活形态上均更多地保留了传统元素。其仪式音乐更是如此。从存见的科仪音乐文献来看，全真道的著述之多之详均远超正一派，更为完整准确地保留了古老的传统内容。以规模较大且影响甚巨的文献为例，有如下数种。

一为清末成都二仙庵刊行的清乾隆年间青城山道士云峰羽客陈仲远校辑的《广成仪制》，其汇集了全真道科仪文本二百七十余种，将全部仪式分为"正朝""集"或"全集"，各为规模不等的仪式音乐文本，名目繁多，用途广泛，尤以度亡类仪式占突出地位，体现出历史继承和与时俱进的综合平衡。

另有清光绪三十二年（1906）成都二仙庵雕版印行的彭定求编辑的《全真正韵》。它是常用

---

* 作者简介：蒲亨强，文学博士，西南大学教授，宗教音乐、民族音乐教育方向博士生导师。基金项目：本文受到2011年国家社科基金艺术学项目资助（项目批准号：11BD035），同时受到西南大学2012年度人文社会科学研究重大项目培育经费资助（项目批准号：2XDSKZ004）。

的经韵唱词的专辑，收录韵目凡73首，除最后一首《河南三上香》在传统韵目名称上增添了地名之外，余曲皆沿袭前代传统韵目的唱词和标题，可证清末全真道仍极少受世俗影响，完整而顽强地保留了传统。此韵集并未按仪式分类来编排，应该具有经韵教材的性质，供教习经韵专用。其所记经韵并附打击乐演奏符号，但无旋律记号，须师传方可得授。正韵之意为正统经韵，又因其在各地十方丛林通用，又名"十方韵"。

《全真正韵》的韵目以沿袭传统灵宝派韵目居多，有少部分为新见。全真道素重仪式音乐的传承。元代全真宫观设夜坐制度和讲筵，以讲经师讲经。① 全真丛林亦设有"韵学"，由高功教授十方韵。② 故《全真正韵》显然是在继承传统基础上的一个选编拓展本。

上述两种文献虽标明为全真道所用，实际上也涵盖了包括正一道在内的清代道教所用经韵的主体内容。

一、仪式音乐种类

清代道教仪式音乐大体保留了传统的种类。虽然因为斯时官府资助减少或中断，道教自身生存困难，已无力或无心施行徒耗钱财的传度仪，③ 但仪式音乐的传度并未消失，而是转换为更分散简易的形式，被宫观丛林或道士个人的讲学方式所替代。另外，长期不载于仪式文献的课诵仪式在清代得以规范和刊行，也值得注意。下面介绍并分析清代常用的道教仪式音乐种类。

（一）上表仪

上表仍是祈禳类仪式的常用类型，《广成仪制》收有多种上章仪，内容大体相同，唯有繁简差异，现选介分析两种。

1. 进表上章总朝全集

清宣统三年辛亥成都二仙庵藏本④所记载的节目甚详：

（步虚）⑤，全真演教天尊。卷帘。三宝赞。香赞。水赞。解秽。各礼师，称职。上启。献茶，小赞，送化，三献，唱小步虚前三段。三启颂，宣表，遣关，宣开天符，送化赞（香花送），回坛，转经，忏悔，谢三宝，上启，发十二愿，复炉咒，出户咒。谢师。回向。

此仪所用18首经韵中与《全真正韵》相同的有12首。

此仪由自然朝的通用程序与进章专用程序综合构成。此仪的新特点，一是送化这一核心程序较之前略简化，二是媚神环节明显烦琐化，为了取悦神灵、获得襄助，由此增添了诸多新仪新

---

① 详参张广保：《金元全真道内丹心性学》，北京：三联书店，1995年，第57—58页。
② 武理真：《全真教十方丛林之规制》，《中国道教》1987年第2期。
③ 历代传度仪以传承道业为上，只要求弟子量力奉献资产，基本不考虑收费问题。
④ 《藏外道书》第15册，第390—409页。
⑤ 本章凡加有括号的标题，表明原文无载，一部分是笔者根据当代相同唱词经韵名而定，一部分是取首句唱词而定，以便古今比较，识其来龙去脉。

韵，如香、水、茶、送化诸赞。

2. 玉帝正朝集

向玉皇大帝上表之仪，程序严谨，节目丰富，且新增较多专用节次和曲目。其程序如下：

> 卷帘，香供养，金容玉相天尊。各礼师，宣卫灵。发炉出官，称职上启。金钟玉磬击鸣，运乐迎表，功接表，开函咒，誉词达御天尊，众念薰表偈。功念薰表咒，念入函咒，举五官偈，步罡，发开天符，三献，运乐送化，诵弥罗诰，送朱表，三宝赞，转法轮转宝经。三上香，重称法职，发愿，举还神入户天尊，复炉，出堂咒，谢师，回向下坛①。

全仪所用韵目15首，用《全真正韵》韵目7首。

此仪结构完整，逻辑性强。先卷帘觐见尊神，然后发炉上启斋意，再进入核心的迎送表，最后再现复炉等节目，并以典型的谢师回向完成全仪。

上两种上表仪形式大同小异，框架节目都有共性，大体沿袭了宋元上表仪的模式，表现通神、媚神和谢神的逻辑，有少量新增节目和经韵反映了时代发展因素。其中南朝宋仪式中用以通神的对应性框架节目"发炉－出炉"重新运用，体现了复古思潮。

（二）施食仪

施食是开度仪式的常用类型，始见于南宋，在清代已衍生出多种名目，但其仪式框架程序大体雷同。现选介全真道所用两种，正一道所用一种，以见其异同，观其大要。

1. 青玄济炼铁罐施食全集

清代的施食是最盛行的开度类仪式，各地各派支系名目甚多，但框架程序大致雷同。全真道所传的《青玄济炼铁罐施食全集》（后简称《青玄施食》）② 内容最丰富。青玄帝是专施救苦慈功之神。元代已有"青玄黄箓救苦妙斋"。"济"谓解亡灵的饥渴，"炼"以精神炼其神形。"铁罐"为萨祖真君施食之器物。③ 此仪集济炼与施食为一体，而以施食为重。全仪程序如下：

> 步虚，举太乙救苦天尊，幽冥韵，香赞，举香云达信天尊，称法职，上启救苦天尊，香供养，宣牒，飞云捧送天尊。高功拜座，提纲，变相，提纲，举高升平坐天尊，称扬大赞，黄箓妙偈，仰启神咒，吟三礼，三拿鹅，云逍引，提纲，柳枝雨，返魂香，众诵救苦经，高功破十八狱。叹词1，召请五方童子引魂。叹词2，摄召，五供养，众吟悲叹真言，普召，返魂香，十伤符，阴小赞，骷髅真言。叹词3，众念咒破丰都，开咽喉，咒食，举清凉甘露天尊，施供咒，五厨经，志心皈命礼，梅花引，青华宝诰，洒甘露，举修真悟道天尊，举酥酡摩味天尊，举法食神变天尊，变食，修设斋筵，挂金锁，刀兵偈子，举逍遥快乐天尊，三皈依，传戒偈，举法桥大度天尊，举闻法得度天尊，宣宝箓章，宣灵书中篇，济炼，法桥大度，回谢。

全仪约用43首韵，其中用《全真正韵》34首。

---

① 《藏外道书》第14册，第222页。
② 同上，第589—635页。
③ 详见任宗权：《道教科仪概览》，北京：宗教文化出版社，2006年，第343页。

此仪先施食，传戒后济炼，总体结构沿袭宋元施食的三段体，先请神召灵，再破狱救亡开喉施食，最后三皈传戒。此仪新特点有三。首先，请神程序简化，以法师存想化神变相为救苦天尊，代神行法，省略了派体内神请神的中介环节；其次，仪式在赞神叹亡灵和变食设宴上大加渲染，扩充出诸多新韵；最后，经韵多有标题和唱法揭示，音乐运用更加清晰可辨。

2. 铁罐斛食全集①

此仪为全真道所用，结构内容大体上为仪的稍简化版，主要程序为：

> 上香参鬼王，步虚韵，吟三礼，三拿鹅，云道引，高功升座，摄迹归本天尊，幽冥韵，十方救苦天尊，功代五老冠变神，黄箓妙偈。叹词2，② 上启救苦天尊，宣救苦疏，咒幡，诵灵宝救苦妙经，降甘露，念追魂咒，发路炬，歌斗章，志心召请，五方童子引魂，摄召，诵开丰都真言，众诵说经偈，破丰都咒，破十八狱。叹词3，称扬召请大偈，举超凌仙界天尊，青华宝诰，十伤符，阴小赞。叹词4，开咽喉，召五方童子，修设斋筵，挂金锁，刀兵偈子，施食咒，调诵五厨经，三皈依，授戒，度法桥，元始灵书中篇，送魂，济炼，生天，下坛回谢。

全仪用韵27韵，含《全真正韵》17首。

此仪作为《青玄施食》的简化版，少用了15首韵，但其他框架程序并无二致。

以施食为主，兼顾祭炼，反映了全真道施食仪式的基本结构特点。

3. 太极灵宝济炼③

清代正一道科仪多趋于俗化，清乾隆三十二年龙虎山敕封妙正真人娄近垣编《太极灵宝济炼》是最有代表性的正一派传施食仪，主要程序为：

> 举天尊，上香，班首等吟东井偈，诵青华宝诰，齐鸣钧乐，摄召，举天尊，吟召请偈，知磬举来临法会天尊，洒净。吟天尊说经偈，举五龙荡秽天尊，众持诵荡秽灵章吟荡秽咒，步罡入水池。吟太阴神咒，宣水牒，诵灵书中篇。步罡入火沼，吟太阳神咒，建火沼，诵灵书中篇。发擂，吟青华赞，诵清静经。法师内炼，默诵大洞玉章，吟灵宝天尊偈，返魂香，上启斋意，举度人无量天尊，洒甘露。吟救苦赞，随便奏乐一阕，举慧光普照天尊重和，焚慧光符，开通长夜天尊，焚符。吟丰都咒，举大圣三宝天尊，吟神虎三召，宣普召牒。叹词5，摄召，吟十召请偈，召天医，医治形体偈，知表举五帝全形天尊，全形升度。叹词6，举元皇荡秽、清水度魂、荡除阴秽等天尊，叹词，解释冤愆，宣杀伤符命，加持法食。举酥酏味味天尊，念东方甲乙咒（五厨经），知表举五气天尊。变食，举神变万灵、太乙救苦天尊。享食，洒甘露，施食咒，举度人无量天尊，宣斛偈，重诚上启。水炼，火炼，水火交炼，知磬举变炼有形天尊，吟青元导魂章。举逍遥快乐天尊，三皈依，智慧颂，传九真大戒，奉戒颂。授宝箓，重诚上启，谢神，送圣颂，吟送亡偈，向来，举广度沉沦天尊。吟青华赞，知

---

① 《藏外道书》第14册，第568—588页。
② 因清代各仪均有诸多叹词，其运用顺序并不一致。为便于查找核对，本文按青玄济炼仪中所用叹词之顺序而标序号固定之。其他仪式所用叹词均按与此序号对应的唱词命名，而非按其运用之序数。
③ 《藏外道书》第17册，第629—672页。

磬举齐鸣钧乐，回坛谢师，吟香赞，发擂，礼毕下坛①。

此仪所用32条韵中《全真正韵》韵目占了28首。此仪虽然大体仍沿袭宋元派灵宝祭炼仪，基本仪式韵目多与全真派同类仪式雷同，但也有两个较大的区别。首先，仪式重心置于祭炼，上香通神后马上进入繁复的水火炼度，然后进行的破狱施食略显简化；其次，韵目标题保留传统的严谨度略有欠缺，显现出俗化变异色彩。

上三种施食仪文献的特点是重实践性和可操作性。其法术和经韵唱念法的记录非常细致，道派差异也有清楚的显现。首先，在仪式结构上，全真重施食，正一重炼度；其次，在音乐运用上，全真重韵，正一重器。正一道仪式对器乐有大量的运用，以营造热闹气氛，仪式中多有"奏乐""随便奏乐""齐鸣钧乐""发擂""音乐随""曲牌"等器乐演奏，并使用多首民间器乐曲工尺曲牌。再次，正一道仪式经韵标题变异较多，或多名为偈。这些反映了两大道派在吸收道外音乐因素和保存传统方面的不同发展趋势。

（三）课诵科仪

课诵仪式的起源时间与形态尚不详。唐代金明七真所撰《洞玄灵宝三洞奉道科戒营始》②卷之四的"诵经仪"和卷之六的"常朝仪"，其程序内容接近当今的课诵仪，可视为其萌芽形态。以后历代却再无相关文献记载，其历史脉络甚为模糊。直到清代《重刊道藏辑要》"张集"首次刊行全真道奉行的两种课诵科仪音乐，其形式内容已完全与当代课诵仪式接轨。现进行介绍分析。

1. 清微宏范道门功课

宏教真人柳守元撰，前序述课诵之功能、内容甚明，指明为全真道所奉行。③功课分早中晚三坛施行，现分列其程序如下。

早坛功课：

香赞，开经偈，举常清常静天尊，大启请，净心、净口、净身、净天地、金光、祝香、玄蕴等神咒，护命妙经。尔时，清静经，玉皇经，玉枢经，吕祖心经，心偈。举玉皇赦罪天尊、雷声普化天尊，中堂赞，邱祖忏悔文，礼谢三宝，收赞，三皈。④

午坛功课内容简单，除头尾沿用早坛曲目各一首外，中部诵念大量的"诰"，几乎涉及所有尊神。

晚坛功课：

香赞，开经偈（步虚），举救苦天尊，干倒拐，玄蕴咒，生天得道真经。尔时，说偈，十方天尊颂，道君颂，斗姥心经，长生咒，回向文。举太乙救苦、纯阳妙道等天尊，十二

---

① 《藏外道书》第17册，第671页。
② 《道藏》第24册，第756页。原书三卷，《宋史·艺文志》有著录。今《道藏》本为六卷。
③ "窃以金书玉笈，为入道之门；宝诰丹经，乃修仙之路。得其门可以复元真之性，由是路可以炼不坏之身。是故，羽士住丛林奉香火，三千门里力持，[⋯]时中课诵。朝夕朝礼，期上接大圣真，凤夜愉诚，祝永绵大国祚。不勤持诵，何以保养元和，不立仪科，无以宣扬玄妙。虽随堂之功课，实无上之熏修。爰为鸠众梓行，永期流布。庶使全真道侣遵依科教，信受奉行。"
④ 载《重刊道藏辑要·张集》第1页。凡括号中之曲目，原经书无，据今名补订。余曲则为原书有载。凡古今均无曲名标记者则录其首句词以备考。

愿，忏悔文，收赞，三皈。

三坛功课共用韵目14首，同《全真正韵》者有7首。

2. 太上玄门功课经

亦为全真道所奉行，分早晚两坛，曲目及程序略述如下。

早坛功课经[①]：

（澄清韵），（大启请），转天尊，念诵大量咒、经、诰，（中堂赞），邱祖忏悔文，十二愿，（小赞），（向来），三皈依。

晚坛功课经：

步虚韵，举天尊，讽经演教偈，香供养十方救苦天尊，（干倒拐），人各恭敬，开经偈，（多种经、颂、诰、偈等），提纲，转天尊，十方天尊颂。尔时，道君颂，（反八天），十二愿，（青华赞），（青华圣境），东极上宫，三皈天尊。

晚课举行"随堂施食一宗"，仪式程序是独立施食的简化版：

众念天尊，举天尊，（幽冥韵），香供养，（出生咒），五厨经，变食，洒甘露，救苦诰，（破丰都板），往生咒，施食，摄召，咒食，化财，生天，举天尊，回坛。

早晚课共用韵目20首，同《全真正韵》者有15首。

总体来看，课诵仪式完全以诵咏种种经诰咒颂构成，是音乐运用最集中最纯粹的仪式类型。经诰咒词均为齐言诗，但因篇幅的长短而有旋律性的区别。一般篇幅较短的多用慢速的抒情唱法，旋律多曲折优美，称为韵子或韵腔，意为有韵味的经腔，多有标题，一次仪式所用韵腔约十首。而篇幅长大的咒、诰、颂则多用速度较快的吟唱法或速度极快的诵唱法，随着速度加快，旋律更趋于简单朴素。对经诰时间和旋律的不同处理，可控制总体时间不至于拖太长，也可能有意义上的区别。诸多韵腔如《澄清韵》《步虚》等都是古典名曲，还可通用于其他仪式，其意义显然相对更为重要。

传度仪在清代的中断当是时势使然。清代皇室资助力度不断减小，道教已无力专注于耗材费力的传度专仪，而代之以随方传韵和丛林韵学的简便形式。施食祭炼作为最盛行的仪式，在继承南宋格局的同时对内容有较大的扩充和丰富。总体来看，清代科仪音乐继承了传统的主要类型，全真派已成为传承正统科仪的主流道派。

二、传承

清代几无全国性影响的大师级传人，道乐传承更多依赖各派各地道士各自为战，唯正一道士娄近垣（1689—1776）尚得皇室青睐，被雍正帝封为妙正真人，乾隆帝封为通议大夫，赐三品，

[①] 按：其经韵均只载唱词，而无曲目名，今依当代道乐之曲名添加。

兼理道箓司、龙虎山提点司和多处宫观住持，社会地位俨然大师。然其科仪音乐建树和影响则未逮大师水准。其所编仪式音乐文献如《太极灵宝祭炼科仪》《梵音斗科》和《黄箓科仪》等都是单一仪式，影响仅及于局部地区和道派。其所撰科仪大量运用唐宋民间器乐曲牌，反倒体现了正一道倾向世俗的特点。观其《太极灵宝济炼科仪序言》自述传承线索，很清楚地表明其所沿袭的是宋代灵宝派浙江分支东华派。① 全真道的传承主脉大抵类似正一道，但其传承线索上溯到更古年代，强调照本宣科之法，传播面更广。京地白云观时为全真道全国传承的一大中心，并由此层层辐射全国。如二仙庵碧洞宗在此领受全真演教全堂大法，带回西蜀，每年开期传戒，又辐射川西地区，成为当地的传承中心。可见当时全真道仪式音乐的流传范围已广及全国。②

全真道传承传统道乐门建立了专门的传承机制，确有领导潮流之势。十方丛林在固定的时间场合用固定教材进行经韵传习。宋代佛教专司教授经韵的"韵主和尚"和韵学的开设，当借鉴于更早运用类似概念的道教，虽然道教文献对这方面的记载晚至清代。③ 全真十方丛林每年冬季设讲学和韵学。韵学由寮房设备，专门由高功教唱十方韵七十二条和锣鼓经。④ 全真道的云游制度，对于传统道乐的传承也起到了重要作用。如青城道观在明代被张献忠农民军毁坏，传道中断，后因武当全真龙门派道人数次云游传道才重新创立碧洞宗，恢复了仪式活动。到青城传道的武当道人有三：创宗立派的陈清觉及其同门师兄张清夜、穆清风两人，时在距今三百多年的康熙年间。之后，龙门派碧洞宗一直是青城道教的主体，两山经韵多存相似之处，证明武当道曲传青城后甚少变化，保存了三百年前传入时的诸多原貌。

从以上全真道士异地传承传播道乐的实例中可以看出，全真道在传承传统道乐方面确实居功甚伟，并形成了全国性和地域性中心，使其仪式音乐相对统一，也是全真正韵能在全国通用的重要原因之一。

全真道乐的仪式来源类似正一道，都共传宋元明一路下来的灵宝仪传统。只是全真道更多死守传统，正一道则更多世俗变异，因此使两大派分别向雅俗方向挺进。更准确地说，两大派在仪式框架节目上保持着更多的共性，而在经韵旋律形态风格上则更多呈现出雅俗分野。关于这一点，将在掌握更多音像资料的现当代道乐中进一步证实。

总体来看，清代道教仪式音乐是宋元明模式的有机延续，但更注重实践，更加强音乐功能，在雅俗融合又并行的推进中，催生出较多新韵，其仪式音乐完全与现当代接轨了。

---

① "是科见于宋之《大成金书》，而姑苏元都观铁竹施先生曾为刊布，流传既久，亥豕多讹，恭遇和硕&亲王，垂念万法之缘，留于至道之典，手取斯编，命近垣增订，广为考核。"
② 《青玄施食全集》"新序"云："自从元始天尊说法以来，原从口传心授古时演教。师师相传，口口相授。……又天真皇人按笔乃书，尽将口传心授妙法真诀篆于书中，并不隐藏，留于后世。不言不语，善教善应。所以后世学人以书为师，得其书者，及如见师。将书中之法诀仔细参透，必得其法。依法科行持，无不灵应。(此仪)乃系二仙庵碧洞堂第一代方丈八十老人亲到京地白云观千苦求请，领受全真演教全堂大法，迎回四川省西道成都府成都县西门外离城五里福地二仙庵，每年开期传戒至今，大阐法门。今有谷泉子，系渠县人氏，于庚子年间到都地求戒，壬寅年仍在枣庵月白碧洞堂上清山铁罐施食皇部，沫手誊抄，幸达有缘人。大清光绪庚子午春季月上院抄毕。"《藏外道书》第14册，第635页。
③ 有关资料论述详参拙文《论"韵"》，载《中国音乐》2008年第1期。
④ 参见武理真：《全真教十方丛林之规制》，载《中国道教》1987年第2期。

三、经韵研究

清代在继承传统的同时也发展了诸多新韵目。

（一）前代旧韵 40 首

沿用前代旧韵者，有三种类型，一是名、词全同，二是名同词异，三为词同名异。

1. 步虚。变异最多最复杂。主要沿用北宋御制的小步虚，另多有变体新词。如摘用宋（三启颂）之第三段唱词而称为步虚。另课诵、施食仪中步虚多赋新词如"宝座临金殿""符命与通传""上坛齐举步虚声"等。

2. 澄清韵，词多统一，异名有开经偈等或无标题。

3. 倒卷帘，唱词格律从元的四言加骈文改为七律"瑶坛设像玉京山"。

4. 三宝赞，唱词变异。

5. 三皈依，格律唱词多有新变和多体。或为单三段五律体，或为错综格律的复三段体，含自由句式、五绝、七律等，音乐结构应是多段反复体。分段韵目有云乐歌、阴三尊赞等。另有四言诗与七律并列的两段体。还有课诵仪所用的三段四言诗体等。

7. 医治偈，赋新词，"元元始气，孕育三元"。

8. 灭魔灵章。赞水神妙之章，四言诗体。

9. 咽喉咒，两段体，《破丰都咒》和《施供咒》两首五律词的拼合。

10. 荡秽咒，词异。

11. 荡秽灵章，赞水的含义，词改为七律体。

12. 小赞，两体，均用词牌体。上章中赞仙茶美好，施食则赞救苦天尊的功德"青华教主，太乙慈尊"。

13. 送化赞，今称香花送。

14. 出户咒。

15. 回向。

16. 摄章密章，赋新词"瑶坛阐事已周圆，法侣声声赞洞元"。

17. 念入户咒，唱词变异"四明功曹"。

18. 宣卫灵，多赋渐唱词"五星列照"。

19. 开函咒，赋新词"道贯真玄"。

20. 入函咒，赋新词"元气幽深"。

21. 薰表咒，唱词变异，"阴阳交形"。

22. 智慧颂，唱词摘《授度仪》同名韵之第三段。

23. 奉戒颂。

24. 破丰都板，出新词"东方玉宝皇上尊"。

25. 小救苦引，新创七律加自由句式格律的两段体"天星朗朗步璇玑"。

26. 开咽喉。

27. 送圣颂，亦称回骈颂。

28. 反八天，灵书中篇的异名。

29. 生神二偈。

30. 返魂香，亦称两头一样赞。两体：七律体沿用至明代经韵略有小变；三段体为清代新出，为七绝加五言诗再加杂言体的非再现三段体。

31. 五厨经。正一道异名为东方甲乙咒。

32. 送圣颂，又称回辇颂。①

33. 称职，赋新词，接近明代，与当代完全接轨。

34. 复炉咒。

35. 上启，唱词有较大发展。诸神名号前后均插入一首七绝以赞美尊神。

36. 叹词。运用更多且多赋新词。如，叹词（1）："阴阳造化。爰从生杀之机。"叹词（2）："天阶夜静，人市更残。"叹词（3）："伏以阴阳首判，清浊肇分。"叹词（4）："伏以三途罢拷，六道临坛。"叹词（5）："伏以有生必有死，乃循环不息之机。"

37. 东井偈，赋新词"东井黄华沼"。

38. 变食。

39. 水赞，赋新词，七绝加一段长短句："龙虎山上炼大丹，六天魔魅骨毛寒。"

40. 开天符。新唱词"俱有开天符命，谨当告下"。

（二）新见经韵60首

1. 幽冥韵，七律，赞救苦天尊的宝座及功德，"东极青华妙严宫"。

2. 一炷真香，赞美香的功能，"一炷真香烈火焚。"

3. 大赞，赞救苦天尊的形象及功能，句式较自由："慈尊九色莲花座，座座七宝蒛林。"亦名慈尊赞，大众同吟式。

4. 黄录妙偈，亦名黄箓斋、黄箓斋筵等，七律体："黄箓斋筵临妙宫，青城山下说原因。"

5. 斛偈，唱词为三段，在五绝和七绝体中插入一段较长较自由格律的唱词，为对比的三段体曲式："一片贪嗔痴，到底返成苦海。"

6. 仰启神咒，上启碧云大教主的咒歌。七律体，咒歌每句间插佛教六字真言咒语以加强请神功能，反映了道释两教融合的时代背景。众宣唱法："仰启碧云大教主，唵嘛吽，一元无上萨仙翁。毛唎吽吽唵哑吽。"

7. 吟三礼，结构为三段体复沓三次以分别礼请三清天尊。三段词的格律不一，分别为礼请天尊的二二七句式，宣扬天尊威力的七律，表示收依的自由句式。这三段词在《全真止韵》中有明

---

① 《藏外道书》第17册，第671页。

确的标题,分别为三信礼、云霄引和三拿鹅。音乐应该是三段体重复。"(三信礼):志一心信礼,唵哑吽。玉清宫,元始主。三界师,四生父。唵哑吽。若皈依,大慈悲,能灭孤魂身业罪。唵哑吽。举十方常住道宝天尊。(云霄引):虚无自然真常道,道教之中玄中妙。(三拿鹅)①:稽首皈依无上道,道宝道宝慈尊。"

8. 十六召请,法师等吟16段唱词以召请神仙及亡灵等赴宴:"志心奉请,尽十方空界,天仙道,佛释道,一切圣贤。"头四段以四言、骈文与长短句综合召魂,从第五段开始每段后又加一段四五言交错的《修设斋筵》一韵。全韵整体结构错综复杂,是四个单段体和十二个两段体的组合,音乐相应为四个单段体与十二个两段体的综合。此韵是咏唱型经韵,且有器乐曲牌伴奏。

9. 神虎三召,三段四言诗以奉请摄魂追魄将军:"志心奉请,南陵天府,追魂使者,北魁元范府,摄魄大将军。"

10. 召五方童子,召五方童子前来引魂:"志一心召请。东方世界,青衣童子下瑶阶。手持青幡来接引,引将魂来。"

11. 青华赞,赞太乙天尊的形象和救亡功德,亦称小赞韵:"青华教主,太乙慈尊。"

12. 十方天尊颂:"天尊说教经,接引于群生。"

13. 道君颂:"伟哉大道君,常普无量功。"

14. 讽经偈,又名下水船:"救苦天尊妙难求,手内杨柳不记秋。"

15. 开经偈,晚课用韵:"寂寂至无宗,虚峙劫仞阿。"

16. 青华妙严:"青华妙严,慈相亿千。"

17. 召魂偈,班首等吟七绝:"北斗回标夜气清,花幡三举召幽灵。"

18. 小赞(早课):"诵经功德,不可思议。"

19. 化坛:"尘居仙界境相殊。"

20. 净血尸偈,救拔产魂之偈:"天帝合明,下赴幽冥。"

21. 大启请,又名吊卦(早坛):"真心清静道为宗,譬彼中天宝月同。"

22. 中堂赞:"向来诵经,念念存诚。"

23. 邱祖忏悔文:"经功浩力难思议,回向十方诸圣师。"

24. 香赞,赞香之形神及其通神的功能,始见于清代。一首七绝加一段自由句式:"一炷真香达三天,香烟结篆碧空悬。祥云霭霭吹不散,迓真迎圣凭此传。夫此香者,非空非色,自本自根,恍惚疑真而达帝,氤氲结篆以通诚。"

25. 香赞,词牌体,多体唱词,正一道课诵仪式所唱词意是赞叹太乙救苦天尊拔度幽灵炼化成人的功德:"玉坛香尽,朝罢讽宸。"全真道晚坛所用唱词为:"深沉宵漏,寂静遥天。"清微派早课唱词为:"蓬瀛朝爽,参礼诸天。"等等。

26. 干倒拐,亦称吊卦(晚坛):"种种无明是苦根,苦根除尽善根承。"

---

① "三信礼"仪中的最后一个环节,表达对三宝天尊的皈依。

27. 阴小赞："道宝法筵开，妙用奇哉。"

28. 五供养，两段体唱词均赞美供品的高洁神秘。第一段七律体词意较抽象，第二段为七、三、五言交错体，词意更具象。音乐应是对比性两段体的五次复沓。"玉炉初焚降真香，传诚达悃奏上苍。法众一声仙范举，群真万里彩云祥。斋主今将香供养，拔度亡者早生方。香供养，金鼎放毫光，宝盖氤氲极乐界，祥云缭绕大罗天。"

29. 达摩引，词意为救苦天尊施甘露济度亡灵登福乡："天尊慈惠阐冥阳，普与亡灵荐福乡。"

30. 柳枝雨："太乙天尊座东阳，手内杨柳洒琼浆。"

31. 悲叹真言，又名悲叹韵，两段词分别为七绝与自由句体，叹人生无常，述济生度死的慈悲。音乐应是不对称对比性的两段体。"太乙池中大宝莲，仙童接引下三天。香风吹散人间事，拔度亡魂出九泉。吾今悲叹汉云霄，夜飘飘，水向石边流，出冷魂。"

32. 大偈，普召幽灵赴筵，因召请十四类幽魂，故也称十四类或普召。唱词为三段体。第一段七律概述召魂之意旨。后两段合同复沓十四次，召请十四类幽魂。分别用自由句式历述幽灵种类，以七律赞叹幽灵之形状。"志一心召请。北阴界内，地府城中，冥司面然之鬼王，铁围所统之主者。……灵幡飘荡本无风，风动幡飞瞬息中。幡若风来魂魄附，魂随幡引上南宫。……"在两段间插入一首强调召请意旨并注明"赞扬、吟赞偈"唱法的韵目（召请尾）[①]："香花召请望来临，华幡召请望来临。"

33. 十伤符，向亡灵宣告解释伤残的符命，预示将医治其生前的伤残，以出离苦海，咸登道岸："第一法界，一切守边护界，南征北战，东挡西除，帅将军卒……"其中一段为阴小赞："刑戮杀伤魂，斧刀临身，枪刀剑戟血刀喷。今仗宝诰资度汝，干戈不侵。"

34. 骷髅真言，今名叹骷髅、金骷髅、银骷髅。众咏较自由句式的两段体："昨日荒郊去玩游，忽睹一付白骨。"

35. 施供咒，有简繁两版，又称出生咒。简版为："汝等鬼神众，吾今施汝供。"繁版为："汝等人伦、仙子、地狱、魔灵、恶鬼众，吾今施汝供。"

36. 反五供，与五供养一韵同为赞美五种供品，但此韵的词体错综，不同于五供养，反的标题或缘于此："摄受香花灯水果，惟欲分散妙供养。吽字涌出，香花灯水果，天母供养。"

37. 修设斋筵，多段反复体，前两首韵概述设筵济魂之意旨："（挂金锁）修设斋筵，大慈因缘起，救苦天尊，化现云端里。""（刀兵偈子）斋主信心，敬谨虔诚意正，荐先灵赴近来临会。"接着召请十八类孤魂，最后一段点题召亡魂。"枉死城中，凛冽悲风起，鬼门关前，斗苦声动地。"

38. 救苦天尊偈，变化重复两段体："六幽黑暗那堪往，到者雷同是罪魂。"

39. 梅花引，礼赞梅花，洒露变食救亡。两段体，第一段七律述梅花引亡灵礼拜慈尊。第二段以杂言体颂救苦天尊功德，间用符咒存想法术："天香国色白长春，灿烂盈盘表至诚。梅花宝

[①] 凡用括号的韵目，均为原书无而《全真正韵》中单列标名者。后类此。

引垂证鉴，亡灵得度礼慈尊。""稽首东宫主，救苦救苦慈尊。太上慈尊，广发洪誓愿，度脱度脱众生。"

40. 反干倒拐，长七律体："千千鬼祟低头拜，万万王侯拿简迎。"

41. 超生偈，传戒后吟咏此偈，使幽魂得道升天，含佛教轮回学说："万里悲号实可哀，五音苦爽丧泉台。贤愚并集齐斋事，贵贱同升入道陔。"

42. 传戒偈，七律："祖师真机妙法传，玄微普济度人天。"

43. 生天真言，宣焚章表后持诵此韵，使孤魂往生南宫："魂神澄正，万气长存。"

44. 宝箓章，受戒后法师传箓，使亡灵生天："香烛花中不夜天，祥云影里透朱悬。霞衣玉局临轩降，宝箓金章次第宣。"

45. 大救苦引："礼拜天尊圣号，解冤灭罪消愆。度汝幽魂早生天，大地祥光出现。"

46. 阴小赞："经宝号三乘，度脱沉沦。"

47. 法食咒："自然生神章，金书开大有。天尊大慈悲，宣扬秘密咒。"

48. 孤魂赞："孤魂幽爽久沉沦，未遇玄元拔度恩。"

49. 跑马韵："稽首皈依无上道，回谢太乙救苦尊。"

50. 快澄清韵："千江有水千江月，万里无云万里天。"唱词来自宋朝佛家偈语。佛性在人心，无所不在，如月照江水，无所不映。众生只要有心学佛，便会有佛性；任何江河只要有水，就会有明月。天是佛心，云是物欲烦恼。烦恼物欲尽去，佛心自然显现。

51. 青元导魂章，长段七律述玉京神仙洒露救幽，导魂升天："玉京万法大罗天，千重宝范亿元言。"

52. 上香参鬼王："筵开济炼启玄章，宝鼎初焚妙洞香。"

53. 三炷香，原名吟三礼："稽首先天一炷香，香云缭绕遍十方。此香愿达青华府，奏请太乙救苦尊。"

54. 青华宝诰："青华长乐界，东极妙严宫。"

55. 召请偈："才闻召请，速离迷途。来登清净之法筵，去证往生之云路。"

56. 说经偈："天尊说经教，引接于亡魂。"

57. 救苦赞："稽首皈依，救苦慈容。东华妙严宫，运广慈心，重发洪誓愿。"

58. 太阴神咒，法师建水池吟此咒："仰望顾八表，惟月蕴阴精。"

59. 太阳神咒，法师建火沼吟此咒："东望扶桑宫，稽首朝随仪。太阳洞明景，寥寥何所思。"

60. 灵宝天尊偈："结滞冤憎生地狱，回心欢喜是天堂。"含净心、净口、净身、净天地、金光、祝香、安土地、净天地、金光、祝香、玄蕴等神咒11首。

由上可见，其所用韵目100首中新韵目比重较大，表明了其新发展的程度。另外，《全真正韵》韵目中有59首用于仪式实践，仅有《风交雪》《仙家乐》等14首未见于仪式。其中继承古韵者16首，新见韵目达43首，表明全真道在推动仪式音乐发展中占有主导地位。

清代道教的经韵有较大扩容，原因在于失去道教大师的统一集成和皇家官府的管理之后，大一统框框的约束也自然消亡。道士只能更多地走向民间社会各自为战，个人创造发挥的余地更大，吸纳多种音乐体裁的可能性就更大了。如对大量佛乐真言、偈、宋词元曲及自由句式唱词的吸纳扩充，都有利于促进道教仪式音乐形式的发展。

此外，清代祝咒歌的运用特点值得一提。早期祝咒歌用于请神驱外邪以治病，为符箓道所长。东晋神仙道所用祝咒的功能则一变为驱内邪以护身养性修仙。自南宋始，又回归到早期符箓道的功能而旨在驱魔度人（亡灵）。清代的祝咒歌多用于课诵，以养身修性护命延生功能为主，又回归到东晋神仙道祝咒歌的功能。这次复归与全真道仪式音乐地位的上升有密切关联，祖述神仙道的全真派更注重个人的清修，而不大相信民间符箓道的那一套法术。

云南民间道教传度奏职仪式研究

萧霁虹 吕 师*

摘 要： 云南民间道教是早期巫教与汉张陵"五斗米道"融合并本地化的一种区域道教，云南民间道教有一个动态发展的过程。"传度"是道教的一种入教仪式，"奏职"异于"授箓"，但都是道士获得宗教神职的一种"教阶制"。云南族群的多样性和地理位置、自然环境的独特性以及社会历史条件孕育了具有本区域特色的民间道教，并形成了"传度·奏职"这样一种宗教的核心仪式。云南民间道教的"传度奏职"仪式，深刻反映了不同的族群和团体对一种宗教的自觉接收以及本地化和实用化的一个过程，并且说明了道教的民族性、包容性，彰显了民间道教在中华民族多元一体格局中的"纽带"作用。

关键词： 民间道教 传度奏职 瑶族度戒 奏授职帖

一、云南民间道教传度奏职仪式的渊源

（一）"鬼道"初创，道脉入滇

道教是具有社会历史性且动态发展的宗教，道教形成和发展的过程也是随着社会发展、时势变化不断完善的过程，包括流传到具体区域的本地化发展过程。"还在新石器时期，云南就已经是一个多民族共同杂居区。不同的民族有不同的文化特征，他们既保持自己地区的文化特点，又相互影响、相互吸收。云南境内的这些原始民族群体，有的与西北和中原的群体关系密切；有的与东南沿海的原始民族群体更为亲近（两广的北越）；有的则属于孟高棉系统的部落。"① 所以，在"五斗米道"入滇之前，云南就已经是多族群聚居且具有了自身的文化特征。"（张陵）顺帝时

---

* 作者简介：萧霁虹，云南省社会科学院宗教研究所所长、研究员，云南大学宗教学专业特聘硕士生导师；吕师，云南大学民族学与社会学学院2017级宗教学硕士研究生。基金项目：本文系国家社会科学《云南道教经典的搜集与研究》（批准号12BZJ033）、中国（昆明）南亚东南亚研究院、云南省社会科学院2018年度"云南与南亚东南亚宗教文化交流研究创新团队"阶段性成果。

① 尤中：《云南民族史》，昆明：云南大学出版社，1994年，第5页。

客于蜀,学道鹤鸣山中,造作符书,以惑百姓。受其道者,辄出米五斗。"在张鲁时代也沿袭了张陵的入教形式,就是"箓米","沛人张鲁,母有姿色,兼挟鬼道。"① 从其功用上来看,在《三国志·张鲁传》中记载道:"鲁遂居汉中,以鬼道教民,自号'师君'。其来学道者,初皆名'鬼卒'。受本道已信,号'祭酒'。……诸祭酒皆做义舍,如今之亭传。又置义米肉,悬于义舍,行路者量腹取足;若过多,鬼卒辄病之。"② 在《华阳国志·汉中志》中亦载:"鲁字公祺,以鬼道见信于益州牧刘焉。……鲁既至,行宽惠,以鬼道教。立义舍,置义米、义肉其中,行者取之,量腹而已。……学道未信者谓之鬼卒,后乃为祭酒。……其供道限出五斗米,故世谓之米道。"③ 所以,若以张陵创教为标志的话,道教的早期称谓或别称当是"鬼道"或"米道"。若从其实际功用或社会基础来看,其适宜了民众的心理安慰和生存需求从而得到了一定的发展。从其思想上来看,《广弘明集》的《辩惑篇·二教论》中记载道:"今之道士,始自张陵,乃是鬼道,不关老子。"④ 由此也可在一定层面看出,早期道教更注重的是迎合实际的"生存"问题,在战乱四起的时代有其历史之局限性。

在道脉入滇的问题上,王纯五先生对东汉末年张陵设置的"二十四治"辖区进行逐一考证,认为云南巍宝山属于蒙秦治,是南方丝绸之路上著名的道教胜地,被称为"南诏洞天福地"。他认为,"天师道蒙秦治的影响甚为深远,早已及于云南西部南诏发祥之地"。⑤ 同时,《云笈七籤·二十四治》关于"蒙秦治"与"稠粳治"的具体辐射范围有详细之记载。⑥ 除此之外,郭武教授的《道教与云南文化——道教在云南的传播、演变及影响》⑦ 以及萧霁虹研究员、董允的《云南道教史》⑧ 都对道教初创便传入云南做出了相关考据和论述。较为明确提出道教入滇路线的是张桥贵教授:"道教创立之后,主要分为西线和东线向外传播……西线方向由东向西传播的大体路线是益州蜀郡—犍为郡、犍为郡—滇东北地区和滇西北地区—滇中、滇南—印度的迦摩缕波(在此与当地宗教融合为佛教密宗)—中国内地和西藏、内蒙古、甘肃、青海、四川和云南的边疆民族地区。"⑨ 所以,道教早在创立之初便传入云南,以此为源头,后续的诸道派和高道的入滇推进了本土宗教的本地化进程,在动态中形成了独具云南特色的传统民间道教。

(二)以道统巫,二元互动

庄蹻入滇、秦五尺道和僰道的开通以及汉武帝开西南夷的历史活动,在一定程度上促进了西南不同族群间的互流互通。"张陵在鹤鸣山学道,所学的道即是氐羌族的宗教信仰,以此为中心思想,而缘饰以《老子》之五千文。"⑩ 当时"夷人尚鬼,谓主祭者为鬼主,每岁出一羊或一牛,

---

① (南朝宋)范晔:《后汉书》卷七十五《刘焉袁术吕布列传》,台湾文渊阁《钦定四库全书·史部》。
② (晋)陈寿:《三国志·魏书》八《二公孙陶四张传》第八。
③ (晋)常璩:《华阳国志》卷二《汉中志》。
④ (唐)释道宣:《广弘明集》卷八《辩惑篇·二教论》,上海:上海古籍出版社,1991年。
⑤ 王纯五:《天师道二十四治考》,成都:四川大学出版社,1996年,第214页。
⑥ (宋)张君房撰:《云笈七籤》卷二十八《二十四治》,台湾文渊阁《钦定四库全书·子部》,第8、9页。
⑦ 郭武:《道教与云南文化——道教在云南的传播、演变及影响》,昆明:云南大学出版社,2011年,第286页。
⑧ 萧霁虹、董允:《云南道教史》,昆明:云南大学出版社,2007年,第10—16页。
⑨ 张桥贵:《道教与中国少数民族关系研究》,昆明:云南大学出版社,2011年。
⑩ 向达:《南诏史略论》,详见于《唐代长安与西域文明》,生活·读书·新知三联书店,1957年,第175页。

就其家祭之。送鬼迎鬼必有兵,因以复仇云。"① 蒙文通先生认为:"五斗米道原行于西南少数民族。"② 所以,"五斗米道"的创立,是在以巴蜀为中心的西南各族群之巫祝文化土壤中产生的,其借用老子的"道"注入其西南各族群之巫祝文化之中,来收编整合形成一个较为规范的宗教团体。从其行动上来看,"涂炭斋者,事起张鲁,氐夷难化,故制斯法。……此法指在边陲,不施华夏"。③ 所以,早期的"鬼道"对西南不同族群间的"巫教"是主动收编改造的过程。从其实际效果来看,在《陆先生道门科略》中记载道:"太上老君以下古委怼,淳浇朴散,三五失统,人鬼错乱,六天故气,称官上号……擅行威福,责人庙舍,求人飨祠,扰乱人民,宰杀三牲,费用万计,倾财竭产,不蒙其佑,反受其患,枉死横夭,不可计数。……太上患其若此,故授天师正一盟威之道,禁戒律科,检示万民逆顺、福祸功过,令知好恶。置二十四治,三十六靖庐,内外道士二千四百人,下《千二百官章文》万通,诛符伐庙,杀鬼生人,荡涤宇宙,明正三五,周天匝地,不得复有淫邪之鬼,罢诸禁心,清约治民,神不饮食,师不受钱,使民内修慈孝,外行敬让,佐时理化,助国扶命……若非五腊吉日而祠先人,非春秋社日而祭社灶,皆犯淫祠。若疾病之人不胜汤药针灸,惟服符饮水,及首生年以来所犯罪过,罪应死者,皆为原赦,积疾困病,莫不生全,故上德神仙,中德倍寿,下德延年。"④ 综上可知,"五斗米道"在迎合了西南各少数民族"畏鬼而淫祀"的心理基础上,积极地以老子的"道"来进行宗教改革,废除了一些巫祝祭祀中消极落后的内容,通过设立教区以生活互济互助和符水治病的方法满足当时底层民众最为迫切的要求,从而把西南各少数民族间的巫教注入其所宣扬的"太上正一盟威之道",减轻了民众的祭祀负担,响应了民众的实际呼声,从而形成了早期的"鬼道"。

云南文山蓝靛瑶族流传的《飞章科》开篇道:"龙虎山中炼大丹,玄天魔魅骨毛寒。自从跨鹤归玄省,烟雨潇潇玉局坛。不可思议功德。……恭对省廷,烧香奏请龙虎山前天师教主、老祖张真人、降魔护道天尊、正一系嗣女三师、黄赵二真人、金童玉女、侍从使者、天机院门下引进仙官、传道传法戒度师、某一派宗师、助道随录官君将佐,恭望师慈垂光下降。……太上传符箓,初真遇鹤驾。积功朝玉阙,列位侍三清。接引章词奏,并随凡庶情。修斋当奏请,愿赐登鉴情。三洞灵表文,氤氲本自然。天师来下降,恭望赴临筵。"⑤《飞章科》主要用于拜表上章,从其内容来看,正一天师道的元素颇为明显,其中描述了张道陵承袭了老子的"正一盟威之道",在龙虎山修道炼丹,以及携弟子王长、赵升等赴巴蜀整编巫教创立"鬼道"的过程。

当前,在云南大理巍山的"南诏土主庙"中,彝族毕摩仍然在其表文上绘制《八卦图》,加盖"道经师宝"印,用于拜表上章。在"二十四治"中"蒙秦治"的治点就设在今天的四川省凉山彝族自治州西昌市城关镇东南高枧乡,乃属于氐羌系统之彝族聚居地。在明朝万历年间巍山的左氏土司出资刊印过《道藏》。从历史上看,其《蛮书》所载之"苍山会盟"也极大地采用了早

---

① (宋)欧阳修、宋祁等:《新唐书》卷二四一《南蛮》下,北京:中华书局,1975年。
② 蒙文通:《蒙文通文集》第一卷《古学甄微》,成都:巴蜀书社,1987年,第316页。
③ 《广弘明集·辨惑论》。
④ 《道藏》第24册,第779—780页。
⑤ 文山瑶族文献古籍典藏:《道科书·上》,昆明:云南人民出版社,2011年,第531—532页。

期"五斗米道"的"三官手书"仪式。① 所以，论及西南少数民族为代表的"巫教"与张陵所创之"五斗米道"的关系，乃是一个"二元互动"的过程，即"五斗米道"在改编西南各少数民族之原始巫教的过程中，其原始巫教自身也在不断地改革并吸取自身所需的"道教"元素，这是一个"二元互动"的历史变迁过程。同时其也有两个程度之分，"五斗米道"根植于"原始巫教"却又"改革"了"原始巫教"，在形成"道教"这样一个宗教团体的格局下，原始巫教的"道教化"也是一个随着族群互融交流而动态发展的社会历史过程。其主要发生了两个程度的走向：第一个程度就是，"巫教"道教化，也就是说一些地方的原始巫教在发展过程中吸收了"五斗米道"，并朝着道教化的方向发展。例如以个人为代表的明代道士张道裕，出身于剑川北乡永榜村的白族。雍正《云南通志》、康熙《剑川州志》载："（张道裕）自幼好道潜修，其遇异人授以符箓术，心悟明通，能致风雨。俗传能使役鬼神，号称张天师。"2004 年，其 12 代孙张鹤说："张道裕到天师府学了八年，带回经典、器具，把道教带回剑川，其墓地在永榜村，墓碑上写着：'天仙真人鸿儒仙客享阳七十一寿'。"② 又如，以一个族群为代表的云南文山蓝靛瑶的"度戒"仪式，其核心仪式《初真戒度科》和《天师戒度科》，还有其"阴阳牒"（师、道不同），便是瑶族自主吸收"正一道"之"传度·授箓"文化的一个鲜活例证。③ 虽然其赋予了自身以一些民族区域元素，然而其"道教化"的成分仍是主流。第二个程度是"巫教"民族化，这是指其本民族原始巫教虽然接受了道教的文化元素，但是在历史的变迁中也接受了其他文化元素，且以本民族实际需求为特色，形成了具有自身风格的少数民族信仰。例如大理白族的"本主信仰"，就是一个具有地域化和动态性的白族民间信仰，其承袭了"社稷"文化以及"万物有灵"思想和道教城隍信仰渊源，同时又具有民族地域特色，此为"巫教"民族化。所以，道教的创立吸收了西南少数民族原始巫教的元素，道教具有民族性和包容性，是维系中华民族多元一体格局的重要纽带，"以道统巫，二元互动"，此为云南传统民间道教的历史渊源。

二、云南民间道教传度奏职仪式的比较

（一）云南曲靖道教传度奏职科仪程式

云南曲靖位于滇东北地区，为古滇国之腹地、入滇之咽喉，是早期道教辐射之地，在其下辖宣威市之松鹤寺便属于魏晋时代早期道教之遗址。《上清灵宝大成金书》卷二十四载："夫箓者，始于正一，演于洞神，贯于灵宝，极于上清。上清大洞箓者，匿景韬光，精思上道，志期轻举，全不涉俗。进道之士先受三五都功正一盟威，修持有渐，方可进受灵宝中盟，转加上清大洞。若

---

① 参见《云南史料丛刊·蛮书》第二卷，昆明：云南大学出版社，2001 年，第 89 页。
② 参见萧霁虹、董允：《云南道教史》，昆明：云南大学出版社，2007 年，第 112 页。
③ 参见文山瑶族文献古籍典藏：《道科书·上》，昆明：云南人民出版社，2011 年，第 444—530 页。

不耳者，有违太真之格。"①《正一修真略仪》亦载："真经解云：箓，录也。修真之士，既神室明正然，摄天地灵祇，制魔伏鬼，随其功业，列品仙阶。出有入无，长生度世，与道玄合，故能济度。死厄救拔，生灵巍巍，功德莫不由修奉三洞真经，金书宝箓为之津要也。"② 所以，"传度"是正一道教的"入教"仪式，而"奏职"异于"授箓"，是云南民间道教的一种"教阶制"，是正一道教的一种"核心"仪式。云南民间道教的特色在于"传度"的同时就"奏职"，所以，统称为"传度奏职"仪式。在云南道教的相关文献中"奏职"一词虽偶有出现，却源于历史与现实的原因未有细述。

正一道的"授箓"和"奏职"是一个历史沿革的过程，不同的历史时期以及不同地域或不同族群以及宗派对其"奏职"和"授箓"的接收与转化是不同的，具有差异性和动态性。从词源上来看，"授"指的是"由上而下的一个过程"，而"奏"主要是侧重于"下级对上级"，有"呈奏""奏告"之意。"箓"侧重两层含义，一为"记录"，二为"仙籍"；而"奏职"中的"职"，顾名思义指的就是道士行法之前所需要获得的"神职"。综上，"授箓"和"奏职"都是道教获得"神职"或"仙籍"的一种"宗教途径"，但是却分属于两个不同的系统："授箓"主要是指传统符箓三山和四大宗坛为代表的"官方道教系统"；而"奏职"则主要是指一些地域和民间为代表的"世俗道教系统"。从关系上来看，二者互为补充、相辅相成。当"官方道教系统"强盛时，"世俗道教系统"在自身传承的基础上主动通过"传度授箓"的形式，来获得一种"现实的合法性"；当"官方道教系统"式微时，"世俗道教系统"就在传承自身"传度奏职"的基础上，"涵养"了道教生存与发展的世俗社会土壤，同时保存了"官方道教系统"的内在宗教元素，为其复兴提供了社会条件、群众基础和宗教传承。从当前田野调查来看，云南滇东北、滇西、滇西北、滇中等地的民间道教通过"传度奏职"的宗教仪式来"世代传教"，同时，在"官方授箓制度"恢复以后，又主动地按程序进行"授箓"来实现一种有效的"补充与互动"。以四川金堂县为代表的正一天师道神职人员在"官方授箓"之前，常规以自身传承进行"奏职"为补充。所以，"授箓"与"奏职"既有区别又有联系，同属于道教系统中的两个互补性的"子系统"。

云南曲靖的传度奏职仪式主要集中在宣威一带，宣威市乃曲靖民间道教的主要聚居地之一。据田野考察来看，云南的"传度奏职"仪式古已有之，目前收集到的较早的手抄秘本《先天演教传度科仪》，为明朝天启年间大理巍山一带所传抄使用。而宣威一带的《太上正一演教传度宝科》为清代咸丰年间手抄秘本，以家族内部形式传承。当前，曲靖宣威一带的"传度奏职"科仪，主要是从20世纪80年代以后才逐渐恢复。

从曲靖民间道教"传度奏职"仪式来看，首先，是严格考察、明确师承，于祖师会（农历五月十八日）集体认可，拟定职牒；其次是布置坛场，在此过程中，具有特色和关键的一环在于在"法坛"之室内地板上铺上新鲜的"青松针"，其作用在于"洁净"以示"庄诚"。正如《说文解

---

① 《藏外道书》第17册，成都：巴蜀书社，1994年，第55页。
② 《正一修真略仪》，《道藏》第32册，第175页。

字》所载："斋，戒，洁也。从示，齐省声。""醮，冠娶礼，祭。从酉焦声。"[①] 故"斋"包括了"心斋"和外部空间的"斋"，为"洁净"之意，是"醮"也就是"祭祀"之前提，故统称为"斋醮"。接下来是"设供"，即前茶后酒、斋花果品。主坛"五斋五供"，土地"一斋一供"。法会从五月十六日开始持续到五月十八日，其日程安排如下表所示。

云南曲靖（宣威）正一道传度奏职仪式程序一览表			
时间（农历）	五月十六日	五月十七日	五月十八日
早上 (8：00—11：00)	1. 布坛：中间设《罗天诸神》挂图；左方设老君神位，右边设祖天师张陵神位；下方设土地神位，门外设"四大元帅"护法神位，摆设五花五供。 2. 净坛、扬幡、挂榜； 3. 行《设醮科》。	1. 三师带领大众行《清微请圣科》；2. 三师带领大众行《灵宝开坛献斋科》；3. 三师带领大众行《雷霆三十六解结科》。	1. 三师带领传度弟子行《太上传度宝科》。传度法事关键环节：(1) 三师演法传度启告历代师真；(2) 三师率众过发桥，意为登上正道，步入仙途；(3) 由资格最老的传度法师为众度生授"十大戒"，由三师带领众度生发"八大愿"；(4) 用公鸡敕点三清法来敕水、酬神、谢将；(5) 赐法、赐印、赐令、赐道袍、赐玉水、赐伏魔剑、赐令旗、赐符箓、赐道铃，发放职牒，赐天蓬尺、赐拷鬼杖。
中午 (2：00—5：00)	1. 三师带领大众行《灵宝启坛偈》《灵宝申发请圣科》；2. 度生持颂"八大神咒"，以《清净经》收尾；四人持颂"传奏经"（《土地经》《城隍经》《灶王经》《阴阳二度》）。	1. 诵《玉皇心印妙经》两卷后，演法《请圣科仪》，诵《皇经》第三卷终；再次是《申发科仪》；献斋，十供养，诵《三官北斗雷经》《天师经》。	1. 奏职：发牒幡告诸司—焚化阴阳文凭（生前预缴）—打券立契—三师赐"奏授职牒"。
晚上 (7：00—9：00)	1. 三师带领行"出食"科仪：施食科仪，《津济科》出食，期间包括回向等。	1. 三师和诸道坛议定，根据《天坛品格》所对应的奏职者八字编撰"奏授职牒"。	1. 主法三师率行"星灯科""送圣科"，根德圆满，群星照耀，赐福延生；2. 谢将法事、鸣炮、聚餐，传度奏职仪式结束；3. 在落杆之前，酬神谢将，在鸣炮的时候，焚化诸表牒文。

这三天的仪式过程，三师和奏职者均需斋戒，但在五月十八日"传度奏职"法事完毕之后，聚餐时可以食荤。在职牒的绘制中，其"奏授职牒"是"红纸墨书"，其间依据《天坛品格》上书"天师门下"和"三师的箓职"（为三山嫡血字辈）以及"奏职者"的"坛、靖、治、炁、箓职、心印、花押、将帅"等。在"职帖"末尾书"奏职日期·中华人民共和国某某年五月十八日·门下受持弟子某某"；加盖"灵宝大法司印（九叠篆与道藏版不同）""阳平治都功印"或

---
① 见（汉）许慎撰：《说文解字》，（清）陈昌治刻本，北京：中华书局，1978年。

"道经师宝"印等。值得强调的是，在"盖法印"的位置上，法印必须盖在"中华人民共和国"之下，这深刻体现了在道教思想意识中，"国家利益高于一切"且"教权"服从、服务于"政权"的一面。

曲靖（宣威）地区的箓阶分为四阶：太上三五都功经箓；太上正一盟威经箓；上清三洞五雷经箓；上清大洞经箓。主要为父子相传，一般不允许自家给自己家奏职，需要在祖师会的时候，集体认可奏授；升授之时，一般只有嗣子奏授了"太上三五都功经箓"之时，由其嗣子来推崇，诸道坛认可，然后可奏授"正一盟威经箓"，依此类推。并且，其"奏授职帖"分为两种，一般"传度奏职"法会所授"职牒"可以师徒间外授；而在家族内部内授和秘授的另有一份，全称叫作"正一嗣汉流传清微五雷金门请职奏名牒"，为百年登真后，职牒用火焚化随身，故古代之"职牒"少有流传。正如《正一威仪经》所载："正一死亡威仪正一符箓卷契环剑布裹盛之，随身入土。正一死亡威仪书七十二符安佩尸形如法拜戊己章棺殓章如法随身。"① 所以，曲靖（宣威）地区民间道教较为传统和完整地保存了正一天师道的传教核心。

（二）云南大理、丽江与曲靖三地奏职对比考察

云南大理、丽江一带位于滇西和滇西北，曲靖则位于滇东北地区，乃早期"五斗米道"的主要辐射地区，且为道教遗产之富矿区。以南诏、大理国时期为代表的历史证明了云南是早期道教遗产涵养的重要土壤。曲靖在爨氏统治时期的"爨宝子碑"以及"爨龙颜碑"也从另一个侧面反映了道教在爨氏统治中心的曲靖地区之兴盛。在刘宋时期的《宋故龙骧将军护镇蛮校尉宁州刺史邛都县侯爨使君之碑》（爨龙颜碑）中说道："其先世则少昊颛顼之玄胄，才子祝融之渺胤也。……霸王郢楚，子文诏德于春秋，斑朗绍纵于季叶，阳九运否，蝉蜕河东，逍遥中原。"② 从墓碑的制式上来看，额上部是青龙、白虎、朱雀浮雕。下部正中有穿，左右是日月浮雕，日中有金乌，月中有蟾蜍。所以，综合其碑刻内容中的关键词和墓碑的纹饰可知道教对爨氏的影响是深入骨髓的。"奏职授帖"是云南民间道教获得"神职"的阳凭。因不同的地方其历史沿革以及具体地理区位、自然环境和族群等的不同，所以，道教的影响程度以及其对道教的接受改造情况不一，是故各地的科仪符箓，以及"传度奏职"仪式也不尽相同。

本文在此对云南滇东北以曲靖（宣威）正一道为代表的"奏职授帖"，滇西北以丽江九河乡白族杨氏道士家族为代表的"三天太上权授官兵敕牒"以及大理以巍山峣屽图山为代表的"神霄西河派职牒"三种"奏职授牒"进行比较，如下表所示。

云南大理、丽江、曲靖三地民间道教"奏职授牒"对比图表		
大理巍山峣屽图山张虚智"神霄西河派奏授职牒"（清朝残存版本）	丽江九河乡杨氏白族正一道士家族"三天太上权授官兵敕牒"（民国乙丑年，公元1925年版）	曲靖（宣威）正一天师道王氏道士家族"奏职授帖"（中华人民共和国1998年版）

---

① 《正一威仪经》，《道藏》第18册，第258页。
② 方国瑜：《云南史料丛刊》第一卷，昆明：云南人民出版社，1990年，第406页。

"□□□五雷经箓九天金阙大夫都指挥神霄使□□□"其下记载道："臣张虚智奉道供醮和襈、祈丰保境信士等，下情言念：众等恩沾四大，德愧五常。幸值运方新，同忱祈祝，共庆人事伊始，一志和襈。惟冀，天慈保安□□国由是延道，恭就仙官，修建玉光酬天祝国、襈茨和疫、□丰保境松花章醮一供陈设，清醮百二十，分位上奉高真，是太平事等因，预奏一、借地一、琼书一、奏一、笺一、申一、□□一、迎驾、践驾二、启玄、谢玄二、火德、粮疫二、济炼表一、请恩表一、玉光九、五省词、章文、雷霆三、延生一、观音一、文昌一、关圣一、三官一；通共文书有三十二道。……琼书上写西河嗣派正宗第四十四代玄孙张某某。"	"三天太上权授官兵敕牒·恭准太上老君敕旨……北斗武曲星君主照，太玄都正一品炁玉局治左监察炁应，中岳皇帝一炁丈人玄德先生，六十二代天师大人门下恭授：正一盟威经箓九天敷奏少卿金阙伏魔太尉辅玄演教真官……播将分兵延降（略）。计开：一宣说三皈依（略），一传授九真妙戒（略），灵宝十愿（略），灵宝十善（略），灵宝十誓（略），灵宝五戒（略）。一拟议奏授：正一盟威经箓宸宵六奏大夫主阶良院副使灵宝执法仙官行便宜事，为任：一奏建坛靖兵马（略），一奏呈心印花押（略），一奏立法名扬复根（略），一奏颁印令（九法印），一奏颁法器（剑印令旗笏等），一传授（十四大法），一奏持颂诸品大成经忏，一奏授官兵将帅（王、温、殷、赵）……三师箓职及花押，天台品格。正一嗣教天师大真人府泰玄都省行坛恭准……天台品格恭授正一盟威经箓宸宵六召大夫主阶良院副使灵宝执法仙官行便宜事，奏授品炁（略），奏建坛靖（略），计开应付（略）。右答复杨某某执照，乙丑年九月初十日给，留限登真后缴。"	"天台品格，祖师门下度监保三师，度监保三师箓职法名（略）。由是谨取中华人民共和国戊寅年一九九八年五月十八日恭逢张天师华诞之辰玄门弟子王某某守诚恭演道旨授予箓职心印代天宣演。雷坛治炁玄妙光辉雷坛通真慧光法靖主部治主都领炁太始一炁君属中岳黄帝一炁真人太源先生门下奏授：太上三五都功经箓清微宗教灵宝执法仙官雷霆斩坎使南昌风火院纠察三界炼度典者便宜事臣·王罗轩：心印·近冬日暖，梅花孕育，罗轩请职，神降福多。主将：三五火车铁面灵官王天君；副将：赵天君（下书奏职者八字）。中华人民共和国戊寅年一九九八年五月十八日　门下受持弟子王罗轩。"

从滇西北为代表的丽江、滇西为代表的大理以及以滇东北为代表的曲靖三地三个时代之"奏职授牒"来考察，可以得出结论如下。从内容的异同看：以大理峨岢图山神霄西河派之清朝年间遗存的职牒来看，首先标明了其所奏授的"箓阶"为"（上清三洞）□□□□五雷经箓九天金阙大夫都指挥神霄使□□□"；其次，如法如仪地注明了当时举办此仪式时所举行的科仪类别，以及所发的文书；最后，注明了自己所属宗派为"西河嗣派正宗第四十四代玄孙张某某"。以滇西北为代表的丽江九河乡杨氏正一道士家族"三天太上权授官兵敕牒"（民国乙丑年，1925年版）来看，其内容更加丰富。其不仅包括了三师箓职、心印、花押、坛、靖、治、炁之固有模式，还包括了所颁奏的"剑、印、令、旗、官兵将帅（每位将帅上贴有半道符箓）、坛靖兵马以及俸禄"等，还注明了当时的第六十二代天师张元旭的法讳和所奏授的"正一盟威经箓"以及奏职的时间、地点等。对比曲靖（宣威）正一天师道王氏道士家族的"奏职授帖"（1998年版）和丽江九河乡杨氏正一道士家族的"三天太上权授官兵敕牒"，其间的"颁奏"一类主要在仪式中念诵完成，不在"职牒"之中出现，但是在曲靖（宣威）"正一嗣汉流传清微五雷金门请职奏名牒"中已经做了系统的收录。从制式的异同来看，现存大理峨岢图山的职牒与曲靖正一天师道的职牒均

为"红纸墨书",而丽江九河乡杨氏道士家族的"三天太上权授官兵敕牒"为"白纸墨书"外加朱批、朱印、花押;从所属宗派来看,大理巍山峣岈图山主要属于"神霄西河嗣派",丽江九河乡杨氏正一道家族主要属于"正一道"(职牒遵"天坛品格",但未落"三山滴血字辈"而是落家族字辈),曲靖王氏正一道士家族当属"正一天师道"。所以,就三个时代、三个地域、三个道士世家对比来看,其形式"大同小异,殊途同归"。

(三)云南民间道教奏职与瑶传道教度戒的对比

道教非独属于"汉族"之宗教,说道教是"西南少数民族"之宗教也不尽确切,道教具有民族性和包容性,民族的认定和重构是一个基于客观族群多样性和历史进展的动态过程。所以,道教是多民族共同信仰的宗教,是中华民族多元一体格局中的重要"纽带"。一个民族的核心仪式是一个民族的"灵魂"之所在,通过不同民族和道派之核心仪式对比,可以看出"你中有我,我中有你;美美与共,和而不同"的多元一体风格。将上述丽江九河乡杨氏白族正一道士家族"三天太上权授官兵敕牒"(民国乙丑年,1925年版)和曲靖(宣威)正一天师道王氏道士家族"奏职授帖"(1998年版)与云南文山蓝靛瑶"度戒"仪式之"阴阳牒"做对比,如下表所示:

云南文山蓝靛瑶族道公与师公度戒"阴阳牒"对比一览表	
道公用"阴阳牒"	师公用"阴阳牒"
参受天师门下,修真法职弟子为任奉行掌醮,士臣保举师当坛置阴阳道牒一道,给付弟子某某,阴化阳留,千年收照。……参受天师门下,正一教中,秉承信誉,退心欲无贪色,虔诚澄心雪正,是盖以玉帝割度学道,积众生净品戒语。三皈依;九真妙戒;颁奏法物……有阳牒给付弟子某某,待后百年收照,并作修斋修醮超亡度爽、去灾星、祈求雨泽感应华池,治病斩鬼,保国康泰,家宅光显达十方,应供兴旺。师真至牒者,玉师有真神护。太岁年月日·谨牒;参受天师门下,修真法职为任奉行戒度、监度、保举、坛院、证见、保见、画字;士臣弟子某某。①	参受三元门下,修真法职为任奉行掌醮……挂上三台明灯,依师演教,押上刀山云台之上,沙堂大戒,飞符咒水,迷音川光催生,分兵发将,写给阴阳二牒,阴化阳留,付给新恩弟子某某在阳永远执照,请祖师、三元坛主、师祇、帅将坐台证盟,保见传度十戒。奉印依简,法职分明,祝当授戒,传度法言之律。十度;十戒;十愿;十问……为民救患保安、求花祈嗣、济渴释关……仰凭师圣雪罪愆,勉慰缠存主家身体,复度经日升生快乐天,故牒。天运太岁年月日·牒者;参受三元门下,修真法职为任奉行正戒、引教、保举、同坛、证见、保见、画字;士臣弟子某某。②

参照仪式中的《初真戒度科》,其间主要环节有:"净坛关告、步虚、仰九帝、请两班圣目、散花林,弟子拜四方天地、弟子拜宗师、弟子拜三祖、弟子拜父亲、弟子拜母亲、弟子拜都官、弟子拜都讲、弟子拜公婆、弟子拜祖舅、弟子拜叔伯、弟子拜兄弟、弟子拜师傅,长跪道前度师祝玄句,等等。③ 而《天师戒度科》也主要记载了"……鸣鼓二十四通,宣投师状,弟子三拜祖先、弟子四拜父母、弟子四拜堂上叔伯兄弟、弟子四拜保举师、弟子四拜监度师、弟子四拜戒度

---

① 文山瑶族古籍文献典藏:《道科书·上》,昆明:云南出版集团公司、云南人民出版社,2011年,第509—515页。
② 同上,第503—509页。
③ 同上,第444—476页。

师……送圣文，初真弟子结发"。① 毫无疑问，云南文山蓝靛瑶的"度戒"乃是在原有族群基础上对"正一天师道"进行了接收与改进以符合实际的需要。所以，道教具有"跨民族性"。从文山瑶族度戒仪式也可以看出，其在承袭了正一天师道的科仪精华基础上，也积极进行改进以符合族群的生产生活之发展需要。一般而言，"度戒"是瑶族成人礼的重要标志，是维系族群伦理秩序以及核心凝聚力的关键。度戒的人在去世后便能进入"家仙单"，接受后代子孙的供奉。在古代封建制度之下，"游耕"的生产方式必然需要"度戒"这样一种具有"神圣性"的道德规范来进行约束以及管理。"瑶传道教"元素是在实际的需求中自主选择的一个结果。道教诞生于中华民族的沃土中，不同的民族"道教元素"的凸显，也是理之必然，是道教包容性与不同族群"二元互动"的一种社会历史现象。

综上可以看出，云南民间道教的"传度奏职"仪式，甚至是文山蓝靛瑶的"度戒"仪式都主要传达了以下三个主要方面的价值和意义：第一，确立了"师承法脉，认祖归宗"的宗教伦理。其以法脉字辈为纽带，维系了民间道教的宗教伦理与内部的和谐稳定，以一种"契约"的形式成了道众自我约束、自我管理、自我监督、自我提升的一种宗教伦理体系；而文山蓝靛瑶的"度戒"仪式，也是这样一种模式，只是主体由"宗教人员"转换为了一个"族群"，核心当是一种"制度"而非仅仅局限于"鬼神"。第二，制定了"依科演教，宗教契约"的宗教道德。以"聚会·法会""契约·神职"合二为一，揭示了民间道教宗教团体之间有分有合、和而不同，在保持自身相对独立性的同时，又促进了彼此的交流与共享；以家族为单位，"耕作与道业"相结合，以血缘地缘关系为纽带，其核心在于"敬天地而悟人生""尚鬼神而明人本""法祖宗而重实际"。从以上瑶族"度戒"的科仪环节和阴阳牒来看，其内容也是大同小异。第三，弘扬"道为统属，民族和谐"的维稳功能。首先，道教的传教仪式具有民族性，是维系多民族和谐稳定的重要纽带。其次，道教的传教形式又具有多样性，不同族群不同道派对正一天师道的接纳和改造程度不尽相同，在庞大的"彼岸世界"之下，实际是一种"现实构建"。最后，道教的传教仪式具有凝聚力，对一个族群、家族和宗派具有一定的凝聚力和整合力，所以，不管是"传度奏职"还是"度戒"乃至"授箓"，都是通过一种仪式来构造、传达和落实一种"制度"，这种"制度"维系了一个宗教团体和一个族群的利益和生产生活需要。

三、云南民间道教传度奏职仪式的思考

（一）云南道教传度奏职仪式的成因

云南是道教的早期发祥地，出现"传度奏职"的区域道教特色，其形成原因是综合性的，主

---

① 文山瑶族古籍文献典藏：《道科书·上》，昆明：云南出版集团公司、云南人民出版社，2011年，第477—502页。

要包括了四个方面的因素：

一是地理环境因素。云南独特的地理环境，呈现出自然环境多样性。首先是地势、地貌的多样性。地势自西北向东南倾斜，大致呈阶梯状递降形式，海拔高度相差大，由之便孕育了坝子、高原、山地等地貌。其次是山脉河流纵横交错，造成了群山逶迤、江河奔腾的山水环境。西部高黎贡山、怒山、云岭诸山由高至低向南、西南方向缓降，东部山脉五莲峰、乌蒙山、梁王山、拱王山均自东北向西南方向展布。最后是立体的气候。云南与四川毗邻，尤其是今云南昭通、曲靖的滇东北一带与今四川凉山（早期"蒙秦治"）交界，这一区位特点为早期"五斗米道"传入云南的天然地缘条件。

二是交通区位因素。传统的正一"三山符箓"有龙虎山"万法宗坛"和閤皂山"灵宝宗坛"都位于今江西地区，而茅山的"上清宗坛"位于今江苏地区，所以，就地处西南边疆的云南来说，其联系逐渐淡化，没有了早期的地缘优势，特别是在南诏中晚期和大理国时期由于行政等因素也在一定程度上促进了本土宗教本地化进程。

三是生产生活方式。由于云南自然环境的多样性和立体气候明显，"山间坝子"是人类较早开发和聚集之地。"小农经济"的生产方式决定了其不可能脱离传统的耕作模式，而有充裕的时间和财力去"符箓三山"接收"授箓"，同时"信息的封闭与滞后"也是一个重要的影响因素。这种传统的"小农经济"也在一定程度上影响了人们的思想观念，以"实际需求"为导向的信仰接收模式，也促成了云南深层次"三教合一"大背景下不同地区、不同族群的信仰模式。

四是行政管理因素。在明朝宣德年间被贬谪到云南的净明派第六代嗣师刘渊然"奏请立云南、大理、金齿三道纪司以植其教",[①] 在云南设立了"道纪司""道正司""道会司"的分级道教管理机构，在一定程度上促进了道教管理的地方化与层级化，同时也促使了"传度奏职"这样一种"传教仪式"的本地化。

（二）云南民间道教传度奏职仪式的传承发展

在中华民族多元一体格局中，族群多样性是客观事实，民族的认定与形成是一个社会历史过程，而宗教更多地充当了维系一个族群内部的相对稳定以及不同民族间互流互通的一个重要纽带。所以，对云南民间道教的"传度奏职"仪式文化在当代的传承与发展，可从以下几个方面来思考：

一是少数民族道教的"民俗化"。各民族以及宗教之间是一个你中有我、我中有你的过程，是一定社会历史的产物，同时在民族与宗教的具体事务管理过程之中也当重视"宗教和民族感情"，深刻领会和贯彻党的宗教信仰自由政策。"民族和宗教"工作是"一体两面"的，两面是"民族和宗教"，"一体"的核心还是"群众工作"。"民俗化"当是一个主要的发展方向。

二是云南民间道教的"规范化"。民间道教是道教发生发展过程中的一个社会历史性的客观存在。通过政府主导下的"传度奏职"可以在一定程度上处理好"传统"与"现实"的关系，保

---

① 《龙泉观长春真人祠记》，见陈垣编、陈智超校补：《道家金石略》，北京：文物出版社，1988 年，第 1261 页。

持本地文化多样性的"文化资源",对发挥宗教的社会维稳功能、民族多样性以及和谐稳定具有一定的价值。

三是宗派师承的"合理化"。在宗教的传承过程中当避免宗教管理的复杂化,如何处理好不同地域之间"传度奏职"或"授箓"的关系,协调和统一宗教教职人员的认定与管理,以及对客观存在的宗教现象的正视问题,实现宗教管理对象和目标的精确化以及宗教管理队伍的专业化将是有待重新审视和解决的问题。

四是"授箓"和"奏职"概念的"明确化"。通过对道教"奏职"与"授箓"等核心概念的明确,有助于转变宗教发展和管理思路,处理历史与现实中不同地域、不同宗派的生存、发展与管理问题。

所以,云南民间道教"传度奏职"仪式在中华民族多元一体格局中起到了"纽带"作用,对维护云南民族宗教团结和谐起到了积极作用,同时本土宗教"本地化"的发展模式对我国宗教中国化进程中的宗教管理也有借鉴意义。

神圣与世俗之间的纠结

——当前全真道发展的困境与出路

赵卫东*

自汉末以来，儒、释、道三教鼎足而立，共同构成中国传统文化的主体。但近代以来，在西方文化的冲击下，中国传统文化深受重创，为了自身的生存与发展，儒、释、道三家纷纷进行自我反思与理论创新。儒家有三期当代新儒家之发展，在充分吸纳西方文化的基础上，建构起了自己的理论新形态。当代新儒家第一代以梁漱溟、熊十力等为代表，第二代以张君劢、唐君毅、徐复观、方东美、牟宗三为代表，第三代则以刘述先、杜维明为代表。① 当代新儒家之后，尤其是进入 21 世纪以来，针对当代新儒家在理论与实践上的不足，以及 21 世纪中国乃至人类所面临的新问题，当代儒者又开始了新的探索。据不完全统计，目前以儒家为理论依托而提出的新构想主要有：杜维明的"新儒家三期说"，刘述先的"理一分殊说"，成中英的"新新儒学"，林安梧的"后新儒学"或"后牟时代的儒学"，牟钟鉴的"新诚学"和"新仁学"，蒋庆的"政治儒学"，龚鹏程和黄玉顺的"生活儒学"，吴光的"民主仁学"，蒋庆、康晓光等的"宗教儒学"，颜炳罡的"民间儒学"，蔡德贵的"实用儒学"，郭沂的"新道学"或"道哲学"，陈来的"仁学本体论"，等等。② 以上统计难免挂一漏万，除此之外，仍然还有很多新观点、新理论和新构想，但其中影响比较大的就是以上这十三种。虽然以上十三种关于儒学的理论创新仍然存在很多问题，但至少有一点是值得肯定的，即它们都是当代儒者对儒家未来发展与创新的理论尝试，这说明儒学的理论创新已经逐渐成了学界的热点与主题，自觉的理论探索与创新正在如火如荼地展开，儒家的未来命运已经与中国乃至整个世界的命运接轨。相信在不久的将来，会有更多更成熟的理论构想

---

* 作者简介：赵卫东，山东大学儒学高等研究院教授、博士生导师。
① 对于何人堪称当代新儒家，颜炳罡先生认为："熊十力、梁漱溟、张君劢、唐君毅、方东美、徐复观、牟宗三七人堪称当代新儒家。"对于这一观点，我们完全赞同。同时，他又认为："成（中英）、杜（维明）、刘（述先）、蔡（仁厚）诸人，其思想仍然在发展中，他们对儒家义理的展开会做出什么样的贡献犹待于时间做出回答，这里暂时不将他们列入当代新儒家名单。"（颜炳罡：《当代新儒学引论》，北京：北京图书馆出版社，1998 年，第 58 页。）但今天将刘述先、杜维明作为当代新儒家第三代代表人物已得到学术界的普遍认同，所以我们这里将他们两位补入当代新儒家代表人物之列。
② 详情参见赵卫东：《三层并进：儒家未来发展的新构想》，《文史哲》2017 年第 6 期。

出现。

同样，早在19世纪上半叶，几乎与当代新儒家出现同时，佛教的理论创新已然展开。先不说当代新儒家第一代的重要代表人物梁漱溟与熊十力都曾深受佛学影响，熊十力还利用佛教唯识学的理论和术语撰写了其最重要的新儒学著作《新唯识论》，这既是佛学在儒学创新中的应用，同时从某种意义上讲，也是对佛教理论的新发展。然而，对后世佛教影响最大的理论创新还是太虚法师所提出的"人生佛教"，后来被其弟子们阐释为"人间佛教"。"人生佛教"与"人间佛教"虽然只有一字之差，但顾名思义，其理论的倾向性却有明显不同。"人间佛教"主要倾向于佛教的人间化，即佛教在当下社会中的作用，具有明显的世俗化倾向。因为既接地气，又符合佛教发展的新方向，所以"人间佛教"一提出便风行一时，得到教内外佛教信仰者的认同。在此基础上，与人间佛教理论相一致的一些佛教世俗化的修行理论也应运而生。就禅宗而言，就提出了"生活禅""念佛禅""安详禅"等各种新理论。当然这些佛教理论的新探索同样也没有最终完成，还在进一步的发展与完善中。但在我们看来，它们的意义并不在于是否真正创新了佛教的教理教义与修行方法，而在于通过这些提法我们知道，佛教界与佛教学术界目前正在自觉地对佛教理论进行创新，目的是使其更能符合世界宗教发展世俗化的大潮流与中国乃至世界当下的需要，这既是佛教自身理论的探索与发展，也是佛教试图适应当前社会的积极尝试。

道教的理论创新也在19世纪上半叶展开，这几乎与儒、释同时，但与儒、释相比，其后续的力量却没有跟上。20世纪上半叶，为了使道教能够更好地服务于社会，道教学者陈撄宁先生提出了"道教仙学"的提法。陈先生认为，道教的内丹道理论晦涩，术语难懂，尤其是修炼需要满足法、财、侣、地等苛刻的条件，这不是任何人都可以做到的。从某种意义上讲，这限制了道教丹道理论与修炼方法的传播，更不能使广大普通民众享受到道教文化的优秀成果。基于以上考虑，陈撄宁先生才有了建构"道教仙学"的想法。陈先生的这一想法非常好，是道教理论创新与发展的有利契机。但不幸的是，因为众所周知的原因，1949年以后，陈先生对道教理论的创新停止了，最终"道教仙学"只是提出了一个简单的构想，并没有形成系统的理论。20世纪90年代以来，学界开始意识到陈先生建立"道教仙学"构想的重要性，并纷纷对其展开研究，但遗憾的是，却没有人接着陈先生的构想做进一步的探讨。同样是20世纪90年代，时任中国道教协会副会长的张继禹先生，撰文提出了建立"生活道教"的构想，并召开了几次专门的学术会议，组织学者们对此进行了讨论，我也曾专门撰文加以呼应，对于这一道教创新的理论尝试表示支持与肯定。但是，没过多久，据说有教内人士对此提出异议，反对道教生活化的提法，为了不影响教内的团结，张继禹先生也不再提"生活道教"，这一理论尝试很快流产。无论是对陈撄宁先生的"道教仙学"，还是张继禹先生的"生活道教"，我都是大力支持的，因为它们符合世界宗教世俗化的大趋势，是使道教服务于当前社会的积极尝试。对于它们的流产，我也感到深为遗憾，我希望以后有学者能继续这方面的研究，接着陈撄宁先生和张继禹先生的理论讲下去，使"道教仙学"与"生活道教"理论能够进一步完善与成熟，使道教更能适应当前社会与人类的需要。

通过以上的回顾，我们不得不承认，就儒、释、道三教来看，自20世纪以来，儒家的理论创新做得最好，其次是佛教，而做得最差的是道教。目前，道教学者的研究仍然还集中于道教文献、道教历史、道教碑刻、道教修炼、道教养生、道教与社会等方面，最近对道教图像、道教艺术、道教科仪等的关注也明显增多。但对道教教义教理的探讨较少，尤其是对道教理论的创新研究几乎无人涉及。我想原因可能有以下几个方面：第一，道教内部尤其是全真道内部存在着一股保守势力，不希望甚至于想方设法阻碍道教教理教义的创新与发展，我想这是最主要的原因。第二，教内有一些想对教义教理进行创新发展的道长，但因个人文化水平、理论能力等原因，又无法完成如此重任。第三，教内人士不愿意让学者插手教义教理的创新发展，他们不希望学者对道教指手画脚，不愿意与学者们合作，共同来探讨道教的创新与发展问题。第四，全真道与正一道之间的微妙关系，从某种意义上讲，也成了阻碍道教理论创新发展的原因。一般来讲，正一道思想相对比较开放，对道教理论的创新与发展思考得也比较多，而全真道相对保守，不喜欢"生活化""世俗化"等字眼，尤其是从正一道士口中讲出，他们更不能接受。他们会认为，这是正一道对全真道教义教理的无理干涉。当年张继禹道长所提出的"生活道教"构想的流产，正是因为这个原因。第五，学者们因害怕得罪道教界，不敢把自己的想法讲出来，更不敢涉足道教理论创新与发展的课题，也是一个方面的原因。然而，以上各方面原因，皆是站在自己的立场，对自身利益保全的考虑，却无人站在道教的立场想一想，道教要适应当今社会，要成为世界性宗教，进行理论上的创新与发展是必然的，这不仅是道教界的责任，也是学术界的责任，任何讳言创新的行为，都是只考虑自身的利益，而不顾道教的生存与发展，这是极为不负责任的行为，作为道士是不合格的道士，作为学者是不称职的学者。今天我们要实现道教理论的创新与发展，首先学术界和道教界要联起手来，坦诚相待，直言不讳，共同探讨，才能最终完成这一历史重任。

下面我将以全真道为例，来谈一谈我对道教理论创新的看法，不当之处，在所难免，敬请各位高道大德和专家学者指正。

我们知道，全真道创始人王重阳祖师就是一位道教的改革者。可以这么说，在整个中国道教史上，没有一个人对道教改革的力度能与王重阳相比拟，也正是他的大胆改革与创新才开创了全真道850多年的历史基业。当年，王重阳之所以改革道教，正是看到了唐宋以来传统道教发展的局限与不足。为了振兴道教，他广泛吸纳儒、释二教思想之精华，创新与发展了传统的道教教理教义，开创了一个全新的道教形态——全真道。而且，他还不断地与时俱进，在教授全真七子等弟子的过程中，不时调整自己的理论与方法。王重阳仙逝的时候，全真道的教理教义尚未完善，其后继者全真七子充分继承了王重阳的这一改革精神，不断地根据当时的社会情况与全真道自身发展的需要，调整教理教义教法以及修炼方式，经过三代人的共同努力，最终才使全真道理论更加完善。然而，经过了850多年的发展，当年王重阳创立的全真道理论已不能适应当前社会的需要，我们需要继承王重阳与全真七子的创新精神与改革勇气，将全真道理论推陈出新。

山东大学颜炳罡教授曾在一本书中提出了"儒学与当代社会双向互动"的理论。他认为，今天儒学要发展，就需要站在儒学的角度审视当代社会，以发现当代社会所存在的问题，并以儒学来校正当代社会；同时，也需要站在当代社会的角度审视儒学，看儒学中哪一些思想与观点已不再适应当代社会的需要,要根据当代社会的需要与问题,创新与发展儒学,使儒学与当代社会更加相适应。① 他的这个双向互动理论说的虽然是儒学与当代社会的关系,但我们认为,这样一种方法,完全也可以适用于佛教和道教。按照这一理论,我们今天也要提倡"道教与当代社会的双向互动",即站在道教的立场来看当代社会,同时站在当代社会的立场看道教,通过两者的双向互动,实现共同的创新与发展。若站在当代社会的立场来审视全真道,王重阳于850多年前所创立的理论,已经多有不适应之处,通过对其分析,可以给我们今天创新与发展道教提供一条有益的思路。下面将以精神与肉体、济世与出家、无为与有为之间的纠结,来探索一下全真道发展的困境与出路。

一、精神与肉体

精神即神,肉体即形,精神与肉体的关系实际上就是传统的形神关系,自汉代以来,对此已经有了很多的讨论。但这是一个永恒的主题,对于一个人来说,精神与肉体之间的张力永远存在,而如何处理好这一关系,也是提升生命质量的关键所在。在王重阳创立全真道之前,传统道教主张肉体成仙,把肉体看成是成仙的载体,但王重阳却一反传统道教的这一原则,吸收佛教的内容,提倡精神超越,这在道教史上是一次了不起的改革。但生命是一个整体,无论是肉体还是精神,都是生命的一部分,两者不可割裂,亦不可分离。王重阳不可能无视这一基本的事实,所以他继承了唐末五代钟吕丹道派创始人之一吕洞宾所提出的"性命双修"的理论。"性"对应的是精神,"命"对应的是肉体,修性便是对精神或心灵的修炼,而修命则是对肉体的改造,"性命双修"既肯定了修性,又肯定了修命,较好地处理了精神与肉体的关系。但是,内丹道南北二宗在对待性和命的关系上,却各有偏重。张伯端创立的内丹南宗主张"先命后性",而王重阳创立的内丹北宗却主张"先性后命",而且在后来丘处机等全真七子那里,对修性越来越重视,渐渐形成了"重性轻命"甚至是"只言性,不言命"的倾向。这样一来,在全真道理论中,精神与肉体的地位就不同了,精神明显比肉体重要。而且更有甚者,全真道还把肉体看成修炼的障碍,欲除之而后快,去之而后成,将其视为臭皮囊,认为抛弃这一臭皮囊是"全真而仙"的前提。从理论渊源上讲,全真道对待肉体的这一态度,明显受到了佛教的影响。

全真道这种处理精神与肉体关系的方式,使其从一开始就具有了禁欲主义的倾向,而这种倾向充分地反映在了全真道的戒律中。以男女之欲为例来说,王重阳在创立全真道之初就确立了出家制度,要求正式出家的全真道士必须断绝色欲。他在《化丹阳》中言:"凡人修道,先须依此一十二个字,断酒色财气、攀缘爱念、忧愁思虑。"② 又在《色》中言:"色,色。多祸,消福。

---

① 周立升、颜炳罡等:《儒家文化与当代社会》,济南:山东大学出版社,2002年,第31—33页。
② (宋)王嚞:《重阳教化集》卷二,《道藏》第25册,第780页。

损金精,伤玉液。摧残气神,败坏仁德。会使三田空,能令五脏惑。亡殒一性灵明,绝尽四肢筋力。不如不做永绵绵,无害无灾长得得。"① 马钰《勉门人》诗言:"修行须弃色和财,慎勿贪杯惹祸灾。"② 丘处机《示众戒色》诗言:"劳生有万种,最大无过色。不唯丧命根,复乃销阴德。还能戒此一,酷胜其他百。慕道修仙人,从来是标格。"③《示众》又言:"色身元有限,情欲浩无涯。痴似蜂贪蜜,狂如蝶恋花。"④《玄风庆会录》再言:"学道之人,首戒乎色。夫经营衣食,则劳乎思虑,虽散其气,而散少;贪婪色欲,则耗乎精神,亦散其气,而散之多。"⑤ 显然,王重阳与全真七子皆认为,色欲是修道的第一障碍,要想得道就必须断绝色欲,正是因为有这样的看法,全真道才提倡出家修道。从某种意义上讲,色欲属于人本能性的生理欲望,其根源来自于肉体,或许正因如此,全真道才重精神而轻肉体,以肉体作为修道的障碍。

男女之欲是人的正常生理欲求,单纯依靠外在的强制力量是永远消除不了的,不仅如此,强行抑制自己正常的生理欲求,还有可能使身心受到伤害,从而产生疾病。这是最一般的道理,深通阴阳之道的道教一开始就已经认识到这一点,所以从严格意义上来讲,全真道所主张的并不是禁欲,而是化欲。所谓"化欲"就是通过身心的修炼,提升自己的人生境界与丹道修行,使自己不产生或彻底消除对色欲的追求,从而达到断绝色欲的目的。但是,要达到化欲或无欲的层次,只有修道有成者才能做到,而自古以来,全真道士不计其数,但真正修道有成者却凤毛麟角。修道是一个艰苦而又困难的过程,法、财、侣、地四个条件很难同时满足,即使这四个条件都满足了,也未必能够最终得道,因为修道还需要悟性和机缘,不是每一个人都可以成功的。那么,如此一来,对于大部分普通全真道士来说,在严苛的全真戒律下,就只能采取外在手段强行压制自己的正常生理需求,这样就会产生一系列问题。因此,在戒律要求宽松的时代,很多全真道士不再遵守戒律,纷纷走向世俗化,这严重影响了全真道的神圣性,必然导致全真道形象受损。因此,处理好精神与肉体之间的矛盾是全真道当前发展所面临的重要论题。

实际上,对于如何解决精神与肉体之间的矛盾,前人已经给我们提供了具有可行性的思路。王重阳在创立全真道之初,对于全真道信徒就采取了因人而异、因材施教的方法,对于那些悟性高、机缘深、功德足而又有毅力的全真道信徒,他则劝其出家修道;而对于那些悟性不高、机缘不深、功德不足而又缺乏毅力的全真道信徒,他则让其在家修行。金元之际,丘处机因西行觐见成吉思汗,受到成吉思汗信重,全真道得以大发展,大批亡金士人加入全真道。他们有些人是适合修道的,也有些人是不适合修道的,甚至还有一些恐怕连道教信仰也没有,其加入全真道完全是为了躲避蒙古兵的羞辱和杀戮。面对这种复杂的情况,丘处机在对待他们的时候,充分采纳了王重阳的智慧,对其弟子采取了分别对待、分层级管理的方式,使他们各得其所。明初朱元璋对全真道实行严格管理,私藏家室者往往被处以极刑,但至明代后期,随着宗教政策的宽松和统治

---

① (宋)王嚞:《重阳教化集》卷二,《道藏》第25册,第696页。
② (金)马丹阳:《洞玄金玉集》卷三,《道藏》第25册,第580页。
③ (金)丘处机:《磻溪集》卷三,《道藏》第25册,第823页。
④ (金)丘处机:《磻溪集》卷四,《道藏》第25册,第829页。
⑤ (元)移剌楚才编录:《玄风庆会录》,《道藏》第3册,第388页。

者对道教的尊崇，情况已经有了很大的不同。到了清代初年，这一情况发生了实质性的变化，已经开始出现在家的全真道士，陕西佳县白云观就是例证。清代中期以后，南方全真道开始走向世俗化，出现了在家的全真道文人团体，其对全真道的发展做出了重要贡献，以浙江金盖山为中心的道教团体就是其中的代表。延至清末民国，全真道士已经明确地区分为了伙居和清修两类。民国《莱阳县志》卷三《礼俗·宗教》云："县中道士分清居伙居，伙居谓有妻子者也，无妻子曰清居，所主道院率多清苦。附城曰关帝庙、曰碧霞元君祠、曰丹崖观，稍远曰望石庙、曰宝泉观、曰望城观，为华山派；城内曰丹阳殿，附城曰迎仙观，为遇仙派；城内曰游仙宫、曰三官阁，附城曰真武庙、曰三官庙，稍远曰龙泉山，为龙门派；皆伙居者也。其清居者有玉清观，在团旺村，祖孙玄清，为龙门派别支；而城内曰孙元君庵，曰白衣庵，为净静派，则女冠耳。"① 以上说明，自王重阳创立全真道到民国时期的大部分时间中，全真道信徒一直分为出家和在家两类，这对于我们今天合理地处理精神与肉体之间的矛盾具有重要的启示作用。我们认为，今天我们也可以把全真道士分为伙居与清修两类，伙居者可以娶妻生子，而清修者不能娶妻生子，对于全真道士来说，要做伙居者，还是清修者，可以自由选择。

二、济世与出家

王重阳在创立全真道之初，就提出了三教合一的理论宗旨，作为新道教，其充分吸纳了儒、释二教理论之精华，其中首要的就是儒家的济世精神与大乘佛教普度众生的思想，具有强烈的济世特征。王重阳曾引用《晋真人语录》提出了"真功真行"的观念，② 提倡全真道要"功行双全"，③ 既要有真功，又要有真行，其中的真行即是"普济群生，遍拔黎庶"、④"修仁蕴德，济贫拔苦"⑤ 的济世行为。后来，马钰和丘处机又在此基础之上，提出了"内日用"与"外日用"之说，其中"内日用"类似于王重阳提出的真功，而"外日用"则类似于真行。然而，全真道在提倡济世精神的同时，又主张全真道士要出家。济世精神是一种入世的精神，而出家制度却是一种出世的规则，从某种意义上讲，这两者具有一定的矛盾。济世精神要求全真道士关注世事，要以悲天悯人的情怀救济天下苍生，而出家制度却要求全真道士挣脱尘纲，抛却家庭的羁绊与拖累，做到像上面所提到的那样，"断酒色财气，攀援爱恋，忧愁思虑"，这两者很难调和。

早期全真道，即王重阳与全真七子时的全真道，实际上可以分为两个时期：一是王重阳、马钰主教时期，一是刘处玄、丘处机主教时期。前后两者在传道手段、修行方式以及处世态度上有明显不同。王重阳、马钰主教时期，全真道更注重个人的修炼，虽然王重阳一开始就提出了"功

---

① （民）王丕煦等纂，（民）梁秉锟等修：《莱阳县志》，民国二十四年铅印本。
② （宋）王嚞：《重阳全真集》卷十，《道藏》第25册，第748页。
③ （宋）王嚞：《重阳全真集》卷三，《道藏》第25册，第709页。
④ 同上，第787页。
⑤ （宋）王嚞：《重阳全真集》卷十，《道藏》第25册，第748页。

行双全"的口号，但这一时期明显地更重视真功，其所谓的真行更主要的是通过个人的修行或得道来超度群生，而较少有实实在在的济世行为。而刘处玄、丘处机主教时期则不同，这时候全真道不仅因金廷的认可成了合法宗教，而且还得到了迅速的发展，刘处玄、丘处机、王处一等，不再仅仅重视个人修炼，而是开始关注时事，做了很多利益群生的事情。相应地，全真道的教理教义也发生了重要变化，开始更加重视积功累德在修道过程中的作用。丘处机主教后期，正赶上南宋金元易代之际，社会动乱，战争频仍，灾荒连年，百姓朝不保夕，为了拯救中原百姓的性命，丘处机冒着生命危险，西行觐见成吉思汗，获赐诸多特权，拯救了众多无辜的生命，为全真道赢得了普遍赞誉，直接促使了全真道在元初达到鼎盛状态。

然而，济世精神与出家修道是有一定矛盾的。从个人修炼的角度讲，需要全真道士脱离尘世，不问世事，过一种隐修的生活。过多地参与世事，必然干扰内心的清静，不利于修炼，这也是王重阳、马钰更重视出家的原因。但全真道士并不是不食人间烟火的隐士，他们作为社会的一分子，除了个人修炼以外，还要承担弘道与济世的责任。如何处理好济世与出家之间的关系，是全真道士必须要面对的问题。在王重阳与全真七子时期，为了解决济世与出家的矛盾，采取了先出家修道，道业大成之后，再出山弘道的方略，但到了金代末年情况又发生了新的变化。自刘处玄、丘处机、王处一等大建宫观开始，全真道的修持方式发生了根本性的变化，由过去的游方苦行转变为了住观修持，修行方式的变化就要求重新处理弘道济世与出家修道之间的关系。正是在此基础上，丘处机提出"打尘劳"与"积功累德"的修行方式。"打尘劳"是将全真道士的修炼活动与道观管理相结合的产物，"积功累德"是对王重阳提倡的真行的落实，即把济世救人作为一种修行方式，而以上这两个方面都与全真道"重性轻命"的修行理论密切相关。虽然入元以后，随着南北的统一，全真道的修行理论也发生了变化，受张伯端所创内丹南宗的影响，元晚期全真道又出现了性命并重的现象，但济世与出家的矛盾却一直存在。

今天我们提倡"道教的中国化"，即是要求道教与当代社会相适应，这就需要充分发挥全真道的济世精神，但前提是必须首先处理好济世与出家之间的矛盾。假若我们一方面强调全真道的戒律，要求全真道士严格遵守出家制度，另一方面又要求全真道士与当代社会相适应，这是不可能做到的。对于全真道来说，要做到与当代社会相适应，就必须让全真道士进一步世俗化，而这必然会对出家制度造成冲击。就目前全真道的真实状况而言，那些不遵守出家戒律的全真道士恰恰是有文化、有能力而又能与社会相适应的道士，将来他们会成为促使道教中国化的生力军。然而，这些全真道士却受到来自保守派的排挤与打击，若不能解决这个问题，道教的中国化只是空谈。目前当务之急是，对全真道出家制度进行改革，重新修订全真道戒律，让全真道士们自由选择是否出家，而且还要通过制定政策来保证出家者与不出家者在各个方面能享有同等的权利。

三、无为与有为

全真道深受老子思想影响,《终南山神仙重阳真人全真教祖碑》云:"道教通五千言之至理,不言而传,不行而至,若太上老子无为真常之道者,重阳子王真人也,其教名之曰全真。"① 陈教友《长春道教源流》卷一云:"重阳为老氏之学,而兼诵《孝经》《心经》,实有得于为学日益之训。"②《道德经》第三十七章云:"道常无为而无不为。"在老子哲学中,无为既是最高的人生境界,又是把握道的重要方式,其基本的意义就是清静自然。老子的这一思想被全真道所吸收,王重阳言:"谁识廛中这个人,无为无作任其因。白云接引随风月,脱得尘劳出世尘。"③ 又言:"微微微处水澄清,意尽心忘灭尽情。无漏无为登正觉,不增不减证圆成。"④ 马钰继承了王重阳无为清静的思想,他自称:"风仙师父妙谈论,说透无为清净门。"⑤ 显然,在马丹阳看来,王重阳以无为清静作为全真道门户,全真道士要想得道,就必须从无为清静入门。马钰还言:"归物外,处无为清静,便是仙路。"⑥ 又言:"一个无为清静,是仙家秘诀,大道机谋。凭此行持,何必身外搜求。自然汞铅易结,九还丹、数日全周。神光灿,乘羽轮飙驾,直入瀛洲。"⑦ 在马钰看来,无为清静是成仙之路和仙家秘诀,只要能做到无为清静,就可以"直入瀛洲",成为神仙。

正如前面提到过的,王重阳、马钰主教时期的全真道与后来有明显不同,这一点也反映在了他们对待无为与有为的态度上。与王重阳、马钰尤其强调无为清静不同,自刘处玄至丘处机,则越来越向有为的方向发展。尹志平在谈到马钰、刘处玄、丘处机三人主教的差异时说:"丹阳师父以无为主教,长生真人无为有为相半,至长春师父,有为十之九,无为虽有其一,犹存而勿用焉,道同时异也。"⑧ 在尹志平看来,马钰主要以无为的方式主教,而刘处玄则是有为与无为相当,到了丘处机,却变为以有为为主、无为为副,确切地说,即是有为占十分之九,无为虽有其一,还存而不用。正如尹志平所说:"道同异也。"即这种变化产生的原因,在于全真道发展的不同阶段具有不同的要求所导致,也就是所谓的时势使然。但是,这种由无为向有为的转变,却同时导致了全真道修炼方式的变革。以马钰与丘处机为例,他们两人的修炼方式就有着明显不同。尹志平言:"丹阳师父全行无为古道也,至长春师父,惟教人积功行,存无为而行有为,是执古道为纪纲,以御今之所有也。经曰:能知古始,是谓道纪。凡学人,先执持己之道性为纪纲,而后积累功行,以应诸缘,无施不可。丹阳师父云:无为心内慈心起,真行功总属伊。功行既到,心地自得开悟,圣贤与之道。奈何有功之人,多怀倚赖功行望道之心,还能将此心忘却,便是为而不恃。师父尝云:俺今日些小道气,非是无为静坐上得,是大起尘劳作福上圣贤付与。"⑨ 马钰

---

① (元)李道谦集:《甘水仙源录》卷一,《道藏》第19册,第723页。
② 《藏外道书》第31册,第10页。
③ (宋)王嚞:《重阳全真集》卷二,《道藏》第25册,第703页。
④ (宋)王嚞:《重阳全真集》卷十,《道藏》第25册,第744页。
⑤ (宋)王嚞:《重阳分梨十化集》卷下,《道藏》第25册,第795页。
⑥ (元)马钰:《丹阳神光灿》,《道藏》第25册,第625页。
⑦ 同上。
⑧ (元)段志坚编:《清和真人北游语录》卷二,《道藏》第33册,第166页。
⑨ (元)段志坚编:《清和真人北游语录》卷三,《道藏》第33册,第173页。

是"全行无为古道",丘处机则是"存无为而行有为",这种对待无为与有为态度上的差别反映在修炼方式上,马钰提倡的是"无为静坐",而丘处机提倡的则是"大起尘劳","无为静坐"重在修命,而"大起尘劳"则重在炼性,这又与全真道性命关系的发展变化恰好相契合。

无为与有为是一对矛盾,从个人修炼角度讲,我们应该提倡无为,因为无为有助于修炼;而从弘道与济世角度讲,我们应该提倡有为,因为无论是弘道还是济世都属于有为。王重阳、马钰主教时期,因为过分强调无为,从而大大地限制了全真道的发展;丘处机主教时期,因为过分强调有为,使真正有道行的全真道士大大减少,最终导致佛道之争时与佛教比神通失败,使全真道遭受重创。那么,对于全真道士来说,到底无为更重要呢,还是有为更重要呢?实际上,从理论上来讲,无为与有为都很重要,这就是《道德经》所谓的"无为而无不为"。丘处机曾经说:"有为无为一而已,于道同也。修行人,全抛世事,心地下功,无为也;接待兴缘,求积功行,有为也。心地下功,上也;其次,莫如积功累行。二者共出一道,人不明此,则不能通乎大同,故各执其一相为是非,殊不知,一动一静,互为体用耳。"① 在丘处机看来,从道的角度讲,有为与无为并没有差别,它们之间是"互为体用"的关系,即若以无为为体,则以有为为用,若以有为为体,则以无为为用,两者一动一静,互为体用,都是道的表现形式。显然,在理论上,丘处机对无为与有为的关系做了极为圆融的处理,但在实际应用上仍然难免会出现问题。在谈到无为与有为的关系时,尹志平也曾说:"无为有为,本非二道,但顾其时之所用如何尔。"② 在他看来,无为与有为,本非二道,王重阳、马钰之所以以无为主教,而丘处机却以有为主教,原因在于时势使然,这都是不得已而为之。

对于今天的全真道来说,无为与有为之间的矛盾,仍然是影响其发展的重要因素。通过以上分析可以看出,王重阳与全真七子在处理这个问题时,正如尹志平所说的那样,是根据时势来决定到底以无为为主,还是以有为为主,这种处理方式虽然没有彻底消除两者之间的矛盾,但却可以使全真道做到进退自如、与时俱进。今天摆在我们面前的任务是"道教的中国化",要完成这个艰巨的任务,需要的不是无为,而是有为,这就是当今之大势。要完成这个任务,我们应该适应这个大势,把有为放到第一位,把无为放到第二位,并根据时势的变化不断调整无为与有为之间的比例。

总而言之,精神与肉体、济世与出家、无为与有为之间的矛盾,自全真道创立以来就一直存在,历代的全真高道皆在根据时势的要求不断调整着全真道的发展方向,尽量保持着它们之间的平衡。就这三对矛盾而言,精神、出家、无为代表的是全真道的神圣性,而肉体、济世与有为代表的是全真道世俗性的一面,它们之间的矛盾,就是神圣与世俗之间的矛盾。在"道教中国化"成为时代赋予全真道的神圣使命的当下,我们应该顺应时势的变化,通过对全真道教理教义的改革,使其由神圣性向世俗性倾斜,只有这样才能使全真道真正做到与当前社会相适应。

---

① (元)段志坚编:《清和真人北游语录》卷一,《道藏》第33册,第159页。
② (元)段志坚编:《清和真人北游语录》卷二,《道藏》第33册,第168页。

20世纪海外道教学术观的演变
——以马伯乐道教学术遗稿的版本分析为中心

胡 锐*

摘 要：本文以马伯乐道教学术遗稿的法文（两个版本）、日文、英文版本为线索，分析说明20世纪初至今的海外道教学术观的确立、发展、争鸣以及变化趋势。认为20世纪初欧洲道教研究的学术传统开始形成，但直到20世纪中叶，道教独立的学术研究地位尚未完全确立；20世纪下半叶则有多种学术争鸣，海外主流道教学界重新找回并大力发展了20世纪初确立的道教学术观，即一种整体的、流动的、发展的、历史的道教学术观。

关键词：海外　道教学术观　马伯乐

一、引言

20世纪以后，西方的汉学研究，尤其是关于道教的学术研究迅速地摆脱了早期传教士汉学家的学术设定。以沙畹（Emmanuel-Edouard Chavannes，1865—1918）、葛兰言（Marcel Granet，1884—1940）、马伯乐（Henri Maspero，1883—1945）等为代表的法国汉学家以一种崭新的学术观切入道教研究领域，从而在海外奠定了现代宗教学意义上的道教学术研究框架。其中尤以马伯乐的道教研究最引人瞩目。

关于法国汉学家马伯乐的学术思想，相关研究文章从他辞世的1945年后便陆续问世，其中包括汉学家戴密微（Paul Demiéville，1894—1979）撰写的几篇关于马伯乐的纪念文章，介绍了马伯乐的生平、学术生涯、学术成果以及诸多令人动容的生活及工作细节，并对其学术研究工作做

---

* 作者简介：胡锐，哲学博士，四川大学道教与宗教文化研究所研究员、硕士生导师。
基金项目：本文为国家社会科学基金项目"施舟人（KRISTOFER SCHIPPER）道教学术经典论著的翻译和研究"（17BZJ036）阶段性成果。

了高度评价。① 荷兰汉学家戴闻达（J. Duyvendak，1889－1954）也为戴密微编辑的马伯乐的遗稿《中国宗教·历史杂考》撰写了书评。②《中国宗教·历史杂考》这本书传播到日本后，包括宫川尚志在内的诸多日本汉学家，用了长达一年的时间定期集体研读和翻译，并最终由川胜义雄执笔翻译成日文出版。1962 年川胜义雄发文总结了马伯乐的道教学术研究思想。宫川尚志也发表了相关文章。尤其大渊忍尔在 1967 年为日文第一版翻译撰有长篇书评，是当时对马伯乐最为详细和中肯的评论。③ 而马伯乐的学生康德谟则在 1971 年重新编辑马伯乐遗稿，以《道教与中国宗教》为名出版，并在前言中对马伯乐的道教研究做了补充说明，并高度评价了马伯乐的道教研究。此外，巴瑞特（T. H. BARRETE）在《道教与中国宗教》的英文版前言中对马伯乐道教研究思想做了具体而详细的评述，对此前各种马伯乐学术研究思想的争鸣文章进行了比较分析和总结。

国内方面，近年出版的《马伯乐汉学论著选译》中，有葛兆光以及周振鹤撰写的前言。④ 葛兆光从道教研究领域出发，对马伯乐辞世后由其学生康德谟再次编辑出版的《道教与中国宗教》的各个章节内容做了精辟的解读，⑤ 而周振鹤则从历史地理学这个领域对马伯乐的治学方法有准确的洞见，以马伯乐的《秦象郡考》为例，剖析了其治学方式，并补充了自己的研究心得。

上述所有文章均出自大家之手，对我们全面理解马伯乐的学术思想具有重要的启发意义，但也存在一些遗憾。国外学者的评论是在国外汉学研究背景下进行的，在准确抓住海外汉学研究问题的同时，也忽略了可能对异质文化圈（即中国学术界）形成重要启发的问题；国内学者则大多从各自熟悉的研究领域出发，对马伯乐的学术研究做出分析，颇有深度，但对马伯乐汉学尤其是其道教学术思想的整体性和连贯性讨论不足。因此作者不揣浅陋，欲对此加以补充说明，以就教于方家。

二、马伯乐遗稿的四个版本

要看清马伯乐的学术思想及其对后世海外道教学术研究的影响，有必要对马伯乐遗稿的版本进行研究。因为马伯乐不幸逝于"二战"德国集中营，所以目前大家能见到的马氏学术论著大多是经他的同事和学生整理编辑的遗稿。这些遗稿状况很差，全部散乱地放在马氏生前寓所的抽屉和纸箱中，大部分稿件既无中文亦无任何批注，有些稿页重复出现两三次，许多页眉上还有各种

---

① ［法］戴密微：《马伯乐小传》，《法国汉学》第七辑，北京：中华书局，2002 年，第 520－533 页。Paul Demiéville, "Henri Maspero et l'avenir des etudes chinoises", T'oung Pao, 38, 1948, pp. 16－42；Paul Demiéville, "Necrologie Henri Maspero", JA 234, 1943－1945, pp. 245－280.
② T'oung Pao, 40, 1951, pp. 372－390.
③ Henri Maspero, *Taoism and Chinese Religion*, translated by Kierman Frank A. Prefaced by T. H. Barrete, University of Massachusetts Press, 1981, pp. 7－27.
④ 冯承钧、冯沅君、伭晓笛、盛丰译：《马伯乐汉学论著选译》，北京：中华书局，2014 年，第 1－30 页。
⑤ 葛兆光混淆了戴密微 1950 年编辑的马伯乐的《中国宗教·历史杂考》三卷本和 1971 年康德谟重新编辑的马伯乐《道教与中国宗教》这两个版本。

数字符号、修改、划痕、添加等等，除非认真阅读推敲这些稿件，否则很难从中整理出连贯的文本。所以对马伯乐遗稿的不同的编辑方式，体现的其实是后人对马氏学术思想的不同的理解和不同的道教学术观。

第一个版本（以下简称戴版）：马氏遗稿的第一个版本是1950年马伯乐的学生兼同事——法国汉学家戴密微整理出版的，名为《中国宗教·历史杂考》，① 这是马伯乐遗稿的第一个完整版。这个版本的内容主要为马伯乐生前未刊发的学术手稿，其中一些经过作者本人的整理，有些则仅仅是草稿；同时也有一部分是马伯乐生前发表的，但很难见得到的学术文章。此版共三编（三册）：第一编"中国宗教"；第二编"道教"；第三编"历史研究"。

第二个版本（以下简称日版）：日本得到戴密微编辑的三卷本后，便在学术界积极组织研究，并于1965年翻译完成了第二编《道教》，1978年第一次出版发行，② 此后又略有修订，总共再版发行过12次。他们的工作底本是戴版的第二编"道教"，但同时又收入了马伯乐生前在《学院通讯》（1937年11月19日）上发表的《道教的神灵·如何与神灵沟通》一文。不仅如此，由于《道教》一编大多数是从马伯乐的手稿中整理而来，所以诸多工作细节尚未完成，因此日版增添了许多有学术价值的注释，对马伯乐的道教研究思想进行了进一步的梳理。

第三个版本（以下简称康版）：1971年，马伯乐的学生康德谟（Max Kaltenmark, 1910－2002）又重新编辑出版了马伯乐的道教学术遗稿，体量大约为戴版的两倍，并以《道教与中国宗教》一名出版，这也是今天流行最广的一个版本。③ 康版与戴版都是法文版，都是对马伯乐遗稿的全面整理，但在内容和结构方面又有值得审慎考辨的异同。

第四个版本（以下简称英版）：为1981年美国出版的基尔曼（Frank A. Kierman）翻译注释的《道教与中国宗教》英文版。④ 此版以康版为底本，并获日版译者授权，全面参考翻译了日版的注释，并增加了新的译注。正当我们认为这一版足以为马氏道教遗稿的编辑画上句号之时，又赫然发现英版书名与康版书名有出入。英版书名为 Taoism and Chinese Religion（直译为"道教与中国宗教"），而法版书名则为 Taoisme et les religions choinoises（直译为"道教与中国的诸种宗教"），二者的差别在于，英版的中国宗教 Chinese Religion 用的是单数，将中国的各种宗教看作一个整体，即专有名词中国宗教；而法版的中国宗教 les religions choinoises 用的是复数，指存在于中国的各个宗教。这种差异虽然细微，但作为提纲挈领的标题，在全书内容不变的情况下，却耐人寻味。

---

① Henri Maspero, *Melange posthumes sur les religions et l'histoire de la Chine*, Paris, civilisation du Sud, 1950.
② ［法］马伯乐著，［日］川胜义雄译：《道教》，东京：日本株式会社平凡社，1978年。
③ Henri Maspero, Preface de Max Kaltenmark, *Le Taoisme et les religions chinoises*, Edition Gallimard, 1971.
④ Henri Maspero, *Taoism and Chinese Religion*, translated by Kierman Frank A. Prefaced by T. H. Barrete, University of Massachusetts Press, 1981.

三、以戴密微为代表的 20 世纪初、中叶的海外道教学术观

这里要处理的第一个问题是：戴密微编辑马伯乐的遗稿《中国宗教·历史杂考》的思路为何？戴氏版马伯乐遗稿编辑成书于 1950 年，是戴密微从马伯乐生前诸多未刊稿和一些不常被学界见到的已发表论文中整理出来的。此著目录如下：

第一编 中国的宗教		第二编 道教	第三编 历史研究	
未刊 I 中国宗教的历史发展	引言 1. 古代宗教 2. 战国时期的宗教危机 3. 道教 4. 佛教 5. 儒教 6. 近代民间宗教	未刊 I 六朝时期中国人信仰的道教	未刊 I 中国古代天文学，天文仪器及天文发现的历史	1. 起源 2. 古代 3. 汉代的重要发明 4. 赤道的精确发现
未刊 II 中国古代及近代傣族的社会与宗教	1. 农民的生活 2. 春节 3. 官方宗教 4. 神话	未刊 II 诗人嵇康与竹林七贤	未刊 II 西方对汉前中国之影响	
未刊 III 佛教如何传入中国		未刊 III 西元头几个世纪的道教研究	未刊 III 中国古代文献中的历史小说	
重辑 I 北圻黑泰葬礼		重辑 IV 汉代以前道教的起源和发展的历史研究	未刊 IV 从赛努奇博物馆的展览看汉代日常生活	
重辑 II 中国的象牙制品及民间画像		佛教进入中国时的道教与佛教	重辑 I 中国古代的封建制及土地所有权	
			重辑 II 先秦至近代中国的土地制	
			重辑 III 有关中国土地所有制的专用语	

从目录中，我们已能清楚看到，仅仅是这些未刊和部分重新辑入的稿件，即可见马伯乐涉猎之广，"几乎涉及了汉学研究的所有领域"，① 被戴密微称为唯一一个汉学的百科全书式人物。要在这大量的、散乱的遗稿中整理出一个研究提纲，拟定各个章节的标题，并非易事。非对马伯乐

---

① Paul Demiéville, "Henri Maspero et l'avenir des etudes chinoises", T'oung Pao, 38, 1948, pp. 16–42。

的学术研究有极高的崇敬，对汉学有极深了解的至诚君子而不能为。

戴氏版的第一编名为"中国的宗教"，其中也包含有一些道教方面的内容。为什么戴密微没有将其纳入第二编"道教"呢？同时为什么又单独编辑一编"道教"呢？这与当时西方汉学研究的时代背景有关。西方的汉学研究兴起于18世纪东方学这一大的学术背景下，并于19世纪作为一门独立学科成长起来。在沙畹、马伯乐之前，西方汉学并没有得到足够精细化的处理。当时研究重点在于将中国作为东方的一面镜子，进行概括性的研究和整体上的理解。当时西方汉学家普遍认为中国的儒家是主流，佛教具有哲学属性，因此二者获得了相对独立的研究地位。至于道教，因为后世与地方社会结合紧密致使其带有西方宗教所谓的"迷信"表象，再加上道藏经的秘传性，因此西方学者很难接触到道经，或者即便有机会阅读，也很难理解其中的含义。因此当时海外对道教的研究以静态的历史研究为主，静态研究中又主要集中在老、庄和魏晋之前或早期佛道关系上——因为早期佛教的历史与道教交涉颇多，是佛教研究绕不开的主题。可以说，当时对道教的研究，并没有成为一个独立的研究领域。因此，戴密微在当时的汉学研究大背景下（戴密微本人也以佛教研究见长），将马伯乐对道教的整体性研究作为对中国历史解读的一个部分，与儒、释一起，收入了第一卷《中国宗教》。第三编《历史研究》也是在汉学这个更为宽泛的学术思路下编撰而成的。

另一方面，虽然当时的道教研究没有佛教和儒家这么清晰的学术定位和地位，但汉学家沙畹已为道教的学术价值埋下了伏笔。[①] 遗憾的是，由于沙畹属于第一位拓荒者，面临的问题更多，所以道教研究举步维艰，成果数量少，没有对道教形成一个完整的研究体系，所以暂时无法支撑道教独立的学术地位。但是沙畹的研究打破了西方汉学研究固有的推崇儒、释贬抑道教的格局，是道教研究的破冰之举。而当马伯乐一系列的遗稿经戴密微整理问世后，对道教的认识和研究得到了前所未有的丰富和加强，令当时的汉学界极为振奋，意识到找到了一个新的学术富矿。但由于时代背景，时人并没有能力详细梳理马伯乐的道教研究成果，只能将马氏关于道教的各种研究汇集起来。因此，这个时候最为稳妥的做法，就是再将"道教"作为一个独立的学术单元，承载马伯乐其他的对道教更为系统和精细化的研究成果。这就是戴密微编撰马伯乐遗稿的思路。所以公正地说，戴密微编辑的《杂考》只是对马伯乐的学术研究进行了概括性的分类，没有触及马伯乐道教学术研究的系统性问题。但同时，这也是一项较为全面的、令人钦佩的编辑工作，具有学术史上的开拓价值。

---

① 关于沙畹的道教研究，参见［法］沙畹：《中国古代的社神》，克超编译：《沙畹汉学论著选译》，北京：中华书局，2014年，第153—208页。Emmanuel-èdouard Chavannes, "Le jet des Dragons", Memoires concernant l'Asie Orientale 3, 1919.

四、以康德谟为代表的 20 世纪下半叶海外道教学术争鸣

要处理的第二个问题是，康德谟为何要在二十年后重新编辑出版马伯乐的遗稿？事实上，戴版的优点和缺点都在于他所给予道教的独立的学术地位。他给予了道教以独立的研究地位，但是内容支撑却不够充分。随着战后西方人文研究的日渐兴盛，人们越来越觉得戴氏《杂考》并没有全面细致地体现马氏的道教研究。这一点日本人很清楚。当戴版传入日本后，第二编"道教"立即成为日本汉学家学习和研译的重点。现在似乎很难想象，多位日本汉学大家连续一年济济一堂，只为一起翻译一部两百多页的法国汉学家遗稿。1965 年，日本学者在戴版第二编"道教"的基础上完成了日文版的翻译和注释，① 从而引发 20 世纪六七十年代海外汉学界中蛰伏已久的道教与道家之争的学术大讨论。

此前的传统观点是法国汉学家沙畹建立的，他认为老庄是哲学的道家，与后世的神仙道教不同。这一观点影响了一代中西方学者，如华莱士（H. H. Welch）、冯友兰以及顾立雅等都接受了这一基本观点。而马伯乐则与自己的老师沙畹不同。他认为：第一，道教早在春秋战国时期集体宗教和个人宗教的困境中应世而出，老、庄的道家学派是当时道教最具代表性的道教神秘主义派别之一，其相关著作则是这些学养良好的知识分子对当时道教的哲学化表达。他们留下了很多著作，但由于其学说过于晦涩，以致后世从者寥若晨星。第二，尽管庄子并不赞成单纯的"卫生之经"，但他在行文中却屡有暗示。只需把这些"暗示"整合起来，就能复原一套与后世道教极为相似的母本。第三，老庄所强调的"与道合一"，这与后世道教的求仙没有本质上的区别。②

所以，问题焦点就变成了道教与早期道家是一个整体（同一事物的不同面向）还是风马牛不相及的个体。大渊忍尔认为早期道教哲学与后世道教并非同一事物之不同面向，至少最初它们是各自独立的。这也是当时日本学界公认的观点。顾立雅（Creel）、冯友兰以及华莱士等的态度则更加强硬。顾立雅在 1970 年的著作《何为道教》中指出马伯乐对道教的先见，或导致人们过于关注道教哲学与神仙道教的相似性，而忽略它们之间的鸿沟。他进一步认为，道家是注重精神的纯哲学，而后世的道教则具有极强的目的性。道家哲学和道教不仅仅是不同，它们甚至是对立的。③

当时尚为青年学者的施舟人（Kristofer Schipper）则是批判上述观点的主要代表。他坚定地认为老庄与后世道教不可分离。施舟人以其多年的法国汉学训练素养及其基于在台湾当道士的田野经验，为这个问题提供了更多的理解视角和材料。他在诸多文章中阐述了自己的观点，比如他的博士论文《汉武帝内传》导言（虽然此文并非针对这一问题的专论）。日本也有学者支持他的观点，如井筒俊彦（Toshihiko Izutsu's，1914－1993）1968 年的两卷本比较宗教学研究著作《苏菲主义与道教中的关键哲学概念》，④ 作者无疑受到了马伯乐的影响。马伯乐认为春秋战国时

---

① ［法］马伯乐著，［日］川胜义雄译：《道教》，东京：日本株式会社平凡社，1978 年。
② Le Taoisme et les religions chinoises, Edition Gallimard, 1971, pp449－462；或 ［法］马伯乐撰，胡锐译注：《庄子时代的道教的长生之术和神秘的生命观》，《宗教学研究》2015 年第 4 期，第 34－39 页。
③ N. Girardot, "Part of the way: Four studies on Taoism", Hisrtory of Religions 11. 3 (1972) p. 325.
④ ［日］井筒俊彦：《苏菲主义与道家——关键哲学概念比较研究》，加州：加利福尼亚大学出版社，1983 年。

期的道家，其实就是当时道教的神秘主义流派，是当时道教的一个有机的组成部分。此派崇尚精神的修炼，但也对肉体的修炼屡有暗示。马伯乐还将庄子的"心斋"和"坐忘"与伊斯兰神秘主义修炼进行了类比。① 井筒则进一步探讨了庄子神秘主义的内部结构，他认为宗教性的萨满是理解老庄思想的唯一途径，这无疑高度呼应了施舟人的观念。

马伯乐的学生，施舟人的老师——汉学家康德谟也用自己的方法表达了观点。这在其1969年出版的《老子与道教》②一书中体现得很明显。康德谟在书中并未直接论证"哲学的道家"与"神仙的道教"的联系，而是含蓄地采取了另一种不同于美、日其他学者的方法，重点将道教置于中国宗教的整体历史和文化背景当中，并将其置于整个世界宗教的比较研究框架之下。他最为重要的观念是要在中国古代宗教背景下理解老庄，用这种方法，便可发现无论是精神上的成仙，还是后世的神仙道教，他们在宗教主题、目标以及方法上有内在的联系。

姑且不谈康德谟的研究细节，仅就将老庄置于中国古代宗教的大背景之下，将道教置于中国宗教的整体历史和文化背景当中的理解路径，就已经极大地拓宽了既往道教研究的思路，而这也正是康德谟理解的马伯乐道教研究思想的重点。也许正是既为回应当时的学术争鸣，也为准确地诠释先师的学术理路，康德谟重新编辑整理了马伯乐的道教研究作品。这就是1971年以《道教与中国宗教》之名出版的马伯乐遗著，也是关于马伯乐道教研究最为全面的一部著作。

康氏在戴氏编辑的基础上做了较大的调整，对内容有删减和增加。康版收录了戴版第二编《道教》的全部内容，同时还打散了戴版第一编"中国宗教"的大部分内容，分解整合进了新版的篇目下。此外，康版还新增了戴版一半的内容，包括日文版新增的"道教的神灵·如何与神灵沟通"，以及马伯乐生前撰写的关于道教的最为完整的遗作——《古代道教的养性之法》。同时，康版删除了戴氏第三卷《历史研究》的内容。因为这一部分内容主要是作为马伯乐道教研究的学术大背景而存在，与道教和中国宗教没有直接的关联。康版共分为九个部分，其章节如下：

1. 中国宗教的历史发展

    Ⅰ. 古代宗教

    Ⅱ. 战国时期的宗教危机

    Ⅲ. 道教

    Ⅳ. 佛教

    Ⅴ. 儒家

2. 近代中国的神话

    Ⅰ. 民间宗教和三教

    Ⅱ. 最高诸神

    Ⅲ. 自然神

---

① Le Taoisme et les religions chinoises, Edition Gallimard, 1971, pp449—462；或 [法] 马伯乐撰，胡锐译注：《庄子时代的道教的长生之术和神秘的生命观》，《宗教学研究》2015年第4期，第34—39页。

② Max Kaltenmark, Lao—tseu et le Taoisme, Paris, Seuil, 1965.

Ⅳ. 行政区划神

　　Ⅴ. 行业、行会神

　　Ⅵ. 主管个体休咎神

　　Ⅶ. 地下世界神

3. 古代中国与近代傣族的社会与宗教

　　Ⅰ. 农民的生活

　　Ⅱ. 春季节仪

　　Ⅲ. 官方宗教

　　Ⅳ. 神话

　　Ⅴ. 北圻黑傣的丧葬习俗

4. 佛教如何进入中国

5. 六朝时期中国宗教信仰中的道教

6. 嵇康与竹林七贤

7. 论西元头几个世纪的道教

　　引言：文献学导论

　　Ⅰ. 个体宗教生活及对成仙不死的探求

　　Ⅱ. 道团及公共仪式

　　Ⅲ. 道教与佛教入华

　　附论一西汉前道教起源及发展的历史研究

8. 道教诸神·如何与之交通

9. 古代道教的养性之法

　　导论：中国人的解剖学和生理学

　　Ⅰ. 气法

　　Ⅱ. 阴阳养生

　　Ⅲ. 导引

　　附论一八景

这九个部分最终形成了一部近七百页的汉学巨著，并以《道教与中国宗教》之名出版。

康德谟的重辑不无道理。作为马伯乐的学生以及长期深耕道教的学者，他的理解显然更符合马伯乐道教学术思想的真实情况。这从马伯乐的学术生涯可以得到佐证。马伯乐早年并未从事道教研究，亦非汉学研究。他年轻时继承其父——埃及学家加斯通·马伯乐（Gaston Maspero, 1846－1916）的衣钵，从事埃及学研究。埃及学也是当时炙手可热的东方学的一支。东方学的学术视野以及埃及学的具体研究方法等方面的学术训练为马伯乐日后的汉学和道教研究奠定了坚实的基础。马伯乐后来对汉学的研究思路无疑也是出于东方学的整体观照的视野，参考当时各个东方学分支纷纷使用的语言学、语文学、比较研究，以及历史学和宗教学的方法。这是马伯乐那个时代最有代表性的东方学研究方法。所以，可以理解，在这样的学术背景下，马伯乐的汉学研究是从中国历史开始的，历史是他切入中国文化的第一道轨迹。他曾于1928年发表了《古代中国》一书，① 按照他的学术计划，他打算写一部中国通史，但只写到隋代，便由于战乱戛然而止。但这些研究仅仅只能满足东方学的宏观视野，要更加深入中国文化内部，还必须谨慎地使用更加细腻的方法进行深入考辨。这促成了马伯乐道教研究的起点。

在理解中国历史的基础上，马伯乐发现了道教的重要性，并以此作为理解中国的主要线索以及最为重要的学术工作。这并不是一种武断的选择，正如康德谟所言，这是"经过谨慎考辨后做出的抉择"。② 要理解道教，历史首当其冲。但马伯乐没有静止和孤立地看待道教的历史，而是从整个中国宗教的文化和历史发展与西方世界的宗教历史发展的对比入手，对道教的起源、道教的历史发展加以研究说明。他以之前深厚的历史研究为基础，从繁多的与先秦有关的历史文献中整理出一条中国宗教发展主线，敏锐地提炼出先秦宗教的几个关键要素：集体宗教、个人宗教、无人格神力、人格神等。他认为先秦的宗教主要是一种集体宗教形式，其祭祀为着某一既定团体（如氏族、家庭、诸侯国等）的共同利益而举行，是由团体领袖主持的、全体属民参与的共同节日。在这种宗教生活的表达中，神灵被认为是无人格无意识的存在，人没有个体空间，仅存其社会角色。但战国时期随着诸侯国的迅速减少，以及随之引发的诸侯国领地祭祀中心的减少，全民参与的集体宗教成为少数权力层的特权，农民被摒除在外，从而爆发了宗教危机，个人宗教显现端倪。个人宗教的推崇者对社会中的人的问题没有太大兴趣。他们关注个体意识、死后归宿、内在生命以及自我修炼等问题。他们不接受集体宗教中那种无人格神力的观点，试图达成与人格神之间的个体化沟通和个人救赎。个人宗教和集体宗教展开对抗，最终，从对神灵和祭祀持理性观点的集体宗教观念中诞生出注重"礼仪"的儒家，而从具有神秘主义倾向的个人宗教观念中则诞生出道教。而道教的诞生，还促成了后期佛教在中国的扎根。

以上这些研究，就是1920年马伯乐从越南的法国远东学院回到法国接掌沙畹法兰西学院的汉学教席后，在课堂上讲述的"道教起源"一课的主要内容。巴瑞特在英版的序言中说马伯乐"从重新理解先秦时代，到研究中国思想史，最终进入汉以后道教研究这一未知领域"，③ 这一观察相当准确，笔者有幸与这位大家观点相近。但他又说，"值得注意的是，从未有批评家注意到马伯乐是顺着这条学术思路走到道教研究的"，④ 此语有失偏颇。因为如上所述，这一点已在康版的《道教与中国宗教》一书中得以纠正。通观康版，第一编"中国宗教的历史"，就是直接从先秦入手研究道教。唯其如此，此后的第四编"佛教如何进入中国"、第五编"六朝道教"、第六编"诗人嵇康和竹林七贤"、第七编"西元头几个世纪的道教研究"以及第八编"道教的神灵·如何与神沟通"、第九编"'古代道教'的养性之术"，这些内容之间在道教历史发展的纵深方向及其内

---

① Henri Maspero, "La Chine antique", Revue Belge de Philologie et D' histoire, Paris, 1928.
② Henri Maspero, Preface de Max Kaltenmark, Le Taoisme et les religions chinoises, Edition Gallimard, 1971, p. 3.
③ Henri Maspero, Taoism and Chinese Religion, translated by Kierman Frank A. Prefaced by T. H. Barrete, University of Massachusetts Press, 1981, p. 9。
④ Henri Maspero, Taoism and Chinese Religion, translated by Kierman Frank A. Prefaced by T. H. Barrete, University of Massachusetts Press, 1981, p. 9。

部内容结构的扩展方向上,交叉形成了结构紧密、逻辑严谨的研究框架。值得说明的是,第三编"中国古代与近代傣族的宗教和社会",用语言学和人类学的方法研究了近代老、越山地的傣族群的宗教与社会,重点也是通过周边的族群进一步理解先秦的社会和宗教以及道教。①

五、20世纪末到当代的海外道教学术观

将道教放在从先秦开始的中国宗教历史发展的主线上加以研究和理解,是康德谟对马伯乐道教学术研究最为重要和真实的诠释之一。同时,康德谟也注意到马伯乐关于道教的研究并非是一种单线研究。因为马伯乐显然意识到了中国宗教的现实是一个与西方宗教世界不同的网状结构。这张大网席卷了中国的历史、文化、社会、经济、平民生活以及儒、释、道三教等诸多内容,并将它们紧密地交织在一起。因此,以先秦宗教为起点,继而对道教的历史进行了单线梳理后,他回到了近代民间宗教这一维度。

马伯乐关于民间宗教的内容此前一向为戴版和日版所轻视。戴版中收录的马伯乐关于民间宗教的内容只有十来页,日译版则干脆将这个部分全部删除。只有康德谟意识到了这一内容对于马伯乐道教研究思想整体性的体现。他进一步整理了马氏相关手稿,并以整整一编的内容出现。②康德谟将此编命名为"近代中国的神话",下分六章,第一章相当于这一编的导论,题为"民间宗教及三教",以下几章分述最高神、自然神、行政地区神、行业行会神,以及阴间的神灵。马伯乐以极大的文献阅读量和广泛的田野考察工作为基础,将民间信仰与佛、道的交涉融会影响作为一个整体置入历史的时间和空间进行观照,做出了具体而生动的论述和研究。虽然马伯乐还有些不确定,但他显然已经开始用现代宗教学的方法来讨论地方社会的宗教传统,包括涉及儒、佛、道的神灵,并行于民间的道士和师公系统,地方神祇的演变以及各种节日和科仪等。要知道,此前这个领域长期被传教士汉学家贴上迷信的标签而遭到宗教研究的轻视。直到20世纪中叶,当时的西方汉学家虽然脱离了传教士汉学家的基督教思维模式,但在认识中国宗教的问题上,仍然秉持一种神圣-世俗或宗教-迷信的二元划分。所以,康德谟再一次证明,20世纪下半叶主流的汉学研究成功地超越了20世纪上半叶道教研究的静态史观,超越了既有的道教研究模式和学术范畴,抛弃了西方人治中国宗教的历史偏颇,脱离了西方对宗教的概念设定,以文化多元、平等、理性和客观的立场,真正以现代宗教学的研究方法,恢复了马伯乐对中国道教和中国宗教的连续性和整体性解读。

更重要的是,康德谟将此编作为第二编放在第一编"中国的宗教历史"之后。也就是说,他很清晰地认识到马伯乐整体而连贯的中国宗教和道教学术观,以及道教与中国社会的网络性结

---

① 中译参见［法］马伯乐著,胡锐译注:《古代中国与近代老、越山地傣族土地神祭祀的比较研究》,《广西民族研究》2016年第5期,第53—58页;［法］马伯乐著,胡锐译注:《古代中国与近代老、越山地傣族春季节仪的比较研究》,《宗教学研究》2016年第4期,第258—263页。
② Henri Maspero, Preface de Max Kaltenmark, Le Taoisme et les religions chinoises, Edition Gallimard, 1971.

构。康德谟试图以这种编排方式,一方面将道教放在从先秦开始到近代的历史主线上,同时又将道教放在开放的社会网络之中。

所以,是时候回答前文所提到的第三个问题了:法版书名复数的《道教与中国的诸种宗教》(les religions chinoises)改为英版书名单数的《道教与中国宗教》(chinese religion)到底预示了当代西方道教和中国宗教研究的何种研究取向?20世纪80年代,美国汉学家基尔曼以康德谟重辑的《道教与中国宗教》为母本,将此书翻译为英文,并于1981年出版。英文版完全以康版为底本,还根据日文版注释对相关内容增加了译者注,日文版没有涉及的注释,则根据译者的研究进行了必要的补充。这本书得到了法国汉学界、日本汉学界以及英美汉学界的鼎力支持。当时重要的汉学研究机构:法国远东学院、法兰西学院、法国高等实践研究院、剑桥、哈佛、普林斯顿、京都大学等学术单位,以及当时最重要的汉学家:康德谟、戴密微、施舟人、巴瑞特、川胜义雄、劳格文包括马伯乐的遗孀等,都给予英文版强大的学术支持。同时,也正是在施舟人教授的建议下,英文版将书名中以复数形式出现的中国宗教,改成了以单数形式出现的中国宗教。一个单复数的问题,再次清楚地说明了,20世纪末至当代的海外道教学术研究,进一步统一了思路,回到了以马伯乐为代表的西方汉学传统,将道教和中国宗教作为一个整体,作为一个流动的、发展的、历史的概念,置于整个中国、东亚,乃至世界史这一宏观的背景下,进行整体而细致的观照。英文版的书名更像一个学术宣言:道教既是历史的,也是现实的;道教既有独立的体系,又与包括儒、释在内的其他文化交织形成了一个更大的中国宗教(单数)的体系。

这是马伯乐留给海外汉学界的珍贵遗产,几经周折后终于重现于世。这时就更能理解康德谟重辑马伯乐遗著时在前言中的这句话:"马伯乐的最大的功绩就是对于道教这样一种难于理解的宗教,给予了理解,提出了问题,并且向着这个方向开拓了道路。"[1] 确实如此,作为现当代西方道教研究领域的开拓者和引路人,马伯乐奠定了法国乃至整个西方道教研究的基本学术框架,形成了道教研究在内容和方法上的体系化,并一代代薪火相传,深深地影响了法国、日本、美国的汉学和道教研究。[2]

---

[1] Henri Maspero, Preface de Max Kaltenmark, Le Taoisme et les religions chinoises, Edition Gallimard, 1971, p. 5.
[2] 胡锐:《当前法国的道教研究:学者·源流·观点及方法》,《宗教学研究》2014年第2期,第79—89页。

下 编
卿希泰先生学术成就一览

获奖证书及颁奖词

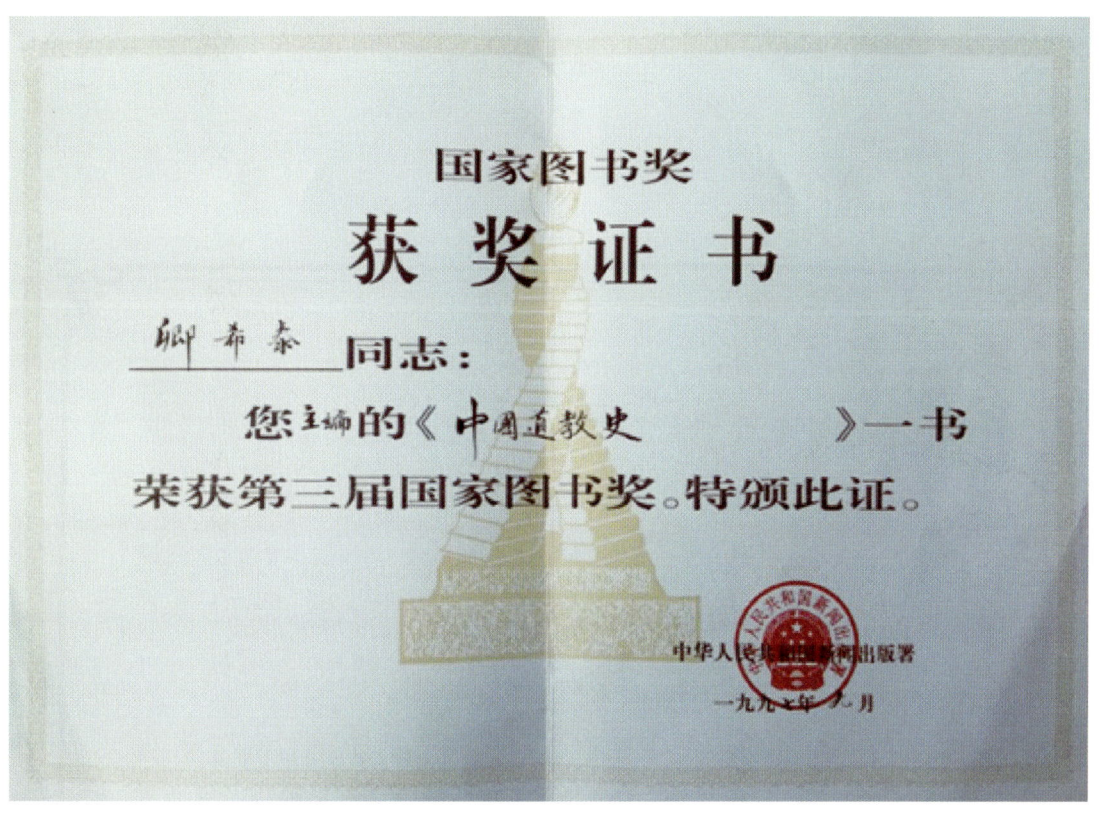

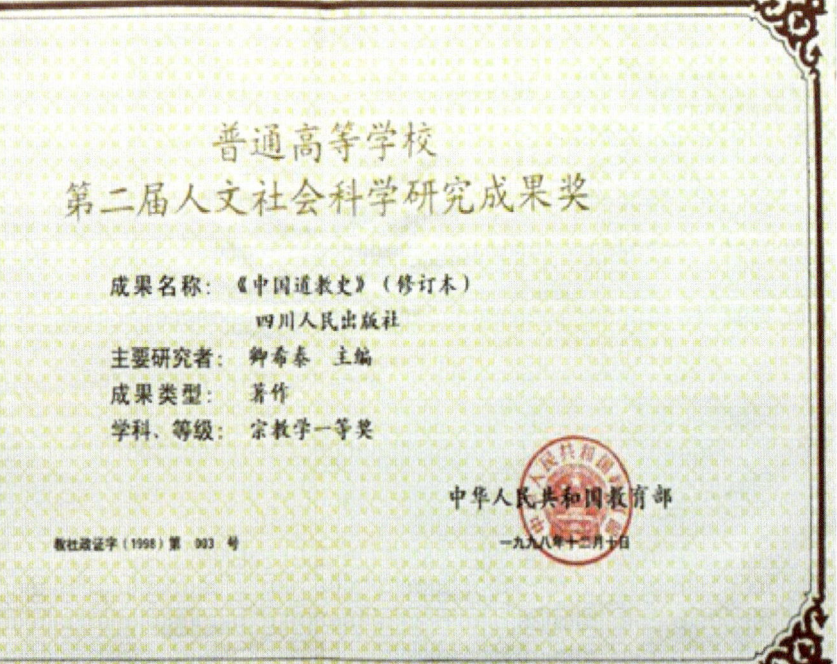

证 书

卿希泰主编的《中国道教史》，荣获国家社会科学基金项目优秀成果二等奖，特发此证。

全国哲学社会科学规划领导小组
一九九九年九月

荣誉证书

卿希泰同志：

经四川省社会科学评奖委员会研究，决定授予您为四川省社会科学杰出贡献专家荣誉称号。

特此授予

四川省社会科学评奖委员会
二〇一七年三月

获奖著作一览表

获奖项目	获奖人	时间	颁奖部门	获奖等级
中国道教思想史纲（第一卷）	卿希泰	1984年	四川省政府	哲学社会科学优秀成果二等奖
中国道教思想史纲（第二卷）	卿希泰	1986年	四川省政府	哲学社会科学优秀成果一等奖
中国道教史	卿希泰等	1989年	四川省委、四川省人民政府	优秀图书金帆一等奖
中国道教史（第一卷）	卿希泰等	1989年	光明日报社	全国光明杯优秀学术著作三等奖
道教与中国传统文化	卿希泰等	1990年	华东地区六省市优秀政治理论图书评委会	华东地区优秀政治理论图书二等奖
道教与中国传统文化	卿希泰等	1992年	四川省政府	四川省第五次哲学社会科学优秀成果二等奖
中国道教思想史纲（第一、二卷）	卿希泰	1995年	教育部	全国高校首届人文社科优秀成果一等奖
中国道教史（四卷本）	卿希泰等	1996年	四川省政府	第七次哲学社会科学优秀成果一等奖
中国道教史（四卷修订本）	卿希泰等	1997年	中华人民共和国新闻出版署	第三届国家图书奖
刍荛集	卿希泰	1998年	四川省政府	哲学社会科学优秀成果荣誉奖
中国道教史（四卷修订本）	卿希泰等	1998年	教育部	第二届全国高校人文社科优秀学术成果一等奖
中国道教史（四卷修订本）	卿希泰等	1999年	国家社科规划领导小组	国家社会科学优秀科研成果二等奖
道教文化与现代社会生活	卿希泰	2009年	四川省政府	第十三届哲学社会科学优秀成果荣誉奖
中国道教思想史（四卷本）	卿希泰、詹石窗等	2010年	四川省政府	第十四次哲学社会科学优秀成果奖一等奖
中国道教思想史（四卷本）	卿希泰、詹石窗等	2013年	教育部	第六届高校人文社科优秀成果奖二等奖

学术著作简介

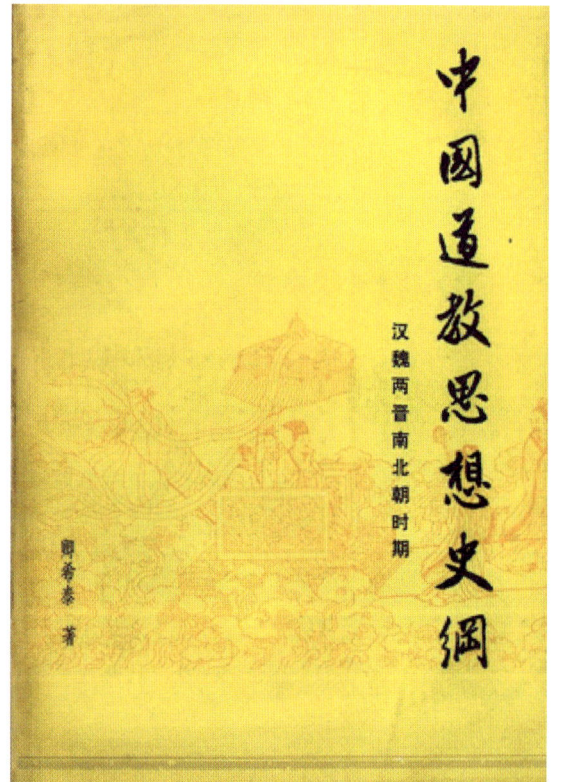

中国道教思想史纲（第一卷）

卿希泰 著

四川人民出版社

1980 年 9 月

  该书共 17 万余字，主要论述了道教的起源和兴起以及民间宗教逐步演变为官方政治工具的过程，勾勒出道教开创时期的历史轮廓；它还全面剖析了道教经典著作《太平经》和《抱朴子》。本书在很多方面都提出了自己的见解，比如认为汉魏两晋道派多以所崇奉的经典命名，因此"五斗米道"可能得名于《五斗经》，即《太上玄灵北斗本命延生真经》。

宗教词典

任继愈　主编

卿希泰任编委兼道教分支负责人

上海辞书出版社

1981年12月

该书收辑词目六千七百余条，内容包括世界历史上各民族所有宗教，上自史前、原始和古代宗教，下至世界三大宗教的佛教、基督教和伊斯兰教以及各地区、各民族的其他宗教等，无不广泛搜集，对所有教派组织、人物、教义、历史事项、经籍书文和礼仪典制等皆做了阐释。

中国道教思想史纲（第二卷）

卿希泰　著

四川人民出版社

1985年9月

该书共26万余字，第五章论述隋唐五代北宋时期道教兴盛和发展的原因问题以及道教与封建政治的关系，第六章论述当时相继出现的道教学者的思想和道教理论的发展，第七章论述此时道教与儒、释的关系。书中还论述了如何批判地继承道教遗产的问题、老学与道教的关系问题等。

中国道教史（第一卷）

卿希泰　主编

四川人民出版社

1988年4月

　　本书剖析了道教发展第一阶段的特点，认为当时道教既有内部宗派矛盾，又有同儒、释的矛盾，注意发掘道教对古代化学、天文学、医药学、养生学、气功学的贡献。本书以道教发展的历史进程为基本线索，以道教的产生、改革、宗派衍化为纲，以著名道教人物、主要道教经籍为目，剖析了五斗米道、太平道、天师道、李家道、金丹道、上清派、灵宝派等宗派发生、发展的历史必然性，论述了道教著名人物的事迹和思想，以及主要经典《太平经》《参同契》《想尔注》《抱朴子》《黄庭经》《阴符经》等的基本内容。

道教文化新探

卿希泰　著

四川人民出版社

1988年10月

　　该书由作者研究宗教主要是道教的论文集结而成，其中收录作者20世纪60年代关于思想方法论的文章1篇，"文革"后的道教研究文章23篇。所收主要论文有《试论"中国根柢全在道教"》《道教的源与流》《道教与周易的关系初探》《关于道教斋醮及其形成问题初探》《太平经的哲学思想》等。该文集既反映了卿先生的思想历程，又表明了当时的研究重点。

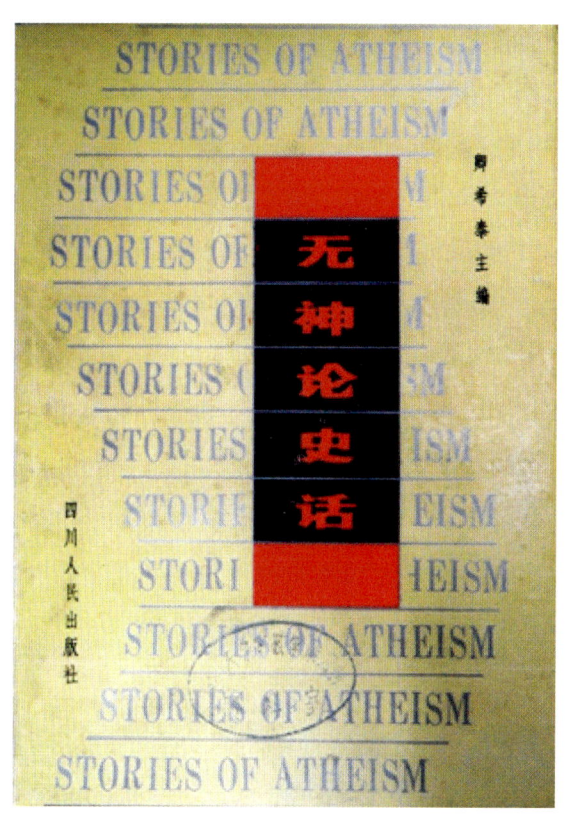

无神论史话

卿希泰 主编

四川人民出版社

1988年11月

本书是一本对广大人民群众特别是青少年进行无神论教育，普及科学世界观，进行社会主义精神文明建设的通俗读物。全书分上下两编，上编为中国部分，分六章；下编为西方部分，分五章。

本书着重叙述了无神论与有神论斗争的历史，叙述了无神论者对天命鬼神的批判、对各种宗教神学的批判、对巫术迷信的批判等等。

道教与中国传统文化

卿希泰 主编

福建人民出版社

1990年9月

该书共38万余字，由11章组成，分别由卿希泰、陈兵、石衍丰、李刚、赵宗诚、曾召南、詹石窗、丁贻庄、郝勤、钱安靖、陈耀庭等人撰写，分别就道教与气功、道教与文学艺术、道教与医学、道教与少数民族等的关系问题进行了阐述。

1996年2月台湾中华道统出版社出版了该书的中英文对照本。

中国道教史（第二卷）

卿希泰　主编

四川人民出版社

1992年7月

　　本卷以历史时期（隋唐至北宋）为经，以道教在各个时期的历史状况为纬，重点选取道教发展史上有重要影响的统治者的崇道活动、重要道教人物对道教发展的贡献、主要道派发展和衍流、道教艺术，以及历史上道经典籍的整理和编纂作为内容，从而勾勒出道教这一时期的历史状况。另外，编著者没有拘泥于史实的描述和罗列，而是从纷繁芜杂的历史现象和史实中，归纳总结出一系列规律性的结论。

儒佛道三字经

卿希泰等（合著）

四川大学出版社

1993年6月

　　本书将宋人所作的《儒教三字经》，明释广真撰、近代杨文会增订的《佛教三字经》和当代易心莹道长所作的《道教三字经》合编为一辑，对经中的重要词、句进行注解，撰写释文，并附录相关知识。这对读者认识、了解中国传统文化，特别是了解儒、释、道三教的基础知识有一定帮助。其中《道教三字经》由卿希泰、郭武注解；《佛教三字经》采用黎锦熙注解；《儒教三字经》由黔民注解。

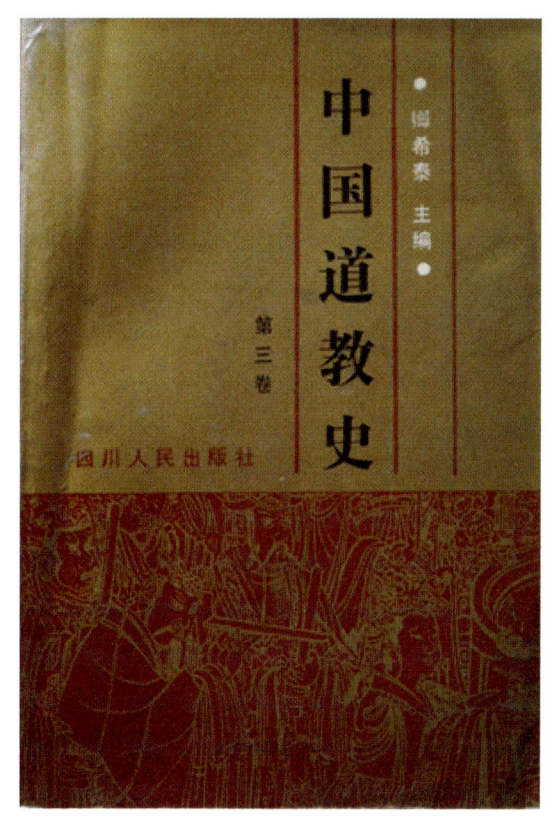

中国道教史（第三卷）

卿希泰　主编

四川人民出版社

1993年10月

　　本卷共43万余字，分述南宋、金元、明朝中叶以前各时期道教的发展情况。主要包括两个方面：1. 道教宗派的进一步演化与发展。从背景上分析了当时的社会政治局势和各代朝廷的重要的宗教管理政策及其对道派分与合的影响和作用。2. 道教思想的发掘与总结。(1) 对各段历史时期内丹学理论精彩而丰富的阐述，对钟吕派南北二宗、中派、双修理论和其他一些丹法的提纲挈领的分类总结，堪称内丹学的一段史纲。(2) 三教合一思想的探讨。主要论及道教受儒、佛的影响及道教对社会思潮的影响，勾画出明朝中叶以后中国文化的发展走向，以及道教在整个社会中所处的重要地位。

中国道教（一至四卷）

卿希泰　主编

上海东方出版中心

1994年1月

《中国道教》由卿希泰和陈耀庭、曾召南等人主持编写。本书既是对当时道教研究的总结，又为此后的道教研究张目，为道教研究者和传统文化爱好者提供了一个研究和了解道教的窗口。全书分为四卷十编。

第一卷内容包括道教产生的历史背景和思想渊源，汉魏两晋直到民国的道教发展历史，道教各个宗派的源流，道教人物传略。

第二卷内容为道教的经籍文书和教义规诫。前者除道书总集和类书外，还分门别类介绍有关教理教义、戒律劝善、方术科仪、神仙道士传、宫观名山等内容的主要典籍近百种，从浩如烟海的历代道书中撷取精华，从中可知道教典籍梗概。

第三卷内容包含神仙谱系和科仪方术两部分。前者除了概述神仙谱系的历史渊源及其形成、演变过程外，还分别介绍了数十位道教崇奉的尊神和为道教所吸收的民间俗神，并阐述了各自的起源及其在道教众多神灵中所处的地位。后者又分两部分，一为科仪，即道教的崇拜仪式，内容繁复；一是方术，主要为道教徒个人修炼的诸多方法，如行气、按摩、内丹等有关养生健身的内容。

第四卷内容为文化艺术、仙境宫观。包括：道教哲学、文学、散文、诗词、戏曲、小说、音乐、美术、建筑、医药、养生术、服饰等。附录有中国道教大事年表、国际道教研究概况等。

道教史

卿希泰　唐大潮　著

中国社会科学出版社

1994年12月

书中着重贯穿了三个大的主题：一是政教关系；二是人物；三是宗派。写作特点以通俗性为主。书中并不像一些学术著作，刻意分析和描述道教的高深教义，而是讲解一些基本的理论和思想，并用较为通俗的语言深入浅出地表述出来。

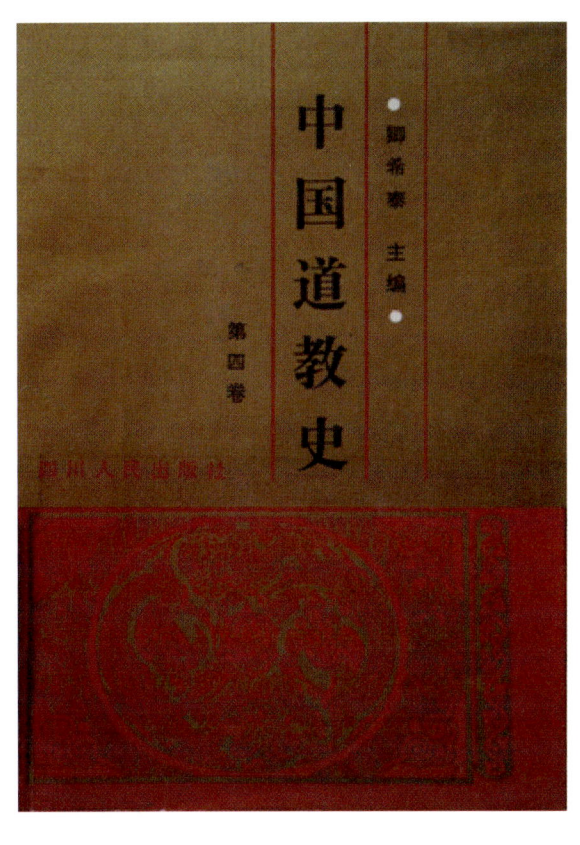

中国道教史（第四卷）

卿希泰　主编

四川人民出版社

1995年12月

　　该书对明代中期至新中国成立这一时期的道教历史进行了深入研究，并对我国港澳台以及海外道教做了概述。

　　具体内容为：道教在明后期至清嘉道间的衰落；道教在鸦片战争以后至民国时期的进一步衰落及其在民间的日趋活跃；道家在新中国成立后的新生及其在港、澳、台地区的传播和发展；道教在世界各地的传播和影响；海外对道教的研究；明后期至1994年道教大事记等。

道教常识答问

卿希泰　王志忠　唐大潮　著

江苏古籍出版社

1996年

　　本书是《常识答问丛书》之一，主要以问答的形式介绍了道教的基本常识。从历史发展的角度，介绍道教的起源和历史，道教的各种教派和主要人物，同时还简介了道教的神界和诸神、道教的组织和仪范、道教与中国传统文化的关系、道教与世俗社会的关系。本书还另设一章分析了道教的现状。

中华道教简史

卿希泰　唐大潮　著

台湾中华道统出版社

1996 年 2 月

该书共分八章，着重介绍了道教自汉代产生至民国的历史发展状况，并就道教的神仙信仰、宗派、戒律、宫观等问题做了概述。在附录中阐述了道教在我国台湾的传播与发展历史。

道教文化新典

卿希泰　詹石窗　主编

上海文艺出版社

1996 年 8 月、1999 年 5 月

该书约 79 万字。它的学术特色在于一个"新"字。1. 体系结构新。这是我国首部以类型学方式对道教文化体系进行新的架构的高水平学术巨著。在总结我国该领域研究成果基础上，立足于类型划分，依传统十二地支顺序对其文化体系展开全面系统的考察与论述而成十二编。这十二编分别为：神仙、道派、金丹、医药、气功、符咒、占卜、辨兆、堪舆、禁忌、科仪、艺术。每编又各分三章，构成相当完整的内容。2. 研究方法独到。《新典》在坚持中国传统的考据、训诂等研究方法的同时，也大胆尝试西方科学界的一些研究方法。

道教文化新典

卿希泰　詹石窗　主编

台湾中华道统出版社

1996年9月

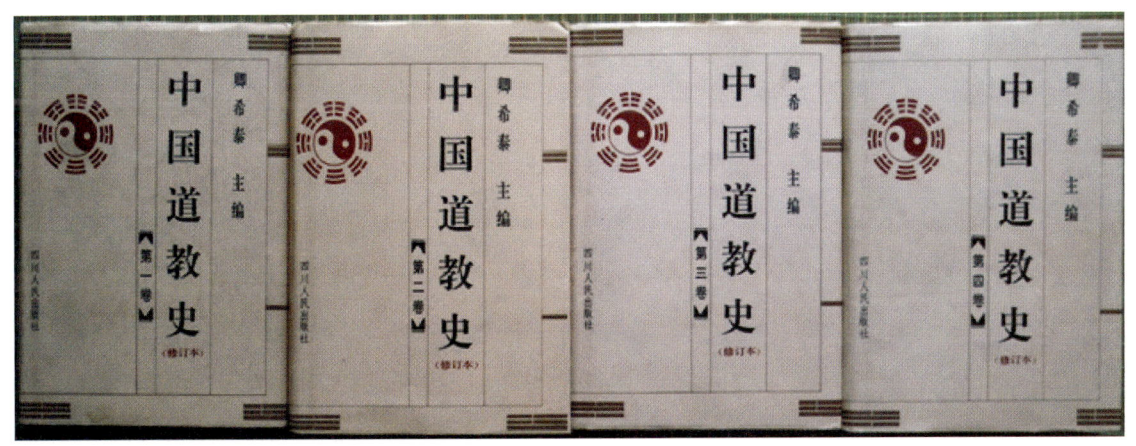

中国道教史（1—4卷修订本）

卿希泰　主编

四川人民出版社

1996年12月

　　本书由卿希泰先生主编，王明先生担任顾问，凡四卷，约210万字，共2846页，精装大32开本。其主要撰稿人除了主编之外还有：丁贻庄、丁培仁、赵宗诚、曾召南、詹石窗、石衍丰、杨光文、李刚、陈兵、张桥贵、陈耀庭、杨铭、唐大潮和赖宗贤等。

本书系国家哲学社会科学"六五"至"八五"规划的重点科研项目。该书先后获得全国光明杯优秀学术著作二等奖（1989，第一卷）、中共四川省委和省政府优秀图书一等奖（1989，第一卷）、四川省第七次哲学社会科学优秀科研成果一等奖（1996）、第三届国家图书奖（1997）、教育部第二届全国高校人文社会科学优秀科研成果一等奖（1998）、国家社科基金项目优秀科研成果二等奖（1999）。

《中国道教史》以马克思主义为指导，总结了道教发生、发展的历史规律。全书将道教史分为四个时期：创立和改革（东汉至南北朝）、兴盛和发展（隋唐至北宋）、宗派纷起和继续发展（南宋至明中叶）、逐渐衰落（明中叶以后），为从宏观上把握道教发展规律树立了纲领。本书力避搬教条、贴标签的机械方式，坚持史论结合、实事求是的原则，对道教发展史上的具体历史事件、历史人物做具体分析；对待当代学术研究成果，既善于吞吐百家、择善而从，又贯彻"双百"方针，敢于独抒己见，标新立说，成一家之言。

《中国道教史》创造性地建立了中国道教史的学科体系。此前这一学科只有二三种小型的普及著作，缺乏完整的学术思想体系。本书所建立的中国道教史体系，是一个创造。它以道教发展的历史进程为基本线索，以道教产生、改革、宗派衍化为纲，以著名道教人物、主要道教经籍为目，纲目清晰、脉络分明。它剖析了五斗米道、太平道、天师道、李家道、金丹道、上清派、灵宝派等诸多宗派发生、发展的历史必然性，论述了道教著名人物的事迹和思想，解读了《太平经》《参同契》《想尔注》《抱朴子》《黄庭经》《阴符经》等一系列经典文献的基本内容，可谓史料翔实，内容丰富，令人耳目一新。

《中国道教史》全面地总结、分析了道教的基本特点，紧紧抓住道教"追求长生成仙"这一宗旨，分析道教文化的基本特征。作者指出，为了长生成仙，道教积极进行各种修炼法术的探索和实践，其中包括炼丹、服食、导引、行气、存思、辟谷、房中等，使得其文化体系丰富多彩，对古代哲学、科学、文学、艺术都有巨大影响。尤其应该看到的是：道教同古代科学技术存在非常密切的联系，同世界上其他宗教相比，显示了独有的特色。

《中国道教史》坚持批判继承的方针，在看到历史局限性的同时，也注重发掘道教在中国文化史、中国艺术史、中国科技史上的贡献，从而使人们对鲁迅先生关于"中国根柢全在道教"的科学论断有了更为深刻的认识。

该书出版之后得到了学术界的广泛好评。著名学者萧萐父和唐明邦合撰题为《中国道教研究的最新成果》的书评，指出这是以马克思主义为指导而撰写的第一部中国道教史，填补了道教学术研究的一大空白，代表了当时国内道教研究的最高水平，在海内外学术界尤其是道教学术界产生了重要影响。值得注意的还有，本书的编撰对学科建设亦产生了重大作用。由于工作一开始即注意到了把道教史的编写同人才培养紧密结合，采取以老带青的办法组织了一支老中青相结合的编写队伍，为四川大学宗教所道教学研究的进一步发展和高层次人才的系统培养奠定了坚实基础。

刍荛集

卿希泰 著

巴蜀书社

1997年12月

本文集收录卿希泰先生20世纪40年代至90年代的论文48篇、诗词26首。全书分为"道学篇""哲学篇""诗词篇"三编，是卿希泰先生研究道教、哲学的文章以及所作诗词的合集。其中有代表性的论文有《道教史学习纲要》《关于全真道的研究》《关于道教伦理思想研究》《毛泽东哲学思想研究》《关于思想方法论研究》等。本文集大体反映了卿希泰先生从青少年到古稀之年的人生历程和学术思想发展的轨迹。

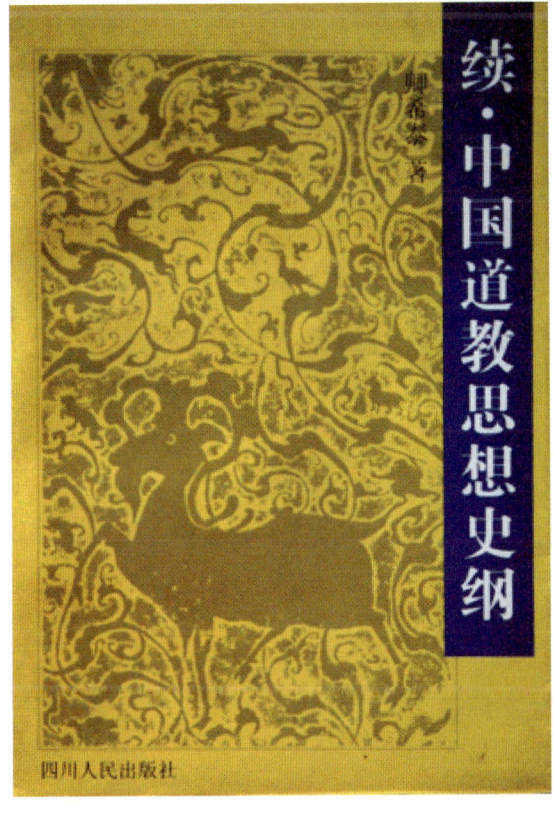

续·中国道教思想史纲

卿希泰 著

四川人民出版社

1999年8月

作者系统地考察了南宋、金、元、明各朝统治者的崇道现象，从当时的民族矛盾和民族融合的大视野，以及社会政治制度的变迁、统治者的信仰心态和政治策略、道门中人与统治者的双向互动等多重向度做了总体性的把握，厘清了南宋至明中期道教思想发展的外部社会政治因素的作用。

中国道教史（第一卷）英译本

卿希泰 编 （美）俞检身 译

美国大学出版社

2000 年 9 月

　　该书为《中国道教史》第一卷，由 David. C. Yu（俞检身）译成英文，由 University Press of America（美国大学出版社）出版。

简明中国道教通史

卿希泰 著

四川人民出版社

2001 年 7 月

　　《简明中国道教通史》全书 20 余万字，简单介绍中国道教产生、发展的历史。本书提出：道教是以"道"为最高信仰的中华民族固有的传统宗教，是在中国古代宗教信仰的基础上，沿袭方仙道、黄老道的某些宗教观念和修持方法而于东汉中后期逐渐形成的，它相信人经过一定修炼有可能长生不死，成为神仙。道教将老子及其《道德经》加以宗教化，称老子为教主，尊为神明；奉《道德经》为主要经典，并对它做了宗教性的阐释。

中外宗教概论

卿希泰 主编

高等教育出版社

2002年10月

  全书30余万字，是为普通高等学校非宗教专业的大学生编写的文化素质教育教材。全书分为导论、佛教、基督教、伊斯兰教、道教、中国少数民族宗教、世界其他宗教等七章。其中第一章导论，主要介绍了宗教的基本原理。全书的编写以马克思主义宗教观为指导，对所涉及的各种宗教的基本特征、发展历史、现状以及重要人物、主要经典、重要思想、主要派别等做了系统、客观和准确的介绍。

道教文化与现代社会生活研究

卿希泰 著

巴蜀书社

2007年9月

  本书是将作者在不同时期因应不同需要而写作的各自独立的文章分类收集整理而成，共43万字。全书分上下两编，上编部分是"立足当前"，包括第一到第五共五个栏目，反映作者对道教文化的研究；下编部分是"历史回眸"，包括第六到第十共五个栏目，反映作者为使道教文化的研究进一步向纵深发展而进行的思考。

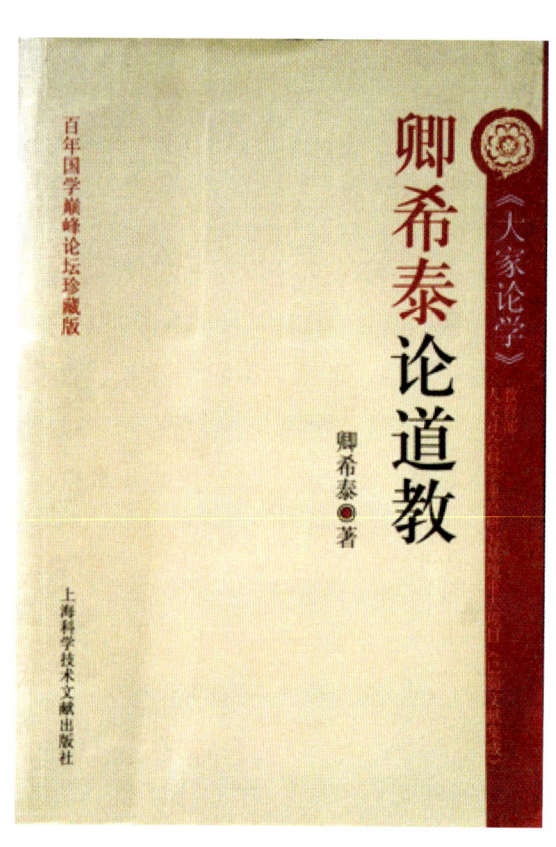

卿希泰论道教

卿希泰 著

上海科技文献出版社

2008年1月

全书18万字，内容包括道教综论、道教文化与现代社会生活、道派史研究、道教思想研究及道教研究的回顾与展望。

道教史

卿希泰 唐大潮 著

江苏人民出版社

2008年5月

本书是一部道教通史，以时间为经，以教派分化为纬，全面系统地介绍了道教产生、发展和流传的历史。全书所记时限始于道教产生前的秦汉社会状况和思想渊源，止于当代道教在世界各地的传播。其所记内容涉及道教及各支派的经籍、教义、人物、教制、教职等等，同时兼及道教的节日、礼俗、圣地、遗迹、建筑、文学、艺术等等。书中还对道教与中国古代政治、社会、经济、文化、思想的关系做了深刻的分析，对一些重要史事和学术问题也提出了不少新的见解。全书40万字。

中国道教思想史（四卷本）

卿希泰 主编 詹石窗 副主编

人民出版社

2009年12月

《中国道教思想史》，凡四卷，236万字，精装16开本，2351页。该书系国家哲学社会科学"九五"至"十一五"规划重点研究项目成果、教育部人文社会科学重点研究基地重大项目成果、国家985工程重点研究基地重大项目成果，入选"国家社科基金成果文库"，获四川省哲学社会科学优秀成果一等奖、全国高校人文社会科学研究优秀成果二等奖。

主编卿希泰，四川大学文科杰出教授；副主编詹石窗，四川大学道教与宗教文化研究所教授。本书的写作汇聚了全国一批道教研究专家，其中既有年过八旬的老学者，也有30多岁至50余岁的中青年学者，通过12年联合攻关，几经讨论、修改，最终完成、出版。

《中国道教思想史》于导论之后分六编三十八章展开论述。导论阐述"道教思想史"命题的含义、研究对象、发展脉络与基本特点，说明其理论价值、现实意义、研究方法。第一编，论析道教思想渊源。该部分共四章，作者从对上古宗教思想观念与易学、阴阳家思想的考察入手，进而阐述道家、神仙家、儒家、墨家思想与谶纬神学、医学养生与术数学思想的由来、变迁以及它们在道教思想体系形成过程中的作用。第二编，论析魏晋南北朝的道教思想。作者一方面对《太平经》《周易参同契》《老子想尔注》《上清经》《抱朴子内篇》《黄帝阴符经》等一系列经典展开思想诠释，另一方面抓住道派和主要人物，透析这一时期道教思想的内涵及其时代特征。作者还对汉魏至南北朝道教与儒、释的思想关系、道教劝善思想与文学进行了详细探析。第三编，论析隋唐至北宋的道教思想。作者着眼于"重玄学""心性说""服气论""修养观"内涵的解读，进而对《易》《老》《庄》等道教经典诠释学予以梳理，发掘其深层意蕴。这一阶段是道教兴盛时期，道教在科技思想、斋醮科仪思想方面大有创获，作者也分别加以考察。第四编，论析南宋金元至明代中叶的道教思想。作者侧重考察了金丹派南宗、净明道、清微派、神霄派、天心派、东华派、全真道、真大道、太一道等南宋以来新道派的理论建树和时代特质，也注意到对此时道教斋醮科仪的救度思想、劝善思想、科技思想等予以阐述和评估。第五编，论析明代末叶以来的道教思想。作者从对全真龙门派的内丹性命学和三教合一思想的考察入手，继而扩展至东、西、中等道教内丹派的理论成就。顺着脉络的发展，作者对现代学者关于道教思想研究的成果予以总结，对道教与社会主义社会相适应的理论问题予以阐发。第六编，论析道教思想的历史影响与现代价值。作者从民间结社、少数民族宗教信仰、明清小说三个领域展示道教的思想影响。最后，作者从哲学、伦理、医学养生、文学艺术等不同领域对道教思想进行系统总结，对其现代价值做了新的评估。

《中国道教思想史》展示了道教思想发展的基本线索，认为道教思想是一个广博而复杂的体系，它涉及的内容很多，尽管头绪纷繁，但却并不像一些人所说的那样是一堆"大杂烩"，而是杂中有序。一方面，修道成仙的思想核心是前后一贯的；另一方面，在不同历史时期道教对修道成仙的具体阐述和论证是不尽相同的。例如，在汉魏两晋南北朝时期，道教所追求的主要是通过服食以达到长生成仙、肉体飞升的目标。为了达到这个目标，当时的道教思想家从本体论方面进行阐述和论证，他们将神仙论与宇宙生成论统一起来，为整个道教神仙理论体系奠定基础。隋唐五代北宋时期，道教思想家在神仙论与宇宙生成论相统一的成果基础上，逐步把讨论的重心从本体论转向心性论，并且出现了由外丹服食逐步向内丹修炼转化的趋向，道教理论逐渐体系化，以"道"为核心的自然观、社会观和神仙观渐趋完整。南宋金元至明代中叶，则出现了强调通过内丹修炼达到精神成仙的新道派，该道派斥责巫法邪道，鄙弃肉体飞升之说，强调精神不死，这在教理教义方面可谓一大变革。明代中叶以后，中国封建社会逐步显露其衰落趋势，道教的状况也发生变化。这个时候，道教活动的重点便由上层转向民间，甚至和民间的某些秘密宗教结合起来。虽然，修道成仙的基本思想仍然保持未变，但却向世俗化和通俗化的方向回归。事实说明，从东汉张陵创教开始到中华人民共和国成立之前为止，道教修道成仙这一核心思想的发展和演变是有一个基本脉络存在的。

《中国道教思想史》注意文献史料的搜集整理和使用。该书既引述了《正统道藏》《万历续道藏》《藏外道书》《道藏精华》《不求备斋老子集成》等各种道家道教的大型丛书，也广泛涉猎了《四库全书》《四部丛刊》《四部备要》《诸子集成》等许多文献丛刊中的道教思想史料或有关儒、道关系的资料，至于历代学者的个人文集以及二十五史，更是《中国道教思想史》经常征引的文献。此外，该项目还注意敦煌道教文献以及近三十年来各地考古资料中对道教思想内涵的发掘，通过历史文献与地下考古资料的相互印证，彰显不同时期道教思想的传播与演变情况，反映了该项研究工作的深度、广度，体现了严谨而扎实的学风。

该书的最大贡献在于：开拓了道教思想研究的新领域，深入追溯道教的思想渊源，全面系统地论述了道教思想的形成过程和发展脉络，考察了道教思想的历史影响，从当代社会的视角审视道教思想的内涵和价值。作为第一部全面系统地论述道教思想发展历史的学术专著，《中国道教史》既稽考道教思想的纵向联结，也注重探讨道教思想与中国传统学术诸多方面的关系，尤其注意分析道教中的劝善思想、和谐思想、养生思想、生态思想。

《中国道教思想史》出版之后，引起学术界的较大关注。《光明日报》于2010年5月11日以《道学精华，文化典藏》为栏目，发表了中南大学宗教研究中心主任吕锡琛教授、台湾辅仁大学宗教系郑志明教授、华东师范大学宗教研究中心主任刘仲宇教授、华中师范大学道家道教研究中心主任刘固盛教授的系列专评。吕锡琛认为，该书是"一部填补空白的高水平学术论著"；郑志明认为，该书"高屋建瓴，独具匠心"；刘仲宇认为，该书"引证翔实，剖析深入"；刘固盛认为，该书"大器晚成，锐意创新"，"无论在写作行文表达上，还是在史料处理和引证注释上，该书都非常注重按照规范行事，体现出了实事求是的研究态度和严谨求实的学术精神"。无论对于全面认识道教文化的价值还是对于当代的精神文明建设来说，本成果都具有重大理论价值与现实意义。

简明中国道教史（修订本）

卿希泰 著

中华书局

2013年4月

本书介绍了道教从产生到新中国时期的演变历程，并述及道教在海外的发展，是作者在《中国道教史》（四卷本）等著作的基础上缩编而成，末尾又附以《道教基本信仰及其他》和《我与道教文化研究》两份材料，对于青年学子和专业研究者之外的读者了解道教很有裨益。此次再版，作者修改了书名和内容中的个别错误，更新了附录中的一些个人信息。

卿希泰主编《儒道释博士论文丛书》

《儒道释博士论文丛书》缘起

儒、道、释是中华民族传统文化的三大支柱，源远流长，内容丰富，影响深远，它对中华民族的共同心理、共同感情和强大凝聚力的形成与发展，均起了极其重要的作用，是我们几千年来战胜一切困难、经过无数险阻、始终立于不败之地的精神武器，在今天仍然显示着它的强大生命力，并在新的世纪里，焕发出更加灿烂的光彩。

自从1978年中国共产党第十一届三中全会确立改革开放路线以来，我国对儒、道、释传统文化的研究工作，也有了很大的发展，在全国各地设立了许多博士点，使年轻的研究人才的培养工作走上了有计划有组织地进行的轨道，一批又一批的博士毕业生正在茁壮成长，他们是我国传统文化研究方面的一支强大的新生力量，是有关各学科未来的学术带头人。他们的博士学位论文有一部分在出版之后，已在国内外的同行学者中受到了关注，产生了很好的影响。但因种种原因，学术著作的出版甚难，尤其是中青年学者的学术著作出版更难。因此还有相当多的博士学位论文难以及时发表。不及时解决这一难题，不仅对中青年学者的成长不利，且对弘扬中华优秀传统文化，促进学术交流也不利。我们有志于解决此一难题久矣，始终均以各种原因未能如愿。直到1999年，经与香港圆玄学院商议，喜得该院慨然允诺捐资赞助出版《儒道释博士论文丛书》，当年即出版了第一批共5本博士学位论文。此后的十余年间，在圆玄学院的鼎力支持及丛书编委会同仁的共同努力下，一批又一批优秀的博士学位论文通过这个平台展现在世人面前，到2013年，已出版了15批共130部。这些论著的作者，有很多已经成长为教授、博士生导师。2014年，圆玄学院因自身经济方面的原因，停止资助本丛书，我们深感遗憾，同时也对该院过往的付出与支持致以敬意和感谢！

令人欣慰的是，当陈耀庭教授得知本丛书陷入困境的消息后，即与上海城隍庙商议，上海城隍庙决定慷慨施以援手。2015年，慈氏文教基金有限公司董事长王联章先生也发心资助本丛书。学术薪火代代相传，施善之士前赴后继。在党中央弘扬中华民族优秀传统文化的英明决策指引下，本丛书必然会越办越好，产生它的深远影响。

本丛书面向全国（包括港澳台地区）征稿。凡是以研究儒、道、释为内容的博士学位论文，皆属本丛书的出版范围，均可向本丛书的编委会提出出版申请。

本丛书的编委会是由各有关专家组成，负责审定申请者的博士学位论文的入选工作。我们掌握的入选条件是：（1）对有关学科带前沿性的重大问题做出创造性研究的；（2）在前人研究的基础上有新的重大突破、得出新的科学结论从而推动了本学科向前发展的；（3）开拓了新的研究领域、对学科建设具有较大贡献的。凡具备其中的任何一条，均可入选。但我们对入选论文还有一个最基本的共同要求，这就是文章观点的取得和论证，都须有科学的依据，应在充分占有第一手原始资料的基础上进行，并详细注明这些资料的来源和出处，做到持之有故、言之成理，避免夸夸其谈、华而不实。我们提出这个最基本的共同要求，其目的乃是期望通过本丛书的出版工作，在年轻学者中倡导一种实事求是地、一步一个脚印地进行学术研究的严谨学风。

由于编委会学识水平有限和经验与人力的不足，难免会有这样或那样的失误，恳切希望能够得到全国各有关博士点和博士导师以及博士研究生们的大力支持和帮助，对我们的工作提出批评和建议，加强联系和合作，给我们推荐和投寄好的书稿，让我们一道为搞好《儒道释博士论文丛书》的出版工作、为繁荣祖国的学术文化事业而共同努力。

卿希泰

2015年10月1日于四川大学宗教、哲学
与社会研究创新基地，道教与宗教文化研究所

《儒道释博士论文丛书》已出书目*

第一批（1999年）
张泽洪著：道教斋醮科仪研究
张　钦著：道教炼养心理学引论
陈　霞著：道教劝善书研究
苟　波著：道教与神魔小说
黄小石著：净明道研究

第二批（2000年）
蒲亨强著：神圣礼乐——正统道教科仪音乐研究
高华平著：魏晋玄学人格美研究
王志忠著：明清全真教论稿
彭自强著：佛教与儒教的冲突与融合
邓思平著：经验主义的孔子道德思想及其历史演变

第三批（2001年）
刘固盛著：宋元老学研究
戈国龙著：道教内丹学探微
汤伟侠著：汉魏六朝道教教育思想研究
蔡　宏著：般若与老庄
刘　宁著：刘一明修道思想研究
傅小凡著：晚明自我观研究

第四批（2002年）
李远杰著：近现代以佛摄儒研究
金尚礼著：礼宜乐和的文化思想
李小光著：生死超越与人间关怀——神仙信仰在道教与民间的互动
刘成有著：近现代居士佛学研究
刘东超著：生命的层级——冯友兰人生境界说研究

第五批（2003年）
王永会著：中国佛教僧团发展及其研究

---

* 本丛书出版单位皆为巴蜀书社。

余日昌著：实相本体与涅槃境界
傅利民著：斋醮科仪　天师神韵
聂　清著：荷泽宗研究
尹　立著：精神分析与佛学的比较研究
罗同兵著：太虚对中国佛教现代化道路的抉择
姚才刚著：终极信仰与多元价值的融通

第六批（2004年）
李志军著：西学东渐与明清实学
张崇富著：上清派修道思想研究
尹志华著：北宋《老子》注研究
段玉明著：相国寺——在唐宋帝国的神圣与凡俗之间
郭美华著：熊十力本体论哲学研究
昌家立著：关于知识的本体论研究——本质　结构　形态
鲍世斌著：明代王学研究
刘克明著：中国技术思想研究——古代机械设计与方法
钦伟刚著：朱熹与《参同契》文本
王建光著：中国律宗思想研究

第七批（2005年）
胡　务著：元代庙学——无法割舍的儒学教育链
闵仕君著：牟宗三"道德的形而上学"研究
李　裴著：隋唐五代道教美学思想研究
章伟文著：宋元道教易学初探
金兑勇著：杜光庭《道德真经广圣义》的道教哲学研究
韩焕忠著：天台判教论
罗争鸣著：杜光庭道教小说研究
李素平著：魏源思想探析
季芳桐著：泰州学派新论
葛刚岩著：《文子》成书及其思想
谢正强著：傅金铨内丹思想研究

第八批（2006年）
伍成泉著：汉末魏晋南北朝道教戒律规范研究

贺璋瑢著：两性关系本乎阴阳——先秦儒家、道家经典中的性别意识研究
刘延刚著：陈撄宁与道教文化的现代转型
郭君铭著：扬雄《法言》思想研究
谢金良著：《周易禅解》研究
李　艳著：明清道教与戏剧研究
尹锡珉著：王弼易学解经体例探源
林西朗著：唐代道教管理制度研究
哈　磊著：四念处研究
周　兵著：天人之际的理学新诠释——王夫之《读四书大全说》思想研究

第九批（2007年）

赵　伟著：晚明狂禅思潮与文学思想研究
王长坤著：先秦儒家孝道研究
胡永中著：致良知论——王阳明去恶思想研究
丁常春著：伍守阳内丹思想研究
吴之清著：贝叶上的傣族文明——云南德宏南传上座部佛教社会考察研究
田智忠著：朱子论"曾点气象"研究
傅凤英著：二十世纪中国道教学术的新开展
毛丽娅著：道教与基督教生态思想比较研究
杨　柳著：汉晋文学中的《庄子》接受
邱　环著：马祖道一禅法思想研究
赵　芃著：道教自然观研究

第十批（2008年）

陈力祥著：王船山礼学思想研究
韩振华著：王船山美学基础——以身体观和诠释学为进路的考察
白玉国著：马来西亚华人佛教信仰研究
张连伟著：《管子》哲学思想研究
释慧莲著：东晋佛教思想与文学研究
土屋太祐著：北宋禅宗思想及其渊源
丁　强著：早期道教教职研究
田晓膺著：隋唐五代道教诗歌的审美管窥
张明学著：道教与明清文人画研究
唐　怡著：道教戒律研究

第十一批（2009年）

朱展炎著：驯服自我——王常月修道思想研究

许宜兰著：道经图像研究

刘　聪著：阳明学与佛道关系研究

于海波著：清代净土宗著述研究

刘绍云著：宗教律法与社会秩序——以道教戒律为例的研究

谭宝刚著：老子及其遗著研究——关于战国楚简《老子》《太一生水》《恒先》的考察

岳剂琼著：汉唐道教修炼方式与道教女性观之变化研究

杨　军著：宋元三教融合与道教发展研究

肖尧中著：都市佛寺的社会交换研究

刘朝霞著：早期天台学对唯识古学的吸收与抉择

第十二批（2010年）

何立芳著：道教社会伦理思想之研究

汪志强著：印度佛教净土思想研究

冯小林著：社会转型下的宗教与健康关系研究

陈多旭著：教化与工夫——工夫论视域中的阳明心学系统

刘　恒著：心性灵明之阶——早期全真道情欲论思想研究

冯利华著：中古道书语言研究

许　颖著：近现代禅净合流研究

田青青著：永明延寿心学研究

夏当英著：中国传统社会宗教的世俗化研究——以金元时期全真教社会思想与传播为个案

崔珍晳著：成玄英《庄子疏》研究

第十三批（2011年）

刘永霞著：道医陶弘景研究

任蜜林著：汉代内学——纬书思想通论

杨文斌著：一心与圆教——永明延寿思想研究

隋思喜著：三教关系视野中的陈景元思想研究

罗映光著：蒙文通道学思想研究

黄崑威著：敦煌本《太玄真一本际经》思想研究

丁小平著：总持之智——太虚大师研究

刘雄峰著：明清民间宗教思想研究——以神灵观为中心

唐　嘉著：东晋宋齐梁陈比丘尼研究
杨　琪著：《贞观政要》治道研究

第十四批（2012年）
胡春涛著：老子八十一化图研究
李国红著：马一浮思想研究
刘鹤丹著：《老子》思想溯源
卢笑迎著："仙佛合宗"修道思想研究
施保国著：方东美论道家思想
王文娟著：湛甘泉哲学思想研究
曾　黎著：仪式的建构与表达——滇南建水祭孔仪式的文化与记忆
张韶宇著：智旭佛学易哲学研究
赵玉玲著：悟道·修道·弘道——丘处机道论及其历史地位
周　波著：隋唐道教与习俗

第十五批（2013年）
郭继民著：庄子哲学的后现代解读
孙业成著：法藏圆融之"理"研究
于　飞著：汉传佛教寺院经济演变研究
刘　志著：魏晋南北朝社会生活与道教文化
刘康乐著：中古道官制度研究
刘　科著：金元道教信仰与图像表现——以永乐宫壁画为中心
廖　敏著：元代道教戏剧研究
王福梅著：明代灵济道派研究
明世法著：中国宗教的慈善参与新发展及机制研究
杨发鹏著：两晋南北朝时期河陇佛教地理研究

第十六批（2014年）
路永照著：道教气论学说研究
周黄琴著：历史中的镜像——论晚明僧人视域中的《庄子》
张君梅著：从玄解到证悟——论中土佛理诗之发展演变
韩丽华著：回归诚明——李翱《复性书》研究
肖建军著：图像与信仰——中古中国维摩诘变相研究
俞森林著：中国道教经籍在十九世纪英语世界的译介研究

李星丽著：四川道教宫观建筑艺术研究
胡晓薇著：道与艺——《庄子》的哲学、美学思想与文学艺术
冯静武著：李光地易学思想研究
杨继勇著：显隐哲学视域中的文艺审美

第十七批（2015年）
杨志飞著：赞宁《宋高僧传》研究
胡　岩著：自我与圣域——现代性视野中的唐君毅哲学
寇凤凯著：明代道教文化与社会生活
杨　洋著：道教医世思想溯源
李湖江著：近代以来中国佛教慈善事业研究
周晓微著：现代性和中国佛耶关系（1911—1949）
彭无情著：西域佛教演变研究
何杰峰著：藏传佛教判教研究
李顺庆著：藏彝走廊北部地区藏传佛教寺院研究

第十八批（2016年）
陈　芳著：重庆华岩寺佛教仪式音乐与传承
吕真观著：明末清初临济宗圆悟、法藏纷争始末考论
姜李勤著：《文子》思想研究
沈　路著：汉末至五代道教书法美学研究
邓莉雅著：佛教传统的价值重估与重建——太虚与印顺判教思想研究
郭硕知著：边缘与归属：道教认同的文化史考察
廖　宇著：道教时日禁忌探源
张　涛著：清代清修内丹思想比较研究——以柳华阳、闵一得、黄元吉为对象
陈　云著：闵一得研究

第十九批（2017年）
孙瑞雪著：道教师道思想研究
徐　刚著：生命哲学视域下的道教服食研究
阳志辉著：道教与书法关系研究
郭　峰著：近代城市宫观与地方社会——以杭州玉皇山福星观为中心
曹　磊著："真心观"与宋元明文艺思想研究
彭卫民著：礼法与天理：朱熹《家礼》思想研究

金　权著：中医运气学说与道教关系研究

高丽杨著：全真教制初探

王　毓著：儒佛融摄视野下的马一浮、熊十力思想比较研究

张　阳著：《道枢》研究

卿希泰主编《宗教与社会研究丛书》

国家"985工程"四川大学宗教与社会研究创新基地丛书总序

1998年5月4日,江泽民同志在庆祝北京大学建校100周年大会上的讲话中提出:"为了实现现代化,我国要有若干所具有世界先进水平的一流大学。"在这个讲话精神的指导下,国家"985工程"开始启动,北京大学、清华大学等几所名校率先获得国家较大力度的支持;紧接着,教育部又与有关部委、省市签订协议,对部分基础好、水平高的高等学校进行共建,予以重点支持。这个"工程"的实施,是党中央在世纪之交,立足于中华民族的伟大复兴、落实科教兴国战略、迎接知识经济挑战而采取的重大决策,是从根本上提高我国高等学校办学水平的重大举措。经过几年的建设,"985工程"取得了明显的效果,不但有力地推动了高等学校的学科建设和队伍建设,大大提高了社会服务工作水平,而且缩小了我国高等学校与世界一流大学的差距。

当然,世界一流大学的建设不可能在很短的时间内完成,它需要较长时间坚持不懈的努力。而且,世界一流大学的建设,不仅需要有长期形成的优良学风和深厚的文化积淀,而且需要有强大的经费投入作为支持。有鉴于此,国家于2004年6月又开始启动了"985工程"的建设工作。"985工程"的建设,是国家在经费有限的情况下,运用创新思路而寻求高校持续性、跨越式发展的重大举措,其基本思路是:集中资源,突出重点,体现特色,发挥优势,重点建设一批高水平的科技创新平台和哲学社会科学创新基地,促进一批世界一流学科的形成,使之成为攀登世界科技高峰、解决重大理论和实践问题、带动相应学科领域发展的重要基地,使高等学校成为国家创新体系的重要力量;同时,造就和引进一批具有世界一流水平的学术带头人和创新团队,加快建设一支具有世界一流大学水平的教师队伍、管理队伍和技术支撑队伍。在这个思路的指导下,国家教育部、财政部决定集中经费对一些高校的名牌学科进行重点扶持,使之成为汇聚人才、持续创新的"平台"或"基地",以加快这些学科的成长步伐。

在"985工程"的建设工作中,国家尤其重视哲学社会科学的繁荣发展。早在2003年教育部就颁布了《关于进一步发展繁荣高校哲学社会科学的若干意见》,2004年中共中央又颁布了《关于进一步繁荣发展哲学社会科学的意见》。与此同时,胡锦涛总书记在中共中央政治局第十三次集体学习时就强调:一定要从党和国家事业发展的战略高度,把繁荣发展哲学社会科学作为一项重大而紧迫的战略任务切实抓紧抓好。2004年6月,教育部部长周济同志在"985工程"建设工作会议上的讲话中指出:我们一定要紧紧抓住当前繁荣和发展哲学社会科学的历史性机遇,全面推进哲学社会科学的知识创新、理论创新和方法创新,全面推进哲学社会科学的学科建设,使其在中国特色社会主义现代化建设中发挥"思想库""人才库"的作用。同时,周济同志还指出:我们应当推进人文社会科学与自然科学、工程技术等的交叉、渗透与融合,孕育和催生新的学科研究领域和研究方法,形成一批能够解决具有全局性、战略性、前瞻性的重大理论及现实问题,为党和政府决策咨询服务、为社会主义现代化建设服务、为建设社会主义物质文明、政治文明和精神文明服务的国家级哲学社会科学基地。"985工程"的哲学社会科学创新基地,就是在这样一种思想指导下设立的,其特点在于跨学科并具有开放性,能够围绕国家、区域社会发展、经济建设中的重大问题而组织主攻方向并进行联合攻关。

在"985工程"哲学社会科学创新基地的建设中,国家提出了建立"宗教与社会研究创新基地"。经过评审,四川大学宗教研究所有幸成为承担"宗教与社会研究创新基地"建设任务的主干机构。在此基础上,还整合了四川大学中国俗文化研究所和藏学研究所两个"教育部人文社会科学重点研究基地"以及专门史、中国古典文献学两个"国家级重点学科"中与宗教学有关的科研力量,并向海内外公开招聘高级研究人员来参加建设,共同开展研究工作,以达到集合海内外本专业的学术精英和优势科研资源,突破个人分散研究的有限视野、将个人的学术专长进行整合,从而形成一个具有综合创新能力的研究集体,故这个基地实际上是一个国际性的学术研究平台。

从我国是一个多民族多宗教国家这一国情出发,结合我国宗教学学科建设的要求,初步确定有宗教学理论比较研究、中国宗教与中国社会研究、西方宗教与当代世界研究、宗教信仰与民俗研究、中国少数民族地区宗教与社会问题研究等五个方向;考虑到目前的学术力量和国家需要等实际情况,近期拟以四大课题为主要研究内容:一是中国宗教与中国社会发展研究,二是中国道教思想发展与道教和社会主义社会相适应问题研究,三是中国西部少数民族地区宗教与社会问题研究,四是中外宗教的对话与交流研究。其中,中国宗教与中国社会发展研究这个课题,主要是对中国各种宗教及其与中国社会的相互关系进行研究，其目的不仅在于通过深入研究中国历史上的各种宗教现象，来对有关宗教学的理论进行补充和发展，而且在于通过系统考察中国各种宗教与中国社会的相互关系，来为我们国家今天构建和谐社会服务。中国道教思想发展与道教和社会主义社会相适应问题研究这个课题，主要着眼于道教作为中国本土宗教的思想和行为的发展变迁，其对于中国社会发展的影响以及在当今中国社会里的作用，挖掘其有利于中国社会发展进步的积极因素，为中华民族的伟大复兴贡献力量。中国西部少数民族地区宗教与社会问题研究这个课题，主要研究中国西部少数民族地区各种宗教的现状和历史及与之相关的社会问题，其重点在于对中国西部少数民族地区现存的各种宗教进行调查研究，希望这项工作能为祖国大家庭各民族的文化建设服务，并为维护国家安定团结、促进西部大开发服务。中外宗教的对话与交流研究这个课题，目前主要是对国内外宗教研究中有代表性的优秀学术成果进行翻译，以图加强中外的学术交流并为我国宗教学学科的发展提供更多的借鉴；与此同时，逐步开展西方宗教思想同中国传统文化的交流与对话和基督教思想与中国传统文化的交流与对话等方面的研究，以适应人类文化全球多元性现代化发展的需要。我们希望能够依靠"宗教与社会研究创新基地"的集体力量，在以上各个方面取得一些重大的标志性成果；同时，也希望通过在创造这些成果的过程中能锻炼出一支优秀的学术创新团队。

当然，除了以上四个方面，我们并不排斥"宗教与社会研究创新基地"的成员从事其他方面的研究，所以，我们又决定出版一套《国家"985工程""宗教与社会研究创新基地"学术丛书》。这套丛书，不仅将囊括以上四个方面的研究成果，而且还可包括其他有关宗教研究方面的优秀学术著作。不仅出版本基地成员有关宗教研究的优秀学术著作，而且，非常欢迎本基地以外的海内外学者向本丛书编委会申请，经过编委会评审通过之后，即可将其宗教研究的优秀学术著作列入本丛书出版。这样，或可在此建设期中取得更多更好的学术成果，更大力度地促进我国宗教学学科的发展。

总之，"985工程"的建设时间虽然是有限的，但我们的学术探索却是无止境的。我们希望，"宗教与社会研究创新基地"能够为今后的科研机构提供一种新的管理模式，其学术研究能够为宗教学学科的发展贡献一些具有标志性的成果，而其所培养的创新团队中也有一些人能够成为学术界未来的领军人物。同时，也希望这个"基地"能架起一座沟通国际的桥梁，为我国建设世界一流学科和高水平研究型大学做出应有的贡献。

卿希泰

2005年11月12日于四川大学芙蓉楼

《宗教与社会研究丛书》已出书目

1. 卿希泰：《道教文化与现代社会生活研究》，成都：巴蜀书社，.2007年。
2. 段玉明：《指空：最后一位来华的印度高僧》，成都：巴蜀书社，2007年。
3. 闵丽等：《西部现代化境域中的四川少数民族宗教问题研究》，成都：巴蜀书社，2008年。
4. 苟波：《仙境·仙人·仙梦：中国古代小说中的道教理想主义》，成都：巴蜀书社，2008年。
5. 胡锐：《道教宫观文化概论》，成都：巴蜀书社，2008年。
6. 程雅君、程雅群：《〈医道还元〉注疏》，成都：巴蜀书社，2008年。
7. 张泽洪：《文化传播与仪式象征：中国西南少数民族宗教与道教祭祀仪式比较研究》，成都：巴蜀书社，2008年。
8. 丁培仁：《增注新修道藏目录》，成都：巴蜀书社，2008年。
9. 张松辉：《老子研究》，北京：人民出版社，2009年。
10. 张松辉：《庄子研究》，北京：人民出版社，2009年。
11. 孔又专：《陈抟道教思想研究》，成都：巴蜀书社，2009年。
12. 龙倮贵：《彝族原始宗教艺术文化初探》，成都：巴蜀书社，2010年。
13. 陈霞主编：《道教生态思想研究》，成都：巴蜀书社，2010年。
14. 苟波：《道教与明清文学》，成都：巴蜀书社，2010年。
15. 罗中枢：《重玄之思：成玄英的重玄方法和认识论研究》，成都：巴蜀书社，2010年。
16. 潘显一、唐思远、汪志斌：《黄龙地区宗教文化研究》，成都：巴蜀书社，2010年。
17. 杨玉辉：《道家人格研究》，成都：巴蜀书社，2010年。
18. 李晟：《仙境信仰研究》，成都：巴蜀书社，2010年。
19. 孙林：《西藏中部农区民间宗教的信仰类型与祭祀仪式》，北京：中国藏学出版社，2010年。
20. 史冰川：《道与化：道家道教以"道"化人思想研究》，成都：巴蜀书社，2012年。
21. 陈建明：《近代基督教在华西地区文字事工研究》，成都：巴蜀书社，2013年。
22. 潘显一主编：《黄龙地区民俗文化研究》，成都：巴蜀书社，2013年。
23. 李裴：《隋唐五代道教审美文化研究》，成都：巴蜀书社，2013年。
24. 张丽萍：《中西合冶：华西协合大学》，成都：巴蜀书社，2013年。
25. 贾来生：《道教生育思想研究》，成都：巴蜀书社，2014年。
26. 明世法、李琳：《当代宗教界慈善参与的组织化与资源配置绩效研究》，成都：四川人民出版社，2014年。
27. 崔仙任：《〈东医宝鉴〉道教医学思想研究》，成都：巴蜀书社，2014年。
28. 吴保春：《龙虎山天师府建筑思想研究》，成都：巴蜀书社，2014年。

29. 何振中：《内丹医学思想研究》，成都：巴蜀书社，2014 年。

30. 丁培仁：《元前道派研究》，成都：巴蜀书社，2014 年。

31. 陈茉：《〈黄帝阴符经〉及其唐宋注疏之考证分析》，成都：巴蜀书社，2014 年。

32. 陈德述：《周易正本解》（修订本），成都：巴蜀书社，2015 年。

33. 陈建明主编：《和而不同——宗教对话与不同文明之间的和谐之道》，成都：四川大学出版社，2015 年。

34. 赵芃：《山东道教史》，北京：中国社会科学出版社，2015 年。

35. 盖建民主编：《道在养生——第四届中国（成都）道教文化节高峰论坛暨道教研究学术前沿国际会议论文集》，成都：巴蜀书社，2015 年。

36. ［尼泊尔］普利玛·库玛瑞·潘特等主编，周晓薇译：《佛教：尼泊尔与中国的文化联系》，北京：宗教文化出版社，2015 年。

37. 王协义：《〈易经〉符号的数理研究》，成都：巴蜀书社，2015 年。

38. 曾武佳：《老庄生态治国思想及其实践价值研究》，成都：巴蜀书社，2015 年。

39. 陈昌文主编：《进藏县域的宗教与社会》，成都：巴蜀书社，2016 年。

40. 蒲亨强：《道书存见音乐资料研究》，成都：巴蜀书社，2016 年。

41. 田先进：《道法自然论——〈道德经〉通解》，成都：巴蜀书社，2016 年。

42. 钱安靖编著：《中国原始宗教研究及资料丛编·羌族卷》，成都：巴蜀书社，2017 年。

学术论文一览表

篇名	作者	刊物（文集）	时间及期号
《太平经》的知人善任思想浅析	卿希泰	《思想战线》	1979年第2期
《太平经》的哲学思想	卿希泰	《四川师范学院学报》（社会科学版）	1980年第1期
试论《太平经》的乌托邦思想	卿希泰	《社会科学研究》	1980年第2期
道教产生的历史条件和思想渊源	卿希泰	《世界宗教研究》	1980年第2期
有关五斗米道的几个问题	卿希泰	《中国哲学》第4辑	1980年
从葛洪论儒释道关系看仙道理论的特点和本质	卿希泰	《世界宗教研究》	1981年第1期
《太平经》中反映农民愿望的思想不能抹杀——答刘琳同志	卿希泰	《社会科学研究》	1981年第5期
论葛洪的神仙思想	卿希泰	《中国无神论论文集》，湖北人民出版社	1982年
王玄览道体论和修道思想的浅析	卿希泰	《宗教学研究》	1982年第1期
关于道教思想史研究的方法论问题	卿希泰	《中国无神论论文集》，湖北人民出版社	1982年
道教的源与流	卿希泰	《文史知识》	1983年第6期
毛泽东同志对马克思主义宗教理论的发展	卿希泰、陈麟书	《毛泽东思想研究》	1984年第1期
试论《太上洞渊神咒经》的乌托邦思想及其年代问题	卿希泰	《四川大学学报丛刊》第25集《宗教学研究论集》	1984年
应当重视和加强宗教学研究——为《宗教学研究》公开发行而作	卿希泰	《宗教学研究》	1985年第1期
试论道教劝善书	卿希泰、李刚	《世界宗教研究》	1985年第4期
试论陈景元的宇宙观及其治身治国理论	卿希泰	《宗教与无神论》，福建人民出版社	1985年7月

篇名	作者	刊物（文集）	时间及期号
周易和道教	卿希泰	《周易纵横录》，湖北人民出版社	1986年
李道纯"老学"浅析	卿希泰、詹石窗	《船山学报》	1986年第1期
一部富有启发性的著作——《道家与道教思想研究》一书读后	卿希泰	《哲学研究》	1986年第4期
关于道教斋醮及其形成问题初探	卿希泰	《世界宗教研究》	1986年第4期
道教的产生、发展和演变	卿希泰	《文史知识》	1987年第5期
灵宝经的出现与灵宝派的形成初探	卿希泰	《无神论与宗教研究论丛》，四川大学出版社	1987年2月
试论道教在中国传统文化中的地位	卿希泰	《哲学研究》	1988年第1期
十年来道教研究的回顾与展望——纪念党的十一届三中全会胜利召开十周年	卿希泰	《宗教学研究》	1988年第4期
许逊与净明道之改革	卿希泰、詹石窗	《中国文化与中国哲学》	1988年
净明道新探	卿希泰、詹石窗	《上海道教》	1988年11月创刊号
心法与《易》学	卿希泰、詹石窗	《哲学研究》	1988年第11期
许逊与净明道之改革	卿希泰、詹石窗	《中国文化与中国哲学》，三联书店	1988年
《中国宗教名胜》序	卿希泰	《宗教学研究》	1989年第3、4期
道教在中国传统文化中的地位	卿希泰	《社会科学研究》	1989年第6期
论中国道教研究之现状	卿希泰	《养生》	1993年第1期
试论道家文化在中国传统文化中的地位	卿希泰	《道家文化研究》（第4辑），上海古籍出版社	1994年3月
An introduction to Daoism	卿希泰	《中外文化交流》	1994年第5期
汰沙存金，荟萃精华——评刘国梁著《道教精萃》	卿希泰	《社会科学战线》	1994年第5期
道教の伦理道德思想	卿希泰	《中村璋八博士古稀纪念东洋学论集》，日本汲古书院	1996年1月
道教与我国当前伦理道德的建设问题——论道教研究的现实意义	卿希泰	《宗教学研究》	1996年第1期
《重刊道藏辑要》缩印本序	卿希泰	《宗教学研究》	1996年第2期
道家文化与中华民族的传统美德	卿希泰	《宗教哲学》（中国台湾）	1996年第4期
王明先生《道家与传统文化研究》读后	卿希泰、詹石窗	《哲学研究》	1996年第6期

篇名	作者	刊物（文集）	时间及期号
文昌帝君信仰的起源及其神仙思想的道德决定论	卿希泰、姜生	《江西社会科学》	1996年第6期
道教在中国传统文化中的地位	卿希泰	《弘道》（中国香港）	1997年第1期
《中国道教史》四卷本台湾版序	卿希泰	《宗教学研究》	1997年第2期
杜道坚的生平及其思想	卿希泰	《宗教学研究》	1997年第4期
《道德经》首章研究	卿希泰、姜生	《中国道教》	1998年第1期
宋高宗与道教	卿希泰	《宗教学研究》	1998年第2期
道教生育观考论	卿希泰、盖建民	《中国哲学史》	1998年第2期
宋孝宗与道教	卿希泰	《宗教学研究》	1998年第3期
道教文化研究经验谈	卿希泰	《世界宗教文化》	1998年第3期
中国人与道教	卿希泰	《中国人与道教》，日本汲古书院	1998年11月
道教伦理道德思想对于现代伦理道德建设的积极意义	卿希泰	《中国人与道教》，日本汲古书院	1998年11月
20年来道教文化研究的问题与展望——兼论多卷本《中国道教史》的学术价值和社会影响	卿希泰	《高校社会科学研究和理论教学》	1998年11、12期
明太祖朱元璋与道教	卿希泰	《江西社会科学》；人大复印资料《宗教》	1999年第1期；1999年第2期
试论道教对中国传统科技的贡献	卿希泰	《中国哲学史》	1999年第1期
天心正法派初探	卿希泰	《世界宗教研究》	1999年第3期
道教神霄派初探	卿希泰	《社会科学研究》；人大复印资料《宗教》	1999年第4期；1999年第5期
我和道教文化研究	卿希泰	《学林春秋》（二编上册），朝华出版社	1999年12月
在世纪之交展望道教文化的未来	卿希泰	《南京大学学报》	2000年第2期
四川大学宗教学研究所创建的前前后后——为建所二十周年而作	卿希泰	《宗教学研究》	2000年第3期
瓦屋山道教文化考察刍议	卿希泰	《社会科学研究》；人大复印资料《宗教》	2000年第4期；2000年第5期
在世纪之交展望弘道任务的未来	卿希泰	《弘道》（中国香港）	2000年第9期
元代前期统治者崇道政策初探	卿希泰	《道教的历史与文学》，台湾宗教文化研究中心出版社	2000年7月
道教文化与中华民族的传统美德	卿希泰	《宗教：关切世界和平》，宗教文化出版社	2000年8月

篇名	作者	刊物（文集）	时间及期号
瓦屋山道教文化考察刍议	卿希泰	《瓦屋山道教文化》，四川民族出版社	2000年9月
《瓦屋山道教文化》序	卿希泰	《瓦屋山道教文化》，四川民族出版社	2000年9月
道与三清关系刍议	卿希泰	《道教神仙信仰研究》，中华道统出版社	2000年9月
道教文化在中华传统文化中的地位及其现代价值	卿希泰	《社会科学研究》	2001年第2期
道教文化在中华传统文化中的地位及其现代价值	卿希泰	《道教与文化学术研讨会论文集》，台湾历史博物馆	2001年2月
有关五斗米道发源于四川的几个问题	卿希泰	《世界宗教研究》	2001年第4期
道教的人性论	卿希泰	《对话二：儒释道与基督教》，社会科学文献出版社	2001年10月
道与三清关系的刍议	卿希泰	《道心》	2001年第24期
司马承祯的生平及其修道思想	卿希泰	《宗教学研究》	2003年第1期
试论葛洪的社会进化论思想	卿希泰	《道心》	2003年第27期
百年来道教研究的回顾与展望	卿希泰	《宗教学年鉴》，宗教文化出版社	2003年1月
道教生态伦理思想及其现实意义	卿希泰	《宗教社会与区域文化》，香港中文大学出版社	2003年9月
道教文化与现代生活	卿希泰	《道教教义的现代阐释》，宗教文化出版社	2003年11月
道教在巴蜀初探	卿希泰	《社会科学研究》；人大复印资料《宗教》	2004年第5、6期；2005年第1期
《文昌文化论文集》序言	卿希泰	《国际文昌文化学术论文集》，巴蜀书社	2004年3月
关于峨眉山佛道兴衰的历史演变刍议	卿希泰	《峨眉山与巴蜀佛教》，宗教文化出版社	2004年6月
弘道创举，功德无量	卿希泰	《香港蓬瀛仙馆创馆75周年纪念特刊》（中国香港）	2004年8月
南宋时在南方兴起的一个金丹道派——紫阳派的形成及其发展	卿希泰	《香港及华南道教研究》，中华书局（中国香港）	2005年1月
从儒、道的封建礼教观说到鲁迅所谓的"食人民族"	卿希泰	《宗教学研究》	2005年第3期
道教文化与世界和平	卿希泰	《四川大学学报》	2005年第4期

篇名	作者	刊物（文集）	时间及期号
道教科学思想研究的一项新成果	卿希泰	《上海道教》	2006年第1期
精神永在，道业长存——沉痛悼念赖宗贤先生	卿希泰	《宗教学研究》	2006年第2期
道教研究百年的回顾与展望	卿希泰	《四川大学学报》；人大复印资料《宗教》；《新华文摘》；《高等学校文科学术文摘》	2006年第4期；2006年第1期；2006年第22期；2006年第5期
道教文化与世界和平	卿希泰	《四川大学学报》	2005年第4期
道教文化在中华传统文化中的地位及其现代价值	卿希泰	《湖南大学学报》；《新华文摘》；人大复印资料《宗教》	2006年第4期；2006年第23期；2006年第6期
道教文化与现代社会生活	卿希泰	《西南民族大学学报》（哲学社会科学版）	2006年第9期
民族精神，永放光芒	卿希泰	《道心》（第29期）	2006年
《中华道宗》创刊号序言	卿希泰	《中华道宗》	2007年第1期
我和道教文化研究	卿希泰	《家学与师承——著名学者谈治学门径》（第三卷），广西师范大学出版社	2007年1月
试论老子《道德经》思想对于构建人类和谐社会的意义	卿希泰	《和谐世界 以道相通》，宗教文化出版社	2007年4月
在庆祝陈莲笙道长九十华诞会上的讲话	卿希泰	《上海道教》	2007年特刊
我和道教文化研究——为纪念改革开放三十年而作	卿希泰	《宗教学研究》	2008年第4期
试论《太上洞渊神咒经》的乌托邦思想及其年代问题	卿希泰	《四川师范大学学报》	2008年第5期
全真道是道教发展史上的一个革新派	卿希泰	《弘道》（中国香港）	2009年第1期
老子思想与中华民族的传统美德	卿希泰	《上海道教》	2009年第1期
在庆祝四川大学老子研究院成立大会上的讲话	卿希泰	《宗教学研究》	2009年第1期
关于杜道坚以皇道帝德论为中心的政治思想初探	卿希泰	《诸子学刊》（第2辑），上海古籍出版社	2009年
道教与神明文化	卿希泰	《神明文化研究》第1辑（韩国）	2009年7月

篇名	作者	刊物（文集）	时间及期号
弘扬中华传统文化，建设中华民族共有精神家园——祝贺蓬瀛仙馆创建八十周年	卿希泰	《蓬瀛仙馆80周年纪念特刊》（中国香港）	2009年9月
《入道参玄记》序	卿希泰	《入道参玄记》，宗教文化出版社	2009年9月
试论《太平经》关于天地人"三合相通"与"中和"的思想及其现实意义	卿希泰	《中国道教》	2009年第5期
道教文化在当代社会的现实意义	卿希泰	《仙与道国际学术大会论文集》第1辑（韩国）	2009年10月
《重玄之思——成玄英的重玄方法和认识论研究》序	卿希泰	《重玄之思——成玄英的重玄方法和认识论研究》，巴蜀书社	2010年10月
我为何走上道教文化研究之路	卿希泰	《社会科学战线》	2010年第10期
全真道是道教发展史上的一个革新派	卿希泰	《社会科学战线》	2010年第10期
在庆祝青松观创建六十周年国际学术研讨会上的发言	卿希泰	《弘道》（中国香港）	2010年第1期
我是怎样从研究马克思主义哲学走上道教文化研究之路的？——为纪念四川大学宗教学研究所建所三十周年而作	卿希泰	《宗教学研究》	2010年第3期
《老子河上公章句》的成书时代与基本思想初探	卿希泰	《道教文化与当代世界国际学术研讨会论文集》	2010年8月
时代需要新"子学"	卿希泰	《文汇读书周报》	2012年第1期
中国道教史研究的意义	卿希泰	《宗教学研究》	2013年第1期
"新子学"笔谈	卿希泰	《诸子学刊》（第8辑）	2013年4月
试论《老子想尔注》的师道思想	卿希泰、孙瑞雪	《西南民族大学学报》（哲学社会科学版）	2014年第10期
弘扬具有时代精神的道教文化	卿希泰	《中国宗教》	2015年第1期
乾隆朝的道教事务管理	卿希泰、由申	《湖南大学学报》（社会科学版）	2016年第2期

（编撰整理：陈建明、余晓红）

社会各界缅怀卿希泰先生（团体机构及个人）

敬献花圈的机构

（排名不分先后）

表1　四川省内机构

序号	机构名称	备注
1	中共四川大学委员会	
2	四川大学党委办公室	
3	四川大学校长办公室	
4	四川大学组织部	
5	四川大学人事处	
6	四川大学工会	
7	四川大学离退休处	
8	四川大学老干部党总支	
9	四川大学研究生院	
10	四川大学招生就业处	
11	四川大学道教与宗教文化研究所	
12	四川大学老子研究院	
13	四川大学公共管理学院	
14	四川大学艺术学院	
15	四川大学数学学院	
16	四川大学法学院	
17	四川大学南亚研究所	
18	四川大学古籍整理研究所	

序号	机构名称	备注
19	四川大学中国俗文化研究所	
20	四川大学文化科技协同创新研发中心	
21	四川大学文学与新闻学院	
22	四川大学档案馆	
23	四川大学人口研究所	
24	四川大学公共管理学院党委	
25	四川大学公共管理学院工会	
26	四川大学公共管理学院教授委员会	
27	四川大学公共管理学院哲学系	
28	四川大学哲学系中国哲学教研室	
29	《四川大学学报（哲社版）》编辑部	
30	四川省社会科学界联合会	
31	四川省中国哲学史研究会	
32	巴蜀书社	
33	成都市民族宗教事务局	
34	中共都江堰市委统战部、市民宗局	
35	成都体育学院体育史研究所	
36	西南民族大学宗教学点	

表2 四川省外研究机构

序号	机构名称	备注
1	全国哲学社会科学规划办公室	
2	中国宗教学会	
3	国家宗教局	
4	老子道学文化研究会	
5	人民出版社	
6	中国社会科学院世界宗教研究所	
7	中国社会科学院哲学研究所	
8	中国社会科学院世界宗教研究所道教与民间宗教研究室	
9	加拿大里贾纳大学宗教学系	
10	南京大学东方哲学与宗教文化研究中心	
11	深圳大学宗教文化研究所	
12	华东师范大学明道道教研究所	
13	西南大学宗教所	
14	贵州大学哲学与社会发展学院	
15	华侨大学哲学与社会发展学院	
16	华侨大学宗教文化研究所	
17	华侨大学海外华人宗教与闽台宗教研究基地	
18	吉首大学哲学所	
19	台湾慈济大学宗教人文研究所	
20	台湾辅仁大学宗教文化研究所	
21	中华大道文教基金会	
22	河南老子学会	
23	国际道家文化产业联盟	

表 3　道教界组织

序号	机构名称	备注
1	中国道教协会	
2	四川省道教协会	
3	成都市道教协会	
4	青城山道教协会	
5	上海市道教协会	
6	云南省道教协会	
7	武当山道教协会	
8	成都市佛教协会	
9	新加坡道教协会	
10	日本道教协会	
11	青城山道教学院	
12	武当山道教学院	
13	青羊宫道观	
14	青城山天师洞	
15	大邑县鹤鸣山道观	
16	新津县老君山道观	
17	上海城隍庙	
18	西楼观台	
19	台湾太一道院	
20	香港青松观执行董事局及道教学院院董会	
22	日本道观	
23	安徽亳州市谯城区老子研究会	

敬献花圈的个人(排名不分先后)

表1 家人及好友

序号	姓名	单位	职务职称/亲属关系	备注
1	卿海若及家人	加拿大里贾纳大学地质系、《加拿大石油地质学杂志》	教授,主编,长子	
2	卿格非及家人	加拿大皇家医学会、加拿大曼尼托巴大学病理系	会员,专家,次子	
3	余晓红	四川大学道教与宗教文化研究所	外甥女	
4	杨俊才		亲家	生前厚德逢人笑 雄才留与世常存
5	顾赛峰 顾卫红		侄儿 侄女	
6	赵锡奎 宋美琴			卿海若先生同学
7	李晓萍 李莉萍		侄女	
8	李 卓 张 华			
9	杨 泳 跃 溪		侄儿 侄女	名留千古 光启后人
10	张丽霞		外侄孙女	

11	黄 琳 李 璐 汤旭东		外侄孙女 外侄孙女婿	
12	蔡曙先 刘蕴梅		哲学系老同事	
13	文更新			火星社战友
14	张国祺 王素清		哲学系老同事	卿公希泰教授千古
15	冯思刚			希泰学兄千古
16	成都12中	高72级3班全体同学		卿希泰伯伯千古
17	成都12中	高73级1班全体同学		
18	77级	成地矿油系全体同学		

表 2　相关领导、同仁

序号	姓名	单位	职务职称	备注
1	陈宝生	中华人民共和国教育部	部长	
2	王建国	四川大学	校党委常委、书记	
3	谢和平	四川大学	校党委常委、校长	
4	罗中枢	四川大学	校党委常委、常务副书记	
5	李 虹	四川大学	校党委常委、常务副校长	
6	李光宪	四川大学	校党委常委、常务副校长	
7	魏于全	四川大学	校党委常委、副校长	
8	周学东	四川大学	校党委常委、副书记	
9	步 宏	四川大学	校党委常委、副校长	
10	徐 兰	四川大学	校党委常委、校纪律检查委员会委员、书记、校党委副书记	
11	李向成	四川大学	校党委常委、副书记	
12	晏世经	四川大学	校党委常委、副校长	
13	李旭峰	四川大学	校党委常委、副校长	
14	许唯临	四川大学	校党委常委、副校长	
15	曹 萍	四川大学	校党委常委、组织部长	
16	饶用虞	四川大学	原校党委常委、书记	
17	杨泉明	四川大学	原校党委常委、书记	
18	石 坚	四川大学	原校党委常委、副校长	
19	陈麟书	四川大学道教与宗教文化研究所	教授	
20	石衍丰 狄淑华	四川大学道教与宗教文化研究所	教授	
21	陈 兵 刘成华	四川大学道教与宗教文化研究所	教授	
22	詹石窗	四川大学道教与宗教文化研究所	文科杰出教授	
23	李 刚	四川大学道教与宗教文化研究所	教授、原所长	
24	盖建民	四川大学道教与宗教文化研究所	长江学者特聘教授、所长	
25	潘显一 萧玲玲	四川大学道教与宗教文化研究所	教授	
26	朱越利	四川大学道教与宗教文化研究所	教授	
27	张泽洪	四川大学道教与宗教文化研究所	教授	
28	段玉明	四川大学道教与宗教文化研究所	教授	
29	陈建明	四川大学道教与宗教文化研究所	教授	
30	张 钦	四川大学道教与宗教文化研究所	教授	

序号	姓名	单位	职务职称	备注
31	闵 丽	四川大学道教与宗教文化研究所	教授	
32	张丽萍	四川大学道教与宗教文化研究所	教授	
33	田海华 赵 敏	四川大学道教与宗教文化研究所	教授	
34	苟 波	四川大学道教与宗教文化研究所	教授	
35	哈 磊 刘朝霞	四川大学道教与宗教文化研究所	教授	
36	林庆华	四川大学道教与宗教文化研究所	教授	
37	张崇富	四川大学道教与宗教文化研究所	教授	
38	李 裴	四川大学道教与宗教文化研究所	教授	
39	钦伟刚	四川大学道教与宗教文化研究所	教授	
40	胡 锐 王永会	四川大学道教与宗教文化研究所	副研究员	
41	周 冶	四川大学道教与宗教文化研究所	副研究员、副所长	
42	朱展炎 焦永利	四川大学道教与宗教文化研究所	副研究员	
43	欧福克	四川大学道教与宗教文化研究所	特聘副研究员	
44	于国庆	四川大学道教与宗教文化研究所	副研究员	
45	王大伟	四川大学道教与宗教文化研究所	副研究员	
46	廖 玲	四川大学道教与宗教文化研究所	副研究员	
47	孙伟杰 王星星	四川大学道教与宗教文化研究所	副研究员	
48	孙瑞雪	四川大学道教与宗教文化研究所	讲师	
49	吴 华	四川大学道教与宗教文化研究所	讲师	
50	李 平	四川大学道教与宗教文化研究所	行政人员	
51	张晓粉	四川大学道教与宗教文化研究所	行政人员	
52	何江涛	四川大学道教与宗教文化研究所	行政人员 副研究馆员	
53	杨光文	四川大学道教与宗教文化研究所	行政人员 研究馆员	
54	杨秀英	四川大学道教与宗教文化研究所	行政人员	

表3 相关院系同仁

序号	姓名	单位	职务职称	备注
55	徐开来	四川大学公共管理学院	原书记、教授	
56	姜晓萍	四川大学公共管理学院	原院长、教授	
57	秦永红 戴永红	四川大学公共管理学院 四川大学南亚所	教授	
58	赵建伟 赵亚辰	四川大学公共管理学院	教授	
59	贾顺先	四川大学哲学系	教授	
60	袁亚愚	四川大学哲学系	教授	
61	姚昌瑞	四川大学软科学研究所	所长	
62	陈昌文	四川大学公共管理学院	教授	
63	史冰川	四川大学老干处	书记	
64	罗卡	四川大学后勤集团	党委书记	
65	查庆	四川大学统战部	副部长	
66	高伟	四川大学海外教育学院	书记、院长	
67	夏泽友	四川大学体育学院	书记	
68	何靖	四川大学历史文化学院	教授	为大于其细涤除玄览见素抱朴自古及今其名不去，游心于德和死生昼夜与天为徒择日登假以游无穷
69	张箭	四川大学历史文化学院	教授	
70	俞理明	四川大学中国俗文化研究所	教授	
71	张苏	四川大学艺术学院	教授	
72	李艳	四川大学艺术学院	教授	
73	李晟	四川大学艺术学院	教授	
74	郎江涛	四川大学外语学院	博士	
75	尹怡	四川大学党委办公室	博士	
76	白彬	四川大学历史文化学院	教授	
77	孙锦泉	四川大学历史文化学院	教授	
78	邓宏烈	四川大学马克思主义学院	教授	

序号	姓名	单位	职务职称	备注
79	陈秉元 陆文璧	四川大学关工委	专职委员	
80	朱丽晓	四川大学马克思主义学院	副教授	
81	曾武佳	四川大学经济学院	副教授	
82	谢正强	四川大学出版社	副编审	
83	罗昌蓉	四川大学生命科学院		
84	刘慧群			

表4 四川大学哲学系、宗教所历届毕业生

序号	年级	单位	学生	备注
1	首届	四川大学哲学系	毕业生	吊卿希泰恩师：投身革命学习科学理论培育马列哲学人才备受师生崇敬；研究道教开显学求荒丘造就高级专家学者誉满九州寰球
2	60级	四川大学哲学系	全体同学	
3	60级	四川大学哲学系	吴 军 郭金伦 黄玉祥 陈永洁 余光贵 严守忠	
4	62级	四川大学哲学系	黎永泰 周志华 邹重钦 李春文 赵朝立	
5	63级	四川大学哲学系	全班同学	
6	64级	四川大学哲学系	全班同学	
7	73级	四川大学哲学系	全体同学	
8	73级	四川大学哲学系	胡善文	
9	73级	四川大学哲学系	黄开国	
10	85级	四川大学宗教所	全体硕士	
11	87级	四川大学宗教所	王安林	
12	88级	四川大学宗教所	王福辉	
13	91级	四川大学宗教所	全体博士	
14	98级	四川大学宗教所	全体硕士	
15	2003级	四川大学宗教所	郑丽梅、魏荣硕士	
16	2003级	四川大学宗教所	全体博士	
17	2005级	四川大学宗教所	全体博士	
18	2008级	四川大学宗教所	全体博士	
19	2009级	四川大学宗教所	全体博士	
20	2009级	四川大学宗教所	全体硕士	
21	2010级	四川大学宗教所	王 蓉	博士后
22	2011级	四川大学宗教所	全体博士	
23	2013级	四川大学宗教所	全体硕士	

序号	年级	单位	学生	备注
24	2014级	四川大学宗教所	全体硕士	
25	2014级	四川大学宗教所	石磊博士	
26	2015级	四川大学宗教所	李爽博士	
27	2015级	四川大学宗教所	全体硕士	
28	2016级	四川大学宗教所	全体博士	
29	2016级	四川大学宗教所	全体硕士	
30			何继业	
31			武清旸	
32			陈茉	
33			陈康扬 高兴华	
34			吴碧君	
35			李雄燕	
36			廖德南	
37			王庆余	
38			胡瀚霆	
39			陈自升	
40			周桐 赵平	
41			张龙成	
42			孟东丽	
43			赵广志	
44			赵杨	
45			唐怡	
46			鄢国森	
47			刘陶 郭鸿玲	
48			高翔	
49			方云军	
50			柳东华	
51			王永康	

序号	年级	单位	学生	备注
52			王 侃	
53			常 磊	
54			涂尚银 谢金玲	
55			梁明山 张世华	
56			萧安溥 李 郊	
57			褚国锋	
58			徐靖焱	
59			施 义	
60			杨新科	
61			贺晏然	
62			陶杏华	
63			袁玉梅	
64			廖文武	
65			徐 刚	
66			周德全	
67			王 昊	
68			肖 习	
69			殷 明	
70			尹大成 颜义先	
71			文 殊	
72			冯 军	
73			程敏华	
74			陈宗豪	
75			杨 莉 王 岗	
76			严守忠	
77			王廷科	

序号	年级	单位	学生	备注
78			周　婷 姜　约	
79			陈　杉 徐　菲 王　玲	
80			何　清	
81			邱大军	
82			张哨楠 程　默	
83			侯鸿斌 付茂兰	
84			樊生利	
85			刘长春 郭兰英	
86			刘平斋	
87			杜小谷 徐国盛 陶　冶 徐昉昊	
88			杨合林	
89			李怀宗	
90			缪元朗	
91			李海平	
92			蔡德平	
93			魏明生	

表5 学界友人、同仁

序号	姓名	单位	职务职称	备注
1	陈耀庭	上海社会科学院宗教所	原所长、研究员	
2	许抗生	北京大学	教授	
3	牟钟鉴	中央民族大学	教授	
4	黄心川	中国社科院世界宗教研究所	研究员	
5	胡孚琛	中国社会科学院哲学所	研究员	
6	黄夏年	中国社院世界宗教研究所	研究员	
7	陈霞	中国社科院哲学所	研究员	
8	曾传辉	中国社会科学院世界宗教研究所	研究员	
9	张新鹰	中国社院世界宗教研究所	副所长 研究员	
10	熊铁基	华中师范大学道家道教研究中心	教授	
11	刘仲宇	华东师范大学明道道教研究所	所长、教授	
12	张松辉	湖南大学岳麓书院	教授	
13	张桥贵	云南民族大学	校长、教授	
14	郭武	云南大学历史与档案学院	教授	
15	李大华	深圳大学宗教文化研究所	所长、教授	
16	方国根	人民出版社	编审	
17	谢金良	复旦大学中文系	教授	希夷道法本自然 泰清功德存世间
18	欧阳祯人	武汉大学国学院	教授	蓬瀛仙馆飘风振海哭泰斗 老庄玄脉尊道贵德悼文宗
19	洪修平 孙亦平	南京大学哲学系、宗教学系	教授	
20	樊光春	陕西省社科院宗教所	原所长 研究员	
21	刘固盛	华中师范大学道家道教研究中心	主任、教授	
22	萧霁虹	云南省社会科学院宗教所	所长、研究员	
23	黄永锋	厦门大学哲学系	教授	
24	赵芃	齐鲁工业大学	教授	
25	曾维佳	西南大学哲学系	教授	
26	刘延刚	绵阳师范学院图书馆	馆长、教授	敬挽卿希泰先生： 做人做事做文学子四海标杆 立德立功立言先生古今完人
27	李远国	四川省社会科学院	研究员	

序号	姓名	单位	职务职称	备注
28	苏 宁	四川省社会科学院文学所	所长、研究员	
29	丁常春	四川省社会科学院	研究员	
30	郝 勤	四川省体育学院	教授	
31	刘 敏 余 虹	四川师范大学文学院	院长、教授	
32	毛丽娅	四川师范大学	教授	
33	申喜萍	四川师范大学	教授	
34	尹邦志	西南民族大学	研究员	
35	周勇军	西南民族大学	教授	三台秋林老乡
36	王志忠		博士	
37	侯安国	巴蜀书社	总编	
38	施 维	巴蜀书社	编审	
39	尹志华	中央民族大学	副教授	慧眼独具筚路蓝缕创宗教研究机构辛勤育才门下聚济济多士薪火尽传后生思念无尽；恒心早定披荆斩棘探道学发展历程艰苦著书个中有绵绵深意沙去金留前贤惠泽永存
40	蔡林波	华中师范大学	副教授	
41	张全晓	贵州师范大学	副教授	
42	陈 云	四川省社会科学院	副研究员	
43	李星丽	成都大学	副教授	
44	张丽娟	福建师范大学	副教授	
45	潘存娟	陕西省社科院宗教所	副研究员	
46	王芳妮	陕西省社科院宗教所	副研究员	
47	刘康乐	长安大学	副教授	
48	张培高	西南石油大学	副教授	
49	邢 飞	四川省社科院	副教授	
50	屈燕飞	绵阳师范学院	讲师	
51	张 悦	郑州大学	讲师	
52	李海林	西南民族大学	讲师	
53	由 申	大理大学	讲师	
54	杨荣涛	四川师范大学	讲师	
55	李欣遥	内江师范学院	讲师	

表6 各级社会团体同仁

序号	姓名	社会团体名称	职务	备注
1	李光富	中国道教协会	会长	
3	袁志鸿	中国道教协会、北京东岳庙	副会长、住持	
4	孟至岭	中国道教协会、中国道教学院	副会长 副院长	希夷化境肇启学宫谈玄论道昭天下；泰斗丰功始登云路明月清风驻世间
5	胡诚林	中国道教协会、西安八仙宫	副会长、住持	
6	唐诚青	中国道教协会、青城山天师洞	副会长、住持	
7	吉宏忠	中国道教协会、上海城隍庙	副会长、住持	
8	张明心	四川省道教协会、青城山建福宫	副会长、住持	
9	杨明江	四川省道教协会、鹤鸣山道观	副会长、住持	
10	郭汉文	厦门市道教协会	会长	
11	廖东明	云南省道教协会		
12	吴信玄	武当山道教协会		
13	秦兴仁	华山道教协会		
14	张嗣清	河北临西关帝庙		
15	隋玉宝	道教之音网站		
16	刘绥滨	四川省武协青城武术研究会	会长	
17	成都理工大学	羽毛球协会		

表7 港澳台地区学人及社会团体

序号	姓名	单位	职务职称	备注
1	陈鼓应	北京大学、台湾大学	教授	
2	杜保瑞	上海交通大学、台湾大学	教授	
3	丁　煌	台湾成功大学	教授	
4	李丰楙	台湾政治大学	教授	
5	谢师维	台湾政治大学	教授	
6	高振宏	台湾政治大学	教授	
7	林安梧	台湾慈济大学	教授	
8	郑志明	台湾辅仁大学宗教系	教授	
9	张超然	台湾辅仁大学宗教系	教授	
10	庄宏宜	台湾辅仁大学宗教系	教授	
11	林富士	台湾"中研院"史语所	研究员	
12	康　豹	台湾"中研院"近史研究所	研究员	
13	谢聪辉	台湾师范大学国文系	教授	
14	陈廖安	台湾师范大学国文系	教授	
15	萧登福	台中科技大学应用中文系	教授	
16	胡其德	台湾清云科技大学	教授	
17	郑素春	东南科技大学	教授	
18	张美樱	佛光大学宗教系	教授	
19	张家麟	真理大学宗教系	教授	
20	萧进铭	真理大学宗教系	教授	
21	谢正渝	东吴大学	教授	
22	吕鹏志	香港中文大学	研究员	
23	黄胜得	台湾三清文教基金会 太一道院	院长	
24	张新井	中华大道基金会	董事长	率全体董监事
25	翟　庄 花惠媛	台北修缘阁	董事长	
26	黄荣海	台北市台疆乐善坛	董事长	
27	温国平	澳门养生协会	会长	
28	洪百坚	道教学术资讯网	总编	

表8　海外学人及社会团体

序号	姓名	单位	职务职称	备注
1	施舟人 袁冰凌	荷兰皇家科学院 法国高等实践研究院	院士 特级教授	
2	常志静	德国柏林洪堡大学汉学系	原主任 教授	
3	高万桑	法国高等研究实践院 研究生院	院长、教授	
4	柏　夷	美国亚利桑那州立大学文理学院	教授	
5	任　远 任　重	加拿大里贾纳大学宗教系	教授	
6	王圣英 曹子童 陈　钊	加拿大里贾纳大学		
7	三浦国雄	日本大阪大学	教授	
8	白井顺	日本学术院大学	教授	
9	徐李颖	新加坡	博士	学生徐李颖泣别恩师！ 鸿著等身桃李满天下 音容宛在青史留仙踪
10	陈添来	新加坡道教学院	院长	
11	李至旺	新加坡道教学会	会长	

后记

2018年5月19—21日,"生命道教暨卿希泰先生道教学术思想研究国际论坛"在四川大学举行。会议由四川大学道教与宗教文化研究所主办,中国宗教学会、中国道教协会、成都市民族宗教事务局、四川省社科联《天府新论》杂志社等单位指导。论坛主题包括两大部分:卿希泰先生道教学术思想研究,以及"生命道教"的界定及阐发。

本次会议是为了纪念著名哲学家、宗教学家,道教学研究泰斗,四川大学杰出教授卿希泰先生去世一周年而举办。会议的主旨是传承与创新:一方面追思先贤,继承学术薪火;一方面因应时势,凝练道教思想文化的"真精神"。

卿希泰先生一生忠诚于党的教育事业,怀抱学术报国的宏愿,辛勤耕耘,硕果累累。他创建四川大学宗教学研究所,创办《宗教学研究》期刊,主持《儒道释博士论丛》等大型学术丛书的编纂,高瞻远瞩,沾溉学林。他编著的《中国道教思想史纲》《中国道教史》等成果在国际道教学界发出了中国声音,赢得了国际声誉。

卿先生在其道教学术生涯的最后五六年时间中,不顾年事已高,毅然主持了教育部人文社科重点研究基地重大项目"《中国道教史》四卷本修订工程",亲自率领四川大学道教与宗教文化研究所的年轻学者与学界同仁开展了长达六年的艰苦修订工作,撰写制定修订计划与修订规则,组织安排具体承担各卷的修订人员,亲自撰写了修订版导论,指导大事记修订,还亲自主持了多场在校内和都江堰举行的审读修订工作会议,对修订文稿的章节设计与文字编校工作做了具体而微的指导。先生在体例与内容两个方面严格把关,不放过每一个细小的问题,一丝不苟,精益求精。先生言传身教,给我们后辈学者再次做出了表率。其成果《中国道教通史》五卷本即将在人民出版社出版。卿先生数十年的研究与教学工作,是在马克思主义的指导下进行中国本土宗教研究的理论探索与经验积累,是构建中国特色宗教学学科体系和话语体系的先行实践。

成都作为道教的发源地和发祥地,道教传统绵远深厚。道教肯定生命价值,追求生命质量,关注生态环境,引导社会和谐。汉代道经《老子想尔注》就以"生"为"道之别体";《道藏》首经《度人经》提出"仙道贵生"的宗旨。此次成都市民族宗教事务局与四川大学道教与宗教文化研究所开展校地合作，通过认真学习《十九大报告》，立足地区文化底蕴，发掘传统文化精华，"推动中华优秀传统文化创造性转化、创新性发展"，凝练出"生命道教"主题，既体现了道教研究的前沿视野和构建中国话语的远见卓识，也体现出服务社会、利益民众的现实关怀。

来自美国、荷兰、日本、加拿大以及我国港澳台地区的学者，与中国社科院、北京大学、中央民族大学、上海社科院、华东师范大学、南京大学、山东大学、安徽大学、华中师范大学、中南大学、深圳大学、华侨大学、华南师范大学、云南省社科院、云南大学、陕西省社科院、西南大学、四川省社科院、四川师范大学、四川大学等单位的学者，以及成都市民宗局、四川省和成都市道教协会的代表，总共近200人与会，提交会议论文近60篇。与会学者们共同表达了缅怀先贤的深情，以及牢记使命，不忘初心，开拓进取，创新阐发中华优秀传统文化，用心构筑中华民族文化自信的学术担当。

5月20日上午9时，会议开幕式准时召开。开幕式由四川大学道教与宗教文化研究所所长、长江学者盖建民教授主持，四川大学党委常委、校党委副书记李旭峰教授代表学校致欢迎辞。中国社会科学院学部委员、世界宗教研究所所长、中国宗教学会会长卓新平研究员，中国道教协会副会长、北京东岳庙住持袁志鸿道长，成都市委统战部副部长、市民宗局局长田野，四川省民族宗教事务委员会副主任杨伯明，国际著名汉学家、荷兰皇家科学院院士、中国政府友谊奖获得者施舟人教授，中国社会科学院荣誉学部委员马西沙研究员，老子道学文化研究会原会长、中国社会科学院胡孚琛研究员，上海社会科学院宗教研究所原所长陈耀庭研究员，华中师范大学历史文化学院熊铁基教授，四川大学道教与宗教文化研究所陈兵教授，卿希泰先生的首届研究生、四川大学老子研究院院长詹石窗教授，卿先生哲嗣卿海若教授等先后致辞。开幕式最后，由与会领导和嘉宾向荣获"卿希泰学术基金会"优秀硕士、博士奖学金的同学颁奖。会议期间还举办了卿希泰先生的学术成果展。

一、追思先贤，继承学术薪火

中国社会科学院学部委员、世界宗教研究所所长、中国宗教学会会长卓新平研究员回忆了卿希泰先生与中国宗教学会、中国社科院的渊源与合作。他说，卿希泰先生离开我们已经一周年了，大家一直在缅怀卿先生的学术生涯、重要贡献，尤其是其研究成果对中国道教意义的揭示和对中国宗教学的推进。因此，召开"生命道教暨卿希泰先生道教学术思想研究国际论坛"非常及时，很有价值。卿先生与世界宗教研究所有着密切交往，并共同培养了道教研究领域的众多人才。卿先生以其慧眼独见和不凡睿智悟出了"大道至简"的真谛，从而带领其学术群体对千古道教之奥秘展开了深入、细致的研究，达到了探赜索隐、洞幽悉微的奇效。而且，卿先生以其渊博的学识、极大的热情教书育人，带出了一支研究道教的劲旅，形成了中国学术界独树一帜的团队。对于一生勤耕耘、桃李满天下的卿希泰先生，我们充满了崇高的敬意，有着不尽的仰慕。

中国社会科学院荣誉学部委员马西沙研究员说，纪念卿希泰先生必须要在中华文化和学术的大背景中探讨，才能知道卿先生处在什么位置上。伟大的文明要有伟大的文化来支撑。陈寅恪先生曾说，"儒家之旧途径，道家之真精神"，在马西沙先生看来，"道家之真精神"就是"自由"——精神之自由。从老子、庄子到屈原、葛洪、王羲之、陶渊明、陆修静、李白，等等，无不是在道家精神的鼓舞下，发挥他们奇特的想象、伟大的思路。道家的精神气质极高，培育了我们的民族。遗憾的是，人们总是把中国的历史和儒家过分地联系，这并不符合中国的历史实际，而且导致在学术上产生了一些非常片面的看法，阻碍了我们全面地了解中国学术文化的历史及其发展规律。例如在两汉初期，占主导地位的是黄老之学；在宋金交替之际，儒家的影响力也远不如道家。正如陈垣先生在《南宋初河北新道教考》中所说："迨儒门收拾不住，遂为道家扳去。"南宋初儒家南迁了，他们的学说很伟大，但是他们没有救世，是全真道在救世。是这个从民间发起走向上层，将儒、释、道融为一体的新道教保护了中华民族的文化。陈垣先生写作《南宋初河北新道教考》时，中国正处在日寇统治下，他认为要用文化来救世。明清时期道教衰落了，民国时期国民党政府和一些偏激的学者把道教作为封建迷信，与此同时，和道教沾边的医学、医术被禁止。虽然有陈垣先生的巨著为道教正名，但长期以来，国内对道教的研究屈指可数。当此之时，这个文脉谁来继承？主要就是卿希泰先生等学者在继承。卿希泰先生在四川大学培养了大批道教研究学者，用新的方法论研究道教，筚路蓝缕，开荒播种，为中国道教研究打出一片大天地，同时也给予了道教应有的历史地位。卿希泰先生堪称道学泰斗、史学巨匠。"桃李不言，下自成蹊"，卿先生得到的所有赞誉，没有一件是卿先生自夸的，全部都是社会公认的。王重阳创立全真道的时候是何等艰难，他的伟大在于他培养出了伟大的弟子；卿先生创立道教学学科时又是何等困难，卿先生的杰出也在于培养出了大批优秀的弟子。作为卿先生的后学，我们要像卿先生那样努力奋斗。

上海社会科学院宗教研究所原所长陈耀庭研究员说，三十七年前，卿希泰先生扛起中国道教研究的重担，带领他的团队在荒芜的道教研究的土地上，开荒、播种、除草、防灾，终于让道教研究获得丰收，取得了令海内外学术界刮目相看的成果。如今的道教研究学者恐怕没有一个人没读过他的著作，也没有一个人没有听过他的教诲。卿先生是我们道教研究界的楷模。陈耀庭研究员还回忆了与卿希泰先生一起编辑《中国大百科全书·宗教卷》"道教分支"部分的往事。在陈耀庭教授的回忆中，卿先生对待学术十分认真，对待年轻后辈毫无偏见。卿先生在他早期的道教研究工作中就曾指出，中国的道教研究要虚心地学习国际上已经取得的学术研究成果，同时要寻找中国研究的突破口，用最短的时间尽快地赶上和超过国际学术界的研究水平。

来自中国社会科学院哲学所的胡孚琛先生说，卿先生创立的道教与宗教文化研究所不仅是全国的道教研究中心和宗教研究中心，还具有很高的国际声誉。他呼吁四川省地方政府保护好自己的道教圣地和道教学术圣地。

华中师范大学道家道教研究中心的熊铁基教授建议，必须将对卿希泰先生的学术成果研究纳入当代学术史的发展中进行。首先至少应当写一篇博士论文。

著名佛学家、四川大学陈兵教授说，他在中国社科院读研时就与卿先生相识。后来卿先生还不遗余力地为了将他调入川大而奔波。卿希泰先生治学非常用功。每天吃完晚饭，陈兵先生出去散步，路过卿先生窗外，总能看到他在用功。卿先生治学非常严谨，他继承了汉学研究的传统，非常重视读原典，力求对传统文化有深入的体会和完整的把握。陈兵先生不赞成学生过早地写文章、发表文章，因为在积累不够的情况下写出来的文章很难有自己深刻独到的见解。但是原典读得扎实，前期虽然不出成果，后劲却很足。陈兵先生和卿先生对彼此的具体学术观点并不完全赞同，但是这并不妨碍他们相互欣赏、亲密合作。

华东师范大学刘仲宇教授做了题为《高山仰止，景行行止——怀念与卿希泰先生的两次会面》的发言，回忆了他第一次和最后一次与卿先生见面的情景。刘教授说卿先生的学风、方法，特别是他对年轻人的关心，都值得我们牢记和回味，并在以后的研究实践中参酌之。

此外，台湾三清文教基金会董事长黄胜得先生做了题为《怀念道教文化一代宗师卿希泰大师》的发言，台湾高雄师范大学林文钦教授做了题为《典型在夙昔——缅怀卿希泰先生》的发言，中南大学吕锡琛教授做了《深切缅怀卿希泰先生》的发言，深切缅怀了卿希泰先生献身学术、报效祖国、诲人不倦的一生。

二、因应时势，凝练道教思想

在"卿希泰先生道教学术思想研究分会场"上，学者们从多个角度，全面总结了卿希泰先生的伟大贡献。

1. 卿希泰先生的伟大，首先体现在他开创了道教研究学科，给了我们一个学术的家园。

国际著名汉学家、荷兰皇家科学院院士、中国政府友谊奖获得者施舟人教授做了题为《科学的胜利——卿希泰先生道教史研究》的报告。他从欧洲视角梳理了道教研究的学术史脉络，并指出，卿希泰先生的成就不仅是中国道教研究，更是世界道教研究的里程碑。道教文化中蕴藏着丰富的宝藏，能够为西方文化所借鉴，帮助不同信仰的人民实现和平与幸福。由于一神教传统，欧洲存在着根深蒂固的宗教狭隘主义，导致对所谓"异教"信仰的暴力压制甚至宗教战争。而中国传统文化能包容各种各样的宗教，只要这些宗教遵守中国的法律。明代末期中国文化被介绍到欧洲，欧洲的哲学家比如斯宾诺莎和莱布尼兹等惊讶地发现，由于宗教宽容与官方的世俗主义，中国这样一个多民族多信仰的国家得以保持和平。他们以及后来的黑格尔等哲学家通过对比研究中国的道家文化，认为道家是这一包罗万象的中华文化精神的本质基础。中国传统的道家道教文化，毫无疑问对加深宗教对话和化解文化冲突有着非常重要的现实意义。但遗憾的是，道教研究尤其是道教史研究很长时间以来一直是被忽视的领域。正是卿希泰先生完成了世界上第一个完整的道教史研究，给了我们一个学术探索的"家园"，这是伟大的科学的胜利。

正如陕西省社科院宗教所樊光春研究员所说，针对国际上流传的"道教发源在中国，研究中心在西方"的极不正常的现象，卿希泰先生率先在四川大学开展道教研究的学科建设，并身体力行，积数十年学术资材，建立起中国道教历史的叙述体系，成为后学者的坚实基础。

2. 卿希泰先生的巨大贡献，还表现在他为学界培养了大批的优秀人才，为相关研究奠定了坚实基础。

据陈耀庭教授回忆，在四川大学最困难的时期，卿先生曾多次表示，不管有多少困难，培养人才的工作一年也不能中断，并要求培养必须严格，不能马虎和放任自流。现在川大宗教所培养的学生，分配在全国各个著名院校和研究单位，成为中国学术界研究道教的骨干力量，为中国学术界的道教研究争得了不可替代的话语权。

3. 卿希泰先生在道教研究领域的学术贡献可以分为"宏观构建"与"微观探讨"两个方面。

云南大学郭武教授说，所谓"宏观构建"，是指20世纪八九十年代，卿希泰先生主编出版的《中国道教思想史纲》《中国道教史》和《中国道教》三个系列的著作，在宏观上为学界搭建起了认识中国道教及其发展历史的总体框架，不仅使人们对于道教及其历史开始有了系统而深入的认识，而且使我们在讨论具体问题时拥有了一个宏观的背景。四川大学詹石窗教授将之总结为"文力工程，体大思精"，并介绍了这些著作的创作历程。而"微观探讨"，郭武教授说，则是指卿希泰先生在有关道教的很多具体问题上有着独到的研究和看法。这些具体的研究和看法，主要表现在他发表于各种刊物上的百余篇文章中，后来，这些文章的精华又集结成《道教文化新探》《刍荛集》等论文集。詹石窗教授将之总结为"深入探索，引领前沿"。詹教授还归纳道，这些"微观"问题主要包括：关于道教发源地问题；关于道教经典的思想内涵理解问题；关于不同历史时期的道教派别与道教人物的评估问题。

4. 卿希泰先生要求道教研究坚持正确方向、治学原则，为学界提供了一些研究范式。

卿先生运用的研究方法是马克思主义的辩证唯物主义与历史唯物主义的方法。这个方法最本质、最核心的东西，就是从实际出发、实事求是，具体问题具体分析。陈耀庭教授回忆说，在卿先生刚开始从事道教研究期间，中国学术界正在进行宗教的本质的争论，卿先生并未卷入到争论中，但是，由于始终坚持正确的研究方向，卿先生在思想上已经清除了对于宗教认识的"左"倾流毒，将全所的道教研究引领上了正确的轨道。郭武教授则强调，虽然近年有很多新的方法传入中国，但马克思主义的方法实有助于我们在进行"宗教学"的研究时不滑向"宗教"本身的立场，仍然值得我们加以重视。

对于卿希泰先生的研究方法，据陈耀庭教授说，主要是四个方法：坚持文献性与逻辑性的统一、坚持历史性与时代性的一致、坚持中国传统方法与外来方法并举、坚持整体把握与局部具体分析的有机结合。正如郭武教授所说，卿希泰先生在描绘道教的发展历史时，非常重视结合客观性居多的"正史"与主观性较多的"道经"两类材料。这既能在很大程度地照顾研究对象之"本身"的基础上，又能参考当时"教外"人士的各种看法，对于人们客观、真切地认识道教历史颇有益处。此外，卿希泰先生对于道教发展历史的讨论，还非常重视以人物、教派、经典为研究对象，并注重对历史发展线索、相关转折点的考察和分析。卿希泰先生正是抓住了这些要素，才使得他主编的《中国道教史》显得内容丰满、栩栩如生。这种写作方式，既有微观上的深入细致，又有宏观上的整体把握，非常值得大家学习借鉴。

5. 卿先生的道教研究能够立足当代，注重发掘道教文化的当代价值。

陕西省社会科学院樊光春研究员说道，卿希泰先生的研究始终坚持"与时迁移"的道家精神，密切注意学界动向，随时刷新既有的学术页面，始终引领学术的前行。卿先生在《湖南大学学报》2006年第4期发表的《道教文化在中华传统文化中的地位及其现代价值》一文中指出：在21世纪，世界经济将向全球化的方向发展，各国人民之间相互往来必将日益频繁。在文化发展方面，也将走向东西方文化的相互沟通、相互对话和相互交流的局面，虽然彼此之间的相互矛盾和斗争仍然是不可避免的，但同时也会存在彼此之间的相互吸取和相互补充。随着我国经济的蓬勃发展、国际地位的日益提高，具有五千年文明史的中华传统文化，以及这一传统文化的主流之一的道教文化，也必然会受到愈来愈多的人们的关注，产生强大的吸引力；其中的许多合理思想，可以作为西方文化的借鉴，并为全人类带来真正的幸福，因而具有极其重要的现代价值。

对于卿希泰先生的道教文化与现代社会生活研究的学术思想，盖建民教授总结道：第一，从现代生活来关照道教文化研究，必须透彻领悟道教的"真精神"，这是了解道教文化的"精""气""神"诸元素的关键。第二，必须以史为鉴，在学理和学术史层面上分析刻画道教与社会生活的历史交融画面，并进而剖析道教与社会生活交融的内在原因。第三，要探索道教文化与现代社会生活交融的途径，对道教的基本教义和教理思想的"立足当代"进行现代诠释，从而才能准确钩沉出道教文化中博大的生活智慧。第四，应注重个案研究，以道派、人物、思想和地域为考察对象，从社会经济生活、地方民风习俗、文化遗产继承与传播、休闲旅游等诸多方面入手，细致而深入地探究道教文化与社会政治文明、精神文明、生态文明的关系问题。

6. 卿希泰先生的研究成果在中国道教的恢复、振兴过程中，发挥着有效的作用，有着巨大的影响力。

陕西省社科院宗教所樊光春研究员说，在视道教为封建迷信的意识形态环境中，卿先生一方面大力宣传道教是中国文化的根这样的观点，将道教作为传统文化的重要组成部分介绍给大众，进而推动民间和官方重新认识道教；另一方面密切关注鲜活的道教生态，带领学界支持道教界依法开展学术研究，促进道教的健康发展。

中国道教协会副会长、北京东岳庙住持袁志鸿道长从道教界人士的角度出发，认为卿希泰先生最难能可贵的成就在于他不仅深入研究道教学术，还站在公正、公平的立场上，用睿智的目光去审视和评价儒、道各自应有的价值和客观的地位。袁道长回忆道，在一次学术研讨会上，人们为鲁迅先生1918年8月20日在写给许寿裳的信中所说的"中国根柢全在道教"这句话争论不休，卿先生指出鲁迅先生是在肯定道教在中国社会中的思想文化地位和价值。多年来，卿先生十分关心道教的发展，始终与道教界保持着良好的关系。

除此之外，台湾辅仁大学的郑志明教授总结了卿希泰先生在道教历史分期和宋元新道派研究等方面的具体成就，华侨大学宗教文化研究所黄海德教授总结了卿希泰先生对《太平经》的研究及其学术贡献，华中师范大学刘固盛教授总结了卿希泰先生对道教思想史研究的卓越贡献，山东工业大学赵芃教授总结了卿希泰先生在地方道教研究方面的贡献，等等。卿先生对这些问题进行了客观深入的辨析与研究，考镜源流，探赜索隐，论证精微，见解独到，不仅提出和解决了诸多值得学术界重视的重要学术问题，而且为我国学术界的道教哲学思想研究开辟和构建了一个具有中国特色的研究范式，成为道教哲学研究的一座学术里程碑。

习近平总书记在党的十九大报告中指出："文化是一个国家、一个民族的灵魂。文化兴国运兴，文化强民族强。没有高度的文化自信，没有文化的繁荣兴盛，就没有中华民族伟大复兴。"南京大学孙亦平教授说，我们在展示卿希泰先生对道教研究引领性的贡献时，更重要的是要思考如何在前辈学者所取得的学术成果的基础上继续寻找努力前行的方向和动力。在今天，互联网技术和新媒体快速发展，各种思想文化交流、交融、交锋更加频繁，如何以一种文化自觉的态度，继承卿先生所开创的道教研究传统，进一步认真挖掘整理道教文化这一笔宝贵的财富，使之推陈出新；如何从古老的道教文化中吸取有益于人类文明与和平事业发展的优秀因素，来为建设适应新时代发展的新文化服务；如何坚持创造性转化、创新性发展，继承与发展道教中所蕴含的思想智慧，以增强中华优秀传统文化的生命力和在世界文化中的影响力。面对这些挑战，我们任重而道远。

三、生命道教，探索学术前沿

本次论坛的另一个重要主题是"生命道教"。与会学者围绕这一主题各自发表演讲，展开深入交流。主要有：安徽大学资深教授钱耕森先生：《〈太平经〉与"和生"思想》；四川省社科院李远国研究员：《存在与意义——论道教生命哲学的理论与实践》；深圳大学李大华教授《生死问题与生命修养——从李道纯年第生死观说开去》；中国社会科学研究院陈霞研究员：《一毛与天下——试论杨朱及道家的生命观》；西南大学杨玉辉教授：《道家文化——当代中国人幸福生活的文化指南》；绵阳师范学院图书馆馆长刘延刚教授：《仙道唯生，别开生面——养生道教视域下的陈撄宁仙学思想之文化意义》；四川大学张崇富教授：《生命道教的几个特点》；四川大学张钦教授：《推进"新时代道教养生文化创新发展研究"的几点思考》，等等。

还有一些学者就当前道教研究的前沿问题，发表了自己独到的见解。如北京大学张广保教授：《全真教史家与全真教史的建构》；山东大学赵卫东教授：《神圣与世俗之间的纠结——当前全真道发展的困境与出路》；福州大学袁冰凌教授：《谷神王母祠与夏至源流考略》；日本立教大学加藤千惠教授：《唐末宋初炼丹术的发展——〈周易参同契〉与外丹的理论化》；宗教文化出版社编审霍克功先生：《内丹史的建构——以〈中国道教史〉（修订本）为线索》；西南大学蒲亨强教授：《清代道教仪式音乐》；云南社会科学研究院萧霁虹研究员：《云南道教传度奏职仪式研究》；四川大学陈建明教授：《19世纪基督新教传教士视野中的道教形象》，等等。

大会闭幕式由四川大学道教与宗教文化研究所所长、长江学者盖建民教授主持，詹石窗教授做总结发言，卓新平研究员、熊铁基教授、陈耀庭研究员、郑志明教授、林文钦教授、钱耕森教授、袁志鸿道长等相继发言。

闭幕式上，卓新平研究员说，我们现在处在道教研究成果最多、质量最好的时代，应当继承卿希泰先生的学术遗产，深入探索"宇宙道"和"生命道"，让中华文化的智慧走向世界，走向未来。熊铁基教授再次深情倡议，应该及时培养有学术潜力的学生整理研究卿先生的学术生涯以及学术思想，做成一部扎实的博士论文。陈耀庭教授也提出，我们应当及时整理道教研究的口述史和学术史，并深刻挖掘"道"的含义，为"人类命运共同体"提供资源，挖掘人类能共同享受的精神财富。袁志鸿道长说，卿先生的重要精神遗产之一便是学界与教界的良性互动，希望今后学术界能够继续关心道教的发展，共同振兴中华传统文化。郑志明教授、林文钦教授指出，卿先生开拓的道教研究领域尚有巨大的研究空间，例如地方道教研究、新道派研究、生命道教研究等。

闭幕式上，詹石窗教授从七个方面总结了卿希泰先生留给我们的精神遗产，分别是：（1）重视个人学术素养的提升；（2）重视人才的培养；（3）重视史料收集和资料室建设；（4）重视微观探索和宏观体系的把握；（5）在坚持实事求是的基础上，兼容并举不同的学术方法；（6）重视传承与创新；（7）重视历史的追溯与现实的启示。

詹石窗教授还援引了国学研究最高奖"汤用彤学术奖"给卿希泰教授的颁奖词，勉励与会学者继承卿希泰先生"板凳甘坐十年冷"的治学态度，沿着先生奠基的中国道教研究理路，为建立道教研究的中国学派贡献自己的绵薄之力。其颁奖词曰：

> 近代以还，西学东渐，异风魁横，泱泱中华，气委体败。举国皆欲革二千年祖宗之道统，求西学而斥国学。故四维不张，文卑质丧。自古贤者少，不肖者多。天下争稗草于熙攘，弃兰芝于道旁。道家之学，虽发轫于吾国，却成风于西方。及公为之，肆力学问，思动鬼神，拨去其华，得其本根，吾国之学，绝而复新，是以君子有所恃而无恐。圣人云：太上立德，其次立言。立德者稀，立言者贵。故圣人被褐怀玉，著书立说。公胸怀良知璞玉，心忧根柢国脉，笔成道德文章，乃成巨著皇皇。是使树德不孤，斯文犹在。先生之风，等高山斯仰，共江海无逝。

正如钱耕森教授所说，纪念卿先生最好的方式就是继承他未竟的事业，不忘初心，继往开来，与时俱进，后来居上。

本文集除了收录本次论坛学者们的纪念文章和主题论文外，我们经过慎重考虑，还重点收录了卿希泰先生2017年2月17日仙逝以后，国家有关部门领导、学术团体、海内外学者、社会各界人士、卿门众弟子缅怀悼念先师的文稿、唁电等原始文存，我们希冀通过本纪念文集的正式出版，达到保存史料、传续文脉之目的。

在此，谨向长期以来关心支持四川大学宗教所发展的社会各界人士、海内外学界师友们，表示我们崇高的敬意与感恩之情；对承担本次论坛会务工作的四川大学道教与宗教文化研究所全体师生员工表示衷心的感谢。

在文集出版过程中，卿门再传弟子朱展炎副研究员、杨雯等做了许多具体编校工作。上述文字原载《世界宗教研究》2018年第5期，现谨作文字补充，略述始末，以为后记。

盖建民沐手谨记
己亥仲秋于四川大学东区专家楼寓所